DU MÊME AUTEUR

Aux Éditions Julliard

Le Chameau sauvage, 1997 ; J'ai Lu, 1998.
Néfertiti dans un champ de canne à sucre, 1999 ;
Pocket, 2000 ; Points, 2009.
La Grande à bouche molle, 2001 ; J'ai Lu, 2003.
Sulak, 2013 ; Points, 2014.
La Petite Femelle, 2015 ; Points, 2016.

Chez d'autres éditeurs

Le Cosmonaute, Grasset, 2002 ; Le Livre de Poche, 2004 ;
Points, 2011.
Vie et mort de la jeune fille blonde, Grasset, 2004 ;
Le Livre de Poche, 2006.
Les Brutes, dessins de Dupuy et Berbérian, Scali,
« Graphic », 2006 ; Points, 2009.
Déjà vu, photos de Thierry Clech, textes de Philippe Jaenada,
Éditions PC, 2007.
Plage de Manaccora, 16 h 30, Grasset, 2009 ; Points, 2010.
La Femme et l'Ours, Grasset, 2011 ; Points, 2012.

Site officiel de l'auteur :
www.jaenada.com

LA SERPE

PHILIPPE JAENADA

LA SERPE

roman

Julliard

© Éditions Julliard, Paris, 2017
ISBN 978-2-260-02939-7
Dépôt légal : août 2017

À Marie,
ma mère,
qui aime le mystère.

« Reste à tourner et retourner entre les doigts, l'un après l'autre, tous les pions disponibles. Reste à piétiner le temps qu'il faudra. Reste à chercher, chercher, et continuer de chercher. »

Georges Arnaud, 1964
(préface du *Meurtre de Roger Ackroyd*, d'Agatha Christie).

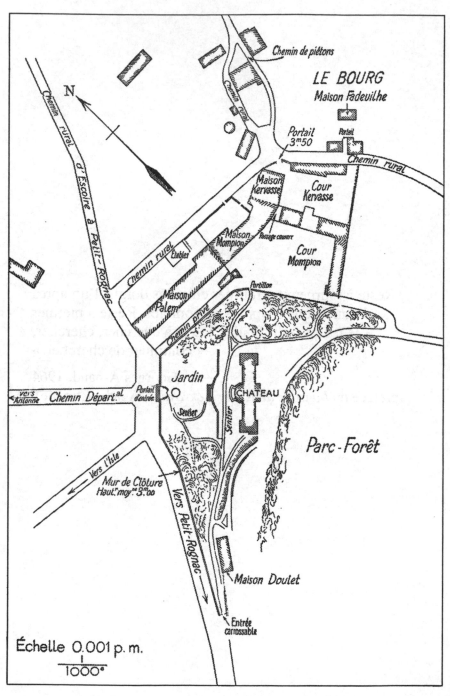

Plan des abords du château d'Escoire

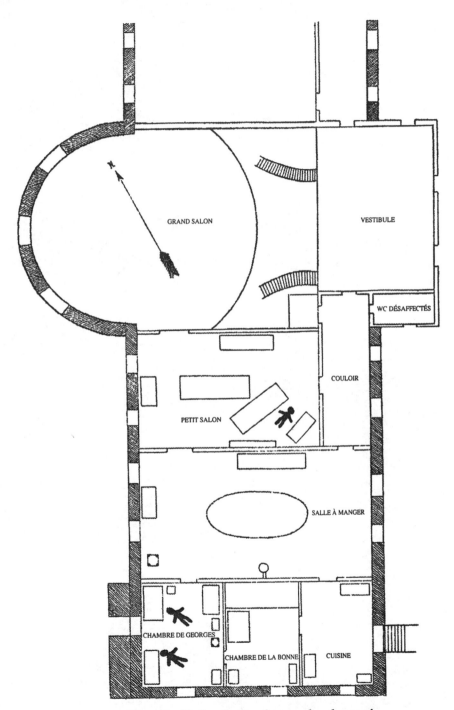

Plan de l'aile droite du rez-de-chaussée

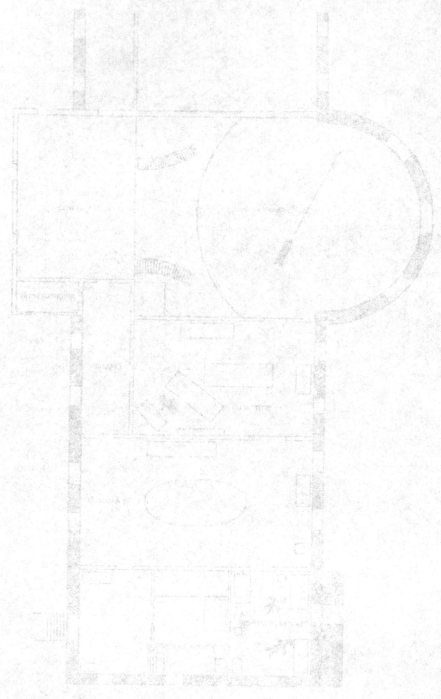

Avertissement

Ce livre, ce roman, raconte ce qu'on appelle une histoire vraie. Quand j'ai appris, au cours de mes recherches, qu'une chemise était rouge ou qu'une fenêtre était ouverte, par exemple, j'ai écrit que la chemise était rouge et que la fenêtre était ouverte. J'ai fait de mon mieux, dans la partie historique, pour rester fidèle à la réalité, ou à ce qu'on en sait. Mais j'ai changé le nom de certaines personnes, quatre ou cinq. D'abord parce qu'un nom, dans l'absolu, n'a pas d'importance – ne change rien, ce qui tombe bien ; ensuite, non pas par respect posthume pour lesdites personnes (ce serait hypocrite, car j'irais de bon cœur pique-niquer sur leurs tombes), mais parce que leurs éventuels enfants et petits-enfants n'ont rien à voir avec tout ça. Ils ont leur vie, neuve, indépendante. Il faut laisser les petits-enfants tranquilles.

1.

«Quelle malchance ! s'écria Claude.»

Je n'aurais pas mieux dit. J'ai quitté le périphérique depuis vingt secondes, léger, enthousiaste, excité comme un marmot à l'idée de ce que je vais chercher à cinq cents kilomètres de Paris, ce samedi 15 octobre, et je suis à peine entré sous le tunnel sale de l'embranchement vers l'autoroute, après la porte d'Italie, qu'un voyant rouge s'allume sur le tableau de bord de la Meriva que j'ai louée ce matin. Pour que le stress causé par l'imprévu soit légèrement accentué par l'inconnu, je ne comprends pas le sens du symbole qui s'affiche : j'opinerais du chef, OK, je vois le problème, face à une burette d'huile ou à un petit thermomètre, mais là, c'est un point d'exclamation entre parenthèses : (!). Comme si on prenait des précautions pour me prévenir, discrètement, presque timidement : on ne veut pas vous affoler, mais faites très attention.

Ce point d'exclamation est souligné d'un trait cranté, crénelé, genre semelle de Pataugas ou, si je regarde bien, une sorte de ligne brisée (je pile à dix centimètres du pare-chocs arrière de la voiture jaune qui me précède, mon cœur est projeté vers l'avant – ça freine toujours, sous ce tunnel), ce qui donne l'impression, avec les parenthèses sur les côtés, qu'il est à l'intérieur d'un chaudron sur le feu. Ce n'est pas plus rassurant. J'ai quitté Paris depuis trois cents mètres et une image m'apparaît en tête : j'ai été capturé par des cannibales qui me font cuire.

Hier soir, j'ai dîné avec ma femme et notre fils, Anne-Catherine et Ernest, dans un nouveau restaurant de notre quartier, genre bobo : dernier repas de famille avant mon départ seul, vers le Périgord, vers une vieille et mystérieuse histoire. Nous nous sommes demandé si ce n'était pas la première fois depuis la naissance d'Ernest, il y a seize ans, que je louais une voiture sans eux. Sans doute. Nous partons deux ou trois fois par an, en Alsace dans la famille d'Anne-Catherine ou dans la mienne du côté d'Aix-en-Provence, au ski en Haute-Savoie, en Italie l'été, toujours tous les trois, ensemble et insouciants.

Près de notre table en formica bleu, dans ce restaurant, une étagère présentait, en décoration je suppose, une trentaine de livres de la «Bibliothèque rose» et quelques-uns de la «verte». J'ai tendu le bras pour en prendre un dans la rangée, rose : *Le Club des Cinq en roulotte* d'Enid Blyton. Énide Bliton, ça remonte. Le hasard, une aventure en roulotte, la veille de mon voyage dans le temps – en Meriva. (Quand Ernest avait huit ou neuf ans, j'ai essayé de lui faire lire *Le Club des Cinq*, il n'a pas aimé. À mi-lecture, il m'a dit, un peu embarrassé, craignant de me décevoir, que c'était bien, pas mal, quoi, mais que ce qui l'ennuyait, c'est qu'il ne se passait rien. Étonné, j'ai feuilleté le livre, vite fait, et ça m'est revenu : c'est vrai, en général, dans *Le Club des Cinq*, les trois premiers quarts du roman, il ne se passe rien. On remplit les sacs à dos, on joue avec le chien, on étudie la carte, on prépare les sandwiches, on part à vélo ou en roulotte, et ce n'est que dans les dernières pages qu'un incident se produit ou qu'un sale type surgit. Au XXIᵉ siècle, les enfants ont le cerveau bombardé d'informations, d'action, de suspense et de rebondissements depuis qu'ils sont tout petits, ils sont survoltés, n'ont pas envie d'attendre : ils s'endorment si rien n'arrive. C'est bien aussi, on ne perd pas de temps, qui passe si vite. Mais moi, c'est ce que j'aimais : que ce soit calme, qu'on évite les problèmes, qu'on prépare les sandwiches et qu'on repousse autant que possible le moment où tout va se détraquer.)

«Quelle malchance ! s'écria Claude» est la première phrase du *Club des Cinq en roulotte*. À table, tous les trois, entre «l'œuf mollet de l'ami Francis» et «le crousti-fondant de cochon de lait de Mayenne», nous avons espéré, brièvement, en souriant, que ce n'était pas un mauvais présage. Superstition. Ne sois pas bête. De toute façon, je n'ai pas lu la suite, mais j'imagine qu'il n'y avait simplement plus de réchaud à gaz en stock à la quincaillerie de M. André, ou que Claude n'arrivait pas à remettre la main sur le sac de couchage qu'elle (car c'est une fille – elle s'appelle Claudine mais préfère Claude) était pourtant certaine d'avoir rangé l'été dernier dans le grenier.

Un voyant inconnu qui s'allume alors qu'on vient de s'engager sur l'autoroute, qu'on ne peut pas s'arrêter et que la première station-service doit être à des dizaines de kilomètres, c'est autre chose qu'un sac de couchage égaré. Sur l'écran de l'ordinateur de bord, auquel je n'avais pas prêté attention, s'affiche : «Vérifier pression pneus», sous une petite voiture schématisée, vue de haut, dont le pneu avant gauche clignote. Le chaudron dans lequel se trouve un point d'exclamation, donc, ce doit être un pneu – dont la partie inférieure, en contact avec la route, la ligne brisée, n'annonce rien de bon. Le problème se situe dans mon pneu avant gauche, le savoir est déjà une avancée.

Le voyant est orange, en réalité, je m'en aperçois en essayant de me décontracter, la surprise et l'inquiétude instantanée m'ont déréglé le système de reconnaissance des couleurs. Or orange, je me dis, ce n'est pas rouge. Ils n'ont pas créé cette hiérarchie chromatique pour rien : si c'était

vraiment grave, ce serait rouge, ou alors plus rien n'a de
sens. Mais cette alarme de gravité modérée ne s'est pas
déclenchée dans Paris, ni même sur le périphérique, à
l'époque où j'étais encore chez moi et pouvais m'arrêter
n'importe où, en terrain ami, pour faire face tranquillement. Non, au départ, tout allait bien. C'est apparu, ça a
surgi. Mon pneu avant gauche a *commencé* à se dégonfler.
Comment peuvent-ils considérer, ces pseudo-spécialistes
de l'industrie automobile, que ce n'est que moyennement
grave ?

Peu après la bifurcation vers l'A10, au niveau d'Orly, je
profite du bouchon habituel à cet endroit pour sortir de la
boîte à gants le précieux manuel du conducteur, mon seul
allié en l'occurrence. J'y apprends que lorsque ce voyant
s'allume, l'avantage, c'est qu'il n'est pas nécessaire de
trop réfléchir : « S'arrêter immédiatement et vérifier la
pression de gonflage. » (Orange ? Ce n'est pas très grave,
donc, mais il faut agir de toute urgence ou c'est le drame.)
Un panneau m'indique que la station la plus proche se
trouve à vingt kilomètres. Je n'ai pas l'intention de jouer
au mariole, je vais faire de mon mieux pour m'arrêter
immédiatement, mais ça va prendre un peu de temps.

Le bouchon se dissout comme par enchantement, c'est
d'ailleurs souvent le cas, je n'ai jamais compris pourquoi
mais j'ai autre chose à penser pour l'instant, j'accélère, j'ai
l'impression que sur l'écran de l'ordinateur de bord, le
pneu avant gauche clignote de plus en plus vite et désespérément (mais ce doit être une illusion) et j'entends en moi
une voix d'homme assez âgé, solennelle et caverneuse,
déclamer une phrase que je viens de lire dans le manuel :
« Un gonflage insuffisant peut provoquer un échauffement
considérable du pneu ainsi que des dommages internes
entraînant le décollement de la bande de roulement et
même l'éclatement du pneu à grande vitesse. » Je me souviens du temps où je passais mon permis de conduire, ce

n'était pourtant pas avant-hier matin : lorsqu'un pneu éclate, a fortiori à grande vitesse, il faut maintenir très fermement le volant, pour éviter que la voiture ne parte en sucette, puis tenter de la guider le plus calmement et sûrement possible vers le côté de la route. En roulant sur la voie de droite à la plus petite vitesse envisageable ici, à quatre-vingts ou quatre-vingt-dix kilomètres à l'heure, je maintiens donc très fermement le volant, les mains puissamment crispées – résiste, bande de roulement, épargnez-moi, dommages internes. Quand je croise à gauche le regard d'un vieux bonhomme en Twingo qui me double, je me rends compte que je suis tendu vers l'avant, que je ne touche plus le dossier de mon siège, que j'ai mal aux doigts, aux articulations, et je sens une contraction dans les mâchoires, signe que mes traits sont légèrement déformés par la peur. Ces fous sont de véritables dangers de mort, il doit se dire.

Je ne peux qu'espérer, faire confiance au destin – c'est un grand mot pour un pneu, je sais, mais vraiment, je n'ai pas envie de partir en sucette maintenant. Quelle malchance, on ne peut pas dire le contraire, tout allait bien, je fonçais pimpant vers le passé, l'énigmatique, un quart d'heure plus tôt je sifflotais ou presque, et me voilà soudain tétanisé par l'angoisse. Mais c'est comme ça, on n'y peut rien : on roule, un pneu éclate, on est foutu.

Il faut, cependant, que j'apprenne à relativiser. Au pire, je finis dans la glissière de sécurité. En rade sur le bord de la route avec, peut-être, une ou deux bosses et un peu de sang sur l'arcade. La pauvre Lili aurait signé tout de suite, dans son lointain Périgord. Mais on n'a pas le choix : elle, dix-huit coups de serpe dans le dos, la malheureuse. Le Club des Cinq, ça va deux minutes – cinq, allez. Les pneus qui se dégonflent aussi. Dix-huit coups de serpe dans le dos, Lili. C'est ce que j'ai entendu tout à l'heure – juste avant de couper le son quand le point d'exclamation orange est apparu pour me foutre mon voyage en l'air – sur le CD que j'ai emporté et commencé à écouter sur le périph. Il s'agit de l'enregistrement d'un documentaire diffusé en 2004 dans «Le Vif du sujet», sur France Culture, qu'on ne pouvait plus trouver en podcast et que Christine Bernard, ancienne assistante de l'émission, a eu la gentillesse de m'envoyer. On y entend Jeannette, la jeune voisine de Lili à l'époque, devenue vieille : «Dix-huit coups de serpe dans le dos!» Elle se souvient, avec d'autres, de ce drame qui a laissé la pauvre Lili (et pas seulement elle) mutilée dans un bain de sang; de ce fait divers abominable vers lequel je roule avec mon pneu dangereux. Jeannette avait seize ans. L'assassin, elle n'est pas près de l'oublier : «C'était un vrai démon!»

2.

Le personnage principal, Henri, le vrai démon, est d'abord un sale gosse. Capricieux, irascible, violent, cynique et méprisant, unique rejeton de ce qu'on appelle une bonne famille, il leur pompe tout l'argent qu'il peut, le claque en n'importe quoi, éclate de colère quand on refuse de le renflouer assez rapidement et, s'ils s'entêtent à ne pas lui donner tout ce qu'il veut, vend leurs meubles ou leurs bijoux dès qu'ils regardent ailleurs. «Les parents sont là pour servir les enfants», dit-il. Il refuse de travailler, n'aime rien d'autre que l'alcool, les femmes et les belles voitures, et a épousé une fille dont il se tamponne, avant même d'être majeur et simplement parce que son père n'était pas d'accord, pour la tromper aussitôt après leur mariage avec l'une de ses amies (à elle). Il a inventé son enlèvement par la Gestapo, imaginé une demande de rançon invraisemblable et réussi ainsi à escroquer 100 000 francs à sa tante, qui l'aime pourtant comme une seconde mère.

Emmanuel Girard, un ami du quartier rencontré devant la maternelle où nos garçons débutaient ensemble, il y a bien longtemps, me suggère depuis des années, régulièrement, inlassablement, de raconter la vie d'Henri. Ça ferait un livre formidable, m'assure-t-il presque chaque fois que nous dînons chez eux, sa femme Claire, lui et leurs deux enfants, ou chez nous : une vie tumultueuse et rocambolesque, passionnante, une vie de millionnaire et de clochard, pleine de rage, de haine, de gloire et de grands combats, sur plusieurs continents. Toujours, depuis des années, inlassablement, je lui réponds que ce n'est pas mon truc, ces vies-là : la gloire, la haine, les grands combats, tout ça, merci, c'est trop vaste et complexe pour moi – je me sens plus à l'aise avec l'anecdotique, le détail, la malchance et les petits dérapages ; les pneus qui éclatent plutôt que la grande épopée de l'automobile. Surtout, j'ai besoin, il me semble, de ressentir au moins une certaine sympathie pour mes personnages, à défaut d'amour ou de compassion : les petits caïds irascibles qui cassent tout, mentent à tout le monde et volent ceux qui les aiment, que ce soit dans la banlieue de Sedan ou sur tous les continents, ça me tente moins – qu'ils vivent et meurent de leur côté, nababs ou clodos, ça me va très bien. Bref, ça ne m'intéressait pas, l'idée d'Emmanuel, l'idée de Manu. Mais il avait oublié, jusqu'à un soir de l'an dernier au comptoir du Bistrot Lafayette, au coin de la rue, de me parler d'un court épisode de cette existence rageuse ; un épisode noir, nauséabond ; il avait, je pense, préféré oublier. Sans doute parce que Henri était son grand-père.

Si Henri est un sale gosse, il faut reconnaître qu'il a quelques excuses. D'abord, il est le produit d'une longue lignée de figures importantes, ou qui se pensaient telles, riches et brillantes, il résulte de l'union raisonnable de deux familles de têtes hautes dans lesquelles on ne compte plus les Légions d'honneur (sauf si on n'a vraiment rien d'autre à faire), les Girard et les Gratet-Duplessis, les premiers sérieux et sévères, les seconds pompeux : on y trouve associés des hommes politiques de petite envergure, des intellectuels appliqués et quelques artistes officiels.

C'est au niveau des grands-parents d'Henri que s'est effectuée la jonction entre les deux forces ancestrales. Son grand-père paternel, Charles, était le fils unique d'Antoine Girard, descendant d'une tripotée de professeurs d'université, depuis le XVᵉ siècle, et maire du petit bourg d'Escoire, à une douzaine de kilomètres de Périgueux, de 1876 à 1881. Charles Girard, professeur à HEC et directeur des travaux pratiques de chimie à l'Institut national agronomique, est devenu chef de cabinet du ministre de l'Agriculture en 1895, sous la présidence de Félix Faure (envoyé dans l'au-delà par une turlute, l'heureux homme – façon de parler, car il est mort à cinquante-huit ans, ce qui me paraît aujourd'hui un peu prématuré, qu'on s'en aille sous les roues d'un bus au Kremlin-Bicêtre ou à l'Élysée dans la bouche d'une demi-mondaine envoûtante (il faudra que je trouve un jour l'occasion d'écrire quelque chose sur cette pompeuse fatale (qu'on a surnommée plus élégamment « la pompe funèbre »), Marguerite Steinheil, dite Meg, une vorace aux amants innombrables, issue de la richissime famille Japy et de son empire d'horloges, de prospection minière et de machines à écrire, qui a été accusée neuf ans après la mort du président d'avoir tué son mari peintre, Adolphe Steinheil, et sa mère, avant de partir se faire oublier à Londres sous le nom d'emprunt de Mme de Sérignac et de finir sa vie dans le Sussex (comme par hasard) à quatre-vingt-cinq ans, épouse d'un baron anglais et devenue lady Abinger – mais pour l'instant, je pense qu'il vaut mieux que je me concentre sur Henri)). Charles Girard, l'impressionnant grand-père chef de cabinet, s'est marié en juillet 1890 avec Cécile Gratet-Duplessis, dont le père Georges était historien, membre de l'Institut de France et de l'Académie des beaux-arts, conservateur des estampes à la Bibliothèque nationale, et la mère, Berthe, fille d'une Taillefer de La Roseraie et d'un peintre pompier dont le père était maire de Saint-Cloud.

Au moment de leur mariage, les encore jeunes Cécile et Charles disposent d'une bonne fortune, méticuleusement amassée par plusieurs générations de prudents gestionnaires : entre autres, quelques appartements à Paris, un immeuble rue Madame, un autre rue du Cherche-Midi, un troisième à Saint-Cloud, des terres en Beauce et des millions de francs en titres divers. Le couple va la conforter, cette bonne fortune, en achetant en 1895 un imposant château du XVIIIe siècle sur une propriété de cent vingt hectares, à Escoire – le bourg de cent quatre-vingts habitants dont le père de Charles était maire une quinzaine d'années plus tôt.

Tout ce beau patrimoine séculaire sera bientôt balayé d'un jour à l'autre, comme quelques cabanes de paille et de boue par un cyclone tropical, atomisé, anéanti par un enfant gâté. (Il n'en reste plus rien aujourd'hui, et depuis longtemps. Mon ami Manu roulerait sur l'or.) Henri écrira : «Ma très légitime grand-mère, une vieille abominable et riche qui sentait mauvais, chaussait des diamants à ses doigts boudinés qui ne lui servaient jamais qu'à faire des gestes de refus, était physiologiquement stupide et ne s'en doutait pas.» En 1895, il n'existe pas encore, celui qui la hait, celui qui dévore l'argent, celui qui va tout détruire. Il racontera une anecdote qui l'a marqué : «Le 1er janvier 1936, cette loque de moire noire m'avait remis 100 francs avec, jointe, la recommandation de ne pas faire de bêtises avec tout cet argent.»

Cécile Julie Gratet-Duplessis et Charles Antoine Girard ont eu quatre enfants, qu'ils emmenaient l'été au château d'Escoire quand ils étaient petits : Georges, d'abord, en 1891 ; puis, trois ans plus tard, Henri, surnommé Riquet, qui transmettra son prénom au sale gosse : il est mort le 26 avril 1915 aux Éparges, dans la Meuse, lors de l'une des plus sanglantes et inutiles batailles de la Première Guerre mondiale, à vingt et un ans, deux ans après être entré à l'Institut agronomique, comme papa ; Amélie ensuite, en 1897, qui restera vieille fille toute sa vie ; et enfin Madeleine, la petite Madeleine, « longue, blanche, pâle », comme la décrira une voisine d'Escoire, qui s'éteindra toute seule en 1925, à vingt-deux ans, quelques mois après avoir obtenu son permis de conduire. De ces quatre descendants, seul Georges, l'aîné, ajoutera une petite branche à l'arbre généalogique. Il aura un fils, unique, Henri, le démon.

Mais ce n'est pas Henri qui va dérégler le premier la machine familiale, c'est son père, Georges Girard – sans intention de nuire, juste par amour. Il va faire entrer la brebis galeuse dans le salon Louis-Philippe. Georges est un drôle de bonhomme, dont ni les manières ni l'allure ne s'accordent avec celles de ses ascendants grands bourgeois. Il semble tombé du ciel par erreur, il ferait tache dans l'un des tableaux de clan distingué que peignait son arrière-grand-père maternel. Il se fout de l'argent, il s'habille n'importe comment et se soucie du regard des autres comme des crottes de nez de ses aïeux. Pourtant, théoriquement, il est resté sur la voie qu'on a tracée pour lui : après le lycée Henri-IV, il a intégré l'école des Chartes, qui forme aux sciences de l'Histoire, et en est sorti archiviste paléographe en 1913, deuxième de sa promotion. Il s'est illustré aussi vaillamment que loyalement durant la parenthèse brutale et sanglante de la guerre qui a pulvérisé son petit frère Riquet, il en est revenu avec des breloques, dont une croix de guerre, des étoiles et quelques compliments (« A toujours fait preuve de courage et de dévouement, notamment devant Verdun »), puis il est entré archiviste adjoint au ministère des Affaires étrangères, y a été nommé bibliothécaire en 1923, et enfin, toujours au Quai d'Orsay, conservateur adjoint au service des Archives, en 1937. Une belle carrière, quoique modeste, avec Légion d'honneur au passage, un minimum chez les Girard et Gratet-Duplessis. Parallèlement, il a publié quelques livres historiques remarqués, deux recueils de nouvelles (formidables, mélancoliques et légers), et a collaboré à plusieurs journaux, *Le Figaro*, *Les Nouvelles littéraires*, mais aussi *Le Crapouillot*, avec Francis Carco et Pierre Mac Orlan, bien avant que l'extrême droite n'y fourre ses pattes huileuses. Car Georges, qui cloche dans le cadre de famille, n'est pas non plus un chartiste comme les autres : «Girard avait vécu avec les poilus de 14, mais il semblait, tant il connaissait leur langage, leur pensée, avoir vécu avec les grognards de l'empereur, les volontaires de la Révolution, des gens de pied de Louis XIV.» C'est ce qu'on lira dans l'un des hommages qui lui seront rendus à sa mort.

Physiquement, sa fiche matriculaire de l'armée n'apprend pas grand-chose : il n'est pas bien haut (un mètre soixante-dix), il a les cheveux «châtain-blond» et les yeux «bleu clair» – une précision qui pose son regard, tout de même. Mais ses amis aident à comprendre pourquoi il jure dans les salons exquis et gourmés du quartier Saint-Sulpice, sanctuaire de ses parents. Pour résumer, il est «hirsute, la moustache en bataille, le sourcil broussailleux». André Billy, de l'Académie Goncourt, s'émeut : «Sa grosse tête ronde, ses grosses moustaches, ses yeux de bon chien, que tout cela était donc sympathique, que tout cela était donc français!» Bon vivant, drôle et original, il est ami avec Jouvet, Giraudoux, Paul Morand un peu, Saint-John Perse et le grand avocat Maurice Garçon. Celui-ci dira de lui : «Georges Girard n'avait aucun soin de lui-même, rien ne lui était plus indifférent que la manière dont il était vêtu. Pour ne pas dire plus, disons seulement qu'il était négligé.» (La plupart de ses amis et collègues sont à des océans de soupçonner qu'il est riche, qu'il a hérité d'un grand domaine en Dordogne, dont il est le châtelain – «Il était si peu bourgeois», écrira Billy. D'ailleurs, il y va rarement : il ne l'aime pas, ce château.) Jean Porcher, l'un de ses potes des Chartes, salue à sa mort, en 1941, «un soldat ardent et bourru, prompt à rire comme à s'indigner, car il était incapable de tiédeur : un vrai grognard». Deuxième fois, grognard, et pas par hasard : il grogne, il s'emporte, il tempête à la moindre contrariété ; et comme pas mal de choses l'énervent ou le révoltent, il tempête souvent. Si tous ceux qui l'ont connu soulignent son intelligence, son bon cœur, sa droiture et sa lucidité, personne n'oublie de mentionner son sale caractère, ses coups de sang et ses colères disproportionnées.

Cette humeur presque constamment massacrante vient peut-être du sentiment persistant, grandissant avec les années, de ne pas appartenir à la même famille que ses parents, d'être une sorte d'erreur génétique. Ou plus simplement de ses premières années : une dame Brunet, qui jouait avec les enfants Girard dans le parc du château quand elle était petite, pendant les vacances au début du siècle, se souvient que Charles et Cécile dressaient durement leur progéniture, leur imposant une discipline de fer et usant du fouet sans mesure dès que les mioches ébauchaient un pas en dehors du chemin convenable.

Ça ne l'a pas maté, Georges. Il a trahi son sang, le vaurien, le négligé. Pendant l'été 1909, à dix-huit ans, il est tombé amoureux de la sœur aînée de sa copine Brunet, qui avait trois ans de plus qu'eux. Mais il n'était pas très beau et ses déclarations, courageuses, glissaient sur la jolie voisine comme du miel sur un râteau. Têtu comme un malheureux, il a continué à la poursuivre à Paris, en lui envoyant régulièrement de longues lettres ardentes et pathétiques, auxquelles elle n'a répondu, agacée mais compatissante, que deux ou trois fois et toujours la même chose : ne m'en veux pas mais tu peux te brosser (en substance). Ne sachant plus comment se dépêtrer de ce bon chien, elle a fini par demander à sa meilleure amie, Valentine, de lui écrire pour lui expliquer clairement que ce n'était pas la peine d'insister, qu'elle était amoureuse d'un autre garçon ou quelque chose comme ça. Georges a répondu tristement à Valentine, puis Valentine a répondu à Georges et Georges Girard a répondu à Valentine Arnaud, pendant des années. Ils se sont mariés le 3 juin 1916 à Montpellier, profitant de quelques jours accordés à Georges par son régiment d'infanterie, le 78ᵉ, qui était en repos après la boucherie de Louvemont, au nord de Verdun.

Valentine Arnaud est issue d'un milieu, sinon modeste, du moins normal (vulgaire) : sa mère est commerçante, son père professeur de lycée. Elle l'est d'ailleurs elle-même, de français – au lycée aussi, la honte. Et ce n'est pas le pire. Elle est athée, la garce, farouchement athée. Pour couronner le tout (d'épines sur le front respectable et sensible de ses beaux-parents), elle est de gauche, et pas à moitié, pas pour se donner un genre : elle méprise l'argent, la finance, le carriérisme, les patrons et les honneurs (au secours), elle a bien connu Lénine en 1910 à Paris – Cécile Gratet-Duplessis porte les deux mains à son cœur. Georges est fou d'elle, rien ne l'arrêtera. Elle a huit ans de plus que lui. (Où est la caméra cachée ? demandent Charles et Cécile – dans les situations cauchemardesques, on envoie les anachronismes au diable.)

Valentine refuse de se marier à l'église, à la mairie seulement. C'est foutu, la dynastie est contaminée. Pas un seul membre de la famille de Georges ne fait le déplacement jusqu'à Montpellier, où vivent les parents de la salope, pour assister à la petite cérémonie civile. Georges est seul et s'en tape. Il repart au front et, quatre mois plus tard, revient entre bras et jambes de sa belle rebelle, lors d'une nouvelle permission avant que son régiment ne replonge dans la bataille de la Somme. Le 16 juillet 1917 à 9 heures du matin, à Montpellier, dans les mains d'une sage-femme nommée Jenny Bazin, naît celui qui sera leur seul enfant, le fruit de la trahison, le monstre, Henri Girard.

Son père a vingt-six ans, sa mère trente-quatre. Ils n'ont pas beaucoup d'argent, la famille Arnaud ne peut les aider que très modestement, Georges espère décrocher un emploi stable dans une administration ou un ministère après la guerre, s'il y survit (c'est du pile ou face – ou face), mais évidemment personne ne sait si elle durera encore trois mois ou six ans. L'avenir du petit est loin d'être tout tracé. (Je ne sais pas ce qui m'a pris de taper le nom de la sage-femme sur Google, ni ce que j'espérais trouver, mais voilà : le 11 décembre 1890, alors qu'elle n'avait que vingt-deux ans et travaillait à la maternité de Toulouse avant de rejoindre celle de Montpellier, Jenny Bazin a aidé à l'accouchement d'une jeune repasseuse, Berthe Gardès, et mis ainsi au monde le petit Charles Romuald, né de père inconnu (selon certains, il s'agirait d'un cousin séminariste, selon d'autres d'un voisin de Berthe, Paul Lasserre, qui deviendra membre d'une célèbre équipe de cambrioleurs parisiens, «La bande des Ternes» – la mère, elle, rejetée par sa famille, s'exilera deux ans plus tard en Argentine), un bébé dont, à la naissance d'Henri, on parle déjà beaucoup de l'autre côté de l'Atlantique : Carlos Gardel.)

Dans une pauvre tentative pour calmer l'ascendance outrée, son père lui farcit l'état civil de prénoms dignes : Henri Georges Charles Achille Girard, il s'appelle. Mais le mal est fait, ça ne sert plus à rien. Pendant que Georges est retourné bouffer du singe au fond des tranchées (le singe, c'est le nom que les poilus donnaient au bœuf en conserve qui constituait à peu près leur seule nourriture – *Boîte de singe* est le titre de l'un des deux recueils de nouvelles (formidables : mélancoliques et légers, drôles, poétiques, émouvants et pince-sans-rire) qu'il a écrits), Valentine et Henri sont seuls à Montpellier, 25 boulevard Renouvier. Le petit passera sa première année sans son père.

Du côté de Saint-Sulpice, personne ne songe même à descendre dans le Sud voir celui qu'on appelle déjà le bâtard, on le laisse avec la rouge. On va essayer de l'oublier. De toute façon, il est moche (c'est bien la preuve qu'il y a un bon Dieu), pire que son père – on lira un peu plus tard des descriptions d'Henri Girard qui ne donnent pas particulièrement envie d'être à sa place : il est décharné, voûté, «le visage émacié, les oreilles en éventail», il fait plus vieux que son âge, il a les yeux enfoncés dans les orbites, «une physionomie rude et le regard fuyant» (bien sûr, on ne parle pas ici du bébé, ce serait terrifiant). Un article du *Petit Parisien*, en juin 1943, résumera bien tout ça : «Il est grand, maigre, blond-roux, avec d'épais cheveux et quelques boutons sur le visage. Ses oreilles de fort modèle se détachent un peu trop. Les prunelles sont d'un bleu glauque.» Sur une fiche officielle du ministère de l'Intérieur, on trouvera une précision qui me semble peu flatteuse : «Visage : en toupie». Quant à lui, le tordu, le mal foutu, il évoquera lui-même, de manière plus synthétique, sa «sale gueule de brute».

Ce coup de poisse physique à la grande loterie de la vie n'est pas, cependant, ce qui excuse en partie son côté sale gosse. C'est autre chose. Il n'a que neuf ans quand Valentine, l'intruse, la révolutionnaire, la seule personne qui prenne soin de lui et la seule qu'il aime, meurt. Il est déchiré, il n'en guérira jamais.

Atteinte de tuberculose, plus ou moins maintenue en équilibre pendant deux ans, elle est victime d'une rechute grave en 1923 à Paris, où le couple et son enfant se sont installés, au 49 rue Madame, quand Georges est entré au ministère des Affaires étrangères : son médecin la fait admettre d'urgence dans un sanatorium à Leysin, dans les Alpes, où affluent des malades du monde entier, la maladie pernicieuse s'abattant sur les poumons de n'importe qui – vingt ans plus tard, la station suisse comptera quatre-vingts établissements de cure (vu de notre époque, c'est romantique, un sanatorium, mais à ce niveau-là, on ne devait plus s'entendre parler dans les petites rues de Leysin, avec les quintes de toux glaireuse). Georges ne pouvant s'occuper de lui à cause de son travail au Quai d'Orsay, Henri a été confié à ses grands-parents paternels. Cécile et Charles. Il y a passé une année entière, au 60 rue Madame, à cent mètres à peine de l'endroit où vivait son père, où manquait sa mère, et c'est sans doute à ce moment-là, à six ans, entre une remarque blessante contre Valentine et peut-être un ou deux coups de fouet, que la haine à l'égard de sa famille a commencé à se développer en lui. Sa tante Amélie, la sœur de Georges, est une gentille fille de vingt-six ans, timide, solitaire, un peu trop grosse, qui occupe tout le troisième étage de l'immeuble, un appartement de dix pièces, seule. Injustement peut-être, il la mettra dans le même sac que les vieux, estimant qu'elle était dans leur camp lorsqu'ils ont tout tenté pour empêcher leur fils d'épouser la gauchiste, et quand ils l'ont mise à l'écart ensuite.

Ce qu'il comprendra bientôt, et qui achèvera de l'envenimer, c'est que ses grands-parents sont presque directement responsables de la mort de sa mère. Pour eux, l'occasion était belle : quand son mal s'est aggravé, alors qu'ils étaient richissimes, ils ont refusé de donner à leur fils Georges l'argent nécessaire pour la faire soigner correctement (son salaire au ministère est bien insuffisant), se contentant du minimum au-dessus de l'ignoble, et d'un argument aussi fumeux qu'imparable, aux yeux du moins de la si dévote Cécile Gratet-Duplessis : il faut laisser Dieu décider pour elle.

Il décidera trois ans plus tard. (Henri écrira : «Ma mère était un ange, de la variété laide, anarchiste et athée, comme mon père. Mais les autres étaient du genre pieux. Alors ils lui ont fait la guerre, en vache, à l'étrangère. Ça a duré dix ans, et puis elle est morte : quand elle est tombée malade et qu'il lui a fallu des soins coûteux, grand-mère a coupé les vivres.») Depuis que Valentine est revenue de Leysin, faible mais oxygénée, Georges, la femme de sa vie (il tuerait père et mère pour qu'elle vive) et leur marmot ont

emménagé dans un endroit où l'air est plus pur et sain qu'à
Saint-Sulpice : ils louent une petite maison en meulière
à la campagne, au numéro 3 du sentier de la Bourgogne, à
Meudon. La cuisinière des vieux, Joséphine Depralon, dite
Finaud, qui les sert depuis leur mariage, trente-cinq ans
plus tôt, vient souvent aider Valentine à s'occuper du garçon – Henri dira d'elle qu'elle était sa vraie grand-mère,
celle qui le gâtait, le regardait avec amour, cachait le miel
et le chocolat à l'endroit où elle était sûre qu'il les trouverait : «Ses maîtres ne valaient pas la semelle d'un de ses
tout petits souliers noirs.» Mais les maîtres en question,
Charles et Cécile, elle surtout, n'apprécient pas qu'on les
dépouille de leur domestique, et le font comprendre. En
juillet 1926, Georges engage donc une gouvernante d'une
quarantaine d'années, Marguerite Pelaud, qui vient habiter
avec eux à Meudon. Avant de partir pour une deuxième
cure, cette fois aux Tines, à Chamonix, Valentine, qui n'a
plus d'espoir, lui fait promettre de continuer à s'occuper de
son fils après sa mort. Marguerite accepte – bien obligée
(on l'imagine mal l'envoyer bouler, va mourir), mais elle
s'acquittera fidèlement de sa mission, aussi longtemps
qu'elle pourra. Deux mois plus tard, le 12 septembre 1926,
Valentine Eulalie Arnaud, épouse Girard, tousse une dernière fois et meurt à Chamonix. «Ma mère est morte. Elle
est vraiment morte, si extraordinaire que ça paraisse, si peu
possible à croire. Elle m'a laissé tout seul, orphelin,
quelque chose comme un oiseau déplumé sous la grêle ;
sans elle, je n'ai plus de refuge.»
   Si Henri se sent orphelin, abandonné, c'est que son père
n'est pas là pour lui. Georges est un bon gars, sensible sous
sa rudesse d'ours, mais la mort de sa femme l'a trop meurtri pour qu'il pense à autre chose, plus rien ni personne
n'existe autour de lui, comme si Valentine avait tout
emporté dans le néant avec elle. Il n'a plus conscience de
la présence de son fils, il ne le voit plus qu'un peu le matin

et un peu le soir, il s'immerge dans son travail aux Affaires étrangères.

Un an avant Valentine, c'est Madeleine qui est morte, la petite sœur de Georges et Amélie, à vingt-deux ans. La fille Brunet, qui jouait au croquet avec les enfants Girard dans le parc du château d'Escoire, se souviendra face au journaliste et historien périgourdin Jacques Lagrange que «tout le monde l'aimait, ce qui était exceptionnel dans cette famille où l'on se détestait».

Comme son père massacré, l'oiseau déplumé doit continuer à vivre, sous la grêle ou pas. Deux mères de substitution se proposent à lui, Amélie, sa tante, lui apprend à lire, à écrire, à compter («Malgré cela, je n'ai jamais pu oublier l'attitude hostile que je lui avais vu manifester à l'égard de ma mère, j'en ai gardé énormément de rancune»); et Marguerite Pelaud, la gouvernante, essaie de tenir la promesse faite à sa patronne, de son mieux, avec toute l'affection dont elle est capable. Henri va grandir comme il peut, son existence d'homme débute maintenant. Ce que j'en sais, outre ce que m'en a raconté depuis dix ans son petit-fils Emmanuel Girard, Manu, et ce que j'ai découvert ici ou là, je l'ai trouvé en bonne partie dans une biographie que lui a consacrée l'écrivain Roger Martin, *Vie d'un rebelle*.

En septembre 1926, il a neuf ans, il entre en septième au cours Maupré, rue de Grenelle à Paris («Enfant timide et sans ressort», notera sa première maîtresse), puis il enchaîne plus énergiquement les classes suivantes au lycée Montaigne, où il se montre brillant, exubérant, instable mais travailleur, et la troisième à Louis-le-Grand, qu'il quittera en cours d'année. Il ne parle avec son père (qu'il entend pleurer toutes les nuits dans sa chambre) que lors des trajets en voiture : Georges l'emmène tous les matins de Meudon à Paris, et le ramène le soir, après l'étude, de Paris à Meudon, où Marguerite prend le relais, et parfois Finaud, quand ses maîtres lui lâchent la bride.

Cependant, la violence du deuil des premiers temps passée,
l'archiviste paléographe essaie tant bien que mal d'être
plus présent pour celui qui partage son malheur. Mais il ne
peut abolir une certaine distance entre eux : il est maladroit,
bourru, brusque, il ne sait pas comment faire. Il engueule
brutalement son fils pour un rien, une note moyenne ou la
lumière un peu trop tard le soir, puis il lui pardonne tout,
le couvre de caresses pataudes et lui laisse faire ce qu'il
veut, avant de lui hurler dessus pour une cravate mal
nouée. Henri a peur de lui, se sent seul et incompris, pense
à sa mère et tourne mal. Il devient insolent, menteur, provocateur et cynique – selon une amie de la famille,
Madeleine Flipo, dont son père va bientôt se rapprocher,
ce comportement s'explique aussi par son physique ingrat
et maladif (il semble sujet à la même faiblesse pulmonaire
que sa mère, tous les trois jours on redoute la tuberculose) :
«Se sentant physiquement diminué auprès de ses cama-
rades, il éprouvait le besoin de se faire valoir autrement.»
    En 1930, son grand-père Charles meurt. (La crochue
Cécile ne le suivra que dix ans plus tard, le 31 mars 1940,
le jour même des quarante-trois ans d'Amélie (pénible
jusqu'au bout, le vestige à bagouzes : ça vous fout tous les
anniversaires suivants en l'air) – Amélie qui, comme son
frère Georges, seul héritier avec elle, deviendra riche instantanément.) Après la mort de son père, de manière
incompréhensible et douloureuse pour Henri, Georges
commence à se rapprocher de sa mère, sans doute parce
qu'il n'a plus qu'elle : on est toujours plus indulgent avec
les survivants. Le péril rouge éloigné depuis quatre ans, la
vieille pingre à présent solitaire se radoucit également de
son côté, et son fils commence peu à peu à lui pardonner.
Il emmène Henri déjeuner chez elle, dans une odeur de
vieux velours et de renfermé, je suppose, ils passent
quelques week-ends sinistres rue Madame, dans l'immeuble des ancêtres, et l'adolescent, à qui sa mère a eu le

temps d'apprendre à détester toute forme de religion et à cracher sur les curés et leurs ouailles soumises, est traîné tous les dimanches à la messe. On le fait même enfant de chœur. Il ne sait plus quoi penser de son père : «Intervint alors une réconciliation à laquelle, aujourd'hui encore, je ne comprends pas grand-chose. Pourtant, il avait du caractère, mon vieux. Et même du très mauvais.»

Ses résultats scolaires s'en ressentent aussitôt. Intelligent, vif d'esprit et naturellement doué pour étudier (Georges l'a encouragé très tôt à travailler son latin : à quatorze ans, il peut lire facilement Tacite dans le texte), il n'a plus envie de faire d'efforts – il sait d'autre part qu'il héritera d'une fortune, pourquoi se fatiguer, et pourquoi obéir ? Au printemps 1931, en fin de troisième à Louis-le-Grand, il prend deux heures de colle pour mauvaise conduite. Craignant la réaction d'un père qui s'emporte pour un rien, il s'enfuit du lycée avant la pause déjeuner. Il prend la rue Saint-Jacques vers le sud, sort de Paris, oblique vers l'ouest et marche sans s'arrêter. À 22 heures, il arrive à Rambouillet. À pied, plus de quarante kilomètres. Il demande une chambre dans le plus bel hôtel de la ville, un petit palace de grande banlieue. Il y est déjà venu. C'est le dernier endroit où Georges a emmené sa femme et son fils, cinq ans plus tôt, peu de temps avant la mort de Valentine.

Le réceptionniste refuse évidemment de donner une clé dorée à ce jeune vagabond sans argent : Henri, épuisé et peu fier mais conscient de son rang, lui demande alors de téléphoner à son père, le larbin va voir ce qu'il va voir ; on a le téléphone, chez les Girard. À Meudon, Georges, qui devenait fou depuis la fin des cours, bondit dans sa voiture et fonce chercher le fugueur dans la nuit de Seine-et-Oise. Il a eu peur, il est bouleversé, soulagé et ému. Il comprend, le poilu, qu'il a oublié de prendre soin de son fils, de regarder son fils, il comprend qu'il peut le perdre d'un jour à l'autre, comme sa femme, il comprend qu'ils partagent le même chagrin, la même blessure, le petit n'est pas venu dans cet hôtel par hasard, il comprend enfin qu'ils se ressemblent : lui non plus ne supportait pas qu'on le punisse parce qu'il n'était pas assez docile, lui aussi serait parti tout droit en maudissant le monde.

Il comprend beaucoup de choses mais ça ne l'aide pas à savoir comment s'y prendre, on ne devient pas père en se réveillant le matin. Soucieux de bien faire mais peu délicat, il conduit donc Henri chez un psychiatre, spécialiste des problèmes de l'enfance et de l'adolescence, le docteur Gilbert Robin. Georges l'a rencontré et s'est lié d'amitié avec lui aux *Nouvelles littéraires*, où le médecin s'occupe des pages «Actualités psychologiques». Il a connu un petit succès avec *Les Rêveurs éveillés*, un livre qui souligne les dangers des mondes imaginaires et des illusions (on ne le dira jamais assez), puis avec *Les Haines familiales*, au sujet des drames que peuvent engendrer les conflits au sein d'une famille (n'en parlons pas). Après une rencontre avec Freud en 1928, il a été l'un des premiers médecins français à s'intéresser à la psychanalyse. Plus tard, avant de connaître une renommée internationale avec son *Précis de neuropsychiatrie infantile*, il publiera *La paresse est-elle un défaut ou une maladie?* et *Les Drames et les angoisses de la jeunesse*. Georges a frappé à la bonne porte.

Mais contrairement à ce qu'il attendait, le spécialiste se penche moins sur son fils que sur lui. Il le réprimande amicalement, lui fait la morale, on n'élève pas un enfant comme une plante ou un canari : il lui demande d'être plus présent, plus attentif, et surtout moins sec, moins extrême, plus doux, on n'est plus dans les tranchées. Georges écoute humblement, on ne lui a jamais appris ces choses et depuis que Valentine – qui savait tout – n'est plus là, il est perdu. C'est lui l'élève, le débutant, il promet de faire tout son possible. Devinant probablement que ce n'est pas gagné et qu'un soutien parallèle ne sera pas superflu, Gilbert Robin conseille à son ami d'inscrire Henri chez les scouts. D'accord, il va s'occuper de ça, c'est une bonne idée.

Après cette entrevue côte à côte face au docteur, les rapports entre le père et le fils vont changer, s'apaiser, ils seront plus proches. Il ne reste plus qu'à faire au mieux. Et la vie d'Henri va se dérouler à partir de là, bancale mais à toute vitesse, comme toutes les vies.

3.

Limours-Janvry, terre promise ! Je prends la bretelle de
l'aire de service en relâchant tous les muscles de mon
corps endolori, je vais enfin savoir ce qui se passe avec ce
pneu avant gauche. C'est une station Total, il paraît qu'on
n'y vient jamais par hasard mais Shell, BP ou Tartempion
Oil m'auraient convenu tout aussi bien. Je gare la Meriva
près de la borne de gonflage, blanche, rutilante et manifestement toute neuve, la roue tourne, puis je vais boire un
café, pisser, flâner dans les rayons multicolores entre les
promos sur les M&M's, les chargeurs de smartphone et
les gants de cuisine «Mamie Kado» (qu'on peut associer
aux tabliers de barbecue «Papi Kado»), car je ne suis pas
né de la dernière pluie de conducteurs du dimanche : je
sais qu'il ne faut jamais contrôler la pression de pneus
chauds, ça te fausse tout.

Aux toilettes, devant les lavabos, deux puissants routiers
torse nu, pâles et bien gras, sans doute tchèques ou rou-
mains, se rafraîchissent face aux miroirs. L'un se rase en
grommelant je ne sais quelle chanson populaire de son
pays, l'autre se lave la moitié supérieure du corps à grande
eau, en battant ses flancs et sa poitrine velue de ses grosses
paluches. Je me sens ridicule. Ces gars-là se tordraient de

rire si un voyant orange s'allumait sur le tableau de bord
de leur camion.

Je bois mon café, je prends mon temps (qui vient acheter
un gant de cuisine dans une station-service de l'autoroute ?), je sors fumer une cigarette, je reviens à l'intérieur,
je suis un pilote chevronné mais je n'ai pas la moindre idée
du temps que met un pneu pour refroidir. J'achète un sandwich au jambon cru et au brie, un BiFi Roll et un Pulco
citron : je suis à peu près certain que je repartirai l'esprit
léger, ce ne doit être qu'une erreur ou un petit bug de l'ordinateur de bord, je mangerai tranquillement en conduisant,
comme un puissant routier.

Je range la voiture devant l'engin de contrôle qui va me
sauver, en sors extrêmement détendu et m'approche d'un
pas cool du long serpent qui crache de l'air. Aveuglé tout à
l'heure par la rutilance, je n'avais pas prêté attention au
morceau de papier blanc scotché sur le cadran de mesure
de la pression : « Station de gonflage momentanément
hors-service. Merci de votre compréhension. »

Ils peuvent se la mettre derrière l'oreille par exemple,
ma compréhension, mais je vais tout de même repartir plus
serein : le pneu avant gauche ne me paraît pas plus aplati
que les autres, alors que le symbole d'alarme est apparu il
y a une heure au moins. Je lui donne de petits coups de
pied (timides), il n'est pas particulièrement mou. Je verrai
à la prochaine station.

Au célèbre péage de Saint-Arnoult, je casse l'élastique
avec Paris, clac, j'entre dans un autre monde et pars vers
l'inconnu exaltant, même si j'ai la sensation pénible que la
voiture boite.

Je vais passer probablement une dizaine de jours à Périgueux, j'ai réservé une chambre au Mercure de la place
Francheville (si ce n'est pas exaltant, je n'y connais rien),
j'irai consulter le dossier Girard aux Archives départementales de la Dordogne (par mail, au début du mois, la

responsable m'a appris que je serai le premier à y avoir accès, depuis l'expiration du délai de communicabilité) et voir le château d'Escoire. J'ai emporté le compte-rendu du procès, rédigé par le cabinet Bluet (sténographe judiciaire) et publié à l'époque par Albin Michel, que j'ai trouvé sur le Net et reçu lundi; et, dans le vieux MacBook familial déglingué qui n'a plus pour fonction, avant la casse, que celle d'affichage, des centaines de photos qu'on m'a autorisé à prendre il y a trois jours à Pierrefitte, dans deux gros dossiers conservés aux Archives nationales – je n'avais que quatre heures devant moi, je n'ai presque rien lu mais tout photographié. La Meriva n'est pas équipée d'un GPS, je n'ai pas de téléphone portable, j'ai donc emporté aussi plusieurs plans détaillés de certains endroits des alentours de Périgueux, que j'ai imprimés sur Google Maps, et deux cartes Michelin. Ça me donne un petit côté Club des Cinq.

Avant la sortie pour Dourdan, un panneau indique la direction de Rambouillet. Je vois le jeune Henri marcher sur la bande d'arrêt d'urgence, tenant à peine sur ses jambes. Devant moi, le point d'exclamation dans le chaudron est toujours orange, mais avec le temps, je l'ai apprivoisé. En revanche, sur l'écran, c'est le pneu avant droit qui clignote, maintenant. Soit tous mes pneus sont en train de se dégonfler les uns après les autres, ce qui serait mystérieux, soit l'ordinateur est détraqué. Je remets le CD de l'émission de France Culture. La voix aiguë de la vieille Jeannette, Jeanne Valade, retentit de nouveau dans l'habitacle : «C'est pour ça qu'il les a tués! C'est pour l'argent!» Plus de soixante-dix ans après, elle en tremble encore : «J'ai dit à mon père : "Ils sont tous morts!" Cette sauvagerie!» Du sang partout sur le sol et les murs, et de la matière cérébrale.

Je mords dans le jambon cru et le brie mais je n'ai pas très faim. Je mange surtout par fidélité télépathique à Anne-Catherine et Ernest, je suis sentimental : on déjeune toujours en roulant quand on part en vacances, trois jours

de voiture jusqu'aux Pouilles. Je finis mon sandwich et
mon BiFi Roll. Je me sens étrangement seul – pas si étrangement : je le suis ; mais n'importe où ailleurs je ne m'en
rendrais pas compte, j'aime la solitude, c'est dans la voiture que ça paraît anormal. J'ai la main droite qui cherche
à partir en arrière : quand Ernest était tout petit, dans le
siège bébé, je tendais régulièrement le bras derrière moi et
prenais son pied dans ma main, pour le chatouiller ou
le rassurer (ou moi), lui faire sentir une présence (Anne-
Catherine dort toujours en voiture – et ailleurs : dès qu'elle
reste assise ou a fortiori allongée sans parler ni bouger
pendant quelques minutes, elle s'endort, s'éteint) ; plus
tard, ses jambes ayant poussé jusqu'au sol (à la surprise
générale), c'est son genou que je touchais, un petit genou ;
je continue à le faire aujourd'hui, par réflexe, geste de
père, je palpe un genou de presque homme, une bonne
rotule (pour sentir une présence).

   Cinquante kilomètres après Limours-Janvry et sa désillusion, je mets le clignotant à droite vers la station suivante,
Shell, le coquillage jaune et rouge de mon enfance dans la
504, assis derrière mon père – si la borne de gonflage est en
panne, je pleure. (J'ai découvert avec étonnement, mêlé de
cafard, qu'il existait sur Internet des forums dédiés aux
amateurs de stations-service d'autoroute, où l'on s'échange
des conseils, où l'on donne son avis comme pour des films
ou des hôtels. On peut y lire des remarques qui apportent
un vrai plus : «Les sèche-mains dans les WC sont super !»
et des mises en garde qui ont sans doute évité bien des
mauvaises surprises : «Attention arnaque ! Au distributeur,
"Chocolat chaud" et "Boisson cacaotée", c'est exactement
la même chose !» J'aime penser à ces gens qui tiennent à
aider leur prochain pour se sentir utiles. Et il y a pire, ou
plus beau, ceux qui voudraient le faire de tout leur cœur
mais n'ont pas grand-chose à dire. Un père de famille, probablement de retour de voyage, est allé sur le site pour

écrire : «Station sympa.») Je me gare sur l'aire de service des Plaines de Beauce. La famille Girard possédait de vastes terres dans le coin.

Henri est devenu un grand adolescent, il mesure plus d'un mètre quatre-vingts, ce qui est impressionnant dans les années 1930 et, associé à sa maigreur, accentue son aspect voûté, souffreteux, inquiétant avec son épaisse chevelure rousse. Georges l'a retiré de Louis-le-Grand et inscrit au collège Stanislas, privé et catholique, mais même si Henri est plus proche de son père et donc peut-être plus stable, son caractère est formé, il déraille. Incapable de se plier à la discipline et à la vie sèche de Stanislas, il rate la première partie de son bac et, l'année suivante, redouble sa première au lycée Buffon cette fois, où il rencontre celui qui sera le seul ami de cette moitié de sa vie, Bernard Lemoine, avant de terminer ses études secondaires correctement, sinon brillamment.

Comme l'avait préconisé le docteur Robin, Georges l'a placé chez les scouts, d'abord à la paroisse Saint-Jean-Baptiste-de-La-Salle, rue Falguière, puis à Saint-Léon, place du Cardinal-Amette. L'abbé Dargnier, qui s'en occupe, gardera de lui le souvenir d'un garçon intelligent et cultivé, mais exubérant. On le surnomme «Tout fou». Lors d'un voyage en Belgique, l'abbé commet l'erreur de lui confier l'intendance : dès le premier jour, il claque quasiment tout l'argent pour acheter à un glacier son triporteur plein : il fait un triomphe quand il rentre au camp et distribue des glaces à tout le monde, mais perd aussitôt sa place d'économe (pas un mot ne lui va moins bien).

En 1933, Vincent Flipo, un proche ami de Georges, archiviste paléographe comme lui (ils se sont rencontrés plus de vingt ans auparavant à l'école des Chartes) et bibliothécaire à l'Institut de France, meurt à quarante-quatre ans, «d'un travail excessif» selon l'un de ses collègues (il avait été grièvement blessé en juin 1915 et n'a pas assez ménagé par la suite une santé devenue précaire). Intime de sa famille, Georges Girard devient le tuteur de ses trois enfants, Vincent, comme son père, Colette et Françoise, et soutient affectueusement leur mère, Madeleine. Elle aimait beaucoup Valentine. Lentement, il va tomber amoureux d'elle. En 1941, il songera à vendre le château d'Escoire pour acheter une propriété près de chez elle, dans l'Eure, à Conches-en-Ouche (le saucisson pur porc comme on l'aime chez nouches). Pour l'instant, il refuse d'envisager l'idée de se remarier, uniquement pour ne pas faire de peine à son fils – mais Henri ne le sait pas.

C'est lors d'un autre voyage avec les scouts, en Autriche, que le jeune homme perd sa virginité, à dix-sept ans. « Elle s'appelait Gina et c'était une petite garce. » Il essaie de se faire croire qu'elle lui plaît un peu, bien qu'il ait conscience de ne pas avoir le choix : il se sait laid, il n'est « pas encore arrivé à la nubilité complète », mais il ne veut pas rester puceau plus longtemps (« Mon adolescence a eu des nuits tristes ») et reconnaîtra qu'à cette période de sa vie, il éprouvait une vive reconnaissance à l'égard de « la moindre tordue consentante ».

L'année suivante, en février 1936, il a entamé une licence de droit lorsqu'il rencontre la cheftaine d'un groupe de louveteaux, Anne Marie Chaveneau, dite Annie. C'est une jolie fille un peu dodue, elle a deux ans de plus que lui, elle est délurée, moderne, provocante, tous les scouts en âge de se tripoter le soir sont amoureux d'elle, Henri décide qu'elle sera pour lui. Ça marche (il suffit souvent d'y croire) : à Noël suivant, ils partent au ski tous les deux en Savoie, à Lanslebourg, et au mont d'Or à Pâques. (Une nouvelle preuve que les bonnes idées, comme celle du docteur Robin, n'ont pas toujours les conséquences qu'on leur prête naïvement par avance.) Au début, Georges n'y voit pas d'inconvénient : que son fils s'amuse. Mais alors qu'il passe la première partie de l'été 1937 à Saint-Malo avec la famille Chaveneau, chez l'une de leurs amies, la comtesse de Mareuil, Henri écrit à son père une lettre qui le pétrifie : il lui annonce d'une part qu'ils se sont fiancés en douce, officieusement si on veut, d'autre part et surtout, perspective glaçante pour Georges, qu'ils vont aller l'annoncer en fanfare à toute la famille, réunie au château d'Escoire pour les vacances. Il lui demande de préparer le terrain.

L'ex-poilu essaie de garder son calme. Il est persuadé que les fiançailles ne sont qu'une plaisanterie qui n'ira pas plus loin, qu'un caprice de jeunes amoureux qui veulent jouer aux grands, mais il est bien placé pour savoir que cela risque de créer des tensions familiales ravageuses, qu'il est trop tôt, Henri n'ayant même pas effectué son service militaire, qu'Annie ne semble pas être exactement ce qu'on appelle la bru idéale («Mais je suis tout disposé à l'aimer bien quand je la connaîtrai, car enfin je ne la connais guère!» lui répond-il, avant d'ajouter, essayant (de manière maladroite et touchante, je trouve) de détendre l'atmosphère : «N'emploie pas d'imparfaits du subjonctif, ça m'impressionne – et je n'aime pas voir les enfants jouer avec ces temps-là!») et que certainement, ni sa sœur Amélie ni sa mère Cécile ne vont accueillir la nouvelle brebis galeuse comme le messie, alléluia, bienvenue chez les Girard! «Tu es bien aimable mais tu as une façon de me refiler les choses agréables que c'est un bonheur! Non mais tu me vois expliquer ces événements à ta grand-mère, qui est une femme d'autrefois (elle l'a toujours été, d'ailleurs)?» Il élabore un plan, le vieux Georges : il conseille à son fiston d'inviter en même temps un camarade, Bernard Lemoine par exemple, «pour la faire passer», ou mieux, le frère d'Annie, Roger, qui est abbé – un atout inestimable. «Réponds-moi franchement ce que tu en penses, et j'agirai en conséquence. Crois aussi que je n'envisage là-dedans que votre tranquillité présente et future, et crois encore que j'ai une expérience personnelle de la question. Dis à Annie

que je serai content de la connaître mieux, que je l'aime
bien déjà de te rendre heureux, et que mon plus cher désir
serait que nous soyons très amis tous les deux – tous les
trois.» (À la fin de sa lettre, il demande : «L'air de la mer
ne te fatigue pas?»)

Mais Henri ne veut rien entendre, ni l'abbé, ni Lemoine,
ils viendront seuls, fin août, et peu importe ce qu'en pense-
ront les bonnes femmes, on n'est plus en 1916. Il aime
Annie, elle fera partie de la famille, point. Georges réussit
encore à garder son sang-froid, son dévouement et sa tendresse compréhensive de père (il doit penser au docteur
Robin) : «Chameau! Quel métier tu me fais faire! Je viens
d'écrire à ta grand-mère et à ta tante, je n'ai plus qu'à
attendre les réactions. Qui seront peut-être bénignes, étant
donnée toute la rouerie dont je suis capable. (Déchire cette
lettre avant d'y aller.) Après ça, votre sort est dans vos
mains. Et il faudra tâcher de ne pas les effaroucher d'allures trop modernes!» Pour terminer, ayant fait son
maximum, il tente un petit aparté entre hommes, juste
assez machiste pour que son fils ne se braque pas, comprenne bien qu'il est de son côté et en retire une impression
de complicité : «Ce sera à Annie de faire valoir toutes ses
séductions pour se faire bien voir, et elle est assez fine
mouche pour arranger bien les choses. Les femmes ont en
ces matières plus d'habitude que les hommes.»

Les premiers jours à Escoire, tout se passe à peu près
bien, la fine mouche fait adroitement valoir toutes ses
séductions. Le 3 septembre, elle écrit à son frère Roger :
«J'ai été reçue ici à bras ouverts. J'ai fait la conquête
immédiate de madame Mère, qui m'effrayait un peu, et
comme elle me gobe beaucoup, elle est très aimable. La
tante itou. Georges arrive bientôt, la série des grandes ran-
données et des bons gueuletons va arriver. Et ma foi, je
n'en suis pas désolée.» Mais cinq jours plus tard seulement, elle envoie une nouvelle lettre à l'abbé, et on devine

que ça se gâte déjà, insensiblement : «Famille charmante, la tante surtout, car la grand-mère n'est pas douce ni aimable avec Henri.» Quand Georges les rejoint, lui qui est pourtant le seul à les soutenir et à espérer qu'Annie soit acceptée, tout dérape et part en vrille. Sans doute parce qu'un homme est là, qu'elle aime se montrer petite femelle, peut-être aussi parce qu'elle s'est sentie à peu près bien reçue et croit que c'est gagné, Annie se lâche, fait la folle et se prend pour une princesse en son château. Elle devient exigeante et insupportable, fait des caprices, engueule la bonne, la vieille Louise Soudeix, défie la tante Amélie sur son terrain et envoie la grand-mère Cécile se faire voir au cimetière. Henri prend son parti. Parce qu'il est jeune et enflammé par ses sentiments d'adulte, il croit que l'amour doit s'accompagner du rejet du reste du monde, de la bienséance et des conventions (quand Anne-Catherine a rencontré mes parents (c'était la première fois que je leur présentais une fille, à trente-quatre ans), dans leur pavillon de banlieue, elle n'était vêtue que d'une mini-combinaison-short dorée, comme les trapézistes volants, je faisais le type détendu, un peu ailleurs, je ne vois pas où est le pro-blème, c'est une tenue comme une autre ; dès qu'elle a aperçu le jardin, elle est sortie de la maison (elle venait à peine de dire bonjour) pour se jeter par terre (en criant : «Ah! De l'herbe!») et je l'ai suivie pour faire pareil, me rouler dans l'herbe ; depuis la porte-fenêtre, ma mère me regardait ébahie, comme si un exorcisme allait rapidement devenir nécessaire : depuis des années, la terre ou l'herbe, c'était à peine si je me risquais à marcher dessus). S'il la défend contre les reproches et regards mauvais de la famille, c'est aussi parce que sa mère, Valentine, d'une part a subi le même sort, d'autre part lui a transmis le sens de l'honneur, de l'engagement : Annie est sa femme, ou le sera bientôt, il se doit d'être à ses côtés quoi qu'il arrive. Le résultat, c'est qu'à la fin de leur séjour, début octobre, tous les Girard, Georges compris, sont contre eux. Annie est une peste dont ils ne veulent plus entendre parler, Henri un vaurien et un traître. Ça ne va pas se calmer tout de suite.

Contre toute convenance et tout respect des lois ancestrales, les deux jeunes gens couchent ensemble avant le mariage – sans doute depuis une bonne année, mais plus encore à leur retour à Paris. (Au moment du divorce, Annie, espérant s'en tirer sans torts et pouvoir ainsi toucher une partie du pactole familial, jurera qu'elle n'a «connu» son mari qu'à l'occasion de leur nuit de noces. Féroce et sans pitié, Henri demandera à la gouvernante, Marguerite Pelaud, d'apporter son témoignage. Pour lui rendre service, elle regroupera ses souvenirs dans une lettre qui fera office de déposition : «Il y a des choses que je n'ai pas pu faire autrement que de voir. Annie venait presque tous les jours à Meudon, vous vous enfermiez presque tout l'après-midi. Après son départ, on trouvait la chambre et le lit dans un état indescriptible. Le linge que vous laissiez traîner était sale et – pardon de dire cela – d'un genre de saleté qui montrait bien ce que vous aviez fait. J'ai trouvé une fois son corset sous le lit. Une autre fois, elle avait oublié sa culotte, et dans quel état ! [...] Tu te souviens peut-être que les gens d'en face s'étaient plaints à moi, à cause d'Annie qui se promenait toute nue dans la salle de bain pendant que tu y étais, et qu'ils avaient vue. [...] Tu me dis qu'Annie prétend qu'elle n'a pas été ta maîtresse, elle ne pourrait pas le dire devant moi. J'oubliais le jour où je n'avais pas compris l'heure à laquelle il fallait te prévenir, avant l'arrivée de ton père. Tu ne m'en voulais pas, sachant bien que ce n'était pas de ma faute, mais elle était derrière toi, à t'exciter contre moi, en disant que j'avais fait exprès de ne pas vous réveiller.»)

Le coup de grâce arrive en novembre : Henri écrit à Georges, qu'il appelle par son prénom, pour lui annoncer, sans pincettes cette fois, qu'ils vont se marier, qu'on le

veuille ou non. Dépassé, effondré, le père ne peut que pro-
tester avec le plus de virulence possible, tenter de raisonner
son abruti de fils, lui répéter qu'il est beaucoup trop jeune,
il n'est même pas majeur, que cette fille est mauvaise :
«En te poussant à ce mariage, elle te fait du mal ou peut
t'en faire.» Mais Henri s'entête, s'énerve, et son père,
blessé («J'ai eu beaucoup de peine de l'attitude absolument injustifiée que tu as eue avec moi»), ne peut que lui
arracher la promesse d'aller passer un mois seul dans le
Tyrol autrichien, pour réfléchir, avant de prendre une décision définitive. À cette condition, dit-il, il respectera le
choix de son fils. (Ils en sont arrivés là après de nombreuses disputes et des scènes violentes, puériles et
ridicules – Henri menaçant de reconnaître des ribambelles
d'enfants naturels si Georges refusait de le laisser épouser
qui il voulait, ou s'enfermant un matin à Meudon dans la
chambre où se trouvait l'armoire à linge de son père, qui
attendait en caleçon dans le couloir et serait en retard au
ministère, jurant qu'il n'ouvrirait pas tant qu'il ne glisserait
pas sous la porte une feuille de papier avec son accord
signé.) Les fiançailles officielles ont lieu le 27 novembre
1937. Georges et Amélie y assistent à contrecœur, pas
Cécile le dinosaure évidemment. Roger, le frère d'Annie,
dans une lettre à leurs parents, les félicite pour cette «belle
fête, malgré la fraîcheur relative de M. et Mlle Girard».
Henri écrit à son futur beau-père, le conseiller fiscal Jules
Chaveneau, pour l'assurer qu'il ne cédera pas «au paléographe», dont il dit, sous-entendant que son père craint
avant tout qu'on ne mette la main sur le magot de la famille,
qu'il s'est «montré dans cette histoire un homme d'affaires
véreux». Puis il part un mois en Autriche, s'amuse, revient,
et le couple se marie le 25 janvier 1938, à la mairie du
XVe arrondissement d'abord, à la Madeleine ensuite.

«J'ai senti tout de suite que ce mariage me séparait de
mon père», dira Henri, qui n'a pas eu besoin d'un doctorat

de psychologie pour s'en apercevoir. (Pourtant, le vieux
Georges (qui n'a que quarante-six ans, cela dit), à l'indulgence inexhaustible, n'hésitera pas à accepter de verser de
l'argent au couple tous les mois, afin qu'ils n'aient pas
besoin de travailler trop jeunes.) Cette rupture avec les
siens, à laquelle il semble sur le moment accorder autant
d'importance qu'à ses derniers boutons d'acné, va le gor-
ger de rancœur, d'acidité, de révolte. Quelques mois plus
tôt, la vieille Finaud, la cuisinière, sa « vraie grand-mère »,
est morte. Juste avant de quitter un monde qui ne lui a pas
apporté grand-chose, elle a appelé Henri à son chevet et lui
a donné son portefeuille, qui contenait toutes les maigres
économies d'une vie, en lui disant : « Tiens, c'est pour
t'amuser. Toi, au moins, tu ne les mettras pas à la Caisse
d'épargne. » Il y a retrouvé l'esprit de sa mère. Il n'a plus
qu'elle, Valentine, qui n'existe plus, il lui parle : « Ton
mépris de l'argent m'a appris à ne pas savoir en gagner ;
mais évidemment, comme j'aime ce qu'il me procure, je le
vole, assuré du confort de ma conscience, qui t'est au fond
fidèle en m'affirmant que c'est plus noble. »
    En se mariant avec une fille simplement pour ne pas
obéir à son père et aux autres surtout, il s'est coupé de ce
qu'il était, il n'a plus de repères, il ne sait plus ce qu'il doit
faire. Les études ne l'intéressent plus. Il réussit de justesse
à décrocher sa licence de droit, avec une mention « pas-
sable », entre à Sciences Po pour la forme, prend aussi des
inscriptions à la fac, en lettres classiques et latin, mais
ne travaille pas et n'aboutit à rien. Il devient agressif et
fourbe, contre sa nature, il se perd. Il écrira quelques
années plus tard en pensant, encore, à sa mère : « C'est
parce que tu m'as appris le mal qu'il faut penser du mensonge que je suis encore capable de le détester, étant si
menteur. » Le plus déstabilisant, c'est qu'il réalise très vite
qu'il s'est trompé, qu'il aurait dû écouter son père, même
si ce n'est pas facile à admettre. Les jeunes mariés se sont

installés pour six mois dans une pension au 76 rue d'Assas, chez une dame Renée Bresseau, mais quelques semaines suffisent à Henri pour comprendre qu'il s'est uni à «une femme idiote, d'une paresse intellectuelle et physique totale». Ce qu'il écrira à son sujet est d'une méchanceté, d'une abjection qui obligent à avoir honte d'en sourire. Son mariage, «apothéose de l'âge masturbatoire», voici le souvenir ému qu'il en garde : «Des coïts lugubres avec une fille qui faisait semblant d'aimer, de penser, de jouir, et tout ça très mal, une fille qui se mentait sans trêve et m'enlisait avec elle dans ce domaine de sa petite poésie vaginale étriquée, débile et rance.» Ainsi soit-il, vive les mariés.

Papa avait raison. D'ailleurs, dès le printemps 1938, deux mois après le baiser sacré à la Madeleine, l'époux délicat tombe amoureux d'une ancienne amie de classe de sa femme, Marie-Louise L., et ne va plus penser qu'à elle – c'est plus agréable. Depuis qu'il a rencontré Annie, Henri s'entend avec Marie-Louise aussi bien qu'avec les frères et les parents de celle-ci, mais le désenchantement conjugal change brusquement son regard sur elle et la propulse objet de désir, et de passion. Elle est l'exact opposé d'Annie : réservée, fine, douce et cultivée, elle évoque pour lui *Le Printemps* de Botticelli : «un étrange visage préraphaélite, avec des yeux clairs, un ovale tendre, des cheveux couleur de cendre», mais elle est enchâssée dans une famille béatement et rigoureusement catholique et, très croyante elle-même, limite bigote, elle ne sera sans doute pas commode à débaucher.

À la fois menteur et obstinément respectueux de la parole donnée (ça peut aller ensemble), Henri ne laisse rien paraître à Annie de son dégoût pour elle, pas plus que de son attirance irrépressible pour Marie-Louise : il continuera deux ans à jouer le bon petit mari – qui, pour faire bonne mesure, boit de plus en plus et, c'est lui qui le dit, tape sur sa femme à tout propos (à leur décharge, à tous les

deux, il faut préciser qu'elle lui rend coup pour coup).
En profondeur, il s'altère plus encore. Sa colère rejaillit
maintenant sur ses beaux-parents, aux côtés desquels il se
rangeait pourtant contre son père trois mois plus tôt. Jules,
le fort digne conseiller fiscal, devient un «commis sautillant et poli» qu'il surnomme Julot-les-Bacchantes et
dont il se moque ouvertement, et dès que sa «grandilo-
quente belle-mère», «la vioque», prend sa respiration pour
dire quelque chose à table, il s'écrie : «Merde!» Il expliquera qu'il s'est alors trouvé une vocation : «Fomenter le
désarroi chez les connards.»

Georges n'a pas voulu rester seul à Meudon après le
mariage de son fils : il a emménagé au 20 rue de l'Abbé-
Grégoire, au cinquième étage, non loin de la rue Madame
où vit encore sa mère, mais surtout à quelques immeubles
de l'appartement parisien de Madeleine Flipo, son flirt de
deuxième vie, qui se trouve au 39 de la même rue. Il essaie
de ne pas en vouloir à son fils et de rester en bons termes
avec le ménage, au besoin duquel il subvient, pour moitié
avec Julot-les-Bacchantes.

La tante Amélie fait moins d'efforts (elle en veut à
Henri, mais sans haine, en revanche elle éprouve une véritable aversion pour Annie, la putain, l'incarnation du vice
et de la vulgarité, qu'elle déteste de toute son âme), elle
poursuit sa vie de vieille fille de son côté, et compte ses
sous. Ce n'est pas vraiment de la pingrerie, elle a simplement été élevée comme ça par sa mère : l'argent est
important. C'est la colonne vertébrale de l'existence. Sans
rapacité ni bassesse (c'est plutôt de l'angoisse), elle en
parle dans toutes ses lettres, on devine qu'elle ne peut pas
s'en empêcher. Ce qui la dérange au moins autant que l'attitude déplorable de sa belle-nièce, c'est la rente que son
frère leur verse tous les mois, car ils la dépensent certainement n'importe comment, et surtout la possibilité que la
sangsue capte un jour une partie de l'héritage. Amélie

s'occupe bénévolement d'une association qui s'appelle
«Les Anciens du Sana», au sein de laquelle elle vient en
aide aux tuberculeux, en voie de guérison ou non, notamment des jeunes, et même dans ce cadre, sa première
préoccupation n'est pas toujours leur santé. Dans un courrier
qu'elle adresse à un responsable de la permanence, elle s'attarde sur le cas de l'une de ses pupilles, Lucienne, qu'elle dit
«en friche» : «Elle a trop tendance à se la couler douce, son
argent file à toute vitesse, je suis épouvantée.»

Fin juillet 1938, dès qu'il a obtenu son permis de
conduire, payé par papa, Henri s'achète une magnifique voiture d'occasion, vingt-cinq chevaux, une grosse LaSalle,
marque cousine de Cadillac : tout le modeste héritage de sa
mère y passe. Mi-août, il décide de partir en voyage avec
Annie – pour ne pas s'ennuyer, il emmène avec eux deux
anciens copains du lycée Buffon (il a également proposé à
Marie-Louise de venir, mais elle a eu l'élégance de refuser
– sa décision a peut-être été facilitée par le fait qu'elle est
plus ou moins fiancée, chastement, avec un certain Jean
Pillard, l'un des deux de Buffon qu'Henri a invités). Ils
partent en Yougoslavie, en passant par l'Italie. Georges
ayant interdit à son fils de sortir de France (l'ancien com-
battant a du flair, il craint une guerre imminente, ce que
certains de ses collègues du Quai d'Orsay confirment som-
brement), Henri lui fait croire qu'ils vont faire un tour dans
le Midi. Pendant que le bon Georges écrit une longue lettre
au couple pour leur conseiller de bonnes adresses, des hôtels
et des restaurants à Avignon, Aix, Arles ou Marseille
(«Lucullus, sur le Vieux-Port!»), son fils rédige à l'avance
des cartes postales qu'il confiera à son ami Bernard
Lemoine, sur le départ pour la Provence, qui les postera un
peu partout.

Au bout d'un mois en Yougoslavie, les voyageurs n'ont
plus un sou et la belle voiture est en panne. Ils n'ont pas les
moyens de la faire réparer, ils la vendent et paient ainsi

leur retour en bateau de Split à Venise, puis en train jusqu'à Modane. Les économies de Valentine, comme elle, ont vécu. Ils poursuivent en stop jusqu'à Saint-Julien-en-Genevois. Les copains de Buffon continuent, Annie et Henri s'arrêtent dans un hôtel du coin et écrivent à Georges pour lui demander d'envoyer de l'argent afin de payer la note et le retour en train vers Paris. Quand il découvre la vérité sur ces vacances, la Yougoslavie, la vente de la voiture, il prend une nouvelle claque. Il doit regarder les cartes postales qu'il a reçues d'Aix ou de Marseille avec pas mal de tristesse.

Le 3 novembre, Henri est appelé pour son service militaire et incorporé au 26e régiment d'infanterie à Nancy. Annie l'y suit et s'installe dans un bel hôtel de la ville. Peu après, ayant effectué à Paris sa PMS, la préparation militaire supérieure, il peut intégrer le peloton des EOR, les élèves officiers de réserve, à Toul (ce qui me ramène d'un coup, comme par téléportation, à l'un de mes précédents livres : c'est à Toul qu'est né le père de Bruno Sulak, Stanislas, en 1930, et que sa mère Marcelle a vécu en 1955 une partie de sa grossesse ; Henri Girard est passé par là entre les deux). « Henri a la grosse cote », écrit Annie à son frère. Mais entre eux, c'est moins bath. Il semble qu'Annie, seule à Nancy, ait trouvé une fois ou deux un moyen de s'occuper, de se distraire dans le rude hiver lorrain, peu compatible avec les liens sacrés du mariage – ce n'est pas certain, Henri en a parlé quelques fois ensuite sans jamais se montrer très précis. Le 23 décembre, elle lui écrit pour lui demander de venir la voir, de passer sa permission de Noël avec elle. Elle lui dit qu'il pourra « dormir bien au chaud, tranquille, je te le promets, et peut-être heureux ». La lettre se termine ainsi : « Viens, mon petit, je t'en supplie. Si je ne suis plus ta femme, comme tu me l'as dit tout de suite, je me permets quand même de t'aimer. J'ai eu des moments de faiblesse, pardonne-les-moi. Mon petit, tu

veux ? Mon petit !» Henri répond à l'appel de la langou-
reuse, et la vie de couple reprend en cahotant. Puis, le
16 février 1939, il est réformé. Sur son livret militaire, on
lit : «Sujet de constitution faible, développement musculaire insuffisant.»

Il est vexé. Après cette déconvenue (car ne sachant que
faire d'autre, il espérait passer au moins un an et demi dans
l'armée), le 9 mars, il part se reposer avec sa femme au col
de Porte, au-dessus de Grenoble, à l'hôtel Garin – qui est
aujourd'hui un gîte, du même nom. Le patron, Pierre
Garin, n'a pas dû les oublier tout de suite (il a peut-être
même parlé d'eux à son petit-fils (ou arrière-petit-fils ou
petit-neveu), Paul, qui tient l'établissement aujourd'hui) :
ils se comportent comme des brutes, picolent, se disputent
bruyamment et se battent tous les soirs (une nuit, l'hôtelier
est obligé de monter les séparer dans leur chambre), Henri
râle contre tout et ne cesse de se plaindre de la nourriture,
insuffisante selon lui, disparaît seul pendant deux jours
dans la montagne à la suite d'une engueulade plus violente
que les autres avec Annie, tire à la carabine dans sa
chambre pour soulager ses nerfs (il dira que c'est sa femme
qui a tenté de le tuer en le visant au ventre et que la boucle
de sa ceinture a arrêté la balle, elle que c'est lui qui s'amusait à tester la résistance des objets et a enlevé sa ceinture
pour tirer dessus), et canarde même une auberge de jeunesse qui se trouve en face de leur balcon (il vise les
stalactites qui pendent du toit, pour que le bruit sec quand
elles cassent, l'arme étant munie d'un silencieux, fasse
croire aux gamins et à leurs accompagnateurs qu'une ava-
lanche est en train de se déclencher). «Dès le premier jour,
cet homme m'a paru tout à fait anormal», dira l'hôtelier à
l'instinct sûr. Pour que tout soit parfait, ils ne paient pas.
Ils sont là depuis un mois. Le patron parvient à trouver
l'adresse du père de son client fou, lui écrit pour qu'il règle
la dette de son fils et, comme toujours, Georges envoie un

mandat. Scandalisé par un tel procédé, Henri pique une crise et décide de quitter sur-le-champ cet établissement qui ne fait pas confiance à ses clients, non sans avoir fracassé d'abord la grande glace murale de leur chambre. Garin lui confisque sa valise : il ne la lui rendra que lorsqu'il aura remboursé les dégâts. Mais Henri profite d'un moment d'inattention pour la reprendre et filer en douce avec Annie, le 9 avril. «Je le considère comme un désaxé au point de vue mental», conclura l'hôtelier dépité.

À son retour à Paris, le couple s'installe dans un appartement au sixième étage du 2 rue Chomel, près de la «Maison Aristide Boucicaut», le Bon Marché. Ils n'y sont pas seuls, Henri a offert à un garçon d'origine hongroise qui ne sait pas où dormir de l'héberger gratuitement. Ça fait de la compagnie. (Quand Annie réclame de l'intimité, poésie vaginale oblige, au lieu de demander à leur invité d'aller passer ses nuits dehors, Henri prend une chambre pour quelques jours à l'hôtel de Nantes, 33 boulevard du Montparnasse, où l'on gardera d'eux un souvenir mitigé.) Il se décide à chercher du travail et, grâce à sa licence de droit et à un coup de main de son père, entre à la fin du mois de juin au secrétariat de l'Union nationale des associations de tourisme. Il gagne 1 800 francs mensuels et s'ennuie à tomber de sa chaise : il tient jusqu'au 22 août – presque deux mois, pas mal. À la déclaration de guerre, il est embauché comme rédacteur au ministère du Blocus, qui dépend des Affaires étrangères, mais ça ne le passionne pas davantage (il s'y sent tant croupir qu'il se rase entièrement le crâne, un matin, pour le simple plaisir, et le plaisir simple, de scandaliser ses collègues et de créer un peu d'animation dans les bureaux) : il tente à nouveau de s'engager, supposant que l'armée, qui a maintenant besoin de tout ce qui peut tenir un fusil, fera moins sa mijaurée. Mais le 3 novembre 1939, la commission de réforme l'envoie encore bouler, toujours pour faiblesse générale, associée cette fois à un «souffle extracardiaque». Il retourne au Blocus, penaud et furieux mais tête de mule : à la fin du mois de mai 1940, quand l'odeur de roussi s'étend puissamment sur la France, il tente une nouvelle fois sa chance et c'est la bonne, l'heure n'est plus aux chichis. (Les candidats à la débâcle comparaissent torse nu devant la commission, il a six kilos de plomb répartis dans les doublures et ourlets de son pantalon pour faire le poids – on ne contrôle sans doute pas beaucoup, il faut du kamikaze, de la force vive, même maigrelette.) Il est enfin mobilisé au dépôt d'infanterie du Mans le 12 juin, dix jours avant le piteux armistice.

À la fois inquiet, à juste titre, et fier de son fiston qui n'a peur de rien, qui reprend le flambeau des poilus et s'en va bravement bouffer du boche (et du singe), Georges l'accompagne à la gare Montparnasse, qu'on appelle alors la gare du Maine, pour le voir monter dans le train, déjà sous les drapeaux. Malheureusement pour lui, comme souvent, cet élan du cœur envoie le «vieux» contre un mur : sur le quai, Annie est furieuse de ne pas avoir son homme pour elle seule au moment du départ, fait une scène, boude, fulmine et gâche tout, les adieux émouvants tournent au sordide.

Armé des pieds à la tête, vaillant malgré son développement musculaire insuffisant, Henri se lance fougueusement dans la bataille, mais ne combattra même pas jusqu'à la fin des haricots et de la dignité nationale. Après six jours de cantonnement et d'entraînement au Mans – «Tout se passe très bien pour moi», écrit-il à son père –, son régiment part enfin à l'assaut; c'est une image, une formule poétique, car en réalité, son régiment bat en retraite à toutes jambes. Constituée pour un tiers de blessés et de boiteux, pour un autre de traînards dépressifs, la troupe entame un repli désordonné vers Laval le 18 juin – l'appel du Général n'a pas été entendu par tous avec la même ardeur confiante. Ils clopinent toute la nuit. Henri, cultivé, fait office de sergent, il est chargé de secouer ceux qui lambinent à l'arrière. Après quelques heures de sommeil dans un fossé, ils repartent le lendemain matin «sans rassemblement, sans indication, sans signal, la pagaille noire», écrira-t-il, et près de Meslay-du-Maine, Henri et les trois attardés qu'il cornaque perdent le reste de la compagnie. Pouf, disparus les copains. Il plante là ses trois boulets, continue seul sur un vélo qu'il a trouvé, le fusil en bandoulière, et à l'entrée du village de Ruillé-Froid-Fonds (ça donne envie d'aller y faire trempette), près de Château-Gontier, il pose pied à terre après un virage : il est face à deux cents ennemis souriants (ils viennent de capturer le gros de son régiment), une semaine après avoir réalisé son rêve de revêtir l'uniforme. Le premier qui lui tombe dessus lui prend les 300 francs qu'il a dans la poche, sa montre et son stylo.

Quatre heures et demie plus tard, profitant de la trop grande confiance en eux des vainqueurs (Pétain a pris la tête du gouvernement l'avant-veille, on va se les friser), il parvient à s'évader alors que les prisonniers attendent les camions qui les emmèneront vers Laval puis Lille, il plonge sous une haie, rampe, court comme un dératé dans un champ de blé, on lui tire dessus, il se jette au sol : une balle fait voler la terre à trois doigts de son oreille droite, il ne bouge plus. Il apprendra le lendemain, chez les paysans qui l'ont caché pour la nuit et lui ont donné des vêtements civils, que les tireurs trop sûrs d'eux ont simplement suggéré aux femmes du village d'aller récupérer son cadavre si ça leur disait.

Après dix jours de marche vers le sud comme un vagabond sauvage, quatre cents kilomètres en comptant les détours innombrables (il est passé par Loudun, puis Vivonne, près de Poitiers, et dira qu'il a reçu partout, sauf à deux reprises, un accueil et un soutien admirables), dix fois Paris-Rambouillet en terrain ennemi, il atteint Champagne-Mouton, en Charente, et rejoint enfin ce qu'il croit être les positions françaises à Roumazières-Loubert : en réalité, il vient seulement de franchir la ligne de démarcation, à peine créée. Il s'écroule à Fontafie, tout près de là, où il est pris en charge et se repose quelques jours avant d'être transféré à l'hôpital de Bergerac – il pèse cinquante-cinq kilos pour un mètre quatre-vingt-un. À peu près rétabli, il est placé en cantonnement au Buisson-de-Cadouin (on visite la France méconnue, c'est agréable), à une soixantaine de kilomètres de Périgueux et d'Escoire, et y attend d'être réformé ou démobilisé. Ça traîne.

Pendant ce temps, Georges a dû suivre son ministère et Pétain à Vichy, la mort au cœur et la rage dans l'âme – il est atterré par la claque que la France a prise (André Billy écrira : «Aucun de mes amis rencontrés à cette époque ne m'a paru éprouvé par la défaite au même point que lui»), il n'aime pas beaucoup les Allemands, mais moins encore les partisans de la collaboration, des lâches et des traîtres qu'il vomit. Il doit pourtant s'installer, comme une bonne partie du gouvernement, à l'hôtel du Parc, chambre 98, au premier étage, à quelques pas feutrés du Maréchal cacochyme, qui loge au troisième. Il commence à rédiger, sur de grandes feuilles, de son écriture rapide et peu soignée, une sorte de journal intime de l'Occupation dans lequel il soulagera sa colère et sa consternation, sans peur ni prudence – il y parle d'infamie, de prosternation dans la lâcheté, y traite les pétainistes de «capitulards» et de «crapules», Pierre Laval de «canaille» et l'amiral Darlan de «primaire» dont «la bassesse d'âme est vraiment surprenante». (Les premiers temps, en bon ancien de la Grande Guerre, il ne peut malgré tout réprimer une certaine affection pour Pétain, son chef à Verdun : «Un homme de cœur, bouleversé très sincèrement.» Ça ne durera pas.) Il emporte son journal partout avec lui, dans sa sacoche d'archiviste.

Sa femme est morte depuis quatorze ans, son père depuis dix, sa mère trois mois, il n'avait pas une grande tendresse pour elle mais une mère manque toujours, son fils est marié avec une teigne, Georges est tout seul à Vichy. Billy se souviendra de la dernière fois qu'il l'a vu : «L'invasion, l'humiliation de la France, la fréquentation obligatoire des gens de Vichy avaient fait de cet homme si gai, si ouvert, si spontané, si vivant, un être méconnaissable à force de tristesse et d'amaigrissement.»

Coincé dans un trou perdu parmi les vaincus, Henri fait encore une fois appel à son père. Il lui demande de le sortir de là, et pour cela, lui écrit à Vichy avec un modèle de lettre à faire parvenir au Buisson-de-Cadouin : «Envoie-moi d'urgence, ou fais-moi envoyer, une convocation ainsi conçue : "Monsieur (pas soldat) Henri Girard, ancien rédacteur au ministère du Blocus, se présentera dans le délai le plus bref au ministère des Affaires étrangères à Vichy."» Naturellement, Georges s'exécute, et le 20 juillet, son fils est autorisé à lui rendre visite à l'hôtel du Parc. Il y passe deux jours (il s'achète un costume et laisse chez son père les vieux vêtements de ferme miteux qui lui ont servi à échapper aux Allemands – Georges les conservera jusqu'à sa mort), puis obtient d'être cantonné au dépôt de Périgueux où, le 6 août, un mois et demi après son évasion, il décroche enfin sa démobilisation.

Depuis le début du mois de juin, sa tante Amélie a fui Paris pour se réfugier au château d'Escoire avec des amis, Monique et Marcel Gentil, de Coulaire, près de Bourges (en zone occupée pour dix petits kilomètres, c'est la grande loterie – de la guerre), et leurs cinq enfants. Ils ont été rejoints le 17 juin par de vieux proches de la famille Gratet-Duplessis, le couple Henry et ses trois petits-enfants. Annie a fait le voyage aussi, pour se mettre à l'abri en attendant le retour de son homme. Sans demander une quelconque permission, elle a proposé à l'une de leurs amies, Yolande Huchard, de l'accompagner – et son mari avec. Elle fait la châtelaine, critique tout, donne des ordres,

choisit les menus. Amélie se retient sans doute cinq ou six
fois par jour de la gifler. Pour pimenter l'ambiance, ces
seize occupants ne sont pas seuls. Depuis le 31 octobre de
l'année précédente, le château a été réquisitionné «pour les
besoins de la nation». Il accueille les restes d'un régiment
en déroute (dès l'arrivée d'Henri, sa tante l'informera
qu'Annie s'est «très mal conduite avec les soldats») et des
exilés venus de la terre bénie de ma femme, Anne-Catherine, le Bas-Rhin (au fur et à mesure de la pénétration
allemande, quatre-vingt mille Alsaciens ont afflué vers la
Dordogne : en partant de chez eux, ils avaient le droit
d'emporter trente kilos de bagages et quatre jours de
vivres), et pas n'importe lesquels : foutue loterie, les
Girard ont été choisis pour accueillir l'asile des incurables
et vieillards de Strasbourg. Le château est grand, cinquante
mètres de long sur trois étages, mais dans la chaleur de
l'été 1940, on s'y trouve à l'étroit et plutôt mal à l'aise, il
est infesté de malades et d'éclopés, de débris qui râlent, de
papis qui crachent du sang et de mémés qui pissent partout.
C'est parmi eux que s'est éteinte l'aigre Cécile en mars, et
Amélie, qui était venue l'accompagner dans ses derniers
instants de vie sur ses terres, en garde un souvenir étranglé : «Je suis entourée de brutes, avait-elle écrit peu après
à l'un de ses collaborateurs aux Anciens du Sana, comment qualifier autrement ceux qui ont fait une fête et un
banquet alors que ma mère était encore sur son lit de
mort?» (J'imagine la scène, c'est poignant, Cécile allongée raide et froide dans la pénombre, vêtue de sa robe
mortuaire, les mains jointes sur une croix, et dans la pièce
voisine, une grande tablée de fêtards gâteux qui s'em-
piffrent, boivent et bavent, grattent leurs croûtes, chantent
à tue-tête en alsacien et s'échangent des blagues salaces
entre deux rots fétides – autant agoniser dans la bonne
humeur, hopla!) La seule personne à peu près valide
de cette troupe d'occupation moribonde est le directeur de

l'asile, le chanoine Schris : «C'est un vrai boche, écrit
Amélie à son correspondant parisien, c'est affreux de l'avoir
sous son toit.»

Henri fait son entrée le 6 août dans ce cirque en décomposition. Il n'est pas en bon état, il est blessé par sa
mésaventure pathétique : ça va très mal se passer. Comme
d'habitude, et quoi qu'il pense d'elle, il se met du côté de
sa femme. Les disputes avec sa tante sont quotidiennes et
violentes, il la couvre de reproches et d'injures, pique des
colères tous les matins parce qu'on fait trop de bruit dans
le château, ce qui le réveille trop tôt à son goût, tous les
midis et soirs parce qu'il estime qu'on ne lui donne pas
assez à manger (les autres occupants affirmeront que la
nourriture était pourtant variée, en cette période de priva-
tion générale, et servie par Louise, la bonne depuis plus de
quarante ans, en quantité largement suffisante), appelle
Amélie «Quart de tonne», «Zéro en chiffre» ou «la vieille
pouffiasse» devant tout le monde, claque les portes, casse
la vaisselle quand il y en a sur la table au moment de ses
poussées de fureur (le service de mariage de bon papa
Charles et de bonne maman Cécile, doux Jésus Marie
Joseph) et tire même à la carabine, dans la chambre dite
«périgourdine» du premier étage, sur les tableaux du
glorieux ancêtre peintre, fièrement et soigneusement
conservés depuis un siècle.

Paniquée, désespérée, Amélie écrit à son frère Georges à
Vichy pour lui demander d'intervenir, ce qu'il fait aussitôt
en adressant une lettre de remontrances à son fils, à
laquelle Henri répond par exemple : «Ma tante est aussi
haïssable que sa charmante nature le lui permet. Les questions de respect du repos d'autrui ont toujours aussi peu
d'importance à ses yeux.» Il termine par ce post-scriptum :
«Quelque chose que je voudrais bien que tu fasses cesser,
c'est sa propagande nataliste. Je n'admets pas d'être publiquement incité à la procréation ; du reste, quand j'aurai des

enfants, ce sera pour qu'ils chient pieusement sur les genoux de leur grand-tante, si toutefois je leur tolère d'aussi mauvaises fréquentations.»

À bout de patience et de résistance, Amélie renonce et quitte le château au début du mois de septembre pour aller se reposer chez une amie, Françoise Hua, à La Souterraine, toujours en zone libre. Le matin de son départ d'Escoire, elle est en pleurs. Devant deux femmes de métayers, ainsi que la bonne Louise et sa fille Madeleine, qui s'inquiètent de ce qui lui arrive, elle dit qu'elle est trop malheureuse, qu'elle ne peut pas vivre dans ces conditions avec son neveu. Arrivée à La Souterraine, elle envoie une courte lettre à Louise pour la rassurer, lui dire que le voyage s'est bien passé, «malgré un départ agité». À propos d'Henri et Annie, elle écrit : «Pauvres malheureux... Je ne les envie pas de vivre ainsi dans la haine.»

Le 30 août, la réquisition du château a pris fin : incurables gloutons et vieillards noceurs sont partis (laissant miasmes et vermine derrière eux), les soldats déprimés, le couple Huchard et la famille Gentil aussi : Henri et Annie restent seuls dans la grande demeure abandonnée – la fidèle Louise a refusé de les servir, elle est retournée chez elle, à Chancelade (ce nom me disait quelque chose, je sais quoi : c'est dans ce village qu'habitait Yves, le beau-frère de Bruno Sulak, et qu'ils ont partagé le butin de leur dernier braquage de supermarché ensemble, en février 1979), et c'est Germaines Desfarges, une jeune cuisinière d'Antonne-et-Trigonant, le bourg voisin, qui vient leur faire à manger. Ils déplacent les meubles pour aménager à leur guise les pièces où ils vivent, jettent les mauvais livres de la bibliothèque à la cave, décrochent toutes les aquarelles peintes par Amélie – dont elle avait décoré, avec peut-être un brin de vanité gênée, le «petit salon», qui lui servait de chambre quand les Alsaciens occupaient toutes les autres pièces – et les remplacent par des caricatures grossières de

«Quart de tonne», signées Henri. Selon les voisins, en particulier les gardiens du château, les Doulet, qui habitent une
petite maison située dans l'enceinte du parc, ils se disputent
souvent, hurlent la nuit – un matin, la jeune cuisinière d'Antonne-et-Trigonant trouve encore de la vaisselle de famille
cassée sur le parquet de la salle à manger.

Sur les conseils appuyés de Georges, qui doit se demander si son fils acceptera un jour de faire autre chose que
n'importe quoi, Henri a commencé à préparer le concours
d'auditeur au Conseil d'État – il a trouvé à Escoire de vieux
manuels de son père, qu'il étudie pour passer le temps.
Selon le paléographe avisé, les places sont plus faciles à
décrocher en ces temps de débandade et de pénurie de
jeunes gens, et surtout, il est certain de pouvoir compter sur
de solides appuis parmi ses relations au Quai d'Orsay et au
gouvernement. En octobre, le couple pré-punk quitte donc le
château pour Clermont-Ferrand, en zone non occupée. C'est
l'endroit le plus proche de Vichy, et de ses hommes d'influence, où l'on puisse passer le concours.

Ils s'installent à l'hôtel Victoria, place de Jaude, les
pères paient, et naturellement, rien ne s'arrange – délicate
litote étant donné le marasme conjugal dans lequel ils
pataugent, l'amertume grandissante, voire la haine, qui se
développe entre eux. Du côté d'Henri, en tout cas. Cette
fois, c'est à son meilleur ami, Bernard Lemoine, fraîchement démobilisé lui aussi, qu'il a proposé de venir le
rejoindre pour échapper à la solitude domestique : il loue
une chambre à quelques rues de l'hôtel Victoria, les deux
garçons passent toutes leurs soirées ensemble à boire et à
discuter politique, histoire et littérature, Henri suit une préparation à la fac de droit dans la journée et révise le reste
du temps, Annie se sent délaissée, bout de jalousie généra-
lisée, lui fait des scènes toutes les cinq heures et va même
jusqu'à déchirer devant lui ses livres de cours. Il essaie de
rester concentré, ce concours est pour l'instant son seul

objectif dans la vie, la seule carrière possible, il pense à Marie-Louise aux yeux de printemps. La patronne de l'hôtel, Mme Pastor, dira simplement de lui qu'il était «un peu fantasque, le type même de l'enfant gâté».

En décembre, il obtient la seizième place au concours, les quinze premiers seulement sont admis. Poisse. Il décide de continuer à étudier – que faire d'autre? – et de retenter les épreuves à la session de juin, mais la perspective de passer six mois encore à Clermont-Ferrand avec une femme qui l'étouffe l'accable. Le 10 mars 1941, le couple va recevoir une carte postale qui va débloquer la situation.

C'est une carte interzone comme on en utilise depuis l'armistice pour se donner des nouvelles d'un côté de la ligne de démarcation à l'autre. Elle est préremplie, il faut écrire dans les espaces et rayer les mentions inutiles (parmi, par exemple et dans l'ordre : *en bonne santé, fatigué, légèrement, gravement malade, blessé, tué, prisonnier, décédé*). Elle vient de Paris, elle est signée Marie-Louise, qui vit toujours chez ses parents, au 5 rue Duguay-Trouin, tout près du Luxembourg. Après avoir indiqué qu'elle était *en bonne santé* et pas *fatigué* (elle a ajouté un petit e qui me touche, bêtement), qu'elle n'avait pas *besoin de provisions* ni *d'argent*, elle écrit qu'elle est «terriblement inquiète d'être *sans nouvelles de* Jean depuis juin», puis précise, sur les deux lignes libres généreusement accordées au bas de la carte : «Avez-vous écrit à Jean, 16ᵉ RTT CA2 SP 615 Levant? Pourquoi ne répond-il pas à mes cartes? Que dois-je penser? Henri ne peut-il obtenir des renseignements?»

Jean, c'est son promis, celui qui probablement l'a aidée sans le savoir à ne pas céder aux avances amoureuses (soyons romantique) d'Henri depuis deux ans. L'adresse est celle du 16ᵉ régiment de tirailleurs tunisiens, en Syrie. C'est très, très loin, la Syrie. À peine dix jours plus tard, Henri quitte Clermont et Annie «pour une semaine», afin d'aller «chercher quelques affaires à Paris». Il ne reviendra pas.

Grâce à Internet, le meilleur ami du passé, j'ai retrouvé la
trace de Jean Pillard – sa photo, même : il a l'air d'un bon
gars – sur le site de l'ordre de la Libération, où sont répertoriés avec lui mille trente-sept autres «compagnons» (ça ne
fait pas tant que ça, sur quarante millions de Français à
l'époque – et encore, les mille trente-septième et mille
trente-huitième sont Winston Churchill et George VI). Si
Marie-Louise n'a plus de nouvelles de lui depuis juin, c'est
qu'il n'est plus en Syrie. Il a d'abord été appelé pour son
service militaire, juste après le périple yougoslave à bord de
la LaSalle défaillante, et envoyé au sud de Damas, à Soueïda
(où bombes et cadavres ont repris possession du terrain
ces temps-ci, avec l'appui conjoint de Bachar el-Assad et
d'Al-Qaïda – ou de Poutine, de Daesh, tout le monde est
bienvenu), au moment de la déclaration de guerre. Le
27 juin 1940, après la capitulation, il est passé seul en
Palestine, «devenant ainsi l'un des premiers ralliés à la
France libre». Les cartes de Marie-Louise sont arrivées
dans le vide. Ensuite, il a combattu en Libye, il a été blessé
par des éclats d'obus en juin 1942 à Bir-Hakeim, a participé à la bataille d'El-Alamein, en Égypte, aux opérations
de Tunisie et d'Italie, aux combats de Toulon à la fin du
mois d'août 1944, puis, ayant remonté le Rhône, à ceux
des Vosges et d'Alsace en janvier 1945. Après la guerre, il
a été nommé adjoint puis chef de province en Indochine,
chef de région au Cameroun (tout cela est toujours très,
très loin), a ensuite effectué des missions en Algérie et en
Côte d'Ivoire, avant de revenir en métropole pour diriger
le bureau des Monuments historiques au ministère de la
Culture (ça repose), jusqu'en 1965, puis d'intégrer en fin de
parcours le groupe Sicli – les extincteurs, entre autres. Après
avoir reçu à peu près toutes les croix et médailles possibles,
le copain d'Henri au lycée Buffon est mort en août 1989
à Fontenay-lès-Briis, dans l'Essonne. Internet, qui a ses
lacunes, ne dit pas si, entre Soueïda et Fontenay-lès-Briis,

Jean a eu l'occasion de revoir la belle et chaste Marie-Louise, qui s'inquiétait tant de son silence en mars 1941. Pendant que son rival se bat comme un titan tout autour de la Méditerranée, Henri a des préoccupations plus intimes. À Paris, il retrouve l'appartement de la rue Chomel, dont le loyer n'a pas été payé depuis près d'un an – mais en temps de guerre, les propriétaires (un certain Jean Gaultier, en l'occurrence) sont plus souples. L'une de ses premières visites est, curieusement, pour sa tante Amélie, qui est revenue dans la capitale depuis deux mois, a quitté ses dix pièces de la rue Madame et en loue cinq au quatrième étage du numéro 1 de la rue de Fleurus ; ses fenêtres donnent sur le jardin du Luxembourg. Il lui annonce qu'il a pris la décision de divorcer (car il a bien l'intention de ne plus jamais parler à sa femme (qui l'attend confiante à Clermont-Ferrand) sans un avocat à ses côtés), elle est enchantée de voir l'infâme envahisseuse disparaître de la famille, ils se réconcilient. Il viendra tous les jours déjeuner chez elle. Marie-Louise, c'est amusant, habite à cent cinquante mètres.

La découverte de Paris occupé le terrasse. Tout paraît mort, il ne connaît plus personne, la capitale est lugubre, craintive, opprimée. Il a du mal à encaisser, il va sombrer avec sa ville, dévier plus encore, boire et se laisser aller. Son seul réconfort, son seul plaisir, c'est la présence de Marie-Louise. Ils se voient, sortent ensemble, au Ramuntcho, un «bar américain» (qui n'en est plus un aujourd'hui, et s'appelle le Funzy Café), 3 rue Bréa, Chez les Vikings, «taverne scandinave» (mais aussi «american bar»), 31 rue Vavin (une boutique Bio c' Bon, maintenant), où ils sont probablement assis non loin de Simone de Beauvoir, du peintre Serge Poliakoff, sur les sièges de Claude Simon, d'Henry Miller et d'Anaïs Nin (la spécialité du lieu, c'est l'aquavit, dont raffole Simone, mais Henri préfère le côté «american bar» et ne boit que du whisky), ou bien, quand il a un peu plus d'argent, il emmène sa belle préraphaélite au Poisson d'or, un cabaret russe au 24 de la même rue Vavin (qui deviendra le très chic Éléphant Blanc, et aujourd'hui le Scarlett, un club qu'on peut privatiser). Je suppose que dans la tête et le cœur de Marie-Louise, c'est un mélange de pénombre et de bombardements, de Fort Alamo et de labyrinthe des glaces : son Jean s'est dissous dans le monde en guerre, elle est seule à Paris avec un garçon sûr de lui, imprévisible, marginal et entreprenant – et Dieu la regarde. Officiellement, ils ne sont qu'amis et le restent. C'est d'ailleurs ce qu'ils diront toujours, à tout le monde. Mais quelques années plus tard, Henri écrira à propos d'elle, sans citer son nom : «J'avais une maîtresse qui se levait tous les matins à six heures pour aller à la messe, confesser sa faute, et décidait de ne plus me revoir. Si je voulais éviter le désespoir, il me fallait chaque soir battre en brèche, en un quart d'heure, sa notion de chasteté, en dix minutes l'imposture catholique, et démontrer en cinq sec la non-existence de Dieu. Au bout de quelques mois, j'étais à bout de nerfs.» Sur une carte du Ramuntcho, qu'il a peut-être glissée vers elle, il a griffonné au crayon à papier, sans doute un soir de ce printemps-là : «Suprême châtiment du pécheur : goûter le péché, ignorer que c'en est un.» (Henri mène hardiment deux campagnes de front : débaucher Marie-Louise d'un côté, et de l'autre, rassurer Italo, son père dentiste – il sait que les Italiens, même débonnaires et bien acclimatés au mode de vie français, ne sont pas toujours favorables à ce qu'on retourne leur fille dans tous les sens. Dans la louable intention de défendre la moralité d'Henri lorsque cela s'avérera nécessaire, Italo répétera naïvement et mot pour mot ce que celui-ci lui disait : «Je ne comprends pas qu'un jeune homme ne se présente pas le jour du mariage dans l'état de pureté qu'on exige d'une jeune fille.»)

Ne pouvant plus payer le loyer que le propriétaire du 2 rue Chomel a tout de même fini par réclamer (Georges, heureux lui aussi de savoir son fils échappé des griffes de celle qui le lui a pris trop tôt, a réglé l'année due – alors qu'il avait été convenu lors de leur emménagement que c'était les parents Chaveneau qui devaient s'en charger, le père du marié s'occupant de financer les dépenses courantes du ménage), et pour qu'Annie ne puisse plus le localiser, le jeune dévoyé, comme il se désignera lui-même, laisse l'appartement à un architecte, Bernard Dupuis (il empoche au passage le montant de la reprise, 8 500 francs, qui correspond à des travaux d'installation de chauffage qui avaient pourtant été payés par la famille d'Annie), et trouve un studio au 115 rue Notre-Dame-des-Champs, toujours à un pas et demi du Luxembourg. Sur le panneau affiché près de la loge de la concierge, où, selon les consignes de la défense passive, doivent être répertoriés les noms de tous les habitants de l'immeuble, il demande à être inscrit sous celui d'Henri Arnaud – le nom de jeune fille de sa mère. Il explique à la concierge, Marguerite Visy, qu'elle ne doit laisser monter personne chez lui, à l'exception de quelques amis (il précise qu'elle devra leur demander leur carte d'identité), parmi lesquels Marie-Louise et Bernard Lemoine, qui a quitté Clermont peu de temps après lui. Lorsque la dame Visy s'inquiète des précautions insolites que prend ce nouveau locataire au faciès peu commun, il lui répond que c'est tout simplement parce que la femme dont il est en train de divorcer l'a menacé de mort.

Le gros problème d'Henri, c'est l'argent. Georges continue bien sûr à l'entretenir (il a promis en échange de se remettre à réviser pour le Conseil d'État – demain), il paie son loyer, 1 500 francs par trimestre, et lui envoie de Vichy 2 000 francs par mois pour le reste, nourriture et vêtements, mais ça ne suffit pas, loin s'en faut. Un dîner pour deux au Poisson d'or, par exemple, coûte 600 francs. Il veut faire

mener la grande vie à Marie-Louise, dans le Paris pollué
d'uniformes nazis. Il sort aussi, souvent, dans des bars et
des restaurants avec Lemoine, qui n'a pas un sou (sa mère
est veuve de la Première Guerre, le père de Bernard est
mort à Salonique), c'est toujours Henri qui paie.

Avant de rendre l'appartement de la rue Chomel, il a
pris ce qu'il pouvait, des meubles et du linge que le couple
avait achetés, ou qui appartenaient même à Annie seule, et
il a tout vendu (quand la concierge, une jeune et teigneuse
Raymonde Fosse, s'en est aperçue et a prévenu Jules Chaveneau, le «commis sautillant», il était trop tard). Il vend
aussi presque tout ce que sa tante lui a donné pour meubler
son studio, il ne conserve qu'une table, une chaise, un lit et
le piano de sa grand-mère Cécile, qu'il a insisté pour
qu'Amélie lui laisse «en souvenir» – il ne va pas prendre
la poussière longtemps chez lui, celui-là, il se le garde sous
le coude. (Il n'a rapporté de la rue Chomel qu'une sorte de
tableau qu'il a confectionné lui-même, une petite panoplie
criminelle : sur un carré de bois, il a fixé une paire de gants
de cuir noir, trois pistolets automatiques, un revolver à
canon long, un poignard, un pied-de-biche et une corde-
lette.) Il fait même quelques incursions dans l'appartement
de son père, rue de l'Abbé-Grégoire, où la gouvernante
Marguerite Pelaud vit à présent seule : il ne lui est pas difficile de repartir avec quelques objets qu'il estime vieillots
et inutiles, dont il tirera un prix correct. Au total, ces ventes
lui rapportent 15 000 francs. En lui affirmant que son père
remboursera, il réussit à emprunter 9 000 francs à Amélie
qui, malgré son sens aigu de l'économie, est prête à tout
pour qu'il ne retourne pas auprès de sa femme – mais sa
nature souffre et elle en fait part dans une lettre à son
frère : «Je t'avoue que je suis un peu affolée, car pour
ce qui est de dépenser, il n'a pas changé. Les billets de
1 000 fondent dans ses mains, et il s'imagine qu'il y en
aura toujours. C'est effarant à quel point il a peu de notion

de la valeur de l'argent, et on dépense tellement en ce moment pour se nourrir suffisamment, sinon bien, que je suis effarée. Il me parle de se commander encore un costume, un pantalon, etc. Encore au moins 2 000 francs ! Est-ce vraiment si pressé ? »

Oui, Amélie, et ce n'est toujours pas suffisant. En mai, il demande au serveur des Vikings, Paul Tucoulat, de lui prêter 3 000 francs, il lui laissera en gage une bague en or (c'est la bague de fiançailles d'Annie). Le garçon ne peut pas, il est à sec, Henri s'adresse alors directement au patron du restaurant, Roger Bourcet, en lui proposant le même arrangement. Il lui dit qu'il est au Conseil d'État, et que s'il a besoin de cet argent, c'est pour partir rejoindre de Gaulle à Londres. Roger ne marche pas là-dedans, la maison ne fait pas crédit. («Girard m'a donné l'impression qu'il était un être anormal et déséquilibré», expliquera-t-il. Son employé Tucoulat fera sensiblement la même analyse, de manière plus simple, plus comptoir : «Il m'a fait l'effet d'un malade du cerveau.») Peu importe, tout sentimentalisme serait déplacé, Henri préfère finalement vendre la bague : 11 000, paf.

Pendant ce temps, c'est l'inépuisable Georges qui s'occupe d'Annie. Il va lui rendre visite à Clermont-Ferrand, lui explique que son fils veut divorcer, ce n'est pas la peine d'insister, il ne faut pas chercher à reprendre contact avec lui, c'est triste mais c'est comme ça. Dans une lettre codée (ils sont plus prudents que des agents secrets) qu'il écrit à sa sœur, où il nomme Henri «Charles», son troisième prénom, et lui-même «le père de Charles», il dit que sa future ex-bru a été «visiblement assommée» par la nouvelle, qu'elle «ne veut pas admettre que c'est fini et se dit certaine que tout s'arrangerait si elle pouvait le revoir», qu'elle «refuse de rentrer à Paris dans sa famille, elle préfère l'attendre sur place», et que pour l'instant, «elle prétend que le père de Charles doit légalement continuer à l'entretenir». Georges pense à tout, verrouille tout : il écrit le même jour à son meilleur ami, Xavier Mariaux, patron d'une entreprise de matériaux de construction à Paris, pour lui demander de fournir à Henri un faux certificat de travail, afin de justifier sa présence dans la capitale et d'éviter qu'Annie ne tente sournoisement de l'accuser d'abandon du domicile conjugal (manquerait plus que ça), et n'obtienne ainsi un divorce tout à son avantage. C'est fait la semaine suivante : à partir du 15 mai, Henri, sans peut-être même le savoir, se retrouve «commis de chantier», à 2 000 francs par mois.

Rue Notre-Dame-des-Champs, le commis de chantier ne se couche jamais avant l'aube, soit parce qu'il traîne on ne sait où, soit parce qu'il passe ses nuits à faire le dingue chez lui avec Bernard Lemoine, qui vient le voir souvent et dont il fait croire à la concierge qu'il est son «frère de lait». Les plaintes des autres locataires affluent chez Marguerite Visy : il rentre parfois à des 3 ou 4 heures du matin, malgré le couvre-feu qui interdit de sortir après minuit, souvent ivre et très bruyant, il fait un boucan du diable jusqu'à l'aube avec son ami (une nuit, à 5 h 30, on a entendu l'un des deux hurler : «Assassin, tu veux ma mort !» – Henri a rassuré la concierge le lendemain, ce n'était rien, il avait simplement enfermé Bernard dans un placard), et il chante à tue-tête à n'importe quelle heure, certainement dans le seul but d'exaspérer ses voisins. Dans l'immeuble, les plus tolérants le surnomment «le fou chantant», les autres «le cinglé». (Il a laissé le même genre de souvenir partout où il est passé. Dans une lettre magnifique, Raymonde Fosse, vingt-neuf ans, la concierge du 2 rue Chomel, soulagera ses nerfs : «M. Girard été un homme a faire peur. Je n ai jamais vu cette homme travaillé, cétai son père qui y payé tout le loyer. Tout ce que je sai que Monsieur Girard Henri fesait beaucoup la fête jusqua des 4 heur du matin. Dans son appartemant il y venait des drole de gens exentrique et toujours en fête. [...] Javait remarqué des moment un jour il me parlait bien le lan demain il ne me causé pas comme sy je lui fesait peur mai moi je lavai dit au propriaitaire que M. Henri Girard me fesait peur. Can il a quitté la maison j ai tai bien contente car il fesait beaucoup de tapage. Il buvait beaucoup surtout de l alcool.» Cette dernière phrase berce mon cœur. Déjà que les gens qui boivent beaucoup d'eau ou de lait, on les repère vite, si on surveille bien, et mieux vaut ne pas trop s'en approcher, alors lui, c'était encore pire.)

Dans cette vie de fête nocturne excentrique, Henri essaie toutefois de respecter le marché qu'il a conclu avec son père, et de se remettre à potasser le Conseil d'État. Ce qui rend sa promesse difficile à tenir, c'est qu'on ne peut pas tout faire et dormir en plus. Il commence donc à prendre des amphétamines qu'il réussit à se procurer je ne sais comment (le Maxiton – dont on retrouvera une plaquette dans le sac de Pauline Dubuisson dix ans plus tard, le jour où elle tuera son ancien fiancé de trois coups de pistolet – ne sera commercialisé qu'en 1948), ce qui lui permet de consacrer quelques heures par jour à ses révisions mais ne contribue pas à l'amélioration de son état général ni à sa stabilité psychique. Il ne repassera jamais le concours.

De mars à juin, on calculera qu'il a dépensé environ 55 000 francs (pour donner une idée, c'est presque au franc près ce que Georges a déclaré aux impôts pour toute l'année 1940, entre son traitement au ministère des Affaires étrangères, ses droits d'auteur et les revenus des métairies d'Escoire). Il ne lui reste plus rien.

À la fin du mois de juin, Henri fait appel à un ouvrier pour effectuer une petite réparation quelconque chez sa tante, rue de Fleurus (plusieurs personnes, mises au courant par Amélie, en témoigneront, mais aucune ne saura dire de quel travail il s'agissait exactement). Il reste avec lui dans l'appartement. Le lendemain, en cherchant quelque chose dans son secrétaire, sa tante s'aperçoit que plusieurs bijoux et objets de valeur ont disparu. Mortifiée (et pas seulement par la perte financière : outre un porte-plume en or, un chapelet, un louis et un dé à coudre en or également, manquent deux médailles posthumes de son frère Henri, Riquet), elle demande à son neveu de mener l'enquête auprès de l'ouvrier. Quelques jours plus tard, Henri fait son rapport : il l'a vu, il s'est renseigné sur lui, rien à signaler, ce n'est pas lui.

Une vague parente qu'Amélie héberge cette semaine-là, Liliane Englisch, veuve d'un Taillefer de La Roseraie, lui reproche sa crédulité et la conjure d'arrêter au moins de donner de l'argent à Henri. «Si vous connaissiez ses colères terribles, vous sauriez que je ne peux pas faire autrement», lui répond la vieille fille dépassée. Liliane la croit volontiers, elle sait ce dont il est capable. Elle précisera : «Il avait de violentes colères au cours desquelles il ne se connaissait plus. Les discussions très violentes avec son père tournaient très souvent au pugilat.»

Le vendredi 18 juillet 1941, Henri se rend chez sa tante et lui annonce qu'il doit effectuer une mission importante pour la Résistance : dérober des papiers dans une kommandantur. Il lui montre un pistolet qu'il a dans la poche. Il lui dit qu'il sera de retour dimanche soir. Amélie tente tout ce qu'elle peut pour l'empêcher de partir, il ne veut rien entendre, c'est son devoir, il ne peut pas se dérober, et il ne risque pas grand-chose, tout se passera bien, qu'elle ne s'inquiète pas.

Le dimanche soir, Bernard Lemoine téléphone à Amélie : Henri est-il rentré ? Non, elle est folle d'angoisse, que lui est-il arrivé ? Ils l'ont fusillé ? Le lendemain matin, Bernard appelle à nouveau : il faut qu'il vienne la voir tout de suite, c'est très important. Il arrive une demi-heure plus tard : ce matin, à 8 heures, un inconnu a sonné chez lui, quarante-cinq ans environ, un mètre soixante-dix, vêtu de sombre, avec une casquette, une petite moustache brune au ras des lèvres, et lui a remis une lettre d'Henri. D'une écriture tremblée, il explique qu'il a été arrêté par les Allemands et que si une rançon de 100 000 francs n'est pas versée d'ici ce soir, il sera fusillé.

Amélie manque de défaillir mais parvient à se ressaisir et sort aussitôt avec Bernard, qui ne la quittera pas de la journée, pour essayer de réunir la somme : elle passe d'abord chez maître Barillot, le notaire qui s'occupe de la succession de sa mère (malheureusement, il est absent et son clerc ne peut lui donner que 17 000 francs), puis à la Banque de France, où elle n'a presque rien (l'été précédent, dans l'affolement de l'invasion allemande, elle a transféré tout ce qu'elle avait dans son coffre en zone libre, à la succursale de Périgueux), à la Société générale, où elle ne dispose pas non plus d'une fortune, au bureau de poste de la rue de Tournon, à la Caisse d'épargne où elle vide son livret, de nouveau chez Barillot, qui est revenu et ajoute 8 000 francs, plus ne serait pas raisonnable, et enfin chez maître Boccon-Gibod, l'avocat de la famille, qui accepte de se rendre avec elle, et Bernard, à sa propre banque, et lui prête 10 000 francs. À 16 heures, ils ont les 100 000, pile. Ils respectent ensuite la marche à suivre indiquée sur un feuillet dactylographié qui accompagnait la lettre d'Henri : ils achètent une petite valise à Montparnasse, retournent rue de Fleurus, remplissent la valise de cent billets de 1 000, la ferment à clé, et Bernard part avec. Il est seul à pouvoir raconter la suite : un exemplaire du journal *L'Auto* sous le bras gauche, comme on le lui a demandé, il se rend à la gare Saint-Lazare, dépose la valise à la consigne à 17 heures, place le reçu dans une enveloppe adressée à «Hauptmann X – Kommandantur de X» (c'est rageant, il a oublié le nom du capitaine et de la ville), et la glisse dans la boîte aux lettres extérieure du bureau de poste de la rue La Boétie, à 17 h 30. Il va ensuite rejoindre Amélie rue de Fleurus. Peu de temps après son arrivée, elle reçoit un coup de téléphone d'Henri, qui lui apprend qu'il va être libéré, c'est bon, tout va bien. L'appel est interrompu par une voix allemande autoritaire. Vers 20 heures, moins de trois heures après que le bulletin de consigne a été posté, l'otage délivré est chez elle, où Bernard l'attend aussi, il a un œil au beurre noir, sa chemise est déchirée, il paraît bouleversé, il pleure, tombe dans les bras de sa tante et la remercie tendrement. Il lui fait promettre de ne jamais évoquer devant quiconque cet épisode dramatique : si ça se savait, il serait repris et exécuté, cette fois c'est sûr.

Les vaches et les chèvres, la nuit, au-dessus des Alpes suisses, se livrent à des concours de loopings d'une beauté qui prend aux tripes, Napoléon était une femme et Henri Girard a été kidnappé et battu par des nazis ripoux. Amélie est la seule à y croire. Pas la seule, non, il faut être juste, elle est soutenue par Bernard Lemoine et Marie-Louise. Ils affirmeront tous les deux qu'il était salement marqué, meurtri moralement et physiquement, qu'il avait le visage très abîmé et des zébrures sanglantes dans le dos, car on l'avait fouetté. Marie-Louise (qui niera d'abord avoir jamais entendu parler de cette histoire, avant d'avouer deux jours plus tard qu'elle a menti) déclarera qu'il l'a appelée le soir, peu après son retour chez sa tante, et lui a donné rendez-vous chez lui une heure plus tard, rue Notre-Dame-des-Champs. Elle l'y a retrouvé dans un état pitoyable, en larmes encore, et ajoutera que son studio avait été mis à sac, comme à la suite d'un genre de perquisition clandestine. Pour qu'il se calme et retrouve ses esprits, ils seraient allés boire quelque chose de fort au Ramuntcho. Elle indiquera même qu'il a quitté leur table un instant pour aller discuter au comptoir avec le garçon, sans doute lui raconter ce qui lui était arrivé, puisqu'à un moment, elle l'a vu rire jaune – c'était peut-être plutôt un sourire dépité mais fataliste. On retrouvera le garçon, le seul qui travaille le soir au Ramuntcho, il s'appelle Marcel

Catays, il dira qu'il connaît à peine ce Girard Henri, qu'il sait que c'était un client, il le reconnaît sur la photo qu'on lui montre, mais c'est tout, il n'a jamais entendu parler de cette arrestation, ne se rappelle absolument pas lui avoir parlé au comptoir un soir de juillet, et moins encore avoir remarqué des bleus ou des ecchymoses sur son visage : «Je m'en souviendrais.»

Le 15 août, Georges arrive à Paris. Comme son fils, ce qu'est devenue la ville le désole, mais son fort sens patriotique rend certainement le malaise plus pénible encore pour lui. Dans son journal (qu'il prend le risque d'emporter avec lui en zone occupée), qui ne parle pourtant que de politique et d'actualité, jamais de sa famille ni de ses amis, il relate un incident que lui a rapporté Amélie et qui n'a rien d'insignifiant à ses yeux : «Lili, le 14 juillet, a subi dans la rue, d'un agent français en uniforme, des observations, et a dû prouver son identité, pour port d'un petit bouquet tricolore. Le soir, un agent de la sûreté s'est présenté chez elle... pour enquête. Il n'en revenait pas d'apprendre la réalité des faits : elle avait été signalée comme se livrant à une manifestation sur la voie publique.»

Il voit son fils, lui reproche son manque d'assiduité dans ses révisions (ne se sentant pas prêt, il ne s'est même pas inscrit à la session de juin du concours), mais Henri lui annonce qu'il vient de renoncer au Conseil d'État, et lui en donne la raison : le 14 août, un décret est paru au *Journal officiel*, stipulant que les membres de l'armée, les magistrats et tous les hauts fonctionnaires (y compris donc ceux du Conseil d'État) devront prêter serment de fidélité au Maréchal. Il refuse de s'y résoudre. Georges, bien que d'accord sur le fond, tente de le convaincre que ce serait dommage, il lui dit : «Je crois que tu as tort. Il faut considérer ce serment comme une formalité. Mais si tu as des scrupules, fais ce que tu veux.» Les deux hommes en discutent longuement, mais Henri reste fermement sur sa position, c'est définitif, il va chercher autre chose à faire dans la vie. (Au fond de lui, son père approuve. Le 17 août, dans son journal, il se moque de cette nouvelle obligation qu'il juge ridicule. Mais ce qui le dérange, ce n'est pas tant qu'il faille s'agenouiller tête baissée, en pensée, devant le maréchal Pétain, ce sont les conséquences que ce décret aurait à la mort du vieux. On doit signer : «Je jure fidélité à la personne du chef de l'État», il se demande «si le renouvellement sera automatique en cas de changement de chef de l'État, qui serait alors une sorte d'entité». Il a suffisamment vécu pour savoir que tout est possible.)

Quelques jours plus tard, avec la gouvernante Pelaud sous le bras, Georges part se reposer à Conches-en-Ouche, en Normandie, dans une maison qu'il loue pour moitié avec son amie Madeleine Flipo. L'idée d'un mariage est toujours dans l'air, en transparence, les deux filles de «Mad» ne seraient pas contre, elles aiment sincèrement celui qu'elles considèrent de toute façon déjà comme leur père adoptif. (C'est réciproque. Sur une feuille volante, Georges, émotionnellement fragilisé en cet été 1941, rédige un petit texte à l'eau de rose, un peu neuneu mais touchant sous la patte d'un grognard bourru, à propos de la cadette, Françoise, qu'il appelle «le pou» depuis qu'elle est petite (quand elle lui écrit, l'adolescente signe «Ton vieux pou») : «Françoise a dix-sept ans. C'est une bonne petite fille de chez nous, une petite Française tout à fait moyenne. Elle a été jeannette, puis guide, elle est maintenant cheftaine de louveteaux. Son papa est mort des suites de ses blessures de guerre, bien des années après la fin de l'autre guerre, son frère a été tué au début de celle-ci ; elle était si fière de sortir avec lui quand il venait le dimanche, sous son beau plumier de saint-cyrien. Maintenant, elle prépare son bachot de philo, maintenant le dimanche, elle sort avec ses louveteaux. Françoise ne parle pas de politique, mais Françoise déteste les Allemands. On lui dit qu'ils sont bons, elle les trouve méchants. Cet hiver, les petits ont eu froid et faim, c'est de leur faute. Et puis jamais elle ne croira qu'ils ne sont plus des ennemis. Ils ont tué son papa et son frère. Elle espère bien que les Anglais les battront. Tous les soirs, avec maman, elle écoute leur radio. Elle est toujours contente quand ils disent qu'ils ont bombardé les Allemands et qu'ils les battront.» Ensuite, le vieux pou grandira, la cheftaine de louveteaux poursuivra sa route. Celui qu'elle appelait Gégé, pour G. G., ne le saura jamais, mais après sa licence de droit, elle deviendra, peut-être pas par hasard, avocate à la cour d'appel de Paris, substitut à Rouen, conseillère de René Pleven, le ministre de la Justice, jusqu'en 1973, avocate générale aux cours d'appel puis de cassation de Paris, jusqu'en 1992, et officier de la Légion d'honneur, commandeur de l'ordre du Mérite, chevalier des Palmes académiques... Georges aurait été fier d'elle. Elle a fini sa vie en 2007, à quatre-vingt-trois ans. Son grand frère saint-cyrien, l'Histoire ne lui a pas permis de devenir quoi que ce soit. J'ai retrouvé son nom (et sa photo : c'était un très beau jeune homme, aux traits fins, féminins) sur un site dédié aux morts pour la France, et dans le mémorial de son régiment, écrit par deux de ses officiers. Il s'appelait Vincent Maurice Flipo, il était sous-lieutenant, il avait vingt et un ans. Le 21 février 1940, à 11 h 30, sur la ligne Maginot, au bois de Grossenwald, il a reçu un éclat d'obus dans la tête et a été l'un des tout premiers tués du 93e régiment d'infanterie, dont c'était le baptême du feu. Sa mère, Madeleine, n'a pu récupérer son corps – inhumé provisoirement au cimetière de Luttange, près de Metz – qu'à la fin de la guerre. Un mois après sa mort, elle a reçu des photos de sa tombe, si loin d'elle. Ce jour-là, elle écrit à Georges : «Je ne peux pas croire que ce soit vrai, que mon petit soit là, c'est trop affreux que ce soit tout ce qui reste de vingt ans de soins, de soucis, de tendresse. Comment peut-on survivre à cela ?» Je pense au mien, de petit, qui mesure un mètre quatre-vingt-sept, et le simple fait de recopier les mots de Madeleine me coupe en deux.)

Henri vient voir son père trois jours à Conches, on parle de l'éventuel mariage avec Mad (mais ce n'est pas possible pour l'instant, elle est très malade, sa santé se dégrade de manière alarmante, elle ne s'est pas remise de la mort de son fils), et Georges a des projets : il songe à vendre le château (ou, si Amélie n'est pas d'accord, à échanger avec elle leurs moitiés d'Escoire et de terres en Beauce, et vendre les terres en Beauce) pour acheter la maison qu'il loue ici, dans l'Eure, et prendre sa retraite prématurément – ce qui lui éviterait d'avoir à côtoyer plus longtemps les crapules de Vichy.

De retour à Paris, Henri commence, pour la première fois, la rédaction d'une espèce de roman. Sa motivation n'est pas farouchement littéraire : «Paresse d'écrire. La fuite des idées, même des mots, devant la feuille de papier blanc qui recueillera peut-être une belle histoire. C'est dangereux de commencer par ces phrases le livre sur lequel on compte pour réussir sa vie. La tentation est si facile pour un lecteur sans indulgence de regretter que l'auteur ait remonté cette pente naturelle. Oui, cette histoire est mise en vente dans un but strictement commercial. Tout mon mobilier est vendu, et je n'ai plus que mon histoire qui soit susceptible d'intéresser un acquéreur. Encore faudrait-il qu'elle fût écrite pour que je puisse évaluer les revenus qu'elle est susceptible de me procurer. Mon avenir et celui de la femme que j'aime en dépendent – et je ne sais pas du tout ce qu'elle contiendra ni où elle va me mener. Pour la commodité, pour la clarté des péripéties, ce livre sera écrit sous la forme la plus simple et la plus spontanée, celle d'une lettre à Marie-Louise, la femme que j'aime.» Ce sont les derniers mots, après trois quarts de page d'efforts. Il y a des ratures, des répétitions. Il devait être bourré.

Avant de rentrer, le 15 septembre, dans l'atmosphère ouatée et viciée de l'hôtel du Parc à Vichy, Georges repasse par Paris et comprend, admet, ce qu'il savait déjà sans vouloir y croire : il n'y a pas d'espoir, tout est en train de devenir monstrueux. Le 13, il note dans son journal : « À Paris, il se passe une drôle d'histoire. Le bruit ayant couru que les visiteurs de l'exposition juive étaient tenus de donner leur nom et leur adresse, l'Institut d'étude de la question juive dément, disant que seuls pourront (c'est lui qui souligne) se faire inscrire parmi les amis de cette estimable institution ceux qui le désireront, qu'en outre il est question de placer à la sortie un livre d'or pour ceux qui désireront donner leur avis. Tiens, tiens...»

Ce même 13 septembre, Henri reçoit une visite qui l'estomaque : Annie débarque le soir chez lui, rue Notre-Dame-des-Champs. Le pire, c'est que le coup de traître vient de Bernard Lemoine. Voyant que son ami est dangereusement sur la mauvaise pente, a laissé tomber ses projets de carrière, boit comme huit et ne fait plus rien d'autre que de claquer de l'argent dans le vide, il a pensé que le seul moyen de le sortir de là était de favoriser sa remise en ménage – on y fait moins le zazou, c'est bien connu.

Henri ne se démonte pas. Il dit à sa femme qu'il regrette son comportement (c'est Annie qui raconte), que si elle est d'accord, si elle lui pardonne, on efface tout, tope là ; elle passe la nuit chez lui – ça ne fait jamais de mal. Le lendemain matin, dès leur réveil, il lui explique qu'il ne peut pas la « garder », qu'il a une journée chargée, et promet de la rappeler. Selon elle, c'est ce qu'il fait huit jours plus tard – ce n'est pas tout à fait la version de la gardienne, m'dame Visy, qui dit que le 21 septembre, une jeune femme à l'air affolé a frappé à la porte de sa loge et lui a demandé la clé de l'appartement de M. Girard, en prétextant qu'on venait de lui voler son sac ; il est entré dans l'immeuble pendant qu'elle parlementait, c'est alors que la concierge a appris qu'il s'agissait de son épouse, ils sont montés tous les deux. Quoi qu'il en soit, ils couchent une nouvelle fois ensemble, ils auraient tort de se priver, c'est on ne peut plus légal. «Il m'a encore renvoyée vers 7 heures du matin, prétendant que ses occupations l'appelaient en dehors de Paris.» Ce n'est pas entièrement faux : moins d'un mois plus tard (à la vitesse à laquelle le temps passe, c'est rien), il part pour Escoire, se refaire une santé.

Sa tante Amélie a quitté Paris avant lui, le 18 septembre. Elle a d'abord passé deux semaines près de Bourges, chez les Gentil (qu'elle avait hébergés l'année précédente au château), puis deux jours à La Souterraine, chez son amie Françoise Hua. Elle arrive à Périgueux le 13 octobre (le jour où Henri part de Paris), Louise est venue la chercher à sa descente du train, elles prennent ensemble la micheline, l'autorail qui part de la place Francheville et les dépose une demi-heure plus tard à l'arrêt d'Antonne-et-Trigonant, à un kilomètre du château. De Bourges, Amélie avait envoyé une carte postale à sa chère bonne pour la prévenir de sa venue : «Ma vieille Louise, tout arrive, même ce repos si désiré. Quelle joie de se revoir, je n'ose encore y croire ! Lili.»

4.

Quel con. Je ne sais pas qui a loué la Meriva avant moi, évidemment (c'est comme pour les chambres d'hôtel, et ce n'est pas plus mal), mais ce n'était ni Léonard de Vinci ni Marie Curie, sûr. J'ai vérifié (merci Shell, merci papa) la pression des quatre pneus, elle est conforme au centième de bar près à celle qui est indiquée sur la portière : 2,4 à l'avant, 2,2 à l'arrière, pile. Intrigué (je suis l'homme des énigmes, un détective-né, un véritable cochon truffier – ça tombe bien, je vais dans le Périgord), j'ai fouillé un moment dans l'ordinateur de bord et j'ai trouvé, car je suis fort : à la rubrique «Charge du pneu», on peut choisir «Léger», «Éco» ou «Max», selon le nombre de personnes et de bagages dans la voiture. Averell Dalton ou Harpagon, voyant «Éco», a dû sauter sur l'occasion de grappiller un ou deux litres de diesel, on ne la lui fait pas, les astuces et les bonnes affaires, c'est son rayon. Il n'a simplement pas pensé à gonfler ses pneus en conséquence, c'est-à-dire plus que ces abrutis qui roulent en «Léger» et jettent l'essence par les fenêtres, l'ordinateur considérait donc que leur pression n'était pas suffisante. Je ne vais pas en faire un chapitre, je sais me contrôler, mais il m'a gâché mon début de voyage, Mister Bean.

Je remets le CD du « Vif du sujet » : « Il a offert des cigarettes autour de lui et il s'est mis à jouer du piano à côté des cadavres. » Après Jeanne Valade, on entend l'ancien commissaire Guy Penaud et l'historien Jacques Lagrange, chacun a écrit un livre sur l'affaire d'Escoire, je les ai lus. Ils parlent de carnage dans le petit salon, de démence. Mais au village, ça n'a pas surpris grand monde, on savait qu'il y avait de graves différends dans la famille, des disputes orageuses, et que le fils était dérangé. On l'appelait « le foldingue ». Dans le coin, personne ne l'aimait, Henri. Moins encore qu'à Paris. « Il ne parlait à personne, il était bizarre, son allure sortait de la normale », disait le maire. Plus qu'un original, un marginal. Sale gosse parisien. « Il tutoyait tout le monde, se souvient encore Jeannette, ma mère, mon père... Ah, ça, il avait pas de complexes ! »

J'ai quitté la large et sûre A10 à Orléans pour prendre l'A71, plus modeste, agréablement champêtre, puis à Vierzon, j'ai franchi la ligne de démarcation et me suis engagé sur l'A20, étroite et entourée de champs et de bois, on se sent comme sur une nationale qui traverse une forêt, je n'aime pas trop ça. (Je garde les yeux fixés droit devant moi, je ne veux pas regarder les forêts (c'est pire dans les trains, où c'est tentant et facile), le manque d'êtres humains me donne le cafard, une sensation de désolation, de vide, de mort. Bien plus qu'une maison ou un terrain de foot déserts, où il s'agit plutôt d'absence, qui suggère donc la présence – comme une ampoule éteinte suggère la lumière. Un bois ou une forêt, surtout lorsqu'ils sont denses, lorsque je sais que personne ne peut s'y promener, que ce qui s'y passe dans l'ombre s'y passe sans témoin, non vu, inconnu, comme ailleurs que sur terre, me créent un vertige dans la poitrine, de la vapeur, la peur du néant.) J'approche de la Dordogne, je suis moins confiant. Je suis un marginal parisien, dans mon genre. Environ vingt-cinq kilomètres après

Vierzon, je passe le panneau qui indique la sortie 10 : Vatan. C'est aimable.

J'allume une cigarette. Je sais que c'est interdit maintenant dans les voitures de location, je n'ouvre même pas un peu ma vitre pour aérer, je mets les cendres dans le fond de ma bouteille de Pulco. C'est pratique, notre société précautionneuse, craintive et hygiénique, on se sent hors-la-loi à peu de frais, un simple geste – un morceau de carton dans la poubelle verte ou un kilomètre sans ceinture et tant pis si ça sonne – procure quelques secondes le doux frisson du crime.

Quand j'étais petit, on partait sans ceintures, on roulait de nuit, ma sœur Valérie couchait sur la banquette arrière et moi par terre, derrière les sièges avant, sur un matelas de mousse que ma mère avait installé. On attendait ce voyage toute l'année, on aimait ça autant que les vacances. Mon père fumait dans la voiture, ça ne nous dérangeait pas – quarante ans plus tard, notre fils non plus : quand il arrive qu'on fume dans la même pièce que lui et qu'on lui demande si ça ne le gêne pas, il nous répond que non, au contraire, ça lui rappelle quand il était petit et qu'on partait en Italie (pourtant, modernes, on ouvrait les vitres). L'émission de France Culture est terminée, je pense à mon père, Antoine. Lui aussi, à la fin de sa vie, comme Georges, il tenait un journal, sur un carnet qu'Anne-Catherine et moi lui avions offert. Et lui aussi n'y parlait quasiment, et malheureusement, que d'actualité ou de politique, pas de sa vie, de sa maladie (Parkinson), de ses habitudes, de ses peurs et de ses plaisirs. Après sa mort, j'ai attendu plusieurs jours, retourné, impatient, avant de le lire. Mais je m'en fous, de savoir ce qu'il pensait de Sarkozy, de Maastricht ou de la télé qui ne passe plus que des conneries. Je le savais déjà, de toute façon, on a beaucoup discuté. Et pour quelqu'un qui ne le connaîtrait pas et tomberait sur ce carnet, quel intérêt aurait son opinion sur Ségolène Royal ?

J'aurais voulu qu'il écrive ce qu'il se disait le matin au réveil, ce qu'il faisait l'après-midi quand ma mère était au jardin, ce qu'il imaginait de sa vie, à elle, quand, bientôt, il ne serait plus là, ce qu'il pensait de la sienne, s'il était content de celle de ses enfants, Valérie et moi, s'il se faisait du souci pour nous. Papa, quoi, flûte.

C'est sympa, la Meriva, mais c'est trop grand pour moi, ou trop rond, c'est l'archétype de la voiture à papa, justement, tranquille et familiale, il y a trop de place disponible autour de moi. Il m'aurait fallu un plus petit modèle, genre sportif, célibataire, cador. Rouge. Le pilote qui sait où il va et ce qu'il cherche. J'espère que je ne pars pas à Périgueux pour rien, que j'y trouverai quelque chose, que je ne reviendrai pas gros mou dépité. Non, cador, Mike Hammer, Philip Marlowe! Avec un peu de chance. Je n'en ai pas toujours. Aux courses, c'est incompréhensible, je suis un génie, je joue depuis l'âge de huit ans, je connais tout, et je gagne – toujours peu – chaque fois qu'il pleut des cacahuètes. Mon fils, Ernest, ça le rend triste, il n'aime pas m'entendre gémir de désespoir devant la télé – et quand il était plus petit, il avait peur que je vide notre compte en banque, qu'on finisse à la rue (je joue 10 euros de temps en temps). L'autre jour, petite leçon paternelle de philosophie existentielle, j'ai essayé de lui expliquer que ce n'était pas grave : dans la vie, il faut apprendre à perdre, mon garçon, comme au judo à tomber; c'est important, de savoir perdre. Réponse de l'élève : «Oui mais toi, tu sais un peu trop perdre.»

Entre Châteauroux et Limoges, je passe devant la sortie Arnac-la-Poste, sans doute un repaire de truands campagnards, et la suivante est celle qui mène à La Souterraine. Je regarde par la vitre. Dans une maison, quelque part sur ma gauche, là-bas, Amélie discute avec Françoise Hua et se réjouit d'aller bientôt se reposer dans son château.

Je quitte l'autoroute à Limoges. L'un de ces panneaux touristiques marron qui la jalonnent m'indique que c'est

aussi la sortie pour Oradour-sur-Glane, «Témoignage de
l'Histoire». Ça ne rigole plus. Six cent quarante-deux personnes assassinées, dont deux cent sept enfants.

Dans la nuit du 1er au 2 mars 1949, Henri Girard est
recroquevillé au fond de la cale du *Coutances*, un petit
liberty ship amarré dans le port de Callao, au Pérou. Il est
monté à bord clandestinement. Il est maigre et pouilleux,
les cheveux coupés ras, il a perdu la plupart de ses dents,
paraît quinze ans de plus que son âge et n'a plus une pièce
de monnaie. Un matelot qui l'a repéré lui descend de l'eau
et un peu de nourriture, et promet de ne pas le balancer au
commandant. Il était millionnaire, il est clochard, «tropical
tramp», comme on appelle les vagabonds qui traînent en
Amérique du Sud ces années-là, anciens collabos en fuite,
chercheurs d'or qui n'ont que de l'espoir dans les poches,
bagnards en cavale.

Après la mort de son père, qui a suivi de peu celle de sa
tante, il est devenu extrêmement riche. Et sombre. Plus
détraqué encore qu'auparavant, il a dilapidé toute sa fortune en deux ans, n'importe comment. C'est l'argent de
ceux qu'il détestait, qui ont tué sa mère. Sa belle histoire
avec Marie-Louise s'est terminée en queue de boudin et en
eau de poisson, il est retourné vers Annie, lui a annoncé
qu'il renonçait au divorce et voulait reprendre la vie commune. Tope là? Mais elle a fini par se lasser de ce
déséquilibré si peu fiable, boudin de poisson et fin de l'histoire, divorce pour de bon en juillet 1944. Il n'en fait pas un
fromage et se marie trois mois plus tard avec une apprentie
chanteuse réaliste de vingt-deux ans, Suzanne Graux, serveuse dans un bar de la rue de la Montagne-Sainte-Geneviève.
Ils s'installent tous les deux au 20 rue de l'Abbé-Grégoire,
dans l'appartement de Georges. Oisif, Henri se lance dans
le design avant l'heure, fabrique des meubles tordus et
des accessoires superflus, juste pour le plaisir de créer de

l'inutile et de l'inconfortable. Ils sortent tous les soirs, il couvre Suzanne de cadeaux, de diamants, d'or, de fourrures, il lui offre un piano, un Pleyel quart de queue. Il y a toujours du monde chez eux, des sans-abri, des voyous, des profiteurs, des taulards évadés ou fraîchement libérés, des Juifs qu'ils cachent – dont un couple d'amis, les Neufeld, tapis dans un placard un matin où les Allemands frappent à la porte à la recherche de l'ancienne femme de ménage des Girard, qui œuvrait pour la Résistance à sa manière en refilant la chaude-pisse au plus de soldats boches possible (après d'autres visites de ce genre, Henri logera le jeune couple juif dans l'appartement dont il a hérité à Saint-Cloud). Dans la salle à manger, un tiroir de la commode est rempli de billets de banque : tous ceux qui en ont besoin peuvent se servir. Henri distribue des manteaux et des bijoux aux putes du quartier, nourrit tout le monde. Il a vendu tous les titres et actions de la famille, pour près de 10 millions de francs, mais assez logiquement, le trésor s'épuise vite, les dettes s'accumulent, il ne réagit pas, il veut continuer à tout foutre en l'air, il revend à perte tout ce qu'il a offert à Suzanne, même le piano, il cède la bibliothèque de son père, pour quelques billets, au poète, fabuliste et bouquiniste Pierre Béarn (c'est pour cela qu'aujourd'hui, on trouve sur le Net pas mal de romans d'occasion dédicacés par leurs auteurs au pauvre vieux Georges), met en vente l'immeuble de la rue Madame, l'appartement de Saint-Cloud (sous l'Occupation ou juste après, ce n'est vraiment pas une bonne idée, la période n'est pas propice aux bénéfices juteux, il perd beaucoup d'argent), ses terres en Beauce sont saisies, et enfin, le 4 septembre 1946, le château d'Escoire et ses cent vingt hectares sont mis aux enchères par l'étude de maître Dunoyer, à Périgueux, «sur conversion de saisie immobilière en vente volontaire» – la mise à prix est de 2 millions de francs, le domaine sera racheté à ce prix-là (personne n'en veut) par un entrepreneur de Brive qui a besoin de bois. Il ne reste plus à Henri qu'à se séparer des meubles puis de l'appartement de son père, et à s'installer avec Suzanne dans un hôtel de seconde zone, rue Saint-Sulpice, dans le quartier où ses ancêtres ont amassé ce qu'il vient d'éparpiller.

Plus sauvage que jamais, il est en colère contre tout et tout le monde (et le restera jusqu'à sa mort), surtout ce qui symbolise l'ordre, l'esprit de sérieux, la loi : les flics, les juges, l'armée, la religion, les bourgeois. Il écrira : «On étouffe dans vos cénacles, dans vos salons, dans vos tours d'ivoire en matière plastique. Votre odeur de cadavre ne vous gêne donc point, que vous n'ouvriez pas vos fenêtres ?» Puis : «À toutes vos petites vies assises – je ne dirai pas dans quoi –, à toutes vos petites vies assurées sur la vie, je préfère ma mort.»

Le 2 janvier 1946, il est devenu père. Suzanne a mis un garçon au monde, Dominique. Henri n'est pas prêt pour ça, il n'a pas envie. Lui qui disait : «Les parents sont là pour servir les enfants» quand il était «enfant» n'est plus d'accord avec ce principe maintenant qu'il est «parent». Il écrit deux chansons pour Suzanne, «La marche des révoltés» et «Terrain vague», qu'elle enregistrera et chantera sur scène, puis il tombe amoureux d'une autre femme, qu'il appellera Élisabeth mais dont on ne connaît pas le vrai prénom. Pourtant, le 26 février 1947, Suzanne donne naissance à un deuxième enfant : Henri, comme lui. C'est le père de mon ami Manu (Manu que je ne connaîtrais pas, sans doute, si son grand-père n'avait pas anéanti en quelques mois le patrimoine des générations précédentes : sa femme Claire, leurs enfants et lui vivraient à Saint-Sulpice ou du côté de Passy, dans l'opulence).

Ce jour-là, le 26 février 1947, la veille ou le lendemain, à deux cents kilomètres de là, dans une chambre de la place du Temple à Lille, Pauline Dubuisson couche pour la première fois avec Félix Bailly, qu'elle tuera quatre ans

plus tard à Paris, où Henri sera devenu une grande personnalité du monde culturel, une vedette.

Probablement sans scrupule, il quitte sa femme peu
après son retour de la maternité et emménage dans une
chambre de bonne que lui prête un jeune couple qu'il vient
de rencontrer : Lella Facchini et Édouard Boubat, un photographe encore inconnu qui ne le restera pas et réalisera
dès cette année-là, lors de vacances en Bretagne, l'une de
ses photos les plus célèbres : Lella est dans un bateau, elle
regarde la mer, peut-être, elle est grave ou pensive, dans
une lumière de peintre, elle porte un chemisier blanc trans-
parent sous lequel on voit un soutien-gorge noir. On peut
difficilement imaginer plus d'amour dans l'objectif d'un
appareil photo. Mais Lella deviendra la troisième femme
d'Henri Girard.

Pour l'instant, il ne supporte plus Paris ni la vie pauvre
et fade qu'il y mène désormais. Il n'assume pas ses deux
fils, il ne veut pas les voir, je pense qu'ils lui font peur, ils
prennent sa place. Dix ans plus tard, il dira à Jacques Lanzmann : «Les vacances étaient finies, elles avaient commencé
à ma naissance, je n'avais jamais rien fichu et il n'y a que le
travail qui crée des liens entre les hommes. Les trottoirs de
Paris en 47 étaient peu à peu reconquis par les horaires
et le calendrier. J'ai pris le bateau pour continuer l'école
buissonnière.»

Fin avril, deux mois après la naissance de son deuxième
enfant, il quitte Paris pour Le Havre, il abandonne Suzanne,
la laisse seule avec Dominique et Henri. Des années difficiles s'annoncent pour elle, qui court après les cachets de
chanteuse. Elle confiera ses fils, la plupart du temps, à ses
parents, dans le XIXe arrondissement, puis les mettra en
pension. À propos de pension, Henri n'en paiera jamais un
centime, même quand il sera redevenu riche, et célèbre.
Quand Dominique, à seize ans, lui en fera le reproche,

il lui répondra : «Entre la voiture de sport et la pension alimentaire, je n'ai pas hésité une seconde.»

Le 2 mai 1947, Henri Girard embarque au Havre sur le *Colombie*, en direction du Venezuela, en quatrième classe et en compagnie d'un ami qu'il hébergeait rue de l'Abbé-Grégoire, Zbiniew Whern, un Juif polonais à moitié frappé, satanique et spécialiste des poupées vaudoues, qui lui a appris que le visa vénézuélien s'obtenait très facilement et lui répète depuis des semaines qu'il y a, là-bas, «de l'or et des émeraudes partout». Il a 300 dollars en poche, une petite valise, son visa, et sa licence de droit, qu'il vendra 20 dollars «à un imbécile qui croyait pouvoir s'en servir». (Sur ce bateau voyage également un chanteur débutant, Léo, qui part faire une tournée presque improvisée en Martinique – ce sera d'ailleurs un épouvantable fiasco et, sans un sou pour le billet de retour, il ne réussira à rejoindre Paris qu'au bout de six mois. Je ne sais pas s'ils font connaissance, s'ils discutent, mais c'est très probable, ils ont le même âge et les mêmes idées, bien que l'un soit plus violent que l'autre. (En tout cas, trois ans plus tard, c'est Suzanne, qu'Henri aura recroisée quelques fois, devenue une amie de Léo, qui le présentera, dans un bar de la rue du Bac peu étonnamment nommé le Bar Bac, à sa copine Madeleine Rabereau, sa future femme, celle, sans doute, qui a fait de lui Léo Ferré. «Je suis né une seconde fois le 6 janvier 1950, quand j'ai connu Madeleine», dira-t-il. On entend la voix de Suzanne Girard dans un «récit lyrique» composé par Léo pour la radio, *De sac et de cordes*, avec Jean Gabin et les Frères Jacques. Elle y chante «La bonne fortune» – qu'elle n'a pas vraiment connue.)

Le départ d'Henri est une fuite, mais aussi l'ouverture d'une parenthèse qu'il compte refermer : il a dit à «Élisabeth», la nouvelle femme qu'il aime, qu'il s'en allait pour devenir un homme, pour la mériter, et accessoirement se remplir les poches d'émeraudes et lui offrir la belle vie. Il lui a demandé de l'attendre deux ans. Mais chaque fois qu'il pleut des cacahuètes, pour reprendre une vieille expression de la page 85, les choses se passent comme prévu.

Le 17 mai, le *Colombie* entre dans le port de Caracas (c'est là, trente-sept années plus tard, que Bruno Sulak passera son dernier Jour de l'An d'homme libre, un peu plus de quatorze mois avant sa mort), et à partir de là, Henri va dériver en Amérique du Sud comme une balle de ping-pong crevée sur un large et puissant fleuve. Il sera, dans l'ordre, chauffeur de benne basculante pour un planteur de cacao, conducteur de camion (il convoie ce qu'on lui confie, où on veut et quoi que ce soit – des tubes de pipeline, par exemple, d'une demi-tonne chacun, cinquante par voyage, disposés en pyramide et grossièrement arrimés, qui peuvent défoncer la cabine au moindre nid-de-poule ou coup de frein) puis, après avoir trouvé un partenaire qu'il appellera «Jimmy le Menteur», un fils de famille comme lui, syphilitique, mythomane et fainéant, il remonte l'Orénoque sur un vieux bateau qui transporte «des ballots d'étoffe, quelques trafiquants, six cochons, deux prostituées, un âne et nous» dans le but d'aller chercher de l'or, mais ils passent leur temps à se dorer au soleil et à picoler avec des descendants des Arawaks, se marient chacun à la bonne franquette avec l'une des filles de la tribu et rentrent à Caracas quand ils en ont marre; Henri reprend son boulot de routier, économise pour s'acheter son propre camion d'occasion, le loue, le temps de se remettre d'une crise de paludisme, à un Vénézuélien qui l'envoie au fond d'un ravin, rencontre un évadé de Cayenne, Jack la Palette, avec qui il repart chercher de l'or à bord cette fois d'un coucou qui vole comme ma grand-mère (Jack est plus sérieux que Jimmy, ils se cassent les reins les pieds dans l'eau, mais les quelques pépites qu'ils trouvent péniblement chaque jour se volatilisent chaque soir en alcool, au poker et entre les jambes des putains locales), rend son tamis et retrouve

Zbiniew Whern, le siphonné aux poupées vaudoues, devient arpenteur-géomètre comme lui mais se demande rapidement s'il n'a pas perdu la boule pour se mettre à exercer un métier aussi monotone et pantouflard à l'autre bout du monde, se fait embaucher comme cuistot dans un resto graisseux, rencontre Henri Charrière, le légendaire Papillon, qui tient une «pension de famille tropicale» avec sa femme Rita (et dont il se moquera sans ménagement après la publication de ses Mémoires pipeautés, le traitant, en substance et en version anachronique, de gros mytho, et, dans le texte, de «connard» qui «joue les terreurs à auditoire restreint» à Caracas, puis, lorsqu'il rédige son livre, de «Croix-de-feu du vol à la tire qui s'exalte en silence, vice solitaire»), prend la gérance d'un bar malfamé sur le port de La Guaira, en l'absence du patron corse (qui lui dira à son retour : «Tu avais raison, mon pauvre Girard, tu n'as aucun sens des affaires»), embarque comme matelot sur un caboteur grec qui livre des marchandises le long des côtes, puis tente chauffeur de taxi à bord d'une vieille Frazer qui tombe en panne toutes les deux semaines, trimballe gratuitement les tapins du coin mais se rend compte, justement, que c'est une profession où l'on prend vite leurs habitudes et leurs mots («J'ai fait dix-sept clients en quatre heures, je suis vanné»), et enfin, sur les conseils d'un passager trafiquant, se lance dans la contrebande entre le Venezuela, la Colombie et l'Équateur, d'or d'abord, puis de tout ce qui se vend plus cher ailleurs, objets de culte, pièces détachées diverses, bétail, voitures, mais finit cette fois par réaliser que ce n'est après tout qu'un petit métier de commerçant. Au moment du coup d'État militaire de fin novembre 1948 (soutenu par la bourgeoisie vénézuélienne, l'Église et les États-Unis), qui chasse Romulo Gallegos du pouvoir, ce sont les partisans de ce dernier qu'il transporte pour les aider à fuir, mais son nom circule chez les vainqueurs – de quoi il se mêle, l'étranger ? Un jour où il vient

de déposer une poignée de vaincus en Colombie, à bord
d'une DeSoto qu'il doit livrer à un acheteur, il apprend
qu'il est activement recherché à Caracas et ne peut plus y
retourner : il y a laissé ses vêtements, ses papiers et presque
tout son argent. Il entame alors une expédition d'exfiltra-
tion, de lent retour vers la France, à laquelle on ne croirait
pas dans un mauvais film pour enfants : en voiture, en
avion, en train, en bus, en taxi, en bateau le long des côtes,
couché sur le plateau d'un camion pendant près de neuf
cents kilomètres, à cheval, à pied, à travers la Colombie,
l'Équateur et le Pérou, en passant par Maracaibo, Barran-
quilla, Cali, Popayán, San Juan de Pasto, Guayaquil,
Puerto Bolívar, Tumbes et Lima, aidé tout au long du
périple, pour l'hébergement, la nourriture et les faux
papiers, par des trafiquants, des patrons de bordel et des
anciens du bagne, Zé le Marseillais, Juan l'Indien, Pierrot
le Sourd, Riri l'Algérois (il ne manque plus que Francky la
Sauterelle), il fera deux malaises dont un grave, qu'il attri-
buera à une faiblesse cardiaque mais qui seront dus en
réalité à la malnutrition et l'épuisement, il sera arrêté après
un contrôle d'identité, emprisonné puis libéré par la filière
française, il parcourra au total, en trois mois, trois mille six
cents kilomètres à vol d'oiseau, bien davantage sur le plancher des lamas, jusqu'à ce premier jour de mars 1949 où il
se faufile dans la cave du *Coutances*, à Callao. Il a d'abord
demandé au commandant s'il pouvait le prendre à bord,
celui-ci s'est renseigné au consulat de France à Lima, on
lui a dit que ce Girard était recherché au Venezuela et en
Colombie, il a refusé, Henri est revenu de nuit. Malchance,
le bateau part dans le mauvais sens, vers le sud, en longeant
les côtes péruviennes et chiliennes jusqu'à Valparaiso, où le
premier lieutenant le découvre. C'est une loque au fond de
la cave, un débris broyé par l'Amérique du Sud (tout près
de là, en Argentine, on voue un véritable culte à l'autre
bébé que la sage-femme Jenny Bazin a fait naître, le roi

déjà légendaire du tango, mort quatorze ans plus tôt dans un accident d'avion en Colombie). Au consulat de Santiago, on donne sur Henri Girard les mêmes renseignements défavorables qu'à Lima, mais cette fois, le consul propose qu'on le ramène quand même en France : il sera jugé là-bas. Le *Coutances* finit par remonter vers le nord, passe par le canal de Panama, traverse l'Atlantique (Henri s'ennuie, le commandant du bateau lui donne une cinquantaine de feuilles de papier dépareillées, il commence à raconter, en vrac, ses deux années en Amérique du Sud, dont il remplit les cinquante pages d'une écriture minuscule) et, deux mois après le départ de Lima, cinq mois après la fuite d'Henri du Venezuela, le liberty ship accoste au Havre, où son passager clandestin est arrêté. Chance, le substitut du procureur devant lequel il comparaît est un ancien copain de la fac de droit, il le fait relâcher.

Début mai 1949, après deux ans presque jour pour jour, comme il l'avait annoncé, Henri est de retour à Paris. Quand elle le voit, vieilli, squelettique, édenté, le crâne rasé, le visage rouge, vêtu d'un pull déchiré sur une vieille chemise tropicale et chaussé d'espadrilles trouées, «Élisabeth» regrette de l'avoir attendu. Désolée, salut, bonne chance.

Le fils de famille, l'enfant gâté, le riche héritier est anémié, déprimé, il n'a pas d'argent, pas de métier, pas de logement, plus d'amis.

5.

Je suis à quatre-vingt-dix kilomètres d'Escoire. Dès que j'ai quitté l'autoroute et me suis engagé sur la nationale 21 qui mène à Périgueux, le ciel s'est assombri instantanément, un orage d'apocalypse s'est abattu sur la route, des éclairs ont claqué de tous les côtés et les feux de la Meriva se sont allumés automatiquement : il fait sombre comme au crépuscule en hiver, alors qu'il est à peine 15 heures. En cinq kilomètres et cinq minutes, la température, indiquée sur le tableau de bord, a chuté de dix degrés. Tendresse de l'accueil à la campagne. Au moins, on sait où on met les roues. (Évidemment, c'est vrai : je ne m'amuserais pas à inventer dans un roman cette colère du ciel quand j'arrive, ce serait trop facile et pas crédible. De toute façon, je suppose que le ciel s'en tamponne, de mon arrivée, de moi, d'Henri Girard et des massacres à la serpe.) Je ne me sens pas dans des conditions de tranquillité idéales, je n'ai pas l'habitude, je voyage à peu près aussi souvent que mon lave-linge et ne franchis jamais le périphérique sans une gourde (ou une flasque d'Oban) et une boussole dans mon sac matelot. À travers le déluge, je devine le décor, plus du tout le même que ce matin (en 1941, Henri a mis deux jours pour venir de Paris, lui) : des champs, des hangars, des fermes, des stations de lavage de voitures (avec un éléphant qui crache de l'eau par la trompe), des enclos à cochons, peut-être truffiers, des entrepôts de meubles ou de porcelaine, des espaces jardinage, ferronnerie, piscines, des prés où des vaches rousses, ou alezanes (j'apprendrai qu'on les dit de couleur froment – le froment a donc une couleur), regardent droit devant elles, absolument immobiles sous les trombes d'eau – elles sont coriaces, il faut que j'acquière sans tarder cette solide sérénité rurale.

Je serai dans une heure à Périgueux, le même jour qu'Henri, le 15 octobre, soixante-quinze ans plus tard – j'ai intérêt à bien chercher si je veux trouver quelque chose, dans le passé en ruine. Quand j'ai commencé à m'intéresser à cette histoire, j'ai tapé «château d'Escoire» sur Google et découvert, à la frontière entre l'euphorie et l'épouvante, qu'il appartenait aujourd'hui à un couple Kordalov, qui en avait fait des chambres d'hôtes : j'allais en réserver une, vivre et dormir sur les lieux des crimes, marcher sur les planchers qui ont été gorgés de sang, passer la main sur les murs éclaboussés – épouvante, euphorie (moyen). Cacahuètes et tutti quanti, le formulaire de réservation sur le site ne fonctionnait pas, je n'arrivais pas à l'envoyer. J'ai écrit à l'adresse mail qui était indiquée, celle de Sylvie Kordalov, attendu un mois, pas de réponse. Je n'ai trouvé, nulle part, aucune trace de Sylvie et Tase Kordalov, en dehors du fait qu'ils proposaient des chambres d'hôtes à Escoire, pas un téléphone, pas une adresse, pas un autre mail. J'ai appelé le numéro indiqué sur le site, «... n'est plus en service actuellement». Le château était comme mort, et ses propriétaires évaporés. Désarroi.

À Firbeix, je pénètre en Dordogne. Plus loin, à l'entrée du village de Sorges (la pluie s'est calmée, ne persiste qu'une sorte de bruine, le ciel est gris clair, je m'aperçois que je suis seul sur la route, à perte de vue devant et derrière), une pancarte informe : «Les meilleures truffes du monde sont du Périgord», et cinquante mètres plus loin, une autre : «Les meilleures truffes du Périgord sont de Sorges.» Je suis au centre du monde, question truffes. Sur la gauche, un panneau indique la direction de Savignac-les-Églises, à six kilomètres. C'est là qu'étaient en poste les premiers gendarmes appelés au château, le matin de la découverte des corps. Ils s'y sont rendus en une demi-heure, à vélo.

Henri n'est pas tout à fait perdu à Paris, il connaît le couple Boubat, le photographe et sa muse. (On attend les crimes, les coups de serpe, la barbarie et le mystère, j'en ai bien conscience, pardon, mais ça ne va plus tarder – dans *Jacques le Fataliste*, on poireaute (gaiement, mais tout de même) jusqu'aux dernières pages pour que Jacques raconte enfin à son maître comment il a relevé le jupon de la belle Denise sur ses cuisses pour lui enfiler une jarretière, rien de plus, on acclame Diderot à juste titre, j'estime qu'on ne peut pas m'en vouloir.) Il va leur rendre visite, Lella est moins dégoûtée qu'Élisabeth, ou quel que soit son prénom, par l'aspect physique et l'état psychologique de l'aventurier : elle quitte Édouard, qui commence à faire parler de lui, qui fréquente Brassaï et Cartier-Bresson, elle quitte aussi un métier qu'elle aime (elle créait des tissus, des imprimés) pour suivre le fantôme sale. Elle a vingt-deux ans. Elle lui dit : «On crèvera de faim, mais je t'aime. Si je ne viens pas avec toi, je serai malheureuse et j'aurai honte.» Ils s'installent à l'hôtel de Luynes, sur l'île Saint-Louis – qui n'est pas ce qu'elle est devenue, qui recueille tous les débris et les cassés de Paris, comme s'ils avaient été charriés par la Seine et déposés sur ses berges au passage. Ils vivent dans une misère de gueux, mais heureux : «On se regardait avec ravissement», dira Lella à l'écrivain Roger Martin. Henri l'appelle «Griffon», à cause de ses allures félines et de sa légèreté d'oiseau. Ils ont mis au clou tout ce qu'ils avaient, même les pantalons d'Henri, ils ont des ardoises de plus en plus longues chez tous les commerçants de l'île, ils ne mangent presque rien et ne sortent que la nuit pour être moins tentés. Henri cherche du travail, un seul lui plaît, un seul lui paraît à sa portée : camionneur, comme au Venezuela. Il lui faut un permis poids lourd français. Il passe l'examen médical avec des lunettes qu'il a empruntées à un gars du quartier, s'inscrit au test de conduite, mais n'ayant pas d'argent pour être parrainé par une auto-école, même s'il n'a pas besoin de cours, il ne sera jamais convoqué. Il pose sa candidature pour toutes sortes de petits métiers (la seule pensée de rédiger des contrats d'assurances ou de classer des bordereaux l'accable, mais il n'a pas le choix) : partout, on lui explique qu'il est bien trop instruit, qu'il ne peut pas prendre la place de ceux qui n'ont que ça ; ou que s'il est vraiment déjà passé par les dix-sept métiers qu'il cite, à trente-deux ans seulement, c'est louche. Il sillonne Paris à pied tous les jours pour essayer de retrouver des gens qui ont pioché à pleines mains dans son tiroir à billets, ou à qui il a offert des bijoux, des costumes, des voitures même, dans l'espoir qu'ils puissent l'aider un peu, mais beaucoup ont disparu, et ceux qu'il retrouve sont très justes en ce moment, ça tombe mal, dès que ça va mieux tu peux compter sur moi.

« Mais il fallait bien manger, explique Lella, alors il a décidé d'écrire un roman. » Il n'a pas changé d'opinion depuis la première page avortée de sa « lettre à Marie-Louise », dont il pensait que c'était sûrement le seul moyen de réussir à peu près sa vie, d'un point de vue commercial. Il l'écrira lui-même : « Écrivain puisque je ne peux être manœuvre : on n'embauche pas n'importe qui. »

Il a retrouvé Madeleine Flipo, l'ancienne bonne amie de son père, qu'il appelle d'ailleurs sa « presque mère ». Elle lui prête sa machine à écrire. Il commence à recopier les notes et les ébauches de chapitres qu'il a rédigées sur le bateau, les complète, les lie, les vernit, titre le résultat *Le Voyage du mauvais larron* et l'apporte au directeur de *France Dimanche*, qu'un copain qui travaille comme rewriter au journal lui a présenté. Verdict : « Beaucoup trop littéraire, impubliable. » Le rewriter est d'accord, c'est trop élaboré, trop « écrit », alambiqué, il n'en vendrait même pas assez pour manger une semaine. En revanche, il connaît quelqu'un aux éditions du Scorpion qui pourrait lui donner un peu d'argent pour un roman populaire, policier ou érotique, comme il veut. Parfait. Il reprend ses notes, romance, ajoute du piment, de la tension, simplifie, et rend *Les Oreilles sur le dos*. Pas mal, lui dit-on, ça pourrait aller, mais il faut tout réécrire pour que ça marche, quelqu'un de la maison va s'en charger. C'est Jacques Silberfeld, Michel Chrestien de son nom de plume, qui fait le boulot, mais le roman ne sera publié qu'en 1953, quand Henri sera devenu célèbre. Il sera d'ailleurs consterné par le résultat : tout a été affadi, nivelé, aseptisé. (Il le remaniera plus tard – et Xavier Durringer en fera un téléfilm pour Arte en 2002, avec Béatrice Dalle et Gérald Laroche.) Bon, il a compris. C'est nul, la littérature, c'est peuplé d'abrutis et ça ne rapporte rien. (Les éditeurs, ce n'est pas mieux que les curés ou les militaires : « Il y a plus de poésie dans les livres de comptes d'un patron de salle de jeux que dans ceux de vos poètes apprivoisés, de vos romanciers, peintres tatillons de la médiocrité. »)

Au début de l'année 1950, l'ami juif qu'il cachait avec sa femme rue de l'Abbé-Grégoire puis à Saint-Cloud, Paul Neufeld, réapparaît. Lui n'est pas ingrat, il donne ce qu'il peut à Henri, l'invite à dîner régulièrement avec Lella, et le met en contact avec un assureur de ses relations, qui veut se lancer dans la production de films et cherche un bon scénario à acheter. Dans le cinéma, ils sont sûrement aussi cons, mais au moins, il doit y avoir du fric.

Henri se souvient d'un type ravagé qu'il a rencontré une nuit dans un bar sordide de Caracas, un vieillard maigre aux yeux rouges, qui avait trente-huit ans. Il lui avait alors raconté qu'il tenait ses cheveux blancs, ses trente ans de plus, de vingt-quatre heures en camion quelques années plus tôt : il devait transporter des barils de nitroglycérine, qui risquaient de sauter au moindre cahot, jusqu'à un puits de pétrole en feu que le souffle de l'explosion était censé éteindre. L'atmosphère en Amérique du Sud, les tropical tramps, les putes, les salauds qui s'enrichissent sur le dos de ceux qui sont coincés là-bas, le tout assaisonné de suspense, de sueur, un camion qui peut exploser à tout moment (j'ai connu ça avec mon pneu avant gauche – un peu, non ?) : ça devrait pouvoir faire un bon film. En deux jours, il rédige un synopsis de trois pages et le remet à l'assureur en lui demandant 10 000 francs si ça lui convient. (En 1950, c'est presque rien, le cours du franc a dégringolé : un kilo de pain, par exemple, coûtait environ 3 francs en 1940, et dix ans plus tard, 35 ; un manœuvre était payé 6 francs l'heure en 1940, 93 en 1950. 10 000 francs, ce n'est même pas quinze jours de son salaire fictif de commis de chantier.) La réponse traîne, Henri attend, espère, se lasse : quand il retourne frapper à la porte de l'assureur, celui-ci ne sait même plus de quoi il lui parle, il a changé d'avis, le cinéma n'était pas une bonne idée, ça lui a passé.

Furieux, comme souvent, et certain qu'il tient quand même une bonne histoire, Henri se tourne de nouveau vers la littérature, tant pis, et en fait un roman. Il emprunte du papier où il peut, vingt pages par-ci, cinquante par-là, parfois bleues ou roses, et l'écrit en trois mois, avec quelques interruptions – car s'il ne veut pas passer sa vie en caleçon, et donc sortir de temps en temps, il doit envoyer Lella porter la machine à écrire au mont-de-piété, et récupérer son pantalon en échange, ou de l'argent pour manger. Ça fait un peu bohème de carton-pâte (ou d'Aznavour, humble garni et tout le tintouin), mais ils en étaient vraiment là, béats et crevant la dalle.

Paul Neufeld, encore lui, connaît quelqu'un de plus sûr que l'assureur : il présente Henri, son manuscrit sous le bras, à Jean Birgé, un agent littéraire. Birgé lit, il aime, il propose un titre, en plaisantant à moitié : *Le Feu au cul*. (On ne peut pas être certain que le triomphe aurait été au rendez-vous.) Henri en trouve un autre : *Le Salaire de la peur*. Pour rompre définitivement avec son passé, il se choisit un pseudonyme qui associe le prénom de son père et le nom de jeune fille de sa mère : Georges Arnaud. Birgé fait retaper et relier le manuscrit correctement, puis l'apporte chez Julliard (bonne maison, je crois).

Quand Manu m'a parlé de son grand-père pour la première fois – «Tu sais, c'est lui qui a écrit *Le Salaire de la peur*» –, alors que nos enfants étaient encore en maternelle (j'ai l'impression que c'était avant-hier après-midi, je me revois aller chercher Ernest dans le préau de l'école à 16 h 20, une viennoise au chocolat à la main : il courait vers moi avec l'énergie frénétique du hamster sur ses pattes arrière et me sautait dans les bras en criant «Papa!» comme si on ne s'était pas vus depuis trois semaines – mon petit), je me souviens que si le nom de Georges Arnaud me disait vaguement quelque chose, j'aurais été, une heure plus tôt, incapable de dire ce qu'il avait écrit (*Le Pont de la rivière Kwaï*?) ; et surtout, j'ai dû hocher la tête avec un vague sourire gêné, il m'annonce ça comme s'il était le petit-fils caché de Proust, mais *Le Salaire de la peur*, à mon avis, c'est le petit roman de gare de série B ou C dont Clouzot le magicien a fait un chef-d'œuvre, probablement deux cents pages simplistes et grossières écrites du pied gauche, pour émoustiller les barbouzes et les femmes de routiers.

Je n'étais d'ailleurs pas le seul à le penser. Le pur et noble Clouzot (de mes fesses) – celui qui, quelques années plus tard, tournera *La Vérité*, le fort fourbe film prétendument inspiré de la vie de Pauline Dubuisson, incarnée par Brigitte Bardot, celui qui fera mine de prendre sa défense tout en l'enfonçant définitivement, de son vivant (plus pour longtemps) – évitera très soigneusement de parler du livre pendant la promo du film, ne prononçant jamais le nom de Georges Arnaud et se contentant, obligé tout de même de répondre aux journalistes, d'une phrase bien lourde de sous-entendus : «J'ai pas mal développé et modifié le livre que j'adaptais...» Dans la presse également, surtout du côté des cinéphiles enamourés, on regarde le roman de haut, d'un air un peu dégoûté. Georges Sadoul écrira que c'est «un livre assez médiocre, s'élevant à peine au-dessus d'un thriller pour la Série jaune» et Pierre Kast, dans *Les Cahiers du cinéma*, unira *Le Salaire de la peur* et *Jeux interdits*, deux «grands films» adaptés «d'ouvrages éminemment comparables par la médiocrité discrète de l'écriture, la pauvreté formelle, l'absence de style littéraire», précisant que celui de Georges Arnaud est «un simple récit de la peur d'un camionneur assis sur un baril de nitroglycérine». (Combien de romans forts pourrait-on résumer aussi bêtement ? Un simple récit de l'ennui conjugal d'une femme de médecin qui se suicide à cause d'une dette chez un commerçant, un simple récit des déboires d'un vieux vicelard excité par une gamine de douze ans, ou un simple récit des beuveries d'un ancien facteur.) Georges Arnaud lui-même ira dans leur sens. Il écrira que c'est son plus mauvais roman, et pire : «J'ai contribué, pour ma modeste part, à fausser le goût d'une génération.» Dans l'une de ses nouvelles, *Une heure avec Andréas Aalborg*, il évoquera ses discussions avec Lella quand, conscient que son *Salaire* ne valait rien, il espérait trouver quand même des gogos pour l'acheter dans les gares. Après l'avoir lu, elle lui dit : «Mais si, mon chéri, c'est bien, tu sais.» Il répond : «C'est de la merde.» Et conclut : «Peu scrupuleux sur le chapitre de la qualité, un intermédiaire plaça mon manuscrit chez un grand éditeur. Ensuite de quoi, je devins riche et considéré.» (Quand on connaît le sale gosse, on sait que c'est en grande partie de la provocation, une sorte de perche qu'il tend aux abrutis, mais peut-être pas seulement. Après tout, parmi tant d'autres exemples, et sans rien comparer, Kafka a bien demandé à Max Brod de brûler tout ce qu'il laissait derrière lui (*Le Château, Le Procès*, toutes ces merdes); David Goodis, avec ses mains velues, était certainement persuadé qu'on ne considérerait jamais son travail comme autre chose que de la mécanique commerciale pour les pulp magazines ou les paperbacks (il n'aurait – ou n'a – même pas protesté en apprenant que Marcel Duhamel, le fondateur de la «Série noire», avec cette délicatesse et ce respect des auteurs qui lui étaient coutumiers, a écrit à la future traductrice de *The Burglar* (*Le Casse*, en français), comme le rapporte Philippe Garnier : «C'est le meilleur Goodis, le suspense est soutenu, c'est plus spirituel, le rythme est plus rapide que les autres, voyez si vous ne pouvez pas changer la fin»); et Chester Himes a toujours pensé que ses romans graves sur le racisme et la condition des Noirs aux États-Unis étaient infiniment supérieurs aux petites âneries qu'il torchait en quelques jours pour manger, les aventures sordides et pittoresques d'Ed Cercueil et Fossoyeur Jones à Harlem, qu'on oublierait avant que le papier de la «Série noire», encore, n'ait eu le temps de jaunir.)

Tout le monde n'est pas d'accord. René Julliard n'hésite pas huit secondes. (Il faut dire qu'il y a souvent eu, à la tête de la maison, et je le dis sincèrement, des éditeurs qui se laissaient peu influencer par la pensée ambiante, le

bruissement de l'extérieur. L'an dernier, mon livre sur
Pauline Dubuisson est passé à deux doigt et demi d'un
grand prix littéraire, le Renaudot en l'occurrence, le lendemain je déjeunais avec Betty Mialet et Bernard Barrault,
j'imaginais ce dernier, l'ours bourru (mon frère), poser ses
pattes sur mes épaules et m'expliquer, de sa bonne voix
rassurante, que ce n'était pas grave, que seul le roman
comptait, qu'on aurait un prix une autre fois et que de toute
façon on se foutait des honneurs. Mais dès le début du
repas, dans un restaurant chic et littéraire près du boulevard Saint-Germain, je l'ai senti contrarié, soucieux même,
il ne disait presque rien, pas un mot sur le prix, ses sourcils
étaient inhabituellement froncés, je me demandais ce qui le
préoccupait à ce point (il m'en voulait? – c'est bon, on l'a
pas eu, on l'a pas eu, tant pis). Le serveur s'est approché,
Bernard, tendu, a levé les yeux vers lui : « Y a des frites
avec la bavette ? ») Dès le lendemain de sa lecture, René
Julliard convoque Henri dans son bureau, au 30 rue de
l'Université. Le futur Georges Arnaud a emprunté une
chemise blanche à Jean Birgé, l'agent, pour aller signer le
contrat. Il reçoit un à-valoir de 30 000 francs. Le soir,
c'est la fête à l'hôtel de Luynes délabré, et dans toute l'île
Saint-Louis.

Dès le lendemain encore, Julliard fait envoyer le manuscrit à l'imprimerie. On installe Henri dans un bureau rue
de l'Université, on lui apporte chaque soir, à 19 heures, les
pages d'épreuves qui ont été imprimées dans la journée, il
les corrige toute la nuit (le Maxiton a enfin été inventé,
il ne s'en prive pas, il en gobe comme des Mentos), elles
repartent le matin à l'imprimerie, et la noria reprend le
soir. Si Julliard est si pressé de sortir le roman, c'est qu'il
vise le prix Goncourt – ce qui n'a rien d'utopique : entre
1946 et 1948, les éditions Julliard ont remporté trois
Goncourt de suite (il ne faut pas que je passe mon temps à
parler de moi, mais je suis en train de rire tout seul devant

mon écran). *Le Salaire de la peur* est dans les librairies le 1ᵉʳ novembre, et n'obtient pas le prix Goncourt 1950. (Y a des frites avec la bavette ?)

Cette année-là, on trouve quelques pointures sur les rangs (à cette époque, il n'y avait pas de sélections préalables, les jurés choisissaient parmi tous les romans publiés) : Hervé Bazin pour *La Mort du petit cheval*, la suite de *Vipère au poing*, Marguerite Duras pour *Un barrage contre le Pacifique*... Le favori est, plus modestement, Serge Groussard, qui a écrit *La Femme sans passé*. Mais il n'aura pas une voix et, en fin de compte, un duel titanesque a lieu au sommet entre Bernard Pingaud (*L'Amour triste*) et André Dhôtel (*L'Homme de la scierie*). Colette est pour Bazin et s'y tient, tandis que la «médiocrité discrète» (quelle merveille) de Georges Arnaud semble avoir échappé aux deux ringards qui le soutiennent, Pierre Mac Orlan et Francis Carco, dont on connaît l'absence de style et la pauvreté formelle. (André Billy se joint peut-être à eux au premier tour, en souvenir de son ami Georges Girard.) Les partisans de Pingaud et Dhôtel refusant férocement de céder après quatre tours, un juré élu l'année précédente, Philippe Hériat (assis face au septième couvert, celui de Despentes en ce moment), pour débloquer la situation, suggère timidement un outsider à qui personne n'avait songé, Paul Colin, dont le premier roman, *Les Jeux sauvages*, est sorti chez Gallimard le 18 octobre (côté délais, c'était un peu plus tranquille qu'aujourd'hui, la rentrée littéraire – si je ne rends pas ce manuscrit le 15 mars (au rythme où je suis parti, et sans Maxiton, je ne me sens pas tout à fait le profil d'un vainqueur), il sortira en 2018). Il se fait tard, on a déjà pris trois calvas, ras le beignet, d'accord, Colin l'emporte au cinquième tour avec cinq voix. Robert Merle en 1949, pour *Week-end à Zuydcoote* (il a peut-être croisé Pauline Dubuisson à Dunkerque en 1940, au moment de l'opération *Dynamo*, lorsqu'il a été fait prisonnier), Julien Gracq en 1951 pour *Le Rivage des Syrtes* : ça fait comme un couac au milieu – Pierre Assouline, en 2008, quatre ans avant de s'asseoir sur la chaise de Mac Orlan, racontera dans *Le Monde* cette triste matinée, évoquant un «choix accablant» et une «insondable médiocrité». Paul Colin, pas bête, saura se contenter de sa chance : il prendra ce qu'on lui a donné, achètera une exploitation agricole dans le sud de la France avec ses droits d'auteur tombés du ciel, et ne fera plus parler de lui, ne réapparaissant dans la vie littéraire que neuf ans plus tard, et très humblement, avec un deuxième et dernier roman, dont le titre est peut-être une sorte de clin d'œil : *Terre paradis*.

Bref, pas de Goncourt pour Georges Arnaud, mais des frites en-veux-tu-en-voilà : le succès est immédiat, l'argent afflue, des critiques plus lucides que les autres l'encensent, comme Jean Cau (qui par contre écrira les pires saloperies nauséabondes sur Pauline Dubuisson, mais de belles pages sur Bruno Sulak – la vie est trop compliquée, j'en ai marre), on l'invite partout, dans les cocktails et salons, tout Paris lui court après, il retrouve son train de vie des années riches et emmène Lella dans le tourbillon, mais ne perd ni sa colère naturelle ni son cynisme. Quand Blaise Cendrars, l'une de ses idoles de jeunesse, qui a perdu de sa superbe à ses yeux depuis qu'il a bourlingué lui-même et constaté qu'il y avait plus de posture qu'autre chose dans les écrits du maître adulé, déclare publiquement son estime pour lui, il dit à Lella : «Le sale con, il veut me récupérer.» Lorsque Alfred Hitchcock se propose pour adapter *Le Salaire*, Henri claque la porte au nose de son émissaire : manquerait plus que ce soit un Américain qui récupère l'histoire. (L'intuition d'Henri était bonne : interrogé en 1973, cet autre maître adulé estimera que le film de Clouzot n'est pas mauvais, mais que la fin est ratée. Il ne fallait pas faire mourir le héros comme dans le roman – c'est bien une erreur de Français, tiens. Lui, Hitch, voilà ce qu'il aurait tourné : le camion fait sa sortie de route, Montand est éjecté ou parvient à sauter à temps, un plan sur le camion qui explose dans le ravin, un plan sur Montand vautré dans la poussière au bord de la route, il l'a échappé belle, il regarde son truck brûler, et tu l'as, ta fin! Hollywood forever.)

L'écho médiatique est considérable, mais les ventes restent raisonnables : au moment où Clouzot entamera le tournage du film, trente-six mille exemplaires du *Salaire* auront été écoulés (l'adaptation cinématographique ayant tout de même, parfois, un avantage, ce chiffre va bientôt faire comme le camion de Montand : exploser). Mais c'est largement suffisant pour Henri et Lella, qui s'amusent – et le cinéma paie déjà : le 2 février 1951, les droits sont achetés à Julliard, Jean Birgé et Georges Arnaud, pour 3 millions de francs. Après quelques semaines à papillonner en chemise blanche à Saint-Germain, entre champagne et faux amis, Henri s'est replié dans le sanctuaire insalubre de l'île Saint-Louis et n'en sort plus, sauf parfois la nuit. Il a payé lui-même des travaux dans l'hôtel de Luynes, que l'argent ne leur a pas fait quitter : il a fait percer un trou dans le plafond de la chambre qu'ils occupent pour qu'elle communique avec celle du dessus, à laquelle on accède par une échelle de corde. Ils ont plus de place, ils reçoivent des amis tous les soirs, nourrissent et abreuvent tout le monde. Dans la bande, on trouve l'écrivain Yvan Audouard, qui, entre autres, créera la rubrique «Sur l'album de la comtesse» dans *Le Canard enchaîné*, André Héléna, le maudit, Georges de Caunes, Patrick Kessel, le neveu de Joseph, Georges Bratschi, qui deviendra critique de cinéma à *La Tribune de Genève*, et Christiane Rochefort, dont le *Repos du guerrier* connaîtra un sort comparable à celui du *Salaire de la peur*, et qui coécrira le scénario de *La Vérité*. Le patron d'un resto de l'île, le Coq d'Or, propose à

Georges Arnaud de le nourrir gratuitement : un client célèbre, pour une fois, ça fait de la réclame. Il va s'en coincer les doigts dans la caisse : Henri vient presque chaque soir, mais accompagné de toute la troupe d'affamés.

Le 14 mars, Jean Birgé signe un contrat de traduction avec un éditeur américain. (Dans le *New Yorker*, qui jugera le roman «brutal et bien écrit», on lira l'année suivante, lors de la publication : «À côté de Georges Arnaud, la plupart des auteurs de hard-boiled ont l'air d'enfants qui écrivent à leur vieille tante célibataire.» On doit évidemment enlever Hammett, Chandler, Goodis, Thompson et quelques autres, mais je suis bien d'accord. Chez les Français en tout cas, il faut secouer plus d'une bibliothèque pour qu'en tombe un roman noir du même calibre.) Trois jours plus tard, rue de la Croix-Nivert, à dix heures du matin, Pauline Dubuisson abat son ancien fiancé chez lui et entame un long calvaire de douze ans, jusqu'à sa mort. Le 25 avril 1951, Henri divorce enfin de Suzanne (il passe voir de temps en temps ses deux fils chez leurs grands-parents maternels, mais ce sont presque des visites de politesse), et le 21 septembre, il se marie avec Lella, trois semaines après le début du tournage du *Salaire*.

Au début, avec Clouzot, tout se passe pas mal (il est d'ailleurs amusant qu'il s'appelle Henri-Georges). Henri et Lella descendent même en Camargue, où le village de Las Piedras du livre a été plus ou moins reconstitué, pour assister aux premières scènes. Ils s'entendent très bien avec Véra Clouzot (elle aussi, décidément, coscénariste de *La Vérité* – elle mourra un mois après la sortie du film, à quarante-sept ans), qui joue la prostituée Linda (son mari la fait avancer à quatre pattes sur le sol du bistrot où elle passe la serpillière, le décolleté béant sur les seins, et Montand, qui l'appelle d'un claquement de langue, lui caresse la tête comme à un chien ; il n'y a rien de cette sale condescendance machiste dans le roman), aussi avec les seconds rôles comme Folco Lulli et surtout Peter Van Eyck, qu'ils reverront souvent par la suite sur l'île Saint-Louis («C'était un dur, dira Lella à Roger Martin, Henri aimait deux types d'hommes : les vrais durs et, au contraire, les hommes gentils et affables aux manières courtoises et policées»), mais ils ne parlent pas à Montand, qu'Henri trouve toc, ni à Charles Vanel, avec qui ils n'ont pas d'affinités particulières.

La relation entre l'auteur et le réalisateur va vite se dégrader. D'abord parce que le premier se rend compte rapidement que le second le met de côté, l'ignore et, sans vraiment mentir, enterre peu à peu le roman et laisse entendre à la presse présente sur le tournage que c'est son projet, son idée, son histoire. Ensuite, parce qu'Henri trouve que Clouzot fait n'importe quoi. Et il a raison. J'ai vu le film il y a vingt ou trente ans, j'en gardais un souvenir flou, hormis quelques images chocs, mais le souvenir flou d'un bon film. Je l'ai revu récemment, après avoir lu le livre, après la claque et la petite honte à retardement de mon sourire gêné face à Manu, et je l'ai trouvé ridicule. Car il a vieilli, mal, comme les mauvais films, alors que le livre aurait pu être écrit la semaine dernière. Tout paraît plat et faux, camelote, toutes les subtilités du roman (et il y en a) ont été rabotées, gommées et remplacées par de bons gros clichés et ficelles d'époque. La mise en scène est magnifique, les plans, les cadrages, la lumière, le montage, on ne peut pas dire le contraire (la fin, quoique convenue dans le fond, est techniquement époustouflante et fait tourner la tête), mais il ne reste plus rien de la force sale et douloureuse du roman, de sa puissance sombre, rien des atmosphères lourdes, poisseuses, désespérées, que Georges Arnaud a pu recréer parce qu'Henri Girard y avait trempé. Je sais qu'il n'est pas facile d'exprimer en images ce que les mots injectent si efficacement dans l'esprit du lecteur, même les mots les plus simples (à propos des loques européennes

qui traînent à Las Piedras en attendant une chance d'en
repartir, Arnaud écrit : «Ils étaient maigres, leurs yeux
brillaient; leur odeur était celle de gens qui ont faim» –
bonne chance; ou, près de la fin : «Ce qui occupe le plus
de place dans le paysage, maintenant, c'est le silence. Le
silence massif, compact, présent. Un silence qui bouche
tout.»). Mais on peut quand même essayer. Or, dans toute
la première partie du film au moins, on a l'impression
d'assister à une opérette adaptée de Céline, ou à une pièce
de boulevard tirée de Manchette, avec sa bimbeloterie, ses
stéréotypes et ses acteurs qui en font trop. Pour être sûr de
bien passer à côté du roman, Clouzot a profondément
modifié les personnages, il a rabaissé jusqu'au sous-sol les
putes, les femmes (surtout la sienne), qui ne sont plus que
des animaux dociles et maltraités, et inventé une tension
homosexuelle entre les deux rôles principaux, là où il n'y
avait dans le roman que de la complicité forcée, de la fraternité boiteuse – mais ce n'était pas son grand truc, la
fraternité, à Clouzot (autant qu'ils soient un peu tapettes,
on comprend mieux – de toute façon, ils meurent à la fin,
ça va, le public est satisfait). Montand est risible en grande
folle refoulée (qui, le réalisateur ayant choisi – allez comprendre – de mélanger les deux personnages du livre
comme du blanc et du jaune d'œuf (on se retrouve avec
deux moitiés d'omelette, c'est intéressant), se transformera
miraculeusement par la suite en caïd de western), et Vanel
en boss de la pègre fait pitié – ça fonctionne mieux quand
il se métamorphose plus tard en ballerine gémissante. Certaines scènes sont carrément grotesques, notamment les
scènes de bagarre ou simplement de tension. Mais ce qui a
le plus énervé Henri, ce sont les concessions faites à la
bonne société. Pour n'en citer qu'une, dans le roman, un
curé force les chauffeurs à changer d'itinéraire, à contourner son village, pour ne pas mécontenter ses ouailles et
pour que les camions chargés de nitroglycérine ne passent

pas devant sa chère maison et son beau petit jardin, en leur faisant croire que la déviation qu'il leur propose est sûre, faite pour eux, alors qu'il sait que la route est presque impraticable et qu'ils n'ont pas une chance sur dix de s'en sortir sans exploser – quand ils s'en rendent compte, l'un des gars lui tombe dessus sauvagement et le laisse pour mort. Dans le scénario de Clouzot, la scène a disparu. Il ne s'agirait pas de contrarier les catholiques, ça fait des entrées.

En 1966, dans un article de *Révolution africaine*, écrit et publié à Alger – oui, sa vie va encore changer (quand donc vas-tu relever ton jupon, la Denise?) – intitulé «La littérature n'en peut mais», Georges Arnaud racontera une anecdote à propos de Simone Signoret, toujours collée à Montand en Camargue, qui illustre bien, indirectement, le côté artificiel du film, et symbolise tout ce qu'il déteste : «Le premier tournage auquel j'assistai, il y avait là Simone Signoret, bonne bourgeoise, licenciée de philo. Elle m'exposa avec l'accent parisien qu'un roman de moi qui se passait sous les tropiques constituait une trahison des copains ajusteurs de Boulogne-Billancourt : "Et le prolo, Arnaud? Le prolo?" Le prolétariat me vengea dans l'heure. À son arrivée sur le plateau, Simone allait au peuple et lui parlait son langage, à la cantonade, d'ailleurs : "T'as vu ce soleil, camarade? Un peu beau, non?" "Mais Madame Signoret, répondit un machiniste, on n'a jamais gardé les visons ensemble..." Il avait l'accent parisien plus nuancé qu'elle; je dirais presque plus convaincant.»

Le film, qui sort en avril 1953, est un triomphe. Il reçoit la Palme d'or à Cannes, sous la présidence de Cocteau, et Charles Vanel le prix d'interprétation masculine. À cette occasion, Georges Arnaud donne à *Libération* l'une de ses rares interviews à ce sujet. Si on l'interroge, c'est qu'on aimerait savoir pourquoi il n'est pas venu sur la Croisette avec toute l'équipe : «Parce qu'on ne m'a pas invité.

Clouzot m'ignore systématiquement dans toutes ses déclarations. Or je suis tout de même le premier à avoir raconté
l'histoire.» Il explique brièvement pourquoi il n'aime pas
le film, qui lui paraît bâtard, truqué, regrette que Clouzot
ait gardé sa trame tout en faisant le malin avec les personnages, qui ne sont plus crédibles – à trop vouloir nuancer,
adoucir, il a caricaturé. Henri conclut : «Il a voulu faire de
la philosophie. Il a eu tort.»

Avant cela, à la fin de l'année 1952, il a rencontré dans
les couloirs de Julliard un gamin de vingt-trois ans qui
venait de publier son premier roman, et qu'il a aussitôt pris
sous son aile décharnée pour en faire son partenaire de
coups potaches et de virées alcoolo-hystériques, Louis
Calaferte. (Encore un qui considérera, à tort, qu'on l'a
encensé – car son livre connaît un succès immédiat,
comme *Le Salaire* – pour une daube. En 1978, il écrira
dans *Le Spectateur immobile* qu'il «abomine» le *Requiem
des innocents* et qu'il «le verrai[t] disparaître avec plaisir». N'importe quoi. Au printemps, Anne-Catherine et
moi sommes allés à la Maison de la poésie : Virginie Despentes lisait de longs extraits de ce *Requiem* sur scène,
accompagnée par le groupe Zëro. Je ne suis pas certain de
pouvoir dire que j'aie assisté dans une salle à quelque
chose de plus bouleversant, jusqu'à maintenant. La
détresse enragée mais lumineuse de Calaferte mêlée à la
sauvagerie de Despentes, la sauvagerie sourde, à sa violence retenue, sa timidité dépassée pour prendre le mort
dans ses bras, et dans sa voix l'enfance de tous les autres
morts, ça frappe à la poitrine, ça pétrifie. Pourtant, la lecture à voix haute, surtout d'œuvres que j'ai tant aimées
seul dans mon lit, à quelques grands liseurs près, c'est
comme les adaptations de romans ou les explications de
textes, ça me gonfle. Là, Anne-Catherine et moi, on est
ressortis percutés, sonnés, cloches dans la rue Saint-Martin.
Le problème, même s'il me semble que je ne pouvais pas

faire autrement, c'est que dans le genre cloche, l'effet est durable, je me pose toujours là : erreur de vieux débutant, *La Serpe*, c'est mort pour le Goncourt. (Avant ça, non, j'avais toutes mes chances, je pense.) Flatter une jurée devant tout le monde («sa sauvagerie sourde», et allez donc), autant m'asseoir sur un petit tabouret devant chez Drouant, avec une brosse et du cirage.) Grâce à lui, Louis, Henri retrouve sa jeunesse d'après-guerre. Ils se croisent, l'un est un ancien bourgeois, l'autre un ancien miséreux, ils se retrouvent sur l'île Saint-Louis. Calaferte a raconté quelques-unes de leurs soirées à Roger Martin : «On se baladait la nuit, en buvant des coups un peu partout. Ce qu'il adorait, c'était pénétrer dans les lieux publics armé jusqu'aux dents. Et moi, j'en faisais autant. On entrait par exemple tous les deux pendant une représentation théâtrale, nos vestons ouverts, la ceinture remplie d'armes, et on descendait la travée centrale en gueulant comme des veaux et en insultant les gens qui étaient là, les traitant de pauvres cons, d'enculés. Et personne ne bronchait, parce que certains le reconnaissaient – c'était une célébrité, et puis sa tête était reconnaissable entre mille – et parce qu'on était armés et que tout le monde avait peur, et je dois dire que ça m'amusait énormément, et lui aussi.» (C'est complètement con. Et aujourd'hui, ça ne passerait plus du tout – mais alors du tout.) Pas mieux, ils roulent à fond la nuit dans les rues de Paris, à bord de la sublime voiture noire qu'Henri s'est achetée avec les droits du film, ils passent à cent à l'heure dans les Halles, interdites à la circulation à 3 heures du matin, renversent des étalages, font hurler les mecs qui travaillent. Il y a des baffes qui se perdent (des baffes de bouchers, si possible), mais Henri ne se calmera jamais. Avec son briquet, il met le feu aux moustaches d'un patron de bistrot qui refuse de le servir. Il provoque en duel ceux qui le contrarient. Chez lui, à l'hôtel, il tire au pistolet sur un mannequin de gendarme, et demande à ses invités de faire de même. Dans ses Mémoires, *Le Voleur de hasards*, Jacques Lanzmann écrira : «Julliard ne craignait que Georges Arnaud, et il y avait de quoi. Georges inquiétait tout le monde. Il vous plantait son regard de ciel noyé en plein dans les yeux, et ne lâchait prise qu'après avoir obtenu satisfaction. C'était un dur à cuire, qui mangeait tout cru ses adversaires.» (La prochaine fois que je demande une avance chez Julliard, je tente le coup. Je leur plante mon regard d'épagneul dans les yeux et je ne lâche pas prise.)

En même temps, il rend des services partout autour de lui, comme avant sa ruine de 1946. «Il donnait n'importe quoi à n'importe qui», dit Calaferte. Quand on a besoin de quelque chose, il est toujours là. Dans l'espoir que son pote Louis touche le jackpot, Henri va même jusqu'à surmonter son antipathie et téléphoner à Clouzot pour lui demander s'il ne veut pas adapter *Requiem des innocents*. Ça ne servira à rien, heureusement. Calaferte est d'ailleurs l'un de ceux qui le comprennent le mieux, à l'époque, qui voient en lui autre chose qu'un sociopathe arrogant et agressif : «C'était un être sans doute profondément malheureux, brûlant sa vie, ne pouvant dormir la nuit, et qui avait profondément besoin des gens.»

N'ayant plus besoin de chercher de l'argent ni de s'inquiéter pour l'avenir, devenu riche et célèbre, Henri peut faire ce qu'il veut. Il a retravaillé *Le Voyage du mauvais larron*, que Julliard a publié en octobre 1951, sans grand succès commercial ni critique – on lui reproche de n'avoir qu'un filon, ses années en Amérique du Sud, et d'essayer de l'exploiter jusqu'à la dernière pépite. Dès l'année suivante, pour contrer les langues acides et envieuses, il écrit un «vrai roman», de la pure fiction, comme doit en produire tout bon romancier : *Lumière de soufre* raconte l'histoire d'un bourgeois quelconque, que rien ne passionne, qui tombe un jour sur un tableau qui pourrait être de Van Gogh; le faire authentifier devient l'obsession de sa vie; il découvre parallèlement qu'il est atteint d'un cancer de la langue. René Julliard espère encore une fois le Goncourt, mais niet, et Georges Arnaud ne contre rien du tout : le roman est un échec à tous points de vue (aujourd'hui, il n'en existe qu'un seul exemplaire, d'occasion, disponible sur Amazon («État : bon; quelques rousseurs»), c'est dire (pour donner une idée, on en trouve, sur le même site, trois des *Vainqueurs*, que son père Georges a écrit (et dédié à sa femme, Valentine) en 1924 – plus un chez moi, acheté quelques euros et numéroté «3», je suis fier)).

L'année 1953 est meilleure. Il écrit – en quelques semaines, la nuit, dans le bar d'Air France, classe, aux Invalides (où les voyageurs s'enregistrent avant de partir en bus pour Orly), ne se nourrissant que d'œufs durs, de Vache-qui-Rit et de pain mie, se détendant au whisky et se stimulant au café-Maxiton – *Les Aveux les plus doux*, une pièce de théâtre en un acte sur les maltraitances policières et l'ignominie parfois des flics qui veulent ce qu'ils cherchent, dont la première a lieu le 7 mai 1953 au théâtre du Quartier latin, rue Champollion, avec Michel Piccoli, Roger Hanin et Pascal Mazzotti. Gros succès, la pièce sera reprise à la Comédie-Wagram. (Jules Dassin est pressenti pour en faire un film, mais la censure interdit l'adaptation au cinéma, pas touche à la police. C'est finalement Édouard Molinaro qui s'en chargera, en 1971, avec Philippe Noiret et Roger Hanin toujours.) Il rédige aussi des articles pour *L'Aurore* sur les prisons françaises, une série qu'il qualifie de «steeple-chase pénitentiaire» et qui sera publiée chez Julliard sous le titre de *Prisons 53*. Le ministère de la Justice, rassuré par l'orientation politique du journal, l'a naïvement autorisé à visiter trente-sept prisons – mais Henri a naïvement accepté de commencer à publier ses articles, dans lesquels, naturellement, il ne fait pas de fleurs au système, avant d'avoir terminé son périple : sur la porte de la trente et unième, à Lyon, il trouvera une feuille de papier scotchée : «L'autorisation de visite accordée à Henri Girard, dit Georges Arnaud, journaliste, est reportée.» (En mars, c'est sûr, il a croisé Pauline Dubuisson – peut-être même son regard. Il passe une journée à la Petite Roquette, où elle est emprisonnée depuis deux ans, attendant son procès. Au moment où il entre, avec le directeur et une religieuse surveillante, dans l'atelier de cartonnage où travaillent les détenues, elles tournent toutes la tête vers lui, écrit-il. Pauline aussi, donc. Elle le regarde. Le directeur fait lever les femmes pour qu'elles marquent de la déférence au visiteur. Henri est intimidé. Quelques heures plus tard, il ressortira écœuré. «La journée de travail des prisonnières commence au cri de : "Taisez-vous!" que beuglent leurs gardiennes en cornette, ou bien qu'elles assènent d'une voix sèche d'asexuées.» Dans la prison, bien qu'il ait appris qu'on a essayé de tout briquer pour sa venue, c'est sale et ça pue. «Deux bidets pour quarante femmes.» Il apprend que l'une des religieuses qui surveillent les filles, en été, laisse volontairement les rations de poisson du vendredi à l'atelier pendant quatre heures avant de les distribuer. Elle lui explique : «Elles m'imposent leur odeur à longueur d'année. Je me venge.» Dans son papier, Henri commente : «Épouse du Christ, c'est votre âme qui empeste.»)

Ça ne va plus avec Lella. Curieusement, c'est l'argent qui pose problème, l'argent pour lequel Henri a pourtant si peu de respect. Elle vient d'un milieu très pauvre, elle a du mal à supporter qu'il n'y accorde aucune valeur, qu'il balance les billets par poignées. Et lui pousse dans l'autre sens. Dès que les premiers droits d'auteur du *Salaire* sont tombés, elle achète une casserole (ils n'en avaient qu'une toute petite : quand elle préparait des pâtes pour deux, il fallait qu'elle les fasse cuire en deux fois) et quelques ustensiles de cuisine de base, premier prix. Henri explose. Il lui crie qu'il ne travaille pas pour qu'elle achète des conneries : «Il m'a dit que si j'avais acheté des fleurs, des chocolats, une robe, tout ce dont j'avais envie, il n'aurait rien trouvé à redire, mais pas des bêtises comme ça. Et il ne jouait pas la comédie.» Il lui a juré qu'il la quitterait si elle faisait des économies, ils se séparent. Ils barbotaient de bonheur dans la misère, l'afflux d'argent les a éloignés l'un de l'autre.

L'argent, cependant, c'est comme la marée, ça va et ça vient. En 1953, Henri a déjà dépensé tous ses droits, sur le livre et sur le film. (Il n'a pas véritablement de souci à se faire, les ventes du roman, selon Roger Martin, ont grimpé à cent vingt mille exemplaires après la sortie du film, atteindront huit cent mille avec l'édition de poche, prise en sandwich entre les photos de Vanel et de Montand en première et quatrième de couverture, et ont aujourd'hui dépassé les deux millions – merci Clouzot. Il ne se passe pas un mois, pas une semaine peut-être, sans qu'un journaliste reprenne ou détourne le titre, pour n'importe quel sujet. (J'ai reçu tout à l'heure, plop, un mail de pub de *L'Express*, avec le début d'un article qu'on me suggère d'aller consulter sur le site : «Donald Trump : le salaire de la peur».) Je n'ai pas échappé à cette facilité. Il y a une dizaine d'années, je devais rédiger pour *Voici* un potin sur un rappeur américain, peut-être 50 Cent, Eminem ou Snoop Dogg, qui avait fait je ne sais quelle connerie et paraissait particulièrement féroce sur la photo. J'avais titré : «Le sale air du rappeur». Je n'en suis bien entendu pas fier, mais je suis étonné de m'en souvenir – j'ai dû en écrire près de quinze mille, des potins. Et amusé de penser que je n'avais alors aucune idée de l'importance que prendrait pour moi ce titre, ce livre, que je n'avais pas lu.) À court de liquide, Georges Arnaud accepte des piges pour plusieurs journaux, *France Dimanche* ou *Paris-Presse*, il fait un peu de critique littéraire, pour aider de jeunes auteurs inconnus qu'il aime, mais apparaît surtout dans les pages consacrées à la justice et aux faits divers. Lors d'un procès qu'il suit au Palais de Justice, il rencontre une jeune femme venue témoigner dans une petite affaire, Rolande Lasserre. Elle est mariée à un certain Jean Gatti qui partira (ou est déjà parti) vivre aux États-Unis, elle a une fille de cinq ans, Joëlle. Elle sera la quatrième et dernière épouse d'Henri Girard (apparemment jamais pressé, il ne divorcera de Lella que douze ans après sa rencontre avec Rolande, avec qui il se mariera le 11 octobre 1966, à Alger), ils ne se quitteront jamais. Il l'appelle Quatre-Pattes (sur le faire-part de mariage qu'elle enverra à leurs amis, elle signera : «Quatre-Pattes Arnaud»), les raisons de ce surnom étrange divergent, même dans la famille : pour certains, c'est parce qu'il l'a d'abord appelée Poisson-rouge (une autre enquête semble nécessaire) et donc ensuite : Poisson-rouge-à-quatre-pattes ; pour d'autres, parce qu'elle n'était pas très habile de ses mains ; pour Manu, parce qu'elle parlait toujours en agitant les mains ; pour Roger Martin, apparemment le plus crédible puisqu'il dit tenir cette version de Rolande elle-même, ce serait dû au fait qu'elle avait une manière très particulière de conduire, en se servant énergiquement de ses quatre membres. Bref, Quatre-Pattes va sensiblement modifier Georges Arnaud.

Avec elle, il va quitter définitivement les mondanités, la vie clinquante et les dépenses absurdes, diminuer sa consommation de whisky et d'amphétamines, mais aussi s'éloigner lentement de la littérature. Les trente-quatre ans qui lui restent à vivre, il les consacrera principalement à la justice, ou plutôt à l'injustice, aux grandes causes (comme moi : Snoop Dogg va trop loin !), à la lutte contre les autorités et tous ceux qui abusent de leur pouvoir, au soutien des plus faibles ou désarmés. Rolande n'est pas seule à l'origine de cette modification de trajectoire. Après tant de hauts et de bas, l'éducation que lui ont donnée ses parents, l'anarchisme de sa mère, l'intégrité et la loyauté de son père remontent en lui, Henri Girard, et s'installent. Georges Arnaud sait que son nom représente un certain poids, il va s'en servir.

En 1954 et 1955, il écrit les sept nouvelles qui composeront, l'année suivante, le recueil *Indiens pas morts*, illustré de photographies de Robert Frank, Werner Bischof et Pierre Verger, où il prend la défense, en vain bien sûr, des Indiens d'Amérique («Sioux, Apaches, Comanches et tous les grands Peaux-Rouges finissent paisiblement de mourir dans les villages de toile que leur a offerts un gouvernement venu sur le tard aux joies de la zoologie»), et qui débute par un texte assassin sur Christophe Colomb.

En janvier 1955, dans *L'Express*, *Combat*, *Le Patriote du Sud-Ouest* et *Les Lettres françaises*, il écrit plusieurs papiers sur le procès de Marguerite Marty, accusée d'avoir empoisonné la femme de son amant (interrogée à Montpellier, elle n'a pu voir un avocat que cinq jours après son arrestation : un médecin a alors constaté sur elle des ecchymoses, des difficultés de déglutition, de fortes douleurs au ventre et à la tête et des traces de violences sur les seins), qui voit s'affronter les deux terreurs du barreau : pour la partie civile, René Floriot (qui a aidé deux ans plus tôt à la perte de Pauline Dubuisson), et pour Marguerite Marty, Maurice Garçon (le premier avocat de Pauline, qui a baissé les bras avant son procès). Elle sera acquittée. Henri se déchaîne contre l'accusation, le juge, et même certains experts, sans se priver de mauvaise foi ni de ras des pâquerettes, ça défoule, allant jusqu'à se moquer des physiques et des noms. Le président du tribunal, M. Douysset, «a apporté de Montpellier l'élégance propre aux petits métiers du commerce», «une mèche blanche partage par le milieu ses cheveux noirs, lui donnant vaguement l'air d'une chanteuse réaliste», il a «un sourire d'une éclatante fausseté», «un rire choqué mais gras», et lance ainsi le procès : «Il se cure le nez du pouce, regarde ce qu'il a ramené, le jette derrière lui par-dessus son épaule, et l'interrogatoire commence.» Lorsque M. Bec, l'avocat général, «qui se contente du nom d'une partie d'oiseau», «tâtonne dans le vide de sa pensée, il s'allonge, se couche, se vautre sur son pupitre, à plat ventre, touchant terre du bout des pieds. On dirait une gargouille». Henri accuse très directement les deux experts, les docteurs Puig et Fourcade, d'avoir truqué leurs rapports pour arranger la police, de s'être même concertés dans la salle des témoins avant de venir à la barre (ce qui est évidemment interdit). Quand un juge de Grenoble, M. Touzé (ancien collaborateur de Bec), vient témoigner contre l'accusée, qu'il a connue dans l'hôtel qu'elle tenait près de Perpignan, il écrit : «Avant même d'avoir ouvert la bouche, il avait commencé à mentir.» S'étant cassé la jambe dans un accident de ski, Touzé est arrivé sur une civière portée par des gendarmes. À son entrée dans la salle d'audience, Henri a vu «se poser sur son visage d'homme bien nourri le masque même du pathétique. La souffrance physique, équitablement nuancée de douleur morale, s'inscrivit sur ses traits jusque-là maussades et autoritaires». Lors de sa déposition, accusé de mensonge, «il défendit son honneur de la voix ferme de l'homme qui va mourir. À en juger par la sollicitude dont M. Douysset fit preuve à l'endroit de M. Touzé, on doit se casser fort peu de jambes dans la magistrature». (En 1959, Georges Arnaud sera condamné, pour injures et diffamation, à verser au total un million deux cent mille francs de dommages et intérêts à ses «victimes» – il ne paiera jamais.) Dans *L'Express*, conscient qu'il ne peut pas directement et nommément accuser les policiers d'avoir tabassé, voire torturé, la suspecte, Marguerite Marty, il s'en sort par une superbe pirouette, grâce à une variante du procédé magique de la prétérition (une de mes figures de style préférées tant elle est ridicule, ou habilement ironique, selon l'interlocuteur, qui consiste à dire, par exemple, «Je ne vous ferai pas l'injure de vous rappeler que Santiago est la capitale du Chili», «Le responsable de tout ce bazar est Jean-Jacques Marteau, pour ne pas le nommer» ou «Messieurs dames, vous avez devant vous le directeur marketing, M. Fabrice Boulette, qu'on ne présente plus») : «Un jugement de la dix-septième chambre correctionnelle de Paris, en condamnant pour diffamation deux journalistes coupables d'imprudence, nous a livré les noms des policiers qui n'ont pas frappé Marguerite Marty : MM. Brieussel, Boissin, Aybalen, Cazalet, Soncin et Mazé, de la police de Montpellier.»

Dans *France Dimanche*, il prend la défense de Jean Deshays, envoyé au bagne pour un crime qu'il n'a pas commis (mais qu'il a avoué sous les coups des gendarmes de Pornic), fracasse l'expert qui s'est trompé sur les doses d'arsenic dans le procès de Marie Besnard, se moque du procureur qui s'est pitoyablement acharné pour faire condamner Simone Wadier (accusée d'avoir étranglé son amant – un expert plus sérieux que le médecin légiste démontrera plus tard qu'il est mort d'une hémorragie cérébrale, sans que personne ait jamais touché à son cou) : «Lorsqu'il eut jeté son dernier mot dans la balance, Mlle Wadier fut acquittée.»

En 1956, il assiste avec Rolande à toutes les audiences du procès de l'«affaire des fuites» : René Turpin et Roger Labrusse, deux membres du secrétariat général de la Défense nationale, fermement opposés à la guerre d'Indochine, sont soupçonnés d'avoir transmis des documents secrets au parti communiste, et donc à l'URSS – le but de l'accusation est double : montrer que la défaite de Diên Biên Phu n'est pas due à la faiblesse de la glorieuse armée française mais à une trahison; et discréditer le PCF, qui milite parallèlement pour l'indépendance de l'Algérie.

Turpin et Labrusse prendront quatre et six ans de prison. Georges Arnaud, sans nier que des fuites ont eu lieu, est persuadé de l'innocence des deux lampistes. (Il enquêtera, entamera l'écriture d'un livre pour dénoncer le véritable responsable (mystère et boule de gomme), mais se fera voler des documents importants et devra renoncer, sous une pression écrasante, en particulier auprès des éditeurs – il avait le projet de le publier chez Amiot-Dumont, dont Marcel Jullian est le directeur littéraire.) À la sortie du tribunal, le groupe de ceux qui soutiennent les deux condamnés (dans lequel se trouve Madeleine Jacob qui, trois ans plus tôt, a ignoblement enfoncé Pauline Dubuisson dans la presse, lors de son procès, ne reculant devant aucun mensonge ; mais on n'est pas toujours du mauvais côté) croise celui des partisans de l'accusation, mené par Jean-Louis Tixier-Vignancour. Henri s'en prend violemment à lui, Tixier commence à lui répondre mais, avec le courage légendaire de la blatte, s'écarte pour laisser s'avancer l'un des gorilles de Pierre Sidos qui l'accompagnent : le poing de la bête, orné de deux grosses chevalières, fait éclater le nez du long mais frêle Henri, qui s'effondre et se tortille dans une flaque de sang. (Je viens d'aller faire un tour sur le site de Pierre Sidos, je ne savais s'il était encore de ce monde. J'ai regardé la vidéo de l'un de ses « discours », le 20 septembre 2016, dans une sorte de garage au plafond bas : devant deux blondes et trois tondus, il rend un bouleversant et chevrotant hommage au « Maréccchhâââl de France, ce paysan de chez nous ».)

En novembre 1956, lorsque le siège du parti communiste et celui de *L'Humanité* sont attaqués par Le Pen, Sidos, Tixier et leurs poteaux, il se joint à ceux qui viennent les défendre. Mais il n'est pas communiste pour autant. Une semaine plus tôt, quand les chars soviétiques sont entrés en Hongrie, il a déclaré à propos de certains intellectuels, mais aussi, sans aucun doute, d'un couple glamour qu'il a croisé en Camargue : « Ou ils savaient et n'ont rien dit, et ce sont des lâches, ou ils ne savaient pas, et ce sont des imbéciles. » Et René Andrieu, le rédacteur en chef de *L'Huma*, dira de lui : « Arnaud ne venait nous voir que lorsque nous avions des difficultés. Ce n'était pas l'ami des beaux jours. C'était un type très sensible au malheur des autres. »

Il s'intéresse aussi à des histoires qui n'ont rien à voir avec la politique ou les grandes affaires criminelles, simplement parce que la recherche de la vérité l'obsède et qu'il ne supporte pas que les « petits » soient négligés, écrasés. En janvier 1957, dans *Les Lettres françaises*, il publie « Les abandonnés du Mont-Blanc », un texte triste et féroce sur deux jeunes gens, François Henry, vingt-deux ans, et Jean Vincendon, vingt-quatre ans, qui ont entamé, le 22 décembre précédent, l'escalade du mont Blanc, et sont restés coincés sur une pente le 26, en pleine tempête de neige. Leurs corps n'ont été retrouvés que deux mois plus tard, alors qu'on savait depuis le 28 décembre où ils se trouvaient, et qu'un hélicoptère les avait survolés, encore vivants, le 3 janvier : il n'avait pas osé se poser en raison du relief qui les entourait et des conditions climatiques (le 31 décembre, un premier hélico s'était écrasé en s'approchant des deux naufragés de la montagne : les sauveteurs indemnes avaient décidé de sauver d'abord les sauveteurs blessés, en promettant de revenir chercher les deux alpinistes). D'après Henri, ni la malchance ni les difficultés techniques ne sont réellement à mettre en cause. La compagnie des guides de Chamonix a trop tardé à envoyer des hommes pour secourir ces deux jeunes imprudents (un seul, Lionel Terray, a tenté de les rejoindre par voie terrestre, en vain), et surtout, l'armée a refusé de mettre ses hélicoptères puissants et stables à disposition : ils étaient réservés pour ce qu'on appelait encore les «événements» d'Algérie. (C'est après cette lente agonie – on estime que Vincendon et Henry ont résisté pendant dix jours par moins trente degrés – et grâce à la polémique qui a été déclenchée en partie par Georges Arnaud que le secours en montagne a été officiellement et sérieusement organisé en France.)

En ce début d'année 1957, Rolande et Henri, qui vivent à l'hôtel de Seine, rue du même nom, n'ont plus un sou. Il se remet donc à écrire, commence un roman, *Les Camions*, dans le même genre que *Le Salaire de la peur* (et destiné à le surpasser pour clouer le bec à Clouzot et à ses fans), qui sera publié en feuilleton dans *Les Lettres françaises* et deviendra finalement une sorte de longue nouvelle, *La Plus Grande Pente* (comme *Le Voyage du mauvais larron*, c'est poétique et beau, écrit avec plus de soin et, comment dire, d'élégance que *Le Salaire*, mais moins brut, justement, et donc à mon avis moins fort, la forme plus détachée du fond). Les années suivantes, il en vendra les droits, ou des options, chaque fois qu'il aura besoin d'argent, à cinq producteurs différents. (En 1957, il signe également un contrat avec la MGM, qui lui verse une avance pour un scénario qu'il n'écrira jamais – hormis le titre, c'est déjà ça : *The Second Barrel*.)

La vie d'Henri Girard change de direction une nouvelle fois lorsqu'il lit dans *L'Écho d'Alger* qu'une certaine Djamila Bouhired, agent de liaison du FLN, a été condamnée à mort, accusée d'avoir participé directement ou non (on ne sait pas, en fait) à plusieurs attentats à Alger, au Milk Bar, à la Cafétéria de la rue Michelet et au terminal d'Air France, dans l'immeuble Mauretania, où la bombe n'a pas explosé. Après son arrestation, le 9 avril 1957, elle affirme avoir été interrogée et torturée sans interruption pendant dix-sept jours : elle a, sur les seins, le sexe, la bouche, les narines, les aisselles, de graves brûlures dues à l'électricité. Henri contacte aussitôt un collectif d'avocats créé pour la défense du FLN, animé par un inconnu qui s'est inscrit au barreau depuis peu, Jacques Vergès (en novembre 1953, lorsqu'il a assisté en simple spectateur au procès injuste et brutal de Pauline Dubuisson, il a décidé de reprendre ses études de droit, après treize ans d'interruption). Henri le décrit comme «un Floriot jeune, plus l'intelligence».

Les deux hommes vont devenir très proches – Henri dira que Jacques est son frère : «Je n'en ai jamais eu d'autre» – et écrire ensemble *Pour Djamila Bouhired*, une sorte de manifeste qui sera publié par les éditions de Minuit et sera à l'origine, cinq ans plus tard, de la grâce et de la libération de Djamila – que Vergès épousera en 1965 à Alger. À partir de là, Henri consacrera presque exclusivement sa vie à l'Algérie, jusqu'en 1972.

Il se retourne une dernière fois sur le passé en écrivant une pièce de théâtre, *Maréchal P...* (les points de suspension ne sont pas seulement là pour ne pas dire son nom), qui se fout plaisamment de Pétain et de son gouvernement de Vichy – elle s'ouvre sur le Maréchal chenu qui dicte : «Article premier : Il est interdit d'être juif.» Elle sera publiée en 1958 et jouée fin août 1959 à La Seyne-sur-Mer, trois soirs seulement, malgré un vrai succès de la première, et dans des conditions consternantes : Henri, ce dingue, a confié la production et l'organisation à un ancien légionnaire, Ernest – comme mon fils – Sello, un Juif allemand qui a eu les pieds gelés pendant la guerre et en est resté infirme. Il l'a rencontré dans un bistrot de Pigalle, hébergé, nourri et aidé financièrement pendant des mois. Moitié mythomane, moitié escroc, Sello a fait croire à tout le monde qu'il avait réuni beaucoup d'argent, qu'il avait convaincu Françoise Sagan, Gérard Philipe, Chagall, Léo Ferré, Montand et Signoret de faire le déplacement de Paris pour venir assister à la première (aucun d'eux n'était au courant), il n'a payé personne, ni les acteurs, ni les techniciens, ni les fournisseurs pour les costumes et les décors, ni la salle, et s'est sauvé avant la troisième représentation, quand l'équipe s'est mise en grève. (Interviewé par son ami Yvan Audouard dans *Paris-presse*, Henri prendra ironiquement la défense du tocard, qui fait de son côté porter la responsabilité de cette déroute à l'auteur, au metteur en scène et à tous les «félons» qui lui ont mis des bâtons dans les roues : «Sello a raison. On était tous contre lui, moi le premier : il aimait la pièce, il voulait la monter, j'ai eu la vacherie de l'y autoriser. Les comédiens, pire encore, ils ont accepté sa signature au bas des contrats qu'il leur proposait, et ce n'est pas tout, leur idée, c'était d'être payés comme convenu : férocité ni plus ni moins, cruauté mentale. Quant à la municipalité de La Seyne, ça dépasse tout : ils lui ont sauvagement prêté une salle et lui ont accordé la plus inhumaine des subventions.»)

Le 15 avril 1960, Georges Arnaud est l'un des deux seuls journalistes français à assister à une conférence de presse clandestine, en plein jour à Paris, de Francis Jeanson, qui est recherché depuis des mois par le gouvernement et la police pour avoir créé un réseau dont le but est de récolter et de transporter des fonds au profit du FLN. Il est le seul à en donner un compte rendu public, cinq jours plus tard dans *Paris-Presse*. Le 21 avril, après une perquisition de la DST à l'hôtel de Seine, il est arrêté par «cinq ou six types couleur de poussière, dont plusieurs visiblement savaient lire», et emprisonné à Fresnes pour «non-dénonciation» – car bien entendu, il ne veut pas dire où a eu lieu la conférence, ni comment il a été prévenu, ni rien. Il demande à être incarcéré dans la section réservée aux Algériens du FLN : pas de problème, si ça lui fait plaisir.

Francis Jeanson confiera : «Alors que je vivais cloîtré rue Lacépède, je n'ai pas de meilleur souvenir que la photo de Georges Arnaud grimpant hilare dans le fourgon cellulaire.» Car même s'il risque gros (on lui prédit deux à cinq ans de prison), Henri est content. Il pourrait obtenir facilement sa mise en liberté provisoire, mais il se débrouille, grâce à une astuce juridique concoctée par Vergès, pour la demander (c'est important pour sa crédibilité) d'une manière qui oblige le juge d'instruction à la refuser : Henri et ses amis veulent profiter de l'aubaine pour alerter et faire bouger l'opinion, et il sait qu'il joue sur du velours. Il passe deux mois à Fresnes, Rolande vient le voir trois fois par semaine, des pétitions circulent partout, la très grande majorité des journalistes le soutient, de toutes tendances politiques (hormis quelques extrémistes de l'OAS), même ceux qui ne l'aiment pas ou sont en faveur de l'Algérie française, tous déclarent qu'ils auraient agi comme lui, la liberté de la presse est en jeu. Le procès, le 17 juin, prendra la forme d'un grand show Georges Arnaud, dont les figurants enthousiastes, aux voix fortes à la barre, s'appellent Joseph Kessel, Jacques Prévert, Jean-Paul Sartre, Pierre Vidal-Naquet, François Maspero ou Jérôme Lindon. Il a trouvé une tribune idéale pour régler ses comptes avec les formes d'autorité qu'il exècre et il ne s'en prive pas, tirant sur tout et tout le monde avec joie et panache. (Nicole Rein, l'une des avocates du collectif pour le FLN, écrira : «On avait l'impression d'être à la Foire du Trône, avec des juges derrière une palissade et Georges Arnaud et les témoins leur jetant des boules de chiffon.») Mais bien sûr, ça ne suffit pas, il n'est pas vraiment là pour ça. Grâce à la naïveté de ceux qui le jugent, il a pu faire comparaître, en qualité de témoins, trois Algériens du FLN détenus à Fresnes (il se félicitera par la suite de la bêtise de ses geôliers et de leurs supérieurs : si on ne l'avait pas autorisé à partager leurs cellules, il n'aurait probablement jamais eu la possibilité de les rencontrer, et moins encore de passer des journées entières à discuter avec eux). Lorsqu'il comprend ce qui est en train de se passer, le président du tribunal en fait expulser deux de la salle d'audience, mais trop tard, ils ont eu le temps de parler de la volonté du peuple algérien, de sa souffrance, des exactions de l'armée française, de la torture, de l'incohérence et de l'illégitimité de la colonisation. La presse, furieuse d'avoir été attaquée par la justice, se chargera du reste, en particulier de donner à ces déclarations l'écho nécessaire. Georges Arnaud est condamné à deux ans de prison avec sursis, et la torture en Algérie devient un sujet dont on parle.

L'année suivante, il raconte tout cela dans *Mon procès* (chez Minuit), avec délice. Et force. Et l'année suivante encore, même s'il n'y a bien entendu contribué que pour une petite part, l'indépendance de l'Algérie est proclamée. (Humainement, naturellement, je m'en réjouis des deux mains. Sentimentalement, je pense à mes parents, tout jeunes, qui viennent de tomber amoureux l'un de l'autre et doivent quitter en catastrophe le pays où ils sont nés – Antoine, mon père, s'est sauvé le jour même où il a reçu un genre de tract, de convocation sauvage de l'OAS, qui le menaçait de mort s'il ne rejoignait pas ses rangs le lendemain. Ils se sont mariés peu de temps après à Ozoir-la-Ferrière et n'ont pas passé leur lune de miel sur les plages magnifiques d'Alger, où vivait ma mère, Marie, ni d'Oran, où vivait mon père, mais dans la Meuse grise, à Beurey-sur-Saulx, près de Bar-le-Duc, dans le petit presbytère où ils étaient hébergés gratuitement, sans chauffage, par moins dix-huit en cet hiver 1962-1963, considéré comme le plus rude du XXᵉ siècle – pas de bol, faut reconnaître. Mais l'amour se fout du froid.)

En 1961, presque en même temps que *Mon procès*, Georges Arnaud a publié chez Julliard ce qu'on peut considérer comme sa dernière œuvre littéraire, vingt-six ans avant sa mort, un recueil de sept nouvelles qui porte le titre de la première, *La Plus Grande Pente*.

Rolande et Henri sentent le besoin de bouger, la vie parisienne les ennuie. Après un séjour au Danemark, où il essaie d'écrire un scénario qu'on lui a commandé sur la guerre d'Algérie, ils rentrent à Paris et prennent la décision de partir loin. Ils hésitent entre Cuba et Alger. C'est Quatre-Pattes qui choisit : « Si on n'a pas de quoi payer le billet de retour, c'est plus facile de revenir d'Algérie que de Cuba. »

Avant de quitter la France, Henri revoit ses deux fils, Dominique et Henri, qui ont alors seize et quinze ans et habitent avec leur mère Suzanne, rue Liancourt, près de Denfert-Rochereau. Il leur présente Rolande, les emmène plusieurs fois boire un verre ou déjeuner, leur apprend à conduire au bois de Boulogne. Ils s'entendent bien. Ils partent ensemble trois mois dans une grande maison en Charente-Maritime, trois bons mois agréables – heureux. De son côté, Rolande renoue des liens avec Joëlle, sa fille, qui a quatorze ans et vit chez ses grands-parents à Bordeaux. Ils décident d'aller passer quelques mois tous les cinq à Alger. Dominique reviendra en France au bout de sept mois ; Joëlle et Henri fils, de quatre ans ; Rolande et Henri père, de douze ans.

À son arrivée à l'aéroport d'Alger, le 4 septembre 1962, Georges Arnaud croise par hasard Ahmed Ben Bella, libéré des prisons françaises, qui revient chez lui pour diriger son pays. On prétendra ensuite qu'il est devenu son « conseiller ». En réalité, ils discutent simplement une demi-heure à côté de leurs valises, et Ben Bella ne lui propose rien d'autre que d'aider à la création d'une école de journalisme.

À Alger, il retrouve pas mal de leurs compagnons de lutte français, une petite centaine, et surtout Vergès, qui a pris la nationalité algérienne, s'est converti à l'islam et se fait appeler Jacques Mansour Vergès. Ils aident tous les deux à la création d'un hebdomadaire du FLN,

Révolution africaine, auquel ils collaboreront plusieurs années. Henri participe à la fondation de l'École supérieure de journalisme, comme il l'avait promis à Ben Bella, ainsi qu'au Centre national du cinéma algérien. En décembre 1962, Rolande a mis au monde leur première fille, Catherine, et en novembre 1964, Laurence. (Entre les deux, du même côté de la Méditerranée, Pauline Dubuisson meurt à Essaouira, le 22 septembre 1963.) Après avoir vécu un temps à l'hôtel Aletti («un bel hôtel», se souvient ma mère) grâce au premier versement, pour *La Plus Grande Pente*, d'un producteur qui fera bientôt faillite, ils emménagent au 5 de la rue Foureau-Lamy, dans ce qu'Henri appelle «une HLM demi-luxe». Les revenus de la famille proviennent maintenant principalement de Rolande, qui rédige des dépêches pour l'agence Algérie Presse Service, tandis qu'Henri devient conseiller auprès de la Radio-Télévision algérienne – il est moins conseiller culturel que juridique, ce boulot administratif l'assomme mais il estime que c'est le meilleur moyen qu'il a de se rendre utile, grâce à ses lointaines études de droit et sa préparation au Conseil d'État.

Dominique, qui ne se sentait pas heureux là-bas, est rentré en France au printemps 1963. Son frère et Joëlle le suivent trois ans plus tard; elle a dix-huit ans, lui dix-neuf. Ils sont tombés amoureux, ils se marient à Paris. Et le 22 octobre 1968, dans le XIVe arrondissement, à l'hôpital Saint-Vincent-de-Paul, à trois cents mètres du studio du 115 rue Notre-Dame-des-Champs où son jeune grand-père gueulait la nuit sous l'Occupation, naît Emmanuel Girard, Manu – qui peut affirmer d'un air énigmatique, dans les dîners : «Le père de mon père a épousé la mère de ma mère» ou «Mon père est le fils du mari de la mère de sa femme», c'est toujours un succès au dessert. Son deuxième prénom est Henri, comme son père, son grand-père, tous les garçons de la famille depuis un siècle, en souvenir de

Riquet le malchanceux, mort en 1915 dans la Meuse. Aujourd'hui, son fils de quinze ans, Simon, peut lui aussi lire «Henri» sur la deuxième ligne de sa carte d'identité. (Si tu as un garçon un jour, Simon, n'oublie pas le petit Riquet.)

À Alger, la santé d'Henri père n'est pas bonne. Il a de sérieux problèmes pulmonaires. Depuis la mort de sa mère, il sent la tuberculose lui tourner autour à la manière de la hyène – et comme il fume beaucoup, la possibilité de cancer vient flotter là-dessus, en vautour. Il refuse le traitement à base de bromure qu'on lui prescrit sur place, et part seul pour Paris en 1971. Là, on lui diagnostique une tuberculose, tout finit par arriver, il perd une partie d'un poumon et va se reposer deux mois au grand air, à Chamonix, où sa mère est morte quarante-cinq ans plus tôt. Dans ces montagnes, pas une heure ne doit passer sans qu'il pense à Valentine sur sa chaise longue, jeune et seule face aux sommets enneigés, une couverture à carreaux sur les genoux.

Depuis le 23 octobre 1967, un mandat d'arrêt est lancé contre lui en France : à la suite d'une plainte de Suzanne, la mère de ses fils, il a été condamné, par contumace, à un an de prison ferme pour «abandon de famille». Dès la fin de sa cure, il se constitue prisonnier le 27 mars 1972 à Paris, est écroué à Fresnes, comme à l'époque de la conférence de Jeanson, et libéré le 29 mars. (Je ne sais pas s'il a fini par payer les arriérés de pension alimentaire – pas sûr, ça ne lui ressemblerait pas beaucoup.) Il revoit son fils Dominique, devenu chauffeur de camion, ils font de la route ensemble, ils se comprennent. Avant de quitter la France, il signe un contrat pour un nouveau livre, provisoirement intitulé *La Nuit du bourreau*, qui racontera une expédition rocambolesque de Pieds nickelés pleins de bonnes intentions (Rolande, deux de leurs amis et lui) qui avaient pour projet de kidnapper le bourreau chargé de couper la tête, le lendemain, d'un client algérien de

Jacques Vergès, en 1958. Ils n'ont pas réussi, l'exécution a eu lieu.

Peu de temps après son retour auprès de Rolande et de leurs deux filles à Alger, il fait une pleurésie. Ils ne vont plus pouvoir rester longtemps. De toute façon, Henri commence à en avoir marre. Il se sent faible, il a envie de rentrer – et d'écrire. (Dans une lettre à son agent, Marie Schébéko, il évoque un projet : «C'est un roman pour le plaisir de l'écrire, juste une histoire qui me plaît bien, sans message ni charabia politique. Ouf!») L'ambiance n'est plus la même en Algérie, surtout depuis le coup d'État de Houari Boumediene contre Ben Bella, des tensions se développent, à l'intérieur de la petite communauté française aussi – chacun voulant, comme en concurrence avec les autres prétendants, prendre la place de chouchou, de préféré des Algériens (Jean-Louis Hurst – auteur en 1960, sous le pseudonyme de Maurienne, d'un manifeste anti-colonialiste intitulé *Le Déserteur*, qui a été censuré dès sa sortie – parle judicieusement de «rivalités d'ordre libidinal».)

En 1974, le couple et leurs deux filles retournent à Paris. Rolande serait bien restée; pour Catherine et Laurence, qui ont douze et dix ans, c'est un véritable déchirement, elles sont en larmes, on les arrache à leur enfance insouciante (et encore, on ne les fourre pas dans un presbytère près de Bar-le-Duc); pour Henri, c'est plutôt un soulagement. Il expliquera à Yvan Audouard : «Quand le Gaulois fait chier le Bédouin, je suis du côté du Bédouin, et quand le Bédouin fait chier le Gaulois, je suis du côté du Gaulois.» (Dix ans plus tard, à Barcelone (pas d'affolement, le jupon de Denise remonte sur ses genoux, avec un léger crissement érotique), il retravaillera *Le Voyage du mauvais larron*, dont il aura récupéré les droits. L'une des phrases qu'il modifiera reflète son état d'esprit après ses douze années algériennes. Dans la version de 1951, il avait écrit :

«Je ne saurais dire ce qui me dégoûte le plus, de l'armée coloniale ou du Viêt Minh.» Il actualisera : «Je ne saurais dire ce qui me dégoûte le plus, d'une armée coloniale ou de ceux qui, l'ayant jetée à la mer, se hâteront demain d'assujettir leur propre peuple aux plus glaciales et révérencielles pitreries.»)

Malgré ses bonnes résolutions et sans doute son désir profond, la littérature, qui selon lui «n'en peut mais» (ça se discute), va continuer à passer à l'as. Car à Paris, Henri retrouve Marcel Jullian, avec qui il a failli publier son livre sur l'«affaire des fuites» en 1956, qui a dirigé entre-temps les éditions Julliard, et vient d'être nommé président d'Antenne 2. Par hasard ou presque, il se lance donc dans le journalisme télévisé. Cinq reportages, en collaboration avec différents réalisateurs, seront diffusés pour la plupart en première partie de soirée, plutôt des documentaires, de longues enquêtes sur des sujets qui semblent n'avoir rien en commun mais ont tous un rapport avec le pouvoir, quel qu'il soit, et l'injustice : l'affaire Portal, un fait divers banal en apparence – une femme et ses deux enfants défendent au fusil la maison que leurs créanciers veulent faire saisir après la mort du père, l'un des fils tire sur les gendarmes, l'assaut est donné, il est abattu (au départ, Henri pensait, par penchant naturel, s'en prendre aux huissiers et aux forces de l'ordre, mais une enquête de quatre mois l'en dissuade et le reportage, honnête, même s'il critique la loi qui permet de tout rafler à une famille endettée, devient une charge contre le défunt père Portal, obtus et violent, et la mère hystérique, castratrice, qui ont fait de leur fils une victime); la secte Moon, six mois de travail en France, aux États-Unis, au Japon et en Corée; la mort de l'ancien colonel SS Joachim Peiper, dont un article de *L'Humanité* venait de révéler l'identité, retrouvé calciné après l'incendie de sa maison, en Haute-Saône : Henri relève plusieurs invraisemblances, notamment dans les

résultats de l'autopsie, et conclut que ce n'est probablement pas lui, qu'il s'agit d'une mise en scène pour cacher
sa fuite (la chaîne, dont Jullian n'est plus le président,
ayant longtemps tardé à diffuser le reportage, pour des raisons politiques, Georges Arnaud et le réalisateur, Roger
Kahane, publient un livre sur l'affaire à L'Atelier Marcel
Jullian – il n'aura aucun succès, et plusieurs libraires affirmeront avoir été menacés de mort s'ils le mettaient en
vente) ; il s'intéresse ensuite aux détenus permissionnaires,
montre que la grande majorité d'entre eux ne font que
rendre visite à leur famille ou profiter un peu de la vie, que
l'échec est rare (là encore, il dérange, ses conclusions ne
coïncident pas avec les déclarations du ministre et l'orientation sécuritaire de la société à l'amorce des années 1980 :
l'émission sera programmée deux ans après le tournage, le
14 septembre 1980, en deuxième partie de soirée) ; enfin, à
l'initiative de Rolande, le couple se lance dans une enquête
de deux ans sur le trafic de fœtus dans le monde, ils partent
en Angleterre, au Japon, aux États-Unis, mais leurs sources
paraissent peu sûres, Henri peu impliqué, il semble avant
tout vouloir faire plaisir à Rolande, et certains diront qu'il
s'agissait plus de vacances qu'autre chose : le résultat, diffusé en deux parties, les 3 et 10 juin 1986, après de longues
tergiversations de la chaîne (Rolande pense que la CIA
est intervenue – elle fera d'ailleurs comme pour l'affaire
Peiper et publiera un livre en attendant, *Le Fruit de vos
entrailles*) et un montage remanié jusqu'à la corde, ne sera
pas très concluant.

Au printemps 1978, Henri a signé un bon contrat avec
les éditions Jean-Claude Lattès pour un livre documentaire
sur le trafic de drogue en Colombie. Il n'a qu'un poumon
et des poussières, respire difficilement, l'altitude là-bas ne
va rien arranger, Rolande considère qu'il est dangereux
pour lui de s'y rendre seul. Il part donc avec son fils Henri,
un peu plus d'un mois. C'est un voyage important pour

eux deux, émouvant évidemment, Henri père retrouve une terre qu'il a parcourue trente ans plus tôt en vagabond déguenillé sans avenir, et surtout, Henri fils un père, un père et un fils se retrouvent ou se trouvent, se rencontrent – ils se connaissent finalement très peu. Les deux hommes se rapprochent, ils sont seuls entre l'Atlantique et le Pacifique.

Le livre ne paraîtra pas, pour une raison simple : Henri ne l'écrira pas. Ses adversaires, ses ennemis même (il a eu bien des occasions de s'en faire depuis 1950), persifleront qu'il est à sec, qu'il n'a plus rien à dire. Ce n'est peut-être pas faux. Ou bien il n'a plus envie. Ou les moments forts passés avec son fils l'ont détourné de son enquête. (Au cours de leur voyage, c'est Manu qui me l'a appris, Henri père dit à Henri fils : « Le seul livre que j'ai envie d'écrire, c'est la rencontre d'un père et de son fils. Mais ce bouquin-là, je le garde pour moi. ») Roger Martin, dans *Georges Arnaud – Vie d'un rebelle*, avance une explication différente : il était parti pour dénoncer les trafiquants cupides et les ravages que leur commerce engendre chez les jeunes Américains (et autres, de plus en plus en cette fin des années 1970) ; il a surtout rencontré les paysans pauvres, exploités, qui n'ont que leurs champs pour vivre, ceux avec qui le tropical tramp a vécu et partagé ses mauvais jours, à qui ni les États-Unis, qui ont tant contrôlé l'Amérique du Sud dans l'ombre, et continuent, ni personne n'ont jamais proposé de solution alternative ou de culture de substitution : « A-t-il le droit, lui, Arnaud, d'ajouter sa voix à un concert de belles âmes qui feignent de ne pas connaître les aspects économico-politiques du trafic ? »

Il avait perçu un à-valoir conséquent, il doit donc un livre à Jean-Claude Lattès. Il trouve une idée, et un beau titre : *Chroniques du crime et de l'innocence*. Ce sera le dernier ouvrage publié de son vivant. Sur le modèle des « true crime stories » américaines, il y raconte, très simplement, sept histoires criminelles qui se sont déroulées aux États-Unis, sous la forme de ce qu'on pourrait appeler des «non-fiction nouvelles». Le livre ne marche pas, on attendait autre chose de lui.

En novembre 1978 est sortie en France une nouvelle adaptation du *Salaire de la peur*. Les droits ont été rachetés, très cher, par un producteur américain, et William Friedkin, sur la meilleure des pentes après *French Connection* et *L'Exorciste*, en a tiré *Sorcerer*, c'est-à-dire «sorcier» mais *Le Convoi de la peur* pour la version française, avec Roy Scheider et Bruno Cremer. (Au départ, Steve McQueen était prévu pour le rôle principal, aux côtés de Marcello Mastroianni et Lino Ventura... Il adorait le scénario mais exigeait qu'on trouve un emploi fictif sur le film à sa jeune épouse, Ali MacGraw, pour ne pas passer des mois sans elle juste après le mariage. Friedkin a refusé, ce qui a déclenché les trois défections en cascade. Il s'en est un peu voulu par la suite.) Le tournage dans la jungle est un enfer (semblable à celui dans lequel patauge, presque au même moment, Coppola aux Philippines), le film coûte 22 millions de dollars, près de dix fois ce que prévoyait le budget initial, et l'échec en salles est comparable, en négatif, au triomphe d'*Apocalypse Now* l'année suivante – *Sorcerer* est considéré depuis par certains comme une sorte de «chef-d'œuvre maudit» (ils n'ont pas peur des mots). Le couple Girard est reconnaissant à Hollywood pour l'argent encaissé, mais, selon Rolande, Henri, encore une fois, n'aime pas le film, le méprise même. Je ne sais pas s'il faut la croire, car la raison qu'elle avance est complètement farfelue : elle dit qu'il s'en foutait, que l'adaptation n'était pas son affaire, ce qui est certainement vrai, que la seule chose qui lui importait, c'était «qu'il n'y ait pas de concessions ou de dégueulasseries politiques», c'est également très probable, et que, profondément opposé à la politique menée par Israël, il a été écœuré que Friedkin tourne le film là-bas et «s'est réjoui que ce soit un navet et qu'il ne reste pas à l'affiche». Ça me semble absurde. D'abord, le film a été tourné en Israël comme je vis à Reykjavík (j'en reviens, notre fils Ernest est fasciné par les endroits perdus, sombres, humides et froids) : une seule scène se déroule à Jérusalem (tout le reste, hormis quelques plans à Paris, a été filmé en République dominicaine et au Mexique); ensuite, cette scène à Jérusalem n'existe que pour indiquer, justement, que l'un des quatre héros, les conducteurs de camion dans la jungle, est un activiste palestinien recherché par la police israélienne. De plus, le film, raté à mon avis, n'est tout de même pas un navet : les quatre personnages centraux sont fades et transparents, Friedkin a étrangement supprimé l'un des nerfs les plus tendus du roman (et du film de Clouzot) : le fil de danger sur lequel on avance, l'équilibre fragile, le fait qu'une seule secousse du camion, à tout moment, peut tout faire sauter, comme dans la vie; mais l'atmosphère collante et puante du trou du cul du monde dans lequel les personnages sont coincés est bien plus fidèle à celle du livre que dans la bluette de Clouzot. (Un autre est en préparation au moment où j'écris. Les droits ont été à nouveau rachetés, l'adaptation et la réalisation ont été confiées à Ben Wheatley, qui envisage de faire appel à quatre femmes pour les rôles principaux.)

En 1985, Rolande et Henri s'installent en Espagne, dans un quartier populaire du vieux Barcelone, Carrer ("calle" en catalan) de la Princesa. Vraisemblablement, lui serait bien resté à Paris, même s'il n'est plus dans un état physique idéal pour une grande ville agitée, c'est Quatre-Pattes qui avait envie de bouger. Avant le départ, pour assurer les quelques années qu'il lui reste à vivre, et l'avenir de Rolande, il a obtenu de Julliard la récupération des droits sur tous ses livres, à l'exception du *Salaire*. Il a également vendu une cinquième et dernière fois *La Plus Grande Pente* à Ève Vercel, des films Dune.

À Barcelone, la vie est paisible, il retravaille certains de ses livres, dont *Le Voyage du mauvais larron*, songe à écrire ses Mémoires, essaie de reprendre, en le romançant, le manuscrit sur l'enlèvement raté du bourreau du client de Jacques Vergès, qu'il a rebaptisé *Un bourreau au fil des rues* – et qui sera finalement écrit après sa mort, à partir de ses notes griffonnées, par Jean Anglade, un écrivain qu'Henri estimait, et publié en 1990 sous le titre : *Juste avant l'aube*.

Au mois de mai 1986, Rolande et Henri retournent quelques jours à Paris pour négocier avec Christian Bourgois – qui dirige Julliard mais laisse pour l'instant la maison en sommeil, avalée par les Presses de la Cité – une réédition des *Oreilles sur le dos* chez 10/18. Il en profite pour faire un tour chez son médecin. En sortant, sourire aux lèvres, il déclare à Quatre-Pattes que tout va bien, qu'il a encore au moins dix belles années devant lui. C'est peut-être un mensonge. C'est sûrement un mensonge : en avril de l'année suivante, il appelle la productrice Ève Vercel pour lui demander une avance ou le solde des droits de *La Plus Grande Pente*, et lui dit : « J'ai besoin de cet argent, je vais mourir, je le sais, je suis allé voir mon médecin. »

Le 4 mars 1987, à Barcelone, il est assis à sa table de travail, à 13 heures, fait un infarctus et meurt une demi-heure plus tard. À Paris, on l'a déjà un peu oublié. Un autre auteur a presque le même nom que lui (et ce n'est pas un pseudonyme) : Georges-J. Arnaud. Il connaît le succès avec le début d'une série de science-fiction, qui deviendra très longue, *La Compagnie des glaces*. Le 5 mars, au 13 heures de TF1, quand Yves Mourousi annonce la mort de « Georges Arnaud », c'est sa photo qui apparaît derrière le journaliste. Suit même la diffusion d'une interview qu'il lui avait accordée au sujet de *La Compagnie des glaces*. Ses amis ont dû s'étrangler avec l'œuf mayo du déjeuner. Mais de toute façon, ce n'est même pas l'autre Georges Arnaud qui est mort, c'est Henri Girard.

Aujourd'hui, si : Georges Arnaud n'existe plus pour grand monde. J'en étais la preuve vivante (bien vivante – j'ai encore au moins trente belles années devant moi) avant que Manu ne me parle de son grand-père. Je commençais à expliquer, le mois dernier, mon projet de livre à un pote libraire, Jean : « Ah, Georges Arnaud, l'auteur de science-fiction ? » Et si l'on se poste sur un trottoir, en fumant une clope devant le Bistrot Lafayette par exemple, et qu'on demande aux cent premières personnes qui passent ce qu'est *Le Salaire de la peur*, une ou deux répondront peut-être : « Un roman de Georges Arnaud », une vingtaine : « Je sais pas, une expression de journalistes ? », et tous les autres : « Un beau film avec Montand. »

C'est dommage. Je ne veux pas rejoindre le camp de ceux qui passent leur temps à regretter un temps où leurs parents regrettaient un temps où les vieux regrettaient un temps où tout était mieux et où il restait de vrais hommes (au bout du compte : Cro-Magnon, quel bonhomme, et les soirées devant la grotte à mordre dans le mammouth : on savait vivre !), mais des fous furieux dans le genre de Georges Arnaud, qui ne laissent rien passer et sautent à la gorge de toutes les injustices à leur portée, qui y consacrent leur vie, il me semble qu'il n'y en a plus de quoi monter une équipe de basket – ou bien, ce qui est tout à fait possible, on ne les entend plus, il n'y a plus la logistique nécessaire pour donner de l'écho à leur voix ; qui est peut-être aussi parasitée par les millions de râleurs aigris qui grincent partout, je ne sais pas.

Une drôle de vie, avec le recul. Ce que j'en sais, je l'ai appris dans les livres. Sale gosse, sale type, des claques, insupportable, il ne mue, instantanément, qu'en anéantissant la fortune familiale, et se transforme en nomade combatif qui ne possède rien et vient en aide à ceux qui en ont besoin. Un bon gars, finalement.

6.

J'approche d'Antonne-et-Trigonnant, où il fallait descendre de la micheline de Périgueux, qu'on appelait le « Tacot », pour emprunter ensuite à pied la longue allée de platanes qui passe sur l'Isle, la rivière locale, et mène en ligne droite au château d'Escoire. Je me sens bêtement tendu au volant, il me semble que le rythme de mon cœur s'accélère. J'ai l'impression idiote qu'on m'attend, qu'on me guette à Antonne, ou plutôt qu'on va me repérer tout de suite, qu'il faudra même que j'évite de ralentir sur la nationale en traversant le village : « Qui est ce type tout seul dans une Meriva ? À tous les coups, tu vas voir qu'il vient remuer de sales trucs du passé ! » Je sais bien que ce n'est pas très rationnel, les villageois qui habitent en bord de route voient passer à différentes vitesses des centaines ou des milliers de voitures par jour, mais je ne peux pas m'enlever cette crainte de la tête, je ne suis pas de la région, je n'ai rien à y faire (à part énerver tout le monde en remuant de sales trucs du passé), ça doit se voir ou se deviner d'une manière ou d'une autre : on va m'apostropher. Henri était plus costaud que moi, mentalement, plus sûr de lui, imperturbable : pas un habitant du village ne le regardait pas de travers, on chuchotait sur son passage (mon cauchemar), saleté de parigot bohème («bohème» était presque une injure, comme on dirait «va-nu-pieds» ou «voyou» – Henri était, en fait, littéralement, un bourgeois bohème, un bobo mais version féroce), il s'en tapait avec dédain et chantait le matin à tue-tête sur le perron ou la terrasse du château pour que toute la vallée de l'Isle le sache.

L'orage est passé, ça se dégage devant moi, à dix ou vingt kilomètres, ce n'est pas facile à estimer, mais je crois que le ciel est bleu sur Périgueux. Trente mètres à peine après l'entrée dans Antonne-et-Trigonant, un panneau indique sur la gauche la direction d'Escoire, c'est l'allée de platanes, je sais qu'elle s'arrête face au château, droit devant à un kilomètre, je devrais pouvoir apercevoir la façade imposante, je ralentis, une camionnette derrière moi klaxonne, je ne vois rien, maudits platanes qui se rejoignent au sommet et bouchent l'horizon, tant pis, je passe devant l'ancien arrêt de la micheline, sur ma gauche (l'écriteau «Antonne» est toujours dessus), la mairie, je continue, un café sur la droite, sanctuaire, terrain connu, presque en face sur la gauche un parking de gravier, je freine d'un coup, le type derrière moi s'excite sur son klaxon, ces gens me haïssent, je tourne sec, pas de voiture qui vient en face heureusement et je me gare sur les graviers, les pneus crissent, James Bond, Mike Hammer.

Je coupe le moteur et ne bouge plus, il faut que je me calme, je me sens assez incongru comme ça, si j'ai l'air affolé ou dangereux en sortant, c'est couru, je me fais repérer. Il n'y a personne sur les bords de la nationale pour l'instant, mais ça peut venir. Je dois prendre confiance en moi, j'ai réussi à me garer dans un village que je ne connais pas, c'est un bon début. Je respire et cligne des yeux : tant que je reste immobile à l'intérieur du véhicule, personne ne peut m'apostropher. On va même finir par oublier que ma voiture est arrivée, s'est garée. J'ai tout mon temps. Une demi-heure, si je veux. Je peux penser à plein de choses, ça occupe. (Quand Ernest avait douze ans, onze ou treize peut-être, il s'est levé un matin avec manifestement beaucoup de fièvre, ce qui ne lui était pas arrivé depuis des années. Anne-Catherine était partie travailler (elle vendait des cigarettes au tabac du quartier), je devais faire quelque chose, et d'abord connaître sa température. Il n'était évidemment pas question que je la prenne moi-même, à cinq ans ça va, mais il était déjà presque aussi grand que moi, je visualisais difficilement la scène. Je suis donc allé chercher le thermomètre, électronique, j'ai mis un peu de vaseline dessus, car le trou du cul de mon fils est la prunelle de mes yeux, j'ai appuyé sur le petit bouton pour l'allumer et je lui ai expliqué ce qu'il fallait faire. (Ernest va m'en vouloir jusqu'à ma mort (là, il me pardonnera, je pense). Lui ne touche pas mes livres pour l'instant, ce que je comprends et ce qui m'arrange, mais il est en première L, toute sa classe lit : si ses potes ou des filles cruelles tombent par hasard là-dessus, il est foutu.) «Tu te le mets où tu sais, hop, et quand ça fait *bip bip*, tu l'enlèves et tu regardes la température.» J'ai pudiquement refermé la porte de sa chambre – l'intimité, c'est primordial, pour les ados – et je suis retourné travailler dans mon bureau (j'écrivais *Sulak*). Une phrase, deux phrases, et le thermomètre m'est sorti de la tête, si je puis dire. Je ne suis pas un mauvais père, la question n'est pas là, il ne faut pas se tromper, je pense plutôt que j'étais inconsciemment rassuré de ne pas avoir de nouvelles de lui, s'il ne m'appelait pas c'est qu'il n'avait pas trop de fièvre, notre esprit œuvre en douce, sans qu'on se rende compte de rien – c'est ça, la vraie raison. Une demi-heure plus tard, ou peut-être trois quarts d'heure, j'ai repensé à lui. Je suis allé devant la porte de sa chambre : «Ça va, mon gars ?» Il m'a répondu que ça allait, oui, je lui ai demandé sa température : «Je sais pas encore.» J'ai ouvert la porte, il était allongé par terre sur le côté, le pyjama sur les chevilles, l'air extrêmement patient mais las : «C'est long...» Le thermomètre était éteint, il avait dû appuyer malencontreusement sur le petit bouton en l'insérant avec prudence, il n'y avait donc pas eu de *bip bip*. Le pauvre. Trop de confiance en la technologie (alors que moi, un thermomètre électronique, je m'en méfie comme de la peste). Que se serait-il passé si j'étais sorti faire des courses ou boire un coup ? J'en avais le vertige. Sans ce formidable réflexe paternel (l'instinct...), mon fils serait peut-être resté deux heures, trois heures, jusqu'au soir, couché sur la moquette avec un thermomètre dans le cul.)

Un bon gars, Georges Arnaud. Mais entre les caprices exaspérants de l'enfant de riches et la rage altruiste de celui qui se fout de l'argent, il y a quelques heures de sauvagerie sanglante : le moment noir, ignoble, dont Manu avait oublié de me parler.

Henri Girard arrive en gare de Périgueux le 15 octobre 1941 à 22 h 15. Il a vingt-quatre ans. Sa tante Amélie est au château depuis deux jours : partie de Paris le 18 septembre 1941, elle attendait son laissez-passer pour la zone libre chez son amie Monique Gentil, à Bourges. À Paris, Marguerite Pelecier, qui s'occupe avec elle de l'association des Anciens du Sana, devait le lui envoyer dès que les autorités le lui auraient remis. Depuis début octobre, Henri lui a téléphoné plusieurs fois, à Mlle Pelecier, pour savoir si elle l'avait obtenu, il est même passé la voir chez elle, elle ne comprenait pas pourquoi. («Il paraissait s'intéresser beaucoup au départ de sa tante, il me donnait comme motif qu'il devait lui remettre des commissions qu'il destinait à son père...»)

Il n'habite plus rue Notre-Dame-des-Champs. Après la deuxième visite surprise de sa femme Annie chez lui, le 21 septembre, et la deuxième nuit passée ensemble, il a fui son studio pour aller s'installer dans l'appartement de son père, rue de l'Abbé-Grégoire, où la gouvernante,

Marguerite Pelaud, vit seule depuis que Georges est à Vichy. Elle le gêne – je pense qu'il aimerait bien pouvoir recevoir Marie-Louise tranquille, et avoir toute latitude pour la convaincre, en français, en latin et en mime, que Dieu ne peut pas être partout, que de toute manière, s'il a donné aux êtres humains des organes sexuels, ce n'est pas pour qu'ils jouent de la musique avec, et que s'il les a faits utilisables à volonté, sans risque d'usure, ce n'est certainement pas dans l'espoir que chaque couple puisse avoir deux cent cinquante enfants. La gouvernante est d'accord avec moi – elle dira pudiquement qu'il lui a semblé qu'Henri avait envie de «conserver son entière liberté». Pour la chasser, il essaie d'abord de lui faire croire qu'il est indispensable qu'elle aille vivre dans la maison que Georges loue à Conches-en-Ouche, pour éviter que les Allemands ne s'y installent. Elle refuse, il divague, qu'est-ce que les boches iraient fiche à Conches? (Ou : «Qu'iraient fiche les boches à Conches?») Il finit par lui dire la vérité, ou presque : Annie a trouvé son adresse, elle est venue le relancer, il ne veut plus la voir avant le divorce, c'est pour ça qu'il vient vivre ici, mais comme elle lui a subtilisé un double des clés du studio (et que je suis le petit-fils de Greta Garbo), elle peut s'y introduire à tout moment, il faut que Marguerite aille le surveiller. Elle cède mais sait qu'elle s'est fait rouler : il ne reste plus rien entre les quatre murs, plus un livre, plus un couvert ou une assiette, plus une lampe, pas même le lit (Marguerite doit faire apporter le sien), Henri a déjà tout vendu : tout ce qu'Annie pourrait voler, c'est le piano (il faudrait qu'elle soit dotée d'une force hors du commun).

Quand il apprend, le 11 octobre, de la bouche de l'autre Marguerite, Pelecier, agacée, qu'elle a enfin récupéré le visa pour la zone libre (à Paris, on dit plutôt la zone «non occupée», c'est moins provocateur) et l'a fait parvenir à Amélie à Bourges, Henri fait trois choses étonnantes : le

jour même, il vend le dernier bien qu'il lui reste, le piano
de sa grand-mère Cécile (5 000 francs); le lendemain, il
écrit à la gérante de l'immeuble du 115 rue Notre-Dame-
des-Champs, Anne-Marie Chauveau (née Verdure, ça
pose sa jeune fille), pour l'informer qu'il rend le studio,
qu'elle peut en disposer («Je charge M. Bernard Lemoine
de percevoir les sommes qui me reviendront à la reprise
de l'appartement, ainsi que d'organiser le déménage-
ment»), sans apparemment se demander où il va vivre
ensuite, car son père reviendra bien un jour de Vichy;
enfin, le 13 octobre 1941, au moment même où sa tante
arrive à Escoire, heureuse de pouvoir se reposer seule dans
son château, accueillie à la gare par celle qui la connaît
depuis qu'elle est toute petite, la vieille bonne qui la tutoie,
Louise Soudeix, folle de joie de retrouver sa Lili, Henri
prend le train à Austerlitz en direction de la Dordogne.

Après deux jours de voyage (il a perdu pas mal de temps
au passage de la ligne de démarcation, qu'il a franchie en
fraude car il n'a pas jugé utile, ou n'a pas eu le temps, de
demander un laissez-passer – grâce à l'argent du piano, il a
pu dormir dans un bon hôtel à Vierzon, s'offrir une étape
gastronomique), il arrive donc à Périgueux le mercredi 15
en fin de soirée. Il n'y a plus de micheline pour Antonne. Il
trimballe sa longue silhouette maigre d'hôtel en hôtel dans
les rues du vieux centre-ville, sombres, humides et fraîches
en ce premier mois d'automne, sans trouver une seule
chambre libre, dira-t-il, c'est pourquoi il doit «se résoudre»
à passer la nuit dans un bordel, Le Grand Cinq (dont je n'ai
pas réussi à trouver la moindre trace nulle part, la moindre
rémanence pourpre sur Internet).

Le lendemain matin, il sort de la maison parfumée à
8 h 30 et prend le Tacot pour Antonne. Il descend à la
mini-gare sur le bord de la nationale, il porte un complet
gris prince-de-galles, un imperméable beige, des gants de

cuir crème, une petite valise noire, il marche entre les platanes jusqu'au château.

Sa tante est aussi stupéfaite que contrariée de le voir débarquer. D'une part, alors qu'ils se sont écrit une semaine plus tôt, il ne l'avait pas avertie qu'il comptait venir, elle pensait pouvoir rester seule avec Louise pendant deux semaines, s'occuper de son domaine et reprendre des forces au calme («Mes projets sont bouleversés, ce ne seront pas de vraies vacances», écrira-t-elle le lendemain sur une carte postale à Marguerite Pelecier); d'autre part, elle a trouvé le château dans un état lamentable, «mis à sac» : les derniers occupants, à la fin de l'été précédent, après son départ en larmes, ont été Henri et Annie, ils ne se sont évidemment pas donné la peine de nettoyer avant de partir, ni même de ranger le bazar apocalyptique, style Pompéi, qu'ils avaient laissé derrière eux, tous les meubles de la salle à manger et du petit salon, où ils dormaient, ont été changés de place, ils ont viré de la bibliothèque les livres qu'ils ne voulaient pas y voir et les ont jetés à la cave ou entassés en vrac dans le couloir, comme les aquarelles modestement peintes par Amélie, qu'ils ont échangées sur les murs avec les caricatures de «Quart de tonne» et «Zéro en chiffre», la pauvre. Plusieurs amies ou voisines témoigneront du dépit et de l'irritation de la pourtant si douce Lili quand elle a découvert son neveu sur le pas de la porte. Madeleine Soudeix, la fille de Louise, dira qu'elle en a été «très désappointée», qu'elle ne voulait surtout pas le voir là, et qu'elle a même écrit à sa mère, dans la carte qu'elle lui a envoyée pour lui annoncer qu'elle quittait Bourges, qu'elle était soulagée qu'il ne vienne pas avec elle : «J'espère qu'il ne viendra pas me rejoindre à Escoire.» Yvonne Doulet, la femme du couple de gardiens du château, confirmera que sa patronne lui a paru très affectée par la venue de M. Henri, et selon Henriette Blancherie, la sœur de Louise, le jour même de l'arrivée du jeune homme, Lili lui a dit : « Il y en a qui me croient heureuse, et je suis la plus malheureuse. Je ne vivrai jamais deux jours tranquille. »

Le château, qui domine un domaine de cent vingt hectares, est un grand bâtiment, solide et trapu, de trois étages, sans compter les greniers sous les toits d'ardoise, qui mesure cinquante mètres de large – de façade – sur douze de profondeur. Il est construit à flanc de coteau, face à la vallée de l'Isle, sur une forte pente : le premier étage, vu de la route d'Antonne, est le rez-de-chaussée de l'autre côté – celui de la cour et des bois de la colline. Depuis le grand portail d'entrée, sur lequel débouche l'allée de platanes, il faut monter raide à travers le jardin, par un double escalier de pierre puis un chemin de terre, pour atteindre la grosse rotonde centrale – au perron de laquelle on accède par un nouvel escalier, double aussi – qui sépare les deux ailes de l'édifice. L'ensemble ne brille pas particulièrement par son élégance, ni son raffinement, mais son aspect massif, immuable, impressionne. En bas, autour, à distance respectable, s'étend le petit bourg, qui ne compte plus qu'une centaine d'âmes en cette année 1941.

Depuis le séjour des vieux poitrinaires incurables, l'été dernier, rien n'a encore été désinfecté. Seules restent donc à peu près habitables les pièces où vivaient la famille et ses amis à ce moment-là, au premier étage de l'aile droite. (Lorsqu'on est face à la rotonde (où se trouve le « grand salon », avec le piano), sur la droite, au-dessus des caves qui constituent le rez-de-chaussée de ce côté, il y a d'abord les deux fenêtres du « petit salon », puis les deux de la salle à manger, et enfin, une seule mais plus large, celle d'une chambre à l'angle. Sur le petit côté droit du bâtiment, le long duquel grimpe la pente de la colline, trois autres fenêtres : la seconde de la chambre, puis celle d'une chambre de mêmes dimensions, qui est celle de la bonne, et au bout celle de la cuisine, dont la porte, qui s'ouvre dans le mur à angle droit, donne sur l'arrière du château et sert en fait d'entrée principale – celle de la rotonde, devant, en haut de l'escalier, étant peu utilisée. (J'espère que c'est compréhensible, je crois que je n'excelle pas dans la description architecturale ; ni dans celle des paysages, soyons lucide, je ne suis pas tout à fait Balzac – mais la nature, ça va, pas besoin d'en faire des bassines : un bois, une rivière, on voit, c'est bon.)) Amélie s'est installée dans le petit salon, où se trouvent une table rectangulaire au centre, une bibliothèque, un secrétaire et une commode : le soir, elle apporte le lit pliant, sur roulettes, qu'elle range la journée dans le couloir qui longe la façade arrière, et y dort entre la table et la cheminée. À son arrivée, Henri décide de prendre la chambre d'angle, au bout de l'aile. Entre les deux, la salle à manger, avec sa grande table ovale, est la pièce la plus vaste, puisqu'elle occupe toute la profondeur du château, deux des quatre fenêtres donnant sur la cour derrière.

Le premier jour, dès la fin du déjeuner préparé et servi par Louise, pas enchantée non plus par l'apparition inattendue de l'autre fou (Lili lui avait écrit : « Pour tout remettre en état au château, il va falloir en mettre un coup, mais à nous deux, sans personne pour nous embêter, nous y arriverons bien »), Henri part à pied à la poste d'Antonne pour téléphoner à son père, qu'il veut voir à Escoire. Le facteur, Valentin Landry, cinquante-trois ans, racontera la scène. Au premier appel, on lui répond à Vichy que son père n'est pas joignable pour l'instant. Il demande qu'on aille le chercher, quitte la poste et revient une quinzaine de minutes plus tard pour rappeler. Cette fois, il l'a au bout du fil. Ils parlent quelques minutes. Manifestement, Georges lui dit qu'il ne peut pas venir, ou qu'il n'en a pas envie : « Je n'entendais pas, naturellement, les paroles du père, mais il devait lui dire qu'il ne viendrait pas, alors le fils a beaucoup insisté. Je trouvais qu'il paraissait bien aimable à l'égard de son père, dans la conversation. Je sais que ce n'était pas son habitude.» Georges finit sans doute par promettre à Henri qu'il va y réfléchir, ou voir ce qu'il peut faire, et qu'il lui enverra un télégramme pour lui donner sa réponse. «Gardez-le-moi, je passerai le prendre», dit Henri à Landry. «Dans l'après-midi et le lendemain, Henri Girard est revenu plusieurs fois voir si le télégramme était arrivé, il l'attendait avec une véritable impatience, il semblait attacher une très grande importance à la venue de son père.»

Quand il s'apprête à quitter le bureau de poste ce jour-là, le facteur lui rappelle qu'il doit lui régler le coût de l'appel à Vichy. Henri lui répond : «Mon père paiera», sur un ton dédaigneux selon Landry, qui lui fait remarquer que c'est lui qui a demandé la communication, que c'est donc lui qui doit payer. «Non, c'est mon père qui paiera, je n'ai pas de cadeau à lui faire.» Le préposé ne lâchant pas le morceau, Henri finit par lui jeter quelques pièces et sort sans un mot.

Le télégramme arrivera finalement le lendemain à 17 h 30, suivi trois jours plus tard par une lettre dans laquelle Georges confirmera à son fils qu'il va le rejoindre à Escoire. Les policiers retrouveront ce courrier et en consigneront un passage, où le père se dit «étonné», «très ennuyé», et ajoute : «C'est effarant que tu ne puisses jamais rester tranquille, et chercher des difficultés toujours.» Enfin, le jeudi 23 octobre, à 9 h 40, il enverra un second télégramme pour son fils à la poste d'Antonne : «Arrive demain matin sept heures. Girard.»

Quand on demandera à Henri pourquoi il s'est rendu à Escoire sans avoir prévenu personne, et pourquoi il tenait tant à ce que son père l'y rejoigne, il expliquera qu'il voulait aider sa tante à remettre le château en état après son passage bordélique avec sa femme, mais aussi mieux organiser le ravitaillement avec les métayers (ils ont l'obligation d'envoyer régulièrement des colis de nourriture aux châtelains à Paris, Henri estime que les quantités qu'il reçoit sont insuffisantes). Au sujet de son père, il dira qu'il avait besoin de discuter avec lui de la prestation de serment au Maréchal, qui lui posait problème.

7.

Je sors de la Meriva, Mike Hammer ratatiné. Je traverse la nationale déserte d'un air dégagé, comme si j'avais fait ça toute ma vie, puis je pousse la porte du bistrot, le Relais 21, je ne me sens nulle part mieux que dans un bistrot. Par chance, il n'y a personne. (Je n'avais pas envie de commencer mon enquête en avançant d'emblée sous le feu de dix ou quinze yeux périgourdins et rouges (non, pas quinze) braqués sur moi.) L'endroit ressemble à tous les petits bars-tabac de village, avec sept bouteilles de sirops Gilbert, du whisky Clan Campbell, des photos d'équipes de foot ou de rugby, trois fanions bleu et blanc, un vert et jaune, deux coupes de pétanque, une de ping-pong. Une photo dédicacée de Jean Lefebvre ou de Jean-Pierre Rives. Le patron est seul, assis derrière la caisse, il est plutôt jeune, paraît sympathique. J'achète deux paquets de Camel, un briquet Bic à 2 euros plutôt qu'un sans marque à 1,50, pour montrer que je ne suis pas un va-nu-pieds, et je commande un demi au comptoir, Meteor ou Jupiler, je ne sais plus.

À aucun prix, je ne dois passer pour un touriste, un fouineur. Finalement, quelques clients n'auraient pas été de refus, pour peu qu'ils soient, par nature, dans de bonnes dispositions à l'égard de l'étranger, car nous sommes terriblement seuls, le patron et moi, et j'ai l'impression qu'il me regarde. Que faire ? Suivant la méthode d'Henri, je me mettrais bien à chanter à tue-tête pour qu'il comprenne que je suis à l'aise et que je me fous de l'opinion qu'on a de moi dans le coin, mais je n'ai pas les tripes, et surtout je ne suis pas certain du respect admiratif que cela pourrait m'attirer. Je peux tenter : « Un carnage dans les parages, il y a soixante-quinze piges, ça te dit quelque chose ? » mais c'est risqué, pas assez habile. Il ne faut pas que je me complique les choses, le gars a l'air gentil, et pas d'ici à mon avis, il n'a pas l'allure régionale, pas de terre sur les mains, il vient de Bordeaux ou de Lyon et a racheté le commerce un mois plus tôt, peut-être, il n'est pas beaucoup plus serein que moi. Je me décide pour l'une des ouvertures classiques, je lui demande d'où vient ce nom curieux de « Relais 21 ».

Le bar est situé au bord de la nationale 21, et c'est l'ancien relais de poste. Je revois les vieilles pierres de la façade quand je suis entré, la forme du petit bâtiment. Je balaie la salle du regard, il y avait un guichet quelque part, le facteur Valentin Landry, une cabine, c'est d'ici qu'Henri dans son imper beige a téléphoné à son père le 16 octobre 1941. « Vous venez passer le week-end dans la région ? » (Je ne me faisais pas d'illusion, de toute façon. Je suis habillé tout en noir, pas pour me donner un genre mais parce que je suis nul en couleurs, je tiens à la main mon petit sac matelot écossais, où on mettait la serviette pour la piscine ou les bananes et les Choco BN pour le centre aéré, et j'ai oublié d'enlever, je n'en rate pas une, sur le revers de ma veste, le badge de panda roux que mon fils m'a offert pour la fête des Pères : il ne risquait pas de penser que je viens livrer du blé au village voisin ou réparer la toiture à m'sieur Chavignou.) Oui, si on veut, enfin pas vraiment, je suis, comment on pourrait dire, journaliste, je dois faire quelques recherches, pour un livre, sur un vieux fait divers. « Les crimes du château ? »

Il ne doit pas se passer des tripotées de drames sanglants, dans les environs. Ou bien le type est très fort, il a
lu en moi – j'ai horreur de ça. J'ai à peine le temps d'ac-
quiescer que la porte s'ouvre avec un petit *gling gling* de
clochette, c'est Michel qui vient acheter ses Lucky. «Ça
va comme tu veux, Michel? Le monsieur vient enquêter
sur les crimes du château.» (Mais tiens ta langue, bon
sang!) «Tu dois en savoir plus que moi, toi...» Michel,
qui semble a priori aussi paisible et aimable que le patron
(j'ai peut-être préjugé un peu bêtement de l'animosité et
de la malveillance latentes des autochtones), m'examine
tout de même une seconde et demie avant de répondre :
«Oui, c'est le fils des châtelains qui a fait le coup, à ce
qu'on dit.»

À Paris, un serveur de bar-PMU haussera les épaules, au
mieux, du moins ne répondra pas du tac au tac si un client
qu'il ne connaît pas lui demande un ballon de blanc et, par
exemple : «Excusez-moi, je viens de Narbonne, le docteur
Petiot, c'est bien soixante victimes?» Ici, ma démarche
paraît aussi naturelle que si je m'intéressais à un meurtre
commis la semaine dernière. L'histoire a persisté, s'est
figée, comme une tradition. Plusieurs familles, certainement, n'ont pas bougé des villages voisins depuis les
années 1940, les souvenirs se sont transmis dans les maisons, d'une génération à la suivante, l'affaire est restée
enclose dans la vallée de l'Isle, entretenue, vivante. (Les
fenêtres de notre appartement, à Paris, donnent sur la cour
d'une maternelle, de l'autre côté de la rue. Peu de temps
après notre emménagement, il y a une dizaine d'années,
j'ai été surpris d'entendre, à la récré, un gamin de quatre
ou cinq ans se moquer d'un plus petit : «Bébé Cadum!»
Encore aujourd'hui, quand nos fenêtres sont ouvertes,
l'expression désuète monte régulièrement jusqu'à notre
troisième étage. Une vieille chanson, une comptine, je
comprends, les maîtresses ou les parents les apprennent

aux enfants, comme les cris des animaux (qui ne courent
pas les rues ici, et *meuh* ne s'invente pas) ou les techniques
du Petit Poucet en cas, toujours possible, de traîtrise des
proches et d'effondrement des illusions. Mais «bébé
Cadum»? On ne l'entend quasiment plus nulle part, ni
dans la bouche des adultes, ni à la télé. L'explication la
plus plausible de cette pérennité est aussi émouvante que
troublante, vertigineuse : les deux mots associés sont restés
coincés dans la cour. Je ne sais pas si cette maternelle existait lors de l'élection du premier bébé Cadum de France,
en 1925 (Maurice Obréjan, pour l'histoire – arrêté à Paris
dix-sept ans plus tard, il refusera de donner la planque de
son père résistant et sera déporté à Auschwitz avec sa
mère, ses deux frères de huit et onze ans et sa petite sœur de
cinq ans : il sera le seul à en revenir vivant), mais elle
accueille des marmots sans interruption, c'est sûr, au moins
depuis l'Occupation (puisqu'une plaque commémorative
rappelle que des enfants juifs y ont été «arrêtés») : tous les
ans, 1942, 1943, les fragiles et craintifs de petite section se
font traiter de bébés Cadum par les durs des moyenne et
grande sections, 1956, 1957, 1958, et les imitent à la rentrée
suivante avec les pieds-tendres qui débarquent, 1975, 1992,
2008. Les adultes ne sont pas intervenus : l'expression s'est
répercutée comme un écho parfait, en milieu clos, jusqu'à
aujourd'hui. Certains des premiers moqueurs sont morts,
d'autres vivent peut-être encore dans le quartier. Quand, de
ma fenêtre, je vois passer une vieille voûtée sur le trottoir, à
pas lents et pénibles, j'essaie de lui envoyer des ondes télé-
pathiques pour qu'elle tende l'oreille : elle ne sait pas que de
l'autre côté du haut mur qu'elle longe, on entend l'écho de
sa voix de petite fille.)

   Avant de quitter le Relais 21, Lucky en poche, Michel
me donne le nom de la plus ancienne habitante d'Escoire,
en me conseillant d'aller la voir (je trouverai facilement,
c'est la seule ferme encore en activité au bourg) : elle aura

probablement des anecdotes à me raconter ; et elle fait
la meilleure eau de noix du pays. Je termine ma bière, le
patron ne peut rien m'apprendre de plus, je le salue, traverse la nationale et réintègre ma Meriva protectrice.
Je sors d'une salle où se trouvait Henri Girard avant de
devenir Georges Arnaud. Et j'ai côtoyé un témoin du
drame, pour ainsi dire. Ça ira pour aujourd'hui, j'irai
faire un tour à Escoire demain. Tout s'est bien passé, il
me semble que j'ai établi un bon contact avec le monde
rural, je reprends la route vers Périgueux, celle qu'em-
pruntait le Tacot, avec plus d'assurance. (Soixante-trois
victimes avouées, le docteur Petiot. Marcel Petiot. Sauvi-
gnon ou chardonnay ?)

Sur l'emploi du temps d'Henri durant les huit jours qui
se sont écoulés, lentement, entre son arrivée au château et
celle de son père, on ne sait pas grand-chose. Apparemment, la relation avec sa tante Amélie est apaisée, personne
dans l'entourage du château n'évoquera de tension ni
d'éclats de voix. Le lundi 20 octobre, ils partent même
déjeuner à Coulounieix, une petite localité à quatre kilomètres de Périgueux, chez Marie Grandjean et ses deux
filles, Marthe, vingt-trois ans, et Suzanne, vingt-six ans. Ils
y passent l'après-midi et la nuit, tous les deux. Autant
qu'Amélie, qui est une amie de très longue date de Marie,
Henri apprécie les trois femmes. Il rentre le mardi à
Escoire, seul, tandis que sa tante reste un jour et une nuit
de plus chez les Grandjean.

Il doit s'ennuyer, au château. «Je me levais tard, je me
reposais de la vie à Paris et des complications métaphysiques
de ma maîtresse», Marie-Louise, qu'il s'est épuisé, lors de
combats homériques quotidiens, à tenter d'arracher aux
griffes acérées de Dieu. Mais se lever tard ne remplit pas une
journée. Il est probable qu'il se rende une fois ou deux «à la
ville», mais même si elle est en zone libre, pour un peu plus
d'un an encore, l'ambiance n'y est pas réjouissante.

De retour à Paris, je passerai des heures à lire les journaux de l'époque. À Périgueux, cette semaine-là, on ne peut compter pour se distraire que sur quelques films – *Sérénade*, au Rex, avec Lilian Harvey et Louis Jouvet, l'ami de Georges Girard, *Mélodie de la jeunesse* au Palace, avec Jascha Heifetz, « le plus grand violoniste du monde », et au Marignan, *Sixième Étage*, avec Pierre Brasseur et Janine Darcey (la future femme de Serge Reggiani – j'aimerais qu'Henri soit allé voir le film, car Janine décédera en 1993 à Fontenay-lès-Briis, qui n'est quand même pas l'endroit où tout le monde va mourir, comme, quatre ans avant elle, Jean Pillard, son premier rival, l'ancien fiancé de Marie-Louise devenu valeureux militaire), un film interdit aux moins de dix-huit ans, Brasseur incarnant un séducteur qui a deux maîtresses dans le même immeuble, le monstre, dont une jeune fille malade, Janine, qui, épouvante et rançon du vice, tombe enceinte de lui et se marie avec un autre (épargnez nos enfants) – et quelques spectacles : le jeudi 23 octobre, Pierre Dac au Casino, où l'on applaudira le surlendemain Georges Bastia, « vedette de la caricature express », et son frère Pascal, quant à lui « vedette de la Radiodiffusion nationale », mais surtout, *L'Avenir de la Dordogne*, le journal local, annonce une grande soirée de gala pour la semaine suivante, le 31 octobre à 21 h 45, toujours au Casino, avec en première partie, « une pléiade d'attractions inédites, telles que les merveilleux danseurs Betty et Henri Drags, le jeune virtuose René Bellocq, champion international d'accordéon, l'acrobate excentrique Diddy Clark, le formidable jongleur Anders, etc. », puis Renée Page, « l'exquise divette, qui fera un tour de chant pour la première fois », ensuite un vaudeville de Léo Marchès, *La Dame qui a perdu son as*, avec « le comique Hennrey et le réputé comédien Serge Nadaud », et enfin « notre sympathique Marie Dubas, la grande vedette mondiale, qui chantera ses principaux

succès, dont "La prière de la Charlotte le soir de Noël"».
La soirée du siècle – six heures de spectacle ? huit ? Mais
celle-là, il est certain qu'Henri n'y assistera pas, il sera en
prison depuis trois jours.

Cette histoire du triple crime du château d'Escoire pourrait se dérouler sous Louis XIV ou François Hollande, la
guerre n'y joue pas un rôle primordial, mais si on élargit le
cadre, le décor est tout de même très sombre, l'atmosphère
oppressante, les âmes des figurants noires et tristes. Les
journaux, les rares autorisés, officiels, qui sont pratiquement la seule source d'information des Français sur ce qui
les entoure, parlent presque exclusivement de politique
guerrière, de la suprématie réconfortante de l'armée allemande sur ses pitoyables rivales, de la flamboyance du
Maréchal, et de ces Juifs avec qui on est bien gentils mais
qui poussent le bouchon et commencent à nous courir sur
le haricot. *L'Avenir de la Dordogne* relate la visite à Périgueux du commandant Duvivier, protégé de l'amiral
Darlan (que Georges exècre) et directeur de la Radiodiffusion nationale (dont la vedette est Pascal Bastia). Face à
l'insistance – qu'on imagine fébrile et frémissante, humide
d'espoir – du journaliste, il accepte, bonhomme, de nous
parler du Maréchal, «puisqu'à Vichy on a la bonne fortune
de le voir chaque jour». Le mieux serait de nous raconter
une journée type, c'est certes anecdotique, et peut-être un
peu trop intime, mais il sait qu'il répond ainsi au désir
secret du peuple, alors fi des convenances et du protocole !
«À 7 h 30, le Maréchal se réveille d'un sommeil léger
mais sans heurts», consulte la presse du matin, puis «procède à sa toilette». À 8 h 30, «petit-déjeuner en compagnie
de la Maréchale : café au lait, quelques biscottes, un doigt
de confiture». Quand il sort se promener dans le parc, «il
saisit d'un geste alerte sa canne et ses gants», puis il quitte
l'hôtel par une porte dérobée, ce grand naïf, «mais il est toujours attendu, reconnu, applaudi !». On apprend également

que «par coquetterie ou par tradition, le Maréchal marche à grandes enjambées», qu'il a bon appétit, boit peu («au scandale de ses familiers, il mélange l'eau et le vin blanc») mais, souvent, «redemande du dessert». Puis vient le soir : «Une heure sonne, le maréchal Pétain va s'endormir, après une journée de travail de dix heures consacrée à la France.»

Il est important d'entretenir le moral du pays, qui doit soutenir efficacement l'Allemagne dans son remarquable effort d'unification et de pacification de l'Europe. À Paris, en cet automne 1941, on ne manque jamais de souligner les bonnes nouvelles – c'est cela aussi, le devoir de la presse. Moins de dix-huit mois après l'entrée des troupes amies dans la capitale, *Le Matin* («Le mieux informé des journaux français»), sous un article qui se réjouit de la «Déroute bolchevik en Crimée» et un autre dans lequel Henry de Montherlant revient sur le «coup de maître» du maréchal Pétain qui, en acceptant de collaborer avec l'Allemagne, «nous a tourné la tête en avant, avec cette brusquerie qui, dans la manœuvre, est la marque des grands capitaines», claironne à la une : «Moins de Lévy dans l'annuaire du téléphone!» Le sous-titre, pragmatique, nous rappelle tout de même qu'il est trop tôt pour crier victoire : «Mais de grands progrès sont encore à espérer.» C'est d'ailleurs le ton général de l'article : ça va mieux, mais il ne faut pas se relâcher. «Les Juifs ont tendance à décroître. Oh, ce n'est qu'un début! Au hasard des pages de l'annuaire, on découvre encore trop de Rosenfeld, de Rosenthal, de Meyerbaum, de Kohn, de Grumbach, etc., sans parler de ceux qui s'appellent tout bonnement Dupont ou Durand», qui nous prennent pour des bleus mais qui ne nous échapperont pas longtemps, va : dans le train, comme les copains! Un petit tableau récapitulatif permet à la fois de se féliciter du chemin parcouru et de mesurer le boulot qui reste à faire : en 1939, 747 Lévy étaient répertoriés à

Paris, on arrive en 1941 au score honorable de 477 ; les Veil et Weill étaient 354 il y a deux ans, on en dénombre aujourd'hui 222, c'est mieux mais bien trop encore, 0 serait l'idéal. Certains, peut-être plus intelligents que les autres (tout est relatif), ont heureusement compris d'eux-mêmes qu'il ne servait à rien de s'accrocher – de s'agripper, serait-on tenté de dire, avec leurs doigts crochus (comme leur nez, ha ha) : «Léon Blum a été plus discret que certains de ses congénères : son nom n'inflige plus une injure au quai Bourbon qu'il habitait.»

En zone non occupée, on commence aussi à entendre raison, même si on réagit de manière encore bien faiblarde. Les rapports mensuels du préfet de la Dordogne, Maurice Labarthe, témoignent heureusement d'une réelle quoique tardive prise de conscience : «Ce qui caractérise la vie des Israélites, c'est qu'ils sont allocataires et ne font rien pour se rendre utiles.» (Ça me rappelle quelque chose, je ne sais plus où j'ai entendu récemment un constat similaire – je dois me tromper.) «Ils passent leur temps en opérations ayant pour unique but leur ravitaillement», ces morfales, «et celui de leurs coreligionnaires» – vas-y qu'on se serre les coudes, et on se demandait où passait le pain des vrais Français. Ces gens pour qui on a tant fait ont une drôle de façon de nous remercier, mais leur fourberie ne trompe plus grand monde : «Trop prudents pour se découvrir, les Israélites entretiennent de bouche à oreille une propagande sournoise qui ne manque pas de nocivité.» On découvre, non sans consternation, qu'ils sont «opposés de façon systématique à toute collaboration» et «sournoisement hostiles au gouvernement», et qu'ils «exercent une influence très fâcheuse auprès de nos populations rurales, dans lesquelles ils s'attachent à faire pénétrer le doute pour les entretenir dans un état de nervosité déprimante» – alors ça, c'est dégueulasse. Mais dans sa conclusion, le préfet Labarthe, qui n'est jamais le dernier à réfléchir, expose, presque timidement, une petite idée qui permettrait d'améliorer la situation : «Il y aurait intérêt à les éloigner des centres urbains.» Pas bête, c'est à creuser. On pourrait les regrouper quelque part à l'écart, dans un endroit fermé bien sûr, pour qu'ils ne soient pas tentés de s'échapper et de revenir déprimer nos populations, mais où ils seraient bien.

Ce dont on parle le plus dans la presse nationale et régionale cette semaine-là, outre les restrictions qui se multiplient (la liste des pénuries s'allonge : pain, viande, vin, bière, café, tabac, savon, cuir, entre autres, et dans les campagnes, engrais, nourriture pour les animaux, semences, clous et fers pour les bœufs), c'est du «lâche assassinat» d'un officier allemand, le Feldkommandant Karl Hotz, abattu de deux balles le 20 octobre, à Nantes. Bien que le maire de la ville, Gaëtan Rondeau, ait «rendu hommage à la mémoire du colonel Hotz et exprimé aux autorités allemandes la profonde indignation et les condoléances attristées du conseil municipal», le commandant en chef des troupes d'occupation en France, Otto von Stülpnagel, fait exécuter quarante-huit otages en représailles, à Châteaubriant, Nantes et Paris, le 22 octobre. (Un autre officier allemand, Hans Reimers, ayant été tué entre-temps à Bordeaux, cinquante autres Français seront fusillés le 24 octobre – le jour de l'arrivée de Georges à Escoire.) *L'Avenir de la Dordogne* relaie un «appel émouvant du Maréchal, qui s'écrie d'une voix brisée : "Faites cesser la tuerie ! Ne laissez plus faire de mal à la France !"». (C'est-à-dire : dénoncez les auteurs de cet attentat ignoble, si vous savez quoi que ce soit, en plus les Allemands ont promis une récompense de 15 millions de francs, ça vaut le coup.) L'amiral Darlan est moins sentimental, plus posé : «L'occupation est une conséquence de notre défaite. Elle est prévue par l'armistice. La loyauté la plus élémentaire nous fait un devoir de respecter notre signature.» (Or la loyauté, comme le rappelle *L'Avenir*, «c'est la première qualité du

Français». Ce n'est pas nous qui avons pu tuer le colonel Hotz, ce n'est pas possible (en fait si, ce sont trois Parisiens, sur ordre de Pierre Georges, le célèbre colonel Fabien), car, le journaliste est formel : «Non, ce n'est pas un geste français, celui qui consiste à assassiner lâchement dans la rue un promeneur paisible.» C'est énervant, on a parfois envie de rire, alors que tout cela est tragique.) «D'autant plus que cette occupation, continue Darlan, si elle est lourde, est correcte.» (On peut pas dire, c'est pas les mauvais bougres.) «Quand le sort de la patrie est en jeu, il ne suffit pas de rester passif, il faut agir. Votre intérêt, celui de nos prisonniers» (le Maréchal et ses sbires insistent sur le fait que, si les coupables ne sont pas retrouvés, nos amis d'outre-Rhin vont devenir moins gentils et renoncer à libérer les prisonniers français en Allemagne, alors que, c'est trop bête, ils étaient déjà en route, si ça se trouve – un autre journaliste de *L'Avenir*, d'humeur lyrique, sous le titre «Ils commettent leurs crimes enveloppés dans les plis de notre drapeau», à propos des «terroristes», se laisse un peu trop emporter par sa douleur et par l'audace littéraire : «Ils assassinent, et des trains de Français libérables font demi-tour», on avait de vrais bons cheminots, en ce temps-là), «votre intérêt, celui de nos prisonniers», donc, «vous font un devoir de porter à notre connaissance tous les renseignements qui...» – j'arrête, je ne suis pas homme à accepter de vomir une bonne tartiflette, et celles d'Anne-Catherine les surpassent toutes. (Quand je réfléchis à ce que devaient ressentir bon nombre de Français quand même, dont Georges, l'accablement et l'impuissance, le désespoir rageur de voir son pays (non en tant que patrie mais simplement lieu où l'on vit) livré aux porcs et aux moutons, j'essaie de me mettre à leur place et ça fait mal au cœur – on baigne dans l'immonde, la haine, l'injustice, la bêtise et la lâcheté, et on ne peut rien faire. J'y pense huit secondes et je cligne des paupières : il n'est pas

impossible que les années à venir nous épargnent de trop
gros efforts d'imagination.)

L'exécution de ces otages est le sujet de la dernière page
du journal de Georges Girard, le 23 octobre 1941. (Après
cela, on ne trouve plus qu'un pamphlet paru en juillet dans
la revue *Esprit*, qu'il a recopié à la machine à écrire :
«Supplément aux Mémoires d'un âne», une nouvelle sati-
rique de Marc Beigbeder (que je ne connais pas, qui n'a, je
crois, rien à voir avec Frédéric, mais qui semble avoir été
un drôle de bonhomme – je ne peux malheureusement pas
m'attarder ici sur lui, ou Denise va finir par s'énerver, laisser retomber son jupon (non !) et claquer la porte). L'auteur
s'y moque gaiement, ou plutôt tristement, de la collaboration, de Vichy, et surtout de Pétain, représenté sous les
pauvres traits de l'âne Cadichon devenu vieux et veule, qui
a trahi tous ceux qui l'aimaient. Ce texte a causé l'interdiction de la revue jusqu'à la Libération.) Georges écrit que
ledit lâche assassinat contre Karl Hotz «représente quand
même un certain culot», revient sur les 15 millions de
francs de récompense promis par les Allemands («ça fait
cher la livre de colonel»), et sur l'allocution «odieuse» de
l'amiral Darlan, dont il recopie des extraits qu'il ponctue
de triples points d'exclamation indignés entre parenthèses
– notamment après la phrase sur l'occupation qui, «si elle
est lourde, reste correcte». Il remarque que «Darlan n'a
pas un moment de pitié pour les cinquante victimes innocentes, pas un mot pour flétrir cet assassinat collectif».
(Il ne sait pas, personne d'ailleurs à ce moment-là (mais
Georges, lui, ne le saura jamais), que parmi ces cinquante
victimes innocentes, quarante-huit exactement, se trouve
un gamin qui a dit à l'abbé Moyon, venu apporter l'assistance bénévole de Dieu à ceux qui vont être fusillés à
Châteaubriant, le 22 octobre à 16 heures : «Je laisserai
mon souvenir dans l'Histoire, car je suis le plus jeune des
condamnés.» Il a dix-sept ans et il ne se trompe pas, c'est

Guy Môquet. Deux de ses infortunés voisins de poteau ce jour-là, résistants bien plus confirmés (lui n'a fait que distribuer des tracts communistes, qui ne s'en prenaient pas aux Allemands), morts en même temps que lui, ont eux aussi laissé leur souvenir dans l'Histoire, mais l'un principalement sous forme de rue, l'autre de station de métro (c'est déjà ça) : Jean-Pierre Timbaud et Charles Michels.) Même si Vichy n'est pas précisément le cœur de la Résistance, Georges sait, constate, qu'une bonne partie des Français réprouve ces actes et répugne – même sans l'afficher – à collaborer : «Le peuple de France ne se fera pas avoir. Comment peut-on lui parler de collaborer quand, en zone occupée, il a chaque jour la preuve de l'infamie sous les yeux ?» (Il se trompe en revanche sur le courage et les possibilités d'action de la majorité des vaincus (il espère un grand soulèvement populaire contre l'occupant), et sur le temps qu'il faudra pour se débarrasser des envahisseurs : «Je ne crois pas que ça dure très longtemps, je crois à l'éclatement entre le printemps et l'automne prochain.») Le préfet Labarthe n'est pas de son avis, il mise sur le fidèle soutien des veaux tricolores. Dans son rapport de novembre, il écrira – à propos des assassinats d'officiers allemands, bien entendu, pas de l'exécution des otages : «Réprouvant unanimement les auteurs de ces actes criminels, la population a été profondément sensible aux messages angoissés du Maréchal et de l'amiral Darlan.»

Les quatre dernières lignes du journal de Georges, les derniers mots qu'il a écrits avant de mourir, sont consacrés à une anecdote qu'il a lue dans un quotidien. Le maire d'une petite ville située sur la ligne de démarcation, découvrant un prisonnier français évadé qui tentait de la franchir, lui est tombé sur le paletot, minute papillon, et s'est empressé, à la manière du basset qui rapporte une balle, d'aller docilement le remettre aux Allemands. Il a ensuite écrit à un ami pour se vanter de son exploit canin, qui a fini par

arriver aux oreilles du sous-préfet, patriote, qui l'a
« engueulé proprement » mais n'a obtenu, pour tout mot de
regret ou de remords, qu'un penaud « Je regrette tout
de même d'avoir écrit cette lettre ».

Ensuite, le soir du jeudi 23 octobre, Georges dîne dans
un restaurant face à la gare de Vichy avec sa secrétaire,
Marcelle Schmitt, vingt-six ans. Dans sa valise, qu'il ouvre
devant elle, il emporte quelques effets personnels, une
épaisse liasse de grandes feuilles manuscrites, et de vieux
vêtements sales – il lui explique que ce sont ceux que portait son fils lorsqu'il s'est évadé en juin 1940. Marcelle
l'accompagne jusqu'à la gare, l'archiviste paléographe
lui fait un signe de la main sur le quai, en lui disant
« À dimanche ! », et monte dans le train de nuit pour Périgueux. Sans se douter une seconde, évidemment, que dans
les journaux collabos qu'il lisait chaque matin et dont il
consignait soigneusement les mensonges et les abjections,
un seul sujet prendra bientôt autant de place en une que les
discours du Maréchal et le front russe : sa mort.

Le vendredi 24 octobre, au château, Henri se lève bien
plus tôt que d'habitude, il a demandé à Louise de le réveiller à 6 h 30. Il fait une toilette rapide, se rase, s'habille
(une chemise rouge, son complet prince-de-galles et son
imper) et part à pied vers l'arrêt du Tacot à Antonne, où il
attend son père quelques minutes. Sur sa gauche, il ne me
voit pas traverser la nationale, de ce pas cool et naturel qui
a fait ma légende, et entrer dans le bureau de poste. Partie à
6 h 30 de la place Francheville, à Périgueux, la micheline
s'arrête devant lui, Georges en descend, fatigué. Au retour,
entre les platanes, Henri porte la valise de son père.

Georges dormira dans la chambre qu'occupait son fils
jusqu'alors, à l'angle de l'aile droite, la seule qui soit à la
fois propre, ou à peu près, et relativement confortable.
(C'est du moins ce que prétendrait un hôtelier borgne. On
n'y trouve qu'un buffet ordinaire auquel il manque une

porte, une chaise dont on se demande à quoi elle peut servir, adossée au mur près de la porte qui communique avec
la chambre de la bonne, et, à côté de la cheminée, un Mirus
– c'est un petit poêle d'appoint pour chauffer les chambres,
conçu dans les années 1920, d'une cinquantaine de centimètres de haut et de large sur trente environ de profondeur
(ce n'est même pas un Mirus mais une copie, un Solidor –
on disait Mirus comme on dit Kleenex ou Frigidaire). Pour
ce qui est de la literie, quand on entre par la porte de la
salle à manger, juste à gauche se trouve un sommier de lit
d'enfant (mort depuis trois siècles) sur lequel sont empilés
deux vieux matelas nus, et à droite, une table de chevet
avec un vase de nuit et le lit du châtelain, qu'un orphelinat
roumain du Moyen Âge aurait hésité à accepter.) Henri,
qui doit se reloger, ne choisit pas sa chambre des autres
années, juste au-dessus de celle-ci, mais, étonnamment,
une autre située exactement à l'opposé du château, à cinquante mètres : celle de l'angle de l'aile gauche, au
premier étage (le second vu d'en face, d'en bas – bref, le
dernier).

Georges s'est rafraîchi et débarbouillé pour effacer les
traces de son périple en chemin de fer, pendant que
Louise commence déjà à préparer le déjeuner, qu'elle veut
copieux pour rassasier son cher Georges après le voyage,
comme quand il était petit, et qu'Amélie étudie ses livres
de comptes (elle a demandé au régisseur du château de
passer ce jour-là pour récupérer l'argent que doivent les
quatre métayers), les deux hommes s'installent dans le
petit salon pour discuter. Selon Henri, ils parlent du travail
de son père au ministère des Affaires étrangères, de certains de ses collègues plus ou moins favorables à la
collaboration, du ravitaillement postal insuffisant – les
métayers rechignant, malgré leurs obligations à l'égard de
leurs patrons parisiens, à se priver de précieux canards ou
de poulets rares – et de différentes questions politiques, en

particulier du premier anniversaire de la poignée de main
entre Adolf Hitler et Philippe Pétain, il y a un an jour pour
jour, le 24 octobre 1940, à Montoire-sur-le-Loir (dans le
journal qu'il écrivait à quelques portes des chambres des
membres du gouvernement, Georges a noté deux jours
plus tôt : « Ce qui a tout faussé, c'est Montoire, et ça a été
imposé par une canaille, Pierre Laval »). À midi et demi, le
repas est servi : Henri, Georges, Lili et Louise se mettent à
table dans la salle à manger.

Ça ne peut être dû qu'au hasard, mais cet après-midi du
24 octobre, le château d'Escoire va recevoir plus de visites
que n'importe quel autre jour des années précédentes.

À 13 h 15 arrive René Biraben, régisseur du domaine
depuis six ans. Les Girard sont encore en train de manger,
il propose donc de revenir une autre fois pour régler les
comptes avec les métayers, car il craint de ne pas avoir le
temps si on s'y met trop tard, mais Amélie insiste pour que
ce soit aujourd'hui et lui demande de commencer la tournée, elle le rattrapera dès la fin du repas – pour qu'elle le
retrouve facilement, il lui indique l'ordre dans lequel il va
visiter les paysans : la famille Kervasse, puis les Mompion,
les Valade et les Doulet. Elle termine son déjeuner et le
rejoint à la métairie Mompion. Pendant que Louise débarrasse, Henri et son père s'installent de nouveau dans le petit
salon et discutent une dizaine de minutes. Puis Georges sort
prendre l'air sur le perron, par la porte-fenêtre, et s'aperçoit que le mur arrondi de gauche (quand on regarde la
façade – Balzac, au secours), au pied de la rotonde, sous
lui (au niveau donc du rez-de-chaussée, ou du sous-sol si
on veut – mais quelle idée de construire des châteaux en
pente, aussi...) est couvert de lierre. Il propose à son fils
de l'aider à l'arracher, ça passera le temps et ils pourront
parler en travaillant.

À 14 h 30, une voiture noire arrive par l'allée carrossable
et se gare près de l'extrémité de l'aile droite. (Il existe un

autre portail d'entrée au château. Au bout de la route qui
vient d'Antonne, face au portail principal (qu'on peut franchir uniquement à pied puisqu'il s'ouvre sur un double
escalier), si l'on part à gauche, on va vers le bourg ; à
droite, on s'engage sur ce qu'on appelle « la route de la
Roquette », de « Petit-Rognac » ou « de Saint-Pierre-de-
Chignac », deux lieux-dits et un village : elle mène aux
uns, proches, puis, huit kilomètres plus loin, à l'autre. Elle
longe d'abord le mur d'enceinte du parc du château, haut
de trois mètres environ. À cent cinquante mètres, se trouve
un portail plus sobre que le premier, et moins large, mais
qui permet de s'engager sur un chemin qu'on peut emprunter en voiture : il passe d'abord devant une petite maison
accolée à une remise et un garage, où vivent les gardiens et
leur fils, puis monte jusqu'au château.) Trois hommes
sortent de la traction noire, et ce ne sont pas des gangsters
(du tout) : il s'agit d'Antoine Vittel, patron d'une petite
entreprise de couverture et de zinguerie à Périgueux, et de
ses deux ouvriers, Louis Bordas et Paul Galvagnon. Ils
viennent réparer des fuites sur les gouttières et tuyaux
d'évacuation de la façade arrière. Henri et Georges inter-
rompent l'arrachage du lierre pour aller à leur rencontre,
puis le fils part chercher sa tante afin qu'elle lui donne
la liste exacte des travaux à effectuer. Il la trouve chez le
métayer Valade, avec le régisseur Biraben, mais lorsqu'il
revient au château, les ouvriers ont déjà été renseignés
sommairement par Louise Soudeix. Bordas et Galvagnon
installent leurs échelles, leur patron fait chauffer les fers
dans la cour, Henri et Georges se remettent au lierre.
Louise lave un plat dans une bassine métallique, dehors,
sur le petit escalier qui mène à sa cuisine.

À 15 h 30, Georges et Henri voient Henriette Blancherie,
la sœur de Louise (leur nom de jeunes filles est Vialle),
monter vers le château, sans les remarquer, et le contourner pour se diriger vers la façade arrière. Elle habite près

d'Antonne, elle est entrée au service de Cécile et Charles
Girard en 1895 et a cuisiné pour la famille – sa sœur s'occupant du reste – jusqu'en 1910. Henri grimpe l'escalier
qui mène au perron de la rotonde, entre par la porte-fenêtre
du petit salon, qu'ils ont laissée ouverte en sortant, et va la
trouver dans la cuisine, où elle discute avec Louise. Il lui
apprend que Georges est là et lui propose d'aller lui dire
bonjour – elle le connaît depuis qu'il a quatre ans (elle
trouve que sa sœur et lui ont reçu une excellente éducation,
basée sur «les meilleurs principes qui soient»; elle ne peut
pas en dire autant d'Henri). De la cuisine, ils passent tous
les deux dans la salle à manger, puis dans le petit salon et
descendent l'escalier de la rotonde. Henriette échange
quelques mots avec Georges, qu'elle tutoie, comme sa
sœur, il lui dit qu'il repart dimanche, elle retourne dans la
cuisine.

Un peu avant 16 heures, Amélie revient avec René
Biraben de leur tournée des métairies, et s'assure auprès
d'Antoine Vittel, qui travaille toujours sur la façade arrière
avec ses ouvriers, que les réparations extérieures avancent
bien. Puis elle salue la vieille Henriette dans la cuisine,
donne quelques consignes à Louise pour le repas du soir,
et s'installe avec son régisseur dans le petit salon, où se
trouve son bureau, pour arrêter les comptes. Il lui remet
l'argent qu'ils ont perçu chez les métayers : un billet de
5 000 francs, trois billets de 1 000 francs, un de 500, trois
de 100, un de 50, un de 10, un de 5 (si elle ne parvient pas
à acheter la rue de la Paix, il faut à tout prix qu'elle ait les
quatre gares), une pièce de 1 franc, une de 20 centimes,
une de 10 – soit 8 866,30 francs.

Dix minutes plus tard, Marie Grandjean et ses deux
filles montent par l'allée carrossable, à vélo toutes les trois.
Henri et Georges laissent définitivement tomber le lierre
– laissent définitivement pousser le lierre, que plus personne n'arrachera pendant plus de dix ans – et entrent avec

elles par le perron de la rotonde. Comme Amélie et Biraben travaillent encore dans le petit salon, les deux hommes et les trois femmes s'asseyent dans la salle à manger pour pouvoir parler sans les déranger. Peu de temps après, le régisseur s'en va, en informant la châtelaine qu'elle pourra toucher le lendemain, à Périgueux, le produit de la récolte de tabac de l'année 1940, soit 9 000 francs à peu près. Elle retourne dans la cour voir Antoine Vittel, dont les ouvriers ont achevé leur travail sur les gouttières et les tuyaux, et monte avec lui au grenier pour lui indiquer les endroits où l'eau, quand il pleut, goutte du toit d'ardoise. En redescendant, elle demande à Louise et Henriette de préparer du thé et des biscuits pour six, et informe la seconde qu'elle se rendra le lendemain matin à Périgueux (pour récupérer l'argent du tabac, payer ses impôts de l'année en cours, ainsi qu'une somme de 300 et quelques francs qu'elle doit sur l'année passée (c'est le maire d'Escoire, Alphonse Palem, qui lui a rappelé cette dette l'avant-veille), et déposer à la banque la somme reçue des métayers). Elle veut qu'Henriette l'attende, au retour, à l'arrêt de la micheline : « Tu viendras me chercher au Tacot de midi à Antonne, pour me conduire jusqu'au château. J'aurai le temps de parler un peu avec toi. » (On se tutoie, en vieilles copines, tu m'as vue naître, mais enfin ne chamboulons pas tout, on sait quand même qui c'est la patronne.)

À 16 h 30, Amélie, Georges, Henri, Marie Grandjean et ses filles Marthe et Suzanne prennent le thé dans le petit salon. Il est servi par Henriette Blancherie – qui dira : « Ils discutaient de choses banales, tout le monde paraissait très gai. »

Vers 17 heures, Henri et les deux jeunes femmes se rendent dans le grand salon de la rotonde, il leur joue quelques airs de piano, il est fier des progrès qu'il a accomplis ces derniers temps grâce à celui de sa grand-mère Cécile, qu'il a récupéré rue Notre-Dame-des-Champs. Un quart d'heure ou vingt minutes plus tard, la mère de Marthe et Suzanne passe la tête par la porte qui donne sur le petit salon et leur dit qu'il va falloir y aller : il commence à pleuvoir, la nuit ne va pas tarder à tomber, elles ont dix-sept kilomètres à faire. Henriette Blancherie vient de partir elle aussi. Henri va chercher son imperméable et accompagne les deux filles, avec leurs vélos, jusqu'au bout de l'allée carrossable. Pierre Penaud, un cultivateur de soixante-six ans qui rentre vers Escoire avec sa femme, de retour des champs, voit les trois jeunes gens discuter près du petit portail. Au moment où Amélie et Marie les rejoignent (elles se donnent rendez-vous pour le lendemain matin à Périgueux, Lili passera voir son amie entre les impôts et la banque), une violente averse s'abat sur la vallée de l'Isle. Les trois Grandjean courageuses se mettent tout de même à pédaler vers Périgueux, tandis qu'Amélie et Henri remontent vers le château en trottinant sous la pluie. À 18 heures, toutes les réparations étant effectuées, Antoine Vittel, Louis Bordas et Paul Galvagnon montent dans la traction noire du patron et s'en vont, laissant derrière eux le grand bâtiment aux fenêtres éclairées. À partir de cet instant, il n'y a plus de témoins.

Le lendemain matin, vers 9 h 15, Jeanne Valade, seize ans, la petite Jeannette que retrouveront vieille les journalistes du «Vif du sujet», monte vers le château et le contourne, un sac de haricots secs dans une main, dans l'autre deux poulets vivants, les pattes ficelées. C'est Amélie qui les a réclamés en passant la veille chez son père pour les comptes, elle les emportera à Paris (elle a demandé, selon Jeanne, une autorisation de transport de denrées, pour ne pas être accusée de marché noir) – comme les trois autres métayers, les temps étant durs, Jean Valade doit encore pas mal de poulets et d'œufs aux Girard.

À l'arrière du château, elle trouve la porte de la cuisine entrouverte, ce qui n'a rien d'anormal : le pêne étant défectueux, ou la poignée, cette porte ne peut être maintenue fermée que si elle l'est à clé, de l'intérieur. C'est toujours le cas le soir et la nuit, mais en général, pour des raisons pratiques, pas la journée, sauf par grand froid. Jeannette – «Mlle Girard m'appelait comme ça» – raconte la suite sur France Culture (pendant l'interview, on l'entend pousser une petite exclamation, la lumière vient de s'éteindre chez elle, une panne de courant, comme souvent soixante ans plus tôt) : quand elle entre dans la cuisine, tout est silencieux. Elle remarque un certain désordre, deux tiroirs du buffet sont ouverts, elle ne s'en étonne pas vraiment, Louise doit être déjà en train de préparer quelque chose pour midi – ce qui la surprend plus, c'est que la cuisinière, à bois bien sûr, n'est pas encore allumée. Elle appelle la bonne, deux fois, on ne lui répond pas. Au moment où elle passe timidement la porte qui donne sur la salle à manger, ses poulets à la main, elle entend un bruit du côté du petit salon, la pièce voisine, ou peut-être du couloir qui permet d'y accéder. Mlle Girard doit être par là-bas. Jeannette s'enhardit, se dirige droit devant elle vers l'autre porte de la salle à manger (sur sa gauche, dans la pièce, elle aperçoit quelques objets par terre, les tiroirs de la commode ouverts eux aussi, des papiers sur la grande table : on prépare sans doute le départ de la famille), pénètre dans le couloir et risque un regard, à gauche, par la porte ouverte du petit salon. Le désordre est plus frappant ici, un grand tiroir de la commode est même posé sur le lit aux draps défaits, qui semblent couverts de peinture rouge. Au sol, près de la cheminée, elle voit deux jambes nues. Elle recule, qu'est-ce qui se passe, son cerveau bloque, on a renversé une statue, et de la peinture – le couloir, la salle à manger dans l'autre sens, elle pose ses poulets vivants sur

la petite table ronde de la cuisine et sort précipitamment
sans comprendre.

En redescendant vers chez elle, son esprit se remet à
fonctionner, une statue par terre – quelle statue ? – et toute
cette peinture rouge, elle court et arrive hors d'haleine
devant son père : «Il s'est passé quelque chose au château !
Ils sont morts !» Quoi, qui est mort ? «Tous, je crois !»
Qu'est-ce que tu racontes ? ne dis pas de bêtises. «J'ai vu
du sang ! Des jambes !» Ne fais pas l'idiote, il y a les noix
à ramasser. (Il semble qu'en ce temps-là les mômes, ce
qu'ils disaient, ça entrait par une oreille et ça sortait par
l'autre.)

Dix minutes plus tard, un cri déchirant, déchiré, retentit
dans la vallée : «Au secours ! Au secours !» Alphonse
Palem, le maire du bourg depuis seize ans, travaille dans
son potager (sa maison est la plus proche du mur d'enceinte du parc, à une trentaine de mètres à peine du grand
portail). Il lui semble avoir reconnu la voix du fils Girard,
mais il ne sait pas s'il a entendu «Au feu !» ou si le barjot
est encore en train de pousser l'une de ses chansons de sauvage. Il sort, fait quelques pas sur la route de Petit-Rognac,
lève les yeux vers le château, ne voit rien, ni flammes ni
fumée, retourne à ses courgettes ou à ses carottes. Un voisin
qui habite à cent mètres, Pierre Maud (en cette première
moitié de XXe siècle, les noms, à la campagne, étaient avant
tout phonétiques : au bas des dépositions, sa femme signera
«Elisa Maud», lui «Pierre Meaud», et les gendarmes ou
policiers qui les interrogeront taperont à la machine tantôt
«Meaud», Pierre ou Elisa, tantôt «Maud»), cinquante-neuf
ans, propriétaire terrien et cultivateur, entend lui aussi les
appels au secours mais n'y prête pas grande attention, il se
contente de sortir dans son jardin : rien d'anormal, ça va. (Il
semble qu'en ce temps-là, où on n'était pas des femmelettes,
les cris déchirants aussi, ça entrait par une oreille et sortait
par l'autre.)

La seule à réagir, peut-être parce qu'elle est la plus proche de la voix (et que c'est une femmelette), c'est Yvonne Doulet, la gardienne. Elle se précipite hors de chez elle et grimpe les soixante-dix ou quatre-vingts mètres de l'allée carrossable jusqu'au château, aussi vite qu'elle peut, suivie à quelques secondes par son mari Saturnin, qui a mis plus de temps à sortir de chez eux parce qu'il était dans leur chambre au premier étage. Henri vient à la rencontre d'Yvonne : « Venez voir ! » Il fait demi-tour, elle le suit sans savoir ce qui se passe – elle lui demande, il répète : « Venez, venez ! » Il la précède dans la cuisine, qu'il traverse, ils passent tous les deux dans la chambre de la bonne, les draps et les couvertures traînent sur le sol au pied de son lit, ils s'arrêtent à la porte de la chambre de Georges Girard et Yvonne ne peut retenir un brusque mouvement de recul.

Elle ne se souviendra pas de ce qui l'a le plus horrifiée sur le coup, la vue des deux cadavres ou les mares de sang qui s'étendent sur la presque totalité du parquet de la pièce. En face de la porte, la tête contre le buffet et les pieds vers eux, la vieille Louise gît dans son sang sur le dos, les yeux grands ouverts, les mains relevées à hauteur des épaules, le visage tailladé et le crâne fracassé comme une noix de coco. Sur leur droite, près de l'autre porte, Georges est recroquevillé par terre sur le côté, la tête à moitié sous son lit, les bras tordus, lui aussi baignant dans une large flaque de sang (dont les draps et l'oreiller, au-dessus de lui, sont imbibés). Henri murmure : « Oh mon pauvre père, lui qui était si bon pour moi ! À savoir s'il est bien mort... » Il s'approche et se baisse vers le corps de Georges sans le toucher : « Oh oui, il est bien mort... » Revenant sur ses pas, il passe devant Yvonne, que son mari, frappé de stupeur, a rejointe, et dit : « Allons voir ma tante. » Il traverse à nouveau la chambre de la bonne, la cuisine, la salle à manger, le couloir, et entre dans le petit salon, Yvonne

derrière lui. (Saturnin, lui, en état de choc, s'est arrêté dans
la cuisine, y tremble un instant puis part au bourg en courant, chercher le médecin.) La pièce où dormait Amélie
Girard semble avoir été dévastée par une bête. Tous les
tiroirs sont ouverts et ont été fouillés, l'un, grand et lourd,
a même été retiré de la commode et posé sur le lit, où la
couverture et le drap du dessus sont roulés en boule,
le sol est couvert de papiers, de vêtements, d'objets
divers. À la tête du lit, une tache de sang de cinquante ou
soixante centimètres de diamètre, une traînée rouge sur le
drap vers le plancher, et au sol, entre le lit et la cheminée,
le corps d'Amélie, allongé sur le ventre, la tête en bouillie
rouge, le dos entaillé en plusieurs endroits. Henri,
qu'Yvonne trouve étrangement calme, lui dit : «Voyez,
ma tante, c'est pareil.» Puis il s'avance dans la pièce
jusqu'aux fenêtres et se retourne vers elle, restée à la
porte, il écarte les bras : «Regardez, on voit que tout a été
cambriolé.»

Toujours dans son jardin, Alphonse Palem aperçoit
Saturnin Doulet qui dévale affolé la pente du château :
«Ils sont tous morts! Je vais chercher le médecin!»
(Affolé mais confiant.) Devant chez lui, Pierre Maud a
entendu et se lance aussitôt dans la montée derrière son
maire. Doulet continue sa course, arrive chez le métayer
Jean Valade, lui apprend la nouvelle et s'arrête, épuisé,
incapable d'aller plus loin – il souffre d'un ulcère à l'estomac dont on l'opérera le mois suivant. Pendant que
Valade grimpe à son tour vers le lieu du crime, sa fille
Jeannette, qui n'avait pas rêvé, il faut écouter les enfants,
prend le relais du père Doulet et court jusqu'à la maison
du médecin du village, le docteur Manesse, qui ne peut
pas venir : il est malade.

Devant le château, Palem et Maud trouvent Henri seul,
Yvonne bouleversée est rentrée chez elle. «Allez voir,
ils sont tous morts.» Sur eux aussi, le fils produit une

impression déroutante : «Il m'a paru normal, l'air nulle-
ment effrayé ni ennuyé du drame qui s'était produit dans
sa famille», dira le maire – comme, en substance, tous
ceux qui le verront ce matin-là (et ils seront nombreux) :
il était froid, détaché, sombre, comme s'il faisait simplement face à un désagrément agaçant. Lorsque les deux
hommes l'invitent à les précéder à l'intérieur, il s'arrête
devant la porte de la cuisine et leur répond : «Je ne vais
pas plus loin, j'en ai assez vu.»

Le maire et le cultivateur avancent seuls jusqu'à la
chambre de Georges Girard, Palem se penche sur Louise et
pose une main sur l'un de ses mollets : il est glacé. Il s'approche ensuite du cadavre de Georges, il n'a pas besoin de
vérifier, c'est un tas de chair morte trempé de sang. Pierre
Maud, lui, plus terre à terre peut-être, touche une jambe de
chaque corps : non, il n'y a plus rien à faire. Quand ils
reviennent dans la cuisine, Henri est en train de boire au
goulot d'une petite bouteille en grès. Perplexes, sinon cho-
qués, ils passent par la salle à manger pour accéder au petit
salon, où ils découvrent le capharnaüm au milieu duquel
Amélie est étendue par terre, la tête sur un oreiller ensanglanté. Comme elle n'est vêtue que d'une chemise de nuit,
Alphonse Palem prend l'édredon sur le lit et la couvre,
par pudeur.

Pendant ce temps, Jean Valade est arrivé dans la cuisine.
En le voyant, Henri, qui le connaît à peine et a dû lui adresser trois fois la parole dans sa vie, lui dit : «C'est du beau
travail qui s'est passé, mon pauvre Jean...» Le pauvre Jean
s'avance jusqu'à la chambre du père, constate la boucherie, fait marche arrière. Quand il revient livide, l'orphelin
sort un paquet de cigarettes de la poche de son pantalon et
lui en propose une. Le métayer, naturellement, refuse –
«Ce n'était ni le moment ni le lieu.» Henri en allume une.
Lorsque Palem et Maud les rejoignent, il tend vers eux
son paquet, dans lequel il reste trois clopes, sans plus de

succès. Il reprend la petite bouteille de grès sur le buffet et la vide cul sec – c'est de l'eau-de-vie de prune. Puis les quatre hommes, dont trois sonnés, sortent dans la cour.

Le maire redescend chez lui et demande à sa fille, l'institutrice du village, de courir jusqu'au bureau de poste d'Antonne et de téléphoner au capitaine Pontet, qui commande la section de gendarmerie de Périgueux ; interloqué, celui-ci prévient le poste de Savignac-les-Églises, à une douzaine de kilomètres d'Escoire, et demande qu'on aille vérifier sur place cette abracadabrante histoire de triple crime. Avant qu'Alphonse Palem ne remonte au château, sa femme lui remet deux objets que deux petites du village ont apportés dix minutes plus tôt : un foulard de soie grise et un porte-monnaie de femme en cuir, fermé, vide. C'est une vieille paysanne, Marguerite Châtaignier, qui les a trouvés vers 9 h 15 sur le bord de la route de Petit-Rognac, une vingtaine de mètres après le grand portail du château, sur l'herbe au pied du mur d'enceinte du parc – elle partait faire paître son troupeau de brebis un peu plus loin, elle a croisé deux gamines qui revenaient vers Escoire et leur a demandé de les déposer chez le maire. Au même instant, le gardien Doulet se présente à la porte, avec deux objets lui aussi : un porte-monnaie vide, ouvert, et un portefeuille, noirs tous les deux, d'homme visiblement. Il les a trouvés plus tôt ce matin en sortant ramasser des noix, ils étaient en plein milieu de la route de Petit-Rognac, à trente mètres du grand portail. Alphonse Palem ouvre le portefeuille, il y trouve 600 francs et les papiers d'identité de Georges Girard.

En haut, Henri tient à montrer à Pierre Maud qu'il n'a rien pu faire. Il le conduit au bout de l'aile gauche, dans le couloir, jusqu'au pied de l'escalier qui mène au premier étage, où il a dormi (il avait fermé la porte du bas de cet escalier, dit-il, pour éviter les courants d'air) : «J'ai couché là-haut, comment voulez-vous que j'entende quoi que ce soit ? S'ils étaient venus là, je les aurais reçus !»

Peu à peu, de plus en plus de villageois appâtés arrivent au château, plus d'une vingtaine de personnes, dont une femme qui tient par la main un enfant de quatre ans. Henri fait les cent pas dans la cour, on n'ose pas l'approcher; ceux qui essaient se font rembarrer, il n'a pas envie de leur parler. Certains restent dehors, décents, intimidés ou impressionnés par la mort qui flotte noire à l'intérieur, d'autres ne se gênent pas, ce serait bête de ne pas jeter un coup d'œil aux cadavres, c'est pas tous les jours – et il paraît que c'est pas beau à voir. (En plus, depuis tant d'années qu'on regarde d'en bas, pour une fois qu'on peut visiter...) Henri, énervé d'être observé dehors, finit par rentrer. Dans le grand salon, il s'assied au piano et joue la «Marche funèbre» de Chopin.

Lorsqu'il remonte de chez lui, le maire tente de mettre de l'ordre et de faire sortir tout le monde, mais ce sont les gendarmes qui parviendront à véritablement débarrasser le plancher des curieux, à dégager la scène de crime(s) pour effectuer tranquillement les premières constatations. Ils arrivent à 10 h 30, ils sont venus à vélo du poste de Savignac-les-Églises, ils s'appellent Jean Chantalat, Louis Lajoie et Henri Sentredille.

Après un tour rapide du rez-de-chaussée de l'aile droite, simplement pour s'assurer qu'il y a bien trois victimes et apparemment pas d'arme sur place, et tandis que Lajoie et Sentredille restent au château pour «en interdire l'accès à quiconque», Chantalat pédale jusqu'à Antonne pour téléphoner au capitaine Pontet et lui rendre compte de la situation (deux kilomètres à vélo ou à pied pour chaque coup de fil, les bavards devaient avoir de bonnes cuisses). À son retour, il se renseigne précisément auprès du maire au sujet de l'identité des victimes, de l'heure et des circonstances de la découverte des corps, puis entreprend, avec ses deux collègues, un travail plus minutieux d'observation des lieux. Ils notent plusieurs détails intéressants.

Dans le petit salon mis à sac, ils trouvent un linge ensanglanté et mouillé près du corps d'Amélie, comme si l'assassin s'en était servi pour essuyer quelque chose. Et surtout, sous le tiroir qui était posé sur le lit, et qu'ils ont déplacé, une tache de sang dont la forme rappelle celle d'une arme : la lame, large, d'un gros couteau de boucher, d'un hachoir ou d'une machette. D'autres traces de sang, plus ou moins importantes et de formes moins précises, sont visibles sur le drap. Amélie porte une bague en or avec deux «brillants» à l'annulaire de la main gauche (son médium est presque entièrement sectionné), une autre à l'auriculaire de la main droite, en or également, avec une pierre bleu clair, et au poignet gauche une montre, en or, avec un bracelet de velours noir. Au-dessus d'elle, sur la tablette de la cheminée, les gendarmes remarquent une broche ovale qui semble de grande valeur, en platine, avec une perle centrale et plusieurs diamants. Chantalat est surpris par le fait qu'Amélie ne soit pas en chemise de nuit, comme l'ont cru les premiers témoins, mais de jour. Elle porte un soutien-gorge, et une serviette hygiénique mainte-nue par une ceinture de caoutchouc. (C'était un dispositif au look médiéval, pas facile à décrire (une idée, Honoré?), la serviette étant attachée à la ceinture, devant et derrière, par des épingles à nourrice, ou retenue par une bande de caoutchouc, fixée par des boutons-pression, qui passait entre les jambes – oui, pas derrière les oreilles. Dans le peuple, on appelait ça la «cravate à Auguste», et je ne veux pas savoir qui était ce type.) Ils relèvent des écla-boussures de sang sur le marbre qui encadre le foyer de la cheminée, et même, sur une robe de chambre comme jetée sur une chaise, dont le bas traîne au sol à plus d'un mètre de la tête du lit, de la matière cérébrale.

Dans la salle à manger, un tiroir de la commode est posé au sol, une partie de son contenu répandu autour, un tiroir de la desserte contenant l'argenterie est ouvert et une corbeille, contenant elle aussi de l'argenterie, par terre. Devant la porte qui donne sur la chambre de Georges, le parquet est maculé de gouttes de sang de forme oblongue, semblant avoir giclé depuis l'autre côté. Entre cette porte et la fenêtre la plus proche, à droite, se trouve une chaise. Un imperméable beige, dont les pans touchent le sol, est posé sur le dossier, qui est tourné vers la porte. Sous la chaise, l'un des gendarmes note la présence d'une petite goutte de sang. Chantalat écrira dans son rapport qu'elle n'a pu atteindre cet endroit qu'en l'absence du manteau, sur lequel elle se trouverait s'il avait été à cette place au moment où elle a été projetée.

Dans la chambre de Georges, il y a du sang partout : sur le lit – une grande tache sur l'oreiller et la partie supérieure, comme sur celui d'Amélie –, sur la table de chevet, sur celui des deux battants de la porte qu'ils ont trouvé fermé (l'autre était ouvert à leur arrivée, comme toutes les portes faisant communiquer les différentes pièces de l'aile droite), sur les matelas nus à gauche de la porte, sur les murs, la cheminée, le poêle Solidor, et trois grandes flaques sur le parquet : l'une sous le corps de Georges, s'élargissant autour, l'autre, de même dimension, au niveau de la tête de Louise, la troisième s'étendant de la porte communiquant avec la chambre de la bonne au petit poêle. Sur celle-ci se trouve un gant de cuir. Le second de la paire est sur la chaise adossée au mur près de la porte.

Louise Soudeix est pieds nus, vêtue de sa chemise de nuit, blanche à rayures bleues. Georges Girard, pieds nus aussi, porte un caleçon court, donc de jour, et un pull-over de laine grise sur sa chemise – de jour.

Dans la chambre de la bonne, de nombreuses gouttes de sang maculent le sol devant la porte qui donne sur celle de Georges. Sur le lit de Louise, à la tête duquel se trouve une sorte de placard-débarras dont les portes sont ouvertes, le drap du dessous (celui du dessus est au sol avec la

couverture et deux linges tachés de sang, peut-être des torchons) porte une trace rouge semblable à celle que les
gendarmes ont découverte sur le lit d'Amélie, mais bien
plus nette. On distingue parfaitement la lame, de huit ou
dix centimètres de large et de vingt-cinq centimètres de
long environ, recourbée au bout en une sorte de petit bec.
Dans les plis du drap, par terre, ils trouvent l'arme du
crime. C'est une serpe. (Qu'il ne faut pas confondre avec
une faucille ou une serpette (ni avec la «serpe d'or» de
Panoramix) : on s'en servait entre autres pour couper les
pieds de vigne, ou débiter de petits sapins.) Seule la lame
est couverte de sang. Le manche de bois est propre.

Avant de débuter les interrogatoires des premiers témoins,
les gendarmes ajoutent trois constatations à leur rapport.
Malgré des recherches minutieuses, ils n'ont trouvé aucune
empreinte digitale particulière sur les portes, les tiroirs ou
les murs, ni aucune trace de pas ensanglantée sur les planchers. D'autre part, une seule porte intérieure était fermée,
celle qui permet, lorsqu'on vient de l'aile gauche du château, de passer dans la droite. (La rotonde qui les sépare
sur le devant n'occupe pas toute la profondeur du château.
Par l'arrière, au milieu, on entre dans un genre de hall,
flanqué de chaque côté d'une porte qui donne accès à l'une
ou l'autre des ailes, mais duquel on ne peut pas entrer dans
le grand salon (qui n'est accessible que par le petit salon
ou la pièce qui lui correspond dans l'aile gauche) – allez,
ça suffit, j'appelle Bernard Barrault pour lui demander si
on peut mettre un plan au début du livre. («Écoute, je suis
désolé, mais honnêtement, tu connais un seul écrivain qui
n'a pas de lacunes?») C'est bon, ouf. Ce sera mieux pour
tout le monde.) Lorsque les gendarmes ont pénétré dans le
château, cette porte qui sépare le vestibule de l'aile droite
(vous la voyez?) était fermée, côté aile, par deux targettes.
Posée contre, à l'intérieur, dans le couloir, se trouvait une
malle, du genre de celles qu'on mettait dans les coffres

d'automobiles. (Henri expliquera que, descendant de sa chambre de l'aile gauche, il a été surpris de trouver cette porte close. Ne pouvant traverser le grand salon de la rotonde, car la porte qui permet d'y accéder côté aile gauche est condamnée, le piano se trouvant juste derrière, il a dû sortir par la porte du vestibule, longer le bâtiment à l'extérieur par la cour, et a pu entrer ainsi dans la cuisine, dont il a trouvé la porte ouverte.) Enfin, les gendarmes ont examiné toutes les issues du château, y compris les fenêtres, et n'ont trouvé aucune trace d'effraction. Tout était fermé de l'intérieur. La serrure de la porte de la cuisine (par où le meurtrier était ressorti ?) n'avait pas été forcée, et le chambranle était intact. Personne n'avait pu entrer dans le château.

Henri n'est pas resté dans les parages pendant ces premières constatations. Il est d'abord descendu avec le maire vers le bourg. Quand celui-ci lui a proposé de lui offrir un café chez lui, il a refusé et s'est éloigné vers Antonne, lui expliquant qu'il devait téléphoner (on ne sait pas à qui). À son retour, il s'est rendu directement chez les Doulet pour prendre son petit déjeuner, un bol de café au lait et deux tartines beurrées. Yvonne sera formelle : entre deux bouchées, elle l'a entendu chantonner distraitement.

À Périgueux, lorsque le capitaine Pontet a reçu du gendarme Chantalat la confirmation qu'un drame extraordinaire avait bien eu lieu, il a fait comme lui : il en a aussitôt averti son supérieur, le chef d'escadron Clech, qui commande la compagnie de gendarmerie de la Dordogne. Les deux hommes sont partis ensemble pour Escoire, où ils arrivent vers midi. Jean Chantalat leur fournit les informations nécessaires, leur fait part de la découverte de l'arme du crime, les met au courant de ses observations et leur précise que le fils, seul survivant du massacre, lui a fait une impression bizarre – plus que bizarre. Il n'est pas là, il est toujours chez les gardiens. Lajoie va le chercher, et pendant que les gendarmes commencent les interrogatoires, Clech et Pontet l'emmènent dans le grand salon pour discuter au calme.

La première chose qu'Henri tient à leur expliquer, c'est qu'il n'a pas pu entendre ce qui s'était passé durant la nuit. Il guide le capitaine et le chef d'escadron, qu'accompagnent le gendarme Lajoie et le maire Palem, jusqu'à l'extrémité de l'aile gauche, et ils montent tous les cinq au premier étage, dans la chambre où il a dormi, qui fait l'angle. On semble effectivement bien loin des pièces où ont eu lieu les crimes. Mais au moment où Henri s'apprête à ressortir de la pièce, le commandant Clech l'informe qu'il veut procéder à une petite expérience pour confirmation. Il fait redescendre Pontet et Lajoie, en leur demandant de se rendre dans le petit salon et la chambre de Georges Girard et de crier de toutes leurs forces. Henri leur rappelle qu'il faut que la porte du bas de l'escalier soit fermée. Celle de la chambre aussi. Clech le fait asseoir sur le petit divan, Palem également, pour que le silence soit total. Ils attendent. On n'entend rien. Le chef d'escadron décrira la scène dans son rapport : « Girard, que j'observais, a très fortement tendu l'oreille pendant toute l'opération. Au moment où il a entendu les pas du capitaine et du gendarme qui remontaient l'escalier, il a poussé un soupir très net, qui ne m'a pas échappé mais dont je ne lui ai pas fait part. »

Lorsqu'ils reviennent au rez-de-chaussée, Henri apprend à Clech qu'il existe une issue par laquelle l'assassin aurait pu s'introduire dans le château. Dans le couloir de l'aile droite, juste après la porte qui était fermée quand il est descendu, à gauche, et donc presque en face du petit salon, se trouvent d'anciens WC désaffectés, dont la fenêtre donne sur la cour arrière du château, où les deux hommes se rendent. Elle est munie de volets, mais selon Henri, il est possible de les ouvrir de l'extérieur : juste sous l'endroit où les deux battants se rejoignent, la pierre du mur est endommagée, cassée, ce qui crée une sorte de trou et laisse un peu de place pour glisser un bâton, par exemple, et repousser le loquet qui les maintient fermés. Clech sort avec lui, ils essaient : « Nous avons pu constater, et Girard avec nous, que le crochet n'avait pu être poussé de l'extérieur par un instrument quelconque, l'échancrure de la pierre n'étant pas assez large pour le permettre. » De toute façon, comme le fait remarquer le chef d'escadron, même dans le cas où l'on serait parvenu à ouvrir ces volets, il aurait ensuite fallu casser un carreau de la fenêtre, or ils sont intacts. « Devant ces constatations, Girard a convenu que cette fenêtre ne pouvait pas être l'ouverture par laquelle le criminel avait pu pénétrer dans le château. » (Ces WC désaffectés reviendront pourtant souvent dans l'enquête, pour une raison simple : il est absolument certain qu'on n'a pas pu entrer par une autre issue. Gendarmes et policiers feront des essais d'ouverture des volets depuis l'extérieur : l'un d'eux y parviendra, mais au prix de longs, pénibles et bruyants efforts, avec un démonte-pneu. Le juge d'instruction (qui va arriver sur les lieux dans cinq minutes) fera remarquer qu'à l'intérieur de ces toilettes, juste sous la fenêtre, se trouve une grosse panière en osier qu'on a remisée là. Il est pratiquement impossible de sauter par-dessus, il n'y a pas la place suffisante – et pourquoi l'assassin se serait-il donné ce mal alors qu'elle constituait un marchepied parfait ? – et le juge notera qu'elle est recouverte d'une épaisse couche de poussière, sur laquelle on ne relève pas la moindre trace de pas. Enfin, Henri signalera que la fenêtre ne ferme pas complètement : le bois ayant joué, on peut rabattre les battants l'un contre l'autre, mais pas fermer l'espagnolette pour les maintenir dans cette position. On aurait donc pu l'ouvrir de l'extérieur, en poussant. Mais d'une part, là encore, il a fallu un bon moment pour y parvenir : Jean Ruffel, commissaire central à Périgueux, déclarera qu'elle était coincée et que

seul son jeune chauffeur a réussi à en écarter les battants,
et pas à mains nues, à l'aide du démonte-pneu qui a fait
office de pied-de-biche ; d'autre part, il aurait d'abord fallu
ouvrir les volets de l'extérieur, mais le juge Marigny, dans
son rapport, rappellera que toutes les tentatives avec un
simple morceau de bois sont restées vaines (on peut difficilement envisager un malfaiteur de passage équipé d'un
démonte-pneu – et s'attaquant précisément à ces volets qui
présentent une faiblesse) ; d'une troisième part, et la discussion s'arrête là, les témoins officiels présents sur les
lieux le jour de la découverte des crimes, c'est-à-dire des
gendarmes et des policiers de tous grades, témoigneront
qu'ils ont remarqué que de nombreuses toiles d'araignée
reliaient les deux battants de la fenêtre et n'étaient pas cassées. Jean Ruffel conclut : « Il y avait là des toiles tellement
anciennes qu'il ne pouvait pas y avoir de doute. »)

Peu après midi, Marie Grandjean, l'amie d'Amélie qui
avait rendez-vous avec elle ce matin-là, arrive à vélo,
décomposée. Elle n'a pas le courage d'entrer dans le château, on l'a prévenue que la vision des corps massacrés
était insupportable. Mais elle veut voir Henri, et le maire
leur propose d'aller parler chez lui, ce qu'ils font.

Les premiers témoins interrogés par le gendarme Chantalat sont les premiers arrivés sur les lieux : le couple
Doulet. Lui n'a pas grand-chose à dire, il raconte simplement qu'il a entendu appeler au secours, qu'il a suivi sa
femme, puis qu'il est descendu, qu'il a averti le maire,
qu'il n'a pas eu la force de courir jusque chez le médecin...
Il dit qu'il n'a vu personne rôder la veille, ni la journée ni
le soir, aux abords du château, et qu'il ne connaît personne
dans les environs qui soit capable de commettre un tel acte.
Il revient ensuite sur le seul rôle important qu'il a joué
dans l'histoire, la découverte du portefeuille et du porte-
monnaie sur la route. Il est sorti de chez lui à 7 h 30 ce
matin-là pour aller chercher des noix dans son champ

(c'est la saison), qui se trouve à deux cents mètres environ du château, au bord d'un chemin qui part, vers l'Isle, du croisement sur lequel débouche la route qui vient d'Antonne, non loin du grand portail du château. À l'aller, il est passé par l'intérieur du parc, empruntant d'abord, en sortant de chez lui, une partie de l'allée carrossable qui monte vers le château, puis obliquant sur sa gauche pour descendre le petit chemin qui mène au portail. Il n'a rien remarqué de particulier, si ce n'est que l'un des volets de la rotonde était entrouvert (la porte-fenêtre, elle, est fermée, et personne ne donnera d'explication à cette anomalie – la plus plausible étant qu'on a oublié de le rabattre correctement la veille au soir). À 8 heures, revenant de son champ, il n'a pas emprunté le même chemin : cette fois, arrivé au croisement, il a pris à droite et longé le mur d'enceinte, sur la route de Petit-Rognac, pour rejoindre le petit portail et remonter l'allée carrossable sur quelques mètres jusqu'à chez lui. Avant cela, donc, onze mètres après un coin que fait le mur, soit une trentaine de mètres après le grand portail, il a trouvé un portefeuille au milieu de la route et, quelques pas plus loin, un porte-monnaie. Il a constaté que le portefeuille contenait des photos, 600 francs (un billet de 500 et un de 100), n'a pas cherché à en savoir plus, à la paysanne, et a indiqué à sa femme en rentrant qu'il faudrait l'apporter chez le maire dans la matinée.

Yvonne sera bien plus utile à ce début d'enquête. Elle commence elle aussi par raconter son entrée dans le château et la manière dont Henri l'a guidée à l'intérieur («M. Girard Henri ne paraissait pas très ennuyé lorsqu'il m'a fait voir les cadavres»), puis affirme, comme son mari Saturnin : «J'ignore qui a pu commettre ce crime, je ne connais personne ici capable d'un pareil méfait», et donne aux enquêteurs les premières informations importantes quant à la personnalité du fils et à ses rapports avec les

siens – elle est au service des Girard depuis dix-sept ans.
Elle indique qu'elle ne sait pas exactement «ce qui se
passait entre les membres de cette famille», mais évoque
les violentes disputes qui ont eu lieu l'été dernier entre
Mlle Girard et son neveu, les «dégâts qu'il a commis dans
le château à divers tableaux et meubles», et ajoute une précision qui met un troupeau de puces à l'oreille de Jean
Chantalat : «Il n'exerçait aucune profession et vivait aux
crochets de sa tante.» Mais surtout, quand le gendarme lui
demande si elle a déjà vu la serpe trouvée dans la chambre
de la bonne, elle n'hésite pas une seconde : «Oui, c'est à
nous, c'est moi qui lui ai prêté cette serpe.»

Trois jours plus tôt, le mercredi 22 octobre, alors
qu'Amélie était encore à Périgueux chez Marie Grandjean
et ses filles, Louise Soudeix et Henri sont descendus
ensemble chez les Doulet pour chercher un outil qui leur
permettrait d'ouvrir la porte d'une pièce du premier étage,
la «chambre périgourdine» (celle où Henri a fait un carton
sur les tableaux de famille), dont on avait perdu la clé. À la
demande de Louise, Yvonne leur a apporté une pince qui
ferait sûrement l'affaire. Alors qu'ils allaient partir, Henri
a voulu savoir si la gardienne avait une serpe. Elle a
répondu qu'elle en avait même deux, mais que, si elle pouvait se permettre, on n'ouvrait pas les portes avec des
serpes, et que tout ce qu'ils allaient réussir à faire, c'était
casser la serrure. Henri lui a fait remarquer qu'il ne lui
avait pas demandé son avis, qu'il savait ce qu'il faisait :
«Si vous en avez une, prêtez-la-moi.» Habituée à ses
caprices, et se disant qu'il ne comprendrait qu'une fois qu'il
aurait abîmé la porte, elle est allée lui chercher une vieille
serpe, abandonnée l'année précédente par les soldats qui
logeaient au château.

Elle reconnaît sans erreur possible celle qu'on lui
montre, celle qui a servi à fendre le crâne de trois personnes : c'est bien la serpe qu'elle a prêtée à Girard Henri.

Elle branle un peu dans le manche, car il manque un rivet à la virole qui maintient la lame, c'est pourquoi elle ne s'en servait pas. Elle donne au gendarme une précision qui lui paraît utile : la lame était rouillée, toute noire, son tranchant émoussé, elle est à présent brillante et affûtée. Elle a manifestement été aiguisée depuis mercredi.

À 14 heures, le parquet arrive au château. C'est le juge Joseph Marigny qui prendra l'instruction en charge. (Dans le livre qu'il a consacré à l'affaire, l'historien périgourdin Jacques Lagrange le décrit ainsi : « Cet homme d'une approche assez sévère est cependant qualifié d'une grande bonté. Il a fait l'unanimité dans son travail par son application à reconduire les prévenus dans le droit chemin. Il est doué aussi d'une âme d'artiste : sculpture, ébénisterie, reliure, tout lui réussit, grâce à un goût raffiné. » Lagrange a rencontré son fils, le docteur Jacques Marigny, écrivain et médecin, dont j'ai appris qu'il était décédé depuis quelques mois seulement – j'ai découvert avant de partir qu'il avait écrit en 1996 un article sur l'affaire, en s'appuyant sur les archives de son père, dans le bulletin trimestriel des « Amis du pays civraisien ». J'ai essayé de contacter l'association, sans succès pour l'instant.) Il est accompagné de MM. Bouriez et Daudou, substitut du procureur et greffier, de Jean Ruffel, commissaire à Périgueux, du docteur Perruchot, médecin légiste, de son assistant le docteur Rousseau, et de M. Robert, photographe, qui est chargé d'immortaliser, si on peut dire, corps et décors.

Le docteur Perruchot ne perd pas de temps et laisse pudeur et réserve de circonstance aux âmes sensibles : dès les photos prises, il procède à l'autopsie des trois cadavres dans la cuisine, sur une planche qu'il a posée sur deux tréteaux. Voyons voir ce qu'on a là-dedans.

Dans le rapport qu'il fera parvenir six jours plus tard au juge Marigny, on lira entre autres que Georges Girard présente « des plaies profondes et multiples du crâne et de la face, donc cinq pénétrantes dans le cerveau, avec ouverture de la dure mère», des enfoncements des régions occipitale, pariétale, mastoïdienne, orbitaire, et une «section du pavillon de l'oreille droite» – il ne relève aucune plaie sur les membres et le tronc; il constate à peu près les mêmes blessures sur le crâne et le visage de Louise, avec «un effondrement très marqué de la voûte crânienne» (il a dû lui nouer un linge serré sur la tête, ce qui lui donne l'air d'un œuf de Pâques, pour éviter qu'elle ne s'ouvre en deux), une grande section oblique de la face, de la bouche à l'oreille gauche, des sections du nez et de la mâchoire également, du médius gauche, «presque entièrement désarticulé», et des plaies sur la paume de la main gauche et la face dorsale de la main droite; Amélie Girard a subi un sort pire encore, les sections des os du crâne sont multiples, sur presque toute la surface de la boîte crânienne («un véritable broiement ayant ouvert le cerveau»), six plaies sont pénétrantes, la matière cérébrale s'écoule de tous côtés, elle porte «de nombreuses et profondes blessures aux mains, dont l'une a presque complètement sectionné le médius gauche», et, contrairement aux deux autres victimes, des plaies dans le dos, cinq, au-dessus des reins, de part et d'autre de la colonne vertébrale, «obliques et d'une profondeur de six à sept centimètres». Ces blessures, «sans ecchymoses ni hémorragie», lui ont été infligées post mortem.

Les trois personnes ont été tuées avec le même «instrument à la fois tranchant et contondant, manié avec force et rapidité». La «forte serpe à manche court» qu'on a présentée au docteur Perruchot, cela ne fait aucun doute pour lui, est l'arme des trois meurtres – en ce qui concerne Amélie, «l'extrémité pointue s'engage dans les plaies dorsales comme dans un étui».

Bref, le cinglé qui a massacré ces trois personnes s'est acharné sur elles comme un boucher en crise de nerfs sur trois carcasses de veaux.

Le médecin légiste donne encore trois précisions :
pour chacune des victimes, la mort a été quasiment instantanée (Amélie, par exemple, a reçu neuf coups à la tête et
«chacune de ces blessures, prise isolément, pouvait être
mortelle»); Georges et Amélie ont été assassinés dans leur
lit, puis leurs corps ont été déplacés ou projetés au sol; et
surtout, après l'examen des estomacs et du bol alimentaire
qu'ils contiennent, à peu près semblable pour tous les trois
(«une bouillie homogène probablement formée de pain et
de féculents»), il est en mesure, dès la fin des autopsies, ce
samedi 25 octobre, d'indiquer sur place aux gendarmes et
au juge d'instruction l'heure approximative de la mort, qui
«peut être située entre une heure et demie et deux heures
après le repas».

La première personne qu'interroge Joseph Marigny, à
18 h 20 dans le grand salon, est évidemment Henri Girard.
Même sans tenir compte des soupçons exprimés par les
gendarmes, c'est le b.a.-ba : d'une, il est le dernier à avoir
vu les victimes vivantes; de deux, on a appris qu'il avait
de sérieux problèmes et de fréquentes et houleuses discussions avec son père et sa tante, notamment au sujet de
l'argent; depuis quelques heures, il est riche, il possède
le château, des immeubles, des terres, des millions en
actions et obligations; il a emprunté l'arme du crime deux
jours plus tôt. Il a un mobile et, on ne peut pas mieux dire,
pas d'alibi. Le juge veut connaître son emploi du temps de
la veille au soir, de la nuit, de la matinée. Comme tout le
monde, il est déconcerté par sa placidité apparente, son
détachement cynique, mais ne manque pas de remarquer
– il le notera dans son premier rapport – qu'il fume cigarette sur cigarette et que ses mains tremblent.

D'après ce que j'ai pu lire dans les trois ouvrages écrits
sur lui et les journaux de l'époque que j'ai trouvés sur
Internet avant de partir en Meriva, voici ce que le seul véritable témoin déclare :

Après le départ des trois Grandjean (à une question ano-
dine du juge, il répond qu'il a posé son imperméable mouillé
sur une chaise de la salle à manger, en remontant, pour le
faire sécher), puis d'Antoine Vittel et de ses ouvriers, à
18 heures, son père et sa tante lui font savoir qu'ils désirent
être seuls dans le petit salon pour parler de leurs affaires –
«Je n'assistais jamais à leurs discussions d'argent.» Henri
se promène alors dans le château, de pièce en pièce, dans sa
chambre du premier étage, dans le grand salon, dans la cuisine. Lorsqu'ils ont fini, environ une demi-heure plus tard, il
les retrouve dans le petit salon : ils ont posé 3 000 francs
pour lui sur la table. (On les retrouvera dans sa chambre.)
Son père lui indique, dit-il, que cela correspond au prix de
son voyage de retour à Paris, environ 1 000 francs, et à une
dette de 2 000 francs qu'il a chez son tailleur parisien.
Ensuite, pendant que Louise prépare le repas, ils restent tous
les trois dans le petit salon : Henri et Georges lisent, et
bavardent un peu, Amélie est assise à son secrétaire, où elle
termine ses comptes.

Ils se mettent à table, dans la salle à manger, vers 19 h 30
– il n'est pas certain de l'heure, mais c'est celle à laquelle
ils dînaient d'habitude. Le repas est simple, une soupe
épaisse de haricots (l'une des spécialités locales), et se termine, estime-t-il, vers 20 heures ou 20 h 15. Ils passent de
nouveau au petit salon pour discuter devant la cheminée
(surtout les deux hommes, Amélie écoutant sans beaucoup
intervenir), puis Georges, fatigué par le voyage de la nuit
précédente, part se coucher à 22 heures environ. Henri porte
sa valise jusqu'à sa chambre, dont il lui propose d'essayer
de réparer la porte à double battant (le pêne de la serrure est
resté bloqué en position de fermeture, on ne peut donc pas
rabattre complètement la partie gauche de la porte, qui reste
légèrement entrebâillée; l'autre porte de la salle à manger,
celle qui donne sur le petit salon, est dans le même état et ne

ferme pas non plus). Georges lui répond que ce n'est pas
la peine.

Henri retourne auprès de sa tante dans le petit salon.
Selon lui, son père revient les voir deux fois en une dizaine
de minutes : la première, il ne se souvient plus pourquoi ;
la seconde, pour demander à sa sœur s'il y a une chemise
de nuit pour lui quelque part, non, elle ne pense pas, et à
son fils s'il peut lui en prêter une, non, il n'en a pas. Amélie et Henri, restés seuls, discutent encore jusqu'à 22 h 30
ou 22 h 45. Louise, comme elle en a l'habitude, vient parler
quelques instants avec eux, et se réchauffer devant le feu
avant d'aller se coucher. Dès son arrivée, Henri va chercher le lit pliant de sa tante dans le couloir et l'installe au
milieu de la pièce avec l'aide de la bonne, après avoir
poussé la table. La tête du côté des fenêtres, les pieds vers
la porte du couloir. Louise lui sert ensuite un peu d'eau-de-
vie de prune (d'une bouteille en grès qu'Amélie a trouvée
le matin même quelque part dans le château), dans un petit
verre en forme de tonnelet, puis elle les salue et s'éloigne
vers sa chambre – en lui souhaitant une bonne nuit, Henri
lui demande de le réveiller le lendemain matin à 8 h 30, car
il doit aller téléphoner à un certain M. de Marcilly, que son
père veut voir avant de retourner à Vichy. Il fume une dernière cigarette pour accompagner la prune, souhaite bonne
nuit à sa tante et monte se coucher, sans doute vers
23 heures. L'électricité ne fonctionne pas au premier étage
du château, seule l'ampoule du palier en haut de l'escalier
est alimentée par le circuit du rez-de-chaussée. Il laisse
donc la porte de sa chambre ouverte pour pouvoir lire
Le Sens de la mort, de Paul Bourget. (Cynisme du titre ou
non, lors d'une visite au château après la tombée de la nuit,
le commissaire Ruffel remarquera qu'il est impossible,
dans le lit, de déchiffrer une page avec la lumière du palier
pour seul éclairage. Ni lui ni l'inspecteur qui l'accompagne, en tout cas, n'y parviendront.) À minuit à peu près,

il se relève, va éteindre le palier, et se recouche après avoir fermé la porte de sa chambre.

Le lendemain matin, il ouvre les yeux vers 8 h 45. Il n'est pas étonné que Louise ne soit pas venue cogner à sa porte comme il le lui avait demandé, ce n'est pas la première fois, elle est vieille, soit elle oublie, soit elle n'a pas le cœur de le réveiller quand il dort. Il traîne au lit jusqu'à 9 h 15 – il en est sûr, il regarde sa montre en se levant. Il fait une toilette sommaire, sans se raser, s'habille et descend pour prendre son petit déjeuner. Il dit qu'il est heureux, qu'il chante. Il est surpris de trouver fermée la porte qui donne accès au couloir de l'aile droite, mais pas stupéfait non plus, il frappe deux fois, n'insiste pas, sort par l'une des deux portes du hall et marche dans la cour jusqu'à la cuisine, dont la porte est simplement poussée. À partir de là, ses souvenirs s'embrument. Il sait qu'il a été interloqué par le désordre, puis par les draps du lit de Louise qui traînaient par terre, mais ensuite, dans la chambre de la bonne, il ne se rappelle plus s'il a compris que quelque chose de grave s'était produit en voyant la trace ensanglantée de la serpe sur le drap, les gouttes de sang par terre devant la porte qui communique avec la chambre de son père, ou simplement le fait que celle-ci soit ouverte. Il dit qu'il a aperçu le corps de Louise en avançant, qu'il a poussé un cri, qu'il a passé la tête par la porte, vu le corps de son père recroquevillé au pied du lit, qu'il est ressorti en courant et qu'il a appelé au secours. Yvonne Doulet a accouru quelques instants plus tard, il lui a dit : « Venez, ils sont tous morts ! » et l'a conduite à l'intérieur. On connaît la suite.

Le juge lui montre l'un des gants de cuir crème trouvés dans la chambre de Georges Girard, celui qui était resté sur la chaise, il déclare qu'il lui appartient. Le juge lui demande s'il a touché son imperméable ce matin, il affirme que non, pas depuis qu'il a raccompagné les filles Grandjean sous la pluie. Le juge s'étonne qu'il ait dit à la gardienne : «Ils sont tous morts» alors qu'il n'avait vu que deux corps, il répond : «Je n'ai pas eu l'intention, en employant cette phrase, de décrire exactement la situation, j'étais affolé, je ne savais plus très bien ce que je disais, et le mot "tous" désignait à la fois mon père et cette atmosphère épouvantable de massacre.» Le juge l'interroge sur ses rapports avec son père et sa tante, il reconnaît qu'il a eu des soucis avec cette dernière depuis son mariage avec Annie, mais que tout s'est arrangé lorsqu'il lui a fait part de son intention de divorcer, et qu'ils s'entendaient parfaitement bien depuis; quant à son père, il avait beaucoup d'amour et d'admiration pour lui. Le juge lui demande s'il est exact qu'il a emprunté une serpe à la gardienne. Oui. Quand? Il ne sait plus exactement, peut-être le lendemain de son arrivée, le 17 octobre. S'en est-il servi ces jours-ci? Non. Le juge, enfin, après avoir recueilli toutes ces informations, lui fait remarquer que ses déclarations posent un sérieux problème : le médecin légiste a déterminé que la mort était survenue une heure et demie à deux heures après le repas, qu'Henri situe lui-même entre 19 h 30 et 20 h 15 : les trois victimes ont donc été tuées à 22 h 15 au maximum, et plus probablement entre 21 h 30 et 22 heures, or il prétend n'avoir rejoint sa chambre qu'à 23 heures. Comment explique-t-il cela? Henri ne l'explique pas, il ne sait pas, il a dit la vérité, le médecin s'est trompé, il faudrait procéder à une autre expertise.

Joseph Marigny décide alors de retirer l'enquête aux gendarmes et de la confier à la police. À 22 h 15, lorsque arrive le commissaire Jean Biaux, de la 20e brigade de police mobile de Limoges (il était en mission pour quelques jours dans la région), le juge lui délivre une commission rogatoire. Henri Girard est immédiatement conduit au commissariat central de Périgueux, dont les locaux occupent le rez-de-chaussée de l'hôtel de ville. Il y sera soumis à des interrogatoires plus poussés, et à un examen corporel.

Dès qu'il en sait suffisamment, Jean Biaux téléphone à Limoges pour mettre au courant le commissaire principal Michel Tailleur. Aussitôt après, l'une des victimes étant employée au ministère des Affaires étrangères, celui-ci appelle Vichy, à 23 h 25, et donne un bref compte-rendu des premiers résultats de l'enquête. Il indique qu'aucune effraction n'ayant été constatée aux différentes entrées du château (celle de la cuisine n'a pas été forcée, et n'a donc pu être utilisée que pour sortir), « il faut supposer que le meurtrier s'y trouvait avant la fermeture des portes », que « les crimes ont donné lieu à une mise en scène assez grossière », et que le vol n'en est manifestement pas le mobile, des bijoux de valeur, pourtant en évidence, ayant été laissés sur place. Il parle de la serpe, qui était « rouillée, en très mauvais état, et a été retrouvée affûtée parfaitement », de la goutte de sang sous l'imperméable, « qui a donc été déposé sur la chaise après le massacre », et il conclut : « On suspecte le fils de la victime. » Il fait savoir qu'il se rendra sur les lieux dès le lendemain matin. L'enquête aura déjà bien avancé, car plusieurs éléments nouveaux vont être rapidement découverts.

Deux médecins ont été commis par le juge Marigny pour examiner Henri Girard, Georges Chibrac et Édouard Vignal. Ce dernier commence par étudier les vêtements du suspect : un costume prince-de-galles gris, neuf, taché d'un peu de boue au bas du pantalon, et une chemise rouge, relativement sale (le jour où elle a tué son ancien fiancé, Félix Bailly, en mars 1951, Pauline Dubuisson portait une jupe rouge ; soit la couleur était très en vogue pendant et après la guerre, soit les meurtriers ont les mêmes penchants vestimentaires), qui ne semblent porter aucune trace de sang, mais des analyses seront effectuées. La première surprise vient de l'étude de sa chevelure. D'après ce qu'il a pu

observer sur le peigne, le sujet, habituellement, a les cheveux plutôt gras, et des pellicules. Quand le médecin lui
demande de baisser la tête, il s'excuse par avance, ils doivent
être pleins de terre ou de brindilles, car il a arraché du lierre
la veille. Or le docteur Vignal constate au contraire que ses
cheveux sont très propres, secs, « flous » et sans pellicules :
il en conclut, et son confrère Chibrac est d'accord avec lui,
qu'ils ont été lavés dans les vingt-quatre heures qui viennent
de s'écouler, soit depuis la veille, vendredi soir à 23 heures,
ce qu'Henri bien entendu nie. Édouard Vignal fait ensuite
déshabiller Henri. Son caleçon, « qui a été blanc », est grisâtre et visiblement porté depuis plusieurs jours. Mais ce
qui le frappe particulièrement, c'est son corps nu : le visage,
comme les cheveux, mais aussi le cou, les avant-bras et les
mains, sont extrêmement propres, lavés récemment, et soigneusement, tandis que le reste du corps, le tronc, les
jambes et les pieds sont sales, presque noirs. Le contraste le
choque et l'alerte. Il note que les ongles des mains ont été
coupés il y a peu. Il remarque cependant de la crasse en
dessous, et en prélève un peu à chaque doigt, pour analyse
(on ne trouvera aucune trace de sang, comme nulle part ailleurs sur le corps d'Henri). Sur la main droite, plusieurs
petites ecchymoses attirent son attention. C'est Georges
Chibrac qui va les étudier.

Elles ne paraissent pas être dues à une activité de brico-
lage, de jardinage ou de débroussaillage, comme l'arrachage
du lierre, elles sont parfaitement régulières : au nombre de
quatre, elles forment une ligne droite qui va de la base
du pouce au centre de la paume. D'autre part, une sorte de
pinçon, un hématome ouvert et manifestement récent,
marque la peau tendue entre le pouce et l'index. Ces cinq
plaies, certifie le docteur Chibrac, qui seront guéries et
auront disparu dans deux ou trois jours, datent de vingt-
quatre heures environ, en tout cas de moins de quarante-huit
heures.

Le commissaire Jean Biaux prend le relais et soumet Henri à un interrogatoire plus poussé que celui du juge d'instruction, qui durera une bonne partie de la nuit. Quand il lui demande son avis sur ce qui, selon lui, a pu se passer, le jeune homme répond qu'il n'en sait rien, naturellement, mais qu'il ne voit pas d'autre hypothèse que celle d'un crime crapuleux, un vol qui aurait (très) mal tourné. Pour le reste, il répète exactement les mêmes choses, presque au mot près, notamment en ce qui concerne les raisons de sa venue à Escoire (régler les problèmes de ravitaillement et s'entretenir de son avenir avec son père, en particulier du dilemme posé par le serment obligatoire au Maréchal) et son emploi du temps de la soirée de la veille.

C'est le lendemain, avec l'intervention du commissaire Tailleur de Limoges, les premiers résultats d'expertises et l'audition de plusieurs témoins plus ou moins directs, que l'affaire va se corser pour le futur Georges Arnaud. Ses allégations vont être démontées les unes après les autres.

À propos du déroulé de la soirée, un témoignage viendra confirmer l'heure de la mort estimée par le docteur Perruchot, qu'Henri conteste. Pas de chance pour lui, le vendredi 24 octobre, le jeune Fernand Doulet, fils des gardiens, qui vient de revenir des Chantiers de jeunesse (une sorte d'équivalent du service militaire après l'armistice), est sorti de chez ses parents à 20 heures pour aller récupérer son permis de chasse chez Charles Fadeuilhe, un gendarme en retraite (à quarante et un ans, vive la maréchaussée) qui habite au bourg. En remontant l'allée carrossable avant de bifurquer vers le grand portail, il a aperçu Louise, à la fenêtre de la cuisine, qui faisait la vaisselle (ce qui correspond à peu près à l'heure de fin du repas indiquée par Henri). Il est resté un moment chez Fadeuilhe, et au retour, il a pris un raccourci qui permet, en franchissant un portillon toujours ouvert, de traverser une partie du parc sans redescendre jusqu'à la route de Petit-Rognac et au portail.

Pour rejoindre sa maison, il est donc passé devant la façade du château, juste sous les fenêtres du rez-de-chaussée, qui est le premier étage de ce côté. Il a été surpris de constater que tout était éteint – les volets étaient fermés mais lorsque les pièces sont éclairées, les persiennes laissent très visiblement filtrer la lumière dans la nuit, il n'a pas pu se tromper. Ce qui l'a étonné, c'est que les Girard, qu'il voit au château au moins une fois par an depuis qu'il est tout petit, ne se couchent jamais aussi tôt, ils veillent généralement jusqu'à 23 heures ou 23 h 30. En continuant son chemin, il s'est retourné vers les fenêtres latérales, celles de la cuisine et des deux petites chambres, obscures elles aussi. Il était 21 h 30.

Quand le commissaire Michel Tailleur se rend sur les lieux, le dimanche 26 octobre, il fait deux découvertes importantes. Dans l'un des tiroirs du secrétaire d'Amélie Girard, dont l'état suggère pourtant une fouille acharnée, il trouve un petit paquet contenant 8 000 francs, qui proviennent certainement de la tournée des métayers qu'elle a effectuée avec le régisseur Biraben. Si l'on tient compte, en plus, de l'argenterie dans la salle à manger, des bagues que la tante portait aux doigts et de la broche aux diamants posée sur la cheminée, il n'est plus possible de considérer sérieusement l'hypothèse d'un cambriolage barbare. (Et sans même se demander comment ce voleur enragé se serait introduit dans le château, si ce n'est à la manière du fantôme, en passant à travers les murs (et ce sont des murs de plus d'un mètre d'épaisseur, bien plus difficiles à traverser que ceux de nos appartements d'aujourd'hui), qui peut croire qu'il serait ressorti par le grand portail (alors que le parc n'est pas clôturé derrière, du côté des bois), en seigneur de la nuit, et aurait déposé le portefeuille (en oubliant 600 francs dedans) et les porte-monnaie seulement quelques pas plus loin, bien en évidence ? Ces quatre objets ont très probablement été jetés par-dessus le mur d'enceinte depuis l'intérieur du parc. Le foulard et le petit porte-monnaie de femme, légers, sont retombés sur l'herbe qui le longe, les deux autres, plus lourds et donc faciles à lancer, au milieu de la route.) Mais surtout, le commissaire va examiner la chambre d'Henri plus attentivement que les gendarmes. On trouvait suspect qu'il ait choisi celle-ci, si éloignée, alors que celle qu'il avait toujours occupée quand son père était là, au premier étage de l'aile droite, était toute proche, absolument semblable en taille et même, selon Tailleur, qui a eu la curiosité de s'y rendre, plus confortable que celle où il a couché ce soir-là, à l'autre bout du château. (Henri prétendra que c'est parce que des vieillards alsaciens malades y ont logé l'année précédente, et qu'elle n'a pas été désinfectée depuis ; interrogée quelques jours plus tard, Henriette Blancherie, la sœur de Louise, apprendra aux enquêteurs que celle pour laquelle il a opté la nuit des crimes servait de lingerie à l'hospice, c'était donc là qu'on regroupait tous les vêtements et sous-vêtements sales, gorgés de miasmes.) On se disait que c'était évidemment pour pouvoir soutenir, sans risque d'être contredit, qu'il n'avait rien entendu, et expliquer ainsi qu'il n'était pas intervenu – ce qui n'aurait pas été possible juste au-dessus. Ce qu'y découvre Michel Tailleur va permettre d'apporter une explication supplémentaire au choix de cette chambre : c'est là que se trouve, sur le mur près de la porte, le disjoncteur général du château, qui coupe l'électricité des deux étages. Il est poussiéreux, comme à peu près tout le reste dans la pièce, mais la manette est propre et nette : elle a incontestablement été manipulée très récemment. Sur la table de chevet, le commissaire remarque un objet que les gendarmes n'ont pas signalé dans leur rapport : une lampe de poche en métal verni noir.

Il ne manque plus qu'un élément pour confirmer ce que tout semble déjà démontrer, et Tailleur va le trouver, cette fois, dans le procès-verbal des gendarmes : la tenue de

Georges et Amélie Girard. Comme Jean Chantalat l'a écrit,
lui portait son caleçon de jour, une chemise et un pull, elle
une chemise de jour et un soutien-gorge. Quelle femme
dort en soutien-gorge ? (Victime d'une malédiction, je n'ai
passé dans ma vie plus de deux nuits qu'avec des filles que
la nature cruelle, fourbe alliée de l'ange noir qui dirige la
section mammaire de mon destin, avait pourvues de poi-
trines désespérément modestes, dont la plupart n'auraient
même pas eu besoin de soutien-gorge dans la journée. Et je
ne sais pas où j'avais la tête quand je suis tombé amoureux
de ma femme, parce qu'elle bat tous les records. (Qu'on ne
se méprenne pas, j'ai eu ma part de bonheur, je ne suis pas
plus maladroit qu'un autre quand il s'agit de ramener
l'éternel féminin à la maison (bien au contraire – nombreuses sont celles qui, repartant de chez moi au petit
matin, l'âme béate mais le corps brisé, ont eu le sentiment
étrange d'avoir croisé la route d'un serpent hypnotiseur –
mâtiné de mustang), même, et plus souvent qu'à mon tour
il me semble, sous la forme de l'une de ces créatures tom-
bées du ciel qui procurent à l'homme cette joie fermière
toute simple dont il sait humblement se satisfaire, mais
sans jamais les abriter assez longtemps pour qu'elles se
sentent à l'aise au point d'éventuellement garder leur soutien-gorge la nuit, si ça t'embête pas. (Il faudra que je
songe à me demander – mais cela nécessitera une intro-
spection approfondie dans laquelle il serait à mon avis
peu judicieux de me plonger ici et maintenant, car nous
sommes en plein drame et à deux doigts de la résolution de
l'énigme, ce qui peut être source d'une impatience que je
comprends parfaitement – s'il n'est pas possible de supposer, par hasard et à l'inverse de ce que je croyais dur
comme fer a priori, que, pour je ne sais quelle raison, plus
tôt que les petits les gros nichons me lassent.)) Peu documenté sur la question, donc, même si je me doute, en
homme de bon sens et ami, en tant que tel d'ailleurs, du

buste naturel, qu'il faut être bien tordue pour dormir bar-
dée de baleines, j'ai tenu, dans un souci d'authenticité
populaire (comme on dit de la sagesse), sinon scientifique,
à me renseigner auprès de cinq ou six clientes du Bistrot
Lafayette, d'âges très différents mais de bonnets similaires :
substantiels. Est-ce qu'il pourrait leur arriver de temps en
temps, disons lorsqu'elles se sentent au plus mal et prêtes à
toutes les absurdités, d'envisager une demi-seconde la possibilité absolument farfelue, je le leur concède, de dormir
une infime partie de la nuit avec leur soutien-gorge ? Elles
m'ont toutes répondu la même chose : «N'importe quoi.»)

Pour appuyer encore ce qui devient plus qu'une théorie,
Michel Tailleur va mettre la main, dans le cabinet de toilette attenant au petit salon, auquel on accède par le
couloir, sur la dernière pièce qui lui manquait : la chemise
de nuit d'Amélie Girard, rangée là. Il est évident qu'elle ne
s'est pas mise au lit dans des conditions normales.

Le courant a probablement été coupé à 21 heures ou
21 h 30. Les habitants du château ont dû écourter la soirée.
Dans le noir, ils n'ont pas pu se mettre en tenue de nuit
comme d'habitude, chacun s'est couché un peu comme il
pouvait. Le meurtrier a peut-être attendu qu'ils soient
endormis, ou pas, en tout cas, quinze ou quarante-cinq
minutes plus tard, il est venu les frapper avec la serpe. Pour
compléter l'information fournie par Fernand, le fils des
gardiens, le commissaire Tailleur a interrogé d'autres personnes. On en trouve la trace dans l'un de ses rapports : il
écrit qu'à 22 heures, des témoins, certainement des gens
du village, avant d'aller se coucher, «ont aperçu une petite
lueur éclairant faiblement le petit salon», et que d'autres
«ont remarqué, à 23 h 30, que plusieurs pièces du château
étaient très éclairées». C'est confirmé par Fernand Doulet,
qui déclare au commissaire Jean Biaux, cette fois, qu'il a
entendu dire par deux personnes, un jeune homme de ses
amis et un réfugié alsacien hébergé dans la maison d'école,

que toutes les pièces du château étaient illuminées vers minuit. Pas un seul de ces différents témoignages ne coïncide avec la version donnée par Henri Girard.

Pourtant, il la maintient, soutient que les témoins se trompent, voire mentent (à Escoire, on ne l'aime pas, rappelle-t-il), et persiste à réclamer une nouvelle expertise au sujet de l'heure de la mort. On lui donne satisfaction : le docteur Louis Morel, chargé de l'enseignement de la médecine légale à la faculté de médecine de Toulouse, est commis par le juge Marigny pour interpréter à son tour les constatations du docteur Perruchot sur l'estomac des trois victimes. Ses conclusions, au terme d'un long rapport minutieusement argumenté, diffèrent légèrement de celles de son confrère : « La mort a dû survenir entre une heure au minimum et trois heures au maximum après le dernier repas. » Il ne précise pas s'il faut compter à partir du début ou de la fin du dîner, mais même dans la seconde hypothèse, les meurtres ont eu lieu entre 21 heures au minimum et 23 heures au maximum. On peut lui accorder une petite marge d'erreur, mais il faut une grande ouverture d'esprit et une longue habitude des mauvais films pour imaginer qu'Henri était à peine arrivé en haut de l'escalier qu'un fou furieux s'est soudain introduit au rez-de-chaussée et a massacré tout le monde.

Il n'aurait peut-être pas dû insister sur cette histoire d'expertises, le jeune Henri, car elles ne vont pas lui être très favorables – comme on dirait que la morue n'est pas très sucrée. D'abord, le juge d'instruction, ayant noté dans son premier rapport que le gant de cuir trouvé par terre dans la chambre de Georges « ne portait aucune trace de sang », bien que placé au centre d'une large flaque, il a ajouté à la commission rogatoire qu'il a adressée au professeur Morel : « Indiquer le temps qu'il faut pour qu'une mare de sang humain coagule. » La réponse, là aussi, est précise : « Le sang épanché hors des vaisseaux reste liquide

pendant huit à dix minutes. Puis il se prend en une masse
homogène qui présente d'abord un aspect pâteux et élastique. Dans l'heure qui suit, la fibrine se rétracte et la mare
de sang devient sèche et dure. En conclusion, quelle qu'en
soit la quantité, il faut une heure environ pour que la masse
de sang soit entièrement solidifiée.» C'est-à-dire que le
gant, immaculé, est tombé de la chaise au moins une heure
après les crimes. Le meurtrier, cambrioleur susceptible ou
dément sanguinaire qui passait dans le coin, après une crise
de rage hors du commun durant laquelle il a donné trente
coups de serpe sur le crâne de trois personnes sans défense
et saccagé tout le rez-de-chaussée de l'aile droite comme
un sanglier en transe, se serait calmé d'un coup et aurait
flâné une petite heure d'une pièce à l'autre avant de repartir – ces vieilles demeures, on ne peut pas le nier, ont un
certain charme – en heurtant une chaise. Ce serait d'autant
plus déroutant que, si l'on considère que c'est lui qui a
fermé, à deux targettes, la porte de communication entre
les deux ailes, cela signifie qu'il savait que quelqu'un était
de l'autre côté et pouvait surgir. Tant pis, il s'accorde une
heure pour souffler et profiter de l'endroit. Le gars est parfois nerveux mais, à ses heures, d'un flegme rare. (L'un
des avocats d'Henri essaiera justement d'utiliser cette
porte pour prouver que son client ne peut pas être l'assassin. On lui rétorquera que c'était une ruse pour éloigner
les soupçons de lui, mais il esquivera : comment Henri
pouvait-il se trouver le matin dans sa chambre de l'aile
gauche alors que la porte était fermée de l'intérieur de
l'aile droite? C'est maladroit. Si on montrait le plan à un
enfant de huit ans, un peu en retard dans son parcours sco-
laire, il répondrait : en ouvrant d'abord la porte du hall,
puis en passant dans l'aile droite, en fermant la porte aux
targettes, en sortant par la cuisine et en revenant à l'intérieur par le hall. Son petit camarade de classe, celui qui ne
sait toujours pas combien on a de pommes si on en tient

deux dans la main droite et deux dans la main gauche, pourrait cependant ajouter : toute façon, il était p'têtre même pas dans sa chambre le matin, m'sieur. Il faut se souvenir de ce que dit Jeannette Valade dans «Le Vif du sujet» : lorsqu'elle était dans la salle à manger, elle a entendu un bruit dans le petit salon ou le couloir. Elle ajoute : «C'est lui que j'ai entendu! Quand il a vu que je repartais, il s'est dit ça y est, maintenant elle va donner l'alarme!» Il lui suffisait de fermer les deux targettes avant de sortir pour crier au secours.)

Une autre expertise contredit ses affirmations, celle du docteur Georges Béroud, directeur du laboratoire de police technique de Marseille – du lourd, donc. Elle commence bien pour lui, puisqu'on ne retrouve aucune trace de sang sur ses vêtements, qui ont été saisis. (Mais Mlle Schmitt, la secrétaire de Georges Girard, n'a-t-elle pas dit qu'elle avait vu dans sa valise les vieux vêtements que portait son fils quand il a échappé aux Allemands? Où sont-ils? Plus dans sa valise en tout cas.) Pas un globule dans l'eau prélevée dans le seau du cabinet de toilette de sa chambre (pas de savon non plus, cela dit, alors qu'il a déclaré s'être décrassé rapidement de la nuit avant de descendre pour le petit déjeuner : c'est donc faux, ce n'est pas là, dans ce seau, qu'il s'est lavé, il est par conséquent tout à fait normal qu'on n'y détecte pas de sang), ni sur la lampe de poche métallique, ni sur deux lames de parquet découpées dans sa chambre parce qu'on y avait remarqué des taches brunâtres qui ressemblaient pourtant bien à du sang séché. Le problème, c'est la serpe. On sait qu'il ne l'a pas rendue à Yvonne Doulet après l'avoir empruntée, il nie formellement l'avoir aiguisée, or le docteur Béroud, après en avoir ôté le sang et les cheveux, affirme qu'elle a été affûtée récemment, d'abord grossièrement, sans doute à la meule, puis avec une lime très fine dont on remarque notamment les traces sur le tranchant et le sommet de la lame. De son côté, le

docteur Vignal fournit les résultats de son analyse de la
crasse récupérée sous les ongles : pas de sang, mais des
résidus de limaille de fer.

Le commissaire Tailleur se rend de nouveau chez les
Doulet, qui possèdent une meule dans leur remise à outils.
Ils ont également deux limes, l'une plate avec un manche en
bois, l'autre demi-ronde sans manche. Yvonne lui apprend
qu'Henri, qui considérait cet atelier comme le sien, qui
venait régulièrement y prendre ce dont il avait besoin et utilisait des tenailles ou des ciseaux à bois lorsqu'il jouait,
plus jeune, avec son fils Fernand, s'est déjà servi de ces
limes dans le passé pour affûter des couteaux ou des poignards. Il a aussi utilisé la meule, au moins deux fois :
la première pour refaire la pointe d'un grand couteau à
volaille – il ne savait pas le manier et l'avait abîmée ; la
seconde, plus efficacement, pour «transformer des fleurets
en fléchettes à lancer». Elle ne peut toutefois pas savoir
s'il est venu s'en servir avant le drame, car le vendredi,
comme la veille, elle n'était pas chez elle, elle récoltait des
betteraves avec son mari et son fils. Dans un rapport, Tailleur résume : «L'examen des limes a permis de constater
qu'elles avaient été utilisées récemment, et que leur usage
laisse des traces identiques à celles relevées sur le tranchant de la serpe. Or les jours précédant le crime, la maison
est restée seule en dehors des heures de repas, toute la
famille étant occupée dans les champs aux récoltes.»

Malgré tout cela, Henri se mure dans ses dénégations,
voire son mutisme. «Très longuement interrogé, écrit
Michel Tailleur, ce jeune homme s'est refusé à faire toute
déclaration.» (Il faut préciser qu'à aucun moment Henri
Girard, ni Georges Arnaud plus tard, qui pourtant ne s'en
serait pas privé, ne s'est plaint de quelconques violences
physiques pendant sa longue garde à vue. Aussi bien les
commissaires Biaux et Tailleur que leurs subordonnés sont
restés – ça se note – dans le cadre de la loi. Je pense, avec

un plaisir honteux, à une méthode policière aussi vile que drôle (et frôlant le génie) dont m'a parlé mon pote flic, Pupuce – promu récemment commandant, à la grande fierté des bistrots du quartier. (Le problème, c'est qu'il ne veut plus que je l'appelle Pupuce dans mes livres, mais «monsieur le divisionnaire».) Il y a quelques années encore (aujourd'hui, tout est devenu si strict dans la police que ce n'est plus possible), quand un gardé à vue particulièrement revêche refusait de parler, le commissariat avait mis au point une technique remarquable, dite du «bonhomme vert». Les enquêteurs qui interrogeaient le suspect entrouvraient la fenêtre l'air de rien puis quittaient la pièce, le laissant seul, menotté à la chaise. Un membre de l'équipe enfilait une combinaison verte d'éboueur, des gants et une cagoule assortie, passait par le bureau voisin, au troisième étage, où une issue de secours extérieure permettait d'accéder facilement et sans risque à la salle d'interrogatoire, entrait par la fenêtre, lui balançait deux ou trois bonnes baffes, lui disait simplement qu'il reviendrait dans un quart d'heure, plus énervé, et repartait par où il était arrivé. Si le pauvre gars se plaignait ensuite à un avocat ou à un juge, m'a raconté monsieur le divisionnaire, quand on lui demandait dans quelles circonstances il avait été maltraité, il ne pouvait que répondre, s'il était honnête : «C'est un bonhomme vert qui est entré par la fenêtre, il m'a frappé et il est ressorti, par la fenêtre aussi. Au troisième étage, oui, je crois. Tout vert.» Qui pouvait le croire ? Urgences psychiatriques, hop. C'est très mal, je sais.) Un journal parisien traduira cette résistance d'Henri Girard de manière moins officielle mais plus parlante : «Une physionomie rude, le regard fuyant : son attitude depuis le crime révèle une sûreté extraordinaire de lui-même, et une sensibilité inexistante.» Pas tout à fait. En une occasion, une seule durant les trois jours et trois nuits de pression qu'il va subir, face à plusieurs policiers qui se relaient, il flanche, juste quelques secondes. Mais il y a de quoi, car le coup porté est rude.

Dans la soirée du 26 octobre, il est interrogé par les commissaires Ruffel et Tailleur, ce dernier ayant demandé au docteur Chibrac de se joindre à eux : il tient à lui montrer la serpe, que Ruffel a récupérée au château la veille. Car l'après-midi, sur une intuition, il l'a prise en main et a donné quelques coups sur une table en bois. Il a ressenti une légère douleur et, en regardant la paume de sa main, constaté la présence de rougeurs. Il veut suggérer une expérience à l'expert. Georges Chibrac demande donc au suspect de prendre la serpe dans la main droite, le plus naturellement possible, et de donner quelques coups puissants sur la table. Il examine sa paume. Le talon de la lame, qui, mal maintenu par la virole défectueuse, bouge dans l'entaille du manche lorsqu'on frappe, y a laissé des marques rouges sur la même ligne que les quatre petites plaies observées lors de son arrestation. Plus accablant, la virole a pincé la peau entre le pouce et l'index à l'endroit exact où se trouvait l'hématome, qui s'est rouvert. Aucun doute n'est possible : Henri Girard a donné des coups avec cette serpe dans les quarante-huit heures – et vraisemblablement moins, comme l'a déjà précisé le docteur Chibrac – qui ont précédé le premier examen. C'est-à-dire dans la journée ou la soirée du vendredi 24 octobre. Il continue à nier, mais se souvient qu'il l'a eue en main : son père lui a demandé un instrument pour arracher plus facilement le lierre, il est allé la chercher, mais se rendant compte que le bout pointu et recourbé, le bec de perroquet, en rendrait l'usage impossible pour ce genre de travail, il l'a reposée (dehors, il ne sait plus vraiment où, sans doute près de la porte de la cuisine) avant même de l'avoir rapportée à Georges. L'expert balaie cette explication, les ecchymoses ne peuvent pas résulter d'une simple prise en main du manche. Le commissaire Tailleur s'approche alors d'Henri, le regarde dans les yeux et s'emporte : «Vous vous êtes servi de cette serpe, avouez!»

Pour la première fois, le jeune homme perd son assurance. Il pâlit, ne répond pas. Autour de lui, les trois hommes attendent, silencieux. Il finit par annoncer qu'il a soif, il demande un verre d'eau. On le lui apporte, il boit. On sent qu'on est proche du dénouement. Impatient, Tailleur essaie de se contenir et lui pose la question calmement : d'où viennent ses ecchymoses? D'une voix moins ferme que jusqu'alors, Henri explique qu'il a pu se faire ça pendant qu'il arrachait le lierre avec son père : dans le courant de l'après-midi, il a tenté d'enlever un piton de fer de dix ou quinze centimètres fiché dans le mur, il a dû s'écorcher sans y prêter attention en tirant dessus. Furieux, le commissaire Tailleur met fin à l'interrogatoire.

Le lendemain matin, tôt, il conduit Henri au château pour qu'il lui montre ce piton, qu'il retrouve après quelques hésitations. Mais ce n'est pas un piton, c'est un tenon, une sorte de lamelle rectangulaire, plate, rouillée, qui ne dépasse du mur que de cinq centimètres et semble avoir été insérée là il y a un siècle, peut-être même au moment de la construction : personne au monde ne pourrait envisager de la retirer à la main, ni même avec une grosse tenaille. Henri convient qu'il n'a pas pu se blesser de cette manière. Mais il se souvient qu'il a utilisé la serpe, en fait. Ah. Et pour quoi faire? Pour couper du bois. Des petits sapins, pour couper et débiter des petits sapins. Quand? Le jour où il l'a empruntée à Yvonne, certainement. C'est-à-dire? Il a déclaré l'avoir empruntée le lendemain de son arrivée à Escoire, non? Il ne sait plus, non, ce devait être plus tard. Le commissaire lui rafraîchit la mémoire : la gardienne lui a prêté la serpe le mercredi 22. Alors c'est qu'il a coupé des sapins le mercredi 22. Mais n'en avait-il pas plutôt besoin pour débloquer une porte? Non. Mme Doulet semble pourtant assez sûre d'elle. Elle se trompe. Il voulait une serpe pour couper des sapins.

Quoi qu'il en soit, ce souvenir tardif ne l'aidera pas, le docteur Chibrac réitérera ses conclusions : au moment où il a examiné les plaies dans la main d'Henri Girard, elles ne dataient pas de soixante-douze heures, c'est une certitude.

Pendant que la police enquête sur les témoins les plus proches et interprète les expertises, le juge d'instruction se charge des connaissances d'Amélie et de Georges Girard, ainsi que de celles d'Henri, pour se faire une idée de sa personnalité et de son passé. De la bouche d'Henriette Blancherie, il apprend par exemple que sa sœur Louise lui a confié, à propos d'Henri et Annie : « Ils sont si méchants avec Lili que j'ai peur qu'ils l'empoisonnent. » Madeleine Soudeix, sa fille, confirme les fortes tensions dans la famille, qui avaient presque toujours l'argent pour origine : elle raconte que le fils se disputait souvent avec son père, ce dernier le trouvant beaucoup trop dépensier, et qu'il parvenait plus facilement à « dépouiller » Amélie, plus influençable et moins colérique que Georges – elle cédait, lui donnait ce qu'il voulait, le nourrissait, lui avait même payé, en juin, le complet qu'il portait le jour des meurtres. Sa mère lui a fait part d'une scène entre Henri et sa tante, il donnait des coups de poing sur la table de la salle à manger du château en hurlant, jusqu'à ce que Louise intervienne : « Vous êtes un misérable, vous vous mordrez les doigts de ce que vous faites subir à votre tante ! »

À Paris, le juge a commis l'inspecteur principal Dominique Le Brun, de la police judiciaire, pour regrouper les témoignages. C'est lui qui calculera qu'Henri a dépensé 55 000 francs entre mars et juin 1941, alors que son père ne lui en a donné « que » 8 000 sur cette période. Il apprendra l'histoire du vol de bijoux chez Amélie Girard, le jour même où son neveu a fait venir un ouvrier qu'il s'est empressé de disculper ensuite, mais ce sur quoi il va se pencher le plus longuement, c'est le pseudo-kidnapping par des Allemands véreux et la rançon de 100 000 francs soutirée à sa tante. Quand il interrogera Bernard Lemoine, l'ami fidèle, et Marie-Louise, la maîtresse, aucun des deux n'évoquera l'incident. Averti par Joseph Marigny – qui a été tuyauté par quelqu'un (je ne sais pas qui) à Périgueux – qu'il s'agissait très certainement d'une escroquerie, il convoquera de nouveau les deux jeunes gens : Bernard reconnaîtra qu'il était au courant de cette mésaventure arrivée à son copain, et qu'il a même joué un rôle important dans la transmission des informations à Amélie, Marie-Louise continuera de nier. Il faudra que l'inspecteur Le Brun l'interroge une troisième fois, plus fermement, pour qu'elle avoue qu'elle était présente le soir du retour d'Henri et sait donc ce qu'il s'est passé. Ils seront les deux seuls à témoigner qu'ils ont vu des marques de coups sur son visage – non, une autre personne le confirmera : Annie Chaveneau, qui l'a croisé le lendemain au Palais de Justice de Paris lors de la première tentative de conciliation au sujet du divorce.

À ce stade-là, il faut déjà être bien crédule pour gober cette histoire. Mais Le Brun va pousser la réflexion : pourquoi le messager des ravisseurs s'est-il présenté chez Bernard Lemoine et non directement chez Amélie Girard, seule à même de réunir l'argent ? Comment est-il possible que Lemoine, qui a passé toute la journée avec Amélie à essayer de récupérer 100 000 francs (et ne l'a pas lâchée, alors qu'il ne servait à rien), qui n'a dû parler avec elle que d'Henri, se demander vingt fois avec elle où et par qui il pouvait être détenu, ait oublié le nom de la ville de banlieue qui était inscrit sur l'enveloppe dans laquelle il devait glisser le bulletin de consigne de la gare, enveloppe qu'il avait sur lui en permanence et qu'ils ont dû regarder ensemble dix-neuf fois au moins, en pensant à lui retenu à Clamart, à Boulogne ou Saint-Ouen ? Mais surtout, cette enveloppe, il l'a postée à 17 h 30 rue La Boétie, Henri téléphone une heure plus tard pour dire que tout va bien et arrive chez sa tante à 20 heures ? En 1941, on a déjà mis au point un prototype de facteur supersonique ? L'inspecteur Le Brun a interrogé tout le personnel du bureau de poste en question : personne n'est venu exiger l'ouverture de la boîte aux lettres ce soir-là (ni un autre), ça ne s'oublie pas. Bernard Lemoine rappellera qu'il devait porter le journal *L'Auto* sous le bras, qu'on l'a peut-être suivi, qu'on s'est contenté de s'assurer qu'il postait bien la lettre. Les nazis véreux, ces grands dadais, ont une confiance aveugle en leur prochain.

De son côté, à Périgueux, le principal concerné refusera carrément de parler de cette histoire au juge d'instruction, qui le fera pourtant comparaître plusieurs fois devant lui à ce sujet. Que Joseph en pense ce qu'il veut, il ne peut pas comprendre, Henri fait partie d'un réseau anti-Allemands, on ne rigole pas avec ces choses-là : « Je ne répondrai à aucune question sur cet enlèvement, cela risquerait de mettre certains de mes amis en danger de mort. »

Le Brun fera également un petit tour chez le tailleur auquel Henri a prétendu devoir 2 000 francs, expliquant ainsi une partie de la somme que lui aurait donnée son père peu de temps avant de mourir. Car ce qui l'intrigue, l'ins-pecteur, c'est qu'il est sûr d'avoir lu quelque part (oui, voilà, c'est Madeleine Soudeix qui l'a déclaré au juge Marigny) qu'Amélie Girard avait payé, en juin, le costume qu'il portait au moment des crimes, le seul correct qu'il ait. Le tailleur, Marcel Guyon, installé 39 boulevard du Mont-parnasse (Le Bistrot du Sud-Ouest, aujourd'hui), confirme ses doutes : Henri Girard a acheté deux complets chez lui, l'un en 1939, l'autre en juin 1941, qu'il a tous les deux payés comptant. Début octobre, il lui en a apporté un à net-toyer, « car il devait le porter pour aller se reposer chez son père à la campagne », et n'a pas réglé. « Contrairement à ce qu'il a prétendu, et comme en font foi mes livres de comptabilité, il ne me doit que la somme correspondant à ce travail, soit 30 francs. »

La garde à vue d'Henri au commissariat de Périgueux va se prolonger encore un jour et une nuit, mais il n'avouera pas les meurtres. Le 27 octobre, à 14 heures, entre deux séances de questions, il est surveillé par l'inspecteur sous-chef Roger Joyeux. Ils discutent du drame, comme au bistrot. Henri lui dit : « Je ne suis pas coupable, mais faisons une hypothèse, admettons que je le sois et que j'aie agi sous l'empire de la folie. Est-ce que je serais guillotiné ? » Dans la nuit, à 3 heures, il est face à Michel Tailleur, à qui il demande : « Pensez-vous avoir assez d'éléments pour me faire condamner ? » Le commissaire lui répond que oui, à son avis, et racontera la suite : « J'ai fait appel à ses sentiments familiaux et religieux, car j'avais appris qu'il avait étudié au collège Stanislas, où j'ai moi-même été maître d'études pendant un certain temps. Je croyais que j'obtiendrais ses aveux plus facilement. Il fut un peu ému. Puis il me dit : "Il y a longtemps que je ne crois plus à ces balivernes." »

Le lendemain matin, mardi 28 octobre, on l'autorise à assister à la cérémonie funéraire en hommage à son père, sa tante et Louise, dans la petite église d'Escoire, bâtie deux siècles et demi plus tôt par le seigneur François Louis de Ranconnet (la rue qui passe derrière porte son nom) et son épouse, dame Marguerite d'Aydie. Les métayers et de nombreux villageois sont présents, ainsi que des proches de Louise Soudeix, sa fille Madeleine et sa sœur Henriette, des collègues de Georges arrivés de Vichy le matin (Madeleine Flipo, sa « fiancée », n'a pas pu venir : elle est toujours malade, il lui est impossible de se déplacer – ses deux filles, filleules de « Gégé », durement éprouvées, sont restées avec elle), et des amies d'Amélie : Françoise Hua, qui vit à La Souterraine et chez qui elle comptait se rendre ce jour même, avant de rentrer à Paris (sans humour noir, pas toujours bienvenu, il est troublant de penser que la semaine précédente, elle a dû annoncer plusieurs fois, avec insouciance et plaisir même, que le mardi 28 octobre, elle serait à La Souterraine – en même temps, l'humour noir, c'est encore plus utile que l'humour tout court, ou blanc, je ne sais pas, puisqu'on le pratique toujours dans les moments difficiles, et que le mieux est encore de rire de tout (à propos, je repense à une phrase de l'homme le plus drôle de la planète et de son histoire depuis le premier type qui en a fait rire un autre, Daniel Goossens, à qui un journaliste demandait justement si on pouvait rire de tout : «Non, il y a des limites à ne pas franchir, la plus connue étant celle de la loi de la gravitation universelle : on peut rire de la chute d'une pomme sur la tête d'un scientifique, mais on ne peut pas rire de la loi de la gravitation universelle»)), Monique Gentil, de Bourges, Marie Grandjean et ses deux filles, et Marguerite Pelecier, de Paris, qui travaillait avec elle aux Anciens du Sana. (Bernard Lemoine, qui a pris le train à Austerlitz avec l'un de leurs amis, Maxime de Cassan-Floyrac (Henri l'a rencontré au ministère du Blocus), s'est mal débrouillé et n'arrivera à Périgueux que le lendemain.) On a permis au seul héritier de la famille d'acheter une cravate, un chapeau, une paire de gants (les siens sont sous scellé) et deux brassards de deuil. Ce qui choque la plupart de ceux qui suivent les cercueils, c'est la présence de sa femme, Annie. Les policiers et le juge d'instruction d'abord (car il leur a dit qu'il était sur le point de divorcer et qu'il avait une maîtresse, dont il était amoureux – sans être plus précis : il a refusé de leur donner le nom de Marie-Louise; l'inspecteur Le Brun, à Paris, l'identifiera par recoupements), mais surtout les proches d'Amélie, qui savent ce qu'elle pensait de la jeune femme. Henri et Annie, en grand deuil, marchent en tête du cortège qui se dirige vers la chapelle. Elle lui tient la main. Marguerite Pelecier se dit alors que l'annonce du divorce, en mars dernier, n'était qu'une ruse du neveu pour rentrer en grâce auprès de sa tante, et continuer ainsi à obtenir de l'argent d'elle. Elle confiera aux enquêteurs : « J'ai des doutes sur la valeur morale d'Henri Girard. La réconciliation des époux le jour des obsèques m'a produit une impression suspecte et pénible. »

Louise est ensuite inhumée à Chancelade, où elle vivait, tandis que les corps d'Amélie et Georges sont conduits dans un fourgon mortuaire au dépositoire du cimetière Saint-Georges, à Périgueux. Pendant ce temps, Henri est amené devant le juge Joseph Marigny, au palais de justice. Celui-ci lui signifie son inculpation et le fait incarcérer à la maison d'arrêt de la ville, place Belleyme, à deux cents mètres de là. À l'époque déjà, c'est une prison délabrée, sinistre et froide.

Trois experts psychiatres seront chargés de l'examiner. Pour qu'ils aient le temps d'effectuer des observations sérieuses et d'affiner leur analyse, le juge Marigny accepte qu'Henri soit transféré trois mois à la maison d'arrêt de Montpellier, où réside le docteur Jean Euzière, qui s'adjoint deux confrères de son choix, les docteurs Alicot et Lafon. Dans leur rapport, ils résument d'abord ce qu'ils ont appris de l'enquête : « Nous relevons dans le dossier de nombreuses appréciations sur le caractère de l'inculpé : on le dit "désordonné, dépensier", "désobéissant", au "caractère détestable", on le voit "sujet à des colères très violentes, effrayantes pour qui n'y était pas habitué", et "manquant de respect envers son père". Il appelait son père par son prénom, ou "Mon vieux", ce que celui-ci trouvait excessif et manquant de mesure. » Quant à eux, ils ne notent aucune anomalie de santé, hormis sa maigreur, ils soulignent qu'il a une intelligence vive, brillante, une bonne mémoire et une instruction très supérieure à la moyenne, et ne relèvent « aucun élément délirant, aucune absence ». Cependant, ils constatent un « fond caractériel

déséquilibré, instable, avec tendance imaginative très marquée». Son émotivité est «émoussée ou cachée, l'inculpé
possède une grande maîtrise de soi». Ils précisent que s'il
est l'auteur du crime, il n'était «ni en état d'arriération
mentale ni en état de démence, au sens psychiatrique du
terme, l'examen du sujet et de sa correspondance le
prouve». Il n'était pas non plus en état d'inconscience,
car on n'a retrouvé sur lui aucune trace de sang, ni sur
son corps ni sur ses vêtements : «Il a remarquablement
supprimé les preuves de sa culpabilité.» Ils concluent :
«Il nous apparaît comme un intellectuel déséquilibré,
mythomane, nous le croyons capable de colères violentes
et de mises en scène pour arriver à ses fins.» Ensuite,
exactement comme ceux qui ont examiné Pauline Dubuisson après le meurtre de son ancien amant, ils déclarent
qu'il peut rendre compte de ses actes devant la justice,
puisqu'il n'était pas en état de démence, mais : «Il présente un déséquilibre mental qui peut être pris en compte
dans l'application des peines.» Avant l'abolition de la
peine de mort, on a dû lire bien souvent cette phrase dans les
rapports psychiatriques. Les experts enfonçaient d'abord
l'accusé, à juste titre ou non mais à deux mains et en
appuyant bien fort, puis terminaient en déconseillant qu'on
lui coupe la tête. Beaucoup devaient penser d'abord à eux.
Et je les comprends. On veut bien aider la Justice, mais on
a une femme, des enfants, un avenir : une mort sur la
conscience, c'est encombrant.

Henri a besoin d'un avocat (une petite douzaine, même,
ce ne serait pas du luxe). Dans un premier temps, il veut
confier cette rude mission à Bernard Lemoine, qui a fait
des études de droit, comme lui, et qui a vingt-quatre ans,
comme lui. Sur les conseils du juge Marigny, Bernard
s'adresse d'abord au bâtonnier de Périgueux, qui lui
indique que c'est à Paris qu'il doit faire le nécessaire. Il
remonte donc vers la capitale, mais au Palais de Justice, sa

demande est rejetée, après quelques hésitations, par l'ordre des avocats. Heureusement pour Henri : son ami Lemoine pour défenseur, c'était à peu près l'assurance qu'on lui coupe la tête plusieurs fois de suite.

Déçu, l'inconscient, il choisit un avocat local, maître Roger Desdemaines-Hugon (son fils, Yves, est célèbre encore aujourd'hui, dans la région, pour avoir créé en 1938, sous le pseudonyme de Gervy, le personnage de bande dessinée Pat'Apouf, que personnellement je ne connais pas (j'apprends que c'est un «détective jovial, plaisant et humain, avec ses qualités et ses défauts» – tout moi) mais qui est peut-être indirectement à l'origine du nom que j'ai donné à mon ours en peluche quand j'étais tout petit : Patouf – je pense que c'est une information qui vaut son pesant d'or). Les choses ne se passent certainement pas très bien entre eux, Henri considère peut-être que l'avocat n'est pas assez convaincu de son innocence, qui pourtant saute aux yeux, car il lui retire sa défense à peine un mois plus tard, et la confie début décembre à maître Gaston Charlet, du barreau de Limoges. C'est un brave homme et un bon avocat, zélé, plein d'énergie, mais Henri va vite comprendre qu'il ne fera pas le poids. Il aura besoin d'une vraie pointure, d'un génie retors.

Le réquisitoire définitif et l'acte d'accusation sur lequel on s'appuiera pour juger Henri Girard ont été écrits avec le sourire, je le vois comme si j'étais caché dans un placard du bureau du procureur. Du gâteau. Le ministère public n'a pas souvent la tâche aussi facile.

Pour résumer ce qu'on y lit, Henri est un jeune homme autoritaire, menteur et violent, qui ne pense qu'à l'argent. Il n'a pas de métier, une femme dont il dit vouloir divorcer, une maîtresse, et plus un sou. Il ne lui reste rien des 100 000 francs qu'il a escroqué à sa tante. Il ne lui a jamais pardonné de s'être rangée du côté des grands-parents qui ont laissé, selon lui, mourir sa mère, Valentine, et en veut à son père de s'être lâchement rapproché d'eux après son décès. Il apprend que ce dernier songe à vendre le château, sans doute dans le but de pouvoir quitter son emploi dans le gouvernement de Pétain, et pire, à se marier avec Madeleine Flipo (qui prendra la place de la mère qu'il adorait), dont les deux filles pourront donc prétendre autant que lui à la fortune familiale : il sent l'héritage lui filer entre les doigts. Le seul moyen d'en garder toute la jouissance, c'est de supprimer son père et sa tante en même temps. Ce qui n'est possible qu'à Escoire. Il s'y rend et y attire son père sans motif plausible : il prétendra qu'il voulait évoquer avec lui le problème du serment au Maréchal, mais grâce aux différents témoignages recueillis par l'inspecteur Le Brun, on sait que les deux hommes en ont déjà longuement parlé lors du séjour de Georges à Paris, quelques semaines plus tôt, et que la question a été réglée.

Père et tante réunis au château, il choisit ce soir-là la chambre la plus éloignée des lieux des crimes. Où se trouve le disjoncteur général. Il affirme avoir passé une soirée tranquille et gaie et n'être monté se coucher qu'à 23 heures. Mais les conclusions du médecin légiste, corroborées par le témoignage du fils des gardiens, dont les heures d'aller et de retour ce soir-là ont été confirmées par plusieurs témoins (ses parents d'un côté, de l'autre le gendarme en retraite chez qui il se trouvait), sont en contradiction totale avec l'emploi du temps qu'il a fourni aux enquêteurs. «Les victimes ont été nécessairement surprises par une interruption de courant, et se sont résignées à se coucher à tâtons. Amélie Girard a été trouvée en chemise de jour, alors que sa chemise de nuit était pliée dans le cabinet de toilette. Ce qui permet de supposer qu'elle n'avait pu atteindre sa chemise de nuit, ou avait négligé de la chercher en raison de l'obscurité. Après avoir laissé à ses futures victimes le temps de s'endormir, le criminel est venu commettre son forfait sans lumière, ou avec une lampe de poche.» La présence sur les lieux de bijoux de valeur, d'argenterie et de 8 000 francs en liquide, dans le secrétaire qui paraît pourtant avoir été fouillé, indique que le vol n'était pas le mobile des crimes. Le désordre trop manifeste laissé dans les pièces, les tiroirs ouverts comme dans les films et les objets trouvés au pied du mur d'enceinte, témoignent indiscutablement d'une tentative de mise en scène. «L'examen scrupuleux des diverses issues établit que le meurtrier n'a pu s'introduire dans le château. L'assassin se trouvait donc forcément à l'intérieur de la demeure.» Il a emprunté l'arme du crime aux gardiens deux jours avant les meurtres, une serpe rouillée qu'on a retrouvée affûtée de très fraîche date. Les Doulet n'étant pas chez eux le vendredi, il a pu se servir de leur meule comme il voulait. Le manche de la serpe a laissé sur la paume de sa main des blessures «qui peuvent remonter tout au plus au matin du crime». Et ce n'est qu'après la constatation que le tenon métallique dans le mur ne pouvait avoir causé ces plaies qu'Henri Girard a prétendu s'en être servi pour couper des sapins. «Le gant retrouvé sur le sol de la chambre de Georges Girard ne portait aucune tache de sang, il a donc été posé ou il est tombé sur la flaque alors que celle-ci était devenue sèche, soit au minimum une heure après les meurtres. D'évidence, le meurtrier ne craignait pas d'être dérangé par le seul survivant. C'est donc qu'il était lui-même le seul survivant.» Une goutte de sang découverte sous l'imperméable prouve que celui-ci a été posé sur la chaise après la tuerie. Massacrés dans leur lit, le père et la tante ont été jetés au sol ensuite, et leurs corps traînés par terre – humiliation post mortem peu compatible avec l'hypothèse d'un voleur ou d'un meurtrier lambda. Le matin, Henri Girard a fait preuve d'une froideur et d'un cynisme qui n'ont échappé à personne. Il est devenu extrêmement riche du jour au lendemain.

C'est difficile à croire, mais tout cela ne va pas suffire. Aujourd'hui encore, comme me l'a rapporté Michel, le client aux Lucky du Relais 21 d'Antonne-et-Trigonant, les habitants de la région, pour la plupart descendants de ceux de l'époque, ne comprennent pas ce qui a pu se passer lors du procès.

8.

En approchant de Périgueux, je coupe la zone industrielle et commerciale agglutinée à toutes les villes de France, qui a remplacé les champs, les bois et les hameaux que traversait le Tacot pour Escoire par de grands bâtiments métalliques, Crozatier, Picard, La Grande Récré et Maxi Toys, Boulanger, Cuir Center, Leclerc, But, Hygena, GiFi des idées de génie, McDo, Quick et KFC, Renault, Planet Grill (pas du fast-food, de la vraie restauration de tradition), BricoDépôt et Animalis, puis je passe à côté de Boulazac – je continue à remonter le temps à la vitesse de la Meriva : c'est à Boulazac que s'est marié Bruno Sulak en 1978, que sa fille (Amélie) a grandi, là aussi qu'il s'est fait arrêter pour la première fois, après le braquage d'un supermarché Montlaur près de Montpellier, où Henri est né – et enfin, quatre kilomètres plus loin, j'entre sans tambour ni trompette dans la capitale du Périgord blanc et gare la voiture dans le parking Indigo sous la place Francheville, devant l'entrée souterraine du Monoprix. Juste au-dessus de ma tête partait la vieille micheline.

La jeune fille brune qui me donne la clé magnétique de la chambre à l'accueil du Mercure porte un badge «Pauline». Je ne suis pas fou – c'est sûr – et n'invente rien :

elle ressemble étonnamment à Pauline Dubuisson quand elle avait vingt ans, sans la coiffure de la fin des années 1930 bien sûr, l'espèce de rouleau en haut du front, mais avec la même nature de cheveux, les mêmes yeux, le nez, la bouche, la pâleur du visage, l'air à la fois fragile et sûre d'elle. Et les petites oreilles. Je prends l'ascenseur, m'installe dans la chambre, bien, raisonnablement confortable, la fenêtre donne sur la grande place – espace mort de promenade moderne, avec des allées dallées, des murets en béton, des pelouses, des graviers, quelques arbres, des réverbères à abat-jour de plastique coloré, jaune, orangé, des bancs de métal et de bois vissés au sol, une petite aire de jeux et des arbustes dans des pots géants. Elle est presque déserte à cette heure, un désespéré passe près du toboggan, trois vieilles personnes assises s'ennuient. Je pose ma valise sur la seule chaise et fume une cigarette (j'ouvre la fenêtre, je ne suis pas Jesse James), jette un coup d'œil à «Questions pour un champion», quelle rousse flamboyante est l'héroïne de *Gilda* en 1946?, puis je quitte la chambre, mon sac matelot à l'épaule (j'y ai mis le dictaphone que j'ai apporté pour enregistrer ce que je fais, ce que je pense ou ce que je vois, et être sûr ainsi de ne rien oublier, et le livre de Guy Penaud, *Le Triple Crime du château d'Escoire*), je sors de l'hôtel en essayant de me dire que je suis Henri Girard il y a soixante-quinze ans jour pour jour, ce qui n'est pas de la tarte (même si je savais où se trouve le bordel, même si surtout ce Grand Cinq existait toujours, je n'oserais jamais frapper à la lourde porte avec assurance et virilité, servez-moi un brandy et montrez-moi les filles – je suis plus à l'aise au Mercure, décontracté, sans pyjama, je viens juste pour dormir, merci Pauline).

Je me rendrai après-demain aux Archives départementales de la Dordogne (je me suis dit qu'un dimanche calme, mort, ne serait pas de trop pour m'acclimater à la région), dont le bâtiment est tout proche de l'hôtel : Mme Vidal, la responsable du secteur des Archives contemporaines, m'a préparé le dossier Henri Girard, endormi depuis la fin du procès. Il contient toute l'instruction, les rapports, les expertises, les documents et correspondances saisis, les témoignages et procès-verbaux d'interrogatoires, des plans, des photos de la scène de crime et des corps – près de mille pièces au total, m'a-t-elle précisé.

Je ne suis jamais venu à Périgueux, je ne sais pas où aller, la nuit est tombée, je marche vers ce que je sens être le centre, vers les lumières et les gens, les habitants. Ils ne sont pas spécialement agressifs, ça me rassure, les hommes semblent un peu tristes, ailleurs, préoccupés, le visage pris dans cette grisaille sèche qui est souvent le signe de problèmes d'argent, mais les filles, par groupe de deux ou trois sur les trottoirs, sont souriantes pour la plupart (beaucoup sont petites aux hanches larges, je m'en veux de le remarquer, on ne fait pas mieux dans le genre crétin de Paris – les provinciaux, ne disposant pas d'autres moyens de locomotion que la bicyclette et la charrette, se reproduisent principalement entre eux), l'atmosphère est paisible, rien ici ne suggère un quelconque danger, on ne me regarde pas plus qu'un autre – mais je reste sur mes gardes et je fais bien : dans vingt minutes, on va murmurer sur mon passage, il m'arrivera très exactement ce que je redoutais (non, pire, je ne pensais pas qu'ils iraient jusque-là, car qui peut savoir que je n'ai que des généralités de Parigot dans la tête (de veau) ?), on me fera comprendre que je ne suis pas le bienvenu par ici, et on me le fera comprendre sans délicatesse ni fioritures.

D'abord, dans ce qui doit être le vieux Périgueux, sur une petite place pavée (au centre de laquelle se dresse une haute sculpture de fer rouillé de l'ancien rugbyman Jean-Pierre Rives), je m'aperçois que je me trouve soudain face à l'ancien hôtel de ville, un vieux bâtiment cubique de trois étages. Les fenêtres du rez-de-chaussée sont munies de barreaux. C'est là qu'Henri a passé trois jours et trois nuits, sans avouer. «Je ne suis pas coupable, mais faisons une hypothèse, admettons que je le sois et que j'aie agi sous l'empire de la folie. Est-ce que je serais guillotiné?»

Après avoir traversé le boulevard Michel-Montaigne, l'artère principale de cette partie de la ville (sur la pelouse du terre-plein central se dresse une large sculpture de fer rouillé de l'ancien rugbyman Jean-Pierre Rives), je m'arrête devant le palais de justice. C'est un bâtiment relativement modeste, construit dans la première moitié du XIXe siècle, dans un style néo-grec; modeste mais impressionnant, comme tous les palais de justice, il faut que l'accusé se sente petit : au-delà des quatre hautes colonnes ioniques, on sait qu'une vie peut basculer, ou s'arrêter. Henri y entrera bientôt, mais par la porte de derrière, placide et arrogant au milieu de dizaines de curieux exaltés qui l'injurient et crient «À mort!» (la salle d'audience est déjà bondée), contenus par un service d'ordre de vingt gendarmes – ils seront quarante le soir du verdict. Je n'aimerais pas être à sa place. Je ne me suis jamais retrouvé, non plus, isolé dans un château fermé de l'intérieur avec trois cadavres aux boîtes crâniennes en bouillie.

Non loin se trouve un grand café récent, le Garden Ice. J'irai y boire un verre tout à l'heure. Je préfère les bistrots ou les petits bars à poivrots, mais c'est une sorte de franchise, les Garden Ice Cafés : il y a le même à Brive, sur la place où se déroule la Foire du livre, j'y vais chaque année, régulièrement dans la journée, quand je ne tiens plus assis sous le chapiteau (souvent), ils ont plusieurs bons whiskies, ce doit être pareil ici. Tant pis pour le pittoresque, du moment qu'il y a des gens, un comptoir, un tabouret et du Oban, ça me va.

Pour l'instant, je continue à marcher, je cherche la prison au hasard, c'est rarement payant mais j'ai oublié de demander un plan de Périgueux à Pauline et je n'ose pas arrêter un Périgourdin – à Paris, où je suis comme un poisson dans l'eau (un poisson immobile et réservé, mais dans l'eau), je n'ose pas arrêter un de mes semblables pour lui demander l'heure, alors ici, sardine dans la jungle, « Bonjour, je cherche la prison », non. Devant le théâtre de l'Odyssée, se dresse une sculpture de fer rouillé de l'ancien rugbyman Jean-Pierre Rives (elle porte le même titre que les autres (mais avec un numéro différent) : *Les Rubans de la mémoire*).

Je passe devant le numéro 2 de la rue Guillier, Ernest de son prénom, encore un, lorsqu'on murmure sur mon passage. Je ne m'en rends pas compte, je suis seul, je ne vois personne. Quatre pas plus loin, je sens un choc sec du côté droit de mes reins. Je m'arrête et pivote vivement, prêt à riposter, mais je suis seul, je ne vois personne. J'ai juste le temps d'apercevoir une ou deux têtes bouger derrière les volets entrouverts du premier étage du bâtiment que je viens de dépasser. Ils m'ont tiré une flèche pour m'endormir, comme dans un parc animalier quand on a un truc à vérifier sur un tigre ? Je vais perdre connaissance et me réveiller ligoté dans une cave, ça t'apprendra à venir fouiner ? Non, c'étaient de petites têtes, je dirais. Je regarde par terre derrière moi, rien. Je tire le pan de ma veste, du jaune d'œuf et des morceaux de coquille. Ils m'ont jeté un œuf, les bâtards. J'arrive à Périgueux, j'ai peur qu'on me repère, qu'on ne m'accepte pas, je me raisonne, paranoïa ridicule, et la marmaille locale me bombarde ? Dégage, c'est mon père qui l'a dit, rentre chez toi, mêle-toi de tes affaires ? Au prix d'une incommode torsion du cou, je constate que j'ai de l'œuf aussi sur mon pantalon, derrière la cuisse droite. Et – oh putain – sur mon sac matelot. Ils ont souillé mon sac matelot. (Je n'en trouve plus nulle part, je m'affole, c'est la fin d'un monde, j'ai acheté celui-ci dans une friperie de Berlin Est, et ils me l'ont, ces... ils me l'ont souillé ?) Je frotte, tu parles, ça s'étale. Je deviens Henri. Jaenada et

Girard, même combat. Je sais que ça reste raisonnable, comme lynchage rural, je m'en tire bien, mais si je ne réagis pas, je ne suis pas digne d'écrire ce livre. Je reviens sur mes pas, me plante sous la fenêtre du premier étage du 2 rue Ernest-Guillier à Périgueux (bravo, les parents), et fixe un moment l'ombre entre les volets entrebâillés. Je suis persuadé que les petits sournois ont reculé d'un mètre et m'épient toujours. Je n'ai pas de portable mais, coup de génie punitif, je sors le dictaphone de mon sac matelot (sales mômes), fais mine de composer un numéro en le cachant dans ma main de charcutier susceptible, et le porte à mon oreille sans lâcher des yeux la fenêtre ouverte. Je marmonne quelques trucs inintelligibles et hoche plusieurs fois la tête, je suis visiblement en communication avec les frères Alvarez, ou les Jovanovic, qui m'en doivent une. Je détourne le regard vers le numéro au-dessus de la porte, puis un peu plus haut vers la plaque avec le nom de la rue. Je marmonne. Sans paraître avoir conscience de ce que je fais, je lève légèrement le menton et passe l'ongle de mon pouce sur mon cou. Je consulte la montre que je n'ai pas, marmonne, hoche, hoche, raccroche, ne peux retenir un sourire meurtrier et m'éloigne d'un pas digne et soulagé, peu importe que je sois plein d'œuf, on me vengera, je vais bien dormir cette nuit – tout le monde ne peut pas en dire autant, les petits. (De retour à Paris, j'ai regardé sur le Net qui était cet Ernest Guillier. Pierre-Ernest Guillier, de son vrai nom, naît en 1852, s'inscrit à vingt ans au barreau de Périgueux, comme par hasard, dont il deviendra bâtonnier. Il est élu maire de la ville en 1896, puis sénateur jusqu'à sa mort, le 7 novembre 1927, à Saint-Émilion – mort pompette et heureuse, j'espère. Car dans l'ouvrage qu'il consacre aux parlementaires de la Dordogne (je sais quoi demander à Noël prochain), Jean Lassaigne le décrit ainsi : «Tous ses collègues aimaient en lui l'homme bon, affable, désintéressé et passionné de justice.» Et c'est comme ça

qu'on lui rend hommage, mioches incultes, en balançant
des œufs sur l'étranger qui passe ? Passionné de justice lui
aussi, au fait, et affable comme pas deux – c'est comme
ça ? Mais trêve de colère, si ce livre vous vient un jour
entre les mains, les enfants, respirez, ni les Alvarez ni les
Jovanovic ne vont venir frapper chez vous, glisser un gros
pied dans la porte et vous régler votre compte, je ne les
connais pas. Et pour être honnête, je n'avais pas tourné le
coin de votre rue que je me suis souvenu, épouvanté, flash
ravageur, que lorsque j'avais votre âge, en vacances chez
mes grands-parents, il m'est arrivé une ou deux fois, avec
mon cousin Alain (aujourd'hui directeur d'une agence du
Crédit foncier), de lâcher des billes depuis le balcon du
huitième étage en espérant qu'elles tombent sur la tête des
passants, au 48 boulevard Jeanne-d'Arc à Marseille. Un
œuf du premier, c'est une plume de rossignol sur la cara-
pace d'un rhinocéros. Une bille du huitième aurait pénétré
de plusieurs centimètres dans le cerveau d'un innocent.
Comment peut-on être aussi stupide ? Et l'enfance, il n'y a
rien de plus beau, rien de plus pur ? Bref : sans rancune, les
gars. Même si, tant pis, je vais avoir l'air d'un pouilleux au
Garden Ice (Parisien bohème !) et partout les jours suivants
– je n'ai qu'une veste et mon deuxième pantalon est trop
serré, j'ai un peu pris ces derniers temps, mais ça, vous ne
pouviez pas le savoir.)

Dès mon Oban commandé, je descends aux toilettes
pour tenter de nettoyer le jaune et l'albumine à l'eau
chaude, ça marche moyen. Donc je remonte toujours sale,
et mouillé. Non seulement le mec est dégueulasse mais
en plus il vient se laver chez nous. Je pose un billet de
cinquante euros sur le comptoir à côté de mon verre, afin
que la serveuse blonde ne pense pas que je vais l'avaler
cul sec en ricanant et filer à toutes jambes en criant un
truc altermondialiste.

Sur mon tabouret (qui règle le problème du pantalon mais j'ai l'arrière de la cuisse droite trempé, il faut que je m'efforce de n'en rien laisser paraître), je suis seul au grand comptoir. Pour m'aider, j'imagine que j'ai un chapeau gris sombre, l'air mystérieux, concentré au moins, Marlowe, je bois une gorgée de whisky et pose le livre de Guy Penaud devant moi – et, non, le retourne aussitôt : il ne vaut mieux pas que la blonde sache que je viens enquêter sur Escoire, la nouvelle va se répandre comme une traînée de poudre et tout ce que le patelin compte de casse-pieds est fichu de me mettre des bâtons dans les roues. À trois mètres de moi, à l'angle du comptoir, genre Edward Hopper, je place Rita Hayworth, Gilda la rousse, les yeux noyés dans son martini. Son homme vient de se faire buter par Maurice, la petite frappe. Maurice Collet. (Je sais que Tommy Flaherty ou One Eye Jimmy colleraient mieux, mais avant de partir, à Paris, sur le site de la BNF qui permet de consulter de vieux journaux, j'ai lu dans un numéro du *Matin* de l'automne 1941 : « Pour les beaux yeux de Dédée la Rouquine, Maurice tranche la gorge de son rival. » Maurice Collet, un mauvais garçon de trente ans, est le régulier de Dédée, Gilda de Paname, mais découvre qu'elle n'est pas insensible aux avances d'un jeune Martiniquais, Albert Labutie. Il le prévient : « Si tu t'approches encore d'elle, prends garde à toi. » L'élégant Albert, fantasme exotique de ces dames et prince du compliment bien tourné, n'est, malheureusement pour lui, pas du genre à laisser ses charmes dans sa poche. Il s'approche de Dédée la Rouquine jusqu'à ce qu'elle cède, soupire et tombe toute molle dans ses bras. Quand il l'apprend, Maurice le Mauvais se lance frénétiquement à sa recherche et finit par dénicher son adresse : 12 rue Boutebrie (entre le boulevard Saint-Michel et la rue Saint-Jacques), au quatrième étage. Il s'y présente et lui demande de descendre avec lui s'envoyer un godet au bistrot d'en bas, il a quelque chose de très important à lui dire. Le bel Albert est trop naïf. Ils n'ont pas fait trois pas dans l'escalier que Maurice, derrière lui, sort un couteau et lui tranche la gorge en s'écriant : «Souviens-toi de ce que je t'ai dit!» Le séducteur martiniquais s'effondre sur les marches et, avant de se vider de son sang, n'a le temps que de murmurer : «Tu n'es pas très gentil...» C'est ce que rapporte *Le Matin*. Au comptoir du Garden Ice, je suis – c'est une certitude – la seule personne sur la planète, et depuis longtemps, à penser affectueusement au pauvre Albert Labutie, qui s'est éteint en 1941 dans un escalier, la gorge tranchée loin de sa terre natale, incrédule et déçu par la méchanceté des hommes.) Mon whisky terminé, Dédée Hayworth s'évapore, elle va rejoindre son amant des îles.

Je sors fumer une cigarette sur la terrasse, puis demande un deuxième verre (il est mieux servi que le premier, comme toujours – il suffit de laisser un euro de pourboire entre les deux) et relis certains passages du *Triple Crime du château d'Escoire*, que j'annote et souligne. L'ex-commissaire Penaud, après avoir relaté l'enfance d'Henri Girard, les circonstances du drame et l'avancée implacable de l'enquête, aborde les autres hypothèses qui ont été envisagées par les policiers et le juge d'instruction dans la recherche d'un ou de plusieurs coupables, toutes menant indiscutablement à des impasses. Guy Penaud est lui aussi persuadé de la culpabilité d'Henri Girard, il ne l'écrit pas explicitement car ses anciennes fonctions lui ont laissé l'habitude de ne pas contredire une décision de justice, mais son sentiment personnel ne fait aucun doute.

Après un troisième whisky («La petite dose en plus, c'est pour la maison»), je sors chercher un restaurant. Il n'est que 20 h 30 mais tous ceux qui paraissent intéressants ou agréables sont complets, et les quelques tables libres réservées. (Dans chacun de ceux que j'essaie, je dis en entrant : «Bonjour, je suis tout seul.» Bien obligé, je ne vais pas leur faire croire que je suis deux ou trois, et c'est de toute façon plus une demande implicite qu'un douloureux constat, mais à la longue, avec l'écho dans la tête, la répétition de cette seule phrase que je prononce ici et là depuis vingt minutes crée une sensation gênante. (Pourtant, j'aime être seul.) Je me vois dire la même chose partout, à la boulangerie, à la Poste, au Monoprix, en croisant des passants dans la rue : «Bonjour, je suis tout seul.» Et ajouter à mi-voix : «Au secours.») On mange tôt, ici. Ou on prévoit. Demain, je réserve.

En arpentant mollement les rues sombres de la vieille ville à la recherche d'une table, entre les pierres du Moyen Âge, sur les pavés, je me dis que je marche aux mêmes endroits qu'Henri à la recherche d'une chambre le soir de son arrivée, le 15 octobre 1941. Que je tourne aux mêmes angles. Sur un bâtiment de la rue Voltaire, une plaque commémorative rappelle : «Dans cette demeure, pendant la guerre et sous l'occupation allemande, avec une foi absolue dans l'union indissoluble de l'Alsace et de la France [qu'Anne-Catherine et moi avons merveilleusement incarnée en la personne d'Ernest], s'abrita la mairie de Strasbourg, de septembre 1939 à juillet 1945.» Je finis par m'installer, plus seul que jamais, sans un gramme d'Alsace à mes côtés, dans un petit restaurant chinois éclairé au néon blanc, très blanc, où il y a beaucoup de place. (C'est mon Grand Cinq, mon bordel; en moins accueillant – tout se perd.) C'était bien la peine de rouler jusqu'au centre du monde question truffes – et foie gras, noix, canard (non, le canard, ça va, au Lotus Royal). Mais l'avantage, ici, c'est que je me sens moins étranger, moins déplacé (tout est une question de point de vue, de place dans la société, c'est pratique), au moindre couac je peux leur mettre des bâtons dans les roues, si je veux – on sait être casse-pieds, nous les Français. La patronne, plutôt jeune, droite et froide, glisse vers moi à la chinoise et me tend la carte avec le

sourire d'une femme dont les trois enfants en bas âge viennent d'être écrasés par un tracteur. Pas de problème, je ne venais pas chercher de la chaleur humaine – je sais bien que tout se perd –, ce sera pour demain ou après-demain, quand les Périgourdins m'auront adopté. Je regarde à peine les huit pages de menu, c'est partout pareil (sauf en Chine, je suppose), je prends des nems, du bœuf aux oignons, du riz gluant et une demi-bouteille de bordeaux supérieur. Ce repas s'annonçait normal, bien, mais soudain, c'est le couac. La patronne ne bouge pas (alors qu'elle devrait, je ne vais pas commander seize plats), glaciale, petite, pose sur moi ses yeux noirs et me dit, avec un accent de Pékin à couper au couteau : «Et mes moutons?» Quoi, ses moutons? Quels moutons? Elle s'est bien intégrée, elle élève des moutons dans le coin, elle se vexe parce que je n'ai pas choisi son gigot? Je parcours rapidement la carte, ce qui n'est pas facile (et puis je rêve ou elle me fusille du regard?), pas un seul plat à base de mouton – agneau, oui, sur plaque chauffante, aux herbes, mais elle aurait dit : «Et mes agneaux?», non? S'ensuit le dialogue le plus absurde qu'on ait jamais entendu dans un restaurant chinois de Périgueux (malheureusement, personne n'est là pour l'entendre) :
— Vos...?
— Mes moutons?
— C'est-à-dire?
— Et mes moutons?
— Oui, j'ai bien compris, mais je... Pardon, quels moutons?
— Nems, bœuf oignons, riz gluant... Et mes moutons?
— Écoutez, vos moutons, je ne sais pas, mais c'est tout ce que je veux, oui, des nems, du bœuf aux oignons et du riz gluant.
— Et mes moutons?
Elle me fait peur. Lui mettre des bâtons dans les roues ne servirait à rien, la seule solution serait de lui sauter à la

gorge (car elle ne bouge toujours pas et me dévisage toujours durement) ou bien de céder sur cette histoire de moutons, tant pis, je prends des moutons, je ne vais pas en mourir. Je ne parle plus, la situation est extrêmement tendue et déroutante. Me lever et partir comme un voleur ? Aussi atroce que cela paraisse, après quelques secondes de silence insupportable, elle me dit d'une voix plus doucereuse :

— Monsieur... Mes moutons ?

À l'aide. Mais cette fois, elle a accompagné ses mots d'un geste rond des deux mains. Elle mime une sorte de boule, je crois d'abord qu'elle veut dessiner dans l'air la forme d'un mouton dodu, pour que je saisisse bien (mais je sais quand même ce qu'est un mouton, ça va mal finir), puis tout s'éclaire : «En même temps.» En quatre syllabes, quatre pieds, avec le *e* de «même», ou en trois, juste «Même temps ?», à la chinoise. «Les nems, le bœuf aux oignons et le riz gluant, en même temps ?» Je me confonds en excuses. Oui, bien sûr, désolé, mes moutons si vous voulez, pas de problème, ça m'est égal, c'est pareil.

Même les plus étrangers des étrangers, arrivés récemment (ça s'entend) de l'endroit du monde le plus éloigné du Périgord, me considèrent comme un intrus pas de chez nous qui ne comprend rien. Entre un nem et une bouchée de bœuf aux oignons (très moyen, si je peux me permettre), je retourne au livre de Guy Penaud. Il raconte le procès et son ahurissant dénouement. L'accusé a pu, miraculeusement, s'adjoindre les services du plus grand – et de loin – avocat de ces années-là et des suivantes, sans doute même du XXe siècle et du nôtre jusqu'à maintenant (seul Éric Dupond-Moretti, je pense, peut regarder son fantôme dans les yeux) : Maurice Garçon. C'est grâce à lui, à son génie, qu'Henri poursuivra sa vie, libre, claquera la fortune de la famille en deux ans, se traînera crevard en Amérique du Sud, que Georges Arnaud écrira *Le Salaire de la peur*, sauvera la tête de Djamila Bouhired, se battra contre toutes les injustices et sera enterré au cimetière barcelonais de Cerdanyola, quarante-quatre ans après le verdict, sous son vrai nom et un seul mot, espagnol : « HENRI GIRARD – ESCRITOR ».

Mais parmi les dix-sept mille deux cent soixante-quinze dossiers de clients et d'affaires dont le fils de l'avocat a fait don aux Archives nationales après la mort de son père, Guy Penaud a été le premier à consulter celui d'Henri Girard et à y trouver une explication rationnelle à l'impensable coup de théâtre qui a marqué la fin du procès – autre que le talent unique du maître : même un orateur et stratège d'exception peut avoir besoin d'aide.

Deux oreillers dans le dos, au Mercure, je lis pour la première fois, sur le MacBook en fin de vie, une partie de la correspondance de Maurice Garçon, que j'ai photographiée sur le site de Pierrefitte il y a deux jours. Tout ce qu'a découvert Penaud se confirme, il n'a rien inventé et n'a pas exagéré pour le bien de son livre. Puis je feuillette un moment le compte-rendu sténographique du procès, publié en 1945 par Albin Michel. Ensuite, j'ai du mal à m'endormir. Comme chaque soir ou presque depuis que je m'intéresse à cette histoire, en remontant la couette sur moi, j'essaie de me mettre à la place d'Amélie ou de Georges Girard, de ressentir leur terreur, la pire des morts, l'incompréhension et la panique au milieu de la nuit : je me couche paisiblement, dans mon lit, l'endroit le plus familier, le plus sûr et protecteur, je pense au lendemain, je glisse dans le sommeil, dans le noir, je dors, je rêve, une douleur fulgurante à la tête, je ne comprends pas, je dors encore, un assaut de haine et de fureur contre moi, un fou veut me fracasser le crâne, je ne peux pas réfléchir, je lève les bras sous les coups qui s'abattent, je vais mourir – je suis terrifié, je meurs, j'ai juste le temps d'apercevoir derrière la serpe le visage de mon fils.

Henri a passé dix-neuf mois à la prison de la place
Belleyme avant d'être jugé. (Il ne s'y est pas très noble-
ment comporté. Il ne s'est lié qu'avec les pires criminels,
les plus lourdement condamnés, il s'est battu plusieurs
fois, dont une armé d'un tesson de bouteille, il a volé le
colis de nourriture d'un codétenu et, une nuit glaciale, la
couverture d'un autre – quand celui-ci s'est plaint du froid,
il l'a giflé.) Le début du procès est fixé au 27 mai 1943. Le
juge Joseph Marigny a eu tout le temps de mener son instruction à bien, en approfondissant notamment l'enquête
sur le passé de l'inculpé, puisque tout ce qui concerne
directement les meurtres paraît clair. Mais par acquit
de conscience, il a également délivré de nombreuses commissions rogatoires pour creuser les différentes pistes
possibles qui lui ont été suggérées, souvent par des proches
d'Henri, au cours de ses investigations.

La première concerne un certain Pierre Sajou. C'est un
représentant de commerce, il a vingt-huit ans, il vit à
Périgueux, il a déjà été condamné deux fois, pour vol et
escroquerie. Il est surtout l'ex-mari de Madeleine Soudeix,
la fille de Louise, et tous ceux qui l'ont connu savent
qu'il était en très mauvais termes avec sa belle-mère, qu'il
considérait comme responsable de son divorce. Mais
Madeleine elle-même déclare qu'elle n'a pas de nouvelles
de lui depuis six ans, que c'est une vieille histoire. Lui,
Pierre, affirme qu'il n'est jamais venu à Escoire, qu'il n'aimait pas sa belle-mère mais évidemment pas au point de la
tuer (et encore moins les Girard, qu'il ne connaissait pas),
et que le soir du 24 octobre, il était chez sa mère à Montan-
ceix, à quatorze kilomètres à l'ouest de Périgueux – ce que
celle-ci, Émilie Sajou, née Pontac, cinquante-huit ans,
confirme : il n'a pas bougé de la nuit, elle le saurait, il doit
passer par sa chambre pour quitter la sienne.

Joseph Marigny apprend de la bouche de Marie Grandjean, qui a de l'affection pour Henri, et de Marguerite

Pelecier, codirectrice des Anciens du Sana, qu'un dénommé Lucien Brugne, un tuberculeux dont Amélie s'est occupée dans le cadre de l'association, était fou amoureux d'elle avant la guerre et, face à son indifférence, au rejet répété de ses avances, l'aurait menacée de mort – de façon suffisamment crédible pour qu'elle réclame, à Paris, la protection de la police. À la demande du juge, on interroge Edmond Michelet, un bénévole de Brive à qui Amélie avait «confié» Lucien Brugne en 1934, sept ans avant le drame. Il explique que c'était un individu introverti, un petit blond maigrelet, unijambiste et dépressif : «Mlle Girard a toujours ignoré les sentiments de ce pauvre hère à son égard. Par contre, elle m'a raconté les menaces dont avait été l'objet sa collègue, Marguerite Pelecier, de la part d'un malheureux du genre de Brugne.» On a tout mélangé. L'inspecteur Dominique Le Brun, à Paris, confirmera, après de sérieuses recherches, qu'Amélie Girard n'a jamais demandé la protection de la police contre qui que ce soit.

Marcel Gervaise est un habitant d'Escoire. Il a quarante-huit ans. C'est Henri lui-même qui donne son nom au juge Marigny. Ses parents étaient les régisseurs du domaine depuis 1895, quand Cécile et Charles Girard l'ont acheté, il a pris la suite à leur retraite, mais en 1935, Georges a remarqué des «erreurs dans les comptes» et, après une violente explication, l'a licencié pour le remplacer par René Biraben. En plus de son travail de régisseur, il exploitait deux métairies (celles qui ont été confiées ensuite aux familles Mompion et Kervasse), qu'il a donc perdues également. Mais son interrogatoire par Joseph Marigny permet de conclure sans grand risque que c'est encore d'une fausse piste : certes, il a eu un différend avec Georges Girard, mais il s'est toujours bien entendu avec Amélie, qu'il respectait et appréciait, comme tout le monde à Escoire, et l'incident a finalement eu de bonnes conséquences pour lui puisqu'il s'est installé à son compte en 1936 et s'en félicite depuis

cinq ans. Henri reconnaît que la famille Girard n'a plus
entendu parler de lui depuis. Toujours au village, on s'est
intéressé aux gardiens Doulet, même s'ils sont au service
des Girard depuis dix-sept ans et n'ont jamais eu de problèmes avec eux (en outre, ils sont ceux qui pâtiront le plus
de la disparition de leurs employeurs), car ils vivent tout
près du château, l'arme du crime leur appartient, et ils possèdent la meule qui permet de l'aiguiser. Mais à part ça, rien
ne permet de les soupçonner – par conscience professionnelle, le commissaire Jean Biaux saisit tout de même un
pantalon qu'il a trouvé trempant dans une bassine, lors d'un
passage chez eux, et qui présente quelques taches sombres
au niveau des poches et des cuisses. Saturnin Doulet, le
père, indique qu'il s'agit du sang d'un lièvre qu'il a tué et
dépecé la veille, ce qu'une analyse confirmera.

Certains enquêteurs se demandent si Henri Girard est
réellement le seul coupable. Une hypothèse tentante est celle
d'un cambriolage qui ne se serait pas déroulé comme il
l'avait prévu : il demande à un ou plusieurs complices de
faire le voyage depuis Paris pour voler l'argent et les
bijoux qu'Amélie conserve en zone libre. C'est un projet
qui peut lui ressembler. Il décide de dormir loin de son
père et de sa tante pour ne pas être suspecté – par eux,
principalement. Il suffira de porter des cagoules, par
exemple, de menacer ou de ligoter les occupants du rez-
de-chaussée, puis de partager le butin. Mais la ou les
personnes à qui il a fait appel, pour on ne sait quelle
raison, déraillent et tuent tout le monde. Il ne peut naturellement pas les dénoncer, sous peine de s'impliquer
lui-même. Mais à Paris, après de longues recherches, l'inspecteur Dominique Le Brun sait qu'il a fait le tour, ou peu
s'en faut, de toutes les relations d'Henri. Or son meilleur
ami, Bernard Lemoine, dont on pense qu'il était de mèche
avec lui pour le prétendu enlèvement par des Allemands, et
qui serait donc le candidat idéal pour cette nouvelle

magouille, n'a pas quitté son bureau de rédacteur à la direction générale des Transports le 24 octobre – son chef, Jacques de Soules, est absolument formel – et d'autres témoins l'ont vu le lendemain à Paris, or il est tout à fait impossible de se rendre à Escoire et d'en revenir en une nuit. Le contrôle des emplois du temps de Maxime de Cassan-Floyrac, de Marie-Louise et même d'Annie Chaveneau (qui logeait rue de la Pompe chez une amie de ses parents, la baronne de Calvet-Rognat : celle-ci affirme que la jeune femme était avec elle le vendredi et le samedi) ne donnera pas plus d'espoir aux partisans de cette thèse. De toute façon, trop de choses clochent. Pourquoi auraient-ils laissé l'argent et les bijoux d'Amélie, en particulier la broche de grande valeur qui était sur la cheminée ? (Ils étaient venus pour ça, et quand on a tué trois personnes, autant que ça serve à quelque chose.) Pourquoi auraient-ils attendu que tout le monde soit couché ? (Ils ne pouvaient pas espérer voler ce qu'ils voulaient sans les réveiller.) Et surtout, s'il avait ce plan en tête, pourquoi Henri aurait-il tellement insisté pour que son père le rejoigne à Escoire, alors qu'il aurait été si simple de braquer seulement la tante et la bonne ?

La piste la plus sérieuse, la seule qui pourrait sauver la tête d'Henri Girard, est celle d'une exécution programmée de son père par des services secrets. Ceux qui l'adoptent ne sont pas rares. Dès le 31 octobre 1941, *Paris-Soir* titre : «Meurtre de M. Girard : a-t-on voulu supprimer un témoin accablant pour le procès de Riom ?» Le quotidien, qui ne croit pas à la culpabilité d'Henri («Il y a peu d'exemples, s'il y en a, de boucheries accomplies avec une telle sauvagerie par un intellectuel, ce sont plutôt les caractéristiques d'un crime de primitif»), suggère que Georges détenait des informations et des dossiers susceptibles de compromettre plusieurs hommes politiques que Pétain, pour qui ils portent la responsabilité de la défaite française, va faire juger à

partir du 19 février 1942 à Riom, dans le Puy-de-Dôme :
Léon Blum, Édouard Daladier, le général Gamelin et
d'autres. En effet, au moment de la débâcle, en juin 1940,
le supérieur hiérarchique de Georges, Alexis Léger, secrétaire général du ministère des Affaires étrangères (qu'on
connaît bien mieux depuis sous le nom de Saint-John
Perse), brûle de nombreuses archives diplomatiques du
Quai d'Orsay avant que ses services ne quittent la capitale
(«sans doute, écrit *Paris-Soir*, des pièces qui gênaient
cet ex-Français et ses maîtres»), entre autres celles qui
concernent les accords de Munich. On dit que son collaborateur Girard a pu en sauver une partie, qu'il aurait mise à
l'abri quelque part : ceux qui n'étaient pas fiers de leur
comportement avant ou au début de la guerre auraient
cherché à le faire taire, ou à mettre la main sur ces papiers.
«Protecteurs ou amis des compromis, agents de l'étranger,
n'ont-ils pas intérêt à récupérer les documents sauvegardés
par Girard, et à faire disparaître un homme qui, même ver-
balement, pouvait les accabler?» Pour d'autres, ce sont au
contraire des hommes du Maréchal ou des Allemands qui
l'ont éliminé : on le savait farouchement anti-collaboration-
niste, on le soupçonnait même de liens avec la Résistance et
ses séjours réguliers à Conches-en-Ouche intriguaient – ne
se rapprochait-il pas de l'Angleterre pour faire passer, par
un réseau normand, des copies de documents qu'il aurait
pu facilement se procurer à Vichy? Enfin, pour que ce soit
complet, certains avancent que Georges aurait été assassiné par les services secrets anglais (le malheureux avait la
terre entière sur le dos), qui craignaient qu'il ne dispose
de dossiers pouvant s'avérer très préjudiciables pour des
personnalités désormais haut placées auprès du général
de Gaulle. Des parachutistes s'en seraient chargés. Dans
Georges Arnaud – Vie d'un rebelle, l'écrivain Roger Martin
rapporte la conviction à ce sujet de Gabriel Macé, qui
deviendra plus tard rédacteur en chef du *Canard enchaîné*.

Il aurait obtenu cette information de la bouche d'un agent anglais avec lequel il a effectué des missions pour la Résistance dans la région bordelaise. (Il faut juste se rappeler que, de notoriété presque publique, et contrairement à ce qu'ont prétendu les journaux après sa mort pour brosser le Maréchal dans le sens du poil (blanc), en le présentant – ne nous gênons pas – comme un fervent pétainiste prêt à tout pour son chef bienaimé, Georges était dans leur camp, bien plus que dans celui des Allemands ou de Vichy.) En tout cas, la plupart des tenants de cette thèse de l'exécution, quelle que soit la nationalité de leurs assassins de prédilection, à l'époque comme des années après (l'historien Jacques Lagrange, par exemple, clame l'innocence d'Henri Girard en 1999 dans *Du crime d'Escoire au Salaire de la peur* – en ce qui le concerne, il avance, avec un certain courage, pour être gentil, que Georges avait en sa possession un document révélant la véritable identité de Louis XVII...), font remarquer que Georges Girard est parti de Vichy avec une valise contenant des documents, sa secrétaire l'atteste, et qu'on n'a rien retrouvé au château. (C'est un peu faux, dans la mesure où on a tout retrouvé. La valise et les documents, en l'occurrence les deux cent cinquante pages de son journal.) Ceux qui savent qu'on a retrouvé lesdits documents font remarquer que Vichy a dépêché de toute urgence un agent à Escoire, dès l'annonce de la mort de l'archiviste, que celui-ci a exigé qu'on les lui remette, qu'il les a emportés à Vichy et qu'on ne les a plus jamais revus. (C'est vrai : un envoyé du gouvernement est venu saisir le journal et, le jour même, est reparti avec à Vichy. Mais c'est faux : on l'a revu, le journal. Les services de Pétain l'ont épluché, ont constaté qu'il ne contenait rien d'autre que la tristesse et la colère de Georges, et l'ont rendu au juge d'instruction Marigny. J'ai pu le parcourir et le photographier avant de partir à Périgueux, dans la partie du dossier qui contient le volet parisien de l'enquête, conservée sur le site de Pierrefitte.) Jacques Lagrange écrit qu'une voiture a été vue rôdant dans le village le jour du drame, et qu'un agriculteur qui rentrait chez lui avec sa femme en longeant le parc du château, le vendredi en fin d'après-midi, a entendu deux hommes (qu'il n'a pas vus) parler dans les bois qui bordent la route, avec un fort accent étranger. (La voiture qui «rôdait», je le vérifierai demain aux archives, c'est celle d'Antoine Vittel, le couvreur-zingueur. Mais un agriculteur a bien évoqué des voix, c'est Pierre Penaud – qui n'a, je crois, rien à voir avec l'ancien commissaire Guy Penaud. C'est lui qui a vu Henri discuter avec les filles Grandjean près du petit portail, vers 17 h 30, quand la pluie commençait à tomber. Trois cents mètres avant, son épouse et lui ont entendu deux personnes parler dans le bois, non loin d'un petit chemin qui donne sur la route. Il n'a pas compris ce qu'elles disaient, et ne sait même pas s'il s'agissait d'hommes ou de femmes. Pas question d'accent étranger : il a d'ailleurs pensé que c'étaient le père et le fils Girard, et n'a compris qu'il s'était trompé qu'en apercevant Henri devant le portail.) Plusieurs commentateurs soulignent que le conseiller d'ambassade Jacques Fouques-Duparc, l'une des éminences grises du ministère des Affaires étrangères, qui supervisait le travail de reconstitution des archives par Georges Girard, devait témoigner lors du procès. Au tout dernier moment, le jour même de l'audience, il a reçu un télégramme de Vichy et s'est pour ainsi dire sauvé du tribunal juste avant d'atteindre la barre. Si ce n'est pas la preuve qu'il y a de lourds secrets là-dessous... (Soit ils font exprès, soit ils sont un peu flemmards question lecture. Dans le compte-rendu du procès, que j'ai feuilleté avant d'éteindre la lumière, il est clairement indiqué que non seulement il a témoigné, mais même, avant tout le monde. Car il a en effet reçu un télégramme de Vichy, manifestement sans rapport avec l'affaire : rappelé à son poste, il a demandé au président du tribunal de l'autoriser à passer à la barre plus tôt que prévu. Là, il a simplement déclaré que Georges Girard ne possédait aucun document compromettant, du moins à sa connaissance, qu'en tout cas il n'avait jamais été question qu'il soit entendu par la Haute Cour de justice au procès de Riom (en revanche, une longue note qu'il avait écrite à ce sujet a été lue à Riom en mars 1942, sans préjudice pour les accusés – il ne faut pas oublier que c'est Pétain qui avait exigé ce procès, et que Georges y était très certainement défavorable), et que si ses opinions politiques divergeaient de celles du gouvernement, comme Fouques-Duparc avait pu le constater dans son journal, elles ne se manifestaient en rien dans l'exercice de son activité.) Une dernière déclaration peut troubler, c'est celle de Madeleine Soudeix, la fille de Louise (après j'arrête, je sais que tout cela est assez compliqué, tordu et rébarbatif, je m'en excuse et jure sur ce que j'ai de plus cher que le bout du tunnel n'est plus loin, mais il faut que je fasse comme le juge Marigny, que je creuse tout, que je fouille, à la tamanoir). Selon elle, en mai 1941, Georges aurait dit à sa bonne : « J'ai des papiers de grande importance chez M. de Marcilly, l'ancien ambassadeur. Il te les remettra car ils seront plus en sûreté chez toi. » Or on se souvient que le matin de la découverte des crimes, Henri avait demandé qu'on le réveille tôt car il devait téléphoner à M. de Marcilly, que son père tenait à voir avant de rentrer à Vichy. Il y a donc bien des documents confidentiels quelque part. D'après Madeleine, Marcilly n'a jamais rien transmis à sa mère. C'est donc peut-être pour récupérer ce ou ces dossiers que Georges voulait prendre rendez-vous avec lui. Il n'est pas très compliqué de deviner ce qu'ils contenaient. En lisant les Mémoires de Georges Bonnet, l'ancien ministre des Affaires étrangères et donc chef de Georges Girard jusqu'à la déclaration de guerre, on apprend ce qu'on ne savait pas au moment de l'enquête : les archives brûlées à Paris par Alexis Léger n'étaient que les moins importantes. Les plus sensibles, qui pourraient servir par la suite, ont été mises à l'abri à Langeais, près de Tours, par Bonnet lui-même (Georges Girard n'a fait que l'aider, il n'a pas sauvé héroïquement des papiers du feu, comme on a voulu le faire croire), puis enterrées dans trois malles au fond du jardin de sa résidence secondaire, près de Royan, pour qu'elles ne tombent pas aux mains des Allemands. Quelques mois plus tard, quand la tension est un peu retombée, Bonnet en a mis une partie en sécurité en Espagne, et a transféré le reste, peu à peu, en zone libre : à Périgueux, dans son appartement du boulevard Michel-Montaigne (où se dresse une large sculpture de fer rouillé de l'ancien rugbyman Jean-Pierre Rives, mais pas encore). Il a confié quelques-uns de ces dossiers à Georges, que Vichy venait de charger de reconstituer progressivement les archives sous la direction de Jacques Fouques-Duparc, et de créer ainsi ce qu'on appellera les «papiers Georges Bonnet». Il est plus que possible que, dans un premier temps, à la fin de l'année 1940 ou au début de la suivante, ne pouvant prendre le risque de les laisser au château en son absence, Georges les ait donnés en garde à son ami Henri Chassain de Marcilly, ancien ambassadeur de France qui habitait à Marsac-sur-l'Isle, tout près de Périgueux et d'Escoire (on peut penser aussi que c'est Bonnet qui les a laissés à Marcilly en attendant que Georges en prenne livraison – ça revient au même). Ensuite, quand la situation s'est stabilisée, il a voulu les récupérer pour mener à bien sa tâche, devenue officielle à Vichy. Quoi qu'il en soit, en simplifiant, Georges Girard n'a joué là-dedans qu'un rôle de copiste. Henri Chassain de Marcilly est mort le 13 août 1942, cinq mois après le procès de Riom, dans lequel il n'a joué aucun rôle. Son fils Claude a fait don aux Archives nationales de tous les papiers qu'il conservait chez lui : rien qui puisse avoir un rapport avec ces dossiers ne figure dans le fonds – il a dû tout simplement les rendre à l'ex-ministre après la mort de Georges. Ni lui ni Bonnet, aussi facilement atteignables l'un et l'autre, n'ont été traqués par des espions rampants ou tombés du ciel, et moins encore trucidés (Marcilly s'est éteint à soixante-quinze ans dans son lit, pépère). Mais le brave subalterne inoffensif, si ?

Pour clore cette piste et sortir du tunnel, si Georges Girard a été tué par une sorte de commando anglais, allemand ou français, le nombre de questions qui se posent donne le vertige. Hormis son supérieur à Vichy, Jacques Fouques-Duparc, sa secrétaire Marcelle Schmitt et deux ou trois amis peut-être, qui savait qu'il serait ce soir-là à Escoire ? Le deuxième télégramme qu'il a envoyé à Henri le prouve, il n'a connu lui-même la date exacte de sa venue que la veille, le jeudi 23 octobre. Les services secrets anglais, prévenus par on ne sait qui, auraient envoyé dans la minute un avion et des parachutistes – aux grands maux les grands remèdes, on organise un mini-débarquement express sur le Périgord, il pleut des barbouzes pour buter le paléographe ? Et sans traîner : selon le médecin légiste, la mort est intervenue entre 21 h 30 et 22 heures, une heure de plus au maximum, et le fils des gardiens confirme qu'il n'y avait pas de lumière au château à ce moment-là. Pourquoi Henri persiste-t-il à dire qu'il a passé une soirée tranquille avec les siens jusqu'à 23 heures ? Par où sont entrés les tueurs cagoulés ? Comment savaient-ils où dormaient les propriétaires ? Pourquoi se donner la peine d'abattre aussi, et pas tendrement, Amélie et Louise ? (On aurait pu éliminer Georges n'importe où ailleurs, une balle dans la tête en pleine rue, tirée par un inconnu, et c'était terminé.) Si c'est pour faire porter le chapeau à Henri (ils sont diaboliques, et au courant de tout, des problèmes avec sa tante, des 100 000 francs), pourquoi ouvrir tous les tiroirs et jeter les porte-monnaie sur la route afin de laisser croire à un cambriolage ? Si ce n'est pas une mise en scène, s'ils cherchaient réellement des papiers que Georges conservait sur place, ou qu'il aurait apportés avec lui, pourquoi fouiller principalement la chambre et le bureau de sa sœur, et pas la sienne ? À l'intérieur de la valise de Georges, posée sur un vieux matelas juste à côté de son lit, se trouvent deux cent cinquante pages d'une écriture serrée à peine lisible, un épais paquet de notes, ils sont venus exactement pour trouver ce genre de documents mais ne les emportent pas ? Enfin, une équipe d'agents secrets ultra-déterminés débarque de nuit au château et, pour accomplir sa mission criminelle, utilise une vieille serpe trouvée sur place par hasard, dehors, par terre, dans le noir ? (Une vieille serpe rouillée qu'ils aiguisent chez les voisins avant de s'en servir, on a le temps les gars ?) Ils sont venus les mains dans les poches ? Qu'on la regarde d'ici ou de là, qu'on la pose comme ci ou comme ça, cette hypothèse d'une expédition exterminatrice ne tient pas.

L'instruction terminée, Joseph Marigny n'a plus qu'à transmettre ses conclusions au procureur de la République et, en attendant le procès, continuer à ramasser ce qui tombe – même pas besoin de secouer les arbres : plusieurs codétenus de Henri à Belleyme se manifestent spontanément.

Germain Dechenoix, quarante-quatre ans, manœuvre, se présente devant lui. Il a été libéré huit jours plus tôt et rapporte qu'à la fin de l'année 1942, il a été abordé par un nommé Bateau, compagnon de dortoir et proche d'Henri Girard, qui lui a dit que puisqu'il sortait bientôt, il pouvait gagner facilement 50 000 francs : il lui suffirait de se rendre au château d'Escoire et d'ouvrir, de la manière de son choix, la porte de la cuisine ou une autre, puis de mettre un certain désordre dans les pièces du château. Dès que la police s'en serait aperçue, Annie Chaveneau, épouse Girard, lui remettrait la somme.

Robert Faivre, un autre codétenu, écrit, lui, au procureur : il a reçu des confidences du nommé Bateau, très proche de

Girard, qui lui dit tout. Il confirme ce qu'a déclaré Dechenoix, avec une précision : Henri aurait commis le crime
revêtu d'un pyjama, qu'il aurait ensuite caché. Il aurait promis 100 000 francs à Bateau si, à sa sortie, il simulait un
cambriolage au château, prouvant qu'on pouvait y entrer, et
récupérait le pyjama. Bateau ayant alors été condamné à une
peine plus longue que les deux hommes ne s'y attendaient,
il a confié la mission à Dechenoix en lui offrant la moitié
de la somme qu'il devait recevoir. À sa sortie, cependant,
avec encore de l'argent à la clé, il devait finir le boulot en
tuant la femme d'Henri, Annie, qui savait tout et risquait
un jour de parler.

Le nommé Bateau lui-même, Ernest Bateau (cette histoire fourmille d'Ernest), interrogé après les deux autres,
refuse de parler et de commenter leurs déclarations.
Mais un an et demi plus tard, en août 1944, alors incarcéré à Saint-Martin-de-Ré, il écrira au procureur : «J'ai
un remords sincère de ne pas avoir collaboré plus tôt avec
la justice pour lui apporter toute la lumière sur cette
affaire.» Il était l'ami d'Henri Girard lorsqu'il partageait
sa cellule, il est prêt à faire connaître «les auteurs du
crime» si on veut bien l'interroger à Périgueux et non
sur l'île de Ré. On ne voudra pas : après le verdict, ça ne
servira plus à rien.

Enfin, en septembre 1944, un détenu de la maison d'arrêt de Clermont-Ferrand, Marcel Le Beller, demande à être
entendu. Il est périgourdin, il a connu Henri à Belleyme en
1942. Il a ensuite été transféré à Clermont, s'en est évadé
en août 1943, et a revu Henri à Paris, du côté de Montparnasse. Comme il comptait retourner vers Périgueux, Girard
lui a donné une lettre qu'il devait remettre là-bas «à une
certaine personne». Le Beller, sentant le bon coup, a préféré la lire, y a découvert que son ancien pote y parlait du
crime et que le destinataire était complice, l'a gardée pour
lui et l'a cachée dans le but de faire un jour chanter Henri.

Depuis, il a été de nouveau arrêté. Il ne se souvient plus du nom du destinataire, mais il figure, avec son adresse, sur l'enveloppe. La lettre est dans un petit tube métallique, dissimulé derrière une pierre dans une tour en ruine à Périgueux. Les policiers chercheront, ne trouveront pas, abandonneront. Trop tard, de toute façon.

Au printemps 1942, Henri ne sait plus que penser de son avocat limougeaud, Gaston Charlet. Il le trouvait très actif et dévoué les premiers mois, mais depuis quelque temps, il ne vient plus le voir et ne répond même plus à ses courriers – ce n'est jamais bon signe, quand un avocat vous tourne le dos alors que vous risquez la peine de mort. Dans une lettre à sa femme, qui s'est installée à l'hôtel Domino de la place Francheville, l'un des meilleurs établissements de Périgueux, et ne remonte à Paris que quelques jours tous les deux ou trois mois, il écrit : « Il est nécessaire de secouer Charlet. » Elle se renseigne, l'avocat n'est plus en ville, il a disparu. On dit qu'il a été arrêté par la Gestapo. (On n'apprendra que dix mois plus tard que le brave homme, injustement soupçonné de mollesse ou d'abandon de client par celui-ci, a été déporté au camp de Mauthausen, dont il ne reviendra qu'en juin 1945.)

Prévenu par Annie, Bernard Lemoine, l'ami d'Henri, tente alors un coup audacieux. Il se rend au 10 de la rue de l'Éperon, à Paris, au cabinet de Maurice Garçon. Il ne manque pas de culot, ou de courage : Garçon est une véritable star, il croule sous les demandes, mais surtout, c'était l'ami de Georges Girard depuis près de trente ans. Comment Lemoine ose-t-il lui proposer de défendre celui qui, selon toute vraisemblance, l'a tué ? (En fait, c'est très habilement joué.) Le Napoléon du barreau, le Houdini des salles d'audience, demande à réfléchir – il donnera sa réponse en temps voulu. Il ne connaît pas Henri, ne l'a jamais vu, ne sait rien de ses rapports avec sa famille. Mais l'affaire est tentante, elle a été très largement médiatisée – en octobre et novembre de l'année précédente, toute la presse française y a consacré de la place en une, bien plus qu'à n'importe quel autre fait divers. Dans son journal, qui sera publié soixante-quatorze ans plus tard, à la date du 27 octobre 1941, Maurice Garçon a écrit : «Les journaux de ce matin annoncent que Georges Girard a été assassiné dans un château qu'il avait en Périgord. C'était un charmant compagnon et un ami fidèle.» Un peu plus loin : «Ce garçon blond, tirant sur le roux, avait une bonne humeur ragaillardissante.» Ce jour-là et les suivants, on a présenté le vol comme mobile le plus probable des crimes, en ces temps de sévères restrictions où les gens deviennent fous. Puis, le 31 octobre, Garçon a noté : «À propos de la mort de Georges Girard, *Paris-Soir* et *L'Œuvre* posent l'hypothèse d'un crime politique. On l'aurait tué pour empêcher de témoigner au procès de Riom sur la destruction des archives du ministère des Affaires étrangères. C'est idiot. *Le Matin* annonce que le juge d'instruction a incarcéré son fils après l'avoir inculpé d'un triple assassinat. Ses explications auraient présenté des contradictions très graves. C'est horrible. J'aimais mieux l'hypothèse d'un crime de cupidité paysanne.» Ensuite, hormis quelques mots en 1942 pour dire qu'il a pu lire une partie du journal de Georges (auquel il ne trouve que très peu d'intérêt), il n'écrira plus un mot sur le sujet jusqu'au verdict du procès, pas même pour annoncer qu'on lui a demandé de prendre la défense du fils, ni qu'il a accepté. Ce qu'il a pourtant fait, après une quinzaine de jours de réflexion.

Dans un premier temps, il s'occupe peu de l'affaire : comme il en a l'habitude, il confie le débroussaillage à son collaborateur, maître André Constant, qui épluchera le dossier, contactera les possibles témoins de la défense et se rendra régulièrement à Périgueux pour voir le client, sonder l'ambiance sur place, et s'entretenir avec le nouvel avocat local choisi par Henri pour remplacer Charlet, maître Abel Lacombe. Le champion parisien, frais, explosif, ne montera sur le ring que dans les derniers rounds, pour envoyer l'adversaire au pays des rêves. (Si l'on reste deux secondes dans la boxe pour la métaphore, il faut préciser que Maurice Garçon est bien plus Mohamed Ali que Mike Tyson, papillon-abeille plus que bulldozer. Dans une lettre – dont j'ai lu la copie dans ses archives personnelles – qu'il écrit à Abel Lacombe pour lui demander de faire réaliser un plan du château et de ses environs, il donne, évidemment pour plaisanter, un bel exemple de sa fourbe finesse : «Mon cher confrère, je m'excuse de mettre continuellement votre complaisance à l'épreuve, mais Constant m'a dit combien vous aviez été aimable et obligeant, ce qui vous rend responsable des tracas que je vous cause.»)

À 9 h 20, le jeudi 27 mai 1943, un fourgon en provenance de la prison Belleyme se gare devant la porte arrière du palais de justice de Périgueux. Henri en sort entre deux gendarmes, entièrement vêtu de noir, sa froideur habituelle lui donne un air hautain mais, selon *Le Petit Parisien* du lendemain, il est «calme, ni ému ni fanfaron». Pourtant, sa tête ne tient qu'à un fil (c'est une image – sinon, la grande majorité des nombreux curieux présents aurait perdu connaissance). Il est accusé de trois meurtres, dont deux avec préméditation (Amélie et Georges), et parmi ces deux-là, un parricide. C'est presque trop, un seul de ces trois crimes suffirait à signer d'ores et déjà un accord préalable avec le bourreau, avec versement d'acompte. Quand il a quitté la maison d'arrêt, dix minutes plus tôt, Léon Derain, le surveillant en chef, a dit devant lui à l'un des matons : «Vous ferez préparer la cellule des condamnés à mort.»

En cette période de guerre et de stress collectif (les Allemands ont commencé à envahir la zone libre, ils sont entrés à Périgueux le 11 novembre 1942), on ne badine pas avec la loi, il convient de montrer, du côté des forces de l'ordre, qu'on reste quand même les maîtres chez nous.

Dans les journaux, les exemples de jugements à la massue, à tous les échelons du méfait, pullulent aux rubriques «Faits divers» ou «Échos du palais». Félix Gargaud, un sans domicile fixe de trente-cinq ans, a volé une bicyclette à Trélissac et a refusé de le reconnaître, prétendant qu'il n'était que le receleur, avant de finir par avouer : trois ans de prison ferme. Joseph Ronitschek et Grégoire Thomas n'ont pas pu résister à la tentation de dérober un sac de noix dans la cour d'une ferme de Saint-Pierre-de-Chignac : quatre mois de prison chacun. À Boulazac, Joseph Baracos, quarante-cinq ans, sans profession, «n'a pas été très poli avec l'adjoint au maire de la commune» : un mois derrière les barreaux. À Paris, René Guillard et Edgar Kuhfal, qui avaient imprimé de faux tickets d'alimentation, ont été condamnés aux travaux forcés à perpétuité. (C'est sans doute cette terreur qu'on instille dans l'esprit des malfrats qui engendre des espoirs naïfs dans celui des honnêtes gens. Dans les brèves ou les petites annonces, on peut lire des niaiseries candides comme : «La personne qui a essayé de briser la porte de la boîte aux lettres en fer dans le couloir du 113 de la rue de Bordeaux doit savoir qu'elle sera poursuivie» ou «La personne qui a été vue, il y a quinze jours, ramassant une montre-bracelet en or boulevard du Petit-Change est priée de la rapporter à Mme Lagelouze, 3 rue de la Constitution.»)

Derrière les quatre hautes colonnes simili-grecques, le tribunal est comble, on est venu de toute la région, beaucoup restent à la porte. (Les moins de dix-huit ans n'ont pas le droit d'entrer. Sur une photo publiée dans l'hebdomadaire *La Semaine*, on voit un groupe d'adolescentes qui tentent, avec sourires et déhanchements, de soudoyer un gendarme.) Vingt-deux jurés et quatre suppléants ont été tirés au sort un mois et demi plus tôt, dix-neuf se sont présentés, tous des hommes, et tous périgourdins, six parmi eux sont désignés pour décider de la vie ou de la mort de l'accusé. L'avocat général est Bernard Salingardes, procureur de la République à Périgueux. La partie civile, en l'occurrence Madeleine Soudeix, la fille de Louise, est représentée par maître Bardon-Damarzid, avocat au barreau de Périgueux, assisté de maître Chapoulaud. Tout le monde ici est du coin. Quand Maurice Garçon pénètre dans la salle, c'est comme si Maurice Chevalier arrivait pour chanter au mariage de la cousine Paulette, ou comme si Gérard Depardieu acceptait d'interpréter l'ogre à la kermesse de fin d'année de la maternelle de Dylan. Sa réputation le précède, son physique intimidant l'accompagne – le magazine *Réalités* le décrit ainsi : « Très grand, très mince, avec des épaules très droites qui lui donnent la silhouette du valet de pique, il a un long visage aristocratique et désabusé, en forme d'ogive, et des yeux gris-bleu qui semblent vous regarder sans vous voir et le rendent parfaitement indéchiffrable. D'une distinction extrême, la voix haute et mélodieuse, le geste noble et mesuré, avec des mains serpentines qu'il manie en virtuose, c'est un grand seigneur doublé d'un magicien. » Même le président du tribunal, Henri Hurlaux, conseiller de la cour d'appel de Limoges, qui a pourtant été longtemps en fonction à Paris, semble impressionné. Malgré sa distinction, son élégance, on peut, sur un point au moins, rapprocher Garçon de Tyson qui, lorsqu'il franchissait les cordes et apparaissait sur le ring, effrayait tant son adversaire, paralysé, qu'on disait qu'il avait fait la moitié du chemin vers la victoire avant même que l'arbitre vérifie ses gants.

Il sera accompagné, dans le combat qui l'attend et semble perdu d'avance, par maître Constant et maître Lacombe. « Y s'ront pas trop d'trois », doit-on murmurer dans le prétoire. Car pas un seul des spectateurs n'a le moindre doute sur l'issue du procès, on est venu assister à la curée, jouir de la « beauté du châtiment », comme disait Madeleine Jacob lors du procès de Pauline Dubuisson, et la seule question

qui se pose véritablement sur les bancs de la salle est :
«Guillotine ou pas?» Garçon, bien entendu, sait tout cela.
Sur les brouillons qu'il a conservés ensuite dans son dossier Girard, il a fait la liste des éléments qui tendent à
prouver la culpabilité de son client : il en a répertorié
vingt-trois. Il a conscience de la difficulté de la tâche, et
comprend rapidement que l'attitude d'Henri ne va pas
beaucoup l'aider. Dès le début de l'audience, il fait mauvaise impression. La mort atroce de ses seuls parents
proches ne semble pas, pour lui, être le pire : «C'est moi
qui suis le seul survivant et le plus à plaindre. On m'a
gardé à vue trois jours au commissariat, on m'a laissé dix-
neuf mois en prison où, à part des condamnés de droit
commun, je n'ai vu personne. Vous ne pouvez savoir ce
qu'est cette souffrance. C'est abominable, ce qui m'est
arrivé, c'est affreux. Vous avez devant vous un homme qui
a souffert le martyre.» Peu de larmes coulent dans le
public. On ne peut pas nier une certaine maladresse. Trois
absents ont un peu souffert le martyre également, si notre
mémoire est bonne.

En revanche, Maurice Garçon pourra manifestement
compter sur un soutien, peut-être le seul, mais de poids, et
inattendu : celui du président du tribunal. Aux premiers
mots du conseiller Hurlaux, on devine en effet qu'il
n'éprouve pas une grande antipathie pour l'accusé, il fait
même preuve à son égard d'une étrange douceur, comme
s'il culpabilisait de devoir juger un homme aussi indiscutablement innocent – mais puisqu'il faut en passer par là,
autant s'y atteler avec civilité, nous sommes entre êtres
humains. Avant le commencement des débats, il le met à
l'aise : «Lorsque vous serez fatigué, vous le direz, il vous
sera permis de vous asseoir et, s'il en était besoin, une suspension pourrait intervenir pour vous permettre de reprendre
vos forces. Il importe que, dans une affaire où vous êtes
accusé de crimes effrayants, vous ayez la possibilité de

vous défendre le plus complètement possible. Au cours de l'information, à plusieurs reprises, vous vous êtes plaint de ne pas avoir été entendu assez longuement, ni d'une façon assez précise, sur les charges qui sont portées contre vous. Ayez à cet égard tous apaisements. Je ferai tous mes efforts pour ne rien laisser dans l'ombre.» Cool, le juge, franchement. S'ils étaient tous comme ça, la justice serait mieux rendue.

Quand on aborde le passé de l'accusé, Maurice Garçon ne s'en préoccupant que très peu (c'est l'une de ses stratégies habituelles : pendant toute la première moitié du procès, parfois même les deux tiers, il fait mine de se désintéresser de l'affaire, il dessine distraitement sur un calepin, regarde les murs de la salle, semble penser à autre chose, contre-interroge à peine les témoins de l'accusation, juste pour la forme, c'est son métier et il faut le faire, puis se réveille soudain et n'entre en action que dans la dernière ligne droite, se lève, se déchaîne, abat une à une ses cartes maîtresses, à la fin de la partie pour faire tous les plis – dans le cinéma par exemple, on sait que la dernière impression compte beaucoup, le happy end ou le coup de théâtre final, les spectateurs restent là-dessus à la sortie de la salle, c'est ce qui les poussera à conseiller le film à leurs amis ; pour Garçon, les jurés sont les spectateurs d'un film), le président Hurlaux se charge lui-même de contrer ou d'atténuer les attaques de l'accusation. Lorsque maître Bardon-Damarzid blâme sévèrement Henri pour son passé de jeune homme oisif et égoïste qui se moque de tout sauf de son plaisir et de l'argent, Garçon regardant ses ongles, le président intervient : «Je dois faire remarquer qu'à deux reprises, étant libre de ne pas le faire, il a formulé des demandes insistantes pour être pris dans le service armé. Ce point devrait être souligné.» Quand on aborde l'épisode des bijoux volés chez Amélie lors du passage d'un ouvrier, il s'autorise un trait d'humour (nous ne sommes pas au jugement dernier, tout de même) pour signaler implicitement le peu de gravité de la chose : «L'accusation a fait état de l'aide que vous auriez apportée à ces bijoux pour disparaître...» Et lorsque Henri affirme, menteur devant la justice, que sa femme Annie n'a jamais été sa maîtresse avant le mariage, il s'en étonne un peu (il y a de quoi : il a forcément lu, dans le dossier, la lettre dans laquelle la gouvernante, Marguerite Pelaud, écrit en détail tout ce qu'elle sait de leurs ébats sacrilèges), mais ne le contredit pas. Le plus beau, qui finit par faire froncer pas mal de sourcils dans la salle, c'est ce qu'il va dire avant la pause déjeuner du deuxième jour d'audience. Depuis la veille, on a exploré en détail le passé d'Henri, exposé les circonstances du drame, les jours qui l'ont précédé et suivi, on a énuméré longuement toutes les charges qui pèsent contre l'accusé, les indices et les preuves : il va être temps d'entendre les témoins, nombreux, la plupart cités par la partie civile et le ministère public (Garçon n'a pu faire comparaître que quelques anciens amis d'Henri, qui le diront incapable d'une telle sauvagerie meurtrière). Avant cela, le président donne une dernière fois la parole à l'accusé, dont la brève déclaration s'achève par cette phrase classique : «Je suis innocent.» Henri Hurlaux conclut : «Nous en terminerons sur ce mot.» (C'est un mot qu'on a trop tendance à oublier, il faut bien le garder en tête, on ne le dira jamais assez : «Innocent.») Et il ajoute, sur un ton solennel, tandis qu'on frôle la stupéfaction dans l'assistance : «Lorsque nous serons tous réunis pour délibérer et juger, vous pouvez être assuré, monsieur Girard, que, plutôt que de porter le reste de notre vie le poids du doute, vous sortirez d'ici libre.» Le type n'a pas toute sa tête, mais au moins, c'est clair.

Bien sûr, les bonnes et surprenantes dispositions du président ne peuvent pas suffire, un seul homme ne fait pas la loi, on a inventé les jurys populaires pour éviter ça. Maurice Garçon va fournir sa part de travail, grandiose. L'adversaire

est un monstre (un acte d'accusation en béton, un client
détesté, un faisceau de présomptions qui ferait voler en
éclats un bloc de marbre, soixante et onze témoins à
charge bien remontés (contre treize à décharge, de moralité seulement) et toute l'opinion publique pour cuirasser
l'ensemble), mais un monstre fruste, lourdaud, simplet.
Le seul moyen de l'abattre, c'est la ruse, il faut le décon-
certer, piquer dans les petites failles pour détourner son
attention, le désorienter et lui faire tourner la tête jusqu'à
ce qu'il tombe – il suffit d'être malin, et personne ne l'est
comme lui. Ce qu'il va viser, c'est la cuirasse, l'enveloppe, qui n'est qu'un patchwork, l'opinion publique. Il
en a les représentants à portée de main : les jurés seront
bien plus faciles à détraquer que le solide mécanisme de
l'accusation.

Durant les quatre jours d'audience, suivant fidèlement
sa méthode, il intervient peu, juste quelques petites touches
pour agacer la bête, comme font les picadors et les bande-
rilleros sur le taureau, et laisser des marques dans les
esprits. Ce sont surtout ses confrères André Constant et
Abel Lacombe, le régional aussi pugnace que fin et passionné, qui vont au charbon. Sur la jeunesse et le caractère
d'Henri, il accorde à peu près tout, il sait que le pire des
enfants gâtés, le moins sérieux, le moins honnête, même
celui qui vole bassement ses parents, n'est pas pour autant
un assassin, a fortiori un triple assassin. (Dans sa plaidoirie, il évacuera le sujet en quelques phrases. À propos de
l'argent : «Dépensier? Dites plutôt qu'il est imprévoyant,
qualité qui se perd assez tôt.» De sa vie de débauche :
«Pauvre débauche, dont les manifestations les plus claires
sont de dîner parfois au restaurant, de prendre un verre
dans un bar et de faire un peu de bruit le soir en montant
l'escalier, ce qui rend la concierge importunée, et disposée
à devenir un témoin à charge.» (Il est fort. Dans le public,
on se dit : «Oui, c'est vrai, finalement, ce n'est pas

grand-chose.») En conclusion : «Combien d'hommes âgés, qui ont droit à un discours pour célébrer leurs vertus lorsqu'on les conduit au cimetière, ont eu une jeunesse plus orageuse?» Et personne ne tient plus compte de la longue et minutieuse enquête de moralité du juge Marigny, balayée.) Sur les points techniques, bien moins escamotables, il emploie le plus vieux truc des magiciens : pendant qu'on regarde ce qu'il fait avec sa main droite, on ne prête plus attention à sa main gauche, ni à rien d'autre autour. Lors d'un transport de toute la cour au château, l'après-midi du premier jour, au milieu des jurés ébahis, il prouve qu'on peut ouvrir les volets des WC désaffectés de l'extérieur, en glissant un simple bout de bois par en dessous, dans le trou de la pierre, et en poussant sur le crochet pour le désenclencher. L'avocat de la partie civile, maître Bardon-Damarzid, rappelle que le juge d'instruction Marigny et un policier n'y sont parvenus qu'avec un démonte-pneu et au bout de longues minutes, c'est du miel pour Garçon : il ne se permettrait pas de supposer qu'ils ont quatre mains gauches, mais en ce qui le concerne, il peut jurer qu'il n'est ni cambrioleur émérite, ni prestidigitateur. (Les jurés frémissent : tout n'est pas si clair... Bardon-Damarzid a beau leur rappeler que, quoi qu'il en soit, plusieurs policiers et gendarmes ont certifié que les deux battants de la fenêtre étaient liés par de vieilles toiles d'araignée, bon, ils sont d'accord, peut-être, mais enfin une chose est certaine : on peut facilement ouvrir les volets de l'extérieur, on vient d'en avoir la preuve, alors qu'on nous avait dit que non.) Il agit de même avec les témoignages, il en laisse passer beaucoup sans réellement réagir, et lorsqu'il entrevoit une brèche dans l'un d'eux, se contente de remarques bien placées pour semer le trouble. Au docteur Vignal, qui a analysé les résidus collectés sous les ongles d'Henri, il demande s'il a bien trouvé de la «limaille de fer», comme il est écrit dans l'acte d'accusation. L'expert ne pense pas avoir conclu cela, non, du moins pas ce mot précisément, il a plutôt dû mentionner des sels ferreux, mais ça revient au même. «Des sels? Des traces infinitésimales de métal ferreux, c'est bien cela?» Si on veut, oui. «Pas à proprement parler ce qu'on appelle de la limaille, c'est-à-dire des parcelles de métal détachées d'un objet qu'on a limé?» Non. Ne peut-on pas, à la fin d'une journée où l'on a touché du fer, manipulé un outil ou tenté d'arracher un tenon fiché dans un mur, avoir des traces infinitésimales de métal ferreux sous les ongles? Si, bien sûr. Face au professeur Morel, qui a précisé l'expertise du bol alimentaire en affirmant que la mort n'avait pas pu survenir après 23 heures, il joue le naïf, le profane épaté par la science : «Vraiment, 23 heures pile? C'est d'une précision remarquable. 23 h 10 serait donc tout à fait impossible?» Non, bien sûr. Quand Fernand, le fils des gardiens, arrive à la barre, visiblement apeuré, engoncé dans son costume du dimanche, son béret à la main, Garçon sent la faiblesse et attaque : il dit qu'il est passé devant le château à 21 heures, mais lorsque les policiers l'ont interrogé, n'était-ce pas plutôt 21 h 30? Si, l'avocat vérifie, 21 h 30, c'est écrit noir sur blanc! Pourquoi 21 heures maintenant? Fernand bafouille, il ne sait pas, il pense avoir toujours dit 21 heures. D'autre part, il a prétendu avoir pris un raccourci par le parc sur le chemin du retour de chez son ami Fadeuilhe : pour l'emprunter, il a dû traverser la cour d'un métayer, n'est-ce pas? Or ce métayer ne se souvient pas que son chien ait aboyé, ce n'est pas un peu étonnant? Non, le chien me connaît. Mais quand vous avez parlé aux enquêteurs pour la première fois, vous n'avez pas mentionné ce raccourci, vous avez simplement dit que vous étiez rentré chez vous, pourquoi? Je ne sais pas. Maintenant vous avez pris un raccourci, vous êtes rentré chez vous à 21 heures... Il faudrait savoir! Avec tous les témoins qu'il prend pour cible, sous ses faux airs indulgents ou amusés, Garçon utilise le même procédé.

Il ne démontre rien, il déstabilise. Il envoie des ondes floues dans l'esprit du public, des ondes de doute, on verra ce que ça donnera, c'est à la fin du bal qu'on paie les musiciens. (Un ou deux jurés seulement, peut-être, songent à ne pas oublier qu'il importe peu que Fernand ait pris le raccourci ou le chemin normal, du moment qu'il est passé devant le château, ce qui est sûr, qu'il importe peu que les fenêtres aient été éteintes à 21 heures ou à 21 h 30, ça ne change rien. Les autres se laissent embrumer par l'impression désagréable que quelque chose ne va pas, ce témoin n'est pas précis, pas net, alors que ce sont des questions simples... Peut-être qu'il ment ? Le président Hurlaux, sentant qu'un léger basculement de l'opinion peut intervenir ici et qu'il est possible de donner un coup de main à l'avocat, ce n'est jamais superflu, se laisse aller à l'une de ces déclarations neuneus dont il est coutumier : «Je ne souhaite à personne de vivre ce que je vis depuis quelque temps. Il est terrible que ce soient des hommes qui doivent juger d'autres hommes. Vous comprenez si je suis ému.») Puis, tout à coup, sa victime empêtrée, qu'elle soit grand ponte de la médecine ou petit paysan, Garçon se tait brusquement, il clôt la discussion quand il le décide, même si son interlocuteur ficelé essaie de continuer à bredouiller des explications. Dans le portrait que lui consacre *Réalités*, cette façon particulière de conclure un interrogatoire est analysée : «Le coup de patte de Maurice Garçon, c'est le mépris. Il y a chez cet homme une faculté extraordinaire de mépris. Il a une façon de regarder soudain le témoin, par-dessus ses lunettes, avec la fixité d'un chat guettant sa proie, qui a fait dire de lui, par un magistrat : "Il effraie rien qu'en se taisant."» Puis il tourne le dos et part s'asseoir en laissant le témoin confus et le juré juge.

Le dernier à devoir l'affronter avant les plaidoiries, à la fin de l'audience du lundi 31 mai, est Léon Derain, le surveillant en chef de la prison Belleyme. Il vient raconter les nombreuses frasques et vilenies d'Henri pendant son incarcération, et rapporter les dénonciations de plusieurs codétenus qui auraient reçu ses confidences à propos des meurtres. Garçon ne s'abaisse même pas à l'interroger (il explique au président Hurlaux : «Pour la dignité de la justice, je me garderai bien de poser une question à ce témoin») et ne lui adresse la parole que pour le congédier : «Partez, monsieur, retournez garder vos prisonniers. Nous, nous allons nous occuper maintenant de rendre une justice qui n'a pas besoin de vous pour s'exercer» – sous-entendu : entre professionnels intègres et compétents, réunis en un cercle très fermé dans lequel il inclut naturellement les six jurés, que j'imagine flattés.

Mais tout cela n'est qu'un travail de préparation en attendant l'estocade, qu'il tentera de donner le surlendemain – il sait que rien n'est encore fait, loin de là. La journée du 1ᵉʳ juin est entièrement consacrée aux plaidoiries de l'accusation, qui joue sur du velours. L'avocat de Madeleine Soudeix, maître Bardon-Damarzid, commence, il a la partie presque trop facile et l'embarras du choix de ses arguments : mais puisqu'on lui accorde le temps qu'il veut, il va n'en laisser aucun de côté et régler le compte de l'accusé durant six heures. Au cours de sa plaidoirie, brillante, il n'oublie pas de mettre les jurés en garde contre l'habileté, sinon la fourberie, de son adversaire de la défense, ce Parisien qui manie à merveille toutes les ficelles. Il revient entre autres sur l'ouverture magique des volets des WC désaffectés avec un morceau de bois (qui l'a bluffé lui aussi, probablement, et qu'il n'a toujours pas digérée – certains depuis ont suggéré que Garçon s'était rendu au château, les jours précédant le procès, pour s'entraîner). Il sait que dans le passé, ailleurs qu'ici, et même à Paris, beaucoup se sont laissé abuser par des manœuvres de ce genre. «Mais ce n'est pas vous, jurés de la Dordogne, qui pourrez suivre la défense dans ces moyens !» (Ce n'est pas qu'une flatterie tactique. Car effectivement, les jurés de la Dordogne ne sont pas comme les autres. Ils sont plus fins et sensés. Marc Bardon-Damarzid, qui n'a que trente-six ans, participe à la Résistance au moment du procès, il sera nommé officier de presse des FFI à la libération de Périgueux, et lancera un journal indépendant, *La Dordogne libre*, qui remplacera *L'Avenir de la Dordogne*, irrémédiablement souillé par la collaboration. Plus de soixante-dix ans après son premier numéro, le 2 juin 2016, le quotidien publie un papier que m'envoie mon attachée de presse : trente-trois lecteurs des bibliothèques de Razac-sur-l'Isle et de trois communes voisines, tout près de Périgueux, se sont réunis sous la présidence de l'écrivain Michel Testut, une semaine avant la proclamation du prix du Livre Inter, pour choisir leur propre lauréat parmi les dix finalistes nommés par la station. Mon livre sur Pauline Dubuisson, *La Petite Femelle*, s'est retrouvé dans la sélection finale de pas mal de prix littéraires et n'en a reçu aucun, non pas parce qu'il n'était pas terrible (ha ha, jamais de la vie), mais parce que je suis à la poisse ce que la poule cul-de-jatte est au renard. Mais qui a triomphé en terre périgourdine, au nez et à la barbe des favoris du prix du Livre Inter ? Qui a décroché haut la main le prix Razac-sur-Livre ? Gloire aux jurés de la Dordogne!) maître Bardon-Damarzid achève sa plaidoirie : «Sur mon honneur et ma conscience, devant Dieu et devant les hommes, je déclare solennellement Henri Girard coupable. Messieurs les jurés, faites votre devoir!» Il se rassied sous ce qu'on appelle dans la presse un tonnerre d'applaudissements.

Après lui, le procureur Salingardes fournira une prestation moins appréciée. (Quelques années plus tard, mais il y a un bail dans les pages dans ce livre, c'est lui dont se moquera gaiement Georges Arnaud dans *France Dimanche* à propos de l'affaire Simone Wadier, en écrivant : «Lorsqu'il eut jeté son dernier mot dans la balance, Mlle Wadier fut acquittée.» Il se limitera à trois adjectifs pour le décrire : «Long, maigre et triste.») Il n'est ni très spectaculaire ni très passionnant de nature, et pour ne rien arranger, il n'a plus grand-chose à dire après la plaidoirie de son allié de l'accusation, qu'il ne peut qu'applaudir lui aussi : «J'en adopte pour ma part tous les termes, tous les raisonnements, et je partage son intime conviction.» Mais il faut bien occuper son temps de parole : il fait durer jusqu'à 20 heures, sous un simoun de bâillements – l'affaire est déjà emballée, abrégeons. (Pendant sa péroraison, ça n'échappe pas aux journalistes, qui s'en friseront la plume le lendemain, Henri Girard s'endort.) Le public attend la fin avec impatience, on espère le couperet et, oui, bien sûr, ouf, il réclame la peine de mort. Car : «Quelle expiation, je vous le demande, serait suffisante pour un tel forfait ? En sorte que, messieurs, si votre mission est grave, puisqu'elle consiste à juger le crime le plus horrible qu'un homme puisse commettre, vous pouvez la remplir, je crois, en toute tranquillité d'esprit, assurés que vous êtes de pouvoir étayer votre verdict sur une certitude absolue.» *Clap clap clap*, malgré la platitude et la banalité du show. En rentrant ce soir-là à l'hôtel Domino, où il est descendu, comme Annie Girard, Maurice Garçon doit se dire que c'est pas gagné, cette affaire, il va falloir envoyer le bois.

Le lendemain matin, mercredi 2 juin 1943, il ne reste que deux heures avant que les jurés partent délibérer et, cinq jours après le début du procès, la culpabilité d'Henri Girard est une évidence pour à peu près tout le monde, hormis les treize témoins de la défense, une poignée de complotistes, deux ou trois rêveuses angéliques et le pépé qui dort au fond. Maître Garçon entame sa plaidoirie.

Il commence directement par son argument le plus fort, intuition géniale de Bernard Lemoine (ou d'Henri, je ne sais pas) : qui peut le croire assez ignoble pour tenter de faire acquitter l'assassin de l'un de ses meilleurs amis ? S'il a accepté de prendre sa défense, c'est qu'il est absolument convaincu de son innocence. Quelqu'un oserait en douter ? Il reconnaît qu'il a hésité : «Pendant des jours et des jours, j'ai vécu des heures douloureuses.» Mais il s'est plongé corps et âme dans le dossier : «À mesure que j'approfondissais les détails de cette ténébreuse affaire, l'erreur qu'on risquait de commettre m'apparaissait avec une grandissante horreur. Nous remplissons un devoir sacré, qui est pour moi d'autant plus redoutable que si je ne trouvais pas d'accents assez persuasifs pour vous convaincre, j'estimerais avoir trahi la confiance que l'ami mort pouvait avoir mise en moi.»

Il sait qu'en ce qui concerne les faits, il n'a rien à craindre de l'accusation, on peut leur faire dire ce qu'on veut et un rien de fumée suffit à faire oublier ce qu'on croyait − c'est encore une fois comparable à la magie : un huissier aura beau certifier que le foulard est rouge, si l'illusionniste, en deux mouvements, le transforme en foulard vert, le public ne pourra qu'admettre, contre toute évidence, que le foulard rouge est vert. Son seul véritable handicap, c'est que ses adversaires sont du coin, les jurés aussi, et pas lui. Comme son client, il porte autour du cou un écriteau de bois : «Parisien». (Sous-titré : «On les connaît, c'est arrogance, faux-semblants et compagnie, et vous allez faire confiance à ces gens-là?») Maître Bardon-Damarzid a bien compris qu'il ne fallait pas négliger cet atout : dans sa plaidoirie, il a utilisé six fois, j'ai compté, l'expression «braves gens de chez nous» à propos des témoins et des jurés, par opposition, évidemment, à ces messieurs de la capitale, l'assassin et son serviteur sans vergogne, qui n'ont rien à faire ici et qui voudraient nous rouler dans la farine. L'art d'un avocat (et de n'importe qui) est de savoir se mettre au niveau de l'opposition, même si les pâquerettes lui chatouillent les oreilles. Maurice Garçon, ce n'est pas une surprise, n'hésite pas (il avait même prévu le coup bien en avance, puisqu'il n'a pas ouvert la bouche lors du tirage au sort du jury, et pas parce qu'il avait la tête ailleurs) : «Jurés du Périgord, je n'ai récusé personne, persuadé, qui que vous soyez, que chacun de vous aurait à cœur de bien rendre la justice. C'est que nous sommes voisins, voyez-vous. Et que je vous connais. J'ai ma terre à trente lieues d'ici. Dans les mois qui viennent, j'y ferai les moissons avec mes fils, si on me les laisse. Au 15 août, je battrai mes grains, et je vivrai parmi des gens comme vous, dont je connais la droiture, et qui sont mes amis. Je sais quel crédit je peux leur apporter. Vous êtes pareils, et je vous fais confiance.» Si on estime que c'est d'une bassesse indigne de lui, on n'est pas fait pour le rude combat de la vie sur terre – mais on pourra se débrouiller autrement, aller chanter dans les villages, élever des chèvres pour son usage personnel, écrire des livres, les solutions alternatives ne manquent pas. Jusque dans les détails, c'est parfait. À trente lieues d'ici... Qui mesure encore les distances en lieues ? Et puis c'est pratique, les lieues, on ne cherche plus trop à calculer, de nos jours – et même déjà des leurs. Trente lieues, c'est vraiment la porte à côté. En réalité, ça correspond à peu près à cent vingt ou cent trente kilomètres. J'ai cherché où se trouvait la «terre» de Maurice Garçon, où il battra les grains avec ses fils (si notre ennemi commun, la barbarie, ne les ôte pas à l'amour d'un père) : il est propriétaire du beau petit château de Montplaisir, pas franchement l'exploitation agricole classique, à Ligugé, près de Poitiers – à cent quatre-vingt-dix kilomètres de Périgueux, cent cinquante-cinq si l'on est un oiseau, mais disons trente lieues, à vue de nez. (Quelques paysans célèbres ont vécu à Ligugé, Rabelais d'abord, puis Joris-Karl Huysmans, qui y a fait construire sa «maison Notre-Dame», à deux cents mètres de l'abbaye Saint-Martin (il participait à la vie religieuse en tant qu'oblat, c'est-à-dire tout en restant laïc, sans avoir prononcé de vœux – *L'Oblat* est d'ailleurs le titre de l'un de ses derniers romans), Paul Claudel, qui l'y a rejoint un temps, et Robert Schuman, le «père de l'Europe». Ils n'y sont pas venus pour rien : on trouve aujourd'hui à Ligugé les rues Rabelais et J.-K.-Huysmans, et les avenues Paul-Claudel et Robert-Schuman. Dans la lignée des grands batteurs de foin, on peut ajouter Michel Houellebecq. Il a pris ses quartiers à Ligugé le 9 décembre 2013, mais il n'est pas certain qu'il ait, comme ses prédécesseurs, l'honneur de passer à la postérité odonymique, dans cette commune du moins, car il n'y a séjourné que deux jours, moroses. (Avant d'expliquer pourquoi, juste une parenthèse (courte et utile) destinée à ceux qui, comme moi, n'ont rien contre les mots rares, au contraire, mais n'aiment pas interrompre leur lecture, voire se relever de leur lit, pour aller chercher dans le dictionnaire. L'odonymie est l'étude des noms de rues, routes, etc.) Houellebecq prépare *Soumission*, dont le narrateur, François, est spécialiste de Huysmans. L'écrivain consciencieux compte donc passer quelque temps à l'abbaye bénédictine Saint-Martin de Ligugé ; il a réservé par mail. Lorsqu'il frappe à la porte, en plein hiver, le frère qui lui ouvre l'accueille avec une douceur bienveillante : il pense que c'est un SDF qui vient chercher chaleur et nourriture. Le malentendu dissipé, on l'installe dans la chambre 11. Le frère Joël, qui s'occupe de l'hébergement, le trouve songeur, absent. «Vous pensez tout le temps», lui fait-il remarquer. Houellebecq répond : «Non, je ne pense pas.» Le bénédictin n'est pas dupe : «Il me semblait en recherche, perdu, dépressif. Il se fuyait.» Le deuxième soir, à 19 heures, ne le voyant pas descendre pour dîner, frère Joël s'inquiète et va frapper à sa porte. Michel paraît mal en point, très pâle, il s'appuie contre le chambranle. Il fait froid dans la chambre : il est obligé d'ouvrir la fenêtre à chaque clope, à cause du détecteur de fumée. Il explique au religieux que sa santé n'est pas très bonne, et qu'il ne se sent bien nulle part. Le lendemain matin, il se rend aux offices puis se volatilise, sans dire au revoir (il enverra un mail le 19 décembre pour s'excuser). Frère Joël le cherche un moment dans les couloirs, finit par ouvrir la grande porte de l'abbaye : «Je n'ai vu que les traces de sa valise à roulettes, zigzagantes sur le gravier.» Je ne sais pas si je suis trop sensible, mais c'est une image d'une grande tristesse, non? Disparu, cahin-caha. Pauvre petit Houellebecq, tout seul, avec sa valise trop lourde.)

Dans la partie de sa plaidoirie consacrée à l'affaire proprement dite, Garçon utilise la même méthode que pendant les audiences, en version concentrée, percutante : il saupoudre de doute tous les éléments à charge qui s'y prêtent, il sait qu'il n'a pas besoin de justifier clairement ce qu'il avance, et que plus personne ne viendra le contredire, c'est toute la force de ce rush final sur lequel il a toujours compté dans sa carrière. Il explique entre autres qu'il n'y a rien de surprenant à ce qu'on ait retrouvé Georges Girard en caleçon de jour, il le connaissait bien, il n'avait aucun soin de lui-même. Les jurés ont vu le château lors du transport sur les lieux : «Lequel d'entre nous, un peu raffiné, voudrait que sa maison conserve l'aspect d'un pareil taudis?» (Il s'adresse à des hommes de la terre, dont certains sont raffinés comme des moissonneuses, mais après tout, le souci de l'ordre et de la propreté, n'est-ce pas un genre de raffinement? Eh si. Tous ici, messieurs, vous comme moi, nous sommes raffinés.) Il revient sur le volet qu'on peut ouvrir de l'extérieur, et les toiles d'araignée qui sauvent le coup pour l'accusation. Là, il se lâche, il sort la grosse artillerie, la déontologie prend cher mais tant pis : «Le ministère public a présenté ces araignées comme des servantes de la Providence. Je dis que les gendarmes, aveuglés par leurs convictions et emportés par la passion, ont menti.» Mais si l'on a du mal à se résoudre à une si scandaleuse

hypothèse, qui peut affirmer que la bonne avait bien fermé
la porte de la cuisine, dont la serrure est défaillante, avant
de se coucher ? Pour ce qui est de l'heure de la mort, établie
par le professeur Morel a 23 heures au plus tard, il rappelle
d'abord que le médecin légiste, le docteur Perruchot, « avec
une inexpérience fâcheuse », l'avait d'abord fixée à deux
heures au maximum après le repas, puis il déclare qu'il a
consulté des « experts », qui lui ont appris qu'une digestion
« avancée » supposait un travail de l'estomac de deux heures
et demie à trois heures, et une digestion « très avancée », de
trois à quatre heures. En plus, ce soir-là, la famille a mangé
des haricots – blancs ou flageolets. Ce n'est pas facile à
digérer. Qu'on lui pardonne, mais qui, parmi ces messieurs
du jury, n'en a pas fait l'embarrassante expérience ? Ensuite,
en vrac : on n'a pas trouvé de sang dans le seau de toilette
de son client, où se serait-il lavé ? Car il faut se souvenir
qu'il n'a pas la plus petite trace de sang sur le corps. Or :
« Il n'y a pas de fontaine, pas de source, pas de pompe à
proximité du château. » (Dans la salle et dans le jury, des
fronts se plissent : c'est vrai, ça, on a oublié de se demander d'où venait l'eau, si le puits était loin... Trop tard pour
se renseigner, de toute façon.) Si la porte qui fait communiquer l'aile droite avec le reste du bâtiment était fermée
de l'intérieur, par quel tour de passe-passe Henri Girard,
ses crimes perpétrés, se serait-il retrouvé de l'autre côté ?
(Là, il faut passer vite au point suivant, que le public n'ait
pas le temps de visualiser mentalement le plan des pièces,
ni de se dire qu'il n'a peut-être jamais été « de l'autre
côté ».) On a retrouvé les 8 000 francs des métayers dans le
château, on en a conclu que le vol n'était pas le mobile,
mais il n'y avait pas un franc de plus : Amélie Girard serait
venue de Paris les poches vides ? « On était donc si démuni
d'argent dans cette famille riche qu'on attendait le régisseur Biraben pour acheter le pain du déjeuner ? » Il peut

fort bien y avoir eu vol. Il va plus loin : c'est même certain. En effet, l'enquête a établi que le mercredi 22 octobre, après avoir quitté Marie Grandjean, chez qui elle a passé deux nuits, et déjeuné chez un couple d'amis à Périgueux, les Murat, Mlle Girard est passée à la Banque de France, et a demandé à accéder à son coffre. Or, après vérification, il s'avère que ce coffre est aujourd'hui vide. On ne sait pas ce qu'il contenait, mais elle l'en a retiré et l'a rapporté au château. Or encore, depuis son arrivée à Escoire, elle a confié à au moins deux personnes de son entourage qu'elle avait l'intention d'offrir à Louise une sorte de prime de 6 000 francs, en remerciement de son indéfectible dévouement depuis tant d'années. Si elle a retiré cette somme à la Banque de France (ce qui est probable, car elle comptait rentrer à Paris cinq ou six jours plus tard), où est-elle ? Elle a disparu. (Selon l'accusation, le coffre ne contenait que des bijoux : elle l'a ouvert le 11 juin 1940, quand elle a quitté Paris au moment de l'exode, et y a déposé ce qu'elle craignait que les Allemands s'approprient en entrant dans la capitale. Les déclarations des époux Murat semblent le confirmer : selon le mari, André, ce coffre ne contenait que « des bijoux, des souvenirs de famille, etc. », qu'elle avait mis à l'abri en zone libre ; sa femme, Marguerite, a indiqué que lorsqu'elle l'a quittée, vers 16 heures, le 22 octobre, Amélie lui a dit qu'elle allait retirer « une barrette » de son coffre à la Banque de France. Il s'agit vraisemblablement de la broche en platine et diamants retrouvée sur la cheminée du petit salon.)

Lancé, Maurice Garçon continue à égrener tout ce qui n'est pas solidement avéré et conclut : « L'instruction de ce procès est pitoyable. » Il a fait une bonne partie du travail, mais sait qu'il ne doit pas s'arrêter là : « J'ai la conviction absolue de l'innocence de mon client, mais je ne veux pas devoir votre verdict au doute. » C'est une autre de ses stratégies, peut-être la plus fine et la plus efficace : il ne faut jamais laisser le jury en plan, au milieu du carrefour, face à plusieurs chemins possibles. Il faut le guider comme un enfant. Dans son journal, il ne cache rien de cette dernière botte qu'il utilise régulièrement en fin de plaidoirie. De retour à Paris, le 3 juin, il écrira : «La vérité est que la foule a besoin de justice. Si un crime a été commis, il faut qu'un coupable soit découvert et puni. D'instinct, la masse a besoin d'équilibre : la morale outragée demande un châtiment. Si j'avais seulement sorti mon client d'affaire, on eût été content pour lui, mais déçu. Comprenant cette déception, j'ai fini par haranguer la foule. Après avoir démontré qu'il fallait acquitter Henri Girard, j'ai dit qu'on ne devrait pas s'arrêter là, qu'il fallait découvrir le coupable.» Le journaliste du magazine *Réalités*, Tanneguy de Quénétain (son article fait le portrait de quatre grands avocats de la première moitié du XXe siècle, dont Paul Baudet, celui de Pauline Dubuisson : c'est dans ce numéro de la revue, daté de mai 1960, qu'est publiée une photo d'elle que découvriront les patients du dentiste d'Essaouira dans sa salle d'attente, et qui causera sa perte définitive – c'est sans doute un peu mystérieux pour ceux qui ne connaissent pas l'histoire, pardon, mais si je m'étends, j'ai peur qu'on me reproche encore mes digressions, ce qui ne serait pas très gentil), résume ainsi le procédé : «Dans une plaidoirie de Maurice Garçon, deux caractéristiques dominent : le désir de passer rapidement de la défensive à l'offensive ; le désir non seulement de réfuter les imputations de l'adversaire, mais de construire – au besoin de toutes pièces – une thèse qui se tienne et l'emporte sur celle de l'accusation.» Dans le cas du procès de Périgueux, Garçon, sachant que la théorie de l'assassinat politique, si elle est la plus tentante, celle qui fait le plus saliver, est aussi la plus fumeuse (et il ne faut pas oublier qu'il plaide sous l'œil de Vichy), va au plus simple, au plus proche. Aux plus faibles : les gardiens du château. Comme leur fils, Yvonne et Saturnin

Doulet ont paniqué à la barre, devant tout ce monde, ils ont été, de loin, les témoins les moins robustes, les moins assurés des quatre-vingt-quatre qu'on a entendus. Or qui possédait la serpe? Qui dispose d'une meule? Qui connaît assez bien le château pour s'y diriger dans l'obscurité? Qui savait que le régisseur avait apporté plus de 8 000 francs à Mlle Girard? Qui n'est pas précis sur les heures et les trajets du vendredi soir? Les Doulet. Et chez qui a-t-on trouvé un pantalon ensanglanté? Chez les Doulet. Le maître tient tout de même à préciser qu'il n'accuse personne, ce n'est pas son rôle, ce sera à la justice de continuer à faire son travail. «J'ai terminé. Devant vous, j'ai balayé toutes les accusations portées contre Henri Girard. Il n'en reste rien. Libérez-le en hâte, ouvrez grand les portes d'une prison où il a souffert trop longtemps. Pour moi, il me reste un devoir à remplir. Je croirais manquer aux ordres de ma conscience si, après avoir sauvé son fils, je n'employais pas toutes mes forces à venger mon ami infortuné, lâchement assassiné. Je continuerai à poursuivre la découverte de son meurtrier. Le procès d'Henri Girard est terminé, mais j'en prends ici l'engagement, l'affaire commence!» (On ne parle plus des Doulet, ce n'est plus la peine, le procès est déjà terminé, il a sauvé son client avant le verdict. Dans le brouillon de sa plaidoirie, il avait prévu de la conclure par : «Je reviendrai!» Il a dû se dire qu'il s'avançait tout de même un peu trop. Ce n'était pas utile, on n'a plus besoin de lui, les jurés sont déjà passés d'eux-mêmes à l'étape suivante, qui sera une nouvelle instruction pour découvrir le véritable coupable. Dans son journal, ses notes du 3 juin sur son séjour à Périgueux s'achèvent ainsi : «Lorsque j'ai terminé en disant "Le procès commence", j'ai répondu au désir secret de chacun. Ce fut un soulagement, la Justice ne serait pas déçue, et la foule qui, trois jours avant, m'eût écharpé, m'a fait taire sous les acclamations. La psychologie des foules est finalement assez simple.») Les acclamations, il ne peut pas mieux dire, c'est du délire dans le prétoire. En deux heures, il a retourné le peuple. (Il est bien, finalement, ce Parisien. Formidable. On a peut-être tendance à les juger un peu vite...) Mais celui qui aura la réaction la plus déroutante (et la plus ridicule), c'est à nouveau le président Hurlaux. Plusieurs fois durant les audiences, il a prévenu qu'il ne tolérerait aucun désordre, aucun comportement bruyant, mais il n'est pas de bois : «J'avais averti que je ferais évacuer la salle à la moindre manifestation, mais je comprends trop bien votre enthousiasme pour l'admirable plaidoirie de maître Garçon.» L'instant suivant, les six jurés se lèvent pour aller délibérer, accompagnés d'Henri Hurlaux et de ses deux assesseurs.

Dans la presse du lendemain, les comptes-rendus divergent quant au temps qui leur a été nécessaire pour se mettre d'accord sur le verdict, mais on ne doit pas être loin des records mondiaux : selon les journaux, c'est entre huit et treize minutes. On a du mal à croire qu'ils ont eu le temps de s'asseoir dans la salle de délibération. Lorsqu'ils reviennent, face à des spectateurs ahuris qui ont dû éteindre leur roulée avant de l'avoir finie ou leur pipe après trois bouffées, sans même avoir pu se livrer au jeu des pronostics, ils déclarent l'accusé non coupable. (À la sortie d'un film, quand on allume sa cigarette sur le trottoir, dans la nuit fraîche, on peut être épaté, encore sous le coup de ce qu'on vient de voir. Ce n'est qu'une demi-heure plus tard, et non pas dix minutes, au café avec son pote ou sa fiancée, devant un whisky ou un thé, qu'on est d'accord pour dire que finalement, c'était pas mal mais sans plus. L'effondrement de l'immeuble, à la fin, d'accord. Mais ces scènes d'amour interminables... Et puis il faut reconnaître que le truc de la carte d'identité entre les coussins du fauteuil, c'était assez tiré par les cheveux, c'est pas très crédible, il nous prend un peu pour des jambons.) Le président Hurlaux, visiblement satisfait, soulagé même, essaie de se faire entendre dans le vacarme de la foule : «Henri Girard, vous êtes libre!»

Habituellement impénétrable, inexpressif en public, Henri tombe littéralement dans les bras de ses sauveurs, Garçon, Constant et Lacombe. En 1949, dans «Je suis un dévoyé», une série de trois articles pour *France Dimanche* qu'il acceptera de publier en échange de quelques billets pour manger, à son piteux retour d'Amérique du Sud (ce sera la première et dernière fois qu'il consentira à parler de l'affaire), il racontera qu'un gendarme qui doit le conduire à la maison d'arrêt pour la levée d'écrou lui tape sur l'épaule dans le box et lui dit : «On y va.» Il se tourne vers lui : «Vous, je vous emmerde. Je suis un homme libre.» Ce à quoi le gendarme répond : «T'as bien raison, mon pote.» Il ajoutera qu'il est alors dans un tel état d'euphorie que le tutoiement ne le dérange même pas.

Sous les applaudissements de ceux qui voulaient deux heures plus tôt qu'on sépare sa tête du reste de son corps, il quitte le tribunal, est conduit à la prison Belleyme, refuse de serrer la main du surveillant en chef qui lui a prédit la peine capitale et a témoigné contre lui, retrouve Annie dehors, très chic, avec un joli petit chapeau, accompagnée de son père, le «commis sautillant», et de son frère abbé, en soutane, puis se dirige avec eux vers la terrasse du Café de Paris, à côté du palais de justice, où il trinque avec ses avocats au milieu des journalistes et des curieux attroupés. Dans *France Dimanche*, il se rappellera qu'une femme «très belle, exagérément belle», s'approche de lui, lui offre une cigarette déjà allumée et lui fait savoir qu'elle l'attendra le soir même à l'hôtel de France. «Je devais par la suite rencontrer bon nombre de ces hystériques.» Après sa première bière, il se lève brusquement, court jusqu'à la rue Gambetta, toute proche, entre dans une bijouterie et achète une broche en or pour Annie. Il n'a pas encore touché un sou de la succession, mais il sait qu'il peut très largement se le permettre.

Dans *La Semaine*, une photo, certainement prise pendant sa levée d'écrou à Belleyme, montre Maurice Garçon, André Constant et Abel Lacombe marchant dans la rue, autour du conseiller Henri Hurlaux, qu'ils raccompagnent obligeamment à son hôtel.

Qu'un avocat de la trempe de Maurice Garçon puisse, en seulement deux heures, inverser les certitudes de toute une salle, cela peut se comprendre. Ce qui laisse plus perplexe, c'est que des jurés acquittent en dix minutes à peine un homme que tout accuse, et dont la culpabilité était encore indubitable pour eux le matin même. En dix minutes, on n'a pas le temps de discuter – ni en treize. Il faut qu'ils aient été influencés, ou en tout cas coordonnés, dirigés d'une manière ou d'une autre. Et même en supposant que, chamboulés par la plaidoirie diabolique de Garçon, ils se soient tous écriés « Non coupable ! » en entrant dans la salle, quel magistrat, quel président de tribunal les aurait laissés ressortir aussitôt, sans leur conseiller de prendre ne serait-ce qu'une petite demi-heure de réflexion, pour peser le pour et le contre dans une affaire d'une telle importance, une affaire de triple meurtre ?

C'est là qu'intervient ce qu'a découvert Guy Penaud dans les archives de Maurice Garçon, qui se trouvaient à Fontainebleau quand il les a épluchées, à Pierrefitte quand je suis allé les consulter à mon tour. D'abord, il faut parler brièvement d'Henri Hurlaux. Il a cinquante-quatre ans au moment du procès. Au début de l'année 1934, il est en fonction à Paris, substitut du procureur général Pressard, quand Alexandre Stavisky, l'escroc, est abattu d'une balle dans la tête par la police dans un chalet près de Chamonix (on tentera de faire croire qu'il s'est suicidé, sans grand succès, notamment auprès des journalistes du *Canard enchaîné*, qui titrera, en précisant que l'homme aux si nombreux

appuis politiques avait le bras long : «Stavisky s'est suicidé d'une balle tirée à trois mètres»), après une vie
d'arnaques diverses, dont la plus célèbre est celle du
Crédit municipal de Bayonne. Je ne vais pas entrer dans
les détails, sinon je suis foutu, mais il a réussi à détourner
239 millions de francs. Suspecté et traqué depuis des
années, bien connu des services de police (sous le nom
de Monsieur Alexandre, dit «le beau Sacha», il vivait au
Claridge avec sa femme, un mannequin de chez Chanel,
surnommée quant à elle «la belle Arlette»), il avait toujours pu échapper à la justice et à la prison (hormis un
court séjour en 1927), grâce à de puissants soutiens dans
les milieux les plus influents. À sa mort, le 8 janvier 1934,
on fouille dans ses papiers, des têtes vont tomber. Parmi
beaucoup d'autres, on trouve des lettres d'Henri Hurlaux,
dont une du mois de juin de l'année précédente, qui débute
par «Cher Monsieur et grand ami», sollicite l'intervention
du beau Sacha en sa faveur – il lui demande de l'aider,
d'intervenir auprès de je ne sais qui pour obtenir je ne sais
quelle promotion – et s'achève par l'assurance de son
«inaltérable dévouement». On suppose donc qu'il lui a
lui-même rendu quelques services en échange. Le 5 mars,
il est convoqué au cabinet de Théodore Lescouvé, premier
président de la Cour de cassation, qui lui annonce qu'un
décret présidentiel le relève de ses fonctions. Henri Hurlaux est un homme émotif et fragile. «Dans un moment
d'exaltation nerveuse», racontera *Le Petit Parisien*, il
s'écrie : «Le garde des Sceaux révoquera un mort!» et
plonge la main dans sa poche. Deux magistrats présents
bondissent sur lui et le ceinturent (des magistrats lestes et
musclés) : il s'apprêtait à avaler un flacon de produit
toxique «dont on ignore la composition». En pleine crise,
il hurle qu'on ne l'empêchera pas de mourir, il a plein
d'autres flacons chez lui! Il faut appeler le fameux docteur
Paul, la star des médecins légistes, qui lui administre une

piqûre de calmant, puis envoie le pauvre bougre dans une maison de repos près de Paris. Là, il multiplie les courriers au garde des Sceaux, reconnaît qu'il a bien écrit cette lettre mais jure qu'il n'a jamais reçu d'argent de Stavisky et ne lui a rendu «aucun service relatif aux affaires en cours». L'enquête permettra d'apprendre qu'on l'a vu, avec son épouse, tout apprêtés, dans la loge de Monsieur Alexandre au Gymnase (je me suis demandé d'où venait ce nom étrange pour une salle de spectacle : au départ, c'était un lieu qui servait à «l'entraînement» des élèves du Conservatoire, et s'appelait donc le Gymnase dramatique – ce qui ferait un beau titre pour un thriller sentimental dans le milieu sportif), mais on reconnaîtra qu'il n'a joué qu'un rôle minime dans l'octroi des passe-droits et faveurs accordées à Stavisky. Il ne sera donc pas réellement inquiété, simplement envoyé en poste en Algérie puis, au début de l'année 1941, à Limoges, ça lui apprendra.

Dès qu'il sait qu'il présidera le procès d'Henri Girard, et que Maurice Garçon est l'avocat de celui-ci, il entame une correspondance avec lui. Dans une lettre du 3 avril 1943, qui débute par «Mon cher maître et ami» (ce qui rappelle quelque chose), il lui apprend la date du procès, qui vient d'être fixée, et enchaîne aussitôt : dix jours plus tôt, Maurice Gabolde a été nommé garde des Sceaux. C'est un confrère, un magistrat, qui a été procureur général, ça peut être bon pour lui, qui souffre terriblement d'avoir été mis au placard à Limoges et n'a qu'un rêve : revenir en poste à Paris. «Je veux espérer que les notes et propositions des chefs de Cour reprendront leur valeur. Si vous avez l'occasion de rencontrer les chefs de Cour de Paris, vous serez gentil de leur dire ce que vos confrères, et vous, soit de Paris, soit de Limoges, soit de Périgueux... pensent de moi et de mon exil dans ce poste terne. Et l'opinion sur moi du barreau, qui est notre meilleur juge à l'audience. C'est tout ce que j'invoque – sans recourir à *aucune* intervention extraprofessionnelle. Vous serez gentil de le souligner avec votre haute autorité. Soyez assez gentil pour dire mon meilleur souvenir à maître Constant, et veuillez, mon cher maître et ami, de toute ma fidèle amitié.» (Il est tout fébrile, il en oublie «être assuré» après «veuillez». Trois fois le mot «gentil» dans une courte lettre.)

Maurice Garçon a la lettre sous le nez, mais il flairerait le bon coup même si elle était à deux cents mètres de lui. Il sait l'importance primordiale d'un président de tribunal dans la conduite des débats, et dans la délibération d'un jury. Il ne peut pas laisser passer une telle occasion. Il lui répond dès le 6 avril, en commençant par «Mon cher Président et ami» (la faculté d'adaptation n'ayant plus à faire ses preuves dans le domaine de l'entourloupe) et en prenant soin d'utiliser une tournure discrète, digne d'un agent double, qui installe tout de suite une amicale complicité entre eux : «Pour ce que vous me dites à la fin de votre lettre, vous pensez bien que je n'ai pas attendu que vous m'écriviez pour dire ici ce que je pense du magistrat dont vous me parlez, auquel une revanche me paraît pour lui bien nécessaire, et je ne doute pas qu'elle intervienne très rapidement.» Dans le même courrier, de moins de vingt lignes, il écrit, à propos du procès qui les verra bientôt réunis : «Cette affaire me cause bien du tourment, je suis très angoissé à l'idée de l'erreur épouvantable qui peut-être pourrait s'ensuivre.» Peut-être seulement... Garçon reste dans la loi, ce n'est rien d'autre que de l'habileté stratégique, de la roublardise de bon aloi.

Après le verdict, c'est la moindre des choses, il lui envoie une lettre de remerciements (je ne peux que le supposer d'après la réponse de Hurlaux, car, le hasard n'en faisant qu'à sa tête, c'est l'un des rares courriers dont la copie carbone ne figure pas dans ses archives). Le magistrat n'a plus à craindre de se sentir corrompu, c'est du passé, il peut se lâcher (il semble n'avoir pas bien retenu la

leçon de l'affaire Stavisky) et se mettre à plat ventre devant
son cher maître et ami : «Je me serais interdit de vous
déranger si l'amitié que vous me témoignez dans ces lignes
ne m'y incitait.» Il lui explique qu'il n'a toujours pas eu de
nouvelles du garde des Sceaux, et n'arrive pas à le joindre.
«Je vous demande d'être assez bon pour plaider ma cause
avec votre haute autorité indiscutée et la pertinence qui
s'attache au fait que vous m'avez jugé de l'ouverture de
l'audience à la clôture de la session, ce qui situe votre
intervention sur un plan unique.» (On ne peut pas être plus
clair. Et sans débordement d'amour-propre, je ne sais pas
si c'est un jeu de mots volontaire ou non, le juge se laisse
humblement «juger» par l'avocat.) Pour mémoire, il rappelle : «Dans l'affaire S., mon caractère de victime n'est
pas discuté.» Il conclut en offrant timidement ce qu'il peut
encore offrir : «Si vous avez l'occasion de revenir de nos
côtés, ma femme serait extrêmement heureuse de vous
avoir, Mme Garçon et vous, à notre modeste table, pour
rappeler ces heures de confiance et d'angoisse.» (Qui se
sont bien terminées, heureusement.) «Veuillez lui offrir
mes hommages les plus respectueux, avec le sympathique
souvenir de ma femme, et recevoir toute ma reconnaissante
amitié.» La reconnaissance est un peu prématurée, mais ça
ne devrait plus tarder. Un peu quand même : le 10 juillet,
un mois plus tard, se sentant abandonné, le malheureux en
rajoute une couche, voire deux ou trois, à la spatule. «J'espère bien que si vous venez à Périgueux, vous viendrez
déjeuner ou dîner à la maison. Ce ne sera pas bien brillant,
mais on bavardera. Au cours de cette semaine émouvante,
je me suis trop lié d'amitié avec vous pour vous cacher
notre actuelle gêne. La question "alimentaire" me pousse à
souhaiter un rétablissement urgent de ma carrière. Car si je
vois celui-ci impossible en raison d'une hostilité ne désar-
mant pas à la Chancellerie, je prendrai la décision de quitter,
et de me réinscrire au barreau pour tâcher d'y gagner la vie

des miens. Ce ne sera pas sans regret, mais il faut vivre. Et avec ma vieille mère infirme à Besançon, j'ai de lourdes charges auxquelles je n'arrive plus à satisfaire. Si vous pouviez joindre ou faire joindre M. le garde des Sceaux, votre démarche, plus pertinente qu'aucune autre puisque ce serait celle d'un témoin, pourrait amener la décision de justice dont, sans vous, je désespère – bien que chacun me l'annonce comme s'imposant !»

Même la vieille mère infirme (on a peine à y croire mais si, mot pour mot) ne suffira pas : on ne sait pas si Garçon a ou non essayé (ce n'était peut-être pas très commode pour lui de plaider, auprès des autorités, la cause d'un magistrat dont beaucoup pensaient qu'il n'était pas étranger à l'acquittement de son client), s'il s'est heurté à un refus catégorique du ministre de la Justice, mais quoi qu'il en soit, les vœux d'Henri Hurlaux n'ont jamais été exaucés (il n'y a donc pas corruption, la morale est sauve). Il est resté à Limoges, où il a terminé sa carrière à la fin des années 1950. Maurice Garçon, cependant, n'est pas un ingrat. Il a fait un geste. Dans le compte-rendu sténographique du procès d'Henri Girard, publié à son initiative, l'introduction dont il est certainement l'auteur lui rend un bel hommage pour la postérité : «La manière dont il mena l'affaire le classa comme un grand président d'assises.» Sympa.

Après avoir fêté l'acquittement au Café de Paris, peu avant 16 heures, Henri et ses avocats marchent cinquante mètres, jusqu'au cabinet du juge d'instruction. Sur le conseil de Garçon, Henri va déposer plainte contre X pour que l'enquête sur les meurtres de son père et de sa tante reprenne et que le vrai coupable soit découvert, arrêté, jugé, puni. On imagine le plaisir orgasmique qu'il doit ressentir en confiant cette mission à Joseph Marigny, l'homme qui était le plus foncièrement, le plus intimement convaincu de sa culpabilité, qui a passé dix-neuf mois de sa vie à tout ficeler pour la démontrer, l'homme qui a ressenti l'acquittement comme une claque retentissante, avec l'humiliation en marque rouge. Il ne peut pas faire autrement que de recevoir la plainte, mais il s'en débarrassera dès qu'il pourra. Le 12 juin, il déclare amèrement à l'envoyé spécial du *Matin* à Périgueux : «J'espère qu'un magistrat plus perspicace et plus impartial que moi reprendra le dossier.» Il le confiera finalement, le 22 juin, à un jeune juge qui vient d'être nommé, Jean Testut. (Si l'on fouille, on trouve des coïncidences partout, mais tout de même, certaines sont épatantes : Jean Testut est très probablement le père de Michel Testut, le président du jury qui décernera le prix de Razac-sur-l'Isle à *La Petite Femelle*. Sur la page Wikipédia de ce dernier, on lit qu'il est né le 11 mai 1943 à Brive, qu'il descend d'une longue lignée de magistrats, et dans le livre de Guy Penaud, que Jean Testut a eu un fils une dizaine de jours avant le début du procès, soit mi-mai, prénommé Michel. Lequel, s'il s'agit bien de lui, a écrit, en 2011, *Le Bonheur à Périgueux*.) Quelques mois plus tard, après des vacances qui lui ont vraisemblablement permis de faire le point, le juge Marigny demande à être relevé de ses fonctions.

La nouvelle instruction ne donnera rien. Huit mois après s'être constitué partie civile, alors qu'il a touché l'argent de la succession et mène la grande vie à Paris, en février 1944, Henri Girard retirera tout simplement sa plainte, qui débouchera donc sur un non-lieu.

Le soir de l'acquittement, c'est lui-même qui le raconte dans *Je suis un dévoyé*, Henri va dîner avec ses avocats, sa femme, le père et le frère de celle-ci, au premier étage d'un «petit bistrot marché noir». (Je pense qu'il s'agit du Palais de la Bière, car dans une lettre envoyée par Maurice Garçon à son collaborateur André Constant, qui s'apprêtait à partir à Périgueux en mars, il écrivait : «À Périgueux, quand vous voudrez déjeuner, allez au Palais de la Bière, présentez-vous de ma part et montez au premier.» Mais je n'ai pas réussi à trouver où était situé ce Palais de la Bière.

Ce n'est pas très important, cela dit.) Annie a récemment fait l'acquisition d'un «adorable petit cocker», écrit Henri. Le garçon leur sert à tous d'énormes biftecks et, à la demande de la jeune femme, en pose un aussi, dans une assiette, devant le chien. Henri pâlit. Il n'a mangé que du bouillon, et du mauvais, depuis près de deux ans. De manière assez injuste (considéreraient Hitler, Pol Pot ou Attila), il attrape le cocker par le cou et le jette par la fenêtre du premier étage. «Et, ce qui est moins logique, je fais prendre le même chemin au bifteck.» Toute la table reste pétrifiée. Sans dire un mot, il attaque sa viande.

Lors de ce dîner, il discute avec son beau-père, Julot-les-Bacchantes, et son beau-frère, Roger-le-Curé. Il convient qu'il ne s'est pas toujours comporté de façon très correcte avec Annie, mais ce drame et son long séjour en prison lui ont fait prendre conscience de beaucoup de choses, il n'est bien entendu plus question de divorcer. Dans une lettre à sa mère, qu'a pu lire Roger Martin, l'abbé précise : «Henri m'a confié mercredi soir, à peu près textuellement : "Il serait extrêmement ridicule de ma part, après toutes les conneries que j'ai faites, de prendre des engagements solennels et définitifs, mais je puis t'affirmer que j'ai l'impression que cette fois, ça tiendra. Une telle épreuve apprend à vivre." La question des enfants a été envisagée entre eux, et résolue affirmativement. Et c'est là un point essentiel, qui fera de leur attelage un vrai foyer.» Ni lui ni son père ne reverront jamais Henri Girard.

Quelque temps après son retour à Paris, ce dernier se rend au cabinet de Maurice Garçon et lui demande d'entamer pour lui une procédure de divorce. Son sauveur le lui déconseille fortement, sa femme a fait preuve d'un grand dévouement envers lui, l'a soutenu durant toute son incarcération et défendu fort loyalement lors du procès, ce ne serait pas raisonnable, sans même parler du côté humain, cela pourrait être très mal interprété. Il lui suggère de faire un effort et d'attendre encore un peu. Henri le salue et va s'adresser à un autre avocat. Maître Garçon ne le reverra pas, lui non plus, malgré de nombreuses relances agacées – car à ce moment-là, l'instruction ouverte suite à sa plainte contre X est toujours en cours. Après une dernière tentative («Je vous prie de passer d'urgence chez moi, faute de quoi je me verrai dans l'obligation de me dessaisir de vos dossiers»), il laisse tomber. Le 18 avril 1944, il écrit à Abel Lacombe : «Plus aucune nouvelle de notre client. Quel homme bizarre.» (Dans sa réponse, l'avocat périgourdin lui dit l'avoir vu pour la dernière fois le 30 août 1943, quand il est venu rencontrer le jeune juge Testut. Il avait déjà passé une dizaine de jours à Périgueux le mois précédent, avant de partir pour Nice le 25 juillet. Qu'allait-il faire à Nice ?) Par son confrère qui s'occupe désormais du divorce, Maurice Garçon a appris en octobre 1943 qu'il avait «passé avec sa femme, en dehors de son conseil, une transaction ruineuse». Henri a donc donné une forte somme d'argent à Annie. Le 26 avril 1948, Garçon envoie à Lacombe un dernier courrier : «J'ai voulu savoir ce qu'était devenu Girard. Pour votre curiosité, voici ce que j'ai appris : après avoir divorcé et épousé une seconde femme à laquelle il a fait deux enfants, il a liquidé tout ce qu'il avait et il est parti pour une destination inconnue, probablement le Venezuela, en abandonnant sa femme et ses gosses sans ressources. Ce pauvre garçon est décidément bien loufoque.»

Il n'en entendra plus parler jusqu'à la sortie tonitruante du *Salaire de la peur*, qui a dû le laisser bouche bée. Non, d'abord, un an plus tôt, il a découpé dans *France Dimanche*, et classé dans son dossier, les trois épisodes des souvenirs de son client de retour d'Amérique, et la semaine suivante, le 9 octobre 1949, il a certainement parcouru un petit article en page six, avec une photo de Suzanne Girard, vingt-six ans. Dans les numéros précédents, elle a lu elle aussi le récit de son dévoyé mari. Elle a été choquée et a tenu à réagir : «Je ne veux pas que mes enfants paient pour leur père.» La jeune femme délaissée vient de gagner le prix des chanteuses réalistes au Central de la chanson (un cabaret, au 13 rue du Faubourg-Montmartre, qui donne sa chance aux jeunes – il a changé de nom l'année précédente (après que s'y sont rencontrés Édith Piaf et Marcel Cerdan, et qu'Yves Montand y a fait ses débuts parisiens) : depuis la Libération, il s'appelait le Club des Cinq) et passe cet automne-là dans une cave de Saint-Germain, le Quolibet, «que dirige le compositeur Léo Ferré, l'auteur des "Amants de Paris"». Elle s'est confiée au journaliste de *France Dimanche* : «Dans les confessions d'Henri que vous avez publiées, il dit qu'il a été chauffeur de taxi, contrebandier, camionneur et même chercheur d'or. Mais nous, il doit nous avoir oubliés. Il ne nous cite même pas. Il n'a pas dit qu'il nous avait abandonnés, nous laissant sans argent, ses deux fils et moi. J'ai été vendeuse, barmaid, j'ai même été porteuse de journaux à bicyclette. Aujourd'hui, une chance m'est donnée. J'espère pour mes enfants que ça va marcher.» Pas vraiment.

Même si Henri a été acquitté et applaudi à sa sortie du tribunal, l'enthousiasme déclenché par la victoire du grand maître Garçon passé, rares sont ceux qui pensent que la justice a rendu une bonne décision. Le 30 juin 1943, dans le rapport mensuel que la gendarmerie adresse au préfet de la Dordogne, le capitaine Pontet, qui le rédige, note au chapitre «Criminalité» : «Peu d'affaires importantes, une arrestation pour infanticide, un viol.» (On sent le gars endurci.) «Les vols les plus nombreux consistent en vols de récoltes, de volailles, etc.; on vole pour vivre. L'affaire Girard, qui a eu son dénouement devant les assises de la Dordogne, a soulevé une vive émotion. L'acquitté n'en reste pas moins considéré comme le véritable criminel.»

Dans les archives de Maurice Garçon, quelques lettres, signées ou non, lui reprochent plus ou moins calmement d'avoir permis la remise en liberté d'un meurtrier monstrueux, insensible et sardonique. Parmi elles, celle, anonyme, d'un « homme du peuple » qui évoque la « comédie sinistre » du procès et croit savoir pourquoi le grand avocat a accepté d'y participer, de mettre de côté sa vieille amitié pour l'une des victimes et de laisser sa mort impunie : parce qu'il a fait passer son rang, sa classe sociale, avant tout. Il témoigne de ce que pensent « les ouvriers, les employés de bureau, d'ateliers, les gens de la campagne » : « L'opinion générale de ce milieu est que ce verdict d'acquittement est un verdict de classe. S'il s'était agi d'un simple ouvrier au lieu du privilégié que vous avez eu à défendre, il y a belle lurette qu'étant condamné et exécuté, on n'en parlerait plus. Mais tout fut employé pour obtenir l'acquittement de cet assassin, de cette riche fripouille, dans le but de sauver l'auréole de votre élite, de votre monde. »

Parmi ceux qui côtoieront Henri à son retour d'Amérique du Sud, ses potes de dèche sur l'île Saint-Louis où il vit avec Lella, plusieurs n'ont pas davantage de doute quant à sa culpabilité. Georges Bratschi, le critique cinéma de *La Tribune de Genève*, écrira même un livre révélation, après la mort de son ami : *N'avouez jamais*, un « récit » écrit à la première personne dans lequel il se met dans la peau du futur écrivain. Le manuscrit n'a pas été publié, mais Roger Martin, qui a pu le récupérer (chapeau), a eu la gentillesse de me l'envoyer. Selon Bratschi, Annie n'a rien à voir dans l'histoire, c'est pour Marie-Louise, sa maîtresse, qu'Henri a tué son père, qu'il n'aimait pas. Il est fou d'elle et sait que leur amour n'est pas possible tant qu'il est sans emploi, démuni, sans avenir. Il est prêt à tout. Le vendredi soir, au château, il se dispute violemment avec Georges, qui refuse de lui donner plus d'argent, lui en veut

de l'avoir fait venir jusqu'à Escoire pour ça et s'emporte,
comme il en a l'habitude : «Tu réclames toujours la même
chose!» En manque d'amphétamines, dont il faisait une
grande consommation à Paris, Henri pète un plomb et tue
tout le monde. C'était manifestement prémédité, puisqu'il
avait convenu avec Marie-Louise, s'il était arrêté et placé
en détention préventive, qu'elle ne devait à aucun prix lui
écrire en prison – ce qui explique pourquoi il a laissé
Annie, qu'il ne voulait plus voir dans les mois qui ont
précédé les meurtres, revenir au premier plan dès les
funérailles des victimes, et jusqu'au verdict. Dans son
livre, Bratschi ne mentionne jamais le nom d'Henri
Girard, mais il le lui dédie : «En souvenir de Georges
Arnaud, écrivain exemplaire.» Sous-entendu : homme,
moins.

Yvan Audouard, un autre ami très proche, partageait
cette conviction. Quand l'infatigable Roger Martin l'a rencontré, m'a expliqué celui-ci par mail, il a paru presque
étonné par la question : «Bien sûr, que c'est lui qui les a
liquidés!» J'ai répondu à Roger en lui demandant pourquoi il n'avait pas mentionné cet entretien dans son livre
– craignant que cet «oubli» ait été dicté par la volonté de
ne pas salir, enfoncer le «rebelle» auquel il a consacré une
biographie si complète (même si, et bien que nous ne nous
soyons jamais vus, j'ai le sentiment que ce n'est pas du
tout son genre). Il m'a rassuré. Quand il a demandé à Yvan
Audouard l'autorisation de le citer, l'écrivain s'est braqué
aussitôt : «Si vous publiez ça, je vous poursuis en justice.»
(Du coup, profitant qu'Yvan soit sous terre et ne puisse
plus m'attaquer, je balance? Pas tout à fait. Par chance,
son fils Antoine habite le même quartier que nous, du côté
de Louis-Blanc. Je suis passé le voir l'autre jour à la librairie Litote en tête, où il présentait *Vivre de mes rêves*, la
correspondance de Tchekhov, dont il a écrit la préface
(j'en ai acheté un exemplaire, Anne-Catherine est en train

de le lire, elle me charge de le recommander, si j'ai une ligne de libre – on trouve toujours, mon amour). Je lui ai rapporté cette anecdote au sujet de son père et lui ai demandé si je pouvais la raconter – ça peut paraître un peu perfide ou hypocrite, mais à qui de mieux placé m'adresser ? Il m'a répondu : « Avant de mourir, mon père m'a très officiellement transmis ses non-pouvoirs. Par conséquent, je t'autorise très officiellement à écrire absolument ce que tu veux. »)

Après 1949 et *Je suis un dévoyé*, qu'il n'a d'ailleurs pas rédigé lui-même (au départ, il voulait que *France Dimanche* publie *Le Voyage du mauvais larron* en feuilleton, mais le rédacteur en chef a estimé que le sujet était peu vendeur, le texte « beaucoup trop littéraire », et lui a proposé de revenir plutôt sur le drame d'Escoire, qui intéressait autrement les gens – c'était ça ou rien, et « rien » ne nourrissant pas son homme, il a accepté à contrecœur, sans toutefois se donner la peine d'écrire : le boss l'ayant prévenu que ce serait de toute façon rewrité, puisqu'il semblait avoir un penchant déviant pour la belle langue, il a préféré se contenter de transmettre ses souvenirs de vive voix au rewriter, Louis Sapin, qui les retranscrirait lui-même à sa manière), Henri n'a plus jamais abordé le sujet, alors qu'il en a eu souvent l'occasion – rien même n'aurait paru plus logique et naturel dans plusieurs de ses livres, ou dans les nombreux articles qu'il a consacrés à des affaires judiciaires (personnellement, je ne me serais pas gêné). À sa famille non plus, il n'a pas fait de confidences, du moins à ce qu'on sache, à ce que sachent son petit-fils Manu et surtout son fils Henri, qui a pourtant passé plus d'un mois tout à fait seul avec lui en Colombie (pour le reportage fantôme sur les trafiquants de drogue), près de quarante ans après les faits.

On ne trouve trace que de deux exceptions. La première en 1953, lorsqu'il a commencé à écrire régulièrement dans les journaux. À Robert Lazurick, le fondateur et directeur de *L'Aurore*, qui lui demandait en substance s'il envisageait une carrière dans la presse, il aurait répondu : «On m'a toujours dit que pour être journaliste, il fallait avoir tué père et mère. Je n'ai pas trop mal commencé.» La seconde, vingt ans plus tard, assomme.

Au début des années 1970, Gérard de Villiers, auteur de la série *SAS*, entre bien d'autres activités plus ou moins reluisantes qui pourraient figurer sur une carte de visite s'il en existait d'un mètre sur deux, apprend que les droits cinématographiques du *Salaire de la peur* sont de nouveau disponibles. Il voudrait faire une sorte de remake du film de Clouzot en couleurs, il se précipite donc à Alger où vit Georges Arnaud, qu'il connaît bien : il l'a rencontré une dizaine d'années plus tôt à Paris, par l'intermédiaire de Marcel Jullian, ils se sont liés d'amitié. De Villiers ne se souvient plus de la date exacte, mais je pense que c'est dans le courant de l'année 1973. Malheureusement, Henri lui apprend qu'il vient de revendre les droits aux Américains (*Sorcerer*, de William Friedkin, sortira quatre ans plus tard), il est désolé pour lui, il l'emmène faire une balade en voiture sur les hauteurs d'Alger. Ils discutent face à la mer.

Gérard de Villiers ne dira rien de cette entrevue jusqu'à la mort d'Henri Girard, ni même les quinze années suivantes. Il en parlera dans une voiture avec Laurent Chalumeau, pendant l'enregistrement de l'émission «La Route», diffusée sur Canal Jimmy en mai 2001, puis en 2004 dans «Le Vif du sujet», que j'écoutais en roulant vers Périgueux, il la relatera en détail dans ses Mémoires, *Sabre au clair et pied au plancher*, publiés en 2005, et une dernière fois au téléphone avec Jacques Pradel, dans «L'Heure du crime» sur RTL, en juin 2012, un an avant sa propre mort.

Face à la mer, donc, à Gérard qui lui demande : «Tu peux le dire, maintenant, c'est toi qui les a tués?»,

Henri répond, après quelques secondes d'hésitation mais d'une voix neutre : « Oui, c'est moi. » Brièvement, il lui explique qu'il s'est disputé ce soir-là avec son père, qui ne supportait plus qu'il lui réclame sans arrêt de l'argent. « Et la bonne ? » interroge de Villiers. « Je ne pouvais pas faire autrement. » Il ne veut pas en dire plus. Il consent seulement à lui révéler pourquoi, selon lui, il a été si facilement acquitté : à la prison Belleyme, il était en cellule avec le responsable d'un maquis FTP, qui allait être exécuté à coup sûr, les Allemands l'ayant exigé. L'avocat du futur condamné contacte maître Abel Lacombe et lui propose un marché : « Si votre client accepte de participer passivement à l'évasion du mien, je vous promets qu'il sera acquitté aux assises. » Henri se tâte : s'il est reconnu complice d'une évasion, son dossier déjà lourd deviendra indéfendable, mais refuser serait encore plus risqué, il sait qu'il a très peu de chances de s'en tirer « honnêtement ». De plus, « passivement », ça va, il n'a qu'à fermer les yeux, ce n'est pas trop demander. Il donne son accord. Quelques jours plus tard, le résistant s'évade. Avant de ne plus jamais en parler à quiconque, il conclut sur le sujet : « Je n'ai jamais su combien de jurés avaient été persuadés ou menacés, mais je suis sorti libre. »

Gérard de Villiers a des défauts, on pourrait en remplir quelques bennes, mais il est certain qu'il n'a pas inventé cette rencontre et ces confessions. Ce n'est pas possible. De plus, il a souvent dit ou écrit qu'il vouait à Georges Arnaud, malgré leurs opinions politiques différentes, une grande admiration.

Voilà, le dossier se referme. Henri Girard a écrit de beaux romans, forts, qu'il faut lire, l'altruisme et l'énergie combative de la deuxième partie de sa vie ont largement compensé l'égoïsme et la futilité de la première, mais entre les deux, pour toujours, empestent, putréfiées, quelques heures de barbarie impardonnable.

La mort hideuse de trois personnes, saignées dans la nuit,
deux femmes qui n'avaient rien fait de mal de leur vie et
un homme formidable, Georges Girard. Fin de l'histoire,
une erreur judiciaire de plus.

9.

Le dimanche matin au Mercure, dans la salle du petit déjeuner, je me prépare à ma journée d'acclimatation. Je n'ai finalement pas trop mal dormi, même si je me suis réveillé à 4 heures, en sueur, le cœur battant fort, sans un coup de serpe mais avec la bouche sèche. Ils étaient salés, ses moutons. Hier soir en rentrant, j'ai vidé la petite bouteille d'Évian qui se trouvait sur la table de chevet, gracieusement offerte aux hôtes de marque, et il n'y a pas de minibar (il faudra que je pense à m'en plaindre – en restant poli – dans le sondage de satisfaction auquel on me demandera respectueusement de répondre par mail à mon retour). J'ai pas mal bourlingué dans ma vie, je ne suis pas du genre à faire la chochotte, et je n'ai aucun mépris pour la province, on n'est plus au XVᵉ siècle, mais l'eau du robinet... Périgueux a gardé un cachet très pittoresque, très médiéval. Je ne sais pas, le système digestif des habitants s'est peut-être habitué – en Égypte, sur le bateau avec Anne-Catherine et Ernest, on a vu sur les berges des paysans boire l'eau du Nil, et ils paraissaient en pleine forme (pas trop le moral, mais physiquement impeccables). J'ai préféré ne pas prendre de risque, Columbo ou Hercule Poirot ne seraient arrivés à rien s'ils avaient dû passer leurs journées aux toilettes. J'ai rempli la bouilloire qui se trouvait sur le petit plateau avec les sachets de thé et de Nescafé, et j'ai fait bouillir. (Je ne sais plus si je l'ai dit, mais j'ai bourlingué.) Ce qui ne m'est pas venu à l'esprit tout de suite, c'est qu'il allait falloir que ça refroidisse, l'eau bouillante désaltère mal. Après trente-cinq minutes à regarder, dans un demi-sommeil pénible, un reportage sur les flics de Toulon qui traquent les délinquants dans les moindres recoins, j'ai ingurgité un grand gobelet d'eau tiédasse, avec des particules de calcaire de la bouilloire qui flottaient à la surface.

D'où je suis assis, devant mon café et mon bacon, je vois Pauline à l'accueil. Tous les clients qui sortent de l'ascenseur et passent devant elle, avant un rendez-vous, une visite au musée militaire du Périgord ou une bonne journée de tourisme pédestre, la saluent avec le sourire. On est plus aimable et courtois dans les hôtels qu'ailleurs, plus humble – on sait, même si c'est enfoui, qu'on dort chez quelqu'un. (C'est plus marqué encore chez le médecin. On ne se comporte pas chez son médecin comme chez le boucher ou à la Sécu. On n'est nulle part plus doux, plus gentil, plus effacé. Car on lui montre et lui confie notre fragilité, notre faiblesse.) Pauline, en retour, sourit évidemment à tout le monde : une femme chic avec une valise à roulettes, «Au revoir, madame»; un couple terne, en chaussures de marche toutes neuves, avec deux enfants qui partent à l'échafaud, «Bonne journée!»; un homme en pull de sa grand-mère avec un teckel en laisse (il ne faut pas penser aux chiens dans les chambres d'hôtel), «Bonne journée, monsieur»; un quinquagénaire chauve en costume avec un escabeau, elle ne se démonte pas, «Bonne journée!» (Elle l'a peut-être vu les jours précédents, il ne quitte pas son escabeau – ce qui n'est pas si bête, on peut à tout moment avoir besoin de grimper pour attraper quelque chose.) Dans un quart d'heure, ce sera à moi de sortir dans la ville, avec mon sac matelot. Il faut que je reste modeste, mais tout de même : amis périgourdins qui ne vous doutez de rien, bientôt, parmi vous, incognito, s'avancera Philippe Columbo, Hercule Jaenada, et on va voir ce qu'on va voir.

J'aime être seul dans les salles de petit déjeuner des hôtels de province. D'abord parce que si mettre un morceau de viande ou de pomme de terre dans ma bouche à un mètre en face de quelqu'un ne me dérange généralement pas, par contre, une tartine ou un croissant, étrangement, je ne peux pas. (Peut-être à cause des miettes, ou du niveau d'éveil, mais j'ai d'autres énigmes à résoudre dans la vie, on n'a pas de temps pour tout.) Et plus positivement, parce qu'on y est toujours au milieu de plusieurs autres personnes seules (ça me rassure), que j'imagine toutes VRP. Il y a de la poésie et de la mélancolie, dans un VRP, le voyage et la solitude, le déracinement, l'ennui des obligations, le confort lointain de l'appartement familial. On lui devine plus facilement qu'à un autre une vie ailleurs, une femme qui s'occupe des enfants sans lui, une place vide sur le canapé et dans le lit, les soirées et les dimanches en famille, auxquels il pense en mâchant, les yeux sur le mur d'en face. Je me sens entouré de jean-pierre-marielles. Mais les jean-pierre-marielles d'aujourd'hui, tristement, ont bien changé. Il y en a un à la petite table voisine de la mienne. Il doit avoir entre trente-cinq et quarante ans, il est soigneusement coiffé, il porte un costume cheap mais qui passe, une cravate bleue nouée serrée, une chemise blanche un peu froissée, il est mince, ça sent le jogging et l'aftershave, c'est un homme en forme, qui fait bonne impression sur le client – pourtant, pas un contrat ce mois-ci, c'est sûrement à cause de la crise. (D'un autre côté, s'il demande des rendez-vous le dimanche, il ne doit pas toujours être bien accueilli. À moins qu'il soit représentant en objets de culte ou en balançoires de jardin.) Devant lui, il n'a qu'un thé, deux kiwis, qu'il épluche lentement, comme si c'était un art, l'art du cafard, et un tout petit bol de fromage blanc, 0 % à tous les coups, avec trois céréales dessus. À deux reprises, j'ai surpris le diet jean-pierre-marielle du dimanche coulant un regard vers ma table, envieux. J'ai lu *Le Club des Cinq*, je sais qu'avant une journée qui s'annonce riche en aventures (l'acclimatation en est une), il faut prendre un solide petit déjeuner. Pour moi, ce matin, une grande tasse de café (un grand bol de chocolat chaud, dans les livres, mais je n'ai plus onze ans), un grand verre de jus d'orange, deux grosses tranches de pain de campagne, du jambon, du fromage, des œufs brouillés, du bacon croustillant et luisant, et trois mini-spécialités charcutières cylindriques. Il doit se dire à la fois que j'ai de la chance, que sa vie est bien terne, et que je devrais me regarder plus souvent dans une glace, gros tas, que je vais claquer d'un infarctus dans deux mois. De mon côté, je me dis qu'il n'a pas tort, mais que chacun fait ce qu'il veut mon bonhomme. La vie de VRP qui m'émeut et m'attire en rêve, en fait, c'est la vie de VRP de 1973. (C'est mieux, ça m'évite un dilemme, des velléités de réorientation professionnelle.)

Mauvais calcul, la journée d'entraînement à la vie provinciale. Le dimanche à Périgueux, comme à Saint-Étienne, à Thionville ou à Angers, et dans pas mal de quartiers de Paris, le silence et le marasme règnent en maîtres. À part entrer dans quelques bars, souvent déserts et sinistres, où je ne peux boire que du café ou du Perrier parce que c'est le matin et que je tiens à mon image, il n'y a rien à faire, je ne sais pas où aller. J'opte pour un PMU sale et poussiéreux (ça sent le fond de vieux pinard, le désinfectant premier prix pour toilettes turques et l'ersatz de café qu'on devait servir en 1941), c'est familier, mais les courses ne débutent qu'à midi. Seul dans un coin de la salle, je regarde les pronostics sur Equidia. J'ai bien peur de ne pas être en train de m'acclimater beaucoup.

Je sors du bar comme un zombie de sa tombe et me dirige vers le parking de la place Francheville. Dans la Meriva, je serai à la fois assis et en mouvement, c'est déjà mieux. Je vais voir le château. Je suis aussi là pour ça, m'approcher. Avec un peu de chance, il y aura quelqu'un, ou sur le portail un moyen de contacter les propriétaires. En revenant, je passerai peut-être au cimetière Saint-Georges pour voir les tombes d'Amélie et Georges, si elles, s'ils sont toujours là.

Finalement, ce dimanche tombe bien. Il me permet de retarder d'un jour le moment où je vais m'engloutir dans le passé – j'ai tout le temps. J'ai peut-être peur de ne rien y trouver, ou plutôt, quand je me sens tout à fait dans le présent, dans ma vie du XXIe siècle, comme maintenant en glissant mon ticket dans la machine à la sortie du parking, je me demande ce que j'espère y trouver, dans le passé, ce que je suis venu faire ici. L'affaire est bouclée, c'est évident (je n'aurais aucune envie, par exemple, de partir à Los Angeles pour fouiller dans le dossier accablant d'O. J. Simpson), et tout le monde est mort.

Mais je sais ce qui me dérange, ce qui me laisse un genre de brume en tête : c'est Maurice Garçon. D'une part, et accessoirement, le fait qu'il ait peut-être conclu un marché implicite avec le président Hurlaux – voire, pour assurer le coup, que des jurés aient été soudoyés ou menacés – ne fait honneur à personne (même si, en ce qui concerne Garçon, il n'a rien à se reprocher, il n'a fait que tapoter la perche qu'on lui tendait) mais ne dit rien de l'innocence ou de la culpabilité d'Henri Girard : rien n'empêche un malhonnête, s'il est de nature pessimiste, ou perfectionniste, de tenter de corrompre l'arbitre d'un match de foot pour qu'il favorise le Real Madrid contre l'US Crépy-en-Valois. D'autre part, voilà ce qui m'a perturbé au point de louer une Meriva et de me hasarder au royaume de la truffe : j'ai lu une bonne partie du *Journal*

de Maurice Garçon, je me suis documenté sur plusieurs
affaires qu'il a plaidées et sur l'homme qu'il était (il a été
le premier avocat de Pauline Dubuisson, avant de renoncer
quand il a appris que le parquet avait requalifié le crime en
assassinat, c'est-à-dire en homicide volontaire avec préméditation). Il ne s'est pas battu que pour des innocents, bien
sûr. Comme tous les grands avocats, le plus important pour
lui était de gagner. C'était un ange comme je suis majo-
rette. Il était rusé, pour ne pas dire roué, il avait une haute
opinion de lui-même et pouvait se montrer dur et cinglant,
voire cruel, utiliser tous les procédés possible pour écraser
un témoin ou influencer un jury. Et ce n'est pas lui faire
injure de supposer qu'il a plus d'une fois déployé tout son
talent et réclamé l'acquittement, dans de poignantes envo-
lées oratoires, pour un client qui se disait innocent et qu'il
soupçonnait d'être coupable. Mais, en dehors de l'arène
judiciaire en tout cas, je pense que c'était un homme droit,
amidonné de forts principes. (Peut-être trop, parfois. Je me
demandais, en écrivant *La Petite Femelle*, pourquoi il avait
abandonné la défense de Pauline en cours de route. Je ne
savais pas alors qu'il avait fait don de tous ses dossiers aux
Archives nationales. Lorsque je suis allé consulter celui
d'Henri Girard, j'en ai profité pour commander celui de la
jeune femme. Il est mince et n'éclaire pas grand-chose :
quand la chambre des mises en accusation a décrété que
Pauline ne serait pas jugée pour homicide involontaire, il
a laissé tomber, je le savais. Mais en lisant les quelques
courriers qu'il a échangés avec elle ou avec son confrère
Jean Robert, qui la défendait également, on devine deux
ou trois choses. D'abord, on apprend que dès le début,
trois jours seulement après son arrestation, Pauline – ou
plus probablement son frère – a fait appel à lui. Il a accepté
l'affaire. Mais en 1951, Maurice Garçon est une superstar,
il est très occupé. Elle n'a aucune nouvelle de lui pendant
plusieurs semaines et, n'étant pas d'un tempérament

particulièrement soumis, d'une part, traversant d'autre part
une période de découragement et de dépression profonde,
après avoir appris la mort de Félix Bailly (qu'elle imaginait n'avoir que blessé) et le suicide de son père, elle lui
fait savoir qu'elle n'a plus besoin de lui. Quelques mois
plus tard, en janvier 1952, elle se ravise (il est évident que
le brave Jean Robert n'est pas à la hauteur) et lui écrit pour
lui demander de prendre à nouveau son affaire en charge.
Il accepte sur le principe, mais ne se penchera sur le dossier d'instruction qu'au mois de novembre suivant. Après
sa lecture, c'est lui, cette fois, qui se retire. Il écrit à
maître Robert : «Je vous ai expliqué sincèrement mon état
d'esprit : je ne crois pas, en conscience, que je plaiderai
cette affaire comme il le faut.» S'adressant à un autre
confrère, moins concerné, il est plus direct : «J'ai dit à
Jean Robert que je ne me souciais pas de plaider cette
affaire – qu'entre nous, je considère comme extrêmement
mauvaise.» Pourtant, dans les cinq pages de notes qu'il a
prises en lisant le dossier, il est clair qu'il croit sincèrement
à la version de Pauline : elle était amoureuse de Félix, elle
s'en est rendu compte trop tard, elle n'a jamais eu l'intention de le tuer, elle voulait se suicider devant lui, il a tenté
de l'en empêcher, elle lui a tiré dessus par réflexe, pour
pouvoir mourir. Cela ne semble pas faire de doute dans son
esprit, et c'est vraisemblablement la raison pour laquelle il
a été si surpris et contrarié d'apprendre qu'elle passerait
aux assises sous le chef d'inculpation d'assassinat. Mais
lorsqu'il évoque sa personnalité, son caractère, sombre,
complexe et indépendant, moderne, on se dit que soit il
pressent une virulente animosité de toute l'opinion, de la
presse et des jurés (ce qui n'est pourtant, a priori, pas de
nature à lui faire peur), soit il est lui-même mal à l'aise
avec cette jeune femme si instable et forte à la fois, déter-
minée, libre même en prison. C'est un homme d'une autre
génération, il a eu cinquante ans avant la guerre, il en a

soixante-trois. Il est extrêmement patriote et n'a pas dû
apprécier beaucoup qu'elle ait couché avec des Allemands
à quatorze ans. Il écrit dans ses brouillons : «Ne tenait pas
outre mesure à se marier», «Jeune fille renfermée, assez
secrète, orgueilleuse», «Beaucoup de lectures : Nietzsche,
Schopenhauer», «S'analyse, coupe les cheveux en quatre».
(Il remarque aussi, déjà au passé en 1952 – et c'est une
phrase qu'on aurait pu reprendre à son enterrement, onze
ans plus tard : «Tenait sa vie pour peu de chose.») À propos
d'orgueil, il est possible que celui de Maurice Garçon ne
soit pas complètement étranger à sa décision de ne pas la
défendre. Je ne suis pas sûr qu'il n'ait pas gardé légèrement
en travers de la gorge le congé que sa cliente lui a donné un
an et demi plus tôt. Sur la chemise consacrée à «Dubuisson
(Pauline)», il a écrit le nom de la prison où elle est incarcé-
rée, celui du juge d'instruction, de son autre avocat, le chef
d'inculpation, et ajouté ensuite, en plein milieu, presque
comme un titre : «La cliente me quitte. Classé 51.» Et juste
en dessous, plus tard, d'une écriture plus sèche, ou rapide, et
soulignée d'un trait vif : «Affaire refusée. 6-12-52».) En ce
qui concerne Henri Girard, il n'est pas seulement question
de défendre un homme qu'il pourrait penser coupable. Il est
question de défendre un homme qu'il pourrait penser coupable du meurtre de l'un de ses plus anciens amis. De se
faire complice, a posteriori, de son assassin : de trahir
Georges Girard. Ce n'est pas son genre, ça me tracasse.

Avant de communiquer sa décision, difficile à prendre, à
Bernard Lemoine et donc à Henri, il a demandé au parquet
de Périgueux de lui faire parvenir une copie du dossier.
Il l'a lue – minutieusement, on peut penser – puis il a donné
son accord. Qu'est-ce qui l'a fait basculer ? Il est possible
qu'il se soit rendu compte que l'enquête avait été bâclée, la
culpabilité du suspect étant manifeste dès les premiers jours,
et qu'il existait donc des failles dans l'enquête et l'instruction, dans lesquelles il pourrait exercer sournoisement son

art et remporter ainsi une victoire de prestige – en crachant sur la mémoire de son ami ? Il est plus envisageable qu'il ait sincèrement déduit de son examen du dossier, je ne sais comment, qu'Henri n'était pas l'auteur des crimes. Deux lettres que j'ai trouvées dans ses archives, avant de partir, appuient cette seconde hypothèse. L'une a été envoyée à Jules Basdevant, un professeur de droit réputé, qui était jurisconsulte au ministère des Affaires étrangères et dont la lettre de démission, adressée à Pétain dès mai 1941, est aujourd'hui considérée comme l'un des premiers actes publics de résistance «officielle». Georges était leur ami commun, le juriste avait une grande affection pour lui, tout comme son fils de trente-trois ans, André, un avocat avec qui l'archiviste déjeunait quasiment tous les jours à Vichy et en qui il avait suffisamment confiance pour lui parler ouvertement de son aversion pour la collaboration et de son dégoût pour la politique du gouvernement du Maréchal. Ni l'un ni l'autre ne seront amenés à jouer un rôle important lors du procès, ils connaissaient à peine Henri, Garçon n'a donc aucune raison de sortir son violon. Pourtant, le 22 mai 1943, cinq jours avant le début des audiences, il écrit au père : «Mon amitié vieille de trente ans m'interdit de plaider pour l'assassin de Georges Girard. Et si son fils est innocent, la même amitié me fait un devoir de le sauver si je puis.» Il explique, comme il l'a déjà dit à son fils André, qu'il a longuement étudié le dossier, puis : «J'ai la conviction que nous rôdons autour d'une épouvantable erreur, et je n'en dors plus. Cette affaire donne le cauchemar.» La seconde lettre est plus parlante encore, puisqu'elle est adressée à maître Abel Lacombe, son allié périgourdin, auquel, même si l'on pense que les modes d'emploi de cafetières nous mentent, et que l'on se méfie du regard perfide des hamsters, on le voit mal raconter des salades pour le convaincre de faire son métier : «L'affaire Girard me tourmente beaucoup. Une condamnation serait probablement une grosse erreur, dont les conséquences seraient incalculables.» Enfin, dans son journal, à la date du 3 juin 1943, avant de conclure, honnêtement cynique, que «la psychologie des foules est au fond assez simple», il écrit : «Une journée de repos chez moi après dix jours d'efforts à Périgueux. J'ai défendu là-bas le fils de Georges Girard, accusé d'un triple assassinat dont un parricide. Il était innocent, il a été acquitté. Me voilà revenu et j'éprouve un sentiment de satisfaction absolument totale, difficile à analyser. Mes membres sont las, l'effort que j'ai fait m'a cassé la voix, et pourtant je suis physiquement bien. En rentrant ici, j'ai trouvé mon courrier en retard, mille petits ennuis et, pourtant, rien de cela ne me touche et je vis dans une euphorie qui ne repose sur rien.»

Que Maurice Garçon ait cru son client innocent ne prouve assurément pas qu'il l'était. Mais au moins que certains détails négligés par les enquêteurs permettaient de le penser. C'est pour essayer de les déterrer que je suis là, avec ma petite pelle. Ce n'était pas suffisant pour m'élancer vers la Dordogne comme un échevelé (que je ne suis plus depuis longtemps, à mon petit dam), mais autre chose m'a poussé. Dans le brouillon de sa plaidoirie, dont j'ai parcouru quelques premiers passages à Pierrefitte quand je photographiais ses archives, il écrit que le meilleur ami de Georges Girard, Xavier Mariaux (celui qui a fourni à Henri un faux certificat de travail pour justifier sa présence à Paris lors des préparatifs du divorce avec Annie, au printemps 1941), lui a apporté la première partie de son journal d'occupation, que Georges lui avait confié pour ne pas le conserver à Vichy. Garçon note qu'il y a lu : «Je suis fier de mon petit.» (Et griffonne, ne perdant pas le nord, les mots bouleversants qu'il prononcera en regardant les jurés dans les yeux : «C'est le petit que je viens défendre. Le petit de mon ami.») Dans les deux cent cinquante pages de ce journal qui ont été retrouvées près de son cadavre, que j'ai lues en diagonale (et dans la douleur – oculaire – car Georges écrivait comme un cochon épileptique pressé), j'ai déjà dit qu'il n'évoquait sa famille qu'une fois, brièvement, lorsqu'il raconte la petite mésaventure de sa sœur avec un bouquet tricolore le 14 juillet. « Je suis fier de mon petit », nulle part. Ce qui n'est pas étonnant, puisque ce n'est pas la partie qu'il avait donnée en garde à Xavier Mariaux. Or la première de ces deux cent cinquante pages est datée du 19 juillet 1941. Ce qui veut dire qu'il a écrit « Je suis fier de mon petit » dans l'année qui a précédé. Or, si l'on se fie aux différents rapports et témoignages recueillis par le juge d'instruction Marigny, c'était une année de forte tension, d'exaspération, de disputes explosives entre le père et le fils. Les sept ou huit premiers mois, à cause d'Annie, que Georges ne pouvait pas supporter, et de la conduite grossière et méprisable du jeune couple, notamment pendant l'été 1940 à Escoire ; les suivants, à partir de leur rupture, à cause de l'argent qu'Henri – qui délaissait ses études, vendait les meubles de la famille et volait sa tante – dépensait n'importe comment et réclamait sans cesse, ce qui mettait son père hors de lui. La tendresse d'ours qui baigne « Je suis fier de mon petit », ça ne colle pas avec ce qu'on sait, ou ce qu'on croit savoir. (Je dois reconnaître, car je suis un honnête homme, que ce qui a sensiblement augmenté pour moi la valeur et l'effet de cette phrase n'a rien à voir avec la logique, le raisonnement, la justice. « Mon petit », je suis loin d'être le seul mais un père veut toujours croire unique la relation qu'il a avec son enfant, c'est comme ça que j'appelle mon fils Ernest (qui vient de franchir en sifflotant la barre des cent quatre-vingt-sept centimètres, le lâcheur – j'avoue, il est temps, que lorsque j'ai traîtreusement balancé l'histoire des trois quarts d'heure de thermomètre (qu'est-ce qu'on a rigolé), c'était pour lui apprendre à grandir trop vite), « Mon petit », quand je lui écris, quand je lui parle. Mon tout petit.)

À onze kilomètres du PMU sépulcral, sur la nationale 21, je passe devant le Relais du même nombre, qui semble lui aussi désert (mais ouvert le dimanche, le patron s'investit à fond), j'actionne presque solennellement le clignotant droit de la Meriva et m'engage dans l'allée de platanes, qui porte le nom peu inventif mais sensé d'allée des Platanes. Pour la première fois, je vais me trouver face au château d'Escoire. Après cinq cents mètres, en franchissant le pont de l'Isle, je devine au loin, droit devant, une masse de pierre claire, en hauteur. Je passe entre les premières maisons du village, qui n'existaient pas en 1941, il n'y avait ici que des champs et des prés. J'approche, la taille du bâtiment devant moi augmente – je sais que c'est normal, je connais les lois de la physique et de l'optique, j'ai fait un bac C (S, les jeunes), mais le château est plus impressionnant que je pensais, il domine tout, haut, lourd, massif, cette route semble n'avoir été créée que pour y accéder, pour atteindre, au-delà des platanes et de la rivière, le cœur mystérieux de la vallée. Elle part à droite vers Petit-Rognac, la Roquette, Saint-Pierre-de-Chignac, à gauche vers le bourg. Je roule encore dix mètres et gare la Meriva devant le grand portail, sur les graviers (qui font leur boulot : crisser).

Je sors, vaporeux, et laisse la portière ouverte. Je lève les yeux. L'effet n'est pas du tout le même que sur les photos que j'ai vues, ou sur Google Maps. Je me sens tout petit. Peut-être comme les villageois, avant les crimes. Un sentiment de faiblesse, de malaise. La crainte de ne pas avoir le droit d'être là, si près. La grille du large portail est maintenue fermée par une chaîne de fer, avec un solide cadenas. Quarante ou cinquante mètres plus loin, et plus haut, tous les volets sont clos, aux vingt-trois fenêtres. Je suis en contrebas d'une grosse bête de pierre endormie sur la colline, secrète, puissante – l'autre mot qui me passe en tête ne convient absolument pas à un château : inflexible.

À l'origine, ce n'était qu'une maison forte, qui appartenait depuis 1530 à la famille Ranconnet de Noyan, aux racines périgourdines et bretonnes. En 1677, François Louis de Ranconnet, seigneur d'Escoire, et Dame Marguerite d'Aydie font bâtir la petite église du village, la chapelle Saint-Joseph, puis agrandir et transformer leur maison en château, au début du XVIIIᵉ siècle. Il compte à l'époque quatorze métairies. Leur petite-fille Egédie en hérite un demi-siècle plus tard puis se marie avec un ancien page de Louis XV, le marquis Charles Joseph Beaupoil de Saint-Aulaire, au nom enviable mais aux habitudes, contractées alors qu'il était carabinier à cheval, désolantes : il boit comme tout un régiment et perd des fortunes au jeu, ce pignouf. Une fois qu'il a hypothéqué à peu près tout le patrimoine du ménage, sauf le château, Egédie demande la séparation des biens et l'envoie picoler et jouer ailleurs, va mourir. Mais la malheureuse n'est pas née sous une bonne étoile : à peine sortie de l'auberge conjugale, la Révolution lui tombe dessus. Son vieux père, Louis de Ranconnet, comte de Noyan, est emprisonné à Paris. Elle fait remettre à Robespierre une grosse malle pleine de bijoux et d'argenterie, remplie à Escoire, pour qu'on le libère, papa échappe à la guillotine mais le peuple se rattrape sur le château, confisqué. Egédie sombre alors dans une profonde dépression et s'enferme dans la solitude en forêt de Sénart, à Étiolles, jusqu'à sa mort – pas tout de suite : à quatre-vingt-dix-sept ans. Au château, après elle, se sont succédé les familles Born, Estourneau de Lafaye, et de Vigier. Enfin, les Girard.

Je regarde autour de moi, personne ne m'observe. En haut de l'aile gauche, à l'angle de ce qui est le deuxième étage vu d'ici, je repère la fenêtre de la chambre où a dormi Henri la dernière nuit. De l'autre côté, en dessous, à partir de la rotonde (le lierre qu'arrachaient Henri et Georges a disparu), je compte d'abord les deux fenêtres du petit salon, puis celles de la salle à manger, et à l'extrémité, celle de la chambre de Georges. (Sur le rebord de la fenêtre, je le jure, parfaitement immobile, se tient un gros oiseau noir, un corbeau ou assimilé – je suis nul en oiseaux.) J'ai la cage thoracique serrée. Je suis debout à côté d'une Meriva trois quarts de siècle plus tard, mais à travers les murs épais, je vois le carnage, le sang partout, les corps par terre pour toujours, la mort derrière les volets.

Manifestement, il n'y a personne à l'intérieur. À droite du portail, au-dessus du mur d'enceinte, un panneau indique : «Château d'Escoire / Chambres d'hôtes / Café-Thé-Soda / Piscine / À 100 m», avec une flèche vers la droite. Je ferme la portière et marche dans cette direction le long du mur. À ma gauche, dans le fossé, on a retrouvé le foulard de soie d'Amélie, et son porte-monnaie ; quelques pas plus loin, sur la route, le porte-monnaie et le portefeuille de Georges. Je m'arrête et me tourne vers le mur : il est tout à fait possible qu'ils aient été jetés depuis le parc. Je conti-nue. Après le mur, à gauche, un chemin en épingle à cheveux, le début de l'allée carrossable, donne directement sur l'autre portail, fermé lui aussi par une chaîne et un cadenas. Je m'en approche. C'est là où l'on a aperçu Amélie et Henri pour la dernière fois, elle vivante, lui libre, qui prenaient congé de Marie Grandjean et de ses deux filles, sous la pluie. Je me tiens exactement au même endroit. À une vingtaine de mètres, je vois la remise et la petite maison des Doulet, ses fenêtres dont plusieurs car-reaux sont cassés, puis l'allée monte vers le château, au milieu des arbres du domaine.

Je donnerais un bras de ma tante pour pouvoir pénétrer au moins dans le parc. En escaladant la colline et en me faufilant à la manière de l'anguille terrestre dans le bois touffu, je pourrais y parvenir assez facilement, je crois (en trois heures à peine), mais c'est trop risqué. Même à l'extérieur, dans le domaine public, il me semble qu'un habitant du bourg, qui sortirait de chez lui par erreur, me dénoncerait immédiatement aux gendarmes de Savignac-les-Églises. Si on me trouve à rôder dans une propriété privée, je suis fait – j'aurais beau prétendre que c'est pour un livre, à d'autres. Il ne faut pas que je traîne, d'ailleurs, j'ai l'air louche.

Je retourne à la Meriva, démarre, flou, du vide dans le corps, prends la direction du bourg et me gare audacieusement devant la mairie, fermée bien sûr. Pas un seul être vivant visible. Je sors avec mon sac matelot et m'engage dans les petites rues, je vais faire un tour. Je me trouve d'un courage extraordinaire. Je devine des ombres derrière les voilages des fenêtres, mais je me trompe peut-être. Je suis un pied-tendre qui marche dans la rue principale poussiéreuse d'un village fantôme au Far West, le silence est oppressant, il doit y avoir des agriculteurs planqués aux coins des maisons et des mémés postées sur les toits. Je m'arrête devant la petite chapelle qu'ont fait construire François Louis de Ranconnet et sa dame, sobre et modeste. Henri et Annie se trouvaient là côte à côte, en deuil, cibles de l'hostilité de tous. En continuant mon chemin, je reviens vers le parc du château, j'arrive face au portillon qui permettait d'emprunter le raccourci qui monte à flanc de colline. Je descends vers la route de Petit-Rognac, les maisons des métayers Kervasse et Mompion ont été détruites, un champ s'étend à la place, mais celle du maire Palem est toujours là, tout en longueur. Il était dans le jardin derrière lorsqu'il a entendu Henri crier au secours.

Sur un petit panneau de bois, une affiche décolorée par le soleil et délavée par la pluie annonce le premier festival «Humour en Périgord», le 27 mars. «Rencontres contrepétantes et jubilatoires.» Je marche quelques dizaines de mètres sur le chemin qui va vers l'Isle, au bord duquel se trouvait le champ de noix des Doulet – mais je ne sais pas précisément où, on a construit des maisons basses, des pavillons. Je ne m'attarde pas, il y a des fenêtres à droite, des fenêtres à gauche, et je n'ai rien à faire ici. (L'avocat Abel Lacombe venait souvent par là le dimanche, avant et même longtemps après le procès, en famille, ou seul avec sa fille Monique, petite (elle deviendra avocate comme papa), sur le porte-bagages de son vélo. C'était devenu une sorte de promenade. Ils tournaient partout dans les alentours et longeaient la rivière, à pied, à la recherche de tout ce qui pourrait avoir un lien avec les crimes, des vêtements ensanglantés surtout, tous les dimanches.) Je retourne vers le bourg par la route que j'ai empruntée tout à l'heure en voiture. À cinquante mètres devant, un homme en bleu de chauffe marche vers moi – le premier habitant que je vois. C'est peut-être un descendant de Jeanne Valade, de l'ancien régisseur Marcel Gervaise, ou de Marguerite Châtaignier, la vieille paysanne qui a trouvé le foulard et le porte-monnaie d'Amélie. Je prends l'air dégagé du randonneur, ce qui ne se fait pas tout seul. Nous nous croisons, il pose sur moi un regard normal. Je m'en sors pas trop mal. Les gens d'ici sont chaleureux, il faut que je me débarrasse de mes préjugés. Dix pas plus loin, tout mon corps se crispe, un aboiement sauvage me fait bondir comme une nouille : c'est un gros chien noir, un bâtard galeux qui bave. Il pourrait me sauter dessus, le portail de ses maîtres est ouvert, mais il reste sur place et se contente d'aboyer rageusement, en montrant ses dents jaunes, comme si je portais le diable sur mes épaules, ou comme s'il savait que je viens de Paris. Je me calme, allume une cigarette, tourne le dos au molosse et me remets en marche sans accélérer, ce qui ne se fait pas tout seul non plus. Tout le village sent que je suis là, maintenant.

Je m'apprête à remonter dans la Meriva quand je vois deux garçons d'une quinzaine d'années qui discutent sur un banc, près de la mairie. L'un d'eux, les cheveux châtains longs et bouclés, ressemble à mon fils (en plus quelconque,

bien sûr). C'est bien, les jeunes, ça accepte tout le monde :
je leur demande où se trouve le cimetière. Ils me répondent
très naturellement, c'est à trois cents mètres par là-bas, tout
droit et à gauche, vers la sortie du village opposée au château. «Vous auriez une cigarette, monsieur?» Je leur en
donne deux. Ernest fume aussi. (Ça me fait drôle d'écrire
cette phrase. Instinctivement, j'écrirai plutôt : «Ernest
mange des Kinder» ou «Ernest joue avec son camion de
pompiers».) Il ne nous le dit pas et refuse de l'admettre
quand on lui en parle, malgré l'évidence – il sent la clope
comme une rose la rose, on a trouvé des mégots, on l'a
même vu fumer à la Bogart à la fenêtre de sa chambre en
Italie, les yeux vers l'horizon. Je n'ai rien contre ; c'est
agréable, de fumer. Lui le regrettera peut-être dans vingt ou
trente ans, mais essayer de le lui faire comprendre maintenant (il était pourtant tout à fait d'accord à douze ans), ou lui
interdire – fermement – de continuer, lui confisquer ses
paquets, le priver, pour le punir, de ses samedis soir avec
ses potes ou Angèle, ce serait aussi utile que d'interdire à
un chat de faire ses griffes. (Je ne sais pas quand tu liras
ça, mon petit, ni où tu en seras, où tu en es, vieux schnock,
mais j'espère que tu ne tousses pas trop.)

C'est un petit cimetière, d'une cinquantaine de mètres
de long sur vingt de large, qui abrite moins de cent sépultures, espacées, ce qui donne une sensation de clarté,
de repos. Manque de bol, il y a quelqu'un de vivant. Un
homme de quarante-cinq ou cinquante ans, probablement
le gardien ou le jardinier, occupé à désherber et ratisser
une petite tombe sans nom. Le seul endroit où je suis sûr
de passer inaperçu, bonjour monsieur. Me voyant me promener dans les allées comme au zoo, il me demande si je
cherche quelqu'un. (La question me surprend, on sent qu'il
vit avec la mort – «M. Langlois? Ça lui fera plaisir, il n'a
jamais personne. Deuxième allée à droite, et première
croix à gauche, à côté de chez les Fourcade. N'hésitez pas

à frapper fort, il est mort depuis cent dix ans.») Je lui réponds, avec un talent d'improvisation qui m'épate (je n'en montre rien), que je parcours les cimetières de la région à la recherche d'ancêtres de ma femme. Une surprise que je veux lui faire. Pour son anniver... Enfin bref, je ne vais pas l'ennuyer avec ça. «Et c'est quel nom?» Voilà, c'est le problème avec l'improvisation. Vite. «Langlois», je dis. «Ah non, c'est pas ici.» Il ajoute (il n'est pas entouré de gens très bavards, je suis une aubaine) : «Remarquez, on n'a pas tous les noms. Tenez, vous voyez cette petite tombe que je nettoie? Ça fait des siècles qu'on ne sait plus qui est en dessous, elle doit dater du XVIIIe, alors je la prends pour moi. J'ai eu l'autorisation, je suis content, on mettra mes cendres ici. Je la prépare, je plante des fleurs. Je serai bien, là, non?» Si, impeccable. Et puis c'est rassurant, de savoir trente ans à l'avance – ou quarante, hein, je lui souhaite. (En réalité, ça me déprime, ça m'enlise. Mais ce qui me touche, c'est qu'il n'a pas choisi, pour sa vie éternelle, une prairie verdoyante ou son terrain de pétanque préféré, mais la place d'une personne qu'il ne connaît pas, à laquelle ses restes vont s'amalgamer. Peut-être un forgeron acariâtre, la grosse cuisinière joviale de François Louis de Ranconnet, ou une jeune fille de constitution trop délicate emportée l'hiver de ses vingt et un ans, il ne sait pas.) Je profite de son besoin de communiquer, tant qu'on est encore de ce monde, pour évoquer l'air de rien ce château impressionnant que j'ai vu en arrivant. Ce n'est pas là qu'il y aurait eu un meurtre, ou quelque chose comme ça? Oh si. Lui n'est dans le pays que depuis quinze ans, mais on lui en a parlé. C'était pendant la guerre. Trois personnes passées de l'autre côté dans la nuit. «C'est le fils, et il a été acquitté. Mais grand bien lui fasse, y a prescription, maintenant.»

Je fais le tour des tombes et retrouve des noms que j'ai croisés dans l'histoire. Mompion, Doulet, Châtaignier, Gervaise. Dans un quart d'heure, au cimetière d'Antonne, je m'arrêterai devant des caveaux Valade, Doulet encore, plus ancien que celui d'Escoire, Meaud (Maud), le premier arrivé au château avec le maire, et Landry, le facteur qui écoutait la conversation entre Henri et Georges. Avec une émotion plus forte que je n'aurais cru, et un fond d'incrédulité : ils ont existé.

Je suis passé parmi les morts d'Antonne parce que je voulais aller boire une bière au Relais 21 (j'ai payé ma dette matinale au Perrier et au café) et demander quelque chose au patron, mais c'est particulier, la première bière de la journée, ça se joue à la minute près : avant 11 h 30, ça fait poivrot qui se remet à niveau dès le réveil ; après, quand on entend « midi » dans l'heure, ça fait bon vivant traditionnel, ça se glisse comme une fleur dans la cérémonie quotidienne, tristement délaissée par les hygiénistes, de l'apéro : « Ah ! Midi moins vingt, on va bientôt manger ! »

Oui, le patron connaît les propriétaires du château, un couple, l'homme a un accent étranger, mais il voit bien plus souvent la femme, une dame blonde dans une petite voiture de sport rouge. Enfin, souvent, c'est vite dit : maintenant qu'il y pense, il y a un petit moment qu'il ne l'a pas aperçue dans les parages. Trois bons mois, ou quatre. Cinq ?

Au cimetière Saint-Georges de Périgueux, je marche plus de deux heures sous la bruine. Il est vaste, surchargé, cinquante-trois sections de je ne sais combien de tombes chacune, serrées au plus près, je marche dessus, et pas une seule, pour l'instant, sur laquelle figure le nom de Girard. La petite maison du gardien est fermée, une affichette sur la porte indique un numéro à joindre pour tout renseignement, mais je n'ai pas de portable. Je continue, même si je commence à en avoir marre de la mort, de tous ces morts autour de moi. Sur une pierre tombale récente, de marbre rose, je lis : « MOREAU RAYMOND 1936-2015 – COLETTE 1937 –» (J'ai changé le nom, la pauvre Colette doit y penser suffisamment comme ça, se sentir attendue, tu vas traîner encore longtemps dehors ?) Comme à Escoire et Antonne, de nombreux noms de 1941 remontent, mais ils semblent courants dans la région, ce ne sont peut-être pas ceux de « mes » personnages – et la plupart des sépultures sont des caveaux de famille, tout le monde dans le même trou, sans indications de prénoms en surface. Je n'aime pas ça, les caveaux. Ça entasse, ça mélange, ça efface. Et combien ne pouvaient pas se supporter sur terre, là-dedans ? L'éternité collée à cette vieille salope de tata Thérèse, merci Seigneur. Parfois, c'est drôle. Sur l'un d'eux, large, au-dessus du nom de la famille, ont été gravés la faucille et le marteau communistes. Le grand-père a dû participer activement aux grandes luttes du Front populaire, ou militer toute sa vie. Espérons que les derniers arrivés là-dessous n'étaient pas trop de droite.

Je n'en peux plus, je n'ai pas l'habitude de marcher autant (je parcours en moyenne trois cents mètres par jour, pour aller au bistrot et en revenir), encore moins sur des corps en décomposition et des squelettes. J'ai mal aux yeux à force de les focaliser sur les noms de victimes qui défilent, mal à la tête par conséquent, mal aux jambes, j'ai soif, je suis trempé, je transpire sous la pluie, je suis saoulé de mort – je me sens attiré vers le bas, je renonce, je fuis. Qu'importe que les os de Georges et Amélie Girard soient oubliés ici ou à Kuala Lumpur ? Ils ont disparu, puis ils ont disparu.

Dans la voiture, repensant – je m'en fous, on s'en fout – aux restes de Georges et Amélie (et par association à ceux de Valentine Arnaud : je ne sais pas où a été inhumée la mère d'Henri, qu'il adorait, il n'en a jamais parlé (ne l'a jamais écrit, plutôt) – à Chamonix ? à Meudon ? à Montpellier ?), je dévie vers Pauline Dubuisson. Je ne devrais pas, je suis dans un autre livre, mais il s'est passé des choses importantes après la publication de *La Petite Femelle*, il faut bien que je les rapporte quelque part, on n'abandonne pas les gens comme ça. Avant de mourir à Essaouira, Pauline avait demandé à être enterrée sans croix, anonyme, probablement pour que personne ne puisse jamais la retrouver, pour échapper ainsi définitivement au passé qui l'a poursuivie toute sa vie, au regard public. Un journaliste de *Paris Match* s'étant rendu sur place six mois après sa mort et ayant constaté qu'aucune tombe ne portait son nom au cimetière chrétien de la ville, où elle a été inhumée, j'ai terminé mon livre là-dessus, heureux pour elle qu'elle ait été exaucée. Mais au début de l'année 2016, j'ai reçu un mail d'un Français qui vit à Essaouira, Greg Bourgeaux. Il m'envoyait une photo prise par l'un de ses amis en novembre 2004, une croix de bois vermoulu, rongée par le soleil, le vent humide et le sel, sur laquelle était fixée une planchette où l'on avait gravé : «PAULINE DUBUISSON – 11.3.1927-23.9.1963» J'ai contacté l'ami en question, Jean-Paul Gueutier, il m'a confirmé qu'il était bien l'auteur de la photo, prise parmi d'autres à la demande du consul honoraire de l'époque en vue d'une rénovation du cimetière. On sait donc où est Pauline, où est son squelette, sa dernière volonté n'a pas été respectée. Soit la cousine de sa mère, Henriette Raabe, une religieuse dépêchée sur place pour représenter la famille, a décidé de passer outre, car c'est faire injure à Dieu de frapper à la porte de Son royaume sans une croix au-dessus de la tête ; soit c'est un geste d'affection, de bonne foi : quelqu'un, six mois ou dix ans après ses funérailles, n'a pas voulu qu'on l'oublie, sans savoir qu'il ou elle allait contre ce que Pauline avait souhaité. J'ai écrit ce triste épilogue dans une postface à l'édition de poche du livre.

Depuis, un détail qui ne m'avait pas frappé me fait pencher pour la seconde hypothèse : la date de son décès n'est pas exacte. Or à peine quelques jours plus tard, on ne pouvait pas se tromper, on savait qu'elle était morte le 22 septembre 1963, et non le 23. Mais surtout, une

semaine seulement avant de partir à Périgueux, j'ai reçu
un mail qui m'a secoué. Une femme m'écrivait de la part
de son père, le docteur François de Tienda, qui a lu le livre
et vit en maison de retraite. Au début des années 1960, il
était chef de service à l'hôpital de Safi, une ville au nord
d'Essaouira, où il se rendait tous les jeudis pour des consul-
tations. Il a bien connu Pauline, qui pouvait enfin exercer la
pédiatrie, son but depuis l'adolescence, il l'aimait beaucoup,
il a participé à l'organisation de ses obsèques. Sa fille me
transmettait son numéro de téléphone, je l'ai appelé. Il a
quatre-vingt-quinze ans, il était de six ans son aîné. Il semblait très ému d'évoquer son souvenir – et moi, n'en
parlons pas. Il me dit d'une voix tremblante que c'était une
jeune femme véritablement charmante, bien élevée, d'une
grande gentillesse («Et très jolie, ce qui ne gâte rien!»),
douce et compréhensive, que tous les enfants qu'elle soi-
gnait l'adoraient, qu'elle paraissait «normale», équilibrée,
qu'elle était souriante, mais qu'il ne fallait pas être télé-
pathe diplômé pour deviner qu'elle cachait de son mieux
une fracture, une douleur, au mieux un désarroi profond.
(Il m'explique aussi que ce n'est pas la cousine Henriette
Raabe qui s'est occupée de l'enterrement, mais l'aumô-
nière protestante de la prison d'Essaouira.) Au téléphone,
j'ai la sensation d'être en liaison avec le passé, avec des
fantômes qui ont trouvé un moyen de communiquer. Mais
le docteur de Tienda est bien vivant, en 2016, assis dans sa
chambre à l'autre bout du fil, ou dans la salle collective. Il
me raconte l'inhumation de Pauline. «Toute la ville était
là, c'était bouleversant.» Toute la communauté française,
tous les parents marocains des enfants qu'elle avait soignés.
Et il est formel : conformément à ce qu'elle avait souhaité
par écrit avant de mourir, on l'a mise en terre sans croix, ni
indication d'identité d'aucune sorte. François est heureux
qu'un anonyme ait tenu par la suite à lui rendre hommage,
pour qu'on ne l'oublie pas. Moi, je ne sais plus. Je comprends

l'ancien médecin : comment accepter l'oubli ? Mais c'est ce qu'elle voulait. Peut-être pas qu'on l'oublie (j'espère que non), mais qu'on ne retrouve plus sa trace.

Il semble que le destin, qui s'est montré particulièrement féroce avec elle de son vivant, ait eu des remords. Il y a peu de temps, un mois après la sortie du livre en poche, un autre Français vivant depuis dix ans à Essaouira, Gilles Texier, m'a écrit après lecture de la postface. En 2012, affligé par la vitesse à laquelle se dégradaient les inscriptions sur les pierres tombales et les croix, principalement à cause du climat et de la pollution, il a effectué, de sa propre initiative, un recensement exhaustif des tombes du cimetière chrétien. Pas de Pauline Dubuisson. Avant de me contacter, déconcerté par la photo de la croix reproduite en noir et blanc à la fin de l'édition Points, il y est tout de même retourné pour vérifier : non, rien. Mais lorsqu'il s'est adressé au gardien, qui dit être le fils de celui qui était en poste à la mort de Pauline, il lui a immédiatement désigné un emplacement, un rectangle de mauvaises herbes, sans croix. Ce qui est embêtant, c'est qu'il lui a également appris que l'auteur de *La Petite Femelle*, bibi, était venu le voir, lui avait posé la même question, qu'il lui avait montré la même tombe, et que ledit bibi lui avait déclaré qu'il allait faire poser une plaque à cet endroit, à la mémoire de Pauline. (Deux heures au milieu des morts, tout à l'heure, me sont montées à la tête, j'imagine que toute une vie, on finit par perdre quelques repères.)

Le mystère de cette croix qui apparaît et disparaît à certaines périodes a été résolu deux jours plus tard. Quand j'ai envoyé à Gilles Texier la photographie originale, en couleurs et plus nette que dans le livre, il s'est de nouveau rendu au cimetière. Après de longues recherches, son épouse Christine, qui l'accompagnait et dont la vue n'a manifestement d'égale que l'opiniâtreté de son mari, a repéré une croix, presque entièrement engloutie par les buissons, qui ressemble fort à celle de 2004 mais sur laquelle ne figure plus aucune inscription. Ils en ont pris une photo qu'ils m'ont envoyée : c'est indiscutablement la croix de Pauline. Mais, la planchette ayant disparu, plus personne n'a aucun moyen de le savoir. Pauline s'est envolée, le destin s'est finalement rattrapé. (À son mail, Gilles Texier a joint un plan des sépultures du cimetière. Celle de Pauline se trouve près de deux tombes dont les noms me font écarquiller les yeux. Mais je ne peux malheureusement pas les citer ici, on retrouverait l'endroit, je deviendrais le mauvais sbire, malveillant, du destin.)

10.

Le lendemain matin, je ne traîne pas, je me contente d'une tranche de jambon et d'un morceau de comté, l'équivalent pour moi d'un kiwi et d'une coupelle de fromage blanc. J'ai rendez-vous aux Archives départementales de la Dordogne. Je suis attendu par Mme Vidal et, à leur insu, par toutes les personnes d'Escoire ou d'ailleurs qui ont été interrogées il y a soixante-quinze ans par le juge d'instruction Marigny ou le commissaire principal Tailleur.

Dans le grand bâtiment de pierre et de verre, récent, au 9 rue Littré, je suis accueilli par la responsable du secteur des archives contemporaines, Sylvie Vidal, dont mon instinct – toujours en alerte – me dit aussitôt qu'elle constituera une bonne alliée. Je bénéficie, pour être honnête, d'un traitement privilégié : elle a lu mon avant-dernier livre, *Sulak*, dont une partie se déroule dans la région, et son adjointe, Françoise Puiutta (là encore, mon instinct sûr opine, l'air confiant), *La Petite Femelle* – privilégié mais je ne vois pas où est le mal, on a le droit, j'ai bossé. Elles me proposent un café dans le bureau de Sylvie (on est entre amis), on discute une demi-heure, elles connaissent l'affaire d'Escoire. (Marthe, la grand-mère maternelle de Sylvie, travaillait au château de Fongrenon, lui aussi érigé en hauteur, sur l'ancienne commune de Cercles, à trente kilomètres de Périgueux. Au moment où les crimes ont fait la une de la presse, fin octobre 1941, en l'absence de ses patrons, elle y vivait seule. Elle a souvent parlé à sa petite-fille des nuits de terreur qu'elle a passées dans les semaines qui ont suivi, au fond de son lit dans le grand bâtiment obscur et désert, les couvertures sur le nez.) Je leur dis ce que je sais des meurtres et d'Henri Girard, elles semblent intéressées, passionnées même – je raconte bien, faut dire. Nous descendons dans la salle de lecture, elles m'ont préparé une place et un ordinateur : le dossier, énorme, a été numérisé dans son intégralité. (C'est dommage, il est toujours plus troublant de toucher le papier d'origine, sauvé du passé, comme les brouillons de Maurice Garçon ou le testament que Pauline a rédigé sur une feuille de cahier d'école, mais c'était la meilleure chose à faire : au premier regard, on comprend que certaines dépositions tapées à la machine sur papier pelure, abîmées sans avoir été touchées, ou les pages de courrier, surprenant, échangé entre Henri et son père, entre Amélie et Louise Soudeix, dont l'encre s'efface, n'auraient pas résisté longtemps à des manipulations. Et la numérisation est d'une qualité parfaite.)

Je ne sais pas par où commencer, c'est un océan de documents – un grand lac, au bas mot. Sylvie et Françoise m'ont rassuré, je peux prendre mon temps, revenir tous les jours si je veux. Ce qui m'accroche les yeux, en faisant défiler les grandes icônes, ce sont les photos. D'abord, celles qu'a prises M. Robert le matin de la découverte des crimes. Elles sont nettes, sous différents angles, à différentes distances des corps, et à peine supportables. Les descriptions que j'ai lues des cadavres, celles des gendarmes et du médecin légiste, rendent mal compte de l'horreur viscérale, vomitive, qu'on éprouve à leur vue. Le sol est couvert de sang, les corps en sont maculés, les vêtements imprégnés, les visages sont à peine identifiables, un magma de traits broyés et d'os fracturés, les crânes sont des coquilles de noix cassées sanguinolentes. La vieille Louise, la seule sur le dos, a les bras levés, les mains de part et d'autre de la tête, qui baigne dans la matière cérébrale, et les yeux ouverts. Georges est recroquevillé presque en position fœtale, la tête sous le lit, les bras tordus, dans une attitude d'épuisement et de désespoir. Amélie, sur le ventre dans le petit salon, paraît nue : sa chemise de nuit est remontée jusqu'à ses épaules, on voit ses fesses, sa ceinture hygiénique de caoutchouc, et les coups de serpe dans son dos. On ne distingue pas sa tête, qui est recouverte d'un vêtement sombre. Des photos prises plus tard montrent les corps dénudés, un par un sur la planche installée dans la cuisine pour l'autopsie, puis, recousus, mutilés, les trois côte à côte sur un drap par terre, dans la salle à manger. Leurs cheveux sont gluants, collés par le sang. La boîte crânienne ouverte de Louise est maintenue par un linge noué au-dessus de sa tête. Georges a lui aussi les yeux ouverts, vides. Le bon Georges, l'écrivain blagueur et poétique, le grognard. C'est une image qui tord le cœur. La seule question qui vient à l'esprit : quel enragé, quel fou, quelle ordure a pu faire ça ?

D'autres planches datent du lendemain, dimanche 26 octobre, quand le commissaire Tailleur est arrivé sur les lieux, elles ont été prises par un photographe nommé Le Natur. Ce qui marque sur celles-ci, c'est la quantité de sang répandue partout, plus impressionnante sans les victimes, mais également quelques modifications par rapport aux photos de la veille. La couverture de Georges, qui se trouvait au sol au pied de son lit, a été remise en place dessus. L'édredon d'Amélie, la veille en boule sur le drap à côté du tiroir retiré de la commode, est par terre. Le linge humide et ensanglanté qu'on a découvert près de son corps est à présent posé sur le fauteuil du petit salon.

Divers objets et papiers éparpillés sur le parquet ont
changé de place.

Sur les deux séries de photos, le gant d'Henri posé au
centre d'une flaque de sang n'a pas bougé (le 26, rien n'a
donc encore été placé sous scellé), et à un peu plus d'un
mètre, près de la porte qui fait communiquer la chambre
de Georges et celle de Louise, on voit au sol un gros
godillot noir, un seul, d'homme sans doute, qui n'a rien à
faire là.

Avant de me lancer dans l'étude des innombrables
dépositions et rapports, j'essaie d'atténuer le dégoût causé
par la vue des images en lisant la correspondance volumineuse qui a été saisie aux domiciles d'Amélie, de Georges
et d'Henri. Il faut que je respire. Je trouve toutes sortes de
lettres, plus ou moins intéressantes, toutes celles que chacun a conservées. Une de Marie Grandjean à Amélie, par
exemple, datée du 22 juin 1941, dans laquelle elle l'en-
courage à venir à Escoire : «Cela ferait tant de plaisir de
vous revoir! Ce serait un grand bonheur. Vous vous repo-
seriez un peu et tâcheriez de reprendre du poids. C'est très
élégant de devenir si svelte, mais il ne faut pas exagérer,
et cela m'ennuie que vous disiez fondre à vue d'œil.» Une
autre de sa vieille Louise, le 28 juillet de ce dernier été,
qui lui donne les mêmes conseils : «Je vois que tu fais
toujours passer les autres avant toi! Il fait chaud, tu serais
bien à te reposer à Escoire. Je meurs d'envie de te voir.»
(J'ai toujours été persuadé qu'il faut faire très attention à
ce qu'on écrit.) Son courrier accompagne un colis de ravitaillement, dont elle regrette qu'il ne soit pas bien lourd
(les métayers ne donnent plus de poulets, explique-t-elle),
«cinq kilos seulement, c'est bien peu, surtout avec deux
jeunes!». Elle parle probablement d'Henri et de son ami
Bernard Lemoine, qui déjeunent presque tous les jours chez
Amélie. Elle trouve que les garçons profitent d'elle, et lui
suggère de faire attention, de ne pas tout leur donner : «Que

de complications pour toi... Ne te laisse pas toujours faire,
pense un peu à toi! Je t'embrasse de tout mon cœur.
Louise.»

Le 13 août suivant, une lettre de Marguerite Pelecier
montre que la famille et leurs amis ne faisaient pas mystère entre eux de ce qu'ils pensaient du Maréchal et de la
collaboration : «Nous n'écoutons que la bonne radio, et
ma tante espère fermement voir un jour son général entrer
à Paris! Il y a bien un petit peu de bluff dans tout ce qu'on
nous raconte, mais c'est tout de même très sympathique.»
Elle est sans doute à la campagne : «Je voudrais bien vous
envoyer par je ne sais quel procédé miraculeux un peu de
mon calme, de mon sommeil et de mes légumes. Mes
occupations sont le raccommodage, un peu de courrier, et
la lecture de la Bible. Très réconfortant aussi, il faudra
que vous vous y mettiez!» Une autre, d'une femme dont
je n'arrive pas à déchiffrer la signature, aborde également
la question de l'occupation : «Votre lettre si profondément vibrante de douleur patriotique m'a émue jusqu'à
l'âme. Je comprends si bien votre souffrance, votre
dégoût, presque votre désespoir face à ce que vit notre
pays!»

Chez Georges, beaucoup de lettres, amicales et tendres,
viennent de Madeleine Flipo, avec qui il envisage de refaire
sa vie. Elles sont longues, elle lui parle de tout, de politique,
d'actualités militaires, de sa santé qui n'est pas bonne, des
filles dont il est le tuteur, Colette et Françoise, de son chagrin quand elle pense à son fils Vincent, de la vie à
Conches-sur-Ouche : «Pendant ce temps, nous vivotons
ici, je traînasse toujours lamentablement et à bout de
forces, sans rien faire, c'est pitoyable, surtout dans un
temps pareil.» Elle l'appelle «mon cher vieux Georges».
Après, certainement, une visite de son flirt, elle lui écrit un
petit mot : «Je pense à vous bocoup, bocoup. J'espère que

vous êtes bien rentré, que vous n'avez pas eu froid et que vous n'avez pas trop couru.»

Il a gardé un courrier de Monique Gentil, l'amie tourangelle d'Amélie, qui me laisse perplexe. Début avril 1941, elle lui écrit : «Je sais la peine que vous allez avoir en ouvrant la lettre que je vous transmets, et je vous assure que je la partage du plus profond de mon cœur. Nous avons, votre sœur et moi, fait tout ce que nous avons pu pour l'éviter, mais vous savez à quelle obstination nous avons eu affaire.» Je comprendrai plus tard.

Une lettre d'Amélie lui donne des nouvelles, Henri a pris un petit appartement rue Notre-Dame-des-Champs (dans la marge, elle ajoute : «bien mais trop cher»), et reste ferme sur sa décision de divorcer d'Annie – elle relate de manière sibylline les discussions qui ont lieu entre Xavier Mariaux, l'ami de Georges, et Jules Chaveneau, le père, ainsi qu'entre le frère d'Annie, Roger, et Henri : «L'abbé semble dans de bonnes dispositions pour obtenir de sa sœur l'aveu qui faciliterait bien des choses.» Dans les deux derniers tiers de la lettre, elle parle d'argent, faisant d'abord le compte de ce qu'elle a donné à Henri (des chiffres très précis, qu'elle doit sûrement noter dans un carnet, qui ne représentent pas des sommes considérables, et surtout, qui n'épongent pas des dépenses futiles d'Henri, comme on l'a toujours prétendu lors de l'instruction (mais ni Amélie ni Georges n'étaient plus là pour rétablir la vérité) : sur les 7 300 francs qu'elle a avancés (car il est convenu que son frère la remboursera), 2 000 correspondent à sa «pension» mensuelle, 2 000 autres lui ont permis d'aller passer quelques jours avec son père à Vichy, et 2 900 étaient destinés au paiement des arriérés de loyer de la rue Chomel, que Jules Chaveneau n'a pas réglés comme il aurait dû et que les Girard doivent donc prendre en charge à sa place (l'accusation soulignera qu'Henri a dépouillé sa tante de 9 000 francs en un mois : en juin, elle ajoutera en effet 2 000 francs pour l'achat d'un costume, car il n'a plus rien d'autre à se mettre que sa tenue d'hiver élimée)). Elle détaille ensuite longuement à son frère la situation précaire dans laquelle elle se trouve, n'ayant pas encore touché la succession de leur mère, aligne encore des chiffres dont le grognard doit se brosser la moustache – elle a été obligée de vendre 160 000 francs de valeurs, les honoraires du notaire sont salés, elle ne sait pas quand ils verront un sou de l'héritage, elle n'a plus que 30 000 francs en banque, etc. – et se plaint d'Henri qui mange trop, surtout de la viande, et des métayers qui n'envoient pas assez. Celle qu'on devine dans ces lignes n'est pas la pauvre femme influençable et malmenée dont le juge d'instruction apitoyé a dressé le portrait, saignée à blanc par un neveu vampire, mais une vieille fille prudente que la vie et l'avenir inquiètent, gentille, attentionnée, mais un peu obtuse et près de ses sous. C'est compréhensible, elle ne peut compter sur aucune ressource personnelle : on a montré Henri comme un parasite qui lui pompait la moelle, mais à quarante-quatre ans, Amélie n'a jamais travaillé, jamais gagné un franc, elle a toujours vécu avec l'argent de ses parents.

Chez Henri, on trouve une très longue lettre de son ami Bernard Lemoine, celle d'un jeune homme encore potache, naïf, tendre voire mièvre. Sur des pages et des pages, il parle de son amour contrarié pour une certaine Marianne infidèle (il fait, romantique, un parallèle avec la France, qu'il chérit tout autant mais qui, elle aussi, se donne à d'autres), il souffre qu'elle l'ait trompé mais ne peut s'empêcher de l'aimer encore – ce qu'Henri, selon lui, doit « très, très bien comprendre ». Entre deux grands élans lyriques et sentimentaux de celui qui découvre l'amour, la fidélité, l'espoir, la vie et l'amitié, il glisse parfois quelques sous-entendus poético-sexuels, mais du niveau d'un gamin de quinze ans qui affirme dans la cour, enfin homme, qu'il n'y a rien de plus bath et envoûtant qu'une paire de seins (ceci constaté, attention, avec tout le respect qu'un vrai gentleman doit à l'être aimé). Là aussi, on renâcle : c'est lui, le complice fourbe, le rat malin qui aide Henri à carotter 100 000 balles à celle qui les nourrit tous les deux, parce qu'il n'y a que l'artiche qui compte, et ment sans ciller à plusieurs inspecteurs de police successifs, avec le sang-froid d'un repris de justice chevronné que de plus coriaces n'ont jamais fait flancher ?

Le 22 avril 1941, six mois avant qu'on ne lui éclate le crâne, Louise Soudeix ajoute à la confusion. Madeleine, sa fille, sa sœur Henriette ou Yvonne Doulet ont laissé entendre qu'elle ne supportait pas Henri, qu'elle mettait sans cesse Amélie en garde contre cette vermine, ce «misérable». Ce qui surprend d'abord, c'est qu'alors qu'elle tutoie ses patrons et s'adresse encore à eux comme aux enfants qu'ils étaient quand elle les a connus, elle le vouvoie et entame sa lettre par : «Cher monsieur». La suite est plus déconcertante – on sait qu'une domestique se doit d'être diplomate, mais la vieille Louise ne paraissait pas vraiment du genre à baisser la tête. Sa première phrase : «Comme je suis contente d'avoir souvent de vos nouvelles, je vais vous tenir au courant de vos affaires.» Henri écrit souvent à la bonne de sa famille, avec qui il a des rapports, au mieux, tendus ? Elle lui parle de la désinfection du château qui tarde à se faire, des conserves qu'elle prépare pour lui, de sa fille Madeleine, qui s'est blessée au doigt à l'usine avec le bouchon d'une bouteille de sirop, des crises de foie et de nerfs de sa sœur. «Mme Grandjean m'a appris tous vos soucis, auxquels je prends bien part» (là aussi, je comprendrai plus tard). Avant de finir par : «Croyez, cher Monsieur, à ma bonne amitié et à mon entier dévouement», elle écrit, toujours à propos de Marie Grandjean : «Elle m'a dit que vous viendrez peut-être bientôt, quelle joie!» Vermine, misérable ?

Certains ont pensé que l'amour d'Henri pour Marie-Louise n'était qu'une invention, ou une façade, qu'il n'avait jamais eu réellement l'intention de quitter sa femme, que c'était un stratagème pour se remettre sa tante et son père dans la poche et peut-être même qu'Annie n'était pas tout à fait étrangère au plan monstrueux qui leur permettrait de faire main basse sur la fortune familiale. Une bonne partie du courrier récupéré chez lui dément tout cela. Plusieurs brouillons de lettres adressées à Marie-Louise attestent, à moins de flairer le vice partout, la sincérité de ses sentiments pour elle. Il lui écrit beaucoup, même lorsqu'ils se sont vus quelques heures plus tôt, ce qu'il pense, ce qu'il fait («J'ai passé hier soir une abominable soirée chez des bourgeois stupides et de noir vêtus, ignorant comme des carpes et soucieux au maximum, d'abord de ne rien apprendre, ensuite d'étaler leur petit bagage») et ce qu'il est : «Cette lettre a pour but de vous raconter moi : vous savez notre amour, et vous connaissez tout de moi, mais rien de mon passé.» Il revient en particulier sur son enfance heureuse, avant la disparition de sa mère : «Elle a été tout ce que je voudrais rester. C'est elle qui m'a tout appris. Depuis qu'elle ne me dirige plus, je n'ai fait que tirer des conséquences de ce qu'elle m'avait appris.» (D'autres ont pensé au contraire qu'il était effectivement fou d'elle et que c'est pour pouvoir l'épouser et la combler, en touchant le jackpot, qu'il avait éliminé toute sa famille – Georges Bratschi, par exemple, l'«ami» qui le dénoncera dans son manuscrit, *N'avouez jamais*, précisera qu'ils s'étaient mis d'accord pour ne pas s'écrire s'il était incarcéré afin de ne pas éveiller les soupçons. Je retrouverai bientôt dans le dossier de nombreuses cartes et lettres, sans doute saisies chez Marie-Louise, des courriers amoureux interminables qu'il lui a adressés de la prison Belleyme. Et m'apercevrai que le «récit» de Bratschi, dans lequel il fait parler Henri, à la première personne, est truffé de bien d'autres erreurs et interprétations douteuses.)

Ce que lui écrivent sa tante et son père ne laisse pas non plus beaucoup de place au doute en ce qui concerne l'authenticité de sa volonté de quitter Annie et de ne plus entendre parler d'elle. Une lettre d'Amélie, notamment, est intéressante. Elle est au courant que c'est à cause de sa femme qui s'accroche qu'Henri veut retourner vivre rue de l'Abbé-Grégoire, dans l'appartement de son père, et que s'il a demandé à Marguerite Pelaud de faire ses valises, en essayant d'abord de l'envoyer à Conches-sur-Ouche, c'est pour y recevoir quelqu'un d'autre. On pressentait une saleté quelconque dans les mensonges d'Henri pour éloigner la gouvernante, or il dit tout à sa tante. Qui s'en amuse : «Mme Flipo n'a pas marché pour installer Pelaud chez elle ? Je rirais si Annie s'introduisait rue Notre-Dame-des-Champs pour se trouver en face d'elle au lieu de toi ! Pour ton divorce, Monique est toute prête à dire ce qu'elle pense d'elle et ce n'est pas flatteur !»

Quand j'entame la lecture de la correspondance entre Henri et Georges, je reste bouche ouverte devant l'ordinateur des Archives nationales de la Dordogne (mais personne ne me voit et je ne vois personne, je suis avant-guerre). Chacun a gardé chez lui les lettres de l'autre. Je ne pense pas avoir jamais rien lu de plus beau sur les liens entre un père et son fils, ou disons, sans débordement superlatif, d'aussi éloquent (car il ne s'agit pas d'une déclaration unilatérale, provenant de l'un ou l'autre, comme c'est toujours le cas dans un livre ou un film qu'un fils consacre à son père ou un père à son fils, mais d'un échange, d'un témoignage double, simultané, et sans retenue, sans crainte de paraître trop sentimental ou ridicule puisque personne n'est censé en prendre connaissance). Ce n'est pas de la tendresse, de l'attachement, de l'estime, mais de l'amitié, de la confiance et de l'admiration réciproques, de l'amour sans condition, sans contraintes ni jugement, l'union d'un homme et de celui qui prendra sa place sur terre – il ne faut pas avoir peur d'être sentimental de temps en temps, même devant quelques lecteurs, nous ne sommes pas des ministres et pas non plus des robots ménagers : en lisant ce qu'ils s'écrivent, j'ai, ce n'est pas une image, les larmes aux yeux sur mon siège à roulettes. Je pense à mon fils. À mon père. Je serais incapable d'écrire un livre sur mon fils, sur mon père, ce n'est pas de la pudeur mais je ne saurais pas, j'ai besoin d'un recul impossible. En revanche, je dis et j'écris à mon fils, chaque jour, ce que Georges écrivait à Henri ; je n'ai pas dit ni écrit à mon père, à Antoine, ce qu'Henri écrivait à Georges – je ne sais pas pourquoi, mais c'est comme ça. (Je pense aussi à ce qu'Henri a confié à son fils Henri lorsqu'ils se sont retrouvés, adultes, en Colombie : «Le seul livre que j'ai envie d'écrire, c'est la rencontre d'un père et de son fils. Mais ce bouquin-là, je le garde pour moi.» Ce qui nous différencie là-dessus, c'est que j'ai envie, pour l'instant, d'écrire douze livres encore. Mais pardon mon garçon, il n'y en aura pas un sur toi, je vire trop vite neuneu. En même temps, ça t'arrange, je suis sûr.)

Je ne vais pouvoir donner ici que des exemples, un reflet anecdotique, superficiel : à moins de se prendre pour un génie, on n'essaie pas de décrire l'odeur d'une pêche ; on ne connaît Schubert qu'en écoutant Schubert. Mais ce n'est pas plus mal, je ne suis pas là pour ça – mon but, mon idée de départ, c'est d'écrire un roman policier, un truc sanglant, de résoudre une énigme.

Georges débute ses lettres par «Mon petit», «Mon cher petit», «Mon chéri», «Mon petit vieux», et les signe toutes «Ton vieux Georges» ou «Ton vieux père». (Dans le rapport des experts psychiatres, pour rappel : «Il appelait son père par son prénom, ou "Mon vieux", ce que celui-ci trouvait excessif et manquant de mesure.») Henri

commence les siennes par «Mon vieux», «Mon vieux
père» ou «Mon vieux Georges», et signe «Ton petit
Riri». De part et d'autre, les courriers se terminent sur des
élans qu'on peut trouver niais si on a le cœur dur, qui
badigeonneraient de gnangnan mielleux une correspondance entre amoureux, mais qui, entre un père et son fils,
entre un homme bourru et un garçon rebelle, remuent.
Georges : «Tu es un homme maintenant, et tu es toujours
mon tout petit pourtant. Je voulais te dire que je suis avec
toi de tout mon cœur, et que je t'aime de toutes mes
forces. Je n'ai sans doute jamais su te le bien dire, mais si
tu savais comme je le sens... Tu le sais, n'est-ce pas? Au
revoir mon petit, mon chéri, je t'embrasse de toute ma
tendresse.» Henri : «Je pense moi aussi tellement à toi.
Je t'embrasse de toutes mes forces, mon vieux père, en
bon fils qui t'adore. Écris-moi. Ton petit Riri.» Georges :
«Je veux seulement t'embrasser de tout mon cœur, de tout
mon amour. Et comme quand tu étais petit, je te recommande de bien te soigner et de ne pas prendre mal. Je
t'aime, je t'embrasse encore et encore. Tu n'as pas de
meilleur ami au monde que ton vieux papa.» Henri :
«Je me sens tellement ton fils – ton gosse de fils, ton fils
qui a confiance en toi et qui est tellement ému de l'amour
qu'il y a entre lui et toi. Tu es mon vieux Georges chéri.
Je t'embrasse bien, bien fort. Riri.»
   Dans son rapport à la chambre des mises en accusation,
le juge d'instruction Marigny remarquait, après avoir
mentionné que tout indiquait qu'Henri avait prémédité les
crimes : «L'affection toute relative qu'il avait pour son
père n'était pas un obstacle à l'exécution de ce projet.»
Méfiant, très, on peut comme lui se demander si ces déclarations d'amour filial ne sont pas que des formules. Mais
le fond, dans ces lettres, en apprend plus que la forme. On
s'aperçoit d'une part qu'Henri ne cache rien à Georges,
aussi bien au sujet de sa vie amoureuse que de ses finances

ou de ce qu'il pense de sa tante, en mal ou en bien selon les périodes, hormis – et encore – ce que tout fils préfère garder pour lui (on ne saura donc pas s'il s'est réveillé la tête dans la cuvette des chiottes après une nuit de beuverie, si Annie mettait les dents ou si Marie-Louise préférait la levrette) ; d'autre part, on découvre, après avoir lu l'inverse partout, qu'il n'y a jamais eu de discorde entre eux, ni même de froid, et surtout pas au sujet de l'argent. (On a beau savoir deux ou trois choses de l'être humain, on reste stupéfait – et on s'en étonnera encore jusqu'au déambulateur et aux couches Confiance, je pense – par les affabulations, les mensonges auxquels l'être en question peut avoir recours pour nuire à quelqu'un, ou obtenir ce qu'il veut.) Pas une fois, même de manière détournée, sous-entendue, Georges ne reproche à son fils d'être trop dépensier, ou de trop réclamer. Au contraire : «Mange, mon petit, dors, et ne pense à rien qu'à la vie qui commence pour toi et qui est toute devant toi.» Quand Henri lui fait savoir, répondant à ses questions, qu'il n'a pas besoin d'une rallonge à son allocation mensuelle, Georges plaisante : «Tu ne dépenses pas assez, tu m'inquiètes.» Je suis plus étonné encore de constater qu'Henri ne se plaint jamais d'un quelconque embarras financier : la correspondance saisie débute au moment de sa rencontre avec Annie, en 1936, s'achève juste avant le drame, et à aucun moment, sous quelque forme que ce soit, il ne demande un franc à son père, en dehors de ce qui sert à ses besoins élémentaires, dont il prend toujours soin d'établir une liste précise : un pantalon acheté, un voyage d'Escoire à Clermont-Ferrand, un terme d'avance pour le loyer de la rue Notre-Dame-des-Champs, des lunettes, trois séances chez le dentiste. Même lors de son dernier printemps à Paris, durant lequel la police a révélé qu'il avait mené la grande vie (avec de l'argent qu'il s'est procuré lui-même, en vendant la bague de fiançailles d'Annie et des meubles

– on apprend au passage qu'il n'a pas liquidé ceux de la
famille Girard (dommage, Marigny, bien tenté), mais ceux
des Chaveneau, qui se trouvaient dans l'appartement de la
rue Chomel : il explique à Georges qu'il ne s'est pas gêné,
puisque son beau-père Jules les a roulés en ne payant pas le
loyer pendant un an, ça rembourse), même en pleine
débauche, il tient le compte de chaque sou reçu de Georges
ou d'Amélie : «Question budget, voici où j'en suis. Je
dépense uniquement pour les choses nécessaires : logement, blanchissage, transports, entretien, gaz, eau, lumière,
nourriture que je paye à ma tante.» (Tiens, on n'a pas lu
quelque part qu'il vidait ses colis alimentaires et se goin-
frait à l'œil? Pourtant, il ne mentirait pas sur ce point, que
son père peut vérifier très facilement.) «60 francs par
jour, soit environ 1 800 francs par mois. C'est calculé très
strict, sans argent de poche, mais en y comprenant les
quelques repas que je ne prends pas chez ma tante, quand
elle déjeune en ville. J'ai reçu d'autre part, il y a trois
jours, 8 500 francs, soit la reprise de l'appartement, et je
n'y ai pas touché, ils sont à la banque. Préfères-tu que
je vive dessus jusqu'à ce qu'il n'y en ait plus, ou que je les
conserve intacts?» (Georges optera pour la première solution, cette somme constituera la pension d'Henri pour
quatre mois. Quelques jours avant de mourir, il demandera
à maître Barillot, le notaire de la famille, qui gère la succession de Cécile Gratet-Duplessis-Girard, de reprendre les
versements de 2 000 francs mensuels à son fils, à partir du
1er novembre 1941. Mais Henri sera alors, depuis quatre
jours, dans le froid de la vieille prison Belleyme, au milieu
des cafards.) «Je sais que je te coûte très cher, mon vieux
père. Je tâcherai du moins que ces dépenses profitent à
mon avenir, et j'ai beau être très peu optimiste pour le
résultat immédiat, je suis très sûr du succès final. Je travaille bien et beaucoup.» Il a bonne mine, l'ingrat, le sans
scrupule, le pillard de patrimoine familial.

Leurs rapports dépassent ceux que parents et enfants entretiennent généralement, sur tous les plans. L'enquête a permis de faire un tour à peu près exhaustif des principales relations d'Henri : je pense qu'il ne ressentait avec personne une complicité « fraternelle » aussi complète qu'avec Georges. Sur le plan politique, intellectuel ou artistique, son père est à la fois son modèle et son premier et principal interlocuteur.

Devant le juge d'instruction, il fixera le début de cette relation particulière au jour où son père est venu le chercher dans le grand hôtel de Rambouillet où il s'était réfugié après avoir été collé, à treize ans : « À partir du moment où j'ai fait cette fugue, nous avons commencé, mon père et moi, à nous comprendre d'une manière extraordinaire. Je ne voudrais rien exagérer, mais j'ai la conviction qu'une affection comme celle qui existait entre nous est rare. J'entendais rester libre vis-à-vis de lui, mais c'est de lui que je tenais que l'indépendance est un bien. Je n'étais pas toujours un fils très respectueux, mais lui-même ne voulait pas de mon respect. C'est dans cet esprit qu'au grand scandale de sa famille, il m'avait appris, dès mon plus jeune âge, à l'appeler par son prénom. Encore maintenant, je ne dis pas "papa" ou "mon père" quand je pense à lui, mais "mon vieux Georges". »

Dans le rapport des experts psychiatres qui prétend que M. Girard trouvait cela trop familier, on apprend aussi, je l'ai déjà écrit, qu'Henri est « désordonné, dépensier », « désobéissant », qu'il a un « caractère détestable », et qu'il est « sujet à des colères très violentes, effrayantes pour qui n'y était pas habitué » – comme si une enquête approfondie et minutieuse avait permis de révéler ces vérités sournoisement cachées. Je découvrirai que ce sont des paroles qu'Henri a prononcées lui-même, mot pour mot, devant Joseph Marigny, et dès son premier interrogatoire. « Je suis *désordonné et dépensier*. Mais malhonnête, non.» «Je suis *désobéissant*. Je dois dire que mon père ne m'a pas habitué à l'obéissance. Il tenait beaucoup plus à l'affection qu'à l'obéissance et au respect.» «Mon père, ma tante et moi-même étions de naissance des gens au cœur excellent et *au caractère détestable*.» «Mon père et moi étions *sujets à des colères très bruyantes, effrayantes pour qui n'y était pas habitué.*» C'est textuellement ce qu'il a offert à Marigny dès le lendemain des crimes, et que les limiers de la police se vantent d'avoir réussi à faire remonter à la surface en passant sa vie «au peigne fin», comme on dit dans les émissions de Morandini, grâce à un véritable «travail de fourmi» (de la même manière, sans qu'on lui demande rien d'autre que ses moyens de subsistance, c'est lui qui a fourni à ses accusateurs, dès le début et très précisément, la liste de toutes ses dépenses au printemps précédent, restos et tout le toutim, ainsi que celle des différents meubles, objets et bijoux qu'il a vendus pour y pourvoir – il leur apprend même la revente de la bague de fiançailles de sa femme, c'est cadeau).

«Les colères de mon père, comme mes colères à moi, étaient des sujets de plaisanterie entre nous, et elles étaient connues des amis de la famille. Cela durait une demi-heure, trois quarts d'heure. Après une scène violente, nous nous embrassions, et nous plaisantions sur ce qui venait de se passer.» «Mon père me promettait des gifles qu'il ne me donnait jamais, et moi je lui disais qu'il n'avait pas à m'en donner. S'il me les avait données, je les aurais acceptées, bien entendu. Je l'aimais, il était fier de moi, j'étais fier de lui, on était comme des copains. Entre nous régnait une atmosphère d'amour et d'extrême tendresse. Nous nous sommes engueulés – le mot est le seul exact – sur le choix de mes cravates ou l'heure de mon coucher. Mais jamais il n'y a eu plus d'entente entre deux hommes sur un tas de choses : conception de l'univers, politique, histoire de notre pays, art. Cela nous tenait lieu de conversation quotidienne. Dans les autres familles, il est fréquent que l'entente se fasse sur des relations communes, des faits divers, des brouilles avec des cousines. Chez nous, elle se faisait sur la Révolution française, sur le Second Empire, sur la III⁰ République, sur l'amour des libertés, la haine des dictateurs. Les malheurs de la France avaient cimenté cette rare affection. Mon père était fier du peu que j'avais fait pour elle, de tout ce que j'avais essayé de faire.» (Ah?) «Et moi, j'étais fier de sentir l'unité de notre famille entière, ma tante comprise, se faire sur la question de l'honneur national. Ensemble, mon père et moi, nous aimions Clemenceau, Briand, Giraudoux. Ensemble, nous détestions Napoléon III, Marmont, duc de Raguse, Bazaine, Poincaré, René Doumic, Paul Bourget.» (C'est curieux, si ma mémoire n'a pas perdu une roue dans l'histoire, je suis à peu près sûr d'avoir appris quelque part que, le soir des meurtres, Henri lisait *Le Sens de la mort*, de Paul Bourget.)

Lorsqu'il est stationné à Toul, dans le peloton des élèves officiers de réserve, et même s'il sait que Georges a gardé des souvenirs forts et douloureux de son temps dans l'armée, c'est à lui qu'il confie son désarroi de devoir mettre son cerveau au placard : «On continue de faire des conneries, mais énergiquement. On devient complètement idiot.» Au début de l'été 1941, c'est à lui, et non à Bernard Lemoine ou à un autre, qu'il expose son idée d'une nouvelle version de *Polyeucte*, de Corneille : «À mes moments perdus, je me suis mis à écrire un genre de chef-d'œuvre, une tragédie. Trois actes, en prose. Ça s'appellera *Pauline*.» (Je sursaute imperceptiblement sur mon siège. Je sors vingt secondes du fichier des Archives et passe sur Internet, Google : Pauline est la femme de Polyeucte. Rien de surnaturel, ça va. Mais avant de retourner à Henri et Georges, Pauline Dubuisson ayant tué Félix Bailly, je ressursaute un coup quand je lis que le père de la Pauline de

Corneille s'appelle Félix.) «Ce sera, en substance, le drame de Polyeucte envisagé par sa femme.» Il conseille à Georges de relire la pièce en s'imaginant à la place de Pauline, car il estime que Corneille est passé complètement à côté du sujet tel que lui le conçoit : «Le bonheur de Pauline, construit avec beaucoup de peine et d'efforts, est démoli par une fatalité implacable.» (J'oscille, cette fois, à la lecture de cette phrase. Par ailleurs, en parcourant ces courriers, par petites touches, j'entrevois ce qui se confirmera plus tard, une nouvelle erreur grossière dans le portrait qu'on a – et donc que j'ai – fait d'Henri : à l'opposé du phallocrate indifférent aux états d'âme des bonnes femmes qui croisent sa route, du macho qui ne pense qu'à son plaisir, il abhorrait la misogynie et la domination masculine, il était féministe.) «En somme, Corneille revu par Racine et rédigé par Girard. Programme tout de modestie...» (J'ai du mal à ne pas rire, malgré les lourdes conséquences de ce genre de charlatanisme psycho-policier, en voyant que l'un des enquêteurs, ou le juge Marigny, a marqué d'un trait rouge un passage dans lequel Henri critique le vénérable dramaturge : «Ça conduit à dénier à Corneille toute intelligence de l'âme humaine, et spécialement féminine.» Accumulons les preuves : un jeune qui se permet de salir l'un de nos plus prestigieux auteurs classiques a forcément mauvais fond.)

Ils sont aussi proches lorsqu'il est question de sentiments, de vie intime. Après avoir planté Annie seule à Clermont-Ferrand, au début du printemps 1941, Henri écrit à son père pour tout lui raconter (on apprend quelques trucs...), comme il ne l'aurait peut-être pas fait avec un copain, pas aussi précisément. «Je divorce d'avec Annie. Tu savais que ça arriverait, je le savais aussi en me mariant – j'y ai été contraint par son attitude et un sens de l'honneur stupide et congénital. J'ai payé cher ma sottise, mais je ne veux pas aller jusqu'à sacrifier ma vie professionnelle et mon avenir.» La lettre est très longue, Henri tient à ce que son père comprenne pourquoi il n'a pas écouté ses conseils, pourquoi il s'est marié comme un gamin capricieux qui n'en fait qu'à sa tête, il reprend tout depuis le début, quand ils se sont rencontrés. «J'ai dit à Annie que je l'aimais un soir où j'étais saoul comme un âne.» Durant six mois, ça ne porte pas à conséquence, ils se voient régulièrement mais chastement, il n'est que «vaguement amoureux». Mais à Noël 1936, il accepte de partir avec elle aux sports d'hiver, à Lanslebourg : «Annie en mourait d'envie, comme une gosse qui n'est pas heureuse chez elle et qui a une occasion de s'en échapper. J'ai toujours eu une vocation de terre-neuve. Je l'emmenai. Là-bas, je fus quasiment violé au bord d'un lit.» (Qu'il arrange la vérité de l'instant de fougue en sa faveur ou non, il faut être drôlement pote avec son père pour s'avancer à ce point dans l'intimité – en 1941.) «J'aurais dû saluer, remercier et m'en aller, je ne le fis pas et me persuadai que c'était par ma faute que les choses en étaient arrivées là.» Il ne peut plus la laisser tomber, ils se fréquentent donc officiellement, et couchent ensemble. «En octobre, Annie me confia, naturellement sous le sceau du secret, qu'elle était enceinte. D'où la campagne en vue d'un mariage immédiat. Cette campagne, c'est moi, terre-neuve comme par le passé, qui en assurai les frais.» Peu après l'annonce de la grossesse, il apprend qu'elle l'a trompé, mais c'était au début de l'année, l'enfant est bien de lui. «Au mois de février, Annie se rendait compte qu'elle n'était pas enceinte.» (Il invente tout cela pour que son père lui pardonne de lui avoir désobéi en se mariant ? Je ne crois pas. Dans le dossier, on trouve une lettre de la mère de Bernard Lemoine, qui paraît jouer le rôle de la sienne, dans la mesure de ses moyens, pour les questions sentimentales, la vie de famille et la mentalité féminine. Dans ces deux pages, on comprend qu'Annie lui a bien dit qu'elle était enceinte. On pense même comprendre, mais on se trompe peut-être, qu'elle aurait avorté clandestinement. On comprend aussi, rétroactivement, que c'est pour qu'on ne pense pas qu'elle l'avait ainsi forcé à l'épouser qu'elle a fermement affirmé, lors des préparatifs du divorce, qu'ils n'avaient pas couché ensemble avant le mariage – ce qu'Henri a tenté de démentir grâce au témoignage de la gouvernante, Marguerite Pelaud. On comprend surtout – et c'est une surprise – que, contrairement à sa femme, Henri tenait à avoir des enfants. C'était même probablement la raison de sa lettre à Mme Lemoine (qui n'est pas dans le dossier) : j'ai épousé une femme qui ne veut pas d'enfant, qu'est-ce que je peux faire, comment la convaincre ? Sa mère de substitution lui répond («Je comprends parfaitement votre désillusion et votre chagrin») qu'il faut être patient et que, de son côté, elle se charge de sensibiliser Annie aux joies et bonheurs de la maternité.) Henri révèle même à son père qu'il est tombé fou amoureux d'une autre femme deux mois plus tard seulement : «Coup dur. Très emmerdant. Cependant, et contrairement aux apparences, je ne suis pas incapable de résignation. Je me dis que je devais payer ma connerie, sacrifier ma vie sentimentale, découvrir un autre but.» Ça n'a pas été possible longtemps : «Diverses scènes de drame comique : un coup de carabine dans l'estomac au col de Porte, arrêté en route par ma plaque de ceinture, la dilapidation quotidienne de l'argent – je suis inapte à surveiller, et très dépensier moi-même, mais seulement par crises. Scènes, hurlements, coups – que je recevais passivement pendant un certain temps, mais que je finissais par rendre, et vigoureusement. Le plus ignoble enfer qu'on puisse rêver.» C'est à Clermont-Ferrand, lorsqu'il réalise qu'elle ne supporte pas qu'il passe du temps avec Bernard Lemoine, ni même qu'il la délaisse pour préparer son concours au Conseil d'État, qu'il comprend qu'il doit partir. «Je tiens le raisonnement suivant : "Tu as renoncé à l'amour. C'est déjà très pénible quand ça ne reste pas une renonciation théorique, quand on aime quelqu'un. Actuellement, tu es mis en demeure de renoncer également à ta vie professionnelle, à ton avenir. Ne marche pas." D'où ma décision de divorce. En même temps, commença pour moi une nouvelle orientation de ma vie. La femme que j'aime, c'est Marie-Louise. Je pense que tu le présumais. Elle aussi m'aime, mais elle ne s'en doute pas. Elle refuse de l'admettre, refuse d'y penser, à cause de tous les obstacles d'ordre social – mariage, religion, etc. – mais nous ne sommes l'un et l'autre heureux et en forme qu'ensemble.» (Les «obstacles d'ordre social» auront bientôt raison de l'amour refoulé de Marie-Louise, mais il ne le sait pas encore – et moi non plus.)

Georges doit comprendre. Lui n'a eu qu'un seul grand amour, perdu. Juste après le mariage de son fils, quand il est donc censé être si furieux, s'y étant fermement opposé, qu'il rechigne à lui adresser la parole, il lui écrit en Savoie, où Henri passe quelques jours avec sa femme : «C'est la première fois depuis longtemps que je ne suis pas avec toi pour l'anniversaire de ta maman, et cela me fait un peu gros cœur. Parce qu'à ce moment-là, ça me faisait du bien de t'avoir à côté de moi par la main comme quand tu étais petit. J'ai été des années sans courage pour t'en parler, et ce n'est pas faute de penser à elle et de songer que ta vie aurait été tout autre, mon petit, si elle avait vécu. Crois bien que je sais combien tu as souffert tout petit, et combien elle t'a manqué, elle qui t'aimait tant. J'ai conscience, avec mes grosses pattes maladroites, de ne pas l'avoir remplacée auprès de toi, parce qu'une maman ne se remplace pas. C'est de cela que ton enfance a été assombrie et a souffert, je le sais bien, mon petit. Pense à elle demain.»

Pourtant, tous les accusateurs d'Henri rappellent la violente querelle qu'a déclenchée trois mois plus tôt sa volonté de se marier malgré l'interdiction de son père, malgré sa colère et ses menaces, soulignent la division qu'elle a engendrée et les traces définitives qu'elle a laissées. Je relis toutes les lettres de cette période prénuptiale et n'y trouve ni menaces, ni colère, ni interdiction. Georges, qui a toujours été du côté de son fils quand il s'agissait de faire accepter Annie par la famille, qui a élaboré avec lui des stratagèmes pour que la grand-mère et la tante gobent la pilule, lui conseille simplement d'attendre, de réfléchir. (C'est le moins qu'il puisse faire, je m'imagine à sa place, Ernest m'annonce à vingt ans, encore à la fac, qu'il se marie avec une fille insupportable qu'il connaît depuis quelques mois, je deviens croyant, je prie le Seigneur à plat ventre, et j'emmène mon petit chez un exorciste.) N'étant pas au courant de la grossesse, il ne comprend pas ce qui arrive si soudainement à Henri, il suppose que c'est Jules Chaveneau qui les presse à officialiser, mais à aucun moment il ne hausse le ton. Il expose ses arguments en respirant par le nez : «Le mariage maintenant est absurde à tous points de vue. Au point de vue santé, d'abord, tu es précisément à un âge où il faut faire très attention, et l'état dans lequel tu t'es mis ne peut que me conforter dans mon opinion. Au point de vue carrière ensuite. C'est ta carrière entière qui en sera compromise. Au point de vue matériel : ce sera une chape très lourde, quoi que tu puisses en penser. Au point de vue militaire : tu n'as pas encore fait ton service, tu seras bien avancé quand vous serez séparés pendant deux ans. Je me rappelle tes réflexes de juillet devant une absurdité qui te sautait aux yeux et te faisait en rire avec moi avec beaucoup de confiance. Ne peux-tu donc pas avoir toujours confiance en moi, et te dire que je suis aussi bon juge que d'autres, et plus désintéressé, en ce qui concerne ton bonheur – le seul qui m'intéresse.»

Henri ne semble s'être énervé qu'une fois face à la résistance de son père. Après une entrevue, Georges lui écrit : «J'ai eu beaucoup de peine de l'attitude absolument injustifiée que tu as avec moi.» Cette lettre date du 7 décembre 1937. Henri sait depuis un mois et demi qu'Annie est enceinte. Il commence certainement à paniquer, le mariage doit avoir lieu très vite ou l'opprobre leur tombe sur le paletot. Mais même dans les heures qui suivent cette dispute, et comprenant qu'il a perdu la partie, Georges reste un père compréhensif : «Au revoir, mon petit, je t'aime bien, et beaucoup mieux que tu ne le crois. Repose-toi. Je t'embrasse de tout mon cœur. Ton vieux Georges.» Dès le lendemain du mariage, tout est effacé, il accepte et inclut Annie dans la famille – ses lettres débutent dorénavant par «Mes chers enfants», il les signe «Votre vieux père». Quelques jours plus tard, quand le jeune couple lui envoie des fleurs, qui lui font «un très grand plaisir», il s'excuse avec humour de sa rudesse habituelle de grognard lors de la cérémonie : «Je n'ai pas encore reçu les photos du mariage, où tout le monde s'accorde à dire que je suis très bien et que je n'ai déçu aucune espérance, manifestant un désir de foutre le camp irrésistible. J'espère que vous allez bien, je suis sûr que vous êtes heureux, et votre vieux père s'en réjouit. Au revoir mes enfants, vous savez que je pense souvent à vous et que je ne demande que votre bonheur. Je vous embrasse tous les deux.»

Ensuite, plus une ombre de brouille n'apparaîtra dans la correspondance entre le père et le fils. Si je peux dire, le dernier jour de ma vie, qu'elle a été marquée par autant de désaccords et de tension entre Ernest et moi qu'entre Henri et Georges, je mourrai avec le sourire – à condition que ce soit, j'espère, de manière moins ignoble que le vieux Georges ; qui avait deux ans de moins que moi aujourd'hui.

Mon père est mort en souriant. C'est du moins la dernière image qu'on ait de lui. Ma sœur est la dernière à
l'avoir vu, le dernier soir, sur son lit d'hôpital à Marseille.
Quand elle lui a demandé pourquoi il souriait, il a répondu :
« C'est l'émotion. » (Peut-être comme à la fin d'une semaine
de ski. On est triste que ce soit terminé (car sincèrement,
quoi de mieux que le ski, la tartiflette, le whisky du soir
face à la montagne obscure ?), mais on est heureux que
tout se soit bien passé, c'est ce qui l'emporte, qu'on ait eu
du soleil, que le petit ne se soit rien cassé, et qu'il ait eu sa
troisième étoile, bravo fiston.)

En revanche, il est avéré qu'Henri n'aimait pas Amélie
et que c'était réciproque. Qu'il lui a volé 100 000 francs
en jouant sur sa sensibilité de vieille fille qui le considérait comme son fils. Qu'elle était furieuse et désespérée de
le voir surgir à Escoire à l'improviste. Mais souvent,
« avéré », faut le dire vite.

Ce que l'accusation a retenu, et qui a toujours été repris
tel quel depuis, c'est que dans une lettre à Georges, Henri
la disait « haïssable » et promettait d'apprendre à ses
enfants à « chier sur les genoux de leur grand-tante ».
C'est clair, et rude, on ne peut pas le nier – et vrai : j'ai
cette lettre sous les yeux. Mais c'est produit à l'aide d'un
outil redoutable qui a souvent fait ses preuves : la pince à
extraction du contexte. D'abord, il faut tenir compte d'un
fait important : Henri fait part de ces critiques à son père
– qui n'a plus qu'une sœur et qui l'aime – et non à un ami
hors de la famille, avec lequel il pourrait épancher librement sa colère et son fiel. Ce n'est donc pas aussi sérieux
que ça en a l'air. Ensuite, l'ensemble de la lettre est écrit
avec humour, plus que rage. En lisant les deux phrases
relevées par le juge d'instruction, on suppose un déferle-
ment de haine, or Henri termine par : « Écris-moi, mon
vieux père, et ne te frappe pas pour les histoires de ma
tante : ça ne vaut pas l'effort d'un coup de pied au cul,

auquel elle aurait tout de même droit si elle était un homme. » (Au juge Marigny, indigné qu'on puisse envisager de faire caca sur les genoux d'une femme honorable (à ce compte-là, on est capable de tout), il fera remarquer, sans rire : « Vous conviendrez que c'est là, pour un paroxysme de colère, un projet de vengeance assez anodin. » Sur le même ton j'imagine, il reviendra également sur le surnom qu'il donnait à Amélie. Il reconnaîtra volontiers « Quart de tonne » (par contre, sans raison apparente, il niera fermement l'avoir jamais appelée « Zéro en chiffre » – selon lui, Madeleine Soudeix, qui le tiendrait de sa mère, se trompe ou invente), mais il jurera qu'elle ne s'en formalisait pas, et que c'était toujours mieux que le sobriquet que lui donnait toute la famille, notamment ses frères chéris, Georges et Riquet, depuis sa plus petite enfance : « Bouffie ». Semblant prendre Marigny pour une tourte, mais drôle et sans doute sincère, il ajoutera : « De plus, je ne considère pas l'expression "Quart de tonne" comme grossièrement injurieuse à l'égard de ma tante. C'était une simple allusion à sa corpulence. » Puis il prouvera sa bonne foi à son égard : « Récemment, lors des restrictions, je l'appelais successivement, suivant son poids : "Quart de tonne", "Tonne sur cinq", "Tonne sur dix", "Tonne sur vingt" » – ça fait à peine cinquante kilos, c'est gentil.) Dans cette lettre à son père, il poursuit : « L'atmosphère est drôlement ambiante, tu t'en doutes », et en post-scriptum, lorsqu'il évoque la « propagande nataliste » d'Amélie et les éventuels rejetons à qui il ne tolérera pas d'aussi mauvaises fréquentations qu'elle, il ajoute : « Je n'ai jamais compris la rage qu'ont ces vieilles filles catholiques de renifler les draps conjugaux. » (Quand on le lit en sachant qu'il souffrait qu'Annie refuse d'avoir un enfant, ça change la perception de son énervement.)

Enfin, il écrit ce courrier quelques jours après le mois et demi d'errance et de cantonnement qui a suivi son

arrestation par les Allemands et son évasion : il est épuisé,
très amaigri, et sur les nerfs. «Les cinq petits Gentil
hurlent simultanément dès l'aube, et j'ai beau réclamer,
on me répond que 8 heures du matin est une heure tardive
pour se lever, et que je n'ai qu'à faire comme tout le
monde. On crève de faim, comme il est de tradition, mais
avec les meilleurs prétextes toutefois...» Or c'est son père
lui-même qui lui a conseillé de penser avant tout à
reprendre des forces et à se nourrir après l'épreuve qu'il
a traversée : «Dors le plus possible, et surtout mange bien
et beaucoup! J'aimerais bien que ce soit un vrai repos,
que tu te remplumes tout à fait, que tu puisses manger – et
j'ai peur que tu n'aies pas assez à ce point de vue. Dis à
Louise de te donner des pâtés et des confits. Je t'en prie,
fais tout le nécessaire pour te rétablir.» (Ça n'a rien à voir
avec la choucroute (ou plutôt si, presque), mais une phrase
de Georges me plaît, dans cette lettre, et témoigne des
changements notables qui ont eu lieu en matière de diété-
tique et de certitudes médicales. En prévision de sa venue
prochaine à Escoire, il demande à son fils de transmettre
un message à Amélie : «Dis à ta tante que le docteur m'a
défendu le veau, je ne tolère que le poulet, le canard et le
foie gras.») Henri ne fait donc que le tenir informé de
l'impossibilité pour lui de suivre ses recommandations.
«Ma tante va sûrement t'écrire pour te dire que je suis
odieux, et Annie une gourgandine insolente. Je préfère
prendre les devants et t'expliquer dès maintenant ce qui se
passe. Tu seras ainsi plus à l'aise pour nous défendre. Histoire de te donner un aperçu de la sûreté de jugement de
cette, mettons, femme : mon amie Yolande Huchard est,
selon elle, une trublionne esbroufeuse et encombrante, et
son mari, un voyou. Tu les connais tous les deux... Crois
bien, surtout, que je te foutrais la paix avec ce drame de province si je n'avais la certitude que tu en seras informé de
l'autre côté. Elle a fini par les virer d'une manière ignoble,

sous prétexte qu'ils prenaient trop de place. J'avais envie de gueuler, mais je suis trop abruti et je te délègue ma colère. Avoue que c'est dégueulasse. Enfin, tout ça a de l'importance, mais moins qu'une guerre mondiale.»

Ce n'est qu'une petite querelle familiale (qui n'a pas fait part, à sa mère ou à son frère, de ce genre de reproches énervés à l'encontre d'un grand-père ou d'une cousine?), et Georges n'y attache pas beaucoup d'importance, répondant à son fils : «Je comprends ton ennui pour Yo Huchard, mais enfin ta tante est chez elle... Je lui en parlerai, mais je crains qu'il y ait eu des histoires avec ta femme (qui, entre nous, n'est pas facile à vivre). Je pense souvent à toi, je me tourmente de ne pas te voir.» Les choses se calmeront quand Amélie quittera le château en pleurs. (En pleurs, mais pas sainte martyre tout de même. D'une part, ce n'est pas un départ prématuré, seule, sur un coup de tête : dans une carte postale qu'elle envoie à Louise le soir même pour lui dire qu'elle est bien arrivée à sa première étape, on comprend qu'elle est partie avec Monique Gentil, son mari et leurs cinq enfants. La situation en zone occupée s'est stabilisée, ils n'ont plus besoin de rester repliés à Escoire. D'autre part, elle a tenu à marquer son mécontentement en partant. Le surlendemain, Henri écrit à son père : «Ici, la situation s'est améliorée, puisque tout le monde a foutu le camp : les Gentil pour Bourges, ma tante pour Paris. Ces deux derniers jours n'ont pas été très marrants. Ils sont partis en emportant *tout*, nous laissant à la tête de viande pourrie, de vin piqué, sans provision d'aucune sorte. La maison est dans un état de crasse indescriptible.») Et tout s'arrangera définitivement quand Henri quittera Annie. À Paris, un mois après son départ de Clermont-Ferrand, il écrit à Georges : «Sur la question de mes rapports avec Lili, tu peux te rassurer complètement, nous sommes plus qu'en flirt, en lune de miel : ça n'a jamais aussi bien marché depuis que j'ai atteint l'âge de quatre ans. Ça tient à ce que j'ai sagement agi en ne logeant pas chez elle – que d'amour, que d'adoration faut-il avoir pour résister à la vie quotidienne ! – et à ce qu'elle est complètement transformée elle aussi. Est-ce par mon proche divorce, par les événements ou par ma propre gentillesse ? Je n'en sais rien mais c'est bouleversant. » Ça joue avec le second degré, bon enfant. (Interrogé par le juge Marigny, Henri reconnaîtra sans hésiter – c'est même lui qui abordera le sujet le premier – qu'il en a longtemps et méchamment voulu à sa tante d'avoir participé, même pour une petite part, à la pression familiale exercée sur son père pour qu'il n'épouse pas sa mère. Il expliquera : «Je n'ai compris que bien plus tard, lorsque je me suis marié moi-même, quelles pouvaient être l'intensité de ces mésententes et le peu de gravité de leurs motifs. C'est pourquoi, dès que j'eus pris la décision de divorcer, la satisfaction qu'éprouva ma tante me rapprocha tout de suite d'elle et me permit de la comprendre mieux et de lui pardonner.») Mais on ne sait pas si Amélie considérait leurs rapports avec le même enthousiasme. En fait, si.

Madeleine Soudeix, Yvonne Doulet et Henriette Blancherie ont déclaré qu'elle avait été très désagréablement surprise de se trouver nez à nez avec son neveu à la porte du château, mais elles sont les seules.

Dans les dépositions, je trouverai bientôt les témoignages de Marie Grandjean, qui contredira formellement cette affirmation, et de Germaine Fricaux, une amie d'Amélie qui vit à Périgueux et qui l'a reçue chez elle le 22 octobre : «Elle m'a fait un véritable éloge de son neveu, et m'a dit tout le plaisir qu'elle avait de l'avoir près d'elle à Paris. Elle ne m'avait pas caché les difficultés et les désagréments qu'il lui avait causés l'année précédente, mais d'après elle, il avait subi l'influence néfaste de sa femme. Elle ne s'est pas plainte de ses dépenses, et ne m'a pas dit qu'elle avait été contrariée par son arrivée. Elle se montrait très satisfaite

de lui, insistant sur la douceur et l'affection qu'il manifestait
à son égard.» Françoise Hua, l'amie d'Amélie qui habite à
La Souterraine et l'a vue juste avant son départ pour Escoire,
va dans le même sens que toutes ses proches : «Jamais en
ma présence elle ne lui a reproché sa prodigalité ou ses
dépenses excessives. Elle avait beaucoup d'affection pour
lui, surtout ces derniers temps.» Enfin, Monique Gentil, la
première confidente d'Amélie, confirme qu'après la séparation avec Annie, «leurs relations sont redevenues
excellentes. Elle l'aimait beaucoup, elle l'admirait, même.
Elle le considérait comme assez dépensier, mais ne m'a
jamais parlé d'argent qu'elle lui aurait donné elle-même».
Et pour cause, elle ne lui en a jamais donné, elle ne faisait
qu'en prêter. Dans une lettre à son fils, Georges écrit :
«Pense à t'habiller chaudement pour l'hiver prochain.
Veux-tu de l'argent? Ta tante pourra t'en avancer.»

Le lendemain de l'apparition de son neveu, le 17 octobre,
Amélie adresse une carte à son amie Marguerite Pelecier :
«Henri est déjà là.» (Donc peut-être, simplement, plus tôt
que prévu. Ce n'est que cela qui l'embête. Avant de quitter Paris, elle a dit à Marguerite : «Il m'a fait souffrir l'an
dernier mais j'ai ma récompense, il est très gentil. J'en
jouis pleinement.») «Depuis lundi soir, je suis accueillie
ici par un soleil radieux, un ciel bleu intense, faisant valoir
le jaune d'or de mon allée de peupliers, une splendeur! Cela
compense la saleté intérieure, car ma nièce a laissé mon côté
plus lamentable encore que celui des Alsaciens!» (Sa nièce
et son neveu. Mais Amélie, comme disait Georges à propos
de sa mère, est elle aussi «une femme d'autrefois» (un
autrefois qui va durer encore un moment) : les épouses sont
responsables du ménage.) «Cela prend tournure, mais je
comprends mon neveu d'être venu sur place se faire pardonner. Il m'a surprise hier, du coup, mes projets en sont
bouleversés (comme toujours), et ce ne sont pas de vraies
vacances. Je ne pourrai sans doute pas aller chez mon amie

Grandjean, et mon frère va venir.» Elle regrette seulement
de ne pas être seule, rien à voir avec Henri en particulier.
Pourtant, Madeleine Soudeix a indiqué au commissaire
Tailleur que, dans une carte écrite à Louise de Bourges,
elle lui confiait qu'elle ne voulait pas qu'Henri la rejoigne.
Cette carte est dans le dossier, je la lis en entier. Juste
avant «J'espère qu'il ne viendra pas me rejoindre à
Escoire», un passage a échappé à l'attention de Madeleine, et du commissaire : «Je me laisse vivre ici, entourée
d'affection, et cela me paraît bon, je t'assure, après les
bourrades de mon cher frère. J'espère qu'il ne viendra pas
me rejoindre à Escoire, où nous serons bien tranquilles
toutes les deux pour tout remettre en état.» Elle parle de
Georges. Qu'elle aime beaucoup, pourtant.

Mais ce qui dément définitivement la théorie de l'accusation selon laquelle la rancœur et la haine entre le neveu
et la tante, qui ne se supportaient pas, empiraient de jour
en jour à la fin de l'été 1941 et laissaient prévoir une
explosion imminente, à cause de l'argent, de l'oisiveté et
de la vie de débauche d'Henri, c'est la dernière lettre
qu'elle lui a envoyée. Elle a été postée à Coulaire, chez
Monique Gentil, le 30 septembre 1941, quinze jours avant
qu'il ne débarque à Escoire, et répond manifestement à un
courrier qu'elle vient de recevoir de lui. La légèreté de ton,
l'attachement et l'affection dont elle témoigne paraissent
irréels, diamant dans la soupe, quand on a lu les conclusions du juge Marigny. «Mon cher vieux, Enfin! Je
commençais à désespérer, non que je m'inquiétasse,
comme on dit à l'Institut, mais tout de même...» Elle
n'appréciait peut-être pas qu'il dévore les colis de nourriture envoyés par Louise ou les métayers, mais elle se fait
du souci pour lui (sans oublier ses principes de base) :
«Tu ne me dis pas où tu prends tes repas? Ne te laisse pas
mourir de faim, tout en ne te ruinant pas!» Et je ne suis
pas sûr qu'on puisse trouver sur terre deux ou trois saintes

tantes, en conflit acide et destructeur avec leur neveu, qui termineraient aussi tendrement : «Je t'embrasse, mon vieux chéri, comme je t'aime, et tu sais combien. Ta vieille Lili.»

En résumé, rien n'allait de travers dans cette famille. Henri adorait son père et aimait bien sa tante. Ce qui ne l'a pas empêché, paraît-il, de lui voler des bijoux auxquels elle tenait beaucoup, et de lui soutirer 100 000 francs de la plus basse et méprisable des manières, en jouant avec ses sentiments alors qu'ils venaient de se réconcilier.

Au sujet des petits objets en or disparus du secrétaire d'Amélie, rue de Fleurus, je ne disposerai, même en avançant dans le dossier, que de peu d'informations, les enquêteurs s'étant contentés de quelques dépositions de base pour établir les faits : ça renforce ce que l'on connaît de la personnalité de l'accusé, mais Joseph Marigny sait bien que ça ne suffira pas à convaincre les jurés qu'il a pu exterminer trois personnes, inutile de perdre trop de temps là-dessus. Ce que je constaterai, c'est que d'une amie d'Amélie à l'autre, les versions diffèrent. Certaines parlent de «bijoux dans des écrins», d'autres d'un porte-plume, d'un chapelet et d'un dé à coudre en or, d'autres de louis d'or, d'autres de médailles de guerre qu'elle conservait en souvenir de son frère Riquet. Toutes disent qu'elle soupçonnait un ouvrier venu effectuer quelques travaux chez elle à la demande d'Henri. Quand on interrogera ce dernier, il dira d'abord qu'il ne s'agissait pas d'un ouvrier mais d'un commissionnaire venu lui apporter, de la rue Chomel, des malles de linge et de livres ; qu'il n'est resté qu'une minute ; et que sa tante a retrouvé peu de jours après un dé à coudre et un chapelet en or qu'elle croyait avoir été volés. (Question remarquablement pertinente du juge Marigny, qui sait ce qui est capital dans une instruction : «Ce dé, était-il seul ou faisait-il partie d'un nécessaire ?») On ne peut pas vérifier, bien sûr. Mais je me dis que s'il avait voulu lui barboter des bricoles en or, pourquoi aurait-il monté un petit plan de bras cassé avec un ouvrier ou un commissionnaire ? Pour pouvoir l'accuser ensuite ? Dans ce cas, pourquoi aurait-il tenu à se charger lui-même de l'enquête et pourquoi aurait-il affirmé à sa tante qu'il était convaincu que ce commissionnaire n'y était pour rien ?

Tous ceux qui ont écrit ou écrivent sur Henri Girard ou Georges Arnaud, même ceux, rares, qui le pensent innocent des crimes, sont d'accord pour reconnaître que son histoire d'arrestation et de rançon est absurde, et qu'il a bien dépouillé Amélie de 100 000 francs. Franchement, son scénario ne tient pas debout, qui y croirait ? Au risque de passer pour angélique et couillon, ou d'avoir l'air de le défendre à tout prix (celui de la mauvaise foi, entre autres), moi.

Après la correspondance, j'ai consulté la partie du dossier qui se rapporte à cet épisode. Ce qui m'étonne avant tout, c'est qu'on n'ait jamais, plus tard, cherché à en savoir plus, qu'on ne lui ait jamais demandé de précisions après la guerre. Car tout ce qu'on pense de cette petite affaire, jusqu'à aujourd'hui, est basé sur des déclarations qui ont été faites entre 1941 et 1943, au moment où les Allemands tout-puissants occupaient Paris et, à partir de novembre 1942, Périgueux. Si Henri prenait réellement part à des activités de Résistance (quand on connaît l'opinion de la famille, notamment de Georges, ancien soldat patriote et référence de son fils (qui a lui-même tout fait pour entrer dans l'armée bien qu'il ait été réformé deux ou trois fois), on a quand même le droit de le supposer ne serait-ce que trente secondes), comment imaginer qu'il aurait pu déclarer au commissaire de police, au juge d'instruction ou lors du procès : «Pour vous prouver ce que j'avance, je vais vous donner le nom du réseau et des copains avec qui je préparais un vol de papiers dans une kommandantur»? (Tout ce qu'il dit, c'est : j'ai participé à quelques petites opérations contre les Allemands, je ne peux pas vous dire avec qui, j'ai été enlevé et retenu prisonnier, je ne peux pas vous dire où par peur des représailles, j'ai bien été libéré en échange d'une rançon, et je ne peux pas vous dire, pour la même raison, à qui elle a été versée. À la prison Belleyme, quand il apprend que les Allemands ont franchi la ligne de démarcation, il retire même ces quelques révélations qui ne concernent que lui, au risque de passer désormais, à coup sûr, pour un affabulateur et un voleur – je trouve une lettre qu'il a fait parvenir au juge Marigny : «En raison des événements, je vous prie de considérer comme inexistantes les déclarations que je vous ai faites sur les activités que j'ai exercées en zone occupée, et d'une manière générale, sur tout ce qui serait de nature à rendre ma position difficile et dangereuse vis-à-vis de la puissance occupante.»)

On peut penser que c'est également par prudence que ses proches n'en ont pas parlé spontanément à la police, que Bernard Lemoine a fait croire qu'il avait oublié le nom et l'adresse sur l'enveloppe qu'il avait postée, et que Marie-Louise a d'abord nié avoir eu connaissance de cette mésaventure (elle a appelé Bernard Lemoine à sa sortie du commissariat pour lui demander conseil). Était-ce justifié? Quand Henri prétend qu'il risque la mort s'il en dit trop et qu'on le retrouve, ou que ses ravisseurs ont menacé de le fusiller parce qu'il avait un pistolet sur lui, l'accusation ricane. Depuis, on sait qu'il n'aurait pas été un cas isolé, loin s'en faut. Au hasard : «René Darreau, de Vendôme (Loir-et-Cher), condamné à mort le 2 octobre 1941, a été fusillé le 4 octobre : il avait caché chez lui un revolver à barillet chargé de dix balles.» À Paris : «27 octobre 1941. Roger-Jean Bonnand, de Paris, Paul Grossin, de Mitry-Mory (Seine-et-Marne) et Hubert Sibille, de Cornimont

(Vosges), condamnés à mort pour détention illégale d'armes et de munitions, ont été fusillés aujourd'hui.»

Lors du procès, à la fin de sa déposition, l'inspecteur Le Brun déclare qu'il n'a pas trouvé la moindre trace de cette arrestation malgré de minutieuses recherches auprès des autorités allemandes (en qui il semble avoir toute confiance – peut-être hypocritement, car il y en a certainement des représentants dans la salle). Maurice Garçon s'approche de lui l'air consterné et lui demande : «Croyez-vous qu'il soit impossible que des individus malhonnêtes, qui peuvent avoir un uniforme, aient pu arrêter un Français et exiger une rançon?» Rassuré par le «malhonnêtes» qui disculpe les bons occupants, il peut répondre : «C'est très possible, cela se fait, je puis dire, presque journellement. Cela se fait dans Paris.»

Outre la personnalité supposée d'Henri, ce qui incite à croire à une entourloupe et fait presque sourire, c'est qu'il ait été libéré une heure seulement après que l'enveloppe contenant le ticket de consigne a été mise à la poste. Mais justement : ça fait presque sourire. Henri, qu'il suffit de secouer pour lui trouver des défauts, a au moins, même à cette époque-là, une qualité indéniable : il est intelligent. Et il appelle sa tante dès que l'enveloppe est dans la boîte? Il est parti depuis trois jours et ne patiente pas une nuit de plus pour ne revenir que lorsque l'odieux destinataire imaginaire est censé avoir reçu ce qu'il attendait? Personne n'a semblé envisager que, Bernard Lemoine étant reconnaissable à l'exemplaire de *L'Auto* qu'il portait sous le bras gauche, un Allemand en uniforme ait pu le guetter près de la consigne et s'emparer directement – *Réquizitziône!* – de la valise. L'inspecteur Le Brun s'est tout de même rendu à la gare Saint-Lazare, l'employé lui a indiqué qu'il n'était pas en poste à la consigne en juillet 1941, et l'enquête sur le terrain s'est arrêtée là. (Lors de son premier interrogatoire à ce sujet, Henri affirme qu'il a

vu la mallette dans les mains du pseudo-officier qui le sur-
veillait, et que celui-ci lui a même proposé, en plaisantant
à moitié, de la lui rendre vide car il ne voulait pas qu'il le
prenne pour un voleur.)

Lorsque Marie-Louise, la pure, la trop pure, finit par
avouer qu'elle était au courant, elle dit que lorsqu'elle a
retrouvé Henri chez lui, rue Notre-Dame-des-Champs, le
soir de sa «libération», son studio était sens dessus dessous,
qu'une sorte de perquisition sauvage y avait visiblement eu
lieu. (Henri précise qu'à son retour, il manquait «quelques
bijoux en or, cinq ou six bouquins de valeur et une collection de soldats de plomb revêtus de l'uniforme anglais».
C'est précis.) S'ils ont inventé cela pour être plus crédibles, pourquoi personne d'autre n'en parle parmi leurs
proches, Lemoine le premier? Et si Marie-Louise n'était
pas dans le coup, Henri se serait donc livré à cette mise
en scène seulement pour elle, comme s'il savait qu'elle
serait interrogée un jour à ce sujet? (C'est trop long, ce
passage sur le vrai ou faux enlèvement? J'ai peur que ça
dure encore quelques lignes, pour être optimiste – et cette
parenthèse n'arrange rien. Je sais bien que c'est moins
intéressant qu'un triple crime bestial, niveau enquête.
Mais à mon avis, ne me blâmons pas : il faut que je m'y
attarde, je trouve injuste de laisser Henri avec cette saleté
dans le cercueil, même si ce n'est potentiellement qu'une
petite arnaque de jeunesse. Ensuite, foi d'ami de la lecture agréable, je mets les pieds dans le sang et j'essaie de
résoudre l'énigme du château, on va bien s'amuser.)

Amélie, à la demande d'Henri, n'a raconté ce qui était
prétendument arrivé à son neveu qu'aux quelques personnes
en qui elle avait entièrement confiance : Françoise Hua,
Monique Gentil, Marguerite Pelecier et Xavier Mariaux. Ce
dernier a vu chez elle la lettre d'Henri qui prévenait Bernard
Lemoine qu'il avait été enlevé, et la feuille dactylographiée

sur laquelle était indiquée la marche à suivre pour le paiement de la rançon. Au moment où Lemoine les a remises à Amélie, Mariaux était à Limoges, et affirme à l'inspecteur Le Brun que personne dans l'entourage d'Henri ne pouvait être au courant de ce déplacement décidé à la dernière minute. Or il ne fait aucun doute pour lui, et Amélie le lui a confirmé, que s'il avait été à Paris ce jour-là, c'est à lui, le plus proche ami de Georges Girard et celui auquel il avait «confié» sa sœur pendant qu'il était à Vichy, qu'elle aurait demandé de l'aider à réunir l'argent et de porter la valise à la consigne. Il est formel : Henri ne pouvait pas penser que son ami Lemoine aurait l'occasion de se trouver seul, à un moment ou à un autre, en possession des 100 000 francs.

Les enquêteurs ont établi précisément qu'en quatre mois, de mars à juin 1941, Henri avait claqué la somme considérable de 55 000 francs. Le 21 juillet, il en a 100 000 en poche – ou disons, s'il a partagé avec Bernard Lemoine, les trois quarts ou la moitié. Début octobre, il est à sec au point de devoir vendre son lit et son piano pour partir à Escoire. Entre-temps, du 15 août au 15 septembre, il a passé plusieurs jours à Paris ou à Conches avec son père, durant lesquels il n'a pas pu se livrer à la débauche onéreuse – tournées générales dans les cabarets de luxe, bols de caviar, bains de champagne avec trois prostituées – qu'il affectionne tant. En deux mois environ, il a donc dépensé plus, et peut-être bien plus, qu'en quatre lors de son printemps de folie. Pourtant, l'inspecteur Le Brun, qui avait si bien cerné son train de vie du premier semestre, notera dans son rapport final : «En ce qui concerne cette période, peu de renseignements ont pu être recueillis quant à l'usage de sommes importantes.»

Début juillet, Henri cède l'appartement de la rue Chomel, devenu inutile depuis sa rupture avec Annie, à un architecte, Bernard Dupuis. Selon l'accusation, il est pris à la gorge à ce moment-là, il n'a plus un sou – c'est pourquoi il va finir par échafauder, deux semaines plus tard, la combine véreuse et grotesque qui lui permettra de continuer à vivre comme un nabab. Les deux hommes discutent du montant de la reprise de la location. L'architecte rapportera les propos du jeune homme cupide prêt à tout pour se procurer de l'oseille : «Il m'a dit : "Je sais que vous tenez beaucoup à cet appartement, je ne vous ferai pas de difficultés, nous réglerons ça en bons amis." Il m'a donné l'impression que la question de l'argent, c'était le cadet de ses soucis, il s'en moquait complètement.»

Au procès, interrogé à nouveau, une dernière fois, sur les activités qui auraient pu conduire à son arrestation, Henri continue à garder le silence et répond seulement : «J'appartenais à ce moment-là à une organisation de Français qui risquent de supporter les conséquences de ma déclaration.» Un an plus tôt, Le Brun a consacré deux lignes de son rapport à ce qu'il a appris, «de manière voilée», de «certains témoins» qui ont refusé que leurs paroles soient portées au procès-verbal : Henri Girard, peut-être Bernard Lemoine et Maxime de Cassan-Floyrac «auraient appartenu» à une petite organisation de Résistance nommée «la Bande noire». Il n'en dit pas plus mais ne prend pas tout à fait ces informations à la légère, on ne sait jamais : le 13 mars 42, alors qu'il enquête à Vichy, il envoie une note dactylographiée à ce sujet à son supérieur à Paris, dans laquelle – c'est le seul exemple de ce genre au cours des dix-neuf mois d'instruction – il mentionne «le témoin dont le nom commence par la lettre L et le prénom par la lettre B» et ne cite pas une fois Henri Girard, l'appelant «l'inculpé de Périgueux».

Au cours de ses investigations, Dominique Le Brun est informé qu'Henri Girard a été arrêté une première fois par les Allemands, le 4 juin, un mois et demi avant le «kidnapping». Plusieurs proches d'Amélie confirment en avoir

entendu parler. Il n'était pas seul, plusieurs « copains » ont
été pris avec lui dans un coup de filet rue d'Assas, tout
près de son studio, et emmenés à la prison du Cherche-
Midi. Devant Joseph Marigny, Henri ajoutera que l'un
d'eux, cardiaque, y est mort sous les coups de ceux qui
l'interrogeaient, quasiment dans ses bras. Déjà cette fois-
là, il en est revenu le visage tuméfié et le dos zébré par le
fouet, la chemise lacérée. Liliane Englisch, veuve Taillefer
de La Roseraie, qui logeait alors chez sa lointaine cousine
Amélie, affirmera qu'elle l'a bien vu rentrer chez sa tante
dans cet état, au début du mois de juin. Cette fois, il n'a été
aucunement question de rançon. Henri se serait fait frapper
et fouetter par un pote dans le seul but que le coup qu'il
préparait pour le 21 juillet paraisse plus crédible ?

Dans les papiers qui ont été saisis chez Amélie se
trouve le brouillon d'une lettre qu'il a envoyée à son beau-
père, Jules Chaveneau. Elle est datée du 29 mai 1941, six
jours avant la première arrestation : « Monsieur, j'entends
que la surveillance ridicule dont votre fille a confié le soin
à je ne sais quelle agence cesse immédiatement. » Depuis
plusieurs jours, il l'expliquera au juge Marigny, il a remarqué qu'il était suivi. Il est persuadé qu'Annie a engagé un
détective privé pour le surprendre avec Marie-Louise et
obtenir ainsi tout ce qu'elle voudra lors du divorce – c'est
Roger, le frère abbé d'Annie, qui le lui aurait appris.
Le 3 juin, il écrit à son père : « Le lendemain, Jules m'a
rappelé chez Lili, me déclarant que la surveillance ne pro-
venait ni de lui, ni de sa fille, sans nier toutefois qu'elle en
ait jamais organisé une. »

Marguerite Visy, la concierge de la rue Notre-Dame-
des-Champs, rapporte qu'un soir où elle mettait Henri en
garde contre le danger que représentaient pour lui ses sorties après le couvre-feu (elle dit l'avoir vu, « vers le
printemps », avec plusieurs hématomes au visage), il lui a
répondu « qu'il s'en moquait pas mal, étant donné le peu

de temps qu'il lui restait à vivre ». Alors que l'inspecteur Le Brun est à peu près convaincu d'avoir fait le tour des rares relations parisiennes sérieuses du jeune homme, elle ajoute : « Il recevait une assez volumineuse correspondance et se faisait téléphoner souvent. »

Quelques jours seulement après les crimes, bien avant que l'enquête parisienne sur le passé d'Henri ait été lancée, Bernard Lemoine est allé demander son inscription au barreau de Paris. Elle lui a été refusée. (Le président Hurlaux s'en étonnera lors du procès : « Du moment qu'on est licencié en droit, il me semble que l'inscription à un barreau se fait généralement sans difficulté. ») L'explication se trouve dans un procès-verbal du 12 mars 1942. Lemoine dit à l'inspecteur Le Brun que lorsqu'il est passé devant l'ordre des avocats, l'un d'eux, maître Camille Bernard, lui a posé des questions, avec insistance, au sujet de l'enlèvement de celui qu'il désirait défendre et de cette mystérieuse rançon de 100 000 francs. Il a obstinément refusé de répondre, prétextant qu'il était lié par un serment fait à son ami. Puisque c'était comme ça, il fallait qu'il comprenne qu'on ne pouvait pas accepter sa candidature. Ce que je me demande, c'est : comment l'avocat pouvait-il avoir connaissance de cette histoire ? Bernard Lemoine n'a pas pu lui en parler spontanément (d'une part parce que cela n'avait a priori aucun rapport direct avec les crimes dont Henri était accusé, d'autre part parce que cela désignait Henri comme résistant potentiel, et Bernard ne pouvait pas savoir qui il avait en face de lui), d'autant moins si c'était une escroquerie ; et ces faits ne sont apparus dans l'enquête que des mois plus tard. Je suis de nouveau sorti du fichier pour voir si je ne trouvais pas sur le Net quelques informations sur ce Camille Bernard. Après trois minutes de recherche, je tombe sur la numérisation d'extraits d'un livre de Liora Israël, *Robes noires, années sombres.* J'y apprends qu'il faisait partie, avec au moins trois autres membres du conseil de l'Ordre, d'un petit réseau de Résistance dont le poste de commandement était établi au Palais de Justice, créé par l'ancien bâtonnier Étienne Carpentier, nommé «France d'abord» et surnommé entre eux, par discrétion, «Eldabor». Si Henri, simple Parisien oisif, avait inventé dans son coin une petite fable à deux balles (à cent mille balles, plutôt) pour vider le compte en banque de sa tante, comment Camille Bernard aurait-il été au courant ?

Au détour d'une déposition devant Joseph Marigny, Monique Gentil glisse : «Je crois utile de préciser qu'Henri Girard faisait partie d'un mouvement anti-allemand.» Le juge d'instruction ne relève pas, ce qui compte c'est de savoir s'il a le vice dans la peau ou non. Marguerite Pelecier, elle, déclare simplement qu'il est «gaulliste». En me renseignant tout à l'heure sur «France d'abord» et les premiers réseaux de Résistance à Paris, j'ai lu que c'était à la suite de l'attaque allemande contre l'URSS, en juin 1941, que le parti communiste avait commencé à mettre en place diverses organisations à Paris.

(Désolé, on ne va pas tarder à bien s'amuser, je me concentre.)

Parmi les amies d'Amélie qui savaient ce qui était arrivé à son neveu, certaines doutaient de l'honnêteté d'Henri, mais toutes ont été très claires : elle était, quant à elle, persuadée qu'il avait effectivement été enlevé et battu. Marguerite Pelecier : «Elle me disait qu'il était mal élevé, étourdi, fantasque, un peu bohème, mais profondément droit et honnête.» Monique Gentil : «Elle n'a jamais eu l'ombre d'un doute sur la véracité de cette affaire.» Françoise Hua : «Je peux affirmer qu'elle n'avait pas le moindre doute sur l'aventure arrivée à son neveu.» Même face au docteur Pierre Chadourne, médecin-chef du sanatorium de Chevilly, avec qui elle est en contact fréquent à propos des Anciens du Sana et qui tente de lui faire comprendre qu'elle s'est très certainement fait rouler, elle maintient que non. Au procès, Henri met ainsi fin aux questions pressantes de l'accusation : « Si ma tante, malgré, comme je l'ai su, l'avis d'un de ses amis, a cru ces choses, c'est qu'elle avait des raisons précises et sérieuses de les croire. » Certaines de ces raisons figurent dans la correspondance retrouvée à l'hôtel du Parc à Vichy, dans la chambre de Georges.

« Je sais la peine que vous allez avoir en ouvrant la lettre que je vous transmets, et je vous assure que je la partage du plus profond de mon cœur », lui écrivait Monique Gentil. La lettre qu'elle lui transmet, c'est une lettre d'Henri, datée du 1er avril 1941. Elle commence par : « Mon vieux père, je suis parti pour rejoindre Antoine. » Dans le courrier qu'ils s'échangent depuis qu'il est revenu à Paris après avoir laissé Annie à Clermont-Ferrand, et jusqu'à mi-juillet, ils utilisent des noms de code lorsqu'ils évoquent des activités clandestines. « Antoine », c'est de Gaulle – ou du moins ce qu'il représente, et Londres. Henri est « Charles » ou « Achille » (ce sont deux de ses trois autres prénoms pour l'état civil, avec Georges), Amélie est « la cousine Marie-Henriette », et Georges ne signe plus « Ton vieux père » ou « Ton vieux Georges » mais juste : « G. » Henri poursuit : « Ce n'est pas par manque d'affection et de confiance que je m'en vais sans te revoir, c'est purement de la pitié pour nous deux – de l'horreur pour le mal que je t'aurais fait en opposant à tes demandes de sursis une volonté malheureusement irrévocable. Ça me coûte de partir comme ça, je le fais vraiment par amour pour toi. Je pars parce que je suis français de père français. Si je ne le faisais pas, ce serait fini pour toi d'avoir pour fils un chic type. Je pars, au fond de moi, pour rester intact. »

Il ne donne pas de précisions dans cette lettre, mais on apprendra qu'il pense alors avoir trouvé un moyen pour rejoindre l'Angleterre, avec l'appui de quelques « amis » (et pour en retrouver d'autres qui, écrit-il, «sont déjà là-bas»), en passant par l'Espagne. Il n'y est pas parvenu. Il a été refoulé trois fois à la frontière : après la dernière, où il a échappé de justesse à une arrestation, il a laissé tomber et il est rentré à Paris.

En partant, il sait ce qu'il abandonne : le Conseil d'État, sa carrière, son père, et Marie-Louise. «C'est le sacrifice de bien plus que ça ne semble, un sacrifice définitif et douloureux. Si je le fais, c'est par devoir. Tu es par trop semblable à moi pour m'en vouloir.» Il dit à Georges qu'il lui «confie la gérance de Lemoine, qui est sans ressources», et surtout, il lui demande de prendre soin de Marie-Louise, de se mettre en contact avec elle : «C'est pour moi, et d'une manière très désintéressée, quelque chose de *très précieux*» (il souligne deux fois). Il pense aussi à Annie, qu'il appelle plus loin «cette garce» (il demande à son père de ne pas la prévenir avant le 10 avril, pour se laisser une marge de sécurité, car «elle est capable de tout») mais avec qui, dans les faits, il se montre plutôt gentleman : «Je lui laisse sa chance. Elle pourra, du fait de ma condamnation prochaine et inévitable, obtenir à son profit un divorce dont toutes les raisons sont nées d'elle.»

«Je ne peux pas continuer cette lettre, ça représente pour moi trop de chagrin de te quitter comme ça – mais ça n'aurait été que pire de te refuser ce que tu m'aurais surement demandé. Je suis content de ce que je fais. Il n'y aurait pas de bonheur possible pour moi si je n'avais pas fait ça. Je t'embrasse de toutes mes forces, mon vieux. Je suis toujours, et avec de plus en plus d'amour, ton petit, ton tout petit. Je t'embrasse. Riri.»

En lisant ces mots, et toute sa correspondance en général, j'ai beau faire des efforts mentaux terribles (et plusieurs personnes s'accordent à dire que je suis d'une puissance mentale phénoménale, ma maman la première), je ne parviens pas à faire le lien avec l'homme qu'il est devenu seulement deux ans plus tard, et jusqu'à la fin de sa vie, un homme dur, souvent cynique, effrayant. L'accusation de parricide et le temps passé en prison dans des conditions à peine supportables (on dispose par exemple du témoignage du résistant Pierre Bloch, incarcéré à Belleyme en même temps que lui, qui se souvient qu'un seul petit poêle était censé chauffer tout l'établissement, qu'un seul robinet servait aux soixante détenus, dans la cour, qu'il fallait casser des blocs de glace pour se laver, qu'il n'y avait qu'un WC par dortoir de trente personnes, qu'ils n'avaient que dix minutes de promenade par jour, que les prisonniers politiques, comme lui, étaient «nettement favorisés par rapport aux civils, qui ne recevaient qu'un peu d'eau chaude agrémentée de rutabaga et d'une dizaine de haricots», et que dix-sept détenus sont morts d'insuffisance alimentaire ou de froid lors du seul mois de décembre 1941 : «Je garde, écrit Pierre Bloch, un souvenir horrifié de ces longues heures sous une couverture crasseuse, où notre seule distraction reste de faire la chasse à la vermine qui grouille dans les paillasses et le long des murs»), ces dix-neuf mois qu'il a vécus, sous le poids des pires soupçons possibles, l'ont métamorphosé aussi radicalement qu'un prince en crapaud, ou qu'un grain de maïs en pop-corn après passage à la casserole. À son retour d'Amérique du Sud, dans *Je suis un dévoyé*, il écrit (ou plutôt, il dit au rewriter) : «J'ai été un jeune fils de famille insouciant et avide de vivre ; je suis aujourd'hui un aventurier prématurément vieilli, désemparé, désabusé.» Et il revient sur son premier geste d'homme libre, dégénéré, après son acquittement, la défenestration du malheureux cocker, et le regard que toute la salle a alors porté sur lui : «Vous avez vu ce gentil petit garçon, ce brave Girard, vous l'avez vu le fils de famille bien élevé. Il est mort, Girard, mort un matin d'octobre en même temps que son père et que sa tante. Le nouvel Henri Girard que vous avez

devant vous est né dans une prison, dans le froid, la faim et
la haine, parmi les criminels. Finie la politesse, finies les
bonnes manières, au diable l'hypocrisie, j'ai autre chose à
faire à présent.» Il est définitivement marqué : «Il suffisait
que je me regarde dans une vitrine pour me rendre compte
que j'étais devenu un homme mûr, au visage durci, amer.
Il suffisait que je regarde en moi-même pour retrouver une
pensée meurtrie, déchirée, perdue.»

Le 6 avril, Georges reçoit à Vichy une lettre de sa sœur,
qui lui raconte le départ d'Henri et les jours qui ont précédé. Elle écrit sur du papier de deuil, bordé de noir. «J'ai
passé quinze jours de cauchemar, faisant tout pour le renvoyer vers toi, croyant par moment avoir réussi, pour le
voir changer d'avis deux heures après. J'ai passé par
toutes les alternatives d'espoir et d'atroce inquiétude,
le voyant paraître et disparaître sans jamais savoir où le
prendre. Et j'avais le cœur déchiré en pensant à toi. C'est
un chic gosse, et je peux t'assurer qu'il ne part pas sur un
coup de tête mais que sa décision est mûrement réfléchie :
il a été bouleversé par l'occupation de Paris, et c'est ce
qui a déclenché sa décision latente depuis l'armistice. Tu
sais que je suis de tout cœur avec toi, partageant ton
angoisse. Ce départ ! Je le reverrais toujours se retournant
en même temps que moi rue de Vaugirard. Calme et
grave, sans excitation mais résolu. Et il a été si affectueux
avec moi, comme l'enfant d'autrefois. Je l'ai embrassé
tendrement pour toi. Maintenant, il faut vivre dans l'attente et c'est affreux.» On les voit bien, le jeune égoïste
venimeux qui ne pense qu'à claquer du fric et faire la fête,
et sa tante qui ne peut plus le supporter.

Dès son retour à Paris après ses échecs à la frontière
espagnole, Henri écrit de nouveau à son père pour lui
raconter son périple, en substance et à mots couverts – «Je
n'ai pas la possibilité de te donner beaucoup de détails sur
les jours qui viennent de passer. Ce fut follement amusant

et très pittoresque – très sportif aussi. Mais ne va pas croire que c'est ce côté "histoire de fous" qui me tente. C'est bien plus profond que ça.» Le soulagement sera de courte durée pour Georges : «Je veux surtout, dans ce mot, te remercier, mon vieux, et te dire combien j'ai été ému de ce que ma tante m'a dit de la manière chic et généreuse dont tu avais pris ma décision de départ. C'est en agissant comme ça, du reste, l'un et l'autre, que nous nous rapprochons le plus. Maintenant, je pars avec, je crois, un tuyau sûr.» Il va retenter sa chance, et laisse les mêmes dernières volontés provisoires à son père : «Si tu viens ici, sache que Marie-Louise est de toutes les personnes qui m'ont vu celle qui peut te dire le plus de choses de moi, et que toi, tu peux lui apporter un peu de ma présence.»

Je ne sais pas quel était son plan, ni ce qui s'est passé, mais ce qui est certain, c'est qu'il a encore échoué. Et que sur le retour, il est allé brièvement, et discrètement peut-être, rendre visite à son père à Vichy (c'est pour cela qu'on ne dispose d'aucune information : il lui a fait le récit de vive voix). En mai, Georges écrit à son fils : «Je n'ai pas besoin de te dire combien j'ai été heureux de voir Charles. J'ai sa photo sur ma table, elle est étonnante de vie et me tient bien compagnie. Sa visite m'a fait un immense plaisir. Je ne sais s'il l'a senti, mais c'est cependant vrai et je voudrais qu'il le sache. Tu sais comme je l'aime, et ce qu'il est pour moi. Je ne sais pas toujours lui parler et lui dire ce que j'ai dans le cœur, et je me rends compte que je suis vieux, grognon et irritable (et c'est aussi sans doute que je suis très seul et bien misérable aussi, et pourtant je suis fou de joie de l'avoir un peu à moi – si peu). Mais parlons un peu de toi. Dis-moi ce que tu deviens.» L'humour pince-sans-rire qui clôt cette lettre mélancolique, quand je l'associe aux yeux ouverts et vides de Georges sur la table d'autopsie improvisée, me décompose.

Henri aurait-il brusquement cessé toute activité clandestine et muselé sa révolte, profonde, après deux tentatives avortées ? J'essaie de m'imaginer – idée folle (complètement) – que la France se retrouve tout à coup sous la chape d'une forme de dictature quelconque. Soit j'accepte, il faut savoir s'adapter dans la vie, on n'en a qu'une, et puis on dit beaucoup de mal de ces gens qui ont pris le pouvoir mais quand on est de leur côté, ce ne sont pas de si mauvais diables, je dois pouvoir en profiter d'une façon ou d'une autre ; soit je refuse, j'enrage, je souffre, je suis triste et impuissant, je ne trouve pas d'autre idée que de tenter de passer en Belgique, où sont repliés par exemple les humanistes et les esprits larges, on peut peut-être agir plus efficacement de là-bas : je n'y arrive pas, la frontière est infranchissable, donc je rentre à Paris et je me dis qu'après tout, ces gens qui ont pris le pouvoir ne sont pas de si mauvais diables ? Non, je rentre à Paris, où je suis coincé, et je vois ce que je peux faire, même à mon tout petit niveau.

Georges doit être inquiet, à juste titre, des risques que continue à prendre son fils, car une lettre de son ami Xavier Mariaux montre qu'il lui a écrit à ce sujet (mais je ne sais pas exactement quoi, puisqu'on n'a pas saisi le courrier que conservait Mariaux chez lui) : « Est-ce que tu ne regrettes pas, comme moi, de ne pas pouvoir faire ce qu'il faut ? Est-ce que tu n'attends pas le jour où nous pourrons oublier notre âge et reprendre les grenades ? Je ne pense plus qu'à ça, alors je comprends tellement ton fils qui ne veut pas accepter de rester un vaincu. »

Mais on ne peut rien faire tout seul, et encore une fois, l'inspecteur Le Brun n'a pas trouvé grand monde autour d'Henri durant les six ou sept derniers mois qu'il a passés à Paris, hormis Marie-Louise, Lemoine, vaguement Cassan-Floyrac, et son emploi du temps semble à peu près toujours le même, des journées à réviser chez lui, des sorties le soir dans deux ou trois bars et un ou deux restaurants, toujours les mêmes, avec sa maîtresse ou son ami. Mais parmi tout le courrier saisi rue de Fleurus, chez Amélie, traînent deux morceaux de papier qui ne semblent pas avoir été pris en compte par la police – ils devaient se trouver près du téléphone et servir de pense-bêtes. Le premier est couvert de notes griffonnées par Henri (c'est indiscutablement son écriture). Pour quelqu'un qui ne voyait quasiment personne, il était très demandé. On y trouve des adresses, des numéros de téléphone, des rendez-vous, associés à des initiales, des prénoms ou des surnoms. En vrac, parmi ce qui est déchiffrable : « Mr Gérald, phoned by Lemoine at Danton 58 40 », « Van 63 43 Laurent », « Pharaon 18 h 45 Lina Vendredi », « Lundi 15 h Ramuntcho M. », « Rappoport, 2 rue Maria Deraismes, 4ᵉ – Marcadet 69 71 », « Lit 46 40, P. », « Mr Gérald 16 h Coupole Terrasse », « Lundi 11 h Dôme Bar », « Boudi – Danton 05 61, RV 93 rue de Passy », « Cabane cubaine, rue Fontaine », « 18 h, L V.W. », « Coin ND de Lorette – rue Henry Monnier », « Lundi 20 h – 22 h Jockey ». Bien sûr, on ne peut pas savoir à quoi tout cela correspond.

L'autre morceau de papier est plus petit, carré, très probablement issu de l'un de ces petits blocs cubiques qu'on place près du téléphone pour noter des messages. Je ne reconnais pas l'écriture, soignée, apparemment féminine – ce n'est pas celle d'Henri, mais de quelqu'un qui a consigné un appel pour lui : « Marcel Catays – Pour ami à Soulages-Bonneval (Aveyron). » C'est un petit bourg du côté de Rodez, sur la route vers l'Espagne. Marcel Catays, le nom dit quelque chose, non ? Ne cherchez pas partout dans le début du livre, il n'y a rien de plus énervant, je recopie ma phrase ici, ça fait doublon mais c'est plus pratique : « On retrouvera le garçon, le seul qui travaille le soir au Ramuntcho, il s'appelle Marcel Catays, il dira qu'il connaît à peine ce Girard Henri, qu'il sait que c'était un client, il le reconnaît sur la photo qu'on lui montre, mais c'est tout, il n'a jamais entendu parler de cette arrestation, ne se rappelle absolument pas lui avoir parlé au comptoir un soir de juillet, et moins encore avoir remarqué des bleus ou des ecchymoses sur son visage : "Je m'en souviendrais."» Sur la première feuille, le «M.» de «Lundi 15h Ramuntcho M.», ce doit être lui. Qui ne connaît pas Girard Henri, donc.

Je pense qu'Henri Girard a bien été enlevé par des Allemands, vrais ou faux officiers, et libéré contre une rançon de 100 000 francs.

Françoise, qui préside cet après-midi la salle de lecture des Archives, vient me demander si je trouve des choses intéressantes, et m'annonce que l'heure de la fermeture approche mais que, bien entendu, je peux revenir demain, et autant que je voudrai – et que je n'hésite pas à demander si j'ai besoin de quoi que ce soit. Je la remercie, ferme le fichier sur l'ordinateur, lui demande de saluer Sylvie de ma part, me dirige vers la sortie du grand bâtiment d'un pas ankylosé, engourdi, la tête nébuleuse, franchis la porte, spectre, et retourne dans le monde d'aujourd'hui.

Dans ma chambre du Mercure, je téléphone à Pauline à la réception pour lui demander s'il est possible de brancher la ligne extérieure – devenue inutile depuis quelques années, elle est désactivée dans deux hôtels sur trois. La sentant marquer une hésitation, je lui explique, car je ne veux pas d'ennuis, que mon portable ne fonctionne plus, ça n'arrête pas en ce moment, il va falloir que j'en change.

J'essaie une nouvelle et dernière fois le numéro du château. Sans espoir – bonne idée : je ne suis pas déçu. Ensuite, je ne suis parti de Paris qu'hier matin, et je ne suis pas du genre à perdre pied quand je suis seul, au contraire, j'aime ça, mais entre deux époques, je me sens un peu bancal, ou égaré – j'appelle Anne-Catherine. Pour lui donner de mes nouvelles, je suis bien arrivé, tout ça, le cimetière

sous la pluie, l'œuf dans le dos, et mes moutons, le château fermé, les lettres entre Henri et son père, et lui
demander si tout va bien à la maison. Rien de spécial,
Ernest a passé un bac blanc de français, il va ce soir au
cinéma avec Angèle, ma mère a téléphoné, elle a beaucoup aimé *Le Salaire de la peur*, plus que le film, une
vieille dame aussi a appelé, au sujet du bulletin des Amis
d'Anne-Catherine-sait-plus-quoi, et j'ai reçu un livre
d'occasion que j'avais commandé, les Mémoires de
Jacques Lanzmann, *Le Voleur de hasards*, je lui donne
l'adresse du Mercure et le numéro de ma chambre. Elle
me passe Ernest, son ton au téléphone me surprend chaque
fois, depuis quelque temps, posé, sûr, adulte, il était en
train de regarder *The Wire*, il n'est pas content d'un 9 en
latin, je lui demande d'aller voir s'il y a des choses importantes dans mes mails (Anne-Catherine, mon amour, ne
sait pas comment on allume un ordinateur). Ça me fait
plaisir d'entendre sa voix de jeune homme.

Au Garden Ice Café, je suis plus à l'aise qu'hier : avant
de me coucher, j'ai frotté comme un possédé, à l'eau
bouillante dans la salle de bains, ma veste, mon pantalon
et mon sac : il n'y paraît presque plus, je ne fais toujours
pas très périgourdin mais au moins à peu près propre ; et
la barmaid blonde m'a reconnu, elle m'a souri quand je
me suis approché du comptoir : autant dire que je suis ici
chez moi. En buvant mon deuxième Oban, une idée me
vient : le palais de justice est à cinquante mètres, je
demande au gérant, qui n'était pas là hier (et qui vient
de dire à la blonde que le gosse que leur a envoyé l'agence
hier est complètement nul), s'il sait comment s'appelait
son établissement autrefois : le Café de Paris ? Oui. De
tous les cafés de Périgueux, c'est celui dans lequel je suis
entré. Je sors fumer une clope sur la terrasse, elle est
déserte, il fait froid, je m'assieds sur une chaise rouge en
osier, juste à côté d'Henri, Annie, son frère abbé et les

trois avocats, qui fêtent l'acquittement. Je vois même la femme très belle, exagérément belle, qui s'approche d'Henri, lui tend une cigarette allumée et lui dit qu'elle l'attendra ce soir à l'hôtel de France.

Tout à l'heure, en sortant des Archives, je suis passé réserver une table («Pour un») au Clin d'Œil, un petit restaurant de la rue du Puits-Limogeanne, et pas par hasard. Quand je lève la tête de mon chèvre chaud et regarde par la baie vitrée, je vois la porte peinte en gris du bâtiment d'angle le plus massif de cette rue étroite de la vieille ville, un cube de pierre claire, trois étages dont le dernier de chambres de bonnes, au numéro 5. C'est l'ancien Grand Cinq, le bordel où Henri a échoué le 15 octobre 1941, le soir de son arrivée à Périgueux. (Il se trouve à cent mètres du boulevard Michel-Montaigne et du palais de justice, devant lequel Henri a dû passer en cherchant un hôtel, traînant les pieds, fatigué par le voyage, se demandant où il allait pouvoir dormir, ras le bol, vie de merde, il y a forcément jeté un coup d'œil («Colonnes doriques ou ioniques? – Mme Humbert ne serait pas fière de moi»), sans bien sûr envisager un instant que sa vie de merde bientôt se jouerait là, qu'il y prendrait place, le visage fermé, sous le regard de toute la ville, de tout le pays.) En parcourant le dossier d'instruction, dont je savais que j'aurais tout le temps de lire chaque ligne, je n'ai pas pu m'empêcher de m'arrêter sur deux procès verbaux, ceux de Germaine Olivier, veuve Clichy, quarante-trois ans, «sous-maîtresse à la maison de tolérance Le Grand Cinq, au numéro 5 de la rue du Puits-Limogeanne à Périgueux», et de Marie Augustine Trinquier, dite Lily, vingt-sept ans, «lingère et fille soumise, pensionnaire à la maison publique Le Grand Cinq». On va enfin savoir ce qu'a fait ce débauché sans scrupules derrière les fenêtres que j'observe en attendant mon risotto.

Germaine Clichy déclare au juge Marigny qu'elle se souvient parfaitement de lui. Il s'est présenté à 22 h 30,

elle l'a installé dans la salle commune, où il a commandé
une demi-bouteille de mousseux, qu'il n'a pas bue entièrement. Il discute quelques instants avec la tenancière (il
lui dit qu'il est fatigué, car il a dû passer la ligne de
démarcation en fraude, et qu'il se rend chez son père, propriétaire d'un château dans les environs), il a une petite
valise noire et porte un imperméable beige à épaulettes,
qu'il n'enlève pas, puis il choisit une fille, Lily, et monte
avec elle vers 22 h 45. La veuve a été frappée par son
regard perçant et dur. «Il était grand, mince, et avait l'air
très intelligent.» Il lui donne 110 francs pour la chambre.
Il repartira le lendemain matin à 8 h 30.

Aussitôt la déposition enregistrée, Joseph Marigny lance
une commission rogatoire pour retrouver «la dénommée
Lily», actuellement absente de Périgueux. (Dans ses
quelques lignes de résumé de ce qu'il vient d'apprendre, il
s'autorise une petite amélioration qui ne coûte rien : à son
arrivée, Henri «a bu une bouteille de champagne».)

On met la main sur Lily un mois et demi plus tard, le
19 décembre (après un faux espoir de Marigny qui, le 4, a
convoqué une autre demoiselle du Grand Cinq, Penaux
Raymonde, surnommée elle aussi Lili, mais avec un *i*,
comme Amélie). Elle s'appelle Marie Augustine Trinquier,
donc. Elle a quitté Périgueux le 31 octobre pour, d'abord,
rejoindre ses parents dans l'Hérault. Elle est interrogée à
Montréjeau, en Haute-Garonne, où elle est à présent pensionnaire au Bel-Air – un établissement dont il semble ne
rester aucune trace, je ne sais pas s'il s'agissait d'un hôtel
ou d'une maison close, si elle y était employée en tant
que lingère ou en tant que fille soumise. Elle est née le
24 juillet 1914 à Montpellier – comme Henri. Alors, ce
meurtrier : vicieux, cruel ? «Le nommé Girard s'est comporté d'une façon parfaite à mon égard, il a été poli,
correct, et ne paraissait pas excité. Il m'a déclaré venir de
Paris en Dordogne pour voir son père.» Il lui a donné

200 francs. «Comme bagage, il ne possédait qu'une valise, très peu remplie. Il n'avait pas de costume de rechange.» Elle donne une précision qui en dit long sur la brutalité lubrique de cette nuit au bordel : «Il n'avait qu'un seul pyjama, à rayures, celui qu'il a mis pour se coucher.» On savait vivre : on couche avec une pute, d'accord, mais ce n'est pas une raison pour dormir à ses côtés sans un minimum de pudeur et d'élégance nocturne. C'est pantouflard mais chic.

On apprend à Lily qu'elle a passé la nuit avec un monstre qui a haché sa famille, elle aurait certainement pu se rappeler ou inventer un geste, une attitude qui l'auraient laissé prévoir, je sentais bien qu'il avait quelque chose d'anormal, mais non, elle reste honnête et bienveillante. Quoi que tu sois devenue ensuite, repose en paix, Marie Trinquier. (En me reservant un verre de pécharmant, à sa mémoire, je repense à Marie Dubas, qui passait le 31 octobre au Casino de Périgueux, où elle a interprété sa fameuse «Prière de la Charlotte le soir de Noël». Je l'écouterai à Paris, en hommage à Lily, c'est un bonheur – un mélange, rare je présume, de complainte du caniveau et de chant divin. La Charlotte fait le trottoir un 24 décembre, tout le monde se prépare à la fête, personne ne s'arrête : «Tout chacun pense qu'à croustiller, y a plein de monde dans les rôtisseries, les épicemares, les charcuteries, huuumm, ce que ça sent bon le boudin grillé!» Elle est triste et rigole en même temps, les messieurs chargés de provisions pour le réveillon, ou déjà bourrés, n'ont plus un sou pour elle, elle s'énerve : «Ça vous bouscule, ça vous d'manderait seulement pas pardon! Va donc, eh, fauchman! Eh, purée! Ha ha ha! Tenez, zieutez, c'est la Saint-Poivrot!» Soudain, la chanson des rues égrillarde est interrompue par des cloches et un chant religieux de Noël. «Minuit... À présent, Jésus est né. Dans les temps, quand y s'est amené, s'il gelait comme y gèle c'te nuit,

sur la paille d'vot' écurie, z'avez rien dû avoir qu'frio,
Jésus et vous, Vierge Marie. » Elle se présente, d'une voix
pathétique – elle parle, c'est presque du rap : « Je suis là,
Sainte Vierge, à mon coin de rue, où depuis l'apéro, je
bats la semelle. Je suis qu'une ordure, une fille perdue.
C'est la Charlotte, qu'on m'appelle. » Elle supplie Marie
de lever le p'tit doigt pour l'aider, en souvenir « du temps
que j'étais pas une impie », elle lui « demande pas des
choses pas honnêtes », juste qu'elle « trouve et ramâââsse
un port'-monnaie avec galette, perdu par l'un d'ces mufles
qui pâââssent », et termine en pleurs, au son de l'Ave Maria
– plus pop, tu meurs. Marie Dubas a été le modèle d'Édith
Piaf, sa cadette de vingt et un ans qui a repris, avec un certain succès, son plus grand tube, « Mon légionnaire ». Elle
a dû arrêter de chanter à soixante-quatre ans, en 1958,
atteinte de la maladie de Parkinson (comme mon père, sa
mère, son oncle, et son fils un jour – je l'écris pour conju-
rer le sort), elle est morte en 1972. Lily, on ne sait pas.)
 Ni l'un ni l'autre, naturellement, ne s'en doute, mais
Lily est la dernière fille avec qui Henri couchera avant
près de deux ans. Détachée, compréhensive, lasse, impie.
Il a peut-être beaucoup pensé à elle en prison : même si ce
n'est que charnel, elle a laissé une marque sans le savoir.
C'est encore plus important que la première, la dernière.
La dernière fille de sa vie de garçon insouciant et frivole,
une jeune inconnue dans une chambre inconnue, quelques
heures faussement conjugales en pyjama, du contentement
facile et de la tendresse à louer : un bon moment machinal
avant que tout ne change pour lui, définitivement.
 Il est évident, je ne suis pas un caramel, que ce n'est
pas parce qu'Henri aimait son père, parce que *Le Salaire
de la peur* est dédié « À mon vieux Georges », parce qu'il
n'était ni vicieux ni fourbe, n'a peut-être rien volé à sa
tante et ne correspondait en rien ou presque à l'image que
l'accusation a voulu dessiner de lui, qu'il n'a pas tué trois

personnes dans un moment de folie – ou même, au contraire, de froid calcul. On pourrait sûrement trouver dix-huit proches qui décriraient le docteur Petiot, Marcel, comme un sacré blagueur toujours prêt à rendre service, et rien ne dit que la correspondance d'Émile Louis ne le ferait pas apparaître sous les traits doux d'un adorable papi. Tout de même, ce qu'on peut constater, c'est que sur l'ensemble des rapports et des témoignages, tout ce qui s'entassait contre lui – et semblait contribuer honnêtement, avec impartialité, à la manifestation de la vérité dissimulée – se révèle à l'examen plutôt faux ; et le peu qui plaidait en sa faveur – mensonges de proches, naïveté d'aveuglés –, plutôt vrai. Mais, dans le domaine rationnel par essence de l'enquête policière, il ne faut pas se laisser embrouiller par des sentiments, des impressions. J'ai appris ça dans ma jeunesse, j'ai fait un début d'études scientifiques (qui ne m'ont pas toujours aidé, cette propension à vouloir tout expliquer ou prévoir, tout structurer comme au Meccano et tout raccorder par des liens de cause à effet m'a plus d'une fois rendu ridicule ou plongé dans la mouise jusqu'à la fontanelle), il est temps qu'elles me servent.

Dans une préface au *Meurtre de Roger Ackroyd*, que le Livre de Poche lui a commandée en 1964 (avec de bien gros sabots : le roman date de 1927 mais, beauté du hasard et des histoires, même inventées, qui se répètent, le suspect est un jeune fils de famille « paresseux, dépensier, qui ne respectait pas grand-chose », il a perdu sa mère à sept ans, on l'accuse d'avoir tué son beau-père, dans son château, un soir de début d'automne vers 21 h 30 (lui, Ralph Paton, prétend que quelqu'un aurait pu entrer par la fenêtre, on lui rétorque qu'il était impossible de l'ouvrir de l'extérieur), pour bénéficier de l'héritage plus tôt que prévu (« L'argent glissait entre ses doigts comme de l'eau, et il en demandait sans cesse à son beau-père » – Ralph dit lui-même à sa maîtresse : « Lorsqu'il mourra, je serai très riche ») – Henri a dû lever les yeux au ciel lorsqu'il a pris conscience de ce qu'on lui demandait, mais il avait certainement besoin d'un peu d'argent à ce moment-là, après son arrivée en Algérie, et il a réussi à ne pas faire la moindre allusion à « son » affaire dans la préface, peut-être même avec une certaine délectation (bien essayé, les gars...), parlant de meurtre, de cadavre, de sang, de mystère, comme s'il n'avait jamais été confronté à quoi que ce soit de semblable), il écrit, non sans ironie cachée, que la principale qualité d'Agatha Christie est de savoir se débarrasser de tous les parasites que sont l'horreur du crime, la valeur du mobile, les émotions, la psychologie des personnages, pour tendre vers l'abstraction, celle du meurtre et celle de l'enquête, et ne laisser place qu'à la logique pure : « Le vide total étant fait, la logique aura les coudées franches. Le crime à l'état pur défie le pur esprit de déduction. » (Il note que, de manière amusante, une fois qu'Hercule Poirot a découvert le coupable et le lui annonce les yeux dans les yeux (comme dans toutes ses affaires, et celles de miss Marple – les scénaristes de Columbo reprendront l'idée plus tard), l'assassin ne cherche jamais à nier, ni même à fuir, à sortir une arme ou à assommer Poirot avec un vase de Chine : c'est bon, vous êtes trop fort, je m'incline, mettez-moi à l'ombre pour le restant de mes jours.) « De bout en bout, la logique règne, la logique régente tout sans concession. [...] Reste à tourner et retourner entre les doigts, l'un après l'autre, tous les pions disponibles. Reste à piétiner le temps qu'il faudra. Reste à chercher, chercher, et continuer de chercher. » Face à la mort de Roger Ackroyd, Hercule Poirot, lui, sifflote : « Tout est simple si vous groupez méthodiquement les faits. »

Je sais bien que je ne suis ni Poirot ni même Columbo (encore moins Agatha Christie), mais il faut que j'essaie d'utiliser le peu de facultés de raisonnement cartésien et méthodique que m'ont laissées dans le cerveau mes quelques années d'études – d'autant que je suis d'accord avec Georges Arnaud quand il écrit qu'il se dégage une forme de poésie de la logique pure, comme des mathématiques. Ça ne fait jamais de mal, un peu de poésie.

Dans un premier temps, je n'aurai pas besoin de m'en servir beaucoup, dudit peu de facultés, pour m'apercevoir, dès ma première lecture du dossier, qu'il s'agit de l'une des enquêtes les plus navrantes, les plus désastreusement menées de l'histoire de la police et de la justice (restons prudent, mais on n'est pas loin du podium, c'est sûr), ce qui la rapproche de celles dans lesquelles interviennent Poirot et Columbo : dans la plupart, des flics de Scotland Yard pour l'un et du LAPD pour l'autre, les premiers sur les lieux, s'orientent d'abord vers la piste la plus évidente, tout gorgés de certitudes simplettes, l'affaire est déjà quasiment bouclée, on n'ose penser à ce qui arriverait à l'infortuné suspect si l'un des deux fouineurs flegmatiques ne venait pas les renvoyer à l'école de police en leur tapotant le crâne. Mais dans la vie, on n'en voit pas souvent débarquer sur les scènes de crimes, des fouineurs flegmatiques qui se lissent la moustache ou écalent un œuf dur devant le cadavre. De plus, le commissaire Tailleur et le juge Marigny n'étaient pas que des abrutis qui jureraient que le Soleil tourne autour de la Terre parce que c'est ce qu'ils voient. Quand ils ont commencé à s'apercevoir, inévitablement, que deux ou trois choses clochaient dans leur théorie, cinq, six, personne ne leur ayant tapoté le crâne, ils s'y sont enfermés sans hésiter à manipuler les informations (pour s'accrocher à quelque chose qui ne tient pas debout, il faut l'étayer comme on peut), à déformer non seulement le passé et la personnalité de leur prise, pour consolider le socle, mais aussi les premières constatations, les témoignages, les indices mêmes, à truquer les rapports – et, n'appelons pas une mouche un chat, à mentir sciemment, tous les deux.

Pour l'instant, au Clin d'Œil, me lissant mentalement les moustaches à un mètre d'un jeune couple qui n'a pas échangé une phrase depuis qu'il s'est assis, il y a une demi-heure, je ne peux que réfléchir dans le vide, sans m'appuyer sur rien d'autre que les faits, comme si je regardais une photo. L'une des méthodes de base qui m'intéressaient et m'amusaient le plus, au temps de ma préhistoire scientifique, et dont je me sers encore aujourd'hui quand je tangue, c'est le raisonnement par l'absurde (qui prend pour principe qu'une porte ne peut être qu'ouverte ou fermée : on suppose qu'elle est ouverte, on constate qu'on se cogne plusieurs fois la tête en tentant de passer dans la pièce voisine, on se dit qu'on s'est trompé quelque part).

Henri Girard est coupable. Soit il a prémédité son crime, soit il ne l'a pas prémédité.

Il a prémédité son crime.

Il fallait qu'il tue son père et sa tante en même temps pour hériter, il les a réunis au château sous des prétextes bidon, ils se sont laissé appâter comme des souris dans une souricière, il ne lui restait plus qu'à les supprimer – facile. Il s'y prépare depuis des semaines, des jours au moins, et la seule arme qui lui vient en tête, c'est une vieille serpe qu'il a empruntée lui-même à la voisine ? En affirmant que c'est pour ouvrir une porte alors qu'elle lui répète que ça ne fonctionnera pas ? Une serpe qu'il laisse ensuite par terre dans la chambre de la bonne ? N'importe quel couteau qu'il aurait apporté de Paris, ou même un hachoir qu'il aurait pris dans un tiroir de la cuisine et fait disparaître ensuite en le balançant n'importe où, non ? (Dans le rapport du juge Marigny : «À l'intérieur de l'un des tiroirs entrouverts de la cuisine, un gros hachoir de boucher s'offrait à la vue.») Il est pourtant passionné de romans policiers, il a confectionné et accroché dans son studio un tableau avec toutes les armes possibles, mais non, rien ne vaut l'improvisation foutraque, il se dégage toujours une forme de poésie du contraire de la logique, se dit-il, utilisons la serpe branlante. Il n'a pas pensé non plus à emporter des vêtements de rechange, ou un genre de combinaison de boucher, à défaut du hachoir, des gants surtout, tout ce qui lui aurait permis de ne pas avoir à se laver les mains et les avant-bras, et seulement les mains et les avant-bras – sachant qu'il serait seul survivant, il a peut-être entrevu la possibilité qu'on l'examinerait vaguement. Tête en l'air, il n'a pas eu davantage la présence d'esprit de chercher un motif valable, solide, pour se rendre à Escoire et y convoquer son père ? Pourtant il est intelligent, personne ne le nie, voire rusé. Pire que tout, il n'a même pas pris trois minutes pour mettre au point un petit scénario qui orienterait les enquêteurs vers une autre piste, ne serait-ce – un coup de serpe de plus aurait suffi – qu'une fenêtre cassée, afin qu'un autre assassin que lui ait pu pénétrer dans le château. Enfin, s'il a prémédité son crime, et puisque tout s'est déroulé comme il l'espérait jusqu'au soir prévu, il n'a pas pu patienter deux heures, ou quatre, que tout le monde soit profondément endormi ? Non, il s'est dit : «Maintenant que j'ai ingénieusement choisi la chambre où se trouve le disjoncteur, je vais pouvoir passer plus vite à l'action, je vais leur faire croire à une panne d'électricité, attendre un peu qu'ils soient dans un demi-sommeil, et bing. Ainsi, je pourrai les zigouiller vers 21 h 30 ou 22 heures, ce qui est plus pratique que 2 ou 3 heures du matin – sinon, Dieu sait à quelle heure je vais encore me coucher.» Il n'oublie pas qu'il va déclarer qu'il n'est monté qu'à 23 heures – puisque là, en revanche, il a très minutieusement préparé ce qu'il allait dire : son père est revenu pas une mais deux fois dans le petit salon, sa tante et lui ont papoté encore environ trente minutes devant le feu, Louise lui a apporté de l'eau-de-vie dans un petit verre en forme de tonnelet, il a lu jusqu'à minuit à la lumière, pourtant faible, du palier –, il peut légitimement supposer que le médecin légiste ne sera pas un tripier du coin réquisitionné pour l'occasion et déterminera donc grosso modo l'heure de la mort, mais tant pis (s'il fallait toujours que tout soit parfait !) : attendre le milieu de la nuit pour que ses déclarations collent exactement avec les constatations, quel ennui... Il est aussi stupide que cela ? Non, j'ai dû me tromper quelque part : il n'a pas prémédité son crime (ou alors un jour où il était très fatigué).

Il n'a pas prémédité son crime.

Bien empoté, le neurone en berne après sa crise de furie, il ne s'est pas montré très réactif le lendemain : le château ayant été plongé dans le noir entre 21 h 30 et 22 heures, quand bien des villageois auraient pu le constater simplement en levant la tête, il aurait été bien avisé, avant de se coucher, de prévoir une explication, coupure d'électricité ou mise au lit anticipée de la famille pour n'importe quelle raison, mais non, il a préféré inventer un tout autre déroulement de soirée, pour être sûr que ses déclarations ne collent pas non plus avec les éventuels témoignages.

Le problème, s'il n'a pas prémédité son crime, si c'est un accès de démence, c'est que cela ne s'adapte plus du tout à certaines certitudes de Tailleur et Marigny – parmi lesquelles : il n'est venu à Escoire que pour tuer, il n'avait en réalité rien à y faire (il ment quand il dit qu'il voulait parler avec son père du serment au Maréchal), il n'a pas choisi par hasard la chambre où se trouvait le disjoncteur, et la plus éloignée des meurtres, il a surtout aiguisé la serpe dans l'après-midi ou la veille –, mais passons. Puisque personne ne semble relever la contradiction pachydermique dans l'acte d'accusation, qui veut à la fois qu'il ait tout prémédité diaboliquement et qu'il ait agi dans un tel état de folie qu'il a laissé derrière lui, après une mise en scène grossière et presque enfantine sous l'emprise de la panique, un nombre considérable d'indices qui l'accablent, passons. Henri Girard est coupable et n'a pas prémédité son crime, une dispute violente a éclaté le vendredi soir, il a explosé, il est monté s'enfermer dans sa chambre en insultant tout le monde, a aperçu le disjoncteur, a coupé l'électricité, d'abord seulement pour «fomenter le désarroi chez les connards», puis il a ruminé sa colère (et quand on rumine, ça monte), a repensé à la serpe qu'il avait laissée dehors près de l'entrée de la cuisine, est descendu la chercher sur la pointe des pieds et on connaît la suite, ça gicle de tous les côtés. Il était peut-être ivre, ou en manque d'amphétamines (onze jours qu'il est parti de Paris), ce sont éventuellement des circonstances atténuantes, mais bref.

Je vide d'un coup mon élégant verre de vieille prune, qui n'est pas en forme de tonnelet, je me désincarne et réapparais dans le passé, je me glisse comme un courant d'air dans le corps d'Henri. Je suis lui, je viens de massacrer trois personnes, je ne sais pas ce qui m'a pris mais le mal est fait. Il est 22 heures. Ça ne va plus, moi, en ce moment, un de ces jours je vais finir par dérailler complètement. Le mieux est encore que j'aille me coucher, demain est un autre jour, je ferai un petit point au réveil? Non. Je me suis mis dans une sale situation mais tout n'est pas perdu, j'ai près de douze heures devant moi pour arranger le coup. Réfléchis calmement, Philippe. Le plus simple, et peut-être même la seule option possible, c'est de faire croire à un vol qui a mal tourné. C'est la guerre, on manque de tout, les gens perdent leurs repères et pètent les plombs, ils volent ce qu'ils peuvent et tuent pour un rien. Donc, première chose, il faut que je fasse croire que des trucs ont été volés. Voyons... Cette broche d'une valeur inestimable qui est bien en vue sur la cheminée? Mouais... C'est un peu risqué, je ne peux évidemment pas la garder sur moi, ni la jeter n'importe où dehors comme l'arme du crime (à propos, si je ne le note pas quelque part, ça, je vais oublier, à tous les coups : me débarrasser de l'arme du crime que j'ai empruntée) : si on la retrouve, je suis foutu pour de bon. Les 8 000 francs que le régisseur a apportés cet après-midi même ? Ça, c'est mieux, je peux par exemple les brûler dans le feu que je vois là, personne ne saura jamais qu'ils n'ont pas été dérobés. En même temps, brûler de l'argent, ça fait mal au cœur, quand même. Non, tant pis, je les laisse. Je vais ouvrir les tiroirs et tout chambouler, c'est l'intention qui compte, les flics apprennent ça à l'école. Ah, tiens, idée ! Pour faire croire qu'un voleur s'est sauvé en courant, je vais descendre jusqu'au mur d'enceinte, en catimini (il faut que je fasse gaffe, tout le village peut me voir), et lancer des objets genre porte-monnaie ou portefeuille sur la route. Je ne suis pas aveugle, je vois bien qu'il y a 600 francs dans le portefeuille de mon père, cela peut constituer un handicap, mais qui sait si, au contraire, ce ne sera pas plus crédible, finalement ? Les voleurs campagnards sont des balourds qui ne sont pas au courant qu'on peut mettre de l'argent dans un portefeuille, celui-ci aura oublié de vérifier. N'étant pas né de la dernière pluie de truffes, je vais également lancer dehors un foulard de la vieille pingre, car tout le monde sait que la plupart des cambrioleurs aiment s'emparer du foulard de leur victime – c'est souvent plus fort qu'eux, mais certains s'en veulent et le jettent juste après. Je prends bien garde de lancer les objets d'Amélie molle-ment, pour qu'ils retombent juste au pied du mur, et ceux du vieux chieur plus fort, vers le milieu de la route – je ne sais pas trop pourquoi je fais ça mais je me fie à mon ins-tinct, qui m'a rarement trahi. (Dans la réalité, le présent, j'ai emporté dans mon sac matelot un petit porte-monnaie de cuir et un foulard en soie d'Anne-Catherine, bleu marine à pois blancs. Je m'étais dit qu'avec un peu de chance, j'aurais l'occasion de passer de l'autre côté du mur et que j'essaierais de les lancer, avec plus ou moins d'énergie, pour voir où ils retombent. Mais il semble bien qu'ils ne me serviront à rien, que je ne passerai pas de l'autre côté du mur. Un peu de chance, c'est pas tous les jours.) Je remonte vers le château, toujours grâce à ma technique du catimini, et il me reste maintenant dix bonnes heures pour tout mettre en place à l'intérieur. Je suis machiavélique ! (Il faut toutefois que je sois attentif et efficace, maintenant, car pendant mon coup de folie, j'ai commis quelques boulettes qui rendent la scène de crime un brin confuse. Après avoir tué mon père et ma tante, j'ai traîné leurs corps par terre pour qu'ils ne meurent pas dans leur lit, un apprenti cambrioleur n'aurait peut-être pas fait ça mais je ne regrette pas, ça leur apprendra. En revanche, je ne sais pas ce qui m'est passé par la tête quand j'ai fait pivoter le corps de ma tante (comme je l'ai constaté sur les photos, aux Archives, quand j'étais encore dans le futur) : dans son lit, son oreiller est du côté des fenêtres, au nord-ouest, mais sur le parquet, couchée sur le ventre, elle a la tête à l'opposé, vers la porte et le couloir, et les pieds vers les fenêtres, au sud-est. Je l'ai tirée pour qu'elle tombe sur le sol, et hop, je l'ai positionnée dans l'autre sens. C'était pas commode mais il le fallait. Pour-quoi ? Va savoir, parfois j'ai moi-même du mal à me comprendre. Inutile de dire que je ne sais pas non plus pourquoi j'ai remonté sa chemise de nuit jusqu'à ses épaules – son cul de quart de tonne, merci bien. (C'est pas une chemise de nuit, d'ailleurs, c'est une chemise de jour. Le père aussi, au fait, il est en tenue de jour. C'est embê-tant, on va deviner qu'ils ont été surpris par une panne d'électricité, et qu'ils n'ont pas pu se mettre au lit correc-tement. Ah mais non, je suis bête. Qui pourrait penser ça ? La maison poulaga, c'est pas le CNRS, mais enfin ils sont quand même assez éveillés pour savoir que tout le monde dans le village a des bougies chez soi, surtout avec toutes

les coupures qu'on a ces jours-ci. Qui serait assez tarti-
gnolle pour croire qu'ils se sont retrouvés dans le noir
complet, impuissants ? Cela dit, peut-être qu'avec des bougies, mais de mauvaise qualité, faiblardes, ils ne voyaient
pas assez pour retirer un pull ou un soutien-gorge ? (Ou se
gratter la tête.) Eh non, encore. Car on n'en voit nulle part
dans leurs chambres ou près de leur lit, des bougies qu'ils
auraient allumées pour se coucher. Du coup, je m'y perds
aussi, moi. Ils ont bien été surpris par ma ruse de l'électricité coupée, pourtant, pourquoi ne s'en sont-ils pas servi,
des bougies que tout le monde a chez soi ? En fait, il faut
croire que mon père, ma tante et Louise sont comme les
perroquets : dès qu'on met un voile sur leur cage, dès
qu'ils sont dans le noir, ils ferment les yeux et pouf, ils
dorment.) Et puis alors après le massacre, je suis allé
m'asseoir un peu sur le lit de la bonne, dix petites minutes,
pour laisser retomber la tension. J'aime me poser de temps
en temps ici, on est bien, dans la petite chambre de Louise.
C'est là que j'ai essuyé mes mains pleines de sang sur son
linge, et que j'ai laissé par terre, dans ses draps, la serpe –
faut que j'y pense, à celle-là, j'aurais dû la jeter dans le
fossé avec le foulard, ça passait crème, le type ne va pas
s'enfuir avec l'arme du crime pour la garder en trophée.
J'y retournerai tout à l'heure.) Bon, bon, bon. Un voleur...
D'abord, malin comme un singe, je ferme à deux targettes
la porte qui fait communiquer l'aile droite et le reste du
château : ça prouve qu'il voulait être tranquille, et qui
pourra croire que c'est moi alors que bien sûr, je peux pas
passer, puisque je suis de l'autre côté. Ah ah ! On n'est
jamais trop prudent, je vais aussi poser une malle de coffre
de voiture contre cette porte, ça ne la retiendra pas beaucoup si on pousse, mais au moins, si quelqu'un réussit à
forcer les targettes, le voleur entendra du bruit et sera aussitôt sur ses gardes. Le hic, c'est que depuis le vestibule,
cette porte se tire et non se pousse, donc la malle ne sert à

rien ici. Mais bon, on ne va pas pinailler, et de toute façon, si je la mets de l'autre côté, ça jure, puisque je suis là – puisque le voleur est là, je veux dire. Allez, on avance, ça se dessine. Je sais, bien évidemment, qu'il est indispensable que l'assassin ait pu sortir. Déjà qu'on va se demander comment qu'il est entré, alors si on remarque qu'il est pas ressorti, genre il s'est caché dans un placard en attendant que la police ait terminé sa petite enquête, ça va coincer – les poulets sont pas finauds, mais faut pas pousser. Heureusement, j'en ai dans le ciboulot : je déverrouille la porte de la cuisine et je l'entrouvre. Au revoir, petit voleur ! S'il sort par là tout couvert de sang, c'est vrai, le plus intelligent serait de tracer tout droit à travers bois pour s'enfuir, pas de contourner le château pour sortir par le grand portail et laisser les portefeuilles et tutti quanti sur la route, mais personne n'a dit qu'il était intelligent – et pardon mais après trois meurtres, on a le droit d'être un peu désorienté. Il est bientôt 23 heures, je commence à en avoir marre. C'est glauque, ici. (Et puis je suis obligé de bâcler un peu et d'éteindre bientôt, car demain, malheureusement, je vais dire que tout le monde s'est couché à cette heure-là, donc si quelqu'un par hasard voit de la lumière plus tard, ça n'ira pas. Je pourrais dire demain que tout le monde s'est couché plus ta... Non, c'est trop compliqué.) L'entrée du malfaiteur, donc. Important. Je crois qu'on peut ouvrir de l'extérieur, et sans trop de difficulté, le volet des WC désaffectés, avec un bâton. Et la fenêtre ferme mal, à cause du bois qui a travaillé – je regarde pour vérifier, oui, c'est bon : elle ferme mal. Il y a quelques toiles d'araignée, mais ça se voit à peine – et si j'ouvre maintenant, ça va cailler dans toute la baraque. On n'a qu'à dire qu'il a tout bien refermé derrière lui, on peut être criminel et respecter un minimum de règles. Je m'embête pas avec ça, je monte me coucher : 23 heures pile, c'est bon. Dans l'escalier, la grâce me transperce – flash ! – et

Dieu, Mozart, Conan Doyle, Sun Tzu ou une pointure de cette trempe m'inspire un coup de génie, mais de vrai génie, pour demain matin : je vais faire le mec froid, qui s'en fout, limite provocateur, je vais fumer des clopes, m'envoyer deux trois rasades de gnôle, quelques bonnes tartines chez la mère Doulet, et jouer la « Marche funèbre » au piano – *Un corbillard s'en allait dans le brouillard...* Le premier benêt sur les lieux va d'abord croire, forcément, que je suis coupable, car je devrais être effondré, mais son chef, demi-benêt seulement sinon il serait pas chef, va lui expliquer en secouant la tête, affligé, que non, Lajoie, c'est pas possible, si j'étais coupable je jouerais quand même un peu la comédie de la douleur, faut apprendre à vous servir du petit pois que vous avez dans le crâne – Bach, Shakespeare, Alexandre le Grand, dans mes bras, mes frères ! (Bon, je n'avais pas prévu qu'il n'y aurait pas de demi-benêt en fonction ce jour-là, mais Napoléon ne s'est pas planté une fois ou deux, lui aussi ?) En haut, je suis vanné, mon lit, mon bon lit, mais je prends le temps de me débarbouiller : j'ai les mains qui ruissellent et je vois dans la glace au-dessus de mon lavabo que le visage et les cheveux, c'est pas mieux – on dirait Carrie après qu'elle a reçu un seau de sang de porc sur la tronche au bal de fin d'année (j'ai vu le film, je rappelle que je viens de 2016). Je frotte bien, ma tignasse rousse aussi, les mains, je m'arrête aux coudes parce que ça m'étonnerait qu'ils me demandent de me déshabiller... Hum, à propos, mes vêtements sont maculés de sang, eux aussi. (Car je ne suis pas nu, bien sûr. Sinon je ne me serais pas lavé que les avant-bras, je ne suis pas idiot.) Il faudrait que je les cache, mais où ? Galère. Dans un rayon de deux ou trois cents mètres autour du château, ce serait de la folie. Je ne vais quand même pas sortir maintenant et marcher des heures pour aller les enterrer à Trifouillis-les-Chignac... Bon, ce soir, j'ai la tête comme un tchic-tchic (c'est mon père qui disait

ça – pas Georges, Antoine), je me lèverai plus tôt demain
matin pour y penser. Pour l'instant, je... Oh nom d'un
chien, j'allais oublier l'essentiel ! Je redescends en vitesse
(j'en profite quand même pour regarder partout autour de
moi, le couloir, le petit salon, la salle à manger, la cuisine
là-bas : le château est aujourd'hui inaccessible, barricadé,
comme mort, mais là, je peux m'y promener comme je
veux, c'est l'un des avantages des voyages dans le temps),
j'entre dans la chambre de mon père par celle de Louise
(par la salle à manger, il faudrait que je marche dans le
sang qui inonde le parquet près de son corps), je prends
l'un de mes deux gants de cuir qui se trouvent sur la
chaise près de la porte et le pose délicatement sur la flaque
de sang de Louise, déjà coagulée. Ouf.

Je remonte dans le présent, je demande l'addition. Je
poursuis même un peu vers le futur, jusqu'à demain aux
Archives : parmi les thèses et obsessions fumeuses du juge
Marigny, l'une des plus spectaculaires et confondantes est
celle qui concerne ce gant immaculé. Pour lui, c'est le
summum, la preuve suprême. Il le mentionne dans tous
ses rapports, il réclame l'avis d'un expert pour connaître
exactement le temps de coagulation du sang, il s'accroche
à la certitude que ce gant a été posé à cet endroit une heure
au moins après les crimes, il en parle à Henri presque
chaque fois qu'il le fait comparaître devant lui. Mais le
sujet est délicat pour lui, car il tient à ce que le criminel ait
été présent sur les lieux une heure après que le sang a
coulé (on peut ainsi être presque assuré que c'est Henri),
mais il ne faut pas qu'il ait utilisé ces gants pour tenir la
serpe – sinon, comment expliquer les ecchymoses sur
la paume de sa main ? Ce qui le conduit à des réflexions
d'une puissance de crétinerie enivrante : « Ces gants ne
venaient pas d'être retirés de la main, fait-il remarquer à
son accusé, ils étaient aplatis. » (C'est-à-dire ? Lorsqu'on
enlève des gants, ils restent comme gonflés pendant douze

heures, avec le souvenir de la forme des mains?) Je vois Henri qui, malgré la situation de cauchemar kafkaïen dans laquelle il se trouve, s'amuse intérieurement. À toutes les remarques de son ennemi, il répond patiemment : «C'est exact.» «Celui qui était sur la flaque de sang n'y avait pas été jeté, ni n'y était tombé, il y avait certainement été posé car l'empreinte laissée par le sang montrait bien qu'il n'a pas roulé ou glissé sur la flaque.» (L'empreinte laissée par le sang? Je croyais qu'il était immaculé, ce gant.) «C'est exact.» Ça ne suffit pas à Marigny : «Si le sang avait été liquide, ce dernier aurait pénétré vraisemblablement à l'intérieur du gant.» (Car le sang a une vie propre, il se faufile partout.) «C'est exact.» Encore? «Ce gant n'a pu être déposé où il a été trouvé que lorsque le sang était entièrement coagulé.» (Là c'est bon, on le tient, après ça il aura tout avoué.) «C'est exact.» Quand Henri constate que le juge en a fini, que son visage exprime la satisfaction rosée du travail bien fait, il se permet une petite réflexion de pure forme : «Mais je ne vois pas quel but j'aurais poursuivi avec cette mise en scène de mes propres gants.»

J'ai fait de mon mieux pour me mettre à la place du jeune Henri Girard (zut, j'ai oublié de lancer la serpe quelque part dehors, sur la route ou dans les bois – c'était couru, j'en rate pas une), j'ai joué le jeu, mais pour être très honnête, je n'aurais pas agi tout à fait comme ça. En toute logique. Et je ne suis pourtant pas un crack du crime – j'ai même du mal à donner un coup de journal à un moustique, et je suis à peu près sûr que si je m'y résignais, on ne tarderait pas à découvrir que c'est moi. Comment peut-on commettre autant d'erreurs en une nuit? Et surtout, comment le juge Marigny et son bras armé, le commissaire Tailleur, ont-ils pu éviter de se poser soixante questions, passer si tranquillement à côté de toutes ces invraisemblances? Pour eux, l'une des premières preuves de la culpabilité d'Henri, c'est qu'il soit le seul survivant, le seul dans le château au matin ; pour moi, c'est au contraire l'une des premières preuves de son innocence : de tous les suspects qu'on pourrait envisager, il serait le seul à avoir disposé de douze heures pour maquiller ses crimes en vol ou en n'importe quoi d'autre, il n'est pas pensable qu'il en ait si médiocrement profité, qu'il se soit montré aussi nul durant toute la nuit – vous êtes le dernier des ânes, Girard.

À la table voisine, le jeune couple termine aussi son repas. Au début, quand ils regardaient la carte, la fille a parlé. Elle voulait un tartare, elle aime ça, il coûte 18 euros, elle remarque que le duck burger est à 17 euros, elle conclut : « Bon, je prends ça. » Ne pas manger ce qu'on veut pour un euro de différence, alors qu'on s'offre très rarement – ça se voit – un dîner au restaurant ? Rien de méprisant dans ce que je pense, j'ai eu de bien plus lourds problèmes de fric (j'étais obligé de calculer, au centime près, l'écart entre le prix des spaghettis de base, des macaronis de base et des pommes de terre de base), mais dans ce cas, ne vaut-il pas mieux manger un bon kebab qu'on aime – trois, même ? Ensuite, ils n'ont plus ouvert la bouche (pour parler, je veux dire) jusqu'au dessert – c'est vrai, pas un mot n'a émané de leur table (ou alors j'avais vraiment la tête ailleurs). Là, devant sa tarte au chocolat, le jeune homme a dit : « Ça ne doit pas être très compliqué à faire. » La jeune femme a répondu, comme au ping-pong : « Non... » (Sous-entendu : « Qu'est-ce qu'on fout là, du coup ? ») Soit ils se connaissent peu et sont d'une timidité maladive, gênés de se voir mâcher l'un l'autre, soit ils s'emmerdent à mourir, ils devraient vite trouver quelqu'un d'autre. En même temps, que doivent-ils penser de moi ? « Pauvre vieux, il a l'air tout pensif, quel cafard, manger seul au resto, pourvu qu'on ne devienne jamais comme ça » ?

En marchant vers l'hôtel, dans la fraîcheur humide d'une nuit d'octobre périgourdine semblable à la plupart des nuits d'octobre périgourdines, entre les sculptures de fer rouillé de l'ancien rugbyman Jean-Pierre Rives, les absurdités de l'accusation, volontaires ou non, volettent dans ma tête comme des abeilles. Des choses insignifiantes, risibles, qu'ils ont fait passer avec le plus grand sérieux, sans que personne les conteste. Parmi d'autres : il a choisi la chambre où se trouvait le disjoncteur pour être en mesure de simuler une coupure d'électricité à 21 h 30. (Lors du procès, le commissaire Ruffel, de Périgueux, avance même que c'était « capital pour pouvoir procéder à l'exécution » – il ne choisit pas ses mots à la pince à sucre.) Mais quel besoin avait-il que le disjoncteur se trouve dans sa chambre ? Installé à l'autre bout du couloir, ou n'importe où ailleurs, il ne pouvait pas aller abaisser la manette quand et comme il voulait, à 21 h 30 ? Sous ma couette au Mercure, dans le compte-rendu du procès, je lis le passage qui concerne le déplacement de la cour au château, le premier jour. En passant près des WC désaffectés, l'un des jurés s'arrête devant une sorte de gros interrupteur, et demande de quoi il s'agit. Henri le lui explique : c'est un disjoncteur, qui commande l'électricité de tout le rez-de-chaussée. (Le procureur Salingardes enchaîne aussitôt : « Et cette valise, est-ce qu'elle était là comme si quelqu'un l'avait posée ou comme si la porte des WC l'avait poussée ? ») Il a fallu attendre le 27 mai 1943, dix-neuf mois après le début de l'enquête, pour s'apercevoir qu'il y avait un autre disjoncteur dans le château, à deux mètres du petit salon.

Je m'endors après avoir lu avec intérêt une publicité insérée dans le livre publié en 1945 par Albin Michel : « Sachez écrire ! L'école ABC, patronnée par les plus grands noms de la littérature française, vous donnera le moyen de réaliser les œuvres littéraires que vous sentez en vous. » (C'est vrai que les meilleurs sont là, qui ne tarissent pas d'éloges sur la méthode : Claude Farrère,

Pierre Benoit, Marcel Prévost !) Voilà très exactement ce
qu'il faut que je fasse, me dis-je dans un déjà demi-sommeil : réaliser l'œuvre littéraire que je sens en moi. «Qui
écrit bien réussit mieux ! Un bon style améliorera de 50%
votre valeur personnelle !» C'est précis, et tellement vrai.
«Entre nous, ne croyez-vous pas qu'elle est séduisante, la
vie du Romancier, ne vivant que pour son œuvre, ayant le
monde pour champ d'aventure ?» Oh que si, y a qu'à me
voir dans mon lit comme un roi, dans cette chambre
enchanteresse, si loin de la grisaille parisienne. «Un
métier accessible à tous ! L'école ABC de rédaction fera
jaillir de votre personnalité l'étincelle qui fait l'écrivain
apprécié.» *Cling!* Je ferme les yeux avec la douce certitude d'avoir le monde pour champ d'aventure.

11.

Je suis un bulot, une bûche : j'ai le monde pour champ d'aventure et je retourne au cimetière. Pourtant Dieu sait, façon de parler, si ça ne m'intéresse pas, de savoir où achèvent de tomber en poussière les restes de Georges et Amélie Girard, ils n'existent plus, mais en sortant de l'hôtel, je suis descendu au parking et j'ai pris la voiture, c'était plus fort que moi. Trouver leurs sépultures ne me servira à rien, mais ne pas les trouver m'agace et me perturbe. Le mieux serait de ne plus y penser, ou de m'y faire (si à cinquante-deux balais, on ne se fait toujours pas à ce qui nous perturbe, c'est qu'on a loupé quelques cours), car j'ai de nouveau marché plus de deux heures entre des milliers de vieux cadavres secs, mais encore sous la pluie pour ma part, en vain (et toujours pas de gardien, mais je n'arrive pas à lui en vouloir). Pas une seule tombe Girard. Ils ne sont pas là, c'est maintenant presque sûr. (Un mystère de plus, qui s'épaissira : ce soir au Mercure, je téléphonerai à Manu pour lui demander s'il a une idée de l'endroit où peuvent se trouver son arrière-grand-père et son arrière-grand-tante, dont son grand-père n'a pas pu gérer les funérailles puisqu'il a été inculpé et écroué le jour même, en lui précisant que j'ai lu dans la presse de l'époque que

leurs cercueils avaient été conduits au dépositoire du cimetière Saint-Georges – un dépositoire étant un endroit où
l'on «entrepose» les défunts, trois ou six mois au maximum, une sorte de sas avant de leur trouver une sépulture
définitive. Il me répondra qu'il n'en a pas la moindre idée,
qu'Henri, jusqu'à la fin de sa vie, n'en a pas davantage
parlé que de l'«affaire», mais qu'il ira «faire un tour» (ma
spécialité) demain, avec sa femme Claire, au cimetière du
Montparnasse, où il sait qu'est enterrée une partie de la
famille. Donc je le rappellerai demain soir, il me dira que
non, espoir déçu, ils n'y sont pas non plus : dans le caveau
Girard sont réunis Charles Girard et Cécile Gratet-Duplessis, les sévères, leur jeune fille Madeleine, morte juste après
avoir obtenu son permis de conduire, et en pensée, par une
simple inscription, leur fils Henri, dit Riquet, tué dans la
boue en 1915, dont le corps n'a jamais été retrouvé.)

Puisque le récit de ces deux heures à errer sur les osse-
ments serait à mourir d'ennui, je peux en profiter, rapidement,
pour rapporter ici, parmi les morts, ce que mon fils Ernest
m'a appris hier au téléphone, après avoir consulté mes
mails. Il y en avait un de Gilles Texier, précieux enquêteur
à Essaouira. Le destin repenti qui a permis à Pauline
Dubuisson de disparaître à nouveau après avoir été locali-
sée et marquée (d'une croix) par un anonyme, entre 1953
et 2004, a sur terre un émissaire qui œuvre dans l'ombre –
et qui s'appelle peut-être Monsieur Messaoud. Gilles et sa
femme, Christine, ont réussi à retrouver l'ancien gardien
du cimetière, qui y officiait en 1963, lors de l'enterrement
de Pauline. Monsieur Messaoud. En 2000, peu avant sa
retraite, un homme est venu le voir pour lui demander où
se trouvait la tombe de la jeune femme. Monsieur Messaoud, contrairement à ce qu'il avait dit au journaliste de
Paris Match venu enquêter au printemps 1964, s'en sou-
venait parfaitement – les obsèques du docteur Dubuisson
l'avaient ému aussi profondément que tout le monde. Il lui

en a désigné l'emplacement. L'homme lui a alors demandé l'adresse d'un artisan qui pourrait confectionner une croix à sa mémoire. Monsieur Messaoud a humblement tenté de lui expliquer que Pauline avait demandé qu'il n'y ait rien sur sa tombe, ne voulait pas qu'on sache où se trouvait son corps, mais l'homme, très croyant, obstiné dans sa foi, n'a rien voulu entendre : il est revenu deux jours plus tard, avec ses œillères, et a planté sa croix sur elle. (Dans son petit carnet, dont Gilles Texier m'a envoyé une photo, le consciencieux Monsieur Messaoud a noté son nom. Je ne le cite pas ici, car il ne pensait certainement pas à mal, et c'est quelqu'un qui n'a aucun lien direct avec Pauline.) C'est cette croix dont Jean-Paul Gueutier m'a fait parvenir la photo, prise en 2004, qui se trouve à la fin de l'édition de poche du livre. Elle n'est donc plus d'actualité, puisqu'une main justicière inconnue a décloué la planchette où figurait le nom de Pauline. Mais il y a mieux. Avant de quitter Gilles Texier, Monsieur Messaoud lui a révélé une dernière chose : la croix n'est plus à l'endroit où a été inhumée Pauline. Elle a été mystérieusement déplacée de plusieurs dizaines de mètres, entre 2004 et aujourd'hui, rendant ainsi réellement impossible toute localisation de sa tombe, que plus rien ne délimite qu'un rectangle de mauvaises herbes sèches. Je me demande, sans preuve aucune, si avant de partir à la retraite, d'abandonner ses morts pour aller un peu à la pêche avant de les rejoindre, le vieux Monsieur Messaoud n'a pas voulu rendre un dernier service à l'une de ses protégées. (Puisque la croix, au milieu d'un buisson, ne marque plus rien, que la situer n'a plus d'importance, je peux dire ce qui m'a ahuri sur le plan du cimetière que m'a communiqué Gilles Texier. Elle se trouve entre la sépulture d'un Ernest et celle d'un Girard.)

En remontant dans la Meriva, je ne rentre pas directement à Périgueux : avant de retourner aux Archives, je roule de nouveau jusqu'à Escoire pour sillonner les abords du château dans l'espoir peu réaliste de repérer, garée quelque part, la petite sportive rouge de la propriétaire. Évidemment, je pourrais chercher une vache bleue sur le bord de la route, le résultat serait le même : y a pas. Cette fois, je me fais une raison, il a dû se passer quelque chose dans la vie du couple, ils sont partis – s'ils n'étaient qu'en vacances, même de quatre ou cinq mois, ils n'auraient pas résilié l'abonnement pour la ligne téléphonique.

Après avoir tourné partout (*Sud Ouest*, la semaine prochaine : «Une voiture a été vue rôdant dans le village»), je repasse une dernière fois devant l'entrée principale et je pile. J'ai vu quelque chose bouger. Je me gare sur le gravier et durant quelques secondes, j'ai la sensation grisante d'avoir perdu la tête, à force de vivre entre le passé et le présent, je me laisse engourdir par une hallucination : à quinze ou vingt mètres du portail, au milieu du jardin pentu qui monte jusqu'au château, une biche me regarde, fixement, flanquée de deux faons. Elle a de gros yeux noirs, peu aimables. «Tu veux ma photo? Va-t'en.» Ses petits, eux, ne m'ont pas vu. J'ai l'impression d'être dans *Bambi*, intrus, ou à la lisière du *Monde de Narnia*.

C'est la saison de la chasse. Elle est venue se réfugier ici, où elle sait qu'il n'y a personne, qu'on ne peut pas l'atteindre. Un sanctuaire inaccessible aux humains. Le domaine restera clos, hermétique, le château en hauteur est un bloc compact et fossilisé, dans un autre temps. En jetant un dernier regard à l'entrée du parc, aux barreaux tachés de rouille et surmontés de pointes, avant de redémarrer, je me sens comme face à un portail spatio-temporel impossible à franchir.

Au moment où je sors du parking de la place Francheville et me dirige à pied vers les Archives, qui sont faites pour franchir les portails sur papier et où j'espère trouver de quoi comprendre ce qui s'est passé le 24 octobre 1941 (il suffirait peut-être d'un coup de chance, d'un détail oublié, de deux éléments anodins et apparemment négligeables qu'on n'a pas pensé à associer), je passe près de deux SDF assis par terre en très piteux état, sales, croûteux et décharnés, l'un est pieds nus, l'autre s'est pissé dessus – une femme d'une quarantaine d'années, en blouson rose, est penchée vers eux, leur tend quelque chose, je ralentis, je m'arrête même malgré moi. Je n'aime pas dire que «le monde est devenu fou», mais parfois, quelques psychotropes ne lui feraient pas de mal, ou deux baffes. Cette femme leur offre deux tickets de jeux à gratter, des Cash, à 5 euros pièce. D'un côté, c'est vrai, ils ont une chance infime de gagner 20 euros, ou 200, elle sera peut-être leur bonne fée; de l'autre, elle dépense 10 euros pour leur donner 10 euros inutilisables, ils doivent enrager (mais ne peuvent rien dire) : c'est deux gros sandwiches, trente clopes ou trois litres de pinard au Carrefour Market du coin, elle n'aurait pas pu éviter le détour par le tabac? Ils auraient même préféré juste 2 euros, des vrais – mais non, il faut jouer, tout le monde aime le jeu, ça pimente la vie, qui est si terne et ennuyeuse, c'est excitant! Vous n'aimez pas? Moi j'adore, c'est mon petit plaisir! Et quoi de plus beau que l'espoir?

Après – comme hier – un café avec Sylvie et Françoise, la blonde et la brune, qui semblent s'attacher de plus en plus au mystère d'Escoire et à mes recherches (Sylvie a retrouvé ce matin un petit dossier supplémentaire, non encore numérisé, qui concerne la deuxième instruction, avortée en 1944 quand Henri a retiré sa plainte contre X, elle me le tend comme un tibia de ptérodactyle, et Françoise, lorsque je leur fais part de mon errance vaine et pathétique dans les allées détrempées du cimetière Saint-Georges, deux matins de suite, me promet d'essayer de se renseigner auprès du gardien ou de la mairie – j'aurais peut-être pu le faire moi-même, de l'hôtel, mais elles ont l'avantage de la fonction, leur qualité de lointaines collègues leur ouvrira sans doute plus facilement les portes téléphoniques), je m'installe face au même ordinateur que la veille. (Sylvie me rejoint à la table avant que j'aie ouvert le fichier : elle a oublié de me donner un autre document qu'elle a extrait des profondeurs, qui ne présente peut-être pas grand intérêt mais on ne sait jamais, tenez. Il s'agit du certificat de décès des trois victimes, établi à Escoire le 26 octobre, alors que l'enquête débutait à peine, et signé par le maire, Alphonse Palem, et deux témoins probablement choisis au hasard, Saturnin Doulet et Jean Valade, dévouez-vous les gars. On y lit que Georges Girard, Amélie Girard et Louise Soudeix sont morts « le 24 octobre 1941, à dix heures du soir ». Rien ne permettait encore une telle précision horaire, en contradiction totale avec les dires du seul témoin, mais manifestement, l'affaire était déjà dans le sac.)

À partir de maintenant, je suis prêt, je vais plonger dans le dossier proprement dit, plusieurs jours, creuser dans la matière de l'enquête. (On va voir ce qu'on va voir ou pas ?) Honnêtement, je suis moins sûr qu'hier qu'on va bien s'amuser. Ce tunnel, le deuxième, sera long, je vais faire mon possible pour qu'on respire et qu'on y voie clair – outre un sens de l'organisation qui n'est pas toujours ma meilleure arme, je vais avoir besoin ici et là, je le sais, de l'étincelle qui fait l'écrivain apprécié (Marcel Prévost, reste avec moi). À mon avis, le mieux, d'abord, est de changer de chapitre (tant pis pour celui-ci, le 11 (c'était mon numéro de maillot au basket, mais j'ai toujours dit non au sentimentalisme), trop court et bien peu consistant, qui fera tache – quoique, une biche et deux faons, ce n'est pas rien), histoire de prendre son souffle en tournant la page.

12.

Tunnel

Je ne sais pas par où commencer, je suis devant une montagne d'informations empilées, un mont Blanc de notes, de certitudes, de démentis, de constatations, de procès-verbaux, de rapports et de déclarations, de voix et de gestes – mais un mont Blanc plein de défauts, et de trous, de bas en haut, un mont Blanc instable et louche. Je n'ai pas eu besoin de m'en approcher pour le deviner : depuis le début, je sais que les tout premiers enquêteurs sur les lieux, les gendarmes Chantalat, Lajoie et Sentredille, n'ont trouvé, au rez-de-chaussée du château, aucune empreinte ni aucune trace de pas ensanglantée – «malgré nos recherches», écrit Chantalat. Depuis le début, je sais que c'est impossible. On ne peut pas les soupçonner, à 10 h 30 du matin le premier jour, d'avoir déjà voulu incriminer Henri (la police s'en chargera le soir, quand elle prendra le relais), mais on peut les soupçonner d'incompétence, eux dont l'affaire la plus complexe jusqu'alors devait consister en un vol de poulets ou un coup d'Opinel dans un bistrot. Des empreintes, il y en avait forcément partout depuis des siècles. Supposons qu'ils aient voulu parler d'empreintes de doigts ensanglantés. Mais des traces de pas ? Selon les premiers arrivés, plus d'une vingtaine de personnes sont entrées dans le

château avant les gendarmes. Disons qu'elles ne se sont
pas toutes avancées. Mais au moins Henri, le couple Doulet,
Alphonse Palem, Pierre Maud et Jean Valade ont pénétré
dans les pièces où se trouvaient les victimes et s'en sont
approchés ; en ce qui concerne le maire et Maud, jusqu'à
les toucher pour vérifier qu'elles étaient bien mortes.
Quand on voit les photos, on s'aperçoit qu'il faut un bras
de trois mètres (comme Stavisky lorsqu'il s'est tiré une
balle dans la tête) pour toucher le mollet de Louise ou la
jambe de Georges sans marcher dans le sang qui entoure
les corps, surtout celui de Georges, île de chair meurtrie
au centre d'une grande flaque. Si je n'avais pas tout sous
les yeux, je me reprendrais sévèrement : réfléchis, Philippe, patate, ça ne peut pas laisser de traces, le sang est
entièrement coagulé depuis près de douze heures, c'est le
professeur Morel qui l'a dit. Mais ce que j'ai sous les yeux
ne m'incite pas à la plus grande confiance en cet expert
(qui, puisqu'on en parle, n'en est pas réellement un : il est
« seulement » professeur de médecine légale à la faculté
de Toulouse). Le 26 octobre, après ses constatations
visuelles, le commissaire Tailleur effectue quelques prélè-
vements. Dans la chambre d'Amélie, le sol n'étant taché
que sous son corps, il doit découper un morceau de la taie
d'oreiller pour que le sang puisse être analysé. Mais dans
la chambre de Georges, il en prélève « dans deux flacons
de verre ». Il indique que « le parquet est recouvert de sang
sur les deux tiers de sa surface » et décrit les trois « mares »
principales dans son rapport : celle qui se trouve devant la
porte de la chambre de Louise est « en partie coagulée »,
celle qui est plus proche de son cadavre est « liquide », et
celle qui entoure Georges, « en partie coagulée sur les
bords, liquide au centre ». Approximativement trente-deux
heures après les meurtres. Bien joué, professeur Morel.
J'observe plus attentivement les photos : sur celles du premier matin, et même, dans une moindre mesure, sur celles

qui ont été prises le lendemain, il est évident que le sang
n'est pas encore coagulé : au centre des flaques, il brille
comme l'eau d'un lac. (En zoomant, je hausse les sourcils
(ou les fronce, je ne sais plus, tout est allé si vite) : le gant
immaculé ne l'est pas plus que la Charlotte. On distingue
nettement du sang, en quantité, sur la partie supérieure.
Peut-être a-t-il été tripoté et remis en place à l'envers
avant les photos ? Je retourne dans le premier rapport de
Tailleur : « Le gant est complètement ensanglanté sur face
antérieure, immaculé à sa partie supérieure.» Ce que
Marigny a traduit en consignant officiellement, pour la
postérité, et pour le procès avant cela, qu'on avait découvert par terre « un gant d'homme en cuir sans aucune
tache ». Bref, si on ajoute la science de Morel, on barbote,
c'est le cas de le dire, dans l'aberration la plus caricatu-
rale, ce gant a pu tomber là trois minutes avant qu'Henri
n'appelle au secours, ou à 2 h 15 du matin, ou au moment
même des coups de serpe. La précieuse théorie à charge
du juge d'instruction à son sujet se désintègre et s'envole
comme la maison du plus fainéant des petits cochons.)

Pour revenir sur les traces de pas, je tombe sur quelque
chose de plus sensationnel et comique encore (je vais de
surprise en surprise, c'est agréable). Cela se passe cette
fois le 27 octobre, à 14 h 30, et c'est encore le commissaire Tailleur qui raconte, avec une sincérité et une naïveté
qu'on ne peut trouver que touchantes – ou une assurance
et une morgue de mauvais flic que rien n'ébranle, qu'on
ne peut trouver qu'affligeantes, même si on en rigole. Ce
jour-là, toute une petite troupe retourne au château, quatre
policiers et cinq gendarmes, on se déplace en masse, tous
aux premières loges, et on emmène le coupable probable,
gardé à vue mais pas encore inculpé, pour bien montrer
qu'on fait tout dans les règles. On se balade un peu partout, puis on monte au premier étage, dans la chambre
d'Henri, pour voir, il serait temps, si on ne dégoterait pas

deux-trois taches de sang sur le parquet. Le suspect, peu intimidé par l'encerclement policier, se permet une remarque
que Tailleur est contraint de noter dans le procès-verbal :
«J'attire votre attention sur le risque de confusion qui peut
se produire du fait que tous les occupants de la pièce
viennent de marcher sur des planchers souillés de sang, à
l'étage inférieur.» On a pataugé joyeusement dans les
flaques, regarde un peu ça Chantalat, fais pas le con Catillon,
il semble qu'on ne respecte pas beaucoup l'intégrité sacrée
de la scène de crime. (Il semble aussi, je prends Morel
à témoin, que les trois créatures assassinées étaient des
extraterrestres. Nous sommes soixante-cinq heures après
l'effusion. Ce sang ne coagulera donc jamais?) C'est alors
que le fabuleux, l'impensable, l'au-delà de tout entrent en
scène. Face à l'observation insidieuse du petit malin fait
comme un rat, les forces de l'ordre ne se démontent pas et
réagissent aussitôt, en professionnels lucides. On proteste,
on chicane, on veut faire le guignol? Descendons tous
ensemble. Ils entrent dans la chambre de Georges. On va
renseigner monsieur, la science est là pour ça. Le commissaire Jean Ruffel marche de bon cœur dans l'une des
nappes de sang, voilà, et voilà encore, et tiens, soyons
minutieux, ne bâclons pas l'expérience, un petit dernier
pour la route, puis il va se promener dans la salle à manger, bonhomme, pom, pom, pom. Et là, personne ne peut
nier l'évidence, pas même le soi-disant sceptique : au bout
de vingt-sept pas précisément, et seulement, ses chaussures ne laissent plus la moindre trace sur le sol. Or il y a
bien plus de vingt-sept pas d'ici au premier étage. C'est
bon, la procédure est respectée, nous pouvons remonter et
poursuivre méthodiquement nos constatations scientifiques. (Deux taches sombres sont repérées sur le parquet,
on découpe deux morceaux de lattes pour analyse. Non,
ce n'était pas du sang.)

Tout cela n'a aucun rapport avec l'innocence ou la culpabilité éventuelles d'Henri Girard, mais donne tout de même un aperçu assez significatif de la manière dont a été menée l'enquête, ou je m'appelle Joséphine Baker. Sur mon siège de tissu bleu de la salle de lecture des Archives départementales de la Dordogne, sans ceinture de bananes, je suis ébahi par ce qui défile devant moi, des ribambelles d'autres bourdes de ce type, que je ne peux pas énumérer ici au risque de ne pas voir le bout du tunnel avant de devoir me pencher (ce qui va encore me retarder) sur l'oraison funèbre d'une bonne partie de mes lecteurs de plus de soixante-quinze ans, mais dont je ne peux me passer de donner quelques exemples, car je suis venu ici pour ça. Je vais me contenter pour l'instant de l'intégrité sacrée de la scène de crime, qui n'est pas au bout de ses malheurs. Les scellés n'ont été apposés sur les différentes issues du château qu'au moment de l'incarcération d'Henri, c'est-à-dire le 28 octobre. Avant cela, donc durant plus de trois jours, n'importe qui pouvait entrer, se balader, tripoter ce qu'il voulait. Le premier soir, pour ne citer que celui-là, quand gendarmes et policiers ont quitté les lieux en emmenant le fils douteux pour le placer en garde à vue, les portes sont restées grandes ouvertes : eh oui, pour la veillée funèbre, car si la situation est grave, et personne ne le conteste, la tradition ne souffre aucun compromis – on respecte encore certaines valeurs. Le 25 octobre, à partir de 23 heures, tous les émus et les curieux du bourg étaient là, seuls face au drame (les trois corps avaient été laissés alignés sur la table de la salle à manger, sous un drap), les quatre métayers et leur famille, le maire, et tous ceux qui n'avaient rien d'autre à faire. On pouvait circuler à sa guise, partout. Aucune pièce à conviction n'avait encore été saisie, c'est le commissaire Tailleur qui s'est chargé de les placer sous scellés le lendemain matin, à son arrivée. (Non, je suis injuste, l'arme du crime a été mise en lieu

sûr : le commissaire Ruffel l'a prise en partant ce soir-là
et rapportée au commissariat de Périgueux, enveloppée
dans un torchon – sans doute un torchon spécial, qui n'efface pas les empreintes. Je dis ça mais encore une fois, ce
n'est pas gentil, car en réalité, peu importe, on ne sait plus
trop où on en est avec ce qu'il aurait ou non été possible de
retrouver sur cette serpe : le gendarme Chantalat remarque
que « seule la lame est maculée de sang » et que le linge
trouvé à côté a sans doute servi à essuyer le manche, tandis
que le juge Marigny, deux heures plus tard, suggère quant
à lui le contraire, modestement : « Le linge ensanglanté
trouvé à côté de la serpe semble indiquer que le meurtrier
s'en est servi pour essuyer la lame ». Mais je ne veux pas
accabler le bon juge, il était manifestement désorienté, et
c'est tout à son honneur, il n'avait que trop conscience
de la gravité de sa mission et des responsabilités écra-
santes qui pesaient sur lui, on peut lui pardonner quelques
étourderies. Il écrit par exemple qu'Amélie Girard a été
retrouvée « complètement nue ». Dès son arrivée, dès son
entrée dans la cuisine, il se concentrait sur l'essentiel,
écartant judicieusement les détails. Les commissaires
Tailleur et Ruffel sont surpris par le bazar qui y règne,
tout comme le gendarme Chantalat, qui le note dans son
rapport et le répétera lors du transport de la cour au château : « Tout était ouvert, les tiroirs bouleversés, tout était
en désordre, les chaises étaient à droite, la table ici, les
ustensiles traînaient, la cuisine avait été fouillée. » Joseph
Marigny, lui, a des préoccupations un peu plus élevées,
pardon, il ne s'arrête pas à ses broutilles, il est déjà dans la
résolution théorique de l'énigme, il écrit : « La cuisine ne
présentait aucun désordre, seuls les tiroirs de deux petits
buffets étaient entrouverts. » C'est plus intelligent. Car
qu'est-ce qui serait passé par la tête d'Henri Girard pour
qu'il se mette à fouiner comme un sanglier en colère dans
la cuisine ? Et puisqu'on y est, dans la cuisine, je ne peux

pas ne pas recopier ici une phrase que je lis dans le rapport des gendarmes – et qu'on a pris soin d'y laisser enfouie. Dans ledit bazar, Chantalat remarque par terre quelque chose qui a échappé à Marigny : «Une culotte de femme se trouve à proximité de la porte d'entrée.» Qui pourrait s'intéresser à ça? Sur le sol de quelle cuisine, de nos jours, hormis peut-être celle du pape, ne voit-on pas de culotte?)

À part la serpe, tout est donc resté dans le château à la disposition des éplorés de la veillée, avant que la véritable enquête, celle de la police, n'ait même débuté (car le commissaire Ruffel, dans la journée, n'était là qu'en spectateur, et son collègue de Limoges, Jean Biaux, arrivé à 22 h 15, n'a fait que prendre connaissance de la commission rogatoire délivrée par Marigny, et prévenir ensuite Tailleur par téléphone) : les torchons qui ont servi à l'essuyer, laissés par terre dans la chambre de Louise toute la nuit, et mis sous scellé n° 1 le lendemain matin à 8 heures par Tailleur; les gants immaculés ou non (scellé n° 2); la serviette sanglante et humide trouvée dans la chambre d'Amélie (j'en ai déjà parlé : sur les photos du samedi, elle est par terre à côté de son corps, sur celles du dimanche, avant que le commissaire ne la récupère, elle est posée sur le fauteuil du petit salon); les vêtements que portaient les victimes au moment de leur mort, qui ont été découpés par le docteur Perruchot avant l'autopsie (le commissaire Tailleur ne sait pas trop comment les emporter, donc il les fourre dans la malle de coffre automobile qui était au pied de la porte du couloir fermée à deux targettes – on ne voit pas à quoi d'autre elle serait utile, cette valise, de toute façon); et même une somme de 8 000 francs (un billet de 5 000 et trois de 1 000, dans une enveloppe), qu'il découvre ce matin-là dans un tiroir du secrétaire d'Amélie Girard et place sous scellé n° 5. (C'est primordial, c'est la preuve que le vol n'a rien à voir dans tout ça – bon, ni les gendarmes ni le juge n'ont remarqué cet argent la veille entre 10 h 30 et 23 heures, malgré un travail des plus sérieux, mais ça ne veut rien dire, on connaît les bandits, ils ont le flair pour ça, eux, s'il en était passé un dans la place, il t'aurait déniché ça en dix minutes, même dans la panique. C'est bien ce qu'a réussi Michel Tailleur, donc c'est possible. S'il était besoin d'un indice supplémentaire de la mise en scène, on a également trouvé une autre enveloppe contenant 365 francs que le voleur (tu parles) aurait dédaignée aussi – et cette fois, ce n'est pas Tailleur l'intuitif qui est tombé dessus, c'est le juge Marigny lui-même, le 7 novembre, seulement quatorze jours après le début des recherches.)

Ce qui ne pourra pas figurer sur la liste des scellés, malheureusement, c'est l'imperméable d'Henri qui était posé sur la chaise sous laquelle on a découvert une goutte de sang, près de la porte de la chambre de Georges. Car entre le samedi et le dimanche, il a disparu – ça arrive. Mais ce n'est pas grave, car Tailleur a toute confiance en son collègue Ruffel, qui lui affirme qu'il était bien là la veille, c'est le principal. Et finalement, ce n'est même pas si important, car la goutte de sang finira elle aussi par disparaître : le premier jour du procès, lors du transport au château, quand toutes les autres taches seront encore bien visibles sur le parquet, il ne restera plus rien de cette trace infime (deux millimètres de diamètre selon Marigny, un selon Chantalat – des lynx, les gars ; les autres gouttes de sang qu'on retrouve partout, sur les murs ou sur le parquet, sont décrites comme ayant la taille d'un petit pois au minimum, ou de pièces de monnaie, cinquante centimes, un franc, deux francs) : évaporée. De toute façon, elle ne fait rien comme les autres – quand du sang gicle d'un corps, ou d'une lame en mouvement, il est assez rare qu'une gouttelette se détache de l'éclaboussure et aille se poser toute seule quelque part, sous une chaise. Je me souviens d'un « poème » de Richard Brautigan, « La plus petite tempête de neige jamais recensée». Il avait vu tomber un flocon, ou deux : «Elle a dû faire dans les deux flocons.» Cette goutte était peut-être, après tout, la plus petite projection de sang jamais recensée (dans les une goutte). Ou un reste d'humidité : la veille en fin d'après-midi, Henri avait laissé son imperméable sécher sur la chaise après avoir raccompagné la mère et les filles Grandjean au portail, sous une forte averse. Encore un mystère, c'est rageant. (À propos des Grandjean, le maire Palem s'étonnait qu'Henri, le matin, au lieu de venir boire un café chez lui, l'ait planté pour «aller téléphoner» à un correspondant inconnu – un complice? une maîtresse dans la confidence? C'est moins sulfureux : il a marché jusqu'à la poste d'Antonne, d'où il a appelé Marie Grandjean, la chère amie de sa tante, et potentiellement sa seule alliée compréhensive ce matin-là, qui arrivera au château vers midi.) Mais les mystères, dans la vie, ça ne manque pas, et par un jeu subtil d'équilibre maintenu par des forces occultes ou cosmiques, ils se contrebalancent. Le jour où la goutte de sang aura disparu, l'imperméable aura réapparu. En arrivant dans la salle à manger, le président Hurlaux demandera à Henri si c'est bien le sien, qu'on voit sur la chaise : «Non, c'est celui de mon père.» Un policier ou un juge soucieux de réalisme dans le décor aura procédé à cette petite reconstitution bien innocente.

Les énormités de l'enquête déboussolent mais il ne faut pas que je parte dans tous les sens (j'ai mal à la tête), ou le tunnel va devenir labyrinthe et on n'en sortira jamais. Creusons droit. (Le mois dernier, ma mère m'a envoyé une carte postale avec un proverbe chinois : «Qui veut gravir une montagne commence par le bas.» Et qui veut creuser un tunnel dedans commence par l'entrée. Le milieu, c'est plus compliqué.) Avec les jours qui passent dans la salle de lecture, je prends du recul, je vois mieux. Je dois avancer dans l'ordre, en ligne, comme à l'école (ABC ou autre).

Pour ce qui est du mobile du crime, qui est la première chose à prendre en considération, on ne peut pas en vouloir à Joseph Marigny (ça change, ça fait du bien) de ne pas savoir qu'Henri Girard prouvera par la suite, toute sa vie, qu'il se moque de l'argent comme de la première chemise de son banquier – au point, entre autres, qu'il ne se donnera jamais la peine d'effectuer la déclaration de succession du château : après hypothèque, il sera saisi en septembre 1946 et vendu l'année suivante aux enchères, une misère, à l'entrepreneur Peyramaure, de Brive-la-Gaillarde. (Son petit-fils, l'avocat Philippe Peyramaure, n'oubliera jamais, assure-t-il, la première visite de la famille, alors qu'il était tout petit. Il y avait encore du sang partout (bien coagulé, le professeur Morel peut respirer). Sa mère et sa grand-mère, horrifiées, sont ressorties précipitamment et n'ont plus jamais accepté de franchir la porte du château macabre. Après avoir été inscrit aux monuments historiques en 1954, il sera revendu à la société LMT (Le Matériel téléphonique, entreprise pionnière rachetée plus tard par Thomson), qui en fera une colonie de vacances. Les petits trottent sur les parquets nettoyés, mangent et dorment parmi les fantômes sanglants, dans les rémanences de coups de serpe. Sur une carte postale des années 1960, on voit des gamins en short qui courent et jouent dans la cour de derrière, juste devant la porte de la cuisine.)

On ne peut pas non plus en vouloir à Marigny, dont le métier est précisément de ne pas tout gober, de ne pas avoir cru Henri lorsqu'il lui a déclaré, à propos de Marie-Louise : «J'aime une femme avec laquelle je veux vivre avec de l'eau fraîche, du pain et des pommes de terre, une bibliothèque, un stylo, du papier format écolier, dans une maison de village sans salle de bains. Si cette femme n'était capable d'aimer qu'un portefaix, un licencié ès sciences, je deviendrai portefaix ou licencié ès sciences, malgré mon inaptitude physique ou mon aversion pour les mathématiques. Mais on ne peut acheter l'amour de cette femme que par de l'intelligence et de l'amour, pas avec de l'argent. L'argent est donc ce qu'il me plairait le moins d'avoir. Que j'en aie dépensé beaucoup dans ce Paris agité où me maintenait cet amour, c'est certain. Mais ma seule pensée était de régler aussi vite que possible ma situation matrimoniale, de partir loin de la ville avec celle que j'aime, de m'installer simplement, entre elle et mes livres. Au moment où j'étais en apparence le plus pris par cette vie coûteuse, j'aspirais le plus à m'en détacher.»

Mais on peut lui en vouloir d'avoir balayé, et viré de tous ses rapports, des témoignages qui contredisaient formellement la thèse de l'accusation selon laquelle Henri, qui savait pourtant qu'il hériterait un jour d'une fortune, avait deux bonnes raisons d'accélérer le processus : son père avait pour projet de vendre le château et risquait de dépenser pour lui-même l'argent qu'il en retirerait ; son père avait pour projet d'épouser Madeleine Flipo et d'adopter ses filles, ce qui, en plus de mettre le fils de Valentine en rage, réduirait notablement sa part d'héritage. Ces deux sujets ont été abordés par le père et le fils durant les trois jours qu'ils ont passés ensemble à Conches-sur-Ouche, au début du mois de septembre 1941, moins de deux mois avant la mort de Georges. Madeleine Flipo et ses filles, présentes, ont témoigné, j'ai leurs déclarations devant moi. Elles révèlent – dans le vide, donc – très exactement l'inverse de ce qu'on a dit et lu partout. Sa sœur Amélie et son ami Xavier Mariaux avaient réussi à convaincre Georges de ne pas vendre Escoire. Il l'annonce à Henri, pensant que ça lui fera plaisir : c'est du solide, du patrimoine immuable, il ne le laissera pas sans rien. Mais son fils n'est pas d'accord, et soutient que c'est absurde, le vieux Georges le connaît, s'il hérite un jour du château, il va le «bazarder» illico et claquer tout l'argent dans la foulée. Il lui dit : « Tu y as droit plus que moi, tu dois le vendre. » Il ajoute qu'autant il accepte et désire même que son père intervienne dans l'organisation de sa vie, autant il lui est pénible de penser qu'il gêne la sienne.

Pour le mariage aussi, c'est Henri qui pousse. Il est, cette fois, appuyé par Amélie et Mariaux (qui le confirmera). Il a même un long entretien avec la jeune Colette Flipo, désorientée par cette perspective (depuis son plus jeune âge, elle perçoit Georges comme un grand ami de la famille, un parrain plus qu'un tuteur, voire un oncle), pour tenter de la rallier à son idée. Madeleine étant très malade pour le moment, les deux jeunes gens conviennent que cela ne peut pas se faire tout de suite, mais que ce serait la meilleure chose qui pourrait arriver aux vieux amoureux. De retour à Paris, il en parle à Marie-Louise. Elle le raconte à Joseph Marigny : « D'après Henri, son père désirait cette union mais n'osait pas se décider, par timidité. Je me souviens de lui avoir fait cette réflexion : "Je ne comprends pas que vous poussiez votre père à se remarier, alors que vous êtes fils unique, vous allez amener dans votre famille une femme ayant des enfants, et partager bien des choses, notamment l'affection que votre père vous porte et que vous lui portez." Henri m'a répondu : "Je m'en fous (sic), je veux que Georges soit heureux, et si je ne l'aide pas, il n'osera jamais se déclarer lui-même." » Pour être sûre de ne pas être mal comprise (elle ne peut pas se douter que c'est une précaution superflue, puisque le juge ne tiendra de toute façon pas compte de tout ce qu'elle raconte, qui n'a aucun intérêt), elle ajoute en fin de déposition : « Je précise que la réflexion "Je m'en fous" visait uniquement le sous-entendu que j'avais laissé percer dans ma conversation, c'est-à-dire la question pécuniaire. Henri avait d'ailleurs ajouté : "Je ferai valoir auprès de Madeleine Flipo, afin qu'elle se décide, que ses enfants trouveraient un appui complet du côté de mon père."»

Les motifs de la venue d'Henri à Escoire (évoquer le serment au Maréchal avec Georges et lui demander de remonter les bretelles des métayers) ont toujours paru fictifs. Durant toute l'instruction, et jusqu'au procès, on a fait remarquer qu'il avait déjà longuement abordé la première question avec son père en août et en septembre, à Paris et à Conches, et qu'elle était définitivement réglée. Dans l'un des interrogatoires d'Henri, je trouve deux lignes passées à la trappe qui ne démentent pas seulement, qui prouvent, encore une fois, le contraire. Le décret qui instaure la prestation de serment pour les membres de l'armée, les magistrats et les hauts fonctionnaires, en particulier ceux du Conseil d'État, date du 14 août 1941. C'est de celui-ci dont Henri s'est entretenu avec son père. Mais le 5 octobre, alors que Georges est rentré à Vichy depuis trois semaines, le *Journal officiel* annonce un nouvel acte constitutionnel, en date de la veille, qui indique qu'un décret ultérieur étendra l'obligation de prêter serment au Maréchal à tous les fonctionnaires, quels qu'ils soient. Ce n'est plus pareil. Avec cette généralisation, dans la masse, Henri se sent moins visé, moins traître à sa conscience. Il peut éventuellement revenir sur sa première intention et envisager de continuer à préparer le Conseil d'État – il faut qu'il se détermine vite, le prochain concours aura lieu en décembre. C'est à cet instant qu'il décide de se rendre à Escoire et de demander à son père de l'y rejoindre. (Pourquoi pas à Vichy ? Henri n'y est allé qu'à deux reprises – après son évasion et son cantonnement, à l'été 1940, et après sa deuxième tentative pour passer en Angleterre – et chaque fois très brièvement, tant l'atmosphère y est pesante et les discussions privées difficiles. Plus pragmatiquement, dans une lettre de l'année précédente, Georges suggère à son fils de venir lui rendre

visite mais le prévient : «Il est impossible de se loger,
je ne pourrai te faire coucher que dans mon lit, à condition
que tu ne donnes pas de coups de pied.») L'idée d'Henri,
depuis qu'il a appris la publication prochaine du nouveau
décret, est d'entrer au Conseil d'État mais, craignant que
la France ne se libère pas de sitôt, de s'orienter vers l'ins-
pection des colonies, dans le but de la fuir, et Pétain avec.
L'avocat André Basdevant, qui côtoyait Georges tous les
jours à Vichy et l'a vu juste avant son départ pour Escoire,
ne fera qu'appuyer ces dires devant Marigny : c'est mot
pour mot la raison que lui a donnée l'archiviste pour
expliquer ce voyage imprévu. Pourtant, malgré l'amour
qu'il portait à son fils, j'ai lu qu'il rechignait à faire ce
déplacement, qu'il ne comprenait pas pourquoi Henri
tenait à le voir, qu'il lui avait même écrit qu'il était «très
ennuyé», «étonné», et qu'il trouvait «effarant» qu'il ne
puisse «jamais rester tranquille et chercher des difficultés
toujours». La lettre entière, datée du 17 octobre, le lendemain du coup de téléphone d'Henri à la poste d'Antonne,
figure dans le dossier d'instruction. Il n'y est pas une fois
question du motif de sa venue, qu'il semble trouver tout
à fait suffisant pour prendre le train – ce qui n'est pas,
cependant, une perspective agréable : «Si je pouvais avoir
une auto, ce serait bien, mais je ne crois pas que ce soit
possible.» S'il se dit, dans les premières lignes, étonné,
ennuyé, effaré, c'est parce que Henri lui a appris au téléphone qu'il avait passé la ligne de démarcation en fraude,
sans laissez-passer, ce que Georges réprouve fortement.
Le reste... «Je pense pouvoir venir dans le courant de la
semaine prochaine, pas avant jeudi probablement. Ce que je
voudrais, c'est rester de vendredi matin à dimanche soir, ce
qui sera un maximum, et pas facile encore à arranger. Cela
dit, je serai content de te voir. Combien de temps es-tu là?
Est-ce que ça te va, en principe, vendredi prochain? Si oui,

je m'arrangerai. Il est exact que nous serons mieux pour causer. Je t'embrasse bien fort. Georges.»

En cherchant ce qui se rapporte à l'autre motif avancé par Henri, les problèmes avec les métayers, je me rends compte que le tableau peint par Marigny et autres, celui d'une famille de châtelains aimée de tous, en bonne entente avec ses fermiers et les villageois en général, sur la base de la simplicité et de la franchise, présente quelques légères éraflures. Henri prétend que les métayers ne respectaient pas leurs contrats, sur le point de la nourriture qu'ils devaient fournir sur place, des colis qu'ils étaient censés envoyer à Paris, et pouvaient même se montrer assez narquois et provocateurs : il raconte qu'un jour Amélie et lui ont reçu un paquet contenant en tout et pour tout une oreille de cochon. «À une exception près, ils se moquaient éperdument des ordres de ma tante. J'ai estimé que la présence de mon père, qu'on voyait rarement à Escoire et qui, par conséquent, était assez redouté, serait de nature à modifier leur manière d'agir.» On n'est pas obligés de le croire. Mais c'est attesté par René Biraben lui-même, le régisseur, qui dit que la famille Girard avait «des difficultés avec les métayers», des «problèmes d'interprétation de contrat». Sur les vingt poulets et les cent vingt œufs qu'ils devaient donner, au règlement du vendredi 24 octobre, Kervasse était en débit de cinq poulets et cinquante-six œufs, Mompion de treize poulets. Jules Chaveneau, qui n'a pourtant, au moment où il est interrogé, peut-être pas très envie de défendre celui qui a abandonné sa fille, déclare : «J'ai entendu dire à Périgueux qu'un ancien gardien du château avait conservé à l'égard de la famille Girard une certaine rancune.» Il s'agit sans doute de l'ancien régisseur, et non gardien, Marcel Gervaise, mais ni Marigny ni le moindre policier ne chercheront à le savoir. C'est Henri qui reviendra là-dessus dans une lettre qu'il fera transmettre au juge, des mois plus tard, le 18 mai 1942, lorsqu'il commencera réellement à désespérer, à se sentir pris au piège : « Votre système consiste essentiellement à dire ou à sous-entendre : aucune autre hypothèse n'est plausible à mon avis, c'est donc vous le coupable. En matière d'accusation, le procédé par élimination est contraire à l'esprit du Code. Car il ne peut donner de résultats sûrs qu'à condition d'être pratiqué par un magistrat à la perspicacité irréprochable. Avez-vous l'impression d'être de ceux-là ? Vous qui, après six mois et demi d'enquête, ignorez encore que mon père a procédé à Escoire même au renvoi d'un métayer que vous aviez sous la main, puisqu'il n'a pas quitté le village ? Moi non. Je précise que le métayer dont je parle est Marcel Gervaise. Je ne pense pas le moins du monde que là soit la clé du drame. Je ne le cite que pour montrer à quel point votre recherche d'autres pistes que la mienne me paraît avoir été insuffisante. » (C'est un très long, émouvant et intéressant courrier, de onze grandes pages, d'une écriture serrée, dans lesquelles Henri fait part de son angoisse, de l'injustice dont il se sent victime, ne peut retenir, malgré le risque de se mettre à dos celui qui a son sort entre les mains, des reproches de plus en plus amers, et énumère avec une grande précision toutes les failles de l'enquête, tout ce qui tend à prouver son innocence, selon lui, toutes les investigations qu'on a « oublié » de mener ailleurs et les innombrables détails qu'on a négligés. La réaction du juge, cet homme raffiné, à l'esprit ouvert ? Le lendemain, 19 mai, à 14 h 45, il fait comparaître Annie Chaveneau. Première question : « Connaissez-vous le nom du tailleur de votre mari ? » Deuxième question : « Aviez-vous un piano rue Chomel ? »)

On ne sait pas précisément ce que pensaient de la famille les autres habitants du bourg, mais d'Henri, c'est clair. Même si on ne le connaissait pas – il ne venait que pour les vacances, et restait enfermé au château. Les trois personnes qui l'enfoncent le plus, Madeleine Soudeix, Henriette

Blancherie et Yvonne Doulet ont quelques – comment dire ? – circonstances atténuantes. Les deux premières ont perdu leur mère et sœur (les proches des victimes préfèrent souvent un coupable innocent que pas de coupable du tout), la troisième, directement à son service, est celle qui le voyait le plus, qui a le plus pâti de ses excentricités, de son arrogance peut-être, et de la sensation, directe, d'infériorité, de soumission aux puissants du château. On peut comprendre une certaine rancœur, même si elle a failli coûter la tête d'un jeune homme innocent, et si elle s'est souvent exprimée avec une mauvaise foi indiscutable – toutes les trois ont fait part au juge des 100 000 francs qu'Henri aurait escroqués à sa tante, alors qu'elles n'étaient évidemment pas les mieux placées et ne connaissaient cette histoire que par écho de ouï-dire, ou ouï-dire d'écho. (Je ne sais pas laquelle en a parlé la première. Ce qui est sûr, c'est que la rumeur vient de Périgueux, et non de Paris, et que Marigny n'en a pris connaissance que quatre mois après le début de l'enquête. Le samedi 21 février 1942, il appelle Vichy pour expliquer qu'il vient de recevoir des confidences dont il ne peut rien dire au téléphone, et demander qu'on lui envoie d'urgence un inspecteur à qui il va remettre une commission rogatoire. Ces « révélations anonymes » portent sur l'enlèvement et la rançon, ainsi que sur le probable vol de bijoux au domicile d'Amélie. Dominique Le Brun se rend à Périgueux dès le lendemain, et prend les investigations en charge – c'est à partir de là, de retour à Paris, qu'il va interroger Bernard Lemoine et Marie-Louise, ainsi que tous les proches d'Amélie. À la lecture de son premier rapport, qu'il adresse le 26 février à Vichy, on comprend que ces révélations proviennent d'un ou d'une anonyme relativement éloigné(e) de la source : chez Amélie, on aurait dérobé « des bijoux renfermés dans des écrins », ce qui est faux ; et la valise qui contenait les 100 000 francs, Lemoine ne devait pas l'apporter à la gare Saint-Lazare mais «à la consigne de la gare de l'Est».) Face aux ragots que colportent ces trois femmes, Henri ne se défendra devant Marigny qu'au sujet de l'une d'entre elles, et sans vraiment s'indigner, plutôt avec ce qui semble être une sorte de lassitude : «Je tiens à vous dire que je considère Henriette Blancherie, qui habite à deux kilomètres d'Escoire et qui venait au château environ deux fois par an, comme un témoin assez peu renseigné sur mes habitudes.» (Dans une lettre à Henri, Louise lui donnait quelques nouvelles de sa famille, et en particulier de sa sœur, malade, comme souvent : «Henriette a toujours de fortes crises de foie et de nerfs.»)

L'animosité des autres Escoirais à l'égard du jeune Parisien, même ceux qui ne le connaissaient que de loin, transparaît d'une manière ou d'une autre dans toutes leurs déclarations. Le maire, dont on pourrait penser que sa position de notable le maintient au-dessus de la mêlée, geint – le reproche s'étend d'ailleurs à toute la famille : «Ils ne m'appelaient jamais "Monsieur", ils disaient "Palem" tout court.» Le facteur, Valentin Landry, n'a visiblement pas de scrupule à adapter son témoignage en fonction de ce qui peut nuire au petit seigneur. Le 23 février 1942, la première fois qu'il est interrogé, il déclare : «Il s'est approché du guichet après la conversation avec son père, *que je n'avais pas écoutée*, et a dit : "Mon père paiera."» Lors du procès, l'année suivante, il modifie, il a plutôt bien écouté : «Je n'entendais pas, naturellement, les paroles du père, mais il devait lui dire qu'il ne viendrait pas, alors le fils a beaucoup insisté. Je trouvais qu'il paraissait bien aimable à l'égard de son père, dans la conversation. Je sais que ce n'était pas son habitude.» (Maurice Garçon, qui est un phénomène mais ne peut pas se souvenir précisément de tous les procès-verbaux, sent tout de même que ce n'est pas ce qu'il a lu : «Vous êtes sûr d'avoir remarqué qu'il insistait beaucoup?» Ce à quoi

Landry répond calmement : « Oui, très sûr. » Garçon lui demande ensuite comment il pouvait savoir que ce n'était pas l'habitude de son client de parler aimablement à son père. « Je l'ai entendu dire. » Par qui ? « Par les uns et les autres, c'est connu. » Même si l'on suppose que c'est vrai (qu'il l'a entendu dire par les uns et les autres), c'est assez révélateur des bruits qui couraient sur les pavés du village.) Quant à la phrase qui a le plus marqué l'assistance – Henri, refusant dans un premier temps de payer la communication, dit sèchement à Landry : « Je n'ai pas de cadeau à faire à mon père » –, on ne saura jamais s'il l'a prononcée ou non. Mais dans *Je suis un dévoyé*, en 1949, il n'en est toujours pas revenu. Il maintient qu'il n'a jamais tenu de tels propos, si décalés quand on connaît la nature de ses rapports avec son père, et même qu'il n'y a pas eu de discussion quant au paiement du coup de fil : « Ce receveur aurait été ravi de me faire dix ans de crédit si je le lui avais demandé. J'étais encore le fils du château. »)

Le témoignage le plus symptomatique est celui de la petite Jeannette Valade – de la vieille Jeanne Valade. Elle n'a que seize ans au moment des faits, ne connaît Henri Girard que de vue (et de loin), elle ne doit rien penser ni ressentir de particulier à son égard ; quand elle est interviewée par le journaliste du « Vif du sujet », elle en a soixante-dix-neuf et il est devenu un « démon ». À l'entendre, sa voix, ses intonations, il semble évident qu'elle n'a rien d'une sorcière fielleuse ni d'une gâteuse aigrie, c'est une mamie comme les autres et plutôt pimpante, pourtant elle ment, et pas qu'un peu ; probablement sans même le savoir. Sur certains points, sans grande importance, elle doit simplement se tromper. Elle dit par exemple, à propos du père Doulet, durement marqué par la vision de ses patrons assassinés et par les soupçons que Maurice Garçon a tenté de faire porter sur lui au procès : « D'ailleurs, il est mort peu de temps après, le malheureux, le pauvre diable. »

Dans ce cas, ça ne me dérangerait pas beaucoup de mourir
peu de temps après avoir écrit cette phrase. Saturnin Doulet
est décédé le 8 octobre 1966 à Antonne, soit quand même
vingt-cinq petites années après avoir été durement marqué
par la vision de ses patrons assassinés. Mlle Amélie, elle,
a reçu « dix-huit coups de serpe dans le dos » – cinq selon
l'autopsie, peut-être huit ou dix au bistrot du village.
Henri, quant à lui, que tout le monde s'accordait à trouver
malingre, squelettique, est « robuste » sur France Culture.
Son père « en avait par-dessus la tête » de lui. Mais surtout, quand elle s'avance dans la salle à manger, en 2004,
elle en est tout à fait certaine, elle entend nettement un
bruit du côté du couloir ou du petit salon. « C'est lui, que j'ai
entendu ! Quand il a vu que je repartais, il s'est dit ça y est,
maintenant elle va donner l'alarme ! » Le 30 octobre 1941,
interrogée par Tailleur, et le 28 novembre par Marigny, bien
que toutes les portes intérieures soient ouvertes, le rez-de-
chaussée est entièrement silencieux, c'est même ce qui la
surprend. Elle déclare textuellement au commissaire Tailleur : « Je n'ai entendu aucun bruit dans le château. » Dans
ces circonstances, le moindre râle ou choc léger contre un
meuble n'est pourtant pas le genre de chose qu'on peut
oublier cinq jours après, et moins encore dissimuler
volontairement à la police. Le bruit est apparu plus tard
dans son esprit, *bang* ou *crrssshhh*, peut-être au printemps
1976, ou le soir de Noël 1989.

D'autre part, lors de sa première déposition, elle dit à
Tailleur que lorsqu'elle passe la tête dans le petit salon,
qui est « éclairé » (mais pas à la lumière électrique), les
volets de l'une des fenêtres sont ouverts : « Je suis très
affirmative en vous disant que les volets de la porte-
fenêtre de la chambre de Mlle Girard n'étaient pas fermés.
Je ne pourrais préciser s'ils étaient ouverts en grand ou
juste entrouverts. » Un peu plus loin : à son arrivée comme
à son départ du château, « en me retournant, j'ai très bien

vu que les volets de la porte-fenêtre étaient ouverts ». Cette porte-fenêtre (dont Jeannette précise qu'elle était, elle, fermée) donne, à côté de la rotonde, sur le perron auquel on accède par deux escaliers symétriques. Quelqu'un serait-il venu jeter un coup d'œil ? Ça n'arrange pas Joseph Marigny. Les gendarmes, eux, ont noté que c'était un volet de la rotonde qui était entrouvert. On se demande comment elle aurait pu confondre, puisqu'elle n'est pas entrée dans le grand salon (et que de l'extérieur, la rotonde est – un expert étymologiste pourrait le confirmer – ronde, pas la partie de la façade où se trouve le petit salon), mais c'est la seule explication. Devant le juge, un mois après son premier témoignage, elle essaie de lui faire plaisir : « J'ai bien cru que les persiennes de la chambre de Mlle Girard étaient ouvertes parce qu'on y voyait très clair, mais je dois bien dire que je n'ai pas regardé longuement à l'intérieur du petit salon. À l'aller comme au retour, j'ai bien vu l'une des persiennes de la façade ouverte, j'ai bien cru que c'était l'une de celles de la chambre de Mlle Girard, mais j'ai pu me tromper. » Dans « Le Vif du sujet », elle précise bizarrement, sans qu'on lui pose la question et sans raison apparente, que lorsqu'elle a regardé à l'intérieur du petit salon, « les persiennes étaient fermées ».

À propos de l'étrange conduite d'Henri le matin, c'est le président du tribunal, Henri Hurlaux, honteusement corrompu ou pas, qui fait la réflexion la plus sensée : « Cette attitude est aussi curieuse que vous soyez innocent ou que vous soyez coupable. » On peut affiner : elle est incompréhensible s'il est innocent, invraisemblable s'il est coupable. « Je vais essayer de l'expliquer, répond Henri. Je me suis trouvé seul au milieu d'une atmosphère que je ne sentais pas franchement soupçonneuse, mais dont je devinais les soupçons. Seul avec des gens que je ne comprenais pas. Il n'y avait autour de moi qu'indifférence ou curiosité. Il y avait vingt personnes autour de moi, qui posaient des questions. Des questions idiotes, révoltantes, qu'on pouvait poser à des policiers mais pas à moi. J'étais dans l'impossibilité complète de me livrer à moi-même, de me coucher sur un lit et de pleurer, ce que j'aurais fait si j'avais été libre et complètement seul, ou si j'avais eu à côté de moi une affection quelconque.» C'est pour la même raison, dit-il, qu'il a bu de l'eau-de-vie : «Du fait que je n'ai donné aucune manifestation extérieure ni de l'effroi ni de la peine que j'avais, j'ai été d'autant plus éprouvé nerveusement et même physiquement par le choc. Je sentais que j'allais m'évanouir. J'étais seul au milieu de gens qui étaient au spectacle, comme au cinéma. J'étais le centre du spectacle, j'étais écrasé.» Les cigarettes qu'il a fumées et proposées autour de lui, il ne comprend pas qu'on les lui reproche avec tant d'insistance et d'indignation – et moi non plus : si j'avais découvert, un quart d'heure plus tôt, mon père dans une mare de sang, j'en aurais allumé deux en même temps. Il est obligé de revenir dessus dans la longue lettre qu'il a écrite à Marigny en mai 1942 : «J'ai offert des cigarettes à ces trois hommes, c'est vrai. C'était là un simple réflexe de garçon bien élevé, un geste dont j'ai senti seulement en le faisant son caractère déplacé. Mais je vous assure que ça m'était bien égal.» Et dans *Je suis un dévoyé* : «Je devins une espèce de fantôme, perdu dans sa souffrance. Je me répétais "Georges... Georges..." indéfiniment. Je commis même une lourde faute. Je pris une cigarette de mon paquet et tendis machinalement les autres à la ronde. Les curieux reculèrent, horrifiés. Quand la gendarmerie arriva, leur opinion était faite.» Il s'est bien mis au piano, dans le grand salon, pour jouer du Chopin. On va dire que je chipote, mais ce n'était pas la «Marche funèbre», c'était «Tristesse» (l'étude n° 3 en *mi* majeur, reprise par Gainsbourg pour «Lemon Incest»). Ça change bien plus qu'il n'y paraît. Interpréter la «Marche funèbre», si rebattue, parodique, aurait été un acte cynique, presque moqueur. « Tristesse » est simplement triste. Mais se mettre à faire de la musique, quand même... Henri donne une explication à Marigny, qui vaut ce qu'elle vaut mais qui vaut pour moi, et me touche : « Je me trouvais dans le grand salon en compagnie de l'inspecteur Joyeux et un de ses collègues, qui par hasard me laissaient tranquille. J'ai joué les premières mesures de "Tristesse" de Chopin, et c'est précisément en pensant à mon père, avec lequel, le jour de son arrivée, j'avais plaisanté sur mes progrès au piano, sur la fierté terriblement paternelle qu'il en ressentait, que j'ai fait ce geste qu'il est évidemment très facile de considérer comme déplacé. » (On peut toujours chipoter plus. Même pas sur le titre, les mots, mais sur l'ordre des mots. Quand Alphonse Palem et Pierre Maud sont montés au château et ont trouvé Henri devant la porte, il a refusé d'entrer avec eux, déclarant, selon le maire, qu'il en avait « assez vu ». Lui se souvient avoir plutôt expliqué : « J'en ai vu assez. » On ne saura pas ce qu'il a vraiment dit, et ça ne changera pas grand-chose, mais « assez vu » et « vu assez », ce n'est pas la même chose. Dans « J'en ai assez vu », on perçoit une note d'exaspération, de lassitude au mieux. Dans « J'en ai vu assez », plutôt d'écœurement, ou de douleur. Tout est relatif mais c'est important, l'ordre des mots.)

Dans le même genre d'erreur de titre, je ne sais pas qui est allé chercher, ni où, qu'il avait lu *Le Sens de la mort* de Paul Bourget, en se couchant la veille au soir, mais alors ce n'est pas ça du tout, c'est même presque le contraire. Il a lu deux vieux livres pour enfants, ou adolescents : *Le Dernier des Castel-Magnac*, de H. de Charlieu, sans grande attention, et *Les Épreuves d'Étienne*, de J. Girardin, plus sérieusement. *Le Club des Cinq* avant l'heure, ou pas loin – *Les Six Compagnons*, allez, vendu. Au fait, on a tendance à l'oublier, mais le commissaire

Ruffel et un inspecteur de police qui l'accompagnait ont essayé de lire dans cette chambre avec la seule lumière du palier, et n'y sont pas parvenus. Eh eh. Ah non. Par mégarde, on avait perdu en route une partie du témoignage de Ruffel, recueilli le 19 janvier 1943 par un juge d'instruction remplaçant, Guy Maigne (Marigny devait être en vacances d'hiver), et pourtant conservé dans le dossier dans son intégralité : « Girard s'est couché dans le lit et a lu entièrement dans cette position, avec le seul éclairage de la lampe du palier, une page d'un livre pris au hasard parmi ceux qui se trouvaient sur la cheminée. Aucun de ceux qui ont assisté à cette expérience n'a été en mesure d'en faire autant. Les caractères du livre étaient plutôt petits. » D'accord, mais la lampe de poche, qu'est-ce qu'elle faisait là, sur sa table de nuit ? « Je m'en servais pour continuer à lire au cas où j'en aurais eu envie après m'être relevé pour éteindre le palier, dit Henri. Mais je l'avais emportée de Paris pour mes éventuelles sorties en dehors d'Escoire. » Il sort la nuit ? Bon, en octobre, c'est normal, elle tombe tôt. (Vers 18 heures, depuis le passage à l'heure d'hiver du 5 octobre 1941. Lorsqu'ils ont envahi la France, les Allemands ont avancé les aiguilles des horloges au fur et à mesure de leur progression, pour être en phase avec Berlin, c'était plus pratique. Au début de l'année 1941, Paris et toute la zone occupée sont donc à l'heure allemande. Et la zone libre encore à l'heure française, ou anglaise, ce qui crée de sérieux problèmes d'organisation, notamment pour les trains entre le Nord et le Sud (quand il est 11 heures à Blois, il est 10 heures à Limoges). Le gouvernement de Vichy a donc décidé de tout unifier lors du passage à l'heure d'été 1941 : Périgueux et la zone libre avancent leurs montres de deux heures d'un coup au lieu d'une (ça doit secouer), et toute la France passe à l'heure allemande. C'est toujours le cas aujourd'hui, bien que Paris soit à 344 kilomètres de Londres à vol d'oiseau (je suis nul en oiseaux, mais en vol, je me débrouille), et à 879 kilomètres de Berlin.) Mais il arrive à Henri de sortir aussi la nuit, la vraie nuit, comme je l'apprends en parcourant distraitement un énième interrogatoire d'Annie Chaveneau : lors de ses premières vacances estivales à Escoire avec Henri, lorsqu'ils se sont conduits «comme des poulains échappés» devant Amélie et la vieille Cécile, un soir, ils ont eu faim. Vers 23 heures ou minuit, Henri est sorti par la fenêtre des WC désaffectés (peut-être plus empruntée qu'on ne croyait, finalement – «mon mari est sorti par là parce que toutes les autres portes grincent et il ne voulait réveiller personne») pour aller chercher un sac de noix qu'on avait laissé dehors. Il est revenu sans. «Il m'a appris qu'il avait été agressé par deux individus, qu'il n'avait pas reconnus dans le noir. L'un d'eux lui avait assené un coup de poing dans le dos qui l'avait suffoqué. D'ailleurs, il s'était évanoui en arrivant, et n'avait vraiment récupéré qu'au bout d'une demi-heure environ.» Les châtelains sont très aimés, c'est sûr, c'est un bourg paisible peuplé de gens doux et charmants, mais les alentours, la nuit, c'est la jungle.

Passons à des choses plus techniques – rien ne vaut le technique, quand on est, comme moi, féru d'ordre et de logique. L'heure de la mort. Le docteur Perruchot, juste après les autopsies, a déclaré qu'elle était intervenue entre une heure et demie et deux heures après le repas. Mais ensuite, il est rentré chez lui, on est mieux seul pour réfléchir, il a repotassé un peu ses manuels, et dans son rapport, qu'il rédige le 31 octobre, il modifie légèrement ses conclusions : non, les trois victimes sont plutôt décédées entre deux heures et demie et trois heures après le repas, je dirais. C'est plus ça, voyez. Car «le contenu de l'estomac est en état de digestion avancée» («une bouillie homogène probablement formée de pain et de féculents» (au procès, il dira qu'il a trouvé «des traces de haricots»,

ça fait plus précis, plus savant, et surtout moins digéré), or
« il est bien établi, depuis les recherches de Beaumont,
que si les fonctions de l'estomac s'exécutent normalement, le séjour des aliments dans l'estomac est court,
quatre heures en moyenne »). Ça n'arrange pas Marigny,
ce changement intempestif. Car ça nous amène à 22 h 30
ou 23 heures, or si le fils Doulet a bien dit que le château
était éteint à 21 h 30, en revanche, plus tard... Elisa Maud,
la femme de Pierre, cultivatrice à Escoire, cinquante et un
ans, préparait des légumes dans sa grange le 24 octobre au
soir, en prévision du marché du lendemain. Lorsqu'elle en
est sortie, à 22 h 30 (elle ne peut pas se tromper, elle a
regardé la pendule en entrant dans sa cuisine), elle a vu
une ou deux fenêtres éclairées au rez-de-chaussée – l'une
était cachée par un arbre, mais pas l'autre, et quand on lui
demande de la désigner, elle montre l'une des deux du
petit salon ; donc les deux étaient éclairées. Sa bonne,
Renée Berbessou, dix-neuf ans, qui était avec elle, dit
exactement la même chose, en précisant que c'étaient les
seules fenêtres éclairées du château, du moins visibles de
ce côté-là. (Dans son rapport, le commissaire Tailleur a
traduit librement, en écrivant que plusieurs personnes
« ont aperçu une *petite lueur* éclairant *faiblement* le petit
salon ». Ces mots, ceux que j'ai mis en italique, elles ne
les ont jamais prononcés.) Jean Marchou, un jeune électricien de dix-neuf ans lui aussi, qui vit à Périgueux mais
était venu passer la soirée au village avec sa fiancée,
Mlle Édith Prince, passe en vélo devant le château sur le
chemin du retour, « à 22 h 45 ou 22 h 50 », et voit « plusieurs pièces allumées » – au moins deux, donc. Peu avant
23 heures, Martin Glicksmann, un tailleur alsacien réfugié
qu'on a installé dans une salle de l'école d'Escoire, sort
pour uriner, lève la tête vers le château pendant que la
nature est sereinement à l'œuvre, et aperçoit « au moins
deux fenêtres du rez-de-chaussée éclairées ». C'est embêtant

car si le crime a été commis durant cette demi-heure-là, ça ne colle plus du tout avec la thèse de la coupure d'électricité – et pire, ça colle parfaitement avec les déclarations d'Henri : à 22 h 30, son père dort, il est seul avec sa tante dans le petit salon, à 22 h 45 environ, Louise vient les rejoindre, et donc allume peut-être la salle à manger au passage, et le couloir pour y prendre avec Henri le lit pliant d'Amélie... Mais c'est sans compter sur le talent de traducteur – et d'horodateur artistique – de Michel Tailleur : « Des habitants du village ont remarqué, à 23 h 30, que plusieurs pièces du château étaient éclairées. » Une demi-heure ou trois quarts d'heure de plus, qui va s'en rendre compte ? Et de toute manière, Joseph Marigny n'est pas homme à se laisser déstabiliser par une ou deux demi-heures. (Il n'y a sans doute pas prêté attention, mais il ne lui serait pas très compliqué de se débarrasser des conclusions de Perruchot, d'une pichenette, car son rapport d'autopsie est truffé d'erreurs grossières qui ne font pas honneur de manière éclatante à sa compétence et à ses nombreuses années d'expérience. Il indique que le corps d'Amélie est « dans le décubitus ventral », ce qui dénote une grande érudition en matière anatomique et signifie qu'elle est sur le ventre (un petit conseil aux garçons possédés par le démon du sexe mais désireux de ne pas passer pour des poneys décérébrés : « Attends, ma cochonne, arrête, mets-toi un peu dans le décubitus ventral, tu vas voir » devrait laisser un souvenir admiratif à Jessica), mais ensuite, emporté par la sensation exaltante de la science, il indique que Georges est « dans le décubitus ventral », alors qu'il est clairement, sur les photos, en chien de fusil, sur le côté gauche. Quant à la pauvre Louise, étendue de tout son long sur le dos, elle est « dans le décubitus ventral ». Mais ce sont peut-être des erreurs d'inattention, il a oublié que « dorsal » ou « latéral » existaient. Par contre, quand il décrit plus précisément les corps, l'inattention devient du délire. Les photos trompent peu : Georges, dans le décubitus latéral gauche, a les deux bras à peu près tendus devant lui, l'un sous son corps, les mains approximativement au niveau de la ceinture (qu'il n'a pas, bien sûr). Pour l'extravagant docteur Perruchot : «Les membres supérieurs de cette victime sont élevés à la hauteur de la tête et fixés en état de forte rigidité, dans une position arquée en un geste de protection. Aucun mouvement d'abaissement n'a pu être effectué car la mort est survenue aussitôt après le premier coup reçu.» On comprend où il veut en venir (démontrer que Georges a été tué dans son lit, sans pouvoir réagir – je suis certain que non, j'y reviendrai quand je pourrai), mais il pousse un peu quand même, la Perruche. Louise est la seule à avoir les deux bras levés, les mains au niveau des épaules, mais il n'en dit rien. Après tout, ne soyons pas malveillants, ils les a peut-être confondus, tous les deux. Ils se ressemblent comme Laurel et Groucho Marx, mais dans l'affolement de l'autopsie...) Marigny n'ayant pas dû remarquer ces broutilles, il trouve une autre astuce pour contrer son expert. C'est Henri qui la lui offre sur un plateau d'argent, dans un petit ramequin de porcelaine, sans le savoir. Lors de ses trois ou quatre premiers interrogatoires, quand on lui a prouvé qu'il mentait sur l'emploi du temps de la soirée puisque les crimes, c'était scientifiquement établi, avaient été commis entre 21 h 30 et 22 heures, il n'a pu penser qu'une chose : ce médecin légiste se trompe, ce n'est pas possible autrement. Aussi, à trois reprises, trois jours de suite, de plus en plus fermement, il a demandé, réclamé, exigé qu'on procède à une contre-expertise. Bien entendu, ni Marigny ni Tailleur n'en ont tenu le moindre compte – s'il fallait se plier aux ordres ou aux suppliques des coupables, on mettrait quinze ou dix-neuf mois pour boucler une enquête. Mais après avoir reçu le rapport de Perruchot, le juge se dit qu'il ne faut pas se montrer si insensible et buté, la justice est l'art de peser le pour et le contre, prouvons à cet assassin que nous avons l'esprit large et que nous faisons tout pour l'innocenter : OK, d'accord, ça va, par une nouvelle commission rogatoire, il commande une seconde expertise. À un professeur d'université. Et seulement sur la base des constatations de son prédécesseur – on ne va pas aller troubler la paix des morts pour faire plaisir à Monsieur. Et donc, en ne s'appuyant que sur les quelques mots notés par Perruchot (« bouillie homogène », « féculents », et basta) et sur « les recherches des physiologistes », Louis Morel, dans un rapport rédigé à la main sur des feuilles de cahier, certifie que la mort est survenue « entre une heure au minimum et trois heures au maximum après le dernier repas ». Il reconnaît qu'il faut « une durée moyenne de trois à cinq heures » pour que l'estomac s'évacue, et que « tous les aliments ne subissent pas ces transformations dans le même laps de temps », mais grosso modo, quoi. (Il ne sait même pas ce que les victimes ont mangé. Mais, par conscience professionnelle, il le demandera lors du procès – poliment : « Peut-on le savoir ? » Maître Garçon, serviable, lui indiquera qu'il s'agissait de haricots. Ah tiens, et quel genre de haricots ? En grains ? Je parie mon petit orteil gauche que Garçon a laissé s'écouler deux ou trois secondes avant de répondre : « Des fayots. » (Quelques instants plus tard, l'avocat lui montrera le gant de cuir trouvé par terre. Toujours curieux, avide d'apprendre, le spécialiste de la coagulation posera une question pertinente : « C'est du sang, ceci ? »)) C'est parfait maintenant, tout va bien, entre une heure et trois heures, ça laisse une bonne marge pour la panne de courant, mais ça s'arrête pile au moment où Henri dit être monté dans sa chambre. À cause des téguments, les haricots secs sont plus longs à digérer que bien des aliments, et que pas mal d'autres légumineuses, ils sont très riches en fibres et en protéines, leur « fort pouvoir

rassasiant» s'explique par une «digestion lente», dixit je
ne sais plus quel site, mais peu importe. Peu importe itou
qu'Henri ait indiqué, à deux reprises, qu'ils avaient mangé
des noix tous les quatre devant le feu, après le repas, pas
dix sacs mais régulièrement, lentement. La noix est l'un
des aliments les plus longs à digérer. Sur le site du départe-
ment de biologie de la faculté des sciences d'Aix-Marseille,
je lis que la durée de la digestion dans l'estomac varie
entre trois et sept heures (un graphique montre qu'au bout
de quatre heures, il peut rester un quart de la «bouillie
homogène» qu'on appelle le chyme). Dans un numéro des
«Enquêtes impossibles», l'immense Pierre Bellemare, qui
a tant fait pour la justice et pour moi, raconte – avec quel
talent! – l'affaire Henri-Jean Jacomet (accusé d'avoir tué,
en 1988, sa femme, Fabienne Soubie, sa belle-sœur, Joëlle
Soubie, et le mari de celle-ci, Fernando Rodrigues, il
«affichait un étrange sang-froid face à ces événements
dramatiques», et a été acquitté sept ans plus tard). Pour
maître Catherine Mounielou, l'avocate de Jacomet, «le bol
alimentaire est une méthode qui n'est plus utilisée, qui a
donné de graves erreurs judiciaires». Le professeur Bertrand
Ludes, directeur de l'Institut médico-légal de Paris, ce qui
n'est pas rien, va dans le même sens et un peu plus loin :
«Nous ne pouvons en aucun cas déterminer le délai post
mortem en fonction de l'analyse du bol alimentaire.»
Maurice Garçon est mort sept ans avant la première des
«Dossiers extraordinaires» sur Europe 1 (personne ne
réussit jamais sa vie à 100 %), mais il a roulé sa bosse, il
sait de lui-même que le bol alimentaire, c'est carnaval et
compagnie, aussi asticote-t-il longuement Perruchot pendant le procès. Gêné, ce dernier consent à lui accorder un
petit bonus : trois heures et demie après le repas, allez. On
arrive déjà à 23 h 30 ou 23 h 45. Pas plus de trois heures
et demie pile, c'est sûr? Bien sûr que non, ce n'est pas
sûr : «Je ne peux pas donner de précision mathématique,

nous ne faisons pas de mathématiques en biologie.» C'est embêtant, c'était un peu ce que Marigny lui avait demandé... Une fois qu'il est admis, dans la salle d'audience, que le bol alimentaire, je t'en foutrais, maître Garçon fait remarquer à l'embarrassé Perruchot qu'il est dommage qu'aucun test de lividité cadavérique n'ait été effectué, car c'est mieux, la lividité cadavérique, c'est plus précis. Ah mais oui mais c'est pas sa faute, à Perruchot : il explique très posément que les corps étaient couverts de sang (il n'a pas l'habitude), qu'il a donc fallu les laver avant l'autopsie, sinon on voit rien, c'est sale, et que du coup après, forcément, pour la lividité cadavérique, c'était mort. (Pour se rattraper, il signale qu'il a pris soin d'examiner les vessies des victimes et qu'elles étaient vides, je te ferai dire. Or elles ont fait pipi avant de se coucher, les victimes. Et si elles avaient dormi longtemps, elles se seraient remplies d'urine, les vessies. (Elles n'ont donc pas réussi à enlever leur pull-over, les victimes, leur soutien-gorge ou leur chemise de jour, dans l'obscurité artificiellement déclenchée par Girard Henri, mais elles sont quand même arrivées à pisser dans leurs pots de chambre, à l'instinct.) Garçon est enfin d'accord avec lui : «Personne n'a dit qu'elles avaient dormi longtemps.»)

Les autres expertises – en tant qu'ancien étudiant scientifique, je le dis tête basse – ne valent pas beaucoup mieux. Ce n'est pas toujours comme ça, naturellement, mais là, il faut savoir se montrer fataliste, à la Jacques, c'est un épouvantable concours de circonstances.

La psychiatrique, je laisse à Henri la responsabilité de ses paroles : «Cet examen s'est réduit à trois visites de médecins, avec lesquels j'ai échangé des propos à bâtons rompus. Pendant une demi-heure avec l'un, deux heures avec les deux autres. Après quoi, ils ont médité six mois avant de déposer leur rapport.» (Dans *Je suis un dévoyé*, il se souvient que le plus jeune était aussi le plus passionné.

Il lui aurait dit : «Vous n'avez qu'un moyen d'éviter qu'on vous coupe la tête, c'est d'admettre que vous êtes fou. Il faut être fou pour soutenir, comme vous, que vous êtes sensé.»)

Le docteur Georges Béroud, directeur du laboratoire de police technique de Marseille, analyse, entre autres, la serpe et les tronçons de sapins qu'Henri avait laissés contre le mur près de la fenêtre des WC désaffectés. On les voit nettement sur l'une des photos prises au château. Ils sont fins, paraissent peu solides, c'est vraiment du sapin de fillette, mais selon l'expert, il n'aurait pas été possible de les couper avant d'avoir affûté la lame. Pourquoi pas, mais ce n'est plus de l'expertise, c'est de la divination. Si l'on part du principe qu'il a en main la serpe après affûtage, comment peut-il savoir comment elle était avant ? (Et puis cela signifierait qu'Henri n'a donc pas coupé de petits sapins (ou bien qu'il a affûté la lame pour cela, mais il le dirait), or Béroud a devant lui les tronçons qui prouvent que si.) Yvonne Doulet a déclaré deux ou trois fois que lorsqu'elle l'avait prêtée à Henri, elle était «noire», «sale», «toute noire». Dans le rapport de Marigny et dans tous ceux qui lui ont succédé jusqu'au procès, cela s'est traduit par «rouillée». J'ai relu attentivement toutes les dépositions d'Yvonne, la seule avec Henri à avoir vu la serpe avant les crimes, elle ne parle pas une fois de rouille. Elle dit qu'elle a été oubliée un an plus tôt par des soldats, et que personne ne s'en est servi depuis. Entre-temps, elle a pu se salir, mais perdre son tranchant ? Béroud étudie ensuite les traces d'affûtage sur la lame – ce n'est pas facile, car elle est couverte de sang et de cheveux, et le 17 novembre, lorsqu'il l'analyse, «le métal a été altéré au contact du sang et de l'humidité» (il faut dire qu'elle a été mise encore poisseuse dans un torchon où elle a été conservée trois semaines). «Le tranchant a d'abord été fait à la meule, et l'affûtage avec une lime très

fine, notamment vers le sommet recourbé.» Il est formel :
aucune des deux limes récupérées chez les Doulet, trop
grossières, n'a pu être utilisée pour ce travail. (Henri
aurait-il une lime cachée ?) Comme pour plusieurs autres
points brumeux, il semble que l'accusation ne se pose pas
une question d'une simplicité pourtant enfantine : si Henri
a bien emprunté cette serpe pour tuer, et qu'il l'a affûtée
quelques heures plus tôt pour être sûr de bien ouvrir les
crânes, à partir du moment où il prétend avoir coupé de
petits sapins et où on lui affirme que la serpe a été affûtée,
pourquoi ne ment-il pas, très facilement, en disant qu'il
l'a effectivement affûtée pour pouvoir couper les petits
sapins car sinon c'était impossible ? (Question longue,
mais enfantine.) Au crédit de Georges Béroud (et au débit
de la plupart de ceux qui ont interprété son rapport), il faut
mettre un certain sens de l'honnêteté. La dernière phrase
qu'il écrit au sujet de la serpe permet de tirer un trait sur
une longue et oiseuse discussion : «Nous ne pouvons préciser si la date de l'affûtage est récente.» (Pour essayer de
se rattraper vis-à-vis de l'accusation, qui claironne le
contraire depuis un an et demi, il modulera lors du procès,
face au demi-sourire de Maurice Garçon : «Mais il est
absolument certain que l'affûtage n'était pas très ancien.»
Ça ne remonte donc pas au Moyen Âge, c'est déjà une
certitude utile.) Je pense que cette serpe n'a pas été aiguisée. Le débitage de deux ou trois sapins puis le trempage à
de très nombreuses reprises dans trois cerveaux différents
ont pu faire disparaître la poussière ou la terre qui s'étaient
accumulées dessus depuis un an.

Le docteur Béroud fait également preuve d'intégrité
lorsqu'il analyse le liquide prélevé par le commissaire
Tailleur dans le seau de toilette d'Henri («blanchâtre,
trouble, avec dépôt grisâtre ; l'odeur est celle de l'eau sta-
gnante croupie»). Celui-ci s'est lavé les mains, les
avant-bras et le visage, c'est certain, on ne retrouve pas de

sang dans l'eau, mais pas de savon non plus : il s'est donc
lavé ailleurs, et ailleurs se trouve le sang. Mais le savon,
en 1941, ça ne court plus les maisons. Béroud le rappelle,
sportivement, et avance qu'il est possible qu'Henri ait utilisé «l'un des "savons" fabriqués actuellement et dont la
composition est totalement différente du savon normal».
(Dans plusieurs numéros de *L'Avenir de la Dordogne*, dont
Sylvie m'a apporté, sur la grande table de consultation voisine, la collection entière pour les années 1941 à 1943,
je lis cette publicité : «Ménagères qui n'avez plus de
savon, demandez notre pâte à laver ! Sans ticket, mousse
et décrasse sans brûler, comme du savon ! Présentée en
barre ferme de 10 kilos. 140 francs. Établissements B-G
Fillatreau, à Bordeaux.»)

L'honnêteté ne suffit pas toujours, ça se saurait, et de
tous les experts qui sont intervenus dans l'affaire Girard,
c'est Georges Béroud qui deviendra le plus tristement
célèbre. Il sera même à l'origine d'un tournant dans l'histoire de la justice française : la remise en question et la
réorganisation de tout le système des expertises. En 1952
et 1954, dans les deux premiers procès de Marie Besnard,
le docteur Béroud affirmera avoir détecté des quantités
d'arsenic très au-dessus de la normale dans les douze
corps exhumés, mais pas particulièrement dans la terre
du cimetière (il le précisera clairement dans tous ses
rapports). Quand l'accusée, incrédule, réclamera une
contre-expertise, le jeune juge d'instruction Roger lui
répondra que c'est inutile : «Un savant comme le docteur
Béroud ne saurait se tromper.» L'expert prétend même
qu'il saurait reconnaître de l'arsenic à l'œil nu dans un
tube à essai où l'on a pratiqué la méthode de Marsh, qui
fait apparaître un anneau facilement identifiable. Lors du
second procès, l'avocat de Marie Besnard lui montre six
tubes, Béroud en désigne deux avec assurance : raté, ils ne
contenaient pas d'arsenic. Les experts auxquels on fera

appel ensuite trouveront tous de grandes quantités d'arsenic dans la terre du cimetière, et pas tant que ça dans les corps (mais ce n'est pas la faute du pauvre Georges, c'est juste qu'il s'était emmêlé les pinceaux dans ses bocaux, ça arrive, il l'écrit même au juge Roger : « Je me suis aperçu qu'on avait mélangé le bocal contenant les cheveux et le larynx avec le contenu d'un autre bocal »). Toute l'accusation reposait sur lui, il deviendra la risée de la presse et de l'opinion, sa carrière s'en ressentira durement et s'achèvera, exsangue, penaude, peu de temps après. Dans ses Mémoires, Marie Besnard parle de lui comme de « celui auquel on fait trouver ce qu'on veut ». Il n'aura pas été inutile : en matière de justice, la science cessera d'être une religion (quoique, ça se discute) et les experts ses dieux. Disons plutôt qu'on prendra garde à en choisir de plus sûrs.

Il ne serait pas fair-play de s'acharner sur lui, le gourdin aurait pu aussi bien tomber sur d'autres, et pourquoi pas sur le duo Chibrac et Vignal, qui ont examiné le corps d'Henri ? Eux aussi ont fait preuve d'une honnêteté louable en se contentant de trouver des « sels de fer » sous les ongles sales d'Henri, et n'ont probablement pas su avant le procès que cela avait aussitôt été traduit par un mot plus simple, plus compréhensible, « limaille ». Édouard Vignal a même reconnu sans trop se faire prier que cela n'avait absolument rien à voir. Ils se sont en revanche montrés un peu trop affirmatifs sur certains points, un peu trop sûrs de leur nature divine. Ils n'ont jamais vu Henri Girard auparavant, ni donc (et l'on va voir ici que je n'ai rien perdu de ce précieux esprit logique dont j'ai hérité, à force de patience et de sérieux, de mes années d'études) ses cheveux, et pourtant, ils sont catégoriques : ils sont bien plus propres, souples et secs que d'habitude, il est indéniable qu'il les a lavés dans les vingt-quatre heures qui ont précédé. Henri apprend au juge qu'il utilise de la brillantine (un tube de Sportfix, pour être précis, des établissements Grenoville à Paris, qui indiquent qu'il s'agit d'une «gélose liquide, soluble dans l'eau, sans corps gras») et coiffe longuement son épaisse tignasse, chaque matin, au peigne fin («Je me mouille les cheveux, les passe au fixatif, puis au démêloir et ensuite au peigne fin»); sur la photo prise à Belleyme lors de son incarcération, le 28 octobre, trois jours plus tard, ses cheveux ont bien l'air toujours aussi propres, souples et secs – et soyeux. D'ailleurs, le 7 novembre, après une visite à l'accusé en prison, Vignal semble pris d'une sorte de doute et écrit à Marigny : «Pour un complément d'analyse, il serait utile d'examiner le pot de brillantine dont se servait Girard Henri pour les soins de chevelure.» À la demande très insistante de maître Abel Lacombe, le juge d'instruction finit par ordonner une nouvelle expertise de la chevelure, avant et après lavage (au savon – le shampooing, en cette rude époque, c'est comme le caviar à la cantine), et à deux jours d'intervalle. Henri s'est alors coupé les cheveux, dommage (Vignal en donne une description d'une rigueur scientifique impeccable : «Ils sont raides et poussent dans toutes les directions»), mais il faut dire qu'il a eu le temps, cette contre-expertise n'étant pratiquée qu'à partir du 21 janvier 1943. Quinze mois après la première. Les inséparables Vignal et Chibrac ne s'attardent pas sur leurs conclusions, ce n'est pas la peine : «L'état physique de l'inculpé, son modus vivendi, ses cheveux coupés, les soins donnés actuellement à sa chevelure, sont autant de conditions qui apportent une différence considérable à notre examen, qui n'est en aucune façon superposable à l'examen initial.» Bon, zou, oublions tout ça. (Une dernière petite remarque, qui n'a rien de très technique ni de rationnel, je sens sur moi le regard noir du duo et de son chef Marigny, c'est de la psychologie à deux balles, mais parfois, ça peut servir : le premier soir, quand Vignal annonce à Henri qu'il va examiner sa chevelure (pour voir s'il y trouve du sang), que lui dit le sujet? Il s'excuse d'avance, ça doit pas être bien net, il va y avoir de la terre, des brindilles et des machins comme ça, il a arraché du lierre pendant des heures la veille. Je recule de vingt secondes et je remplace Henri, et je suis coupable. On me dit qu'on va regarder mes cheveux, mon garçon, il y a peut-être du sang, je vais pas m'en sortir comme ça. Je sais bien que non (qu'il n'y a pas de sang, et que si, je vais m'en sortir comme ça), puisque je les ai soigneusement lavés. Qu'est-ce que je dis? Rien. Faites votre boulot. (L'expert observe attentivement mes cheveux, fouille, gratte, non, pas une trace de sang, pas grave, on l'aura sur autre chose.) Mais si je dis : «Euh, si vous voulez, mais désolé, ils doivent être tout sales, là», je peux être certain, de chez Plus-Que-Sûr (des établissements Grenoville à Paris), qu'une seule réaction est possible : «Oh mais non, tiens, c'est bizarre, ils sont propres, au contraire. Dis donc, tu t'es lavé les cheveux, canaille!»)

Dans leur premier rapport, Chibrac, Vignal, Chibral et Vignac écrivaient : «Les mains étaient très propres et, contraste assez frappant, les ongles, coupés court, étaient sales et mal entretenus.» (Un peu plus loin : «M. Girard a dû brosser très énergiquement ses mains depuis hier, seuls ses ongles ont été oubliés.» Quelle linotte.) D'une part, pour revenir une dernière fois sur les cheveux (ça finit par devenir un peu dégoûtant), lorsqu'on se savonne très énergiquement la tête pour être sûr de faire disparaître toute trace de sang, si on a les ongles courts et sales, est-ce qu'ils n'en ressortent pas vaguement propres? (Après avoir lu cette phrase dans le rapport, le soir, au Mercure, je me coupe les ongles – c'est pas du luxe, je réalise. Puis je sors dans la nuit, seul (comme d'habitude). Ce n'est plus Pauline à la réception, mais un jeune Asiatique large d'épaules. J'avance telle une ombre vers la place Francheville endormie, plongée dans une oppressante et froide obscurité

d'automne, glisse fantomatique sur les pelouses d'un vert
sombre et moussu de cimetière abandonné, m'approche à
pas de loup d'un massif de fleurs mourantes, m'agenouille,
humble, et, de mes ongles d'homme, racle longuement
l'humus, le souffle court et le dos bientôt douloureux,
voûté sous la lueur métallique de l'astre nocturne. (En
fait, je sors juste pour aller gratter de la terre dehors ni vu
ni connu, mais je fais un effort de narration en quête de
l'étincelle qui fait l'écrivain apprécié, car il me semble
que nous sommes depuis un bon moment dans ce tunnel,
qui n'en finit pas.) Je me couche ensuite, dors les ongles
noirs, pour que ça s'incruste un peu, et le lendemain
matin, je me lave énergiquement la tête au savon – je ne
conseille pas, mais pour moi ça va, j'ai les cheveux rares
et très courts (qui ne poussent même pas dans toutes les
directions, tristesse). Quand s'achèvent mes ablutions, à
l'extrémité de ces doigts qui se marieraient si bien aux
touches d'un piano si j'avais pris des cours, et qui ren-
dirent naguère tant de femmes heureuses, je ne vois que
nacre pure. *Cling!*) D'autre part, parmi toutes les contradictions qu'entraînent les scénarios grumeleux échafaudés
par l'accusation, l'une des plus gênantes est là. Si les
plaies en ligne, récentes, sur la paume de la main droite
d'Henri résultent de l'usage de la serpe le soir des crimes,
c'est qu'il ne portait pas de gants. Mais si ses ongles sont
sales, c'est qu'ils n'ont pas été lavés, et s'ils n'ont pas été
lavés et qu'on n'y trouve aucune trace de sang, c'est qu'il
portait des gants. Lorsqu'il témoignera au procès, le docteur Georges Chibrac tentera l'une des plus audacieuses
et pitoyables parades qui soient, qui furent. Il précisera
d'abord, afin qu'on ne mette pas son sérieux en doute,
qu'il a parfaitement conscience, en se permettant de faire
part à la cour de sa modeste hypothèse, de «dépasser peut-
être les limites qui me sont permises». Il joue le policier
amateur, en quelque sorte, qu'on le lui pardonne. Alors

voilà. Si Henri Girard avait utilisé des gants fins en caout-chouc, «comme ceux dont nous nous servons couramment en médecine», la paume, à cause du manche qui branle et de la virole défectueuse, se serait déchirée au bout de quelques coups seulement – c'est très fragile, ces gants-là –, ce qui expliquerait les plaies sur la main. Les doigts de caoutchouc, par contre, auraient tenu le coup sans pro-blème, ce qui expliquerait qu'on ne trouve pas de sang sous les ongles. Pas bête, n'est-ce pas? (Ah oui, en effet, c'est astucieux. Henri a décidé de tuer sa famille à la serpe, il vaut peut-être mieux mettre des gants au cas où cela laisserait des marques sur sa paume, il a des gants mais il y tient, il ne veut pas les salir, il pourrait acheter pour quelques francs n'importe quelle autre paire de gants classiques, un peu solides, ou même pas, normaux, mais non : il se rend dans une pharmacie de Paris ou de Péri-gueux, ou bien il réussit à se procurer, grâce à un pote étudiant en médecine, des gants de chirurgien, d'une finesse extraordinaire.)

Comme les ongles, Henri a les pieds sales. Très sales – on prenait un bain tous les Jours de l'An pairs, surtout dans cette famille – et sans sang. Il portait donc des chaus-sures au moment de la boucherie, forcément. Où sont-elles? Enlever le sang sur une semelle, bonjour, sur le cuir d'une chaussure, au revoir. Il en avait prévu deux paires en quit-tant Paris? (Ou peut-être avait-il pensé, en même temps que les gants de caoutchouc, à demander ces couvre-chaussures jetables en plastique bleu qu'on porte dans les zones stériles des hôpitaux.)

C'est également le docteur Chibrac qui est à l'origine de ce qu'on peut considérer comme l'unique preuve tangible dont dispose l'accusation contre le prévenu : les plaies dans la main. Rien d'autre, objectivement, ne le relie de manière aussi directe aux meurtres. Il est indiscutable que les petits hématomes et le pinçon ont été provoqués par la serpe, personne ne le conteste. Et Chibrac est formel, le 25 octobre au soir : ces plaies datent de vingt-quatre heures – lorsqu'il rédige son rapport, il se montre un peu plus large et prudent : « de moins de quarante-huit heures ». Ça ne change rien, Girard dit avoir coupé des sapins le mercredi (encore faut-il le croire), soit soixante-douze heures avant l'examen de sa main. Ça ne peut pas être la cause de ces blessures. Contrairement à ce qu'il prétend, Henri Girard a manié brutalement la serpe le vendredi. Il est l'assassin, point.

Si Georges Chibrac est sûr de lui, de ses conclusions, c'est qu'il s'agit de petites plaies, bénignes, qui cicatrisent vite. Elles sont donc forcément très récentes. Il écrit dans son rapport du 25 octobre : « Ces plaies seront guéries et auront disparu dans deux ou trois jours. » Le 7 novembre, Vignal et Chibrac vont voir Henri à Belleyme (c'est le jour où Vignal se demande s'il ne serait pas utile de prendre en compte sa brillantine), et en profitent pour examiner sa paume droite. Au retour, ils écrivent à quatre mains : « Toutes les plaies décrites dans le rapport du docteur Chibrac sont en voie de cicatrisation. » Ces petites écorchures de rien du tout, qui auraient dû disparaître en « deux ou trois jours », ne sont toujours pas cicatrisées, treize jours après les prédictions de Prof Baba Chibrac, grand médium aux dons hérités de la pure source de la Forêt sacrée, paiement après résultats garantis. Il s'est trompé de plus de treize jours. Quand maître Constant, l'assistant de Maurice Garçon, le lui reproche lors du procès, il s'empourpre imperceptiblement, une goutte de sueur microscopique doit perler discrètement sur l'une de ses tempes, mais il fait face et tente de se défendre : « Je peux constater ce qui s'est passé, pas prévoir. » Bien sûr, sauf que ses constatations se fondent sur une sorte de prévision inversée, puisque c'est en supputant la vitesse de cicatrisation qu'il détermine la date, voire l'heure, de la formation des plaies. Maurice Garçon prend le relais de son confrère pour mettre un terme à l'embarras du docteur : « Nous n'allons pas discuter plus longtemps. N'essayez plus de vous rattraper. » Le sténographe du cabinet Bluet ajoute : « Le témoin se retire au milieu des murmures du public. » (Pauvre Chibrac, c'est pas juste, ils sont tous contre lui. C'était à prévoir, de toute façon, depuis le début rien n'allait comme il voulait, ce n'était pas fluide. Dans son premier rapport, le 25 octobre, il n'avait pu réprimer une petite remarque peu anatomique, mais prémonitoire : « Le sujet discute âprement toute constatation qui tourne à son désavantage », ce qui est tout de même un monde.)

Un journaliste du *Petit Parisien*, Edmond Tourgis, présent au procès, voudra approfondir cette question. Deux semaines plus tard, le 17 juin 1943, il publie un article : « En marge de l'affaire Girard : l'état actuel de la science permet-il de déceler à 24 heures près la date d'égratignures relevées sur une main ? » Il est allé poser la question aux médecins légistes les plus réputés du moment, dans l'absolu, sans faire aucune mention du contexte, le triple crime d'Escoire. Le professeur Balthazard répond : « C'est très difficile, mais pas impossible. Quand il s'agit d'un cadavre, quand on peut prélever de la peau de ces écorchures et les examiner au microscope, il est possible d'obtenir des certitudes. Sur une personne encore vivante [j'aime la précision du légiste, de l'ami de la mort, « encore » – sous-entendu : ça ne va pas durer], il n'en est pas de même, et c'est pourquoi je recommande à tous mes confrères une extrême prudence. Quand on engage une tête, on ne se prononce pas sur une probabilité. » Le professeur Piédelièvre, au nom bucolique, précise : « Un même individu se faisant au même moment une plaie aux deux mains, l'une de ces plaies peut se cicatriser beaucoup plus vite que l'autre. Seul l'examen histologique (au microscope) révélerait que les plaies ont été faites en même temps. Si l'évolution de deux plaies varie chez le même sujet, inutile de vous dire ce que peuvent être les variations entre des individus différents!» Mais l'homme qui fait réellement autorité en 1943, depuis trente-cinq ans et pour dix-sept encore, c'est le docteur Paul, Charles Paul. Il est à la médecine légale ce que Socrate est à la philosophie ou BN au goûter, et intervient dans neuf procès criminels sur dix – au point qu'on le surnomme «docteur Monopaul». C'est lui qui a autopsié le corps de Félix Bailly, le jeune homme qu'a tué Pauline Dubuisson. Si Paul Baudet, l'avocat rêveur de Pauline, avait lu attentivement son rapport, s'il s'en était servi pour la défendre, elle aurait pris cinq ans de prison au lieu des travaux forcés à perpétuité. Interrogé par Edmond Tourgis, il laisse de côté l'un de ses principaux outils de travail, les pincettes : «Un médecin légiste n'est pas en droit d'apporter une affirmation en ce qui concerne le jour où des écorchures ont été faites. Le temps de cicatrisation d'une plaie est très variable, puisqu'il dépend de l'état de santé de l'individu.» Dans sa conclusion, il répète fermement : «On n'est pas en droit de fixer, à vingt-quatre heures près, le moment où des écorchures ont été faites.» Les plaies dans la main d'Henri peuvent aussi bien dater du 24 octobre que du 22.

Pas une expertise ne tient, ça fait presque de la peine. Et le reste du gros dossier d'instruction n'est pas moins à pleurer (j'exagère, nous sommes des durs).

On a reproché à Henri de ne pas avoir mentionné tout de suite, loin de là, les petits sapins qu'il aurait coupés avec la serpe : lorsque Chibrac, devant le commissaire Tailleur, étudie les plaies de sa main, le suspect invente cette sornette de pseudo-piton qu'il aurait tenté d'extraire du mur quand il arrachait le lierre avec son père. Mais face à lui, l'expert n'exprime pas le moindre doute : ces ecchymoses datent de vingt-quatre heures. Or il sait qu'il n'a pas utilisé la serpe dans les vingt-quatre heures, ni même les quarante-huit heures qui viennent de s'écouler. C'est le tout début de l'enquête, il ne pense pas que tout va être dirigé contre lui, il croit ce qu'on lui dit, les petites plaies ne peuvent donc pas provenir de son usage de la serpe le mercredi. C'est quelques minutes plus tard qu'intervient l'épisode révélateur du verre d'eau : on lui demande de frapper plusieurs coups avec la serpe sur le bureau de Tailleur, les rougeurs coïncident parfaitement avec ses blessures, il est fait, il pâlit, il est sur le point de craquer, il se retient de justesse, réclame un verre d'eau, et le temps qu'on aille le lui chercher et qu'il le boive, il s'est repris. Il pâlit, il demande un verre d'eau ? Mais si je savais que je n'ai pas utilisé la serpe la veille et qu'on me prouvait que si, je deviendrais cadavérique et je demanderais une bouteille de whisky. Soit je me dirais que je suis fou, soit, plus probablement, je comprendrais soudain qu'ils ne me lâcheront plus, que tout est contre moi, que les apparences m'accablent et que je ne suis pas loin d'être foutu. Je ne saurais plus où j'en suis, j'aurais très soif.

Ce n'est que le lendemain, après l'expérience faite au château avec Tailleur, qui démontre que le piton, en réalité un tenon, n'a pas pu causer les écorchures, qu'Henri se rappelle qu'il a débité des sapins avec la serpe. C'est une autre des cartes maîtresses de Marigny : il change de version dès qu'il est coincé, il ne sort de sa manche le coup des sapins que le 27 octobre, après plus de deux jours d'interrogatoire. Je ne sais pas combien de fois j'ai lu ça, dans les rapports du juge, dans l'acte d'accusation, dans les livres consacrés à l'affaire – en substance : tiens, tiens, on a coupé des sapins, maintenant, on s'en souvient, ça vient un peu tard, comme explication, mais c'est bien pratique... (J'ai même lu qu'il avait, les deux premiers jours, explicitement déclaré ne pas s'être servi de la serpe.) Et c'est vrai que c'est troublant. Mais il y a plus troublant encore (si), plus sidérant, atterrant même. Je lis

le tout premier procès-verbal d'audition de témoin rédigé
par le juge d'instruction Joseph Marigny, ou plutôt par
son greffier, Jean-Raoul Daudou, à la main, sur place, au
château, le 25 octobre 1941 à 18 h 20. Ledit témoin, c'est
Henri Girard, et c'est la première fois qu'il parle. Je sors
de la salle de lecture des Archives et vais fumer une clope
dehors, pour me calmer, puis je reviens et me rassieds sur
ma chaise bleue, je n'ai pas rêvé, dès son premier entretien avec le juge, Henri lui dit : « Quand nous arrachions
du lierre, mon père m'ayant demandé un outil, j'étais allé
lui chercher une serpe qui m'avait servi quelques jours
plus tôt à couper des arbres morts. » Le soir, il est conduit
au commissariat, où il est interrogé, pour la première fois
encore, par la police, le commissaire Jean Biaux en l'occurrence, qui lui demande s'il a déjà vu la serpe : « Je
connais cette serpe, qui m'a été prêtée par la femme du
garde Doulet quelques jours avant le crime. Je m'en suis
servi une après-midi pour abattre des arbres. » Le lendemain matin, 26 octobre, le commissaire Tailleur arrive
de Limoges et entend aussitôt celui qu'on lui présente
comme le coupable possible. Quand a-t-il vu la serpe pour
la dernière fois ? Quand son père lui a demandé un outil
pour le lierre : « J'ai alors été chercher une serpe que
j'avais fichée contre le bout d'une section d'arbre derrière
la maison. Ces troncs d'arbres étaient placés debout à côté
de la fenêtre des WC désaffectés du rez-de-chaussée. » La
serpe était-elle « rouillée ou affûtée de fraîche date, telle
qu'elle a été trouvée ? » Henri ne peut pas dire, il n'a pas
fait vraiment attention, mais : « Le rendement du tranchant
n'était pas remarquable au moment où je m'en suis servi.
Ce que je puis dire, c'est que je ne l'ai pas affûtée, ni fait
affûter. J'avais emprunté cette serpe à la femme du gardien, Yvonne Doulet, pour abattre des arbres morts ou
pour casser du bois. J'ai fait ces deux genres de travaux,
j'ai abattu trois ou quatre petits sapins et j'en ai débité un

ou deux en petits morceaux.» Avant de se souvenir tout à coup, le 27 octobre, qu'il avait manié cette serpe, Henri n'a pas arrêté de dire, chaque fois qu'on lui en a parlé, qu'il avait manié cette serpe. (Accessoirement (c'est le bon mot), continuant sa déposition devant Tailleur, il explique qu'après quelques pas avec la serpe à la main, il a compris que le bout recourbé empêcherait de couper le lierre accroché au mur, qu'il a donc déposé la serpe à proximité de la porte de la cuisine – il ne peut préciser si c'était par terre ou sur le bord du muret – et : «Je me décidai à porter à mon père une hache que j'ai prise dans le coffre à bois de la cuisine.» Il y a donc, dans la cuisine, en plus d'un hachoir de boucher dans le tiroir, une hache pour couper le bois, parfaitement maniable, idéale pour casser du crâne avec une vraie garantie d'efficacité, mais au moment de passer à l'acte criminel, il a préféré opter pour une vieille serpe au bout recourbé, qu'il a empruntée lui-même et dont la lame branle dans le manche.)

Lorsque le chef d'escadron Clech, commandant de la compagnie de gendarmerie de la Dordogne, est arrivé au château, le samedi 25 octobre à midi, la première chose qu'Henri a faite, c'est de l'emmener à l'étage pour lui prouver qu'il n'avait rien pu entendre. On le lira dans les conclusions de l'instruction et le réquisitoire définitif, le commissaire de Périgueux, Jean Ruffel, seul policier présent dans la journée, le dira clairement lors du procès («Son premier soin a été de convaincre les enquêteurs qu'on n'entendait rien de sa chambre»), mais le commissaire Tailleur le lui rappelle dès le lendemain : «D'après les renseignements transmis par la gendarmerie, votre plus grand souci a été, au moment de sa première intervention, de faire constater que de votre chambre, on ne pouvait pas entendre les appels qui ont pu être poussés par les victimes. Vous avez même tenu à ce que le commandant de gendarmerie lui-même en fasse l'expérience.» Henri répond : «Je demande à ce sujet une vérification auprès du commandant de gendarmerie.» Elle sera longue à venir et peu retentissante, elle croupira dans le rapport du chef d'escadron, rédigé le 11 mars 1942 : à son arrivée, c'est Clech qui a tenu à voir Henri (qui était alors chez les Doulet), c'est Clech qui s'étonne qu'il n'ait rien entendu, c'est Clech lui-même qui a voulu qu'il le conduise jusqu'à sa chambre au premier étage, et c'est Clech lui-même qui a proposé de se livrer à une petite expérience avec deux de ses collègues. C'est Clech lui-même qui le dit. (On a fait par ailleurs tout un cirque sur le soupir qu'Henri a poussé distinctement quand il a réalisé qu'on n'entendait effectivement rien depuis la chambre. S'il est innocent, n'est-il pas compréhensible, même par un esprit borné, qu'il soit délivré d'un poids sur la conscience ? Qu'aurait-il ressenti s'il s'était rendu compte qu'on pouvait percevoir les cris d'ici et que s'il n'avait pas ronflé si profondément, comme une souche, il aurait pu se porter au secours de ses proches, de son père ? Et s'il est coupable, qui peut penser qu'il aurait été assez abruti, à un mètre du commandant de gendarmerie qui l'observe et tend l'oreille, pour ne pas retenir un gros «Ouf!» de soulagement ? Il faut être soi-même d'une bêtise insondable. Au procès, pour appuyer sa révélation, le commandant de gendarmerie ajoutera même une précision : «Le soupir que j'ai entendu n'était pas un soupir normal.» C'est-à-dire ? Qu'était donc ce soupir anormal ? Clech aurait-il perçu, en même temps, une sorte de ricanement funèbre, à la Lucifer ?) Dans le même genre, on a prétendu qu'aussitôt après, Henri avait guidé Clech vers les WC désaffectés et lui avait désigné la fenêtre, avec insistance, comme l'accès probable. C'est encore le principal intéressé, Clech, qui reconnaît que cela ne s'est pas passé de cette manière, sans que personne l'écoute : lorsqu'ils sont redescendus du premier étage, c'est lui qui a demandé à celui qui n'était encore qu'un témoin s'il avait une idée de la manière dont l'assassin avait pu s'introduire dans le château. Henri lui a alors indiqué qu'on pouvait entrer par la fenêtre des WC. Quand Clech lui a fait remarquer que ce n'était pas possible, il n'a pas insisté une seconde.

Mais puisqu'on sait que c'est lui, est-il vraiment si grave de mentir à ce point ? Non. Même quand on est magistrat ou policier. Surtout, peut-être. Car on œuvre pour la justice, main dans la main avec sa conscience.

On a également le droit, dans l'acte d'accusation, de ne se concentrer que sur l'essentiel, de ne pas se laisser parasiter par tout ce qui pourrait entraver la marche vers la Vérité. Déjà, tout ce qui concerne le passé, on n'en parle plus, on a ce qu'il nous faut. Inutile de s'attarder, par exemple, sur le tailleur parisien d'Henri. Pour expliquer qu'on retrouve 3 000 francs sur lui, il a voulu faire croire que son père les lui avait donnés afin qu'il rembourse une dette de 2 000 francs chez son tailleur, le tailleur a déclaré que son client ne lui devait rien, ou 30 francs à peine, c'est plié. Le coupable peut toujours raconter ce qu'il veut : «La déposition du tailleur Guyon est un tissu d'erreurs. J'ai fait faire chez lui mon premier costume en 1938 ou 1939. Lorsque j'ai pris possession du complet que je portais lors de mon arrestation, en juin, j'ai laissé ce premier costume à nettoyer chez lui, et je ne l'ai pas récupéré. Avant de partir à Escoire, je lui ai commandé un pantalon à assortir avec une veste bleu acier à rayures blanches. Il m'a dit qu'en très beau tissu, cela me coûterait 1 000 francs. Cela paraît cher parce que c'était sans ticket de vêtements, sans "points textile". Je lui ai également passé une commande pour l'une de mes amies [Marie-Louise, on peut penser], il devait trouver de l'étoffe. Cette amie n'étant pas très fortunée, j'avais dit au tailleur : "Faites-lui un prix normal, et je ferai le complément de la

main à la main." Quand la justice l'a interrogé, il a dû avoir
peur de révéler deux commandes irrégulières, par crainte de
s'attirer des soucis.» Un tailleur magouilleur, ou un tailleur
lâche, qui pourrait croire ça? (Dans une première déposition, Marcel Guyon dit qu'Henri lui a laissé le costume à
nettoyer en juin, quand il a pris possession du nouveau.
Dans une seconde, lorsqu'on lui demande quand il a vu
Henri pour la dernière fois, il jongle : «Fin septembre ou
début octobre, il est venu chez moi porter ce costume pour
le faire nettoyer, car il devait l'emporter pour aller se reposer à la campagne chez son père. Depuis, je ne l'ai plus revu.
Ce costume est toujours chez moi. Il n'a donc comme dette
chez moi que la somme de 35 francs [anciennement 30]
pour le nettoyage dudit costume.») Henri, classe, lui trouve
une excuse : «Le travail n'étant pas encore effectué pour le
pantalon et la commande passée pour mon amie, il est possible qu'il ne considère pas cela comme une dette.» Mais de
toute façon, qu'est-ce qu'on veut faire croire en affirmant
que l'accusé ment et qu'on ne lui a pas donné 3 000 francs le
vendredi soir? Qu'après s'être assuré d'hériter sous peu
d'une grande fortune en tuant son père et sa tante, il s'est
fourré discrètement 3 000 francs dans la poche – qui va
remarquer? – pour ses petites dépenses avant de toucher
le pactole?

Inutile aussi de revenir sur le comportement sauvage et
dangereux qu'ont eu Annie et Henri au col de Porte,
en mars 1939, quand ils hurlaient toutes les nuits, ivres
morts, cassaient tout dans l'hôtel et tiraient à la carabine
sur l'auberge de jeunesse d'en face. L'hôtelier, Pierre
Garin, ne veut pas venir témoigner au procès, il affirme
que ce n'est rien d'extraordinaire, que ce n'est pas grave,
on ne va pas en faire un fromage – ni une montagne :
«Vous seriez bien aimable si vous pourriez me répondre
si vraiment vous tener que j'y aille à Périgueux», écrit-il
au juge. Ils ont tiré à la carabine, oui ou non?

Inutile encore de trop creuser au sujet d'autres tirs à la carabine, ceux qui ont détruit d'inestimables tableaux de famille dans la chambre périgourdine, au château ; même si, selon Henri, c'est à la suite d'une discussion avec son vieux Georges qu'il s'est fait un plaisir de les trouer, celui-ci les trouvant affreux (Annie, présente ce jour-là, précise que son beau-père a déclaré : « Je ne peux plus voir ces croûtes » et qu'il était tout à fait enthousiaste à l'idée de les cribler de balles). Amélie, elle non plus, n'en a pas été traumatisée. « Si j'ai fait cela, ce n'était pas, pour une fois, pour être désagréable à ma tante : il s'agissait de tableaux d'un membre de la famille, que mon père et ma tante les premiers considéraient comme ridicules. Si j'avais voulu lui être désagréable, c'est à ses œuvres personnelles, des aquarelles sur lesquelles nous avions de véritables controverses, que je m'en serais pris. » Interrogé par le commissaire Jean Biaux (lequel, au passage, semble être l'un des seuls à croire ce qu'il dit, pas loin de penser peut-être que si ça se trouve il pourrait s'avérer plus ou moins innocent), il résume, objectif : « Il est parfaitement exact que j'ai tiré sur ses tableaux. Je ne crois d'ailleurs pas qu'il y ait des inconvénients à traiter de cette manière des œuvres aussi dénuées de talent et d'intérêt que celles à la destruction desquelles vous faites allusion. » Il lui révèle que l'artiste martyrisé est Jules-Alexandre Duval Le Camus (1814-1878), le fils de Pierre Duval Le Camus, dit Camus le père, peintre et dessinateur relativement estimé et maire de Saint-Cloud. Jules-Alexandre, arrière-arrière-grand-père d'Henri (marié à Eugénie Taillefer de La Roseraie, il est le père de Berthe Duval Le Camus – le tunnel du Mont-Blanc, en comparaison, commence à faire penser à une petite galerie de taupe fainéante et peu dégourdie, mais l'histoire familiale, nom d'une pipe, je ne peux pas faire une croix dessus –, qui a épousé l'historien Georges Duplessis et a donné naissance à la vieille Cécile) était peintre lui aussi, donc, et s'exprimait dans ce qu'on appelait le «grand genre» : des tableaux de taille souvent imposante et d'inspiration principalement religieuse, biblique ou mythologique, dont beaucoup étaient des commandes officielles – on lui doit par exemple les peintures du chœur de l'église Saint-Clodoald à Saint-Cloud (dont papa était maire). C'était un petit monsieur rondouillet, sphérique de corps et de visage, au sommet du crâne dégarni, avec des cheveux de côtés artistiquement ondulés, à la manière de l'angelot sexagénaire, et un bouc à la d'Artagnan décati. Ses œuvres sont au mieux convenues, au pire mièvres et ridicules. On ne peut pas nier que *Le Christ au jardin des Oliviers* ou *Macbeth et les Sorcières*, pour n'en citer que deux qui ont pu parvenir jusqu'à nous, éveillent dans le cœur du spectateur sensible une envie difficilement répressible : prendre une carabine et tirer dessus.

Mais tout ce qu'on a laissé flou dans le passé, c'est du pipi de chat à côté de ce qu'on a écarté de l'enquête proprement dite, celle qui concerne directement les faits. (Je ne sais pas qui est allé chercher ce «pipi de chat», mais si je peux donner mon avis, ce n'est pas très bien trouvé. Il n'y a pas grand-chose de pire que du pipi de chat, il suffit pour le savoir d'avoir un jour nettoyé une caisse, ou de vivre à moins de trois étages d'un voisin négligent qui a un chat. «Pipi de souris» ou «pipi de gazelle», je comprendrais, mais... Passons.)

Inutile toujours de vérifier la qualité de l'argenterie que le prétendu voleur a dédaignée, laissant des trésors dans les tiroirs et les paniers : Maurice Garçon s'en est chargé. Ces «couverts en argent» maintes fois cités par l'accusation, c'est du ruolz. (Il y a soixante-dix ans, tous les lecteurs auraient pensé en chœur : «Ah, d'accord!» Aujourd'hui, je peux entendre d'ici : «C'est du quoi?» Texto ce que je me suis demandé tout à l'heure en lisant dans les notes de l'avocat : «C'est du ruolz, et encore».) L'éclectique Henri de Ruolz, compositeur et chimiste (c'était le bon temps où l'on ne mettait pas les gens dans des cases, où l'on pouvait avoir plusieurs casquettes), avant de mourir en 1887, a inventé un alliage de cuivre, de nickel et d'un peu d'argent, qui permettait de fabriquer des couverts présentables, solides et peu chers – l'équivalent, à peu près, de nos couverts en inox, ou en alu. Le mot a fini par devenir un synonyme de «toc» : dans *Les Châtiments*, Victor Hugo s'en prend à une «altesse en ruolz». On peut dire également : «Une enquête en ruolz.»

Inutile surtout de s'intéresser à quelques centimes, et de perdre de l'encre à constater qu'il ne restait pas une seule pièce de ferraille au château. Sur la route, les porte-monnaie d'Amélie et Georges sont vides. Mise en scène, mise en scène... Si on veut, mais où sont les centimes et les francs ? Ils se sont gazéifiés ? La monnaie, on ne tue pas pour ça, c'est secondaire et négligeable, mais ça existe. Ça existe même solidement. On peut brûler ou déchirer en mille et un morceaux un billet de 1 000 francs, pas une pièce de 20 centimes. La somme de 8 866,30 francs remise à Amélie par le régisseur Biraben a été précisément détaillée par celui-ci. Il y avait 1 franc et 30 centimes en monnaie, donc obligatoirement au moins trois pièces, peut-être davantage. Sans même parler de ce que le frère et la sœur gardaient inévitablement dans leurs porte-monnaie, où sont ces pièces ? En additionnant l'argent qu'Henri a remis au greffe de la prison lorsqu'il a été incarcéré à Belleyme (2 614,05 francs) et ce qu'on lui a prélevé durant les quatre jours qu'il a passés au commissariat (très précisément consigné dans le dossier : pour l'enterrement, une paire de gants, une cravate, un chapeau, deux brassards de deuil, et pour la nourriture, des repas servis au commissariat par le restaurant Faye, avec une «bouteille de vin vieux» à chaque fois (la police avait des manières, on ne

peut pas lui enlever ça), sans oublier les pourboires au serveur, soit un total de 722 francs), on peut savoir que lors
de son arrestation, on a trouvé 3 336,05 francs sur lui : les
3 000 francs que lui a donnés son père, et 336,05 francs
qui lui restaient avant cela. Ni les gendarmes ni les policiers n'ont pensé à décomposer cette somme. C'est
compréhensible, on est face à un bain de sang, on oublie
les centimes. Mais c'est dommage. Si Henri avait cinq
pièces de 1 franc et 105 centimes en monnaie, ça n'avance
à rien, c'est peut-être la ferraille d'Amélie et de Georges,
et de Biraben. Mais s'il avait un billet de 5 francs et deux
pièces, dont une de 5 centimes, c'est que de l'argent a disparu. Oui, l'obsession du détail vire facilement au ridicule,
mais non, chercher s'il y a eu vol, ce n'est pas se demander s'il reste 8 000 francs, mais s'il manque 10 centimes.
Il suffit d'une petite pièce en moins pour avoir la preuve
que quelqu'un est passé par là, et que ce n'est pas Henri.
C'est du vol en ruolz, mais du vol quand même.

Inutile évidemment de prendre en considération les
explications d'Henri à propos de l'absence de poussière
sur la manette du disjoncteur de sa chambre. Interrogé par
le commissaire Tailleur, il a dit qu'il avait changé des
fusibles les jours précédents, ce qu'on peut aisément résumer par : « Il a prétendu avoir changé un fusible » et mettre
aussitôt le tout au panier, car il peut nous raconter ce qu'il
veut, comment vérifier ? Pourtant, le commissaire Tailleur
a vérifié. Quand il lui a demandé à quoi avaient servi les
« bobines de fusibles » qui étaient sur le bureau de sa
chambre, Henri a répondu : « À doubler tous les fusibles
existant au premier étage. » On a missionné un électricien,
André Delguel, pour s'en assurer : tous les fusibles ont
effectivement été changés ou doublés récemment. Marigny oppose à cette constatation l'un des raisonnements
dont il a le secret : Henri savait que changer les fusibles
ne servirait à rien, puisque la panne de courant au premier

étage est due à la fusion d'un plomb à l'extérieur, sur le poteau électrique qui se trouve devant le château. C'est bien la conclusion d'André Delguel – mais le 7 novembre 1941 (Amélie lui avait demandé depuis longtemps de passer chercher la cause de la panne, il ne venait pas, c'est pourquoi Henri avait essayé de remédier lui-même au problème). Et surtout, il faut imaginer le futur assassin diaboliquement prévoyant, qui sait qu'il devra expliquer l'absence de poussière sur un disjoncteur et qui, donc, plusieurs jours avant, ne change pas un ou deux fusibles, ce qui pourtant suffirait à être crédible, puisqu'on ne coupe le courant qu'une seule fois pour un ou vingt fusibles, mais absolument tous : c'est plus sûr, pour l'alibi.

Inutile enfin de perdre du temps avec le choix de la chambre – plus que superflu, ce serait même regrettable, c'est l'une des armes les plus tranchantes de l'accusation : comme par hasard, pile le soir des crimes, il ne dort pas dans sa chambre habituelle, juste au-dessus de celle de son père, alors qu'elles sont identiques et n'ont été désinfectées ni l'une ni l'autre. Selon plusieurs témoignages, dont celui de Marie Grandjean, ce n'était pas la lingerie qui était installée dans celle de l'aile gauche : c'est là que dormait l'aumônier, le chanoine Schris – qui était peut-être «un vrai boche», comme disait Amélie, mais qui n'était pas rongé par la tuberculose et la vermine. Henri affirme s'être installé dans cette chambre non pas le vendredi soir, mais plusieurs jours auparavant, dès qu'il a su que son père allait venir; vrai ou faux, on n'en saura rien. Ce qu'on saura, c'est que les deux chambres ne sont identiques que dans l'esprit de Joseph Marigny. Lors de la visite du château, au premier jour du procès, Maurice Garçon conduit la cour et les jurés dans celle de l'aile droite. Elle est sale, paraît abandonnée. Elle n'est pas meublée; il n'y a même pas de lit. Ni de cabinet de toilette attenant, contrairement à l'autre. Ni d'électricité sur le palier, pour lire. Sous la fenêtre se trouve une grosse ruche. (Les abeilles ne manquent pas dans le coin, je le vérifierai bientôt.)

Plus gênant – pour ce qu'on aimerait penser de l'être humain – que ce qu'on a négligé : ce qu'on a caché. Ce qu'on a découvert au début, les premières heures, quand toutes les pistes étaient encore possibles, quand on était pur et intègre, et qu'on a dissimulé soigneusement ensuite, quand il a fallu ficeler efficacement le prisonnier.

Passée sous silence, comme on dit « sous le tapis », une petite remarque de Joseph Marigny gît dans la vase du dossier : le premier jour, dans l'un des deux placards du couloir (l'autre est occupé par le cabinet de toilette), enveloppés dans du papier journal, il trouve un pantalon de toile bleue taché, une vieille veste grise, une casquette grise très sale et des chaussures de toile à semelles de caoutchouc. Ce sont les vêtements que portait Henri lors de son évasion, en juin 1940. Ceux que Georges a apportés de Vichy. Henri ne pouvait pas ignorer qu'ils étaient rangés là. (C'est probablement le motif du deuxième retour de Georges dans le petit salon – Henri a indiqué qu'après être parti se coucher, il était revenu deux fois les voir, sa tante et lui, l'une pour leur demander une chemise de nuit, l'autre, il ne se rappelle plus pourquoi. Quand Georges s'est retiré, son fils l'a accompagné jusqu'à sa chambre, en portant sa valise, dit-il. Son père a dû l'ouvrir avant de se coucher, en ôter les précieuses reliques et les apporter à sa sœur pour qu'elle les range.) Pourtant, Henri ne se sert de cette tenue de rechange providentielle, dont personne ne connaît l'existence hormis les victimes et lui, ni pour commettre son crime, ni pour remplacer ses vêtements ensanglantés – et ses chaussures.

Passée sous silence, écrasée sous silence (j'ai bien fouillé partout et ne l'ai trouvée reprise, ni même furtivement évoquée, absolument nulle part), une phrase du premier rapport des gendarmes. Ils viennent d'arriver, ils observent d'abord l'extérieur du château : «À côté de l'entrée de la cuisine se trouve une bassine dans laquelle trempe une veste noire en laine, à laquelle est fixée une broche.» Il paraît assez peu probable que Louise ait mis une veste en laine à tremper, qui plus est dehors ; en y oubliant une broche, on pénètre dans le monde de l'impossible. Seul l'assassin peut l'avoir laissée ou jetée là. Henri est un génie, certes, mais il aurait eu l'idée de mettre à tremper dehors une veste en laine avec une broche pour éloigner les soupçons de lui ? Au pied des cinq marches qui permettent d'accéder à la cuisine, à côté de la bassine, les gendarmes remarquent également «un broc renversé sur lequel il y a deux torchons portant des marques de sang». On n'en a plus parlé non plus. Il semble évident que le meurtrier s'est lavé ici, au moins sommairement, avant de partir. (Et bien sûr, l'eau de la bassine n'a pas été analysée.) Il s'était déjà essuyé plusieurs fois à l'intérieur : sur les deux «linges» trouvés dans la chambre de Louise, sur la couverture de son lit, sur la serviette humide laissée par terre dans le petit salon.

Passée sous silence (j'ai l'impression d'être François Hollande en 2012), une petite trouvaille de Michel Tailleur lors de sa première visite au château, le 26 octobre, lorsqu'il ne savait pas encore qu'il faudrait tout faire – ou tout taire – pour incriminer le coupable idéal (comme on dit «le gendre» – dans les deux cas, ça cache quelque chose) et qu'il notait simplement ce qu'il voyait. (Ce qu'il voyait n'était malheureusement pas toujours ce qu'il aurait dû voir, le château ayant été livré à tous ceux qui voulaient y pénétrer depuis vingt-quatre heures (par exemple, il écrit que la serviette humide et ensanglantée trouvée dans le petit salon est «sur le fauteuil», alors qu'elle était par terre la veille et n'est sur le fauteuil que parce qu'un passant qui n'aime pas le foutoir l'y a posée), mais il ne le savait pas et faisait honnêtement son travail :

ce qu'il voyait, il le notait tel qu'il le voyait.) Dans son rapport du 11 novembre 1941, quand le coupable sera désigné, il écrira à propos d'Amélie : «Vraisemblablement surprise par l'interruption de lumière, la tante s'est couchée sans avoir pu découvrir et revêtir sa chemise de nuit, car elle en mettait toujours une.» (L'heure et les pages tournent, on étouffe dans le tunnel, on n'a pas le temps de rire trop longtemps de la fin de la phrase : personne au monde n'a pu lui apprendre qu'Amélie portait toujours une chemise de nuit pour dormir, mais il se projette, il se glisse dans la peau de son personnage, il devient femme.) Deux semaines plus tôt, de retour de sa première et minutieuse visite du château, il écrivait ce qu'il a réussi à oublier avec beaucoup d'abnégation : «Dans un cabinet de toilette attenant au petit salon, nous remarquons un seau hygiénique aux trois quarts plein d'eau savonneuse, un vase de nuit contenant de l'urine et, sur la table de toilette, une chemise de nuit pliée, mais ayant déjà été portée. Il semble donc que la victime avait eu le temps de faire sa toilette intime avant de se coucher, et il paraît étonnant que s'étant effectivement couchée, elle n'ait pas revêtu sa chemise de nuit.» Entre les deux, l'acte d'accusation a choisi : «Mlle Girard portait une chemise de jour, ce qui permet de supposer qu'elle n'avait pu atteindre sa chemise de nuit ou avait négligé de la rechercher en raison de l'obscurité.»

Amélie va se laver dans le cabinet de toilette, fait pipi, mais ne peut pas trouver la chemise de nuit blanche qui est posée littéralement sous ses yeux, à vingt centimètres – «Bon sang, où que j'ai foutu ma chemise?! Dans ce noir complet, c'est bien ma veine! Se débarbouiller, pisser, c'est des automatismes, ça va, mais le reste... Bon, je renonce.» (Au même niveau d'illogisme, tout le monde semble avoir oublié que le lit pliant avait été installé dans le petit salon – par Louise et Henri, dit ce dernier, mais par qui que ce soit : on n'y voit rien, on se couche tel qu'on est, mais d'abord, on réussit à aller chercher le lit dans le couloir, à le déplier, à le glisser entre la table et la commode ?)

Ce qui pose réellement problème, c'est qu'elle porte encore son soutien-gorge. Ça ne devrait rien signifier de particulier, pas une femme sur terre, à partir de douze ans et demi et jusqu'à ce qu'elle perde l'usage de ses mains, n'est incapable d'enlever son soutien-gorge dans l'obscurité (à moins que, extrêmement chaste, elle n'en ait fait confectionner un qui comporte, comme les valises, une molette avec un code secret), pourtant on sent bien que quelque chose ne va pas, que ce n'est pas normal. Ça me titille, je n'aime pas ça. Avant de partir, je l'ai déjà dit, j'ai demandé à plusieurs filles et femmes du Bistrot Lafayette s'il leur était arrivé de porter un soutien-gorge la nuit, ou si elles avaient une amie dans ce cas. Je crois que je l'ai déjà dit aussi, elles m'ont ri au nez, toutes : «On dirait que tu ne connais pas bien les femmes, Philippe...» (Moi? J'en ai basculé des centaines.) Le week-end qui suivra mon retour à Paris, j'irai passer une nuit à Mirebeau, près de Poitiers, chez mon pote Erwan Larher – il retape une grande et vieille maison, le Logis du musicien, pour y créer une résidence d'écriture et un lieu de rencontres artistiques et culturelles. Il a besoin de fonds et a organisé, pour faire mieux connaître son projet, une sorte de mini-salon du livre avec des amis auteurs. (À Montparnasse, au moment de prendre le TGV pour Châtellerault, je me rends compte que j'ai oublié d'emporter un livre. Rien ne me tente au Relay, j'achète des mots fléchés force 3. (Je fais ce que je veux. Je suis Philippe Marleau.) Après dix minutes sur les rails, j'ouvre la revue au milieu et me lance dans la grille de la page de droite. La première définition sur laquelle je pose les yeux, en vertical : «Outil pour élaguer». Cinq lettres – la première est la dernière d'un mot horizontal au pluriel. Je pense que

l'étonnement se lit sur mon visage.) Tout le monde dort
dans une belle maison d'hôtes de la petite ville, qu'Erwan
a réservée pour l'occasion. Le soir, dans la grande salle à
manger, je pose, courageux, ma question sur les soutiens-
gorge. Bel ahurissement général : j'ai déjà couché avec
une fille ? Erwan rigole, mais un petit espoir émane de son
amoureuse, Loulou, qui croit se souvenir que la meilleure
amie de la nièce de la cousine de sa mère (je me trompe
peut-être) avait pour habitude de dormir avec un soutien-
gorge. C'est un peu mince, comme explication à sortir de
son chapeau dans un ouvrage sérieux. La lumière vient le
lendemain matin, de Sigolène Vinson. (Une drôle de sensation, dans cette paisible petite cuisine de province, où
l'on rigole entre copains insouciants en préparant le café
et en faisant griller du pain de mie : Erwan s'est fait tirer
dessus au Bataclan, un an plus tard il s'en relève à peine,
et son amie Sigolène s'est retrouvée, par terre dans les
locaux de *Charlie Hebdo*, avec le flingue d'un des deux
demeurés braqué sur le front – celui-là aura au moins fait
une bonne chose dans sa vie, pris une bonne décision.)
« Ça m'a travaillée cette nuit, me dit-elle en beurrant une
tartine, ton histoire de soutien-gorge, et ça m'a fait penser
à Marilyn Monroe. Je ne sais pas pourquoi, mais ça me dit
quelque chose. » Tout le monde se précipite sur son smartphone. Du côté de la cafetière comme du côté du beurre,
l'information jaillit : oui, Marilyn portait un soutien-gorge
la nuit, pas que du Chanel n° 5. « She used to wear a bra
every night », se rappelle sa meilleure amie, Amy Greene.
« Not confortable at all, it was terrible ! » On lui avait dit
que cela empêcherait ses seins de dépérir et de s'affaisser
avec le temps. Amélie ne devait pas se soucier beaucoup
de ce genre de menace. Mais du grille-pain me parvient la
nouvelle : dès les années 1930 et 1940, des « spécialistes »,
médecins ou magazines, conseillaient fortement aux femmes
de dormir avec un soutien-gorge, pour d'obscures raisons

de santé. C'était un sujet couramment abordé dans la presse féminine balbutiante. Du frigo, on me signale que certaines se posent même encore la question aujourd'hui. (Alors, il connaît pas les femmes, l'étalon andalou ?) Il n'est donc pas si saugrenu qu'Amélie se soit couchée avec son soutien-gorge.

D'autant qu'elle avait ses règles. Les seins sont parfois douloureux, quand on a ses règles – j'en sais quelque chose, l'étalon andalou est aussi l'ami des femmes, leur confident, celui qui les comprend (et, plus souvent qu'à son tour, leur source de joie). Amélie avait ses règles. N'est-il pas envisageable qu'elle ait préféré garder sa chemise de jour, pas loin d'être bonne à mettre au linge, pour ne pas risquer de salir sa chemise de nuit ? Car les serviettes hygiéniques, en 1941, c'est pas le mur de l'Atlantique. Justement, je regarde une nouvelle fois, même si cela fait mal au cœur, les photos de son cadavre, de la ceinture de caoutchouc, de la lanière qui passe entre les jambes, et je ne comprends pas qu'on dorme avec ce genre de harnais sans une culotte par-dessus. (Toutes les métaphores ne sont pas élégantes à filer, mais mieux vaut être bien équipée, style béton du IIIᵉ Reich, quand les Anglais débarquent.) Or Amélie ne porte pas de culotte. On en a trouvé une par terre dans la cuisine, ce serait la sienne ? Qui l'aurait emportée jusque-là ? Et je ne veux pas me lancer dans des analyses trop techniques (surtout dans un domaine que, soyons honnête (c'est bon aussi, parfois), je ne connais que de loin), mais en zoomant sur les photos du corps d'Amélie (avec la conscience, sincère, de faire quelque chose de dégueulasse, de lui manquer salement de respect), je constate qu'elle n'a que la lanière de caoutchouc, étroite, entre les jambes. Sans en être sûr, je pense que cette lanière est destinée à maintenir en place une serviette, un linge, je ne sais quoi, or il n'y en a visiblement pas. Ce serait le linge humide et taché de sang qu'on a trouvé sur le parquet à côté d'elle ? On le lui aurait enlevé ?

Ce dont on a soigneusement évité de parler, et je ne suis pas certain que ce ne soit que par pudeur, ou pudibonderie d'époque, c'est de l'aspect très clairement sexuel de ce qu'a subi Amélie Girard. Elle a été tuée dans son lit, la considérable quantité de sang répandue sur le matelas l'atteste. Ensuite, elle a été tirée vers le sol : sur les photos, on voit nettement une traînée de sang sur le côté des draps, rectiligne, jusqu'au parquet. Puis on a mis son corps sur le ventre et on l'a fait pivoter dans la longueur : sa tête est vers le couloir, et non plus vers la fenêtre. Je ne vois qu'une raison : pour qu'il y ait plus de place derrière elle (on ne s'en rend pas bien compte sur le plan, mais côté couloir, l'espace est étroit entre le lit, la commode et la porte). On n'a pas simplement glissé l'oreiller sous sa tête : dans le rapport des gendarmes et le premier de Marigny, je lis qu'on a curieusement pris soin de le plier en deux, la face ensanglantée vers l'intérieur, pour qu'elle repose sur du tissu propre, presque délicatement. On a recouvert son crâne broyé d'un vêtement sombre. On a remonté sa chemise de nuit jusqu'à ses épaules. On a très probablement enlevé sa culotte, et peut-être le linge qui faisait office de serviette hygiénique. Les plaies dans son dos, appuyées mais pas sauvages, relativement peu profondes, ont été faites post mortem. Instinctivement, quand on entend « post mortem » et qu'on imagine une scène de lutte, de crime violent, on pense : « Juste après la mort. » Son cœur s'arrête, on continue à la frapper mais c'est « post mortem ». Je suis médaillé d'or de patinage artistique avant d'être expert en médecine légale, mais j'ai essayé de me documenter sur Internet : les blessures faites immédiatement après la mort continuent quelques instants à saigner, ne serait-ce qu'à cause du sang présent dans les veines et les tissus. Or les blessures dans le dos d'Amélie sont «sans ecchymoses ni hémorragie». Elle est sur le ventre. Le sang, le cœur ne battant plus, et principe de la gravitation universelle oblige (là vraiment, Goossens avait raison, comme toujours, il n'y a pas de quoi en rire), a eu le temps de refluer vers le sol. D'après ce que j'ai lu, donc, les coups de serpe dans son dos n'ont pu être portés qu'un «certain temps» après sa mort. L'assassin est revenu dans le petit salon un moment après l'avoir tuée, s'est installé derrière elle, assis peut-être sur ses cuisses, a relevé sa chemise de nuit, retiré sa culotte, constaté forcément qu'elle avait ses règles, et l'a frappée presque mollement dans le dos.

Ce n'est évidemment qu'une supposition, je ne vais pas faire comme le juge d'instruction et prétendre tout savoir. Mais l'ordre dans lequel ont été commis les crimes me paraît important, et pas très compliqué à deviner. D'abord, on peut difficilement contester qu'Amélie a été tuée dans son sommeil, ou au réveil : son matelas est inondé de sang, alors qu'il y en a peu sous son corps (aucune flaque en tout cas autour d'elle), et la traînée très régulière le long des draps jusqu'au sol indique à peu près sûrement que c'est une masse inerte qui a été tirée vers le bas. Pour Georges, alors que tous les rapports et synthèses du juge ou du procureur arrivent exactement aux mêmes conclusions que pour sa sœur (tué dans son lit, jeté à terre ensuite), c'est une autre histoire. Comment les enquêteurs ont-ils pu ne pas s'en rendre compte, ou faire comme si, affirmer jusqu'au bout, et contre toute logique, contre l'évidence, qu'il était mort dans son lit ? L'état de sa chambre est très précisément décrit par Michel Tailleur, le 26 octobre, et confirmé par les photos. Il y a du sang sur le lit, une tache importante (moins que sur celui d'Amélie), mais en bien d'autres endroits aussi. Les deux vieux matelas qui se trouvent, par rapport au lit, de l'autre côté de l'entrée par la salle à manger, et sur lesquels Georges a

posé sa valise et les vêtements qu'il a enlevés avant de se
coucher, en sont couverts. On en remarque aussi sur la cheminée, à deux ou trois mètres du lit, et sur l'angle supérieur
du Mirus (qui, bien que lourd, a été «incontestablement
déplacé» – écrit Tailleur – de plusieurs centimètres vers le
côté de la pièce opposé au lit, on voit les marques sur le sol,
il a bougé, on l'a bousculé) : pas des gouttes ou des écla-
boussures, une tache de contact, sur tout un coin supérieur,
du côté du lit. Des éclaboussures, il y en a sur le marbre et
la tôle rideau de la cheminée, sur la table de chevet, sur le
battant de la porte resté fermé, et sur le parquet de la salle
à manger, au-delà du battant ouvert (la chaise où était
posé l'imperméable d'Henri est derrière le battant fermé :
pour qu'une goutte, microscopique ou presque, arrive
jusque-là, il aurait fallu qu'elle jaillisse de la chambre,
passe par le battant ouvert, et prenne un brusque virage à
gauche, en épingle à cheveux, seule, pour atterrir sous la
chaise). Les murs sont eux aussi tachés de sang, au-dessus
du lit et de l'autre côté, au-dessus des vieux matelas, sur
la tapisserie, «à 1,50 m de hauteur environ». L'édredon,
ensanglanté, n'est pas seulement tombé, il semble avoir
été jeté, peut-être utilisé comme bouclier, il se trouve par
terre, avec ce qui doit être un drap ou une couverture,
entre le pied du lit et le corps de Louise. À côté, on voit
un oreiller éventré, qui vomit des plumes sur le parquet.
Un gros godillot, sûrement l'une des chaussures de
Georges, est à l'autre bout de la chambre. Au sol, on peut
distinguer séparément deux grandes flaques du côté de
Georges : l'une entre le lit et les matelas, l'autre à deux
mètres, près de la cheminée et du Mirus. Frappé d'abord
dans son lit, Georges a réussi à se lever, il s'est débattu
comme un furieux grognard, près des matelas, sur lesquels
il est probablement tombé, près du Mirus, auquel il s'est
heurté ; il faut une dose de mauvaise foi océanique pour ne
pas l'admettre. (Dont fera preuve, comme tous les autres,

le procureur de la République Salingardes lors du procès, déclarant, peinard, docte et péremptoire, que si l'on peut affirmer avec certitude que Georges a été tué dans son sommeil, c'est que l'on n'a relevé sur le sol de sa chambre « que quelques gouttes de sang » – il a sous les yeux, ou à portée de main, le rapport du commissaire Tailleur qui stipule que « le parquet est recouvert de sang sur les deux tiers de sa surface ».) Si on avait fait basculer son corps mort au sol (il n'y a pas, comme sur le lit d'Amélie, de traînée de sang sur le côté des draps), il aurait fallu ensuite le positionner sur le côté, orienter ses pieds vers le Mirus et le pousser jusqu'à ce que sa tête soit sous le lit – où il a certainement essayé de ramper pour se protéger. Ses mains, ses bras, son caleçon, ses jambes, ses pieds, sont maculés de sang ; et, contrairement aux deux femmes, ses genoux aussi. Tailleur lui-même, contre tout le monde (juste le premier jour), déduit de ce qu'il voit que la chambre se trouve dans cet état « vraisemblablement à la suite d'une lutte ».

Louise, c'est sûr, a été attaquée debout (alertée par les bruits de bagarre ou les cris de Georges, quelque chose d'assez marquant en tout cas pour qu'elle ose entrer dans la chambre, elle s'est levée pour venir voir ce qui se passait – sans prendre le temps de mettre ses chaussons ou ses chaussures : elle est pieds nus). En deux temps, semble-t-il. Une grande flaque s'étend près de la porte qui donne sur sa chambre, à côté de la chaise : la voyant entrer, le meurtrier, que nous appellerons Bruce, a dû se jeter sur elle. (Le gant a pu tomber quand il la frappait, ou au moment de la lutte avec Georges contre le Mirus, qui est tout proche.) Elle n'est sans doute pas morte sur le coup, car son corps ne se trouve pas à cet endroit mais contre le buffet, sur une autre mare de sang. C'est là que l'enragé l'a achevée – et plus que ça : dans le rapport de Perruchot, on lit que parmi les coups qu'elle a reçus à la tête, deux ont été portés après la mort, sans provoquer d'effusion sanguine : l'un a causé «une section oblique de la face, sur la joue gauche, de la commissure labiale à l'oreille», l'autre «une section le long de la branche montante du maxillaire inférieur gauche». Morte, sa tête repose sur le côté droit. À un moment ou un autre, Bruce est revenu et lui a donné deux forts coups de serpe au visage.

Georges et Louise ont été tués à peu près en même temps. Avec ce qui précède, on peut imaginer, prudemment, la scène, du moins une version plausible parmi d'autres : Bruce entre dans la chambre, frappe Georges dans son lit; Georges se débat, parvient à se lever, lutte près des vieux matelas, ou dessus, Bruce continue à lui assener des coups de serpe; Louise apparaît à la porte; Bruce se jette sur elle et la frappe; Georges n'est pas mort, il réussit à avancer vers le Mirus, s'appuie dessus; Louise s'affale (le bas de sa chemise de nuit est imbibé de sang, une bordure de quatre ou cinq centimètres de haut); Bruce se retourne et se précipite de nouveau sur Georges, qui cette fois, après un ou deux derniers coups, s'effondre, tente de ramper sous le lit, meurt; Bruce revient vers Louise, qui s'est peut-être redressée, et l'achève. Si ce n'est pas exactement ce qui s'est passé, ça ne peut qu'y ressembler. Georges et Louise ont été tués à quelques secondes d'intervalle. Amélie est morte avant ou après.

Après? Elle a le sommeil lourd. Georges fait suffisamment de bruit pour réveiller et attirer Louise, Louise elle-même ne meurt assurément pas en poussant seulement un petit soupir de duchesse, une véritable scène de combat préhistorique a lieu dans la chambre, un battant de chacune des deux portes de la salle à manger, entre la chambre et le petit salon, est ouvert, aucune ne ferme correctement, mais Amélie ronflote paisiblement?

Dans le petit salon, devant le battant fermé de la porte qui communique avec la salle à manger, Michel Tailleur (toujours lui, il ne sait pas le tort qu'il a fait à son équipe en se montrant trop honnête au tout début de l'enquête), et seulement lui, ce détail sans intérêt ayant échappé au juge et aux gendarmes, qui sont bien précis sur les objets mais ont manifestement de lourdes lacunes au niveau des traces, remarque une dizaine de gouttelettes rondes ou ovales sur le parquet, toutes proches les unes des autres : ce ne sont pas des projections, c'est indiscutablement du sang qui a coulé de la serpe, tenue lame vers le bas. Bruce s'est tenu debout près de ce battant fermé, à l'intérieur du petit salon, pendant quelques instants. Il vient de tuer Georges et Louise, il traverse la salle à manger, entre dans le petit salon, fait un pas sur le côté gauche, derrière le battant, et attend en regardant, de la porte, sa prochaine victime qui dort ? Non, ce ne peut être que le sang d'Amélie, qui a dégoutté de la serpe ici. Après l'avoir tuée, il s'est posté quelques secondes derrière cette porte, côté petit salon, tendant probablement l'oreille.

On est encore obligé de supposer, pas le choix. La seule à avoir été tuée vraiment dans son sommeil est Amélie ; Bruce pénètre dans le petit salon (c'est forcément la première porte devant laquelle il passe, puisqu'il ne peut pas venir de l'autre côté, où la seule voie d'arrivée possible serait la porte de la cuisine, fermée de l'intérieur) ; elle dort, il la frappe plusieurs fois ; elle ne meurt pas sans réagir : le médium de sa main gauche est presque entièrement sectionné, elle a au moins levé les bras pour se protéger (le docteur Perruchot, tout en estimant que la mort a été « quasiment instantanée », a remarqué « de nombreuses et profondes blessures aux mains », or il est peu probable qu'elle se soit endormie les deux mains sur la tête), et donc peut-être crié, ou poussé des gémissements étouffés ; les sons qu'elle produit ne sont pas suffisamment puissants, ou anormaux et inquiétants, pour que Louise se lève et vienne à son secours, peut-être même pour qu'elle se réveille ;

mais peut-être suffisamment perceptibles pour réveiller et intriguer son frère ; qui peut-être l'a appelée depuis son lit pour s'assurer que tout allait bien ; peut-être, peut-être, peut-être, mais Bruce s'est éloigné de sa première victime, avant ou après avoir traîné son corps sur le parquet, a attendu cinq ou dix secondes près du battant fermé de la porte, puis s'est dirigé vers la chambre de sa deuxième victime ; il est revenu ensuite et a frappé Amélie dans le dos.

Le chemin qu'a suivi Bruce au rez-de-chaussée est superposable à celui de la serpe (ô Logique, ma puissante maîtresse), qui n'est pas facile à établir mais pour lequel on dispose tout de même de quelques repères, de plusieurs étapes. Il ne l'a pas lâchée. Elle a commencé son parcours à l'extérieur du château, quelque part près de la porte d'entrée de la cuisine, ou dans la main de celui qui s'en était emparé plus tôt dans la journée, Bruce. Elle a frappé, dans la chambre d'Amélie puis dans celle de Georges, à différents moments : pour tuer d'abord, pour porter ensuite les coups post mortem. Elle a été posée, sanglante, à deux endroits : sur le lit d'Amélie et sur le lit de Louise. Elle a dégoutté en deux endroits : près de la porte du petit salon qui donne dans la salle à manger, puis dans la chambre de Louise – où Tailleur a remarqué deux sortes d'éclaboussures sur le sol : juste devant la porte, certaines très allongées, des projections venues probablement de la chambre de Georges, quand la bonne a reçu les premiers coups ; d'autres rondes ou ovales, coulées de la serpe quand Bruce marchait vers le lit de Louise. Elle a terminé son parcours par terre, au pied de ce lit, dans le drap qui a servi à en essuyer le manche.

Lorsqu'elle a été laissée sur les lits et lorsqu'elle a dégoutté, elle venait de frapper, le sang était encore bien liquide et abondant. Dans le petit salon, Bruce l'a posée sur le drap juste après avoir frappé Amélie – pas plus tard, quand il est revenu pour la dénuder puis fouiller toute la pièce, puisqu'on a découvert son empreinte sous le tiroir qu'il a retiré de la commode ; et pas longtemps, puisqu'elle dégoulinait encore près de la porte. Possiblement, donc : il tue Amélie, pose la serpe vers le bas du lit pour tirer son corps par terre, commencer à le faire, ou s'y apprête, entend quelque chose dans une pièce voisine, reprend la serpe et va écouter près de la porte.

Amélie a été la première attaquée.

Après avoir tué Georges et Louise, la serpe passe directement dans la chambre de cette dernière, le sang coule sur le parquet et marque nettement le drap où Bruce la dépose. Elle ne restera pas là, puisqu'elle sera utilisée sur les cadavres. Que vient-il faire ici, apparemment sans raison ? Il comptait partir ? Un réflexe de fuite, aussitôt après les atrocités qu'il vient de commettre ? (S'il a commencé par Amélie, il se peut qu'il n'ait d'abord pensé s'en prendre qu'à elle, ou qu'il ne s'intéressait qu'à ce qu'il pourrait trouver dans sa chambre, et que Georges et Louise soient des victimes nécessaires mais imprévues. Il se peut seulement.) Il pose la serpe sur le lit, s'apprête à partir puis se ravise ? Ou bien il pose la serpe sur le lit, c'est terminé, marche jusqu'à la cuisine puis se ravise, y prend deux torchons, ceux qu'on a retrouvés au pied du lit de Louise, s'essuie soigneusement les mains (les gendarmes ont peut-être certains problèmes de vue, mais pas Tailleur : il n'a pas trouvé de traces de sang sur les tiroirs ni sur les meubles, or juste après le carnage, les mains de Bruce ne pouvaient qu'en être pleines) et repart vers le petit salon, en emportant la serpe au cas où le quatrième habitant descendrait ? (Si Bruce n'est pas Henri, le fait qu'il ait fermé à deux targettes la porte de communication entre les deux ailes du château, au moment de son arrivée ou maintenant, prouve sans un quart d'once d'incertitude qu'il savait que quelqu'un d'autre dormait de l'autre côté.) Quoi qu'il ait pensé ou fait à ce moment-là, dans la chambre de Louise,

Bruce a repris sa serpe et rebroussé chemin. À l'aller ou au retour, il a donné deux coups sur la tête de la bonne. Il n'a pas touché Georges. Dans le petit salon, il a d'abord, je pense, positionné convenablement – pour lui – le corps d'Amélie, placé tendrement l'oreiller sous sa tête, côté propre, remonté sa chemise de nuit, sa chemise de jour. Déçu ou dégoûté, il l'a frappée dans le dos. Il a laissé la serpe n'importe où (peut-être sur le lit, les gendarmes ont décrit des traces de sang indistinctes sur le drap) et s'est mis à chercher, sans doute, de l'argent – et que de l'argent, il n'a pas pris les bijoux. (Sur l'une des photos, on voit le sac à main d'Amélie, posé sur la chaise du petit salon près de la robe de chambre tachée de matière cérébrale, il est ouvert, et son portefeuille est posé à côté.) Puis, neuf ou vingt-neuf minutes plus tard, il est retourné dans la chambre de Louise, la serpe toujours à la main, il en a nettoyé le manche avec le drap et a laissé le tout par terre (s'il ne s'est pas écoulé un certain temps entre le moment où il a posé la serpe sur le lit de Louise et celui où il l'a laissée par terre, c'est bizarre : il arrive dans la chambre avec la serpe, il la pose sur le lit, il attend quelques secondes, que le drap s'imprègne, puis il la reprend, l'essuie, la laisse par terre). Enfin, il s'est dirigé vers la cuisine, par où il est sorti. (Il a mis à sac le petit salon, exploré tous les meubles de la salle à manger, plusieurs tiroirs de la cuisine, mais il s'est désintéressé de la chambre de Georges, il n'a même pas ouvert les portes du buffet, ni sa valise. Que cherchait-il ?) Il n'est pas parti les mains dans les poches. Il tenait une culotte, une veste en laine noire, un foulard, un portefeuille et deux porte-monnaie. C'est beaucoup, et ça ne vaut rien. Il abandonne la culotte dans la cuisine et, quelques pas plus loin, dehors, avant de se laver à l'eau, avec le broc, une dernière fois (les mains, mieux ? le visage ? les avant-bras ?), la veste en laine, dans la bassine. Il conserve le foulard, le portefeuille, les deux porte-monnaie. Quel cambrioleur meurtrier, qui vient de fouiller les meubles de plusieurs pièces, d'ouvrir des tiroirs, un secrétaire, deux commodes, un sac à main, un portefeuille, n'a pas eu le temps de jeter un coup d'œil dans un autre portefeuille et deux porte-monnaie, et les emporte chez lui pour voir ça au calme ? Il ne les a pris que pour les jeter sur la route. Mais le foulard ?

Au comptoir du Garden Ice, anciennement Café de Paris, devant un troisième whisky, je me pose encore des questions. Pourquoi Henri, qui se savait seul dans le château, aurait-il toujours gardé la serpe à portée de main, alors qu'il n'avait rien à craindre, l'aurait-il trimballée partout avec lui, et l'aurait-il posée ici, puis là, puis re-ici, donnant de petits coups de-ci de-là entre-temps, seulement aux femmes ? («Tiens, Louise, prends ça!») Pourquoi l'aurait-il laissée dans la chambre de la bonne, dissimulée par le drap, plutôt que très simplement dehors, devant la cuisine ? Pourquoi s'est-il nettoyé les mains dedans et dehors, et le reste du corps, les cheveux, ailleurs ?

Henri Girard a décidé, un mois ou une demi-heure plus tôt, de tuer son père et sa tante (dont il compte violer le cadavre, l'occasion est trop belle), et sait qu'il faudra aussi sacrifier la vieille bonne. Il commence par sa tante ? Il descend du premier étage et se dit qu'il va d'abord tuer sa tante ? Il prend le risque, considérable, de se retrouver face à son père debout (surtout si, comme le prétend l'accusation, il est entré en action à 21 h 30 ou 22 heures : il était bien peu probable que Georges dorme déjà profondément, pas plus que sa sœur, qui avait l'habitude de veiller tard), de devoir se battre à la loyale contre Georges le bourru, le costaud, l'emporté, le violent, avec une serpe branlante pour tout avantage, lui qui est si maigrelet que l'armée l'a refusé plusieurs fois ? Il n'y a pas à tortiller : ce n'est pas possible. S'il tuait son père d'abord, endormi, même dans son premier sommeil, donc sans trop de difficultés, il ne lui restait plus qu'à massacrer deux femmes, une vieille, une pataude, ça n'aurait sûrement pas été beau à voir mais, même bien réveillées, elles n'auraient eu aucune chance contre lui.

Voilà le bout du tunnel, l'Italie. Bruce n'est pas Henri, Henri n'est pas Bruce. Henri est la quatrième victime. Il a perdu le père qu'il aimait, il a passé dix-neuf mois dans une prison ignoble, accusé d'un crime ignoble, et toute sa vie en a été altérée. Hormis quelques pages dans *France Dimanche*, même pas écrites, vaguement dictées, parce qu'il crevait de faim en rentrant d'Amérique du Sud, il n'a plus jamais parlé de l'affaire, ni à sa famille, ni à ses amis, ni dans ses romans, ni dans les journaux, mais chaque jour qu'il a vécu jusqu'à sa mort, chacun de ses combats, chacune de ses provocations et de ses colères, portent la marque de ce qui s'est passé dans la nuit du 24 au 25 octobre 1941.

Une promenade dans la vallée d'Aoste, puis il faudra faire demi-tour. Qui est Bruce? Pourquoi en voulait-il à Amélie Girard? Que cherchait-il? Si Bruce n'est pas Henri, c'est que Bruce a pénétré dans le château. Par où?

(Le tunnel du Mont-Blanc, nous l'avons emprunté chaque été avec Ernest pour partir à Peschici, dans les Pouilles, à la résidence Nido Verde, près de la plage de San Nicola, depuis onze ans. C'est fini, maintenant. Plus de petites lumières bleues tous les cent cinquante mètres. Ernest a seize ans. Deux ou trois semaines seul avec ses parents, à la plage, au restaurant, ce n'est plus très tentant. J'aime ma mère, j'aimais mon père, mais à cet âge, il aurait fallu me poser le canon d'un 357 Magnum sur la nuque pour que je passe les vacances avec eux plutôt qu'avec Jo, Bub et Gwen – et je n'y pensais même pas, ça me semblait normal, naturel, je ne me suis pas demandé une fois s'il leur arrivait ou non de regretter nos étés dans les Alpes ou en Espagne, contents pour moi mais peut-être

nostalgiques, un peu, j'étais passé dans un univers différent du leur, je ne me retournais pas. Côté parents, non, on
ne regrette pas l'enfance de son fils, on est heureux qu'il
grandisse, mais on le voit, on y pense. On perçoit le détachement. Il faut trouver l'équilibre, se souvenir de ses
premiers niveaux de Super Mario Bros sur la DS, à la terrasse du restaurant de Nido Verde, de ses premières
tentatives de brasse dans l'eau de San Nicola, mes mains
sous lui, et en même temps le regarder devenir autonome,
prendre le train pour un village de Bourgogne dont on ne
connaît pas le nom, passer ses nuits chez Lucas, Lino,
Antonin, ou chez Angèle – le garder dans ses bras, en pensée, et le laisser partir. Dans le dernier roman de Tanguy
Viel, un père raconte une scène à la fête foraine avec son
fils de sept ans – sept ans et seize ans, c'est équivalent,
c'est un basculement. Ils sont dans une nacelle de la
grande roue, elle s'arrête en bas, le père descend, le fils
tarde un peu, l'employé aux manettes fait une erreur et
remet la roue en marche bien trop tôt. Le père voit son fils
commencer à monter. À son âge, on peut faire un tour
seul, il n'y a pas de problème. Mais le père n'a pas le
temps d'y penser, c'est son petit enfant, il ne peut pas
le lâcher, l'abandonner : dans un geste réflexe, aussi irrépressible que stupide, il s'agrippe des deux mains à la
nacelle. Accroché, il monte, sous les yeux épouvantés de
son fils, et se retrouve bientôt suspendu dans le vide à plus
de vingt mètres de hauteur, en danger de mort et ridicule.
Son fils, aux mains trop petites encore, essaie de lui tenir
les poignets. Tous les parents ont ce réflexe, moi le premier, il faut y résister. C'est le mouvement de la vie,
l'enfant qui monte et s'éloigne, c'est poétique, c'est beau,
quand c'est fluide. Georges n'a pas vu grandir longtemps
son fils, Henri n'a pas longtemps retrouvé son père après
les remous du détachement, du mariage. Il n'a pas vu
grandir ses fils, Dominique et Henri – c'est de sa faute,

ou de celle du hasard ou du destin, du Grand Manitou, de
Bruce et des autorités incompétentes. Henri, le père de
Manu, a retrouvé le sien tardivement, et trop brièvement.
Dans sa vie, il a dû entendre dire, souvent, que son père
avait fui devant ses responsabilités, qu'il avait abandonné
sa famille, qu'il ne pensait qu'à lui, à son confort, peut-
être même à son argent, certains ont essayé de lui faire
croire qu'Henri Girard était un assassin, d'autres que
Georges Arnaud était un homme froid, arrogant, brutal et
cinglant. Mais dès qu'il a pu le côtoyer, le connaître, le
voir avec les yeux clairs d'un fils, vierges, il a compris. Le
lendemain de sa mort, en 1987, Henri Girard Jr a écrit,
pour lui, quelques lignes remuées et emportées, de douleur, d'amour et d'admiration, dans le roulis, la nausée des
larmes, qu'il n'avait jamais montrées et qu'il m'a fait parvenir par son fils : « Dérisoire la vie, dérisoire la mort, tant
d'amour, dérisoire, l'amitié, dérisoire. Tout est d'un coup
dérisoire sauf le souvenir de l'homme. Difficile, l'homme,
celui qui sait, qui comprend, qui donne. Tendresse infinie,
gentillesse immense, violence. Ne rien chercher d'ordinaire. L'honneur toujours présent, fidélité, ne jamais
regarder derrière, toujours vers l'avant. Malgré lassitude
et fatigue, continuer, lutter, aimer. Que dire devant un tel
homme ? »

13.

Une fin d'après-midi, en sortant des archives, je ne vais pas directement boire un verre, je fais un détour par le jardin de Vésone, où se dresse encore, éventrée, une tour gallo-romaine en ruine. (La veille, j'ai enfin pensé à demander un plan de la ville à Pauline, à la réception du Mercure.) Je viens de lire les courriers et procès-verbaux qui concernent les révélations des codétenus d'Henri à Belleyme. Même les enquêteurs ont reconnu, tacitement, qu'ils racontaient n'importe quoi. En prison, on les appelle les «moutons», ceux qui balancent de fausses informations dans l'espoir de bénéficier de la clémence de la justice, de profiter d'un trajet pour s'évader, ou simplement pour prendre un peu l'air. Dans l'entourage plus ou moins proche d'Henri, ils ont été quatre. (Sur Wikipédia, on en trouve un cinquième. Je ne sais pas qui a ajouté ces quelques lignes, c'est un contributeur non enregistré, ni d'où il les tient, mais elles ne paraissent pas d'une fiabilité d'airain. Un certain Marcel Bringer aurait côtoyé Henri «dans une prison de Charente» où celui-ci se trouvait en détention préventive avant le procès – il n'a jamais été emprisonné en Charente, seulement à Périgueux et trois mois à Montpellier pour l'expertise psychiatrique. Il lui

aurait alors avoué qu'il avait tué son père parce qu'il avait
maltraité sa mère, et l'avait trompé avec «la gouvernante»
– la vieille Finaud? la douce et prude Marguerite Pelaud,
qui a veillé sur Valentine les tout derniers mois de sa vie?
Georges qui, quatorze ans plus tard, n'osait pas déclarer
sa flamme à Madeleine Flipo de peur de faire de la peine à
son fils? Marcel Bringer aurait également déclaré – à qui,
ce n'est pas précisé – qu'Henri se serait enfui en Amérique du Sud car «à la suite de cette affaire, il ne pouvait
plus rester en France».)

Germain Dechenoix et Robert Faivre prétendent tous
les deux avoir reçu des confidences indirectes d'Ernest
Bateau (le second, lors d'un deuxième courrier au procureur, précisait que Georges Girard avait emporté à Escoire,
dans sa valise, 1,5 million de francs qu'il voulait mettre à
l'abri à Périgueux – aucun retrait de ce montant énorme
en liquide n'a jamais été effectué sur aucun des comptes
de la famille). La source de tout, c'est lui, Ernest. Dans
Je suis un dévoyé, Henri se souvient de lui : «J'avais
quelque sympathie pour Ernest Bateau, qui avait pillé un
dépôt du Secours national et qui avait un esprit assez original. Pauvre Bateau, ils ont même réussi à faire de toi un
mouton.» Dans les photos des archives privées de Maurice Garçon, que j'ai prises à Pierrefitte et apportées à
Périgueux sur mon vieux MacBook, j'ai trouvé un courrier que le pauvre Ernest a fait parvenir à l'avocat, après la
publication du récit dans *France Dimanche*, en espérant
qu'il la transmettrait à son ancien compagnon de taule.
Elle est datée du 5 décembre 1949 : «Henri, tu seras très
certainement surpris au reçu de ma lettre, et pour cause.»
Il a lu le journal où on parlait de lui. «Tu as très bien compris le motif qui m'a fait agir ainsi. Si cela peut me servir
d'excuse, il n'en est pas moins vrai que je t'ai causé un
sacré préjudice, moral pour le moins. En conséquence, si
tu y tiens, je ferai connaître par voie de presse, au monde

entier, le pourquoi et le comment j'ai agi ainsi, alors que j'étais convaincu de ton innocence. Je me croyais voué à une détention perpétuelle. De toute façon, j'étais certain que cette histoire n'aurait aucune suite, et puis je n'ai jamais dit que tu étais coupable.» Il est en semi-liberté, il travaille dans la journée pour une entreprise lilloise. Il donne à Henri une adresse à laquelle il peut lui répondre : Ernest Ripert (pour éviter divers soucis, il a repris le nom de sa mère, décédée, comme le fera Henri l'année suivante), café Friche, 26 rue de Londres, à Lille. Mais à cette époque, Garçon ne voit plus son client depuis longtemps, et ne le reverra jamais. La lettre d'Ernest restera dans son dossier Girard.

Le seul détenu proche d'Henri qui n'essaiera jamais de se servir de lui et lui restera fidèle (ce sera réciproque), c'est Paul Neufeld – l'ami juif que l'acquitté a caché chez lui avec sa femme, puis à qui il a prêté l'appartement dont il venait d'hériter à Saint-Cloud, jusqu'à la Libération ; cinq ans plus tard, c'est Neufeld qui le présentera à Jean Birgé, l'agent littéraire qui placera *Le Salaire de la peur* chez Julliard. Au cours de ses longues et patientes recherches pour écrire sa *Vie d'un rebelle*, Roger Martin l'a rencontré. Grand et chaleureux, d'allure aristocratique, il était ingénieur chimiste en Hongrie. En février 1939, il a fui son pays avec sa femme, avec pour objectif de se réfugier au Katanga – dans certaines circonstances, il ne faut pas faire les choses à moitié. Arrêtés en France alors qu'ils tentaient de franchir la ligne de démarcation (sans laissez-passer, bien sûr), ils ont été condamnés pour entrée frauduleuse : un mois pour elle, deux pour lui. Henri et Paul se lient rapidement d'amitié. (Paul expliquera à Roger Martin qu'Henri n'abordait jamais le drame avec personne en prison, ni avec Bateau, ni avec Dechenoix ou Faivre : «Avec moi, il l'a fait une seule fois, longuement, et estimant qu'il avait tout dit, il ne m'en a pas reparlé.

Par contre, il évoquait sans cesse son père, qu'il estimait et aimait profondément.») Dans le dossier, je lis la copie d'une lettre qu'Henri lui a écrite en janvier 1942, après que Neufeld a été libéré : «Votre départ a porté un coup fâcheux au niveau intellectuel de la prison. Naturellement, je vous envie. Je vous dispense de longues réponses, mais pour alimenter mes rêveries de données précises, quasi scientifiques, j'aimerais recevoir un compte-rendu détaillé de votre première prise de contact avec une salle de bains, une fourchette sur une table dressée comme au bon vieux temps, un whisky. Ma délicatesse innée me retient seule d'ajouter une femme à cette liste questionnaire.» Après son acquittement, en juillet 1943, Henri est allé voir Paul, qui se trouvait en résidence surveillée à Nice (voilà ce qu'il allait faire à Nice l'une des dernières fois qu'Abel Lacombe l'a vu cette année-là – il lui rendra d'autres visites après son retour d'Amérique du Sud), et lui a offert un coffret d'ivoire rempli à ras bord de Gauloises. Dans sa lettre de 1942, il lui parlait aussi d'Annie, qu'il appelle avec peu d'élégance «la Girarde» – il est encore hors de question qu'il renonce au divorce, il est toujours fou amoureux de Marie-Louise, mais elle ne bouge pas de Périgueux, lui rend souvent visite au parloir, elle est, hormis maître Lacombe, son seul soutien sur place. «La Girarde est de plus en plus sublime, de plus en plus dépassant en abnégation les héroïnes les plus illustres. Moi, je suis de plus en plus emmerdé. Je blague, mais elle est plus que chic.»

Ce que j'ai lu dans l'après-midi, c'est le dernier interrogatoire de Marcel Le Beller. Il s'agit du détenu de Clermont-Ferrand (on est loin de la Charente, mais il s'appelle Marcel, et qui sait si Beller ne s'est pas transformé en Bringer?) qui avait croisé Henri à Belleyme en 1942 et qui a prétendu ensuite qu'il lui avait confié, à Paris, une lettre destinée à un complice de Périgueux, que Marcel

s'est appropriée en vue d'un chantage et a cachée, à l'intérieur d'un petit tube métallique, dans une tour en ruine.
Le 29 septembre 1944, sommé de s'expliquer clairement
par le commissaire principal de Clermont, qui refuse de le
faire transférer à Périgueux (dans un premier temps, il a
dit que si on ne l'y emmenait pas, il refuserait d'indiquer
précisément sa cachette), il donne des détails : « C'est à la
tour de Vésone, dans un endroit que moi seul connais. Il
s'agit d'un trou dans le mur, à l'extérieur de la tour, elle-
même au milieu d'un square nommé jardin de Vésone. Le
document est placé dans un tube en fer recouvert d'un
caillou gros comme un melon. Le trou est à environ 1,50 m
du sol, du côté du jardin où on aperçoit des casernes dans
le lointain. » Personne n'a lu ça depuis 1944, et même si
c'était il y a plus de soixante-dix ans, combien de très
oisifs ont essayé, depuis, de retirer des pierres en forme de
melon pour voir ce qu'il y avait derrière ? Moins d'un, je
pense. Qu'est-ce que ça me coûte ? Si je vais voir, je serai
le seul à savoir que j'ai l'air d'un abruti qui croit au Père
Noël et à la petite souris réunis. Je ne suis pas dévoré par
l'envie de trouver une vieille lettre qui prouve qu'Henri
s'est débarrassé de son ascendance à coups de serpe avec
la complicité de je ne sais qui dans la région, ça nuirait à
mon travail, mais je dois à l'honnêteté, qui fait aussi
l'écrivain apprécié, de vérifier.

Le jardin de Vésone se trouve au sud-ouest du centre-
ville, en contrebas de la rue, près d'une voie ferrée dont la
construction a « nécessité » la destruction d'une partie du
temple gallo-romain du IIe siècle qui s'élevait là. La tour
en faisait partie. Quand on a voulu la remettre en valeur,
elle était enfoncée dans le sol, il a fallu creuser autour pour
en découvrir la base. Je ne sais pas si on a creusé avant
ou après les années 1940, ce qui ne m'arrange pas pour
chercher quelque chose « à environ 1,50 m du sol », car
tout dépend où se trouve le sol. (Je n'ai jamais vraiment

compris comment les vestiges s'enterraient. À Rome, à
Paris, à Athènes, des archéologues creusent et découvrent
des temples, des maisons, des salles de bains, dans des
lieux qui n'ont jamais cessé d'être habités. À quel moment
le temps recouvre tout ? À quel moment la terre monte sans
que personne s'en aperçoive ?) Elle est entourée d'une bar-
rière sommaire, une rambarde de fer qui empêche de s'en
approcher et que je franchis avec la souple aisance qui me
caractérisait autrefois et que j'entretiens la nuit, les yeux
fermés, quand je n'arrive pas à dormir. J'en fais le tour en
me concentrant sur les pierres qui se trouvent à environ
1,50 m du sol – c'était la taille de mon fils à dix ans, j'essaie de le voir devant moi. Il y en a trop, des pierres, un
nombre incalculable. Je refais le tour en regardant cette
fois de l'autre côté, vers le lointain. Sur une hauteur,
je repère des bâtiments qui pourraient être d'anciennes
casernes. J'intensifie mes recherches par là : je touche
toutes les pierres, retire celles qui bougent, et plonge ma
main dans le trou. Un couple d'amoureux qui se promène
main dans la main dans les allées du jardin tourne sa
double tête vers moi, réprobateur ou compatissant (il est à
trente mètres, je distingue mal). Je continue malgré leur
réprobation compatissante, même si je me suis rarement
senti aussi déplacé et pitoyable – et pourtant, j'ai quelques
heures de vol dans ces domaines. Soudain, je m'immobi-
lise devant une pierre très exactement semblable à un
melon, du moins autant qu'il est possible pour un caillou
de l'époque gallo-romaine. Je tends la main (vers ce qui
me rappelle plutôt un petit-gris de Rennes qu'un bien
dodu de Cavaillon, me semble-t-il, mais ce n'était pas précisé), oui, il bouge. Je l'extrais du vieux mur avec une
émotion intense, celle qu'a dû éprouver Howard Carter en
sentant qu'il approchait du tombeau de Toutankhamon, le
prends respectueusement dans ma main gauche et enfonce
le bras droit dans le trou. C'est profond, plus que les autres.

Au moment où je me positionne légèrement de profil pour aller plus loin encore, jusqu'au coude, j'aperçois un homme qui s'est arrêté sur le pont qui domine le jardin, et m'observe, les deux mains sur le parapet. Si je n'ai pas l'air d'un toxico qui récupère un paquet, qu'on pende ma mère. J'ai envie de lui crier : « Je cherche une lettre des années quarante ! » Mais je ne le fais pas, ce serait pire. Alors je lui souris (de mon mieux) car, soyons logique, on n'a jamais vu un toxico sourire en cherchant fébrilement sa dose – mais je me propulse mentalement sur le pont, je vois un type qui me sourit en se contorsionnant pour enfoncer son bras dans une tour en ruine, et voilà, c'est pire. En réalité, ce que pense mon détracteur muet m'est égal, je suis absorbé par mon trou : je rêve, contre mon intérêt, de sentir un petit tube métallique au bout de mes doigts. Mais non, je touche le fond, et rien. Des petits cailloux, des bouts de bois, je ne sais pas. J'en attrape une poignée, retire mon bras. De la terre, de la poudre, des morceaux de coquilles d'escargots, presque fossilisés. Cela dit, ce sont peut-être des escargots qui datent de la guerre, qui bavaient au moment des crimes. C'est déjà ça.

En repassant piteux sous la rambarde, en remontant l'escalier vers la rue, péniblement, la manche droite de ma veste toute blanche, pleine de poussière gallo-romaine, je me sens peu flamboyant. Ce n'est pas grave : il a toujours l'air flamboyant, Columbo ? L'homme du pont n'est plus là. En marchant, je m'époussette longuement mais avec l'air de penser à autre chose (et puis si on me remarque, ce n'est pas grave non plus, on se dira simplement que des gamins du quartier m'ont jeté de la farine). Il recommence à pleuvoir légèrement, ça va faire de la mélasse. Avant d'aller boire mes whiskies du soir, je fais un nouveau détour – qui va encore oser prétendre que je suis alcoolique ? – pour approcher de la prison, place Belleyme, au

bout de la petite rue Belleyme. Elle est toujours en service, je ne rôde pas trop autour, je ne veux pas d'ennuis
avec les forces de surveillance (c'est agaçant, je ne me
sens à ma place nulle part). Je tourne plusieurs fois la tête,
comme un passant, vers le vieux bâtiment lugubre et
impressionnant, on dirait un tombeau géant – lors de leur
voyage en Colombie en 1978, Henri a confié à son fils
Henri que le temps qu'il y avait passé au cachot était ce
qu'il avait connu de plus proche de la mort. Même de
l'extérieur, à trente mètres et subrepticement, en regardant
les murs, les pierres grises, mouillées par la bruine, on
ressent le froid et l'humidité, la moisissure, la solitude.

Les premiers mois, enfermé là-dedans, Henri n'a rien
dit. Il avait perdu son père, on l'accusait avec une assurance hautaine de l'avoir tué, il n'avait personne avec qui
partager véritablement sa douleur, mais il avait confiance :
le juge d'instruction allait vite se rendre compte de son
erreur – Paul Neufeld, qui était avec lui en novembre et
décembre 1941, expliquera à Roger Martin qu'Henri était
persuadé qu'on le libérerait bientôt. Il répond aux interrogatoires le plus calmement et le plus sincèrement possible,
il ne cache rien de son passé, aucun de ses défauts, il écrit
naïvement au juge pour lui suggérer d'orienter les enquêteurs vers tel ou tel détail qui a été oublié selon lui, il
semble penser que Joseph Marigny est son meilleur allié,
l'homme qui veut la vérité : il croit qu'on cherche le coupable. Il termine encore ses courriers par de belles et
respectueuses formules de politesse. Les mois passant, il
panique : il comprend que Marigny est résolument contre
lui et que, n'ayant aucune preuve concrète, il fera durer sa
détention préventive jusqu'à ce qu'il ait amassé suffisamment de petits indices indirects pour que cela constitue
une sorte de lourde charge informe. À partir de la fin du
mois de janvier 1942 (il ne peut pas imaginer que l'achar-
nement du juge s'effilera sur seize mois encore), Henri se

réveille, ses lettres se font plus inquiètes et agressives, il réclame avec de plus en plus d'insistance une convocation au palais de justice, pour pouvoir au moins parler. Le 28 janvier : «Je proteste encore de mon innocence de toutes mes forces. Je vous ai toujours répondu avec une impartialité que je présume assez rare. C'est avec la même impartialité que j'affirme que je suis incapable d'un crime pareil, que rien au monde n'aurait pu me le faire commettre, et qu'il est impossible de me l'attribuer sérieusement. Je n'ai pas mérité de devoir pleurer mon père en prison. Trois mois de ce chagrin affreux, de cette détresse, de cette humiliation. Ne vous laissez pas abuser par mon attitude : je suis terriblement las, moins je le laisse paraître, plus je le suis.» Dix jours plus tard, en l'absence du moindre signe de la part du juge, il lui écrit de nouveau : «Je suis la première victime de ce drame épouvantable, je le serais même si j'étais libre, et me priver de ma liberté, des sympathies auxquelles j'ai droit dans ce deuil et dans ce chagrin, c'est m'infliger un traitement, de fait sinon d'intention, complètement inhumain.» Le 28 février, il croit encore pouvoir être écouté : «Je suis enfermé avec des syphilitiques et des tuberculeux dans une prison humide et malsaine infestée de poux qui propagent toutes les maladies. Après que l'erreur dont je suis victime m'a obligé à renoncer à tous mes projets d'avenir professionnel, à sacrifier toutes mes aspirations de réussite sociale, me voilà exposé à perdre ici ma santé, qui n'a jamais été robuste. Vous m'avez inculpé il y a quatre mois jour pour jour du plus monstrueux des crimes. Depuis quatre mois, j'attends chaque jour comme un miracle de plus en plus improbable la découverte du ou des coupables ; j'attends surtout chaque jour que me soit fournie l'occasion de m'expliquer, que commence mon interrogatoire.» (Le juge ne daignera l'entendre que le 15 mai.) Le 12 mars, il tourne en rond : «Je répète, et m'en excuse, que je suis en prison depuis la mort de mon père, sous le coup de l'accusation la plus horrible qui puisse être jetée à un homme. Toute ma vie passée, mes amis, ma vie de prisonnier elle-même crient mon innocence. Je ne peux pas attendre indéfiniment dans cette situation affreuse, au péril de ma santé physique et morale, le début de débats d'où ne peut sortir que l'affirmation de cette innocence. Il y a quatre mois et douze jours que je suis soumis à cette épreuve inhumaine tant elle est cruelle. Pas plus que le premier jour, je ne sais quand commencera mon interrogatoire. Or je ne peux plus attendre, je suis à bout de forces et de courage. J'ai donc l'honneur, monsieur le juge d'instruction, de vous demander ma mise en liberté provisoire.» Évidemment, elle lui est refusée dès le 13 mars, «attendu que l'information a établi contre lui des charges sérieuses de s'être rendu coupable des faits qui lui sont reprochés».

Dans la chronologie du dossier d'instruction, chaque fois qu'Henri adresse ce genre de courrier à Joseph Marigny, la réaction est immédiate. Le juge enchaîne, le jour même ou le lendemain, avec un procès-verbal ou une commission rogatoire qui montrent à quel point il en tient compte, se remet en question face à l'insistance et au désespoir de l'incarcéré et réoriente ses recherches : il demande à l'inspecteur Le Brun, à Paris, d'interroger pour la cinquième fois Bernard Lemoine, Marguerite Pelaud ou la concierge de la rue Notre-Dame-des-Champs, de se renseigner sur le prix exact d'un repas aux Vikings ou au Poisson d'Or, ou de vérifier à quelle date Amélie Girard a donné le piano de sa mère à son neveu ; il réentend Annie Chaveneau, épouse Girard, pour s'assurer qu'elle n'a jamais retrouvé sa bague de fiançailles ; il convoque Madeleine Soudeix afin d'obtenir des précisions sur la vaisselle qu'Henri a cassée au château en août 1940. Ce n'est pas un homme, c'est un mur. Un de plus.

Quand il est enfin entendu, il doit se dire que tout va s'éclaircir. Le juge le questionne – et donc écoute obligatoirement ses réponses – pendant deux jours, les 15 et 16 mai 1942. Mais Henri va être déçu. Les vingt-neuf premières grandes pages du procès-verbal (tout le premier jour et le début de la matinée du second) sont exclusivement consacrées à son passé, à sa personnalité (la bague de fiançailles, l'hôtel du col de Porte, le piano de sa grandmère, le prix de ses costumes – au secours). Il doit devenir fou, espérer que c'est un gag. (Quand il lui parle de son histoire d'enlèvement par des Allemands, Marigny s'étonne que Lemoine ait oublié le nom de la ville de banlieue qui figurait sur l'enveloppe, alors qu'il se souvient parfaitement du nom du destinataire : «Hauptmann». Henri ne prend même pas la peine de lui préciser que c'est un grade, pas un nom.) Et dans toutes les dernières pages, celles qui concernent directement les circonstances du drame, tout ce que fait le juge, c'est de demander à l'accusé de résoudre lui-même l'énigme : quel serait le mobile du meurtrier, si ce n'est pas lui ? pourquoi se serait-il servi de la serpe, comment aurait-il eu connaissance de son existence ? par où serait-il entré dans le château ? Dans un premier temps, Henri répond docilement, puis refuse de continuer à entrer dans son jeu : «Les questions que vous me posez en ce moment tendent visiblement à m'incriminer par élimination, ce qui est fort dangereux pour moi. Car cela me fait supporter les conséquences des lacunes de l'information et de votre éventuel défaut de perspicacité.» Coincé, Marigny revient à ses bonnes vieilles méthodes, l'intangible, l'oblique, la preuve par la bande : l'accusé n'a-t-il pas demandé à l'inspecteur Joyeux s'il pouvait échapper à la guillotine en plaidant la folie ? Henri s'énerve : «L'inspecteur Joyeux est un malhonnête homme et un menteur. Le commissaire Tailleur, avec une grande naïveté, m'a déclaré au cours d'un interrogatoire que si je reconnaissais que j'étais le coupable, il me ferait bénéficier d'une indulgence toute particulière, consistant notamment à retranscrire intégralement mes dépositions, ce qui semble indiquer que cet individu a une singulière conception de son métier de policier, et à se porter garant devant vous de ma folie. C'était purement et simplement idiot. Ultérieurement, un inspecteur, après la fin de mon interrogatoire à la police, me déclara que si j'avais reconnu que j'étais le coupable, vous étiez décidé à me faire interner pour un an, et à me faire relâcher, doté d'un conseil judiciaire. La déclaration de l'inspecteur Joyeux dont vous m'avez donné lecture est une troisième tentative, à peine moins stupide, mais un peu plus malhonnête que les autres.» En janvier 1943, le remplaçant provisoire de Marigny, le juge Guy Maigne, organisera une confrontation entre Henri et Roger Joyeux. Ce dernier sera beaucoup moins affirmatif et accusateur que la première fois (devant son supérieur, et surtout allié sur ce coup, Michel Tailleur). Henri sera clair : «Je considère sa déclaration comme un mensonge» et l'inspecteur reconnaîtra qu'il ne faisait que «discuter familièrement» avec le gardé à vue en l'absence du commissaire : «J'ai eu l'impression que Girard cherchait à tâter mon opinion personnelle sur le sort qui lui serait réservé.»

Si, au cours des quarante-cinq ans qu'il lui reste à vivre, Henri ne reviendra plus sur ce qui s'est passé ou a pu se passer au château, en revanche, il fera plusieurs allusions, de manière détournée, à son emprisonnement, et à cette sensation insupportable qu'éprouve le suspect qu'on met sous cloche, qu'on réduit au silence et à l'ombre pour qu'il n'empêche pas ses accusateurs de décider de son sort à leur guise, tranquillement. Dans *Le Voyage du mauvais larron* : «Ces singes allaient disposer de moi bien à l'abri de mes gueulements, en loucedock, à la sauvette.» Dans *France Dimanche*, en mars 1952, à propos de l'interminable préventive d'une inculpée : «Derrière les grilles d'une prison, une femme attend qu'il soit statué sur les droits de son juge à la mauvaise humeur. Il ne faut à aucun moment oublier que derrière les défaillances individuelles des magistrats, heureusement si rares, apparaissent en silhouettes pitoyables des êtres humains qui sont emprisonnés et pas toujours coupables. Ils sont là, à l'abri, à l'écart de l'action, ne pouvant à aucun moment influencer sur leur propre destin. Aux mains des hommes de l'art qui, eux, vont et viennent librement.» Je n'ai pas encore mentionné l'un de ses livres les plus violents et les plus étranges, *Schtilibem 41* («schtilibem», c'est «prison» en manouche), paru en 1953 et réédité en 2008 chez Finitude (qui précise sur la page de l'achevé d'imprimer : «Merci à Quatre-Pattes, la légitime d'Henri»), avec une préface de Pierre Mac Orlan. C'est une sorte de poème en prose, et en argot, dans lequel il laisse enfin exploser, en cinquante pages denses, presque plutôt imploser, sa colère et sa rancune. «C'est défendu, aucune loi ne permet ça, de faire de moi un vieux. Salauds, salauds, enculés de salauds de merde, mais je vous hais, je vous hais, je vous chie, je vous le crie. Cognez ma tête à vos pavés, vous paierez; je vous chie, je vous hais, plus enragé je crierai plus haut salauds, vous n'aurez pas ma peau, salauds.» Dans l'absolu, il englobe tous les détenus : «Il n'y a pas de différence d'innocence entre moi qui n'avais rien fait et eux tous qui sont dans la prison avec moi et qui ont déjà trop cher payé, à force, à force d'excès de tourments et d'avoir tout perdu et de ne jamais rien retrouver, que le désespoir quotidien, la torpeur de la faim; c'est ça leur présent, tout leur présent et le mien, de détresse et de mort; le reste est du passé; passé chargé ou pas, c'est du même au même prix.» Mais son innocence, il ne l'oublie pas, ni l'injustice, même temporaire, qui a changé sa vie. Lui qui n'a jamais frappé personne (quelques baffes de retour à Annie, mais c'est l'égalité des

sexes), ou du moins jamais blessé personne, imagine
une révolte sauvage, un flot de sang, celui de Marigny,
de Tailleur et des autres – il rêve de les tuer, vraiment,
méchamment, scandaleusement, de les éventrer, ou peut-
être de leur fracasser le crâne à coups de serpe (c'est trop,
beaucoup trop, mais je le comprends, il ne s'agit pas d'une
simple erreur mais de mensonges, de falsifications, de
ruse et de bassesse pour l'éliminer) : « Il faut deux mille
morts pour me payer un soir où j'ai pleuré, failli pleurer
de froid ; et vingt par jour de prison et cent par jour de
cachot ; il me faut la peau de tous ceux qui n'ont pas
pleuré quand j'étais au cachot ; j'ai besoin qu'ils souffrent
énormément avant de mourir. Et rien que pour ce pays de
merde il y en a mille comme moi. Ça vous coûtera cher
mon innocence. »

De retour derrière les murs noirs de Belleyme après ces
deux jours face au plus obtus des interlocuteurs (et le
seul, ça tombe mal), Henri est si désemparé de n'avoir
finalement pas pu s'expliquer, d'avoir parlé dans le vide,
et pas de ce qu'il voulait, alors qu'il attendait ce moment
depuis son incarcération, qu'il entame aussitôt la rédaction d'une longue lettre au juge (celle de onze pages, dont
j'ai déjà cité des extraits), pour reprendre toute l'affaire,
ce qu'ils étaient censés faire en face à face, et dire ce
qu'il n'a pas pu dire – soit à peu près tout ce qui est
important. Il ne peut pas lui écrire qu'il rêve de le voir se
vider de son sang (il faut être diplomate), qu'il a besoin
qu'il souffre énormément avant de mourir, alors il biaise.
Dans un passage sur Madeleine Soudeix, qui a multiplié
les témoignages contre lui, il explique que c'est compréhensible : sa mère, Louise, ne le connaissait pas bien,
elle ne le voyait qu'aux vacances, et ces dernières années,
souvent en dispute avec Amélie : « Or ma tante était
sa préférée, comme mon père et surtout moi l'étions de
Finaud, Joséphine Depralon, entrée au service de ma

famille au mariage de mes grands-parents, morte chez nous en 1937. Si elle était encore là, elle vous aurait couvert d'insultes pour le traitement que vous m'infligez depuis six mois. »

Mais elle n'est plus là. Les seuls soutiens d'Henri, concrètement, au parloir, sont maître Abel Lacombe, qu'il ne connaît pas, et Annie, qu'il avait décidé de ne plus voir. Mais à distance, par courrier, il reçoit d'innombrables marques de sympathie, de compassion et d'encouragement de la part de ses amis bien sûr, mais aussi de tous les proches de la famille, même des intimes d'Amélie ou de Georges qui le connaissaient moins bien – ils ont tous inlassablement répété aux enquêteurs et au juge Marigny qu'il était rigoureusement impossible qu'il soit coupable, et bien qu'ils n'aient aucune raison de mentir, on n'a jamais voulu les entendre, leurs témoignages ne figurent dans aucune synthèse de l'instruction, même en substance ou très succinctement. C'est comme s'ils n'existaient pas. Pourtant, toutes les cartes et lettres qu'il a reçues sont bien rangées dans le dossier. Madeleine Flipo, qui ne sera jamais la femme de Georges : « Mon cher Henri, tu peux te représenter à quel point nous sommes bouleversés par cet affreux malheur, et quel immense chagrin nous éprouvons. Aucun des nombreux amis de ta famille n'a douté un seul instant de ton innocence, tu le sais, et tous attendent impatiemment qu'elle soit démontrée. » Sa fille Colette : « Je ne puis te dire combien nous pensons à toi et avec quelle impatience nous attendons ta libération, qui sera la fin de cette erreur atroce. Nous t'aimons de tout notre cœur et avons tant envie de te voir pour parler avec toi de ce bon vieux Georges que nous aimions tant. Les mots ne peuvent exprimer notre chagrin, toi seul peux le comprendre. » (Elle a raison, personne d'autre à ce point.) Xavier Mariaux, le meilleur copain de Georges : « Je ne peux pas aller t'embrasser dans ta prison, mais je veux que tu

saches que la peine abominable que j'ai de la mort de ton
père se double de l'accusation qui pèse sur toi. Ne te laisse
pas abattre, tu le dois à ton père qui t'aimait tant et qui
était si fier de toi.» Certains amis de longue date de
Georges, qui n'ont pas été interrogés pendant l'enquête,
lui écrivent aussi. Un Jean Martin : «Je connais trop bien
la tendresse que votre père avait pour vous et celle que
vous aviez pour lui, je revois encore les regards que vous
échangiez dans sa chambre à Vichy, pour croire un instant
que les faits qui parlent contre vous ne sont autre chose
que des apparences.» Un Paul Rival, à qui Georges montrait fièrement les lettres qu'il recevait de son fils :
«Comment vos accusateurs peuvent-ils penser que vous
avez été assez stupide pour vouloir la disparition d'un être
qui vous aurait tant aidé dans la vie, qui vous aurait tout
donné et avec joie, qui vraiment ne vivait que pour vous ?
Croyez que, dans l'épreuve horrible où vous êtes et que
vous arriverez certainement à surmonter, je suis de tout
cœur avec vous.» Pendant ce temps, ça défile aussi sans
discontinuer devant Marigny. Monique de Bon, rédactrice
au ministère des Affaires étrangères (Georges était son
supérieur) : «Je ne peux imaginer un seul instant que ce
jeune homme se soit rendu coupable de ce crime.» Le
général Camille-Roger Salland apprend au juge qu'il a
plusieurs fois «empêché Henri de faire des bêtises, simplement en lui montrant qu'il ferait de la peine à son
père». Même Jules Chavenau, Julot-les-Bacchantes, le
commis sautillant, défendra son futur ex-gendre : «Son
caractère était généreux, il ne s'inquiétait pas des questions
d'argent et ouvrait facilement son porte-monnaie aux malheureux.» Frédéric Henry, un architecte dont la famille
«entretient depuis plus de cent ans des relations amicales
avec les Girard-Duplessis» et s'est réfugiée quelque temps
au château à l'été 1940 : «Notre sentiment est qu'Henri
Girard est incapable physiquement ou moralement d'avoir

accompli un acte de violence.» Je sais que c'est long, qu'on a compris, mais il y en a encore beaucoup, beaucoup d'autres, tous, les amis d'Amélie et les amis de Georges (et même leurs vieilles tantes, Mmes Fron et Morellet, les sœurs de Cécile Gratet-Duplessis, qui pourtant hériteraient de tout s'il était condamné : elles écartent formellement la possibilité qu'il soit coupable), tous et unanimes. (Au procès, Marguerite Pelaud, la gouvernante, élèvera la voix, elle s'écriera : «Oh, je le dis de tout mon cœur, il est impossible qu'il ait commis un crime pareil ! Je l'ai élevé jusqu'à vingt ans, ce n'est pas possible, il en est incapable !») On a compris, mais pas Jo Marigny. Pour lui, ça ne pèse pas lourd (face, sur l'autre plateau de la balance, à la fille et à la sœur de Louise Soudeix, Yvonne Doulet et deux ou trois villageois qui ne connaissaient la famille que de loin), ça passe sur lui, qui le connaît mieux que personne, qui a su le percer à jour, comme une brise de printemps sur une enclume.

Peut-être seulement en apparence, car il est possible que cela le contrarie : il réagit. Il décide qu'Annie, qui passait voir Henri trois fois par semaine à Belleyme, n'aura plus le droit désormais qu'à deux visites hebdomadaires. «Il y a des limites, lui écrit aussitôt le prisonnier. Ma femme est venue s'installer près de moi, m'apportant le réconfort d'une présence amie et me faisant à chacune de ses visites un courage nouveau. Il est cruel et injuste de m'enlever même partiellement ce seul réconfort.» Comment certains ont-ils pu s'étonner qu'il ne la repousse pas lorsqu'elle est revenue dans la photo, lors des obsèques et ensuite ? Il n'a personne d'autre près de lui, et ils ont tout de même vécu plus de trois ans ensemble. Les lettres qu'il lui écrit, dont les copies ont été conservées par l'administration de la prison, sont pleines d'affection et de gratitude – sans remords mais sincères. Un jour où elle n'est pas venue au rendez-vous du parloir : «J'ai l'impression que

tu ne te rends pas bien compte de ce qu'est la prison.
Je t'ai attendue en vain aujourd'hui comme d'autres fois
déjà. Tu n'imagines pas – tu ne peux pas – de quelles tris-
tesses, de quelles détresses sont peuplées ces attentes-là.
J'aime mieux ne pas te voir du tout que de t'attendre en
vain. Choisis, et quel que soit ton choix, sois sûre de ma
reconnaissance pour tout ce que tu as fait et que presque
personne à ta place n'aurait fait.» À la fin de la lettre, il
s'excuse pour ses reproches du début : «Je n'en peux plus.
Je suis coulé à zéro. Par l'âme, je suis de la cloche. Je
te parais sans doute dur, ingrat, égoïste. Mets ça sur le
compte de la misère. J'en suis au dernier stade de lutte
contre le noir, l'injuste, l'horreur.» On peut penser qu'il
la manipule, qu'il joue avec son amour et lui promet un
avenir ensemble s'il s'en sort. Mais non. Dans une déclaration d'Annie au juge Marigny, le 30 mars 1942, on lit le
reflet de ce qu'ils se disent de vive voix à Belleyme :
«Maintenant, je suis fixée, puisque au cours d'une visite
que je lui ai faite au parloir de la maison d'arrêt, il m'a
prévenue qu'à sa sortie, nous ne serions que deux amis.»
Il est honnête, droit. Il le sera en la remerciant de deux
manières : le 24 janvier 1942, il signe depuis la prison une
procuration pour que ce soit elle qui perçoive les revenus
des métairies d'Escoire et de la récolte de tabac; lors du
procès, répondant à une question du juge, il affirmera
qu'ils n'ont jamais couché ensemble avant le mariage.

Il fait preuve de la même élégance avec Marie-Louise,
son autre soutien, à distance celui-là, son grand amour. Il
lui écrit souvent, et longuement, mais en prenant soin de
ne pas trop en dire car, pour le courrier en zone occupée,
il n'a le droit qu'aux cartes et sait que ses parents ou les
concierges pourraient les lire. (Le 27 janvier 1942, sur une
carte postale de taille normale, il réussit à caser cinquante-
huit lignes en caractères minuscules – la retranscription
par un policier ou une petite main de Marigny, qu'on

imagine (joyeusement) très pénible, occupe cinq pages dactylographiées. Mais il prend encore des précautions, s'adresse à Marie-Louise comme à une amie à qui il demande de transmettre un message à une autre, qu'il aime et veut épouser : «Dites-lui que c'est vers elle que je dirige le reste de mes jours. Que je suis toujours le plus fort. Que ça se fera. Qu'un jour nous partirons tous les deux, seuls pour toujours, vers le bonheur et la chaleur et la lumière, heureux.») Il la vouvoie et lui parle surtout de sa tristesse et de ses conditions de détention, avec parfois quelques sous-entendus : «Vous ne pouvez pas deviner exactement ma solitude ici. Vous pouvez imaginer en tout cas ma peine. Cette accusation ridicule n'a vraiment pas grande importance, mais il est dur d'être ici, seul, quand on aurait tant besoin d'affection. Ne soyez pas inquiète, je tiens bien le coup. Mais ne pas pouvoir m'expliquer, attendre passivement avec la hantise permanente, la pensée de la mort de Georges, de ce que j'ai vu ce jour-là, c'est très dur. Ne consentant pas à me plaindre moi-même, j'ai terriblement besoin quand même d'être plaint, il n'y a que vous qui puissiez faire ça pour moi.» Il ne lui cache pas que sa femme est revenue au premier plan, très présente : «Annie se conduit vis-à-vis de moi en très chic copain, mais ça ne suffit pas. J'ai grand hâte de retrouver les affections qui m'attendent à Paris. La perte de mon père est cruelle à supporter. Vous savez quel ami c'était pour moi. Penser qu'il est mort comme ça, je suis vraiment allé au fond du désespoir. Ça ne m'a pas empêché de scandaliser les imbéciles qui s'attendaient à me voir pleurer en public et qui, déçus, ont taxé d'inhumanité mon silence.» Les semaines passant, le détachement par rapport à ce qui lui arrive est moins facile : «Vous allez retrouver bien vieilli votre pauvre Henri, ma chère amie. Je ne peux vous dire vraiment ni ce qu'est ma douleur, ni ce qu'est une prison. Mais si vous me revoyez vieilli et bien las, je n'aurai pas pour autant changé.» On sent qu'il s'inquiète, elle doit peu à peu lui écrire moins, ou avec plus de réserve, mais il y croit encore : «Le plaisir que j'ai à vous, à nous retrouver les mêmes dans le cataclysme ne peut ni se décrire ni se définir. Au fond, il est assez extravagant de penser qu'au milieu de ce désastre, une tournure de phrase, une subtilité de votre pensée, suffit à me rendre le sourire.» Aucune des lettres de Marie-Louise ne figure dans le dossier, il les a peut-être emportées en partant, ou détruites, mais il semble que la jeune femme, classique, catholique et conformiste, prenne insensiblement ses distances : «Il y a un point sur lequel je ne suis pas d'accord avec vous. Vous me dites d'éviter de regarder la laideur du milieu dans lequel je vis. Mais au contraire, Marie-Louise. La grande affaire dans une vie est de comprendre, comprendre, vraiment comprendre n'a jamais été une faiblesse. Mais au contraire une force.» Et plus loin : «Autre chose que je reproche à votre carte, vous m'y parlez de ma vie sentimentale. Mais je n'ai pas de vie sentimentale.» Elle a sans doute fait référence à Annie, elle veut le repousser vers elle. «Je ne vous ai pas dit l'essentiel, les mots que vous aimeriez lire mais que vous ne voudriez pas savoir lus par d'autres.» Sa vie sentimentale, à elle, on devine qu'elle en parle aussi. Un autre apparaît. Henri essaie encore d'en rire : «C'est avec une intense jubilation que j'ai reçu votre carte du 11, et je m'empresse de vous donner quelques conseils au sujet du troisième personnage, qui manquait tellement dans cette pièce à la Marivaux que nous jouons par écrit. Rendez-le horriblement malheureux, comparez-le sans cesse et à son désavantage à votre vieux meilleur ami que la formule "le flirt de votre vie" définirait assez bien. Racontez-moi tout ça, et qu'il sache que vous me le racontez. Ce n'est pas que je souhaite du mal à ce pauvre garçon – il en aura bien assez tout seul – mais je suis assez féminin quant à la

vacherie.» Dans la carte suivante, il se sent faiblir :
« Il faut que j'évite de m'attendrir l'âme en pensant à
Paris, à tout ce que ça comporte de tendresse – comme au
régiment, on m'a appris à éviter de me laver les pieds au
cours des marches, pour ne pas les ramollir. J'ai toujours
été pour les comparaisons nobles. » Il faudra cependant
qu'il se rende à l'évidence : Marie-Louise ne tiendra pas,
elle le lâche progressivement. Je pensais, et je n'étais
pas le seul, que c'est lui qui l'avait quittée, par lassitude,
ennui sans amour physique, ou une dépression de ce
genre, pour retourner vers Annie qui lui est présentement
plus utile, mais non, c'est elle qui a coupé le fil. Dans son
avant-dernière carte, en mars 1943, ne recevant plus rien
d'elle, il demande : « Êtes-vous mariée, au couvent, ou
ne m'aimez-vous plus ? » Quelques jours plus tard, elle
répond (c'est lui qui le raconte dans *Je suis un dévoyé*) :
« C'est ta première hypothèse qui est la bonne. » Le problème, c'est qu'il ne se rappelle plus dans quel ordre il a
proposé les hypothèses dans sa question. Il doit donc,
inquiet, abattu par avance, sans compter l'air tarte, lui
écrire de nouveau pour qu'elle précise. C'est un coup dur
(doublement, dans sa situation), mais il ne lui en voudra
pas, ne lui reprochera rien. Au procès, pour ne pas lui
nuire, il déclarera que leur amour est toujours resté plato-
nique. Huit ans plus tard, il consacrera un passage du
Voyage du mauvais larron à ce rude souvenir : « Alors
vint se jeter entre elle et moi, se jeter sur moi avec tout
son ignoble poids noir et poisseux, le malheur, celui
auquel nous croyions le moins, car il nous était étranger, il
n'avait rien à faire ni avec elle ni avec moi. Ce fut moi qui
fus submergé. Je fus blessé, elle me fut enlevée par hasard
– seulement par hasard – mais ce hasard me blessa salement. » (Le lendemain de l'annonce définitive de ce
mariage dans le dos, Annie vient le voir au parloir. Il est
dévasté, perdu, plus seul que jamais, il fait quelque chose

dont il se mordra les doigts, et qu'il raconte à Maurice Garçon dans une lettre du 20 mars 1943 : «En ce qui concerne ma femme, voici : Marie-Louise L., dont je vous avais parlé, s'est mariée – et pas avec moi. J'ai renoncé alors, dans un moment que je regrette, à ma politique de défiance à l'égard de ma femme. Je lui ai successivement signé un papier pour une pension et une renonciation à l'instance de divorce. Après cet exploit, j'en ai été tellement furieux et honteux que je n'en ai parlé à personne – et c'est ce que je vous demande également de faire.» Il n'est jamais revenu sur ses promesses – Annie avait ses défauts, mais personne ne l'a soutenu comme elle, et Henri n'est pas du genre à l'oublier; il est, encore une fois, honnête, droit. Car contrairement à ce qu'a cru Maurice Garçon, comme en témoignent ses courriers de l'automne suivant à son confrère Lacombe, contrairement peut-être à ce qu'Henri lui a fait croire, ce n'est pas lui mais Annie qui a demandé le divorce, en octobre 1943. Avant de succomber à un cancer en 1975 (sans jamais s'être remariée), elle a laissé à sa belle-sœur, Florence Chaveneau, toute la correspondance qu'elle avait gardée de ces années-là, et que Roger Martin (à qui je dois décidément beaucoup) a pu consulter. Une lettre de son frère Roger (le mari de Florence – je me demandais comment Annie pouvait avoir une belle-sœur, je viens de trouver la réponse sur Internet : l'abbé est redevenu laïc, et psychologue, a épousé Florence, ils ont eu deux enfants) à leurs parents leur apprend que c'est bien elle, cette fois, qui a entamé la procédure de divorce : elle le trouve «désaxé» depuis sa sortie de prison, elle ne l'aime plus. Comme l'avocat d'Henri pour la circonstance l'a appris à Maurice Garçon, ils sont convenus d'une somme d'argent qu'Henri a versée à Annie – une «transaction ruineuse», selon Garçon.)

En rentrant au Mercure, après – enfin – mes trois whiskies au Garden Ice et un dîner dans un petit tex-mex (les soirs passant, la vue d'un magret ou d'une tranche de foie gras (avec sa compotée d'oignons rouges) me provoque des vertiges), j'apprends, scié, que ce n'est pas non plus Henri qui a quitté sa troisième femme, Lella. Pauline, à la réception, me donne un paquet : Anne-Catherine m'a envoyé *Le Voleur de hasards*, de Jacques Lanzmann. Un court passage, toujours le même, est cité dans plusieurs livres ou textes consacrés à Henri Girard ou Georges Arnaud, celui qui concerne son regard «de ciel noyé», que craignait René Julliard, qui révèle que «Georges inquiétait tout le monde» et se termine par : «C'était un dur à cuire, qui mangeait tout cru ses adversaires.» On a toujours laissé la suite de côté. On y apprend qu'à cause de la peur qu'Henri suscitait quand on ne le connaissait pas bien, Lanzmann n'a pas vu d'un très bon œil que Lella (qu'il appelle Marie dans le livre) se rapproche de lui : «Quand Marie, sa femme, sembla s'intéresser à moi, je commençai par reculer. Je n'avais pas envie de me retrouver avec un couteau planté dans le dos. Rien n'échappait à Georges. Il était de tous les combats et dans tous les secrets.» Et effectivement, Henri devenu Georges comprend ce qui se passe. Mais pas de couteau dans le dos, pas de scène à Lella : il les laisse tous les deux à leur histoire qui commence (et durera quelques mois), en demandant simplement à Lanzmann de «ne pas lui faire de mal».

Henri a fui Annie en mars 1941 parce qu'elle l'étouffait et compromettait son avenir professionnel, il a fui Paris, sa famille – Suzanne et leurs deux enfants – en mai 1947 parce qu'il ne savait plus qui il était et ne tenait plus debout; hormis ces deux évasions, qu'on peut trouver blâmables ou lâches, surtout la deuxième, il n'a pas quitté les femmes qu'il a aimées, et ne les a pas trompées. Il n'a jamais, en aucune façon, demandé à une femme de rester à la place qu'on leur attribuait à l'époque, d'être sa cuisinière,

son accessoire sexuel, son assistante ou sa femme de
ménage (on se souvient qu'il s'est mis en colère quand
Lella a préféré acheter des casseroles plutôt que des
choses qui lui feraient réellement plaisir), ne les a jamais
négligées ou rabaissées, au contraire, il n'a aimé que des
femmes de nature indépendante ou de caractère fort. Il
s'est mis à dos sa famille pour défendre Annie (et pas toujours de gaieté de cœur, a-t-il écrit plus tard à son père),
l'insolente, la dévergondée, l'anti-petite fille modèle; il a
accepté sans colère ni rancune le choix cruel de Marie-
Louise; il a offert un piano à Suzanne plutôt qu'un
aspirateur, et lui a donné des chansons pour qu'elle ne
devienne pas femme au foyer; il a encouragé Lella à
écrire et à publier (deux romans chez Julliard et un essai
sur Ninon de Lenclos); enfin, il a toujours considéré
Rolande, Quatre-Pattes, comme la personne la plus importante de sa vie («Ils formaient un couple indestructible»,
écrit Jacques Lanzmann) : sa femme, sa moitié ou son
double, son amie, son repère, son alliée, son guide souvent. Tout cela, ce rapport avec les femmes, cette volonté,
cette évidence d'égalité, paraît normal aujourd'hui – et
encore, pas pour tout le monde, il suffit de tourner la tête
à droite ou à gauche. Mais il y a quarante, soixante ou
quatre-vingts ans, ça n'allait pas de soi. (À mon retour à
Paris, le premier soir, j'irai dîner avec Anne-Catherine au
restaurant du quartier où j'avais lu la première phrase du
Club des Cinq en roulotte, à la même table. Je l'emprunte-
rai discrètement, squish, dans mon sac matelot (ça ne leur
manquera pas, on peut même raisonnablement penser
qu'ils ne s'en rendront pas compte – «Bon Dieu, Alain,
vise l'étagère "Bibliothèque rose", je crois bien qu'on
nous a chapardé *Le Club des Cinq en roulotte*!»), en souvenir de ma lointaine enfance – l'occasion ou jamais d'y
retourner, entre les pages jaunies. Je le remettrai en place
cinq jours plus tard, squish, sur l'étagère. Le livre a été

publié en 1960, à l'intention et à l'usage des enfants. Page 23, Annie décide de faire le ménage dans la roulotte des garçons, Mick et François, qui sont décidément de vrais cochons. Elle est bien bonne, Annie, mais hors de question qu'elle se farcisse cette corvée toute seule : «– Claude m'aidera, dit Annie fermement. Je ne demande pas aux garçons de s'occuper du ménage et de la cuisine, mais Claude doit le faire parce qu'elle est une fille. – Si seulement j'étais un garçon! soupira Claude.»)

Au tex-mex, une petite cantine colorée, à mi-chemin entre le fast-food et le restaurant, j'étais assis, devant mon burrito, à côté d'un couple illégitime – quarante ou quarante-cinq ans pour la femme, cinquante pour l'homme : lui, cadre moyen pas loin de supérieur, visage gris clair, coiffure Jean-Louis David, certaines doivent encore se souvenir de ses pas de danse innovants dans les boîtes de nuit des Pyrénées-Atlantiques, au milieu des années 1980; elle, archétype de la libertine dépressive : les traits tirés, les yeux cernés, les cheveux secs, une jupe noire et courte, sans être mini, avec ruban de dentelle au-dessus des genoux, comme on en portait à l'époque où Thierry étincelait dans la nuit de Saint-Jean-de-Luz, bustier assorti sous une veste démodée style Caisse d'épargne, escarpins noirs à talons aiguilles (39,99 € à la Halle aux chaussures) et bas – je le sais parce qu'ils plissent sur ses mollets trop maigres. Ils vont passer la nuit ensemble; dans un club échangiste ou un Ibis. (Avant ça, quelques tacos ramollis sous les néons impitoyables d'un tex-mex, quoi de mieux pour se mettre en condition?) Je comprends qu'il est séparé de sa femme, mais «en bons termes», et qu'elle profite de quelques jours de liberté, ses enfants étant chez sa belle-mère à Niort avec leur père. Je n'ai pas l'impression qu'ils se connaissent depuis longtemps. Elle dit : «Mes gosses ne me manquent pas, tu sais. Au contraire, je n'ai pas envie qu'ils reviennent. J'ai un peu honte mais bon, c'est comme ça.» Il hoche la tête sans pouvoir réprimer une petite moue, il ne semble pas tout à fait d'accord avec ce constat sur les gosses, il est gêné – il a un peu honte, mais bon, c'est comme ça, et il est là pour tirer un coup, il ne va pas se coltiner toute la misère du monde. Je suis buriné, j'en ai vu et entendu d'autres et bien plus glauques (et je suis l'ami des gens qui baisent), mais j'ai du mal à profiter pleinement de mon burrito, on ne résiste pas toujours avec la même efficacité au glauque, ils me font de la peine – je veux croire au moins qu'ils vont s'amuser un peu, pas en missionnaire avec des grognements sourds, sinon le cafard l'emporte sans coup férir. Après un digestif typiquement mexicain, ils quittent le resto avant moi, elle essaie maladroitement de lui prendre la main en marchant vers la porte, il ne le comprend pas, ou fait semblant, ils sortent côte à côte et bras ballants dans la nuit de Périgueux, vers un matelas. (En me retenant de commander un digestif typiquement mexicain, je pense à une anecdote que m'a racontée mon pote flic, monsieur le divisionnaire anciennement Pupuce. Après une nuit particulièrement arrosée (à l'œil) dans les boîtes de Pigalle, un collègue avait fini chez une fille qui travaillait dans l'un de ces établissements (sans doute après un clin d'œil du patron, qui s'en tirait à bon compte), rond comme une queue de pelle. Il avait réussi par miracle à se relever au milieu de la nuit, était rentré chez lui en titubant dangereusement et s'était couché près de sa femme, en la réveillant sûrement mais il faut être indulgente, c'est la vie de policier – ça pue l'alcool, le mauvais champagne éventé, mais en immersion dans le milieu, comment faire autrement? Une heure plus tard, une entité démoniaque lui avait fait ouvrir les yeux. En voyant les chiffres lumineux de son réveil (il était 6 heures), il s'était levé d'un bond, comme électrocuté, et avait enfilé son caleçon et son pantalon en s'effondrant à moitié sur la chaise où il les avait posés. «Mais qu'est-ce qui te prend, qu'est-ce que tu fais?» avait demandé l'épouse ensommeillée. «Ben je rentre chez ma femme!» Irrattrapable, pas moyen.)

14.

On peut être un bon flic, plonger dans le vrai, la vase, à l'ancienne, s'arranger avec les tièdes, serrer les méchants, et partir en vrille dans les bars ou ailleurs, ce n'est pas incompatible. (Et je les aime bien, ceux-là. J'ai vu monsieur le divisionnaire, qui est un vrai bon flic, grimper nu dans un arbre en plein Paris, à 4 heures du matin. Je l'ai vu aussi pleurer au comptoir devant sa quinzième bière, inconsolable, désarticulé, un soir de novembre 2015, après avoir passé des heures au Bataclan à compter les morts.) Mais on peut aussi, et là c'est vicieux, être un bon flic et un mauvais flic à la fois, dans son boulot. On peut commencer une enquête bon flic et virer en cours de route, la finir mauvais flic, flic indigne, du genre qu'on devrait envoyer en taule à la place de celui qu'il y a mis. C'est ce qui s'est passé – et ça n'en concerne pas qu'un – quand il s'est agi de savoir si quelqu'un, Bruce, avait pu pénétrer dans le château. Parmi toutes les absurdités, erreurs ou manipulations de l'instruction contre Henri Girard, c'est la pire – c'est dire.

Depuis les premiers jours et jusqu'au procès, on sait et on maintient que personne n'a pu passer par la fenêtre des WC désaffectés, seule entrée possible brièvement envisagée.

Il est extrêmement difficile de faire sauter le crochet des volets depuis l'extérieur (il y a bien l'espèce de tour de magie de Maurice Garçon avec son bâton, mais on sait que ce diable d'avocat en a plus d'un dans son sac) ; la fenêtre n'était pas à proprement parler fermée, à cause du bois qui avait gonflé, mais coincée en position de fermeture, et couverte de vieilles toiles d'araignée d'un battant à l'autre.

Je me souviens d'avoir tiqué, en lisant le compte-rendu sténographique du procès (sur lequel un bandeau, toujours en place soixante-dix ans plus tard sur l'exemplaire que j'ai acheté d'occasion, annonce : « Un mystère qui demeure entier »), au moment de la visite du château. Dans les toilettes, Garçon remarque que le scellé apposé sur la fenêtre a sauté, il est déchiré. Selon lui, c'est la preuve que quelqu'un est entré récemment par là, et que donc, c'est possible. Présent, le juge de paix de Savignac-les-Églises, responsable des scellés, le contredit fermement : pas du tout, ça ne veut rien dire, c'est simplement que, la fenêtre fermant mal, l'humidité, tout ça, les courants d'air ont dû la faire bouger, l'entrouvrir, cassant ainsi le scellé. Si on résume : c'est une fenêtre coincée, à cause du bois qui a gonflé, on ne peut pas la pousser, il faut une barre de fer ou un démonte-pneu (je ne sais plus) pour l'ouvrir, mais l'humidité et de simples courants d'air suffisent à en écarter les battants ? (Ensuite, Garçon se livre à une petite expérience. C'est accessoire, et ça n'a rien à voir avec l'ouverture de la fenêtre, mais ça vaut neuf lignes. Dans son rapport, Marigny a indiqué que la grande malle d'osier qui se trouve dans ces toilettes était recouverte d'une épaisse couche de poussière et qu'on n'y remarquait aucune trace de pas. L'avocat demande aux jurés d'admettre que de la poussière sur une surface plane et lisse et de la poussière sur de l'osier, incrustée, ce n'est pas pareil. Il passe la main sur le couvercle de la malle, appuie, en plusieurs endroits, monte dessus, des deux pieds : ça ne laisse pas une trace.)

On ne peut pas ouvrir les volets de l'extérieur, donc, commençons par là. Je me souviens d'avoir tiqué une autre fois, mais presque inconsciemment, il y a deux jours, quand j'ai lu un procès-verbal rédigé par le greffier de Joseph Marigny, le 7 novembre : à 9 h 30, le juge s'est rendu au château avec l'électricien Delguel, pour vérifier l'histoire des fusibles du premier étage. Il est accompagné d'Henri, de son avocat d'alors, maître Desdemaines-Hugon, et du commissaire central de Périgueux, Jean Ruffel. Ils ne peuvent pas entrer dans le château avant l'arrivée du juge de paix de Savignac, seul habilité à faire sauter les scellés. Il est en retard. Ils attendent dehors, ils s'occupent. Et si on essayait d'ouvrir les volets ? C'est un bon loisir, car c'est très difficile : «Toutes les tentatives faites avec un morceau de bois sont demeurées vaines.» Du coup, qu'est-ce qu'on fait ? Le chauffeur de Ruffel va chercher le démonte-pneu dans son automobile, et là, avec toutes les peines du monde, on finit par y arriver. Le soir, au Mercure, je vérifie dans le compte-rendu du procès. C'est bien ce qu'il me semblait : ce ne sont pas les volets, que Ruffel déclare, au tribunal, avoir demandé à son chauffeur de forcer avec le démonte-pneu, mais la fenêtre. Et quand il en parle en mai 1943, ça ne s'est plus passé le 7 novembre, mais le jour même de la découverte des crimes. Quel étourdi ! (s'écria Mick).

Ayant tiqué deux fois, je me suis dit que j'allais essayer de regrouper tout ce qui concernait ces volets, de recouper les différentes sources. Je trouve d'abord un procès-verbal de Michel Tailleur, très court, perdu dans la masse. Le 29 octobre 1941, il est retourné au château, dans un seul but : étudier la fenêtre et les volets des WC désaffectés de plus près (il devait subsister une légère incertitude, s'il ne s'est déplacé que pour ça). Il a même fait des petits dessins, c'est mignon. Sur celui des volets, vus de l'intérieur, on est étonné de constater que le crochet qui les maintient fermés n'est pas à mi-hauteur, comme c'est le cas presque toujours aujourd'hui, mais tout en bas. Juste en face de l'échancrure dans la pierre. Il semble enfantin, de l'extérieur, de glisser un petit bâton dans le trou et de le faire sauter. Et il ne fait pas que sembler. Le commissaire passe à l'extérieur, tente sa chance, et consigne fièrement le résultat : « Par l'orifice, au moyen d'un bâton, nous écartons le crochet de fermeture intérieure des volets. » Il est aussi fort que Maurice Garçon ! À moins que Marigny, Ruffel et son chauffeur soient de véritables billes ? Car dans le rapport du juge daté du 7 novembre, il est indéniable qu'ils ont fait tout ce qu'ils pouvaient : « Nous avons pu constater que cette opération offre de sérieuses difficultés, et qu'il est impossible de l'exécuter en silence. » (Il faut pousser des hurlements rageurs de phénomène de foire, je pense.) Mais je découvre que Marigny a été pris d'un remords – tout arrive. Il a écrit quelques mots à la main, dans la marge, en tout petit, ajoutés par noblesse d'âme à la relecture : « Toutefois, l'inculpé nous fait remarquer que les difficultés éprouvées pour ouvrir ledit contrevent sont dues au fait que le crochet se trouvait coincé par un morceau de bois. » Ah. Ce n'est qu'un détail, mais enfin... C'est gentil d'y avoir pensé – même si la tournure « se trouvait coincé » est un peu maladroite. Les choses ne se trouvent pas coincées comme ça dans les endroits fermés au public. Il a écrit ça pour simplifier, sans doute : en réalité, on avait bloqué le crochet avec un bâton, non ? Juste pour éviter que quelqu'un ne puisse pénétrer dans le château (alors que c'est impossible).

Voilà, n'importe qui pouvait ouvrir les volets de l'extérieur en moins de cinq secondes (Ruffel l'a oublié, c'est tout, on ne va pas l'envoyer à la guillotine pour ça). Mais au risque de décevoir les amateurs de scoops, ça n'a aucune importance. Car le matin du 25 octobre, quand les premiers témoins sont arrivés, ce qu'il y avait, en fait, c'est que les volets des WC désaffectés étaient ouverts. On s'est donné tellement de mal pour le dissimuler que j'ai failli passer à côté, mais les volets étaient ouverts.

Le commandant Clech et le capitaine Pontet ont été les premières forces de l'ordre arrivées au château après les trois gendarmes de Savignac, à midi. Dans le seul rapport qu'il a rédigé, le 11 mars 1942 (soit plus de quatre mois après les faits), le premier indique, d'une admirable manière sibylline, que lorsqu'il est sorti dans la cour avec Henri – après l'épisode du soupir de Lucifer au premier étage – pour chercher un endroit par où le meurtrier aurait pu entrer, celui-ci lui a «désigné une fenêtre du rez-de-chaussée, donnant sur des cabinets, dont, dit-il, les volets n'étaient jamais ouverts.» Il lui désigne une fenêtre – à travers les volets? Il lui dit que les volets n'étaient jamais ouverts? Quand on se promène à la campagne, on montre du doigt un arbre normal et on déclare : «Ce platane n'a jamais été peint en rose»? Pour Clech, c'est un moyen évasif de reconnaître, à contrecœur mais honnêtement, que les volets étaient ouverts. Au procès, il fera de son mieux pour accréditer la thèse des autres, mais sera obligé de céder sur un point : «Les volets étaient ouverts mais la fenêtre était fermée.» Passant après lui à la barre, le fidèle capitaine Pontet, qui l'accompagnait le premier jour, essaiera de minimiser : les volets n'étaient «qu'entrouverts». Mais pour des volets, ouverts ou entrouverts, c'est kif-kif. Il était déjà midi, cependant. Les trois gendarmes affirment n'avoir absolument rien touché avant l'arrivée de leurs chefs, mais entre 10 heures et midi, combien de gens sont passés par là, qui auraient pu ouvrir les volets (pour s'amuser)? Peu importe, en fait. Car dans son rapport, le tout premier rapport de tous les rapports, Jean Chantalat écrit que lorsqu'ils se sont approchés du château, dans la cour, les volets étaient ouverts.

Comment concevoir, même avec une souplesse d'esprit inhumaine, une indulgence et une bonne volonté qui feraient

passer Mère Teresa pour la plus endurcie des psychori-
gides, qu'on ait fait tout ce foin autour de ces volets, qu'on
ait tenté de les ouvrir par tous les moyens, bâton, barre de
fer, démonte-pneu, laser désintégrateur, alors qu'ils ont
toujours été ouverts ? Le plus drôle, ou effarant, vient du
commandant Clech. Le 11 mars 1942, il raconte qu'il a
tenu à prouver à Henri qu'on n'avait pas pu passer par là
(car, certes, les volets sont ouverts, mais comment diantre
est-ce possible ?) : « Il restait à établir comment l'auteur
avait pu ouvrir les volets, dont le crochet intérieur était certainement mis. » Certainement, s'ils avaient été fermés,
le crochet aurait été mis, mais bon, là, ils sont ouverts.
« Ayant fait fermer les volets normalement, nous avons pu
constater, etc. » Tout rentre enfin dans l'ordre, les volets
qui étaient ouverts sont fermés normalement. (Il explique
ensuite qu'il n'arrive plus à les ouvrir – il essaie probablement de passer la main entière dans l'anfractuosité de la
pierre – et tous ceux qui viendront derrière lui seront face
au même problème, ainsi naît la légende.) Quelle méthode
sensationnelle ! On devrait l'enseigner à tous les gendarmes du monde en première année, elle permet de
résoudre cent pour cent des affaires criminelles, même les
énigmes les plus opaques, qu'on prétend insolubles (et ta
sœur ?), y compris le mystère de la chambre jaune et les
niaiseries de ce style : un homme est retrouvé mort, d'une
balle dans le cœur, dans une pièce de quinze mètres carrés,
sans fenêtre, dont les deux seules portes sont fermées de
l'intérieur. Quel casse-tête. C'est impossible, mais seulement si on ne voit pas plus loin que le bout de son nez.
Faisons un test – c'est par le tâtonnement scientifique
qu'on finit par entrevoir la solution : ouvrons une porte,
n'importe laquelle. Bien. Que voyons-nous ? Et on va venir
nous dire qu'on ne sait pas par où l'assassin est entré ?
(Qu'on mette les pinces au voisin, et fissa.)

Les volets étaient ouverts, d'accord, on commence à le savoir, mais la fenêtre ? Le bois gonflé, les toiles d'araignée ? On les attend au tournant, les sceptiques, les angélistes. Mais allons-y doucement. Un premier indice peut nous être donné, encore une fois, par le premier rapport des gendarmes : « Une fenêtre située sur la façade arrière et donnant jour sur un water-closet désaffecté était ouverte et ne portait aucune trace d'effraction. » Pas mal, mais qui s'en contenterait ? Ce sont des sous-fifres, voyons plutôt du côté de leur chef, le commandant, le chef d'escadron, Clech. Mais pour cela, il faut revenir un peu en arrière, dans son rapport, au moment où il sort dans la cour avec Henri, peu après midi (et pardon pour les redites, mais rigueur fait loi) : « Girard m'a désigné une fenêtre du rez-de-chaussée, donnant sur des cabinets, dont, dit-il, les volets n'étaient jamais ouverts. La fenêtre était ouverte. » (Au procès, sous serment, il a dit mot pour mot, avec sa bouche : « La fenêtre était fermée. » Adieu, mon latin.) La fenêtre est tellement ouverte que, de l'extérieur, il ne peut pas voir si un carreau est cassé, ce qui aurait permis à l'assassin d'accéder à l'espagnolette : « J'ai dit à un gendarme d'aller se rendre compte si un des carreaux était cassé à cette fenêtre. » Le gendarme passe donc par l'intérieur, non, tous les carreaux sont intacts. Le commandant peut alors utiliser une deuxième fois, en quelques minutes, sa méthode sensationnelle (quand je disais qu'elle était utile) : la fenêtre est ouverte, mais si elle avait été fermée, on n'aurait pas pu l'ouvrir puisque aucun carreau n'est cassé.

Les gendarmes, les gendarmes, d'accord, mais ça suffit, comme preuve, les gendarmes ? Certains les considèrent, à tort bien sûr, comme un peu frustes. La police, ce n'est pas un chouia plus professionnel ? Michel Tailleur est commissaire principal à Limoges. De la 20e brigade de police mobile. C'est du solide. Le 29 octobre, n'oublions jamais, il se rend au château pour examiner la fenêtre et les volets.

«Constatons que la fenêtre des cabinets désaffectés ne ferme pas.» On le savait. «Toutefois, un levier servant de crémone maintient les deux battants dans une position telle que les deux rebords sont rapprochés d'environ un demi-centimètre.» On a fermé le levier, c'est bien, ça évite qu'elle ne s'ouvre trop. Michel a fait un dessin de la fenêtre, on voit bien ce qu'il veut dire : grâce au levier, un genre de crochet, elle ferme presque, ou presque presque, il reste un espace entre les deux battants. (Ce qui n'aide pas à remettre la main sur son latin, c'est qu'au procès, sous serment lui aussi, il dit : «La fenêtre n'était pas fermée, mais les battants, qui étaient d'ailleurs engagés l'un dans l'autre, étaient recouverts d'une épaisse toile d'araignée.» La toile d'araignée, on ne sait pas, mais les battants engagés l'un dans l'autre, Michel, non, relis-toi.) La conclusion, ce 29 octobre, à l'époque où Michel Tailleur est encore un bon flic, s'impose : «De ces constatations, il résulte qu'il est possible de pénétrer dans l'intérieur du bâtiment par la fenêtre en question, sans commettre la moindre effraction.» Eh ben, pas trop tôt. Il a fallu quatre jours pour l'admettre – c'est le principal ; on peut l'oublier, maintenant. Et s'offrir une jolie pirouette : quand il comparaîtra au tribunal et que le président Hurlaux lui demandera s'il a trouvé des traces d'effraction aux différentes issues, il répondra : «Pas la moindre.» Il ne ment pas (c'est à marquer d'un rocher blanc). Hurlaux insiste un peu et veut savoir si, vraiment, il n'y avait aucune possibilité d'entrer dans le château, comme tout le monde l'assure depuis dix-huit mois (à cet instant, et depuis dix-huit mois, il n'est pas possible que Michel ne se dise pas : «J'ai tout de même remarqué et écrit qu'il était possible de pénétrer à l'intérieur du bâtiment sans commettre la moindre effraction, me voilà dans une situation bien inconfortable», ce doit être un sentiment particulier, même si – le bénéfice du doute est applicable à tous – on croit sincèrement œuvrer

pour la justice, un petit Pearl Harbor sous le crâne est inévitable). Il répond qu'à son arrivée, le juge d'instruction
lui a parlé des WC désaffectés. C'est faux. À son arrivée,
il était 8 heures du matin, le 26 octobre, et Joseph Marigny,
qui avait passé près de dix heures au château la veille,
n'était pas là. Pour être précis, Tailleur était entouré des
commissaires Ruffel, de Périgueux, et Biaux, de Limoges,
des inspecteurs Petit, Biotteau et Catillon, des gendarmes
Lajoie et Chantalat, du chef de la sûreté de Périgueux,
Joyeux, et du photographe Le Natur. De Marigny, point.
Mais ce qu'il tente subtilement de laisser entendre au procès, sans le dire explicitement, c'est qu'il était présent sur
les lieux le premier jour. Il peut ainsi se joindre aux témoignages à propos des toiles d'araignée : «C'étaient de
vieilles toiles, certainement pas des toiles de l'année.»
(Il est toujours utile d'avoir un aranéologue de grande
expérience dans un commissariat. Celui-ci, en outre, est
modeste : pour ne pas avoir l'air d'étaler sa science, il ne
précise pas si elles dataient d'août ou de septembre 1940.)
«Cette fenêtre n'avait certainement pas été ouverte dans
un temps récent.» Il a dû se renseigner après sa visite
éclair du 29 octobre, car ce jour-là, il écrivait : «Mention-
nons que seuls les premiers enquêteurs peuvent être à
même d'indiquer si la fenêtre des cabinets dont il a été
question ci-dessus a été ouverte ou non récemment et si
elle fut trouvée ouverte le jour des premières constatations.» Mais il a dû se renseigner auprès de la sœur de son
plombier plutôt qu'auprès de l'un des premiers enquêteurs
car, pour mémoire, les premiers enquêteurs ont été clairs :
«La fenêtre était ouverte.»

Ces toiles d'araignée, gardons les pieds sur terre, elles
n'ont pas été inventées. Trois gendarmes – dont un capitaine – et deux commissaires affirment solennellement, dans
l'enceinte sacrée du palais de justice, les avoir vues. Mais un
premier problème se pose, justement : ils l'affirment tous

solennellement le même jour, au même endroit. Pas une
fois en plus d'un an et demi, dans les mille pages de déclarations diverses du dossier d'instruction, ces toiles d'araignée
n'ont été évoquées par quiconque, bien que concernant
directement l'un des points les plus importants de l'enquête (au début, en tout cas). J'ai donc cherché qui en avait
parlé le premier. C'est «un gendarme». On ne saura pas
qui, juste un gendarme – Chantalat, Lajoie ou Sentredille,
ce n'est pas précisé dans le compte-rendu sténographique.
Cela s'est passé la veille du jour où tous les autres l'ont
confirmé. Lors du transport au château. On visite les différentes pièces, on arrive dans les WC. Garçon note que le
scellé de la fenêtre a sauté, montre qu'on peut marcher sur
la malle d'osier sans laisser de trace, effectue un test avec
l'autre malle, celle de coffre automobile, qui était posée
contre la porte desdits WC (pour éviter qu'elle ne batte à
cause des courants d'air – la fenêtre, je ne sais plus si je
l'ai dit, ne fermant pas), montre que lorsqu'on pousse la
porte, cette valise va se placer contre celle du couloir, qui
était fermée à deux targettes, là où on l'a retrouvée le
matin, un juré remarque qu'il y a un deuxième disjoncteur
ici, et on en a terminé, on sort pour aller voir les volets.
Garçon, le prestidigitateur au bout du bois, stupéfie l'assistance en les ouvrant, et voilà, c'est fini, on va passer
de l'autre côté du château, vers le mur d'enceinte d'où les
objets ont été jetés sur la route. Mais soudain, au moment
de partir, le président Hurlaux demande : «Gendarme,
est-ce que vous avez remarqué quelque chose sur l'état
de la fenêtre?» Qu'est-ce qu'il lui prend? Maître Bardon-Damarzid, l'avocat de la partie civile, est près de lui,
il lui a peut-être suggéré quelque chose avant qu'on ne
s'en aille définitivement, on ne sait pas. Le «gendarme»
(de tout le compte-rendu, sur sept jours de procès, c'est le
seul intervenant dont le nom n'est pas indiqué) répond :
«Les toiles d'araignée n'étaient pas cassées.» Aussitôt,

Bardon-Damarzid enchaîne : «C'est tout à fait intéressant!
Il y avait des toiles d'araignée, vieilles, et qui n'étaient pas
déchirées. C'est très important.» Vieilles? Comment peut-
il savoir, l'avocat de Madeleine Soudeix? Et pourtant, il a
raison, car le gendarme reprend : «Il y avait des toiles
d'araignée qui étaient très vieilles et intactes, et qui rejoi-
gnaient les deux côtés de la fenêtre.» (Ne voyons pas le
mal partout, ils avaient dû en discuter tous les deux un peu
plus tôt, rien de surnaturel là-dedans.) C'est donc la première fois qu'apparaissent ces toiles d'araignée. À cet
instant, Henri Girard a une réaction étonnante. Il s'écrie :
«C'est absolument faux!» Qu'est-ce qu'il lui prend, à lui
aussi? N'est-ce pas une sorte d'aveu? C'est exactement ce
que sous-entendra Bardon-Damarzid le lendemain à l'audience : comment peut-il se montrer si affirmatif, et si
impulsif, au sujet de toiles d'araignée qu'il aurait vues ou
pas vues dix-huit mois plutôt? Quelle mémoire prodi-
gieuse... Nous prendrait-il pour des sots? Pourtant, Henri
s'entête, dans son box : «Le témoin a fait une fausse déclaration.» Et là, ce n'est plus un réflexe. C'est tout simplement
parce qu'il est sûr de lui, et il le serait même avec une
mémoire de cochon d'Inde : ce dont il se souvient, c'est
d'avoir vu, avec le commandant Clech, la fenêtre ouverte
– de tous les gendarmes et policiers qui passeront à la
barre, Clech sera le seul à ne pas dire un mot sur les toiles
d'araignée.

Lors de sa longue plaidoirie, Bardon-Damarzid reviendra sur cette ridicule éventualité d'une entrée de l'assassin
par cette fenêtre. Il conviendra que la défense a bien failli
l'emporter, que c'était la faille parfaite, celle qui pourrait
sauver la tête d'Henri Girard. Heureusement, au dernier
instant, les toiles d'araignée sont venues sauver le coup :
«Ah! messieurs, il s'en est fallu de peu que cela réussît, il
s'en est fallu de peu que vous puissiez avoir la conviction
qu'en effet le criminel avait pénétré de l'extérieur. Mais la

Providence, qui ne veut pas qu'un crime aussi horrible reste impuni, veillait cependant.» La Providence, carrément. Il n'a pas une petite opinion de lui-même... (J'apprends, sans l'avoir cherché (mais je n'irais pas jusqu'à invoquer la Providence), le nom du fameux «gendarme». Dans le cours du procès, entre les comparutions de Lajoie et de son capitaine, Pontet, je lis en italique : «*Puis revient le gendarme Joyeux, déjà entendu au cours du transport sur les lieux.*» Ce n'est ni Simplet ni Atchoum, c'est Joyeux qui a parlé le premier des vieilles toiles intactes. Le sténographe s'est trompé, d'ailleurs, il n'est pas gendarme mais inspecteur sous-chef. C'est lui qui, en accord avec le commissaire Tailleur, a tenté de faire croire qu'Henri lui avait quasiment avoué sa culpabilité, en lui demandant s'il avait une chance de s'en sortir en se faisant passer pour fou.)

Qu'il y ait eu des toiles d'araignée sur les carreaux, c'est possible. Mais entre les battants ? En utilisant le même procédé que Georges Arnaud lorsqu'il ne dénonçait pas les auteurs des violences policières dans l'affaire Marguerite Marty, voici les noms de ceux dont il est impossible de prétendre qu'ils n'ont pas déclaré en toute bonne foi, le 28 mai 1943, les uns à la suite des autres, être certains d'en avoir vu : le gendarme Lajoie, le capitaine Pontet, l'inspecteur Petit, les commissaires Ruffel et Tailleur. Tous de bonne foi le même jour – si ce n'était pas le lendemain du coup de tonnerre déclenché par la Providence, après une nuit et une matinée pour s'en remettre, il serait naturellement plus facile de certifier qu'ils s'en sont spontanément souvenus tous ensemble quoique chacun de leur côté, leur honnêteté éclaterait au grand jour, mais on n'y peut rien, la Providence fait ce qu'elle veut, elle n'a de compte à rendre à personne.

Je ne dis pas qu'ils ont menti consciemment. On a pu leur demander s'ils se rappelaient avoir vu de vieilles toiles d'araignée, ils en ont vu, oui, en effet, pas faux – qui reliaient les deux battants ? c'est dur à dire, ils n'ont évidemment pas fait très attention, sinon ils se seraient empressés de l'écrire, c'était une preuve imparable, mais à la réflexion, peut-être bien, oui. Si on cherche la petite bête, pour certains, c'est plus délicat. L'inspecteur Petit, par exemple, n'était pas là le 25, c'est certain – et le commissaire Tailleur, l'un des plus catégoriques au procès en ce qui concerne les toiles, n'en parlons pas. Souvent, mettre deux affirmations côte à côte aide à soulager les maux de tête. Commissaire Jean Ruffel : « Le 25 octobre, j'ai assisté à l'ouverture de la fenêtre. Nous avons constaté que personne n'avait pu s'introduire par là. Il y avait là des toiles d'araignée tellement anciennes qu'il ne pouvait pas y avoir de doutes à ce sujet. » Commissaire Michel Tailleur (rappel) : « C'étaient de vieilles toiles, certainement pas des toiles de l'année. Cette fenêtre n'avait certainement pas été ouverte dans un temps récent. » Nous sommes le 26 octobre, près de vingt-quatre heures après que Ruffel a assisté à son ouverture. (Dans le rapport qu'il rédige ce soir-là, extrêmement détaillé, où il recense avec une précision qui l'honore, qui l'honorait, absolument tout ce qu'il a vu dans le château, il n'écrit pas un mot sur les WC désaffectés, ni sur la fenêtre, ni sur les volets. Cela s'explique facilement : on ne lui en a pas parlé, de cet accès possible. La veille, seul le commandant Clech a abordé la question avec Henri, or Tailleur n'a pas pu croiser Clech entre-temps. Le 26, il est très probable qu'il n'ait même pas songé à regarder la fenêtre.) Dans la nuit du 25 au 26 octobre 1941, si Tailleur dit vrai lors du procès, une troupe de très vieilles araignées (si vieilles qu'elles font des toiles qui semblent dater d'un an) se sont concentrées sur une seule fenêtre, en prenant soin de bien relier les deux battants. Voilà ce qui a pu tromper Michel Tailleur. Ou alors, c'est Ruffel qui se trompe – il ne faut pas écarter cette éventualité : il dit que c'est son chauffeur qui a forcé la fenêtre avec

un démonte-pneu, il confond avec le 7 novembre et le volet,
on ne peut pas se permettre de négliger la confusion qui
règne dans son esprit. Mais même en supposant que cette
fenêtre était fermée le matin du 25 (alors que non), elle a
bien été ouverte à un moment ou un autre dans la journée,
plusieurs gendarmes l'ont manipulée, ont essayé de la fermer et constaté qu'on ne pouvait pas complètement, et
Tailleur jure qu'il voit encore des toiles le lendemain. Tailleur ment. Et pas que sur la date – car c'est le 29 qu'il s'est
intéressé à la fenêtre (après, justement, qu'on a enfin daigné lui en parler). Le 29, il vient expressément pour savoir
si on a ouvert cette fenêtre. Il observe, il se creuse la cervelle. Il la dessine, avec un espace notable entre les deux
battants. Et lui qui est si soucieux des détails omet de faire
la moindre observation au sujet de ces vieilles toiles
tenaces qui élucident incontestablement le mystère ? Pire,
il omet même de les voir : il écrit que seuls les premiers
enquêteurs pourront dire si la fenêtre a été ouverte ou non
récemment (je me mets à sa place, dans une situation
similaire : j'ai devant moi une pleine bouteille de Volvic
bien fraîche et je me creuse la cervelle pour savoir si j'ai
une petite chance de trouver quelque chose pour me
désaltérer). Presque au mot près l'inverse de ce qu'il mar-
tèle au procès.

Quand Maurice Garçon lui demande comment il est possible qu'il ait oublié de noter un élément aussi primordial
pour l'accusation, il donne l'une des plus extraordinaires
explications qu'on ait entendues dans un tribunal (je
m'avance peut-être) : il a pensé que le juge d'instruction
en avait parlé dans son propre rapport. Michel Tailleur, le
maniaque, dresse la liste de tout ce qu'il voit dans le château, la plus petite goutte de sang, la position de chaque
objet, le moindre torchon ou seau hygiénique, mais ces
toiles providentielles, bah, l'ami Jo Marigny a bien dû
noter ça quelque part ! C'est aussi ce que se sont dit tous

les autres, Lajoie, Pontet, Petit, Ruffel, Joyeux ? Les araignées, par tradition, on les laisse à m'sieur le juge ?

Qu'est-ce qu'il en dit, d'ailleurs, m'sieur le juge ? Pas grand-chose. « M. Girard a tenu à nous signaler que la fenêtre des cabinets donnant sur la futaie était ouverte le matin. » (Ça ne sent pas bon la toile d'araignée, ça.) Ils sont allés voir tous les deux, mais Marigny ne s'est pas intéressé à la fenêtre (elle est ouverte, elle est ouverte, on ne va pas y passer la nuit), seulement à la malle qui se trouvait dans les toilettes, pour remarquer qu'il n'y avait pas de traces de pas sur la poussière qui la recouvrait. (Et que, « vétuste et de construction très légère, elle n'aurait pu supporter sans céder le poids d'un homme » – sauf celui de Maurice Garçon, l'évanescent.)

Pour conclure, tout cela paraît inouï, inimaginable dans un cadre aussi grave que celui d'une instruction et d'un procès qui vont décider de la vie d'un jeune homme, et pourtant : non seulement il était très facile d'ouvrir les volets de l'extérieur puis de pousser la fenêtre, mais, un peu mieux, les volets et la fenêtre étaient ouverts le matin.

On pourrait retourner cette évidence en un claquement de doigts (ça m'ennuierait, c'était du boulot, quand même) : très bien, pas de problème, tout était ouvert, c'est simplement la confirmation qu'Henri Girard est finalement à peu près aussi malin qu'il est censé l'être, il a pris soin de préparer une fausse piste avant d'appeler au secours, bien joué. Il est malin mais pas très opiniâtre : quand le commandant Clech lui démontre, grâce à sa méthode fumeuse (qu'Henri est alors trop sonné pour balayer), que personne n'a pu entrer par là, il n'insiste pas une seconde, il n'a pas une parole de protestation : oui, bon, d'accord, oublions. C'est délaisser bien vite son astucieuse mise en scène.

Bruce est entré par les WC désaffectés. De là, il s'est trouvé directement dans le couloir, il a fermé, sur sa droite, la porte qui communique avec l'autre aile, il a fait quelques pas sur sa gauche et il a pénétré dans le petit salon. Reste à savoir qui est Bruce. (On peut s'approcher un peu de lui, dans le brouillard : il savait qu'on pouvait entrer dans le château par là. On ne l'imagine pas faire le tour du bâtiment, en pleine nuit, en se disant qu'il va bien finir par tomber sur un volet qui s'ouvre, ni découvrir par chance une petite anfractuosité dans la pierre. Il savait que le crochet se trouvait juste derrière cette anfractuosité. Il savait que la fenêtre ne fermait pas et qu'il suffisait de la pousser. Il savait que quelqu'un se trouvait au premier étage. Il savait où dormait Amélie Girard.)

Je suis en train de m'endormir, dans mon lit moelleux du Mercure, après l'élimination surprise de Béryl à « Koh Lanta », quand un truc se met à tourbillonner dans ma tête. Je rallume la lumière, je feuillette nerveusement le compte-rendu du procès (je déchire l'une des très vieilles pages, je m'en veux), j'écarquille les yeux : le truc se confirme. Tous les gendarmes ou policiers qui ont participé à l'enquête de près ou de loin, les grands chefs comme les petits porte-menottes, de Périgueux, de Limoges ou de Paris, ont été convoqués au tribunal par l'accusation. Tous sauf un, un seul, qui a pourtant été l'un des plus actifs sur le terrain : le commissaire Jean Biaux.

15.

Ce matin, avant de retourner dans le temple de Sylvie et Françoise, je vais voir Monique Lacombe, la petite fille qui longeait l'Isle sur le porte-bagages du vélo de son père Abel, et son mari Michel Labroue, devenu avocat lui aussi, dont j'ai trouvé les coordonnées il y a deux jours sur l'ordinateur des Archives. Je lui ai téléphoné hier, il a gentiment accepté de me recevoir, en me précisant qu'il ne pourrait pas m'aider beaucoup. Son cabinet se trouve à quelques mètres de celui qu'occupait autrefois son beau-père, où le couple vit aujourd'hui, tout près de la prison Belleyme. En sonnant à la porte, je me sens petit et creux – mais j'ai de la bouteille, ça ne se voit pas. Abel Lacombe est décédé en 1994. J'ai cru comprendre qu'Henri l'aimait beaucoup. J'ai même lu qu'il était potentiellement le seul à qui il aurait pu faire des confidences.

Je suis assis face à Michel Labroue, à côté de Monique. Dans un bureau où Henri est venu plusieurs fois, encore longtemps après son acquittement. Ils sont souriants, chaleureux, le genre de personnes dont se dégagent dès les premiers instants – comme une odeur de poulet rôti se dégage d'un poulet rôti – intelligence et sensibilité, avec qui on a envie de boire un coup et de discuter cinq heures, mais je suis impressionné quand même. Moins cependant que ne l'était maître Labroue, qui n'oubliera jamais la première fois où il a vu Henri, à cet endroit même. Il était alors tout jeune avocat, tétanisé. Le grand type maigre aux oreilles décollées, tout enveloppé d'ombre et de soufre, s'était approché de lui : « Vous vouliez voir la bête curieuse, jeune homme... Ne vous inquiétez pas, vous ne serrez pas la main d'un assassin. » Michel se lève et prend dans la bibliothèque, derrière lui, les éditions originales du *Salaire de la peur* et du *Voyage du mauvais larron*, toutes deux dédicacées, sous leurs vieilles couvertures Julliard qui me touchent, à son beau-père : « À Maître Lacombe, à qui je dois tant, cet acompte de son ami Henri Girard, dit Georges Arnaud » et « À Maître Lacombe, ce *Voyage du mauvais larron* qui, du temps où il s'appelait Henri Girard, lui a dû la vie ».

Monique me raconte que les jours qui ont précédé le procès, Maurice Garçon venait chez eux, du matin au soir, pour le préparer avec son confrère Lacombe. L'épouse de ce dernier leur cuisinait de copieux déjeuners, qu'ils engloutissaient sans cesser de travailler. Le lendemain de l'acquittement, Henri s'est rendu chez un fleuriste de Périgueux et a acheté toutes ses fleurs, qu'il a fait livrer pour Mme Lacombe : la cour de la maison en était pleine. Elle l'a vu souvent, Monique, quand elle était petite et plus tard, il passait leur dire bonjour chaque fois qu'il était dans la région ou pas loin, jusque dans les années 1980. Elle « sait » qu'il n'a tué personne, elle l'a regardé, elle l'a écouté : « Je ne peux pas me tromper », dit-elle. Son père avait la même conviction, jusqu'à la fin de ses jours. Qu'Henri lui ait fait des confidences ou non, Abel Lacombe a cherché le vrai coupable, ou des indices qui permettraient de le mettre sur sa piste (il avait quelques idées), des vêtements, des chaussures, dans les bois et au bord de la rivière, pendant des années. Monique en est certaine : «Si Henri Girard avait fait quoi que ce soit, il aurait fini, avec le temps, par l'avouer à mon père. Ils s'entendaient vraiment bien, ils étaient très proches. Or mon père n'a jamais eu le moindre soupçon.» Quant à imaginer deux dixièmes de seconde que son père ait pu suggérer à Henri d'accepter un marché avec un autre avocat, en espérant que des jurés soient contraints de l'innocenter (dans les Mémoires de de Villiers, Abel Lacombe devient «maître Lacambe»), elle ne peut qu'en rire.

Au moment où je m'apprête à partir, car je ne veux pas risquer de les embêter, Michel me dit encore quelques mots. Henri ne voulait plus – je le savais – parler de l'affaire, jamais : «Quelque chose s'était cassé en lui, il essayait de tirer un trait définitif, il ne cherchait même plus à savoir qui pouvait être le coupable.» Il se souvient aussi qu'il avait deux «costumes» différents, celui de l'homme privé, et celui de l'homme public : «Avec nous, dans l'intimité, c'était un homme sincère, gentil, calme, au regard droit et simple. Dès qu'il était entouré, en représentation, il reprenait son air froid, cynique même, son costume de dur et de provocateur.»

En sortant, bien qu'il ne soit que 11 h 25, je m'installe au comptoir du petit bar-Loto au coin de la rue et commande un whisky. (C'est mal, je sais. Mais je me laisse influencer par l'atmosphère des années 1940 dans laquelle je baigne, cette époque bénie (oublions la guerre, deux secondes) où l'on avait encore d'agréables valeurs, le goût des bonnes choses et la liberté de les apprécier. Dans *Le Petit Parisien* du 10 août 1943, une nouvelle qui fait chaud au cœur illumine la une : «De la bière pour les nourrices!» C'est la déconfiture, la pénurie étrangle le pays, mais il faut au moins sauver l'essentiel. «À plusieurs reprises, nous avons demandé que l'on veuille bien songer aux femmes allaitant leur bébé et contraintes de boire de l'eau pour se désaltérer!» Ah les malheureuses. Dieu merci, « cette question est enfin résolue favorablement, par arrêté préfectoral, et il est certain que les intéressées feront bon accueil à cette décision ». Tu m'étonnes. « La ration sera d'un litre par jour. » Yes ! Il n'y a pas que la bière qui manque cruellement, le tabac aussi. Là encore, il faut vaillamment mener le combat pour le bien-être. Le 13 août, on apprend avec effroi qu'on va rationner autant que les autres (deux paquets de tabac par mois au lieu de huit précédemment) ceux qui en ont le plus besoin : les patients des hôpitaux. C'est la meilleure. Déjà que c'est pas drôle d'être cloué au lit avec des tubes partout... *Le Petit Parisien* pense avant tout aux soldats blessés et hospitalisés, qui ont assez de problèmes comme ça : « Ne pourrait-on pas leur rendre leurs huit paquets de gris tous les mois ? »). Mon whisky est à peine buvable mais il n'y a que ça sur l'étagère à côté du gin Gibson's et de la vodka Poliakov, et je ne le bois pas pour le goût, juste pour me stabiliser, me fixer (comme on dit d'une photo qu'on développe), car je sens que ce sera une journée importante, je dois être équilibré, arrêté. Pour réfléchir posément. Elle a commencé dans une oscillation irréelle, la journée, au petit déjeuner : je ne comprenais rien à ce qui se passait.

Lorsque je suis entré dans la salle, j'ai senti que l'atmosphère n'était pas la même que les autres matins, il m'a semblé que les gens parlaient davantage, souriaient, dodelinaient de la tête ; des couples, qui paraissaient pourtant n'avoir rien en commun et ne pas se connaître, discutaient même d'une table à l'autre. Quand j'ai entendu ce qu'ils disaient, ma perplexité a atteint le niveau maximum : « Le monsieur là-bas était en pyjama rose, c'était marrant. » Quand je tourne le regard dans la direction que ma voisine indique de la tête, je vois un vieux bonhomme seul, en tenue de randonneur. Que faisait-il en pyjama rose ? Quand ? Une femme tape d'un air faussement sévère sur la main de son mari, qui vient de dire : « Le tee-shirt de la

petite là-bas était trop court, je me suis bien rincé l'œil!»
En se frottant la main et en grimaçant, il ajoute : «Ça va,
elle avait un string, quand même!» J'apprends que le diet
jean-pierre-marielle qui se sert du jus d'orange était torse
nu, et que le gros chauve au fond de la salle avait mis son
caleçon à l'envers. Je me sens plus à l'écart que jamais,
perdu dans un monde inexplicable – qui m'a oublié. C'est
une sorte de groupe d'hédonistes qui écume les clubs
échangistes de province? «Les Amis du Bon Plaisir»?
Mais qui va en pyjama, même rose, dans un club échangiste? Le mardi, c'est «Nuit coquine» au Mercure de
Périgueux, je n'ai pas vu l'affichette? Les deux pervers qui
terminent leurs croissants à côté de moi ont caché des
caméras dans toutes les chambres? (Et moi qui dors à
poil...) Je suis trop coincé pour essayer de me renseigner :
«Excusez-moi, comment savez-vous que cet homme
dégarni a mis son caleçon à l'envers?» Je reste avec ma
compote de mystère dans la tête, c'est plus que frustrant,
tout m'échappe.

Je m'apprête à remonter vers ma chambre, lourd d'incompréhension, mais le sourire bienveillant de Pauline à la
réception me convainc de m'arrêter : il s'est passé quelque
chose de spécial? Elle paraît sincèrement stupéfaite que
je ne sois pas au courant. (Oui, bon, on ne peut pas tout
savoir.) Je n'ai pas entendu l'alarme? Ce matin, une Amé-
ricaine qui avait demandé à pouvoir prendre son petit
déjeuner très tôt a oublié deux tranches de pain de mie
dans le grille-pain. Elle était déjà partie quand une fumée
noire est montée de l'appareil dans la salle déserte et a
déclenché l'alerte incendie. Il était 6 h 15. Tous les clients
ont été réveillés et se sont précipités affolés dans le hall – à
cette heure, ça ne pouvait pas être un exercice. Sauf moi, qui
roupillais paisiblement, en faisant des petits bruits avec ma
bouche. Pourtant, Pauline me l'assure, l'alarme est extrêmement puissante. Mais depuis la naissance d'Ernest, je dors

avec des bouchons dans les oreilles – j'écrivais la nuit, ce
qui était pratique pour ses réveils nocturnes, mais dans la
journée, je me réveillais, moi, dès qu'il pleurait, riait ou
poussait une chaise. J'ai changé de rythme il y a quatre ans
(me coucher à 8 ou 9 heures m'épuisait et me lever dans
l'après-midi me déprimait (en hiver, je ne voyais pas la
lumière du jour pendant trois mois) – c'est l'âge, ça ne pardonne pas), mais mon crétin de cerveau ne veut rien savoir,
il s'est habitué au silence : qu'une voiture de flics passe en
trombe ou qu'un poivrot beugle dans la rue, je me réveille
et mets deux heures à me rendormir. J'ai donc gardé les
bouchons. Je n'ai donc pas entendu l'alarme. Tout l'hôtel
– la France entière, en maquette – était réuni en bas,
inquiet, puis soulagé, amusé, ou contrarié, ça bavardait de
tous les côtés, pyjama rose, string et caleçon à l'envers, et
moi je dormais comme un moine, inconscient du danger.
(Je suis seulement en train de penser que c'est assez
proche de ce qu'a vécu Henri.) Il ne faut pas dramatiser,
ce n'étaient que deux tranches de pain de mie, mais en
théorie, j'aurais pu mourir cette nuit, seul, oublié de tous,
dans le Périgord, loin de ma famille. On n'aurait retrouvé
mon corps bienheureux, et carbonisé, qu'après l'intervention de tous les pompiers de la ville, dans les cendres du
Mercure. L'autopsie aurait rapidement apporté l'explication de ma triste fin, triste et absurde, quand le médecin
légiste aurait retiré de mes oreilles calcinées, avec une
petite pince, deux bouchons noircis.

Outre la peine considérable que cette image me procure
(c'est trop bête !), j'ai conscience de l'écart sidéral qui
existe entre la confusion énigmatique de l'effet et l'évidence de la cause. Il aurait fallu, dans la salle du petit
déjeuner, que je ne me laisse pas déborder par la sensation
de ne rien comprendre, de ne pas savoir. Si tous les clients
d'un hôtel se sont vus en pyjama, une seule interprétation
de la scène qu'on visualise est possible : ils ont réagi à une

alerte au feu. Un simple petit pas de côté, en dehors du trouble, aurait suffi. (J'aime bien la métaphore de la vigne. On marche au bord d'une route à Bordeaux ou à Châteauneuf-du-Pape. On s'arrête à côté d'un vignoble. On regarde, on ne voit qu'un champ d'arbustes plantés n'importe comment, un vaste fouillis vert. On fait seulement trois ou cinq pas de plus, on se décale un peu, on découvre un alignement parfait de pieds de vigne.)

Dans l'affaire du triple crime d'Escoire, me dis-je dans le bar-Loto en ingurgitant péniblement la dernière gorgée de mon tord-boyaux matinal à l'avoine et au maïs, si on prend un pas de recul, deux phrases suffisent à tout éclaircir. (Je sais, on ne dirait pas.) Henri Girard dit : « Le 24 octobre au soir, nous avons dîné en famille, mon père est parti se coucher vers 22 heures, j'ai discuté avec ma tante au petit salon, puis un peu avec Louise, jusqu'à 23 heures, et nous nous sommes couchés. » Fernand Doulet, le fils des gardiens, dit : « Je suis formel, tout le château était éteint à 21 h 30. » L'un des deux ment, c'est une certitude. Si l'on pense qu'Henri ne ment pas (je le pense, j'en suis même maintenant convaincu), c'est que Fernand ment. Mais pourquoi ? Qu'est-ce qu'il dit exactement, Fernand, d'ailleurs ?

Aux Archives, je regroupe toutes ses déclarations. J'ai déjà lu la première, mais sans prêter attention à la date : le 27 octobre 1941, près de trois jours après les meurtres. Ce lundi-là, le commissaire Jean Biaux va interroger Yvonne Doulet chez elle, pour lui demander des précisions au sujet de la serpe qu'elle a prêtée, de l'arrivée d'Henri à Escoire, de ce qu'en a pensé sa tante, de ce qu'elle a vu lorsqu'il l'a appelée le matin et qu'elle est entrée la première dans le château... À 17 heures, assisté de son collègue Ruffel et de deux inspecteurs, le commissaire Biaux effectue une perquisition de routine dans la maison et dans la remise : il cherche simplement des limes qui auraient pu être utilisées (par Henri, peut-être) pour aiguiser la serpe (ils en

trouvent deux, et la meule), et les quatre hommes procè-
dent tout de même à un tour rapide de la maison, pour le
principe, sans rien trouver de particulier. À 17 h 30, c'est
terminé, ils sont sur le point de partir, mais Fernand a
quelque chose à déclarer. Sa déposition n'est pas très
longue, je la retranscris dans son intégralité : «Vendredi
dernier, le 24 octobre courant, j'ai quitté la maison de mes
parents vers 20 heures, pour me rendre chez M. Fadeuilhe
Henri, gendarme en retraite, demeurant au hameau d'Escoire [étrangement, Fadeuilhe se prénomme Charles, mais
Fernand l'appelle Henri – ou bien c'est Jean Biaux qui se
trompe, mais je constaterai qu'il est habituellement très
rigoureux], pour reprendre mon permis de chasse que je lui
avais confié, en vue de faire une demande à la manufacture
de Saint-Étienne pour obtenir des cartouches. Pour me
rendre chez cette personne, j'ai passé devant le château et
j'ai remarqué que la bonne, Mme Soudeix, faisait la vaisselle. La salle à manger et le petit salon étaient éclairés. Je
suis resté chez M. Fadeuilhe à deviser et à manger des châtaignes jusque vers 21 h 30. Au retour, j'ai passé à nouveau
devant la façade du château, au pied du perron, par conséquent très près de la maison, et j'ai constaté, à mon grand
étonnement d'ailleurs, que toutes les lumières étaient
éteintes. Mes souvenirs sont très précis et je suis formel sur
ce point. Ce fait m'a d'autant plus frappé qu'habituellement Mlle Girard se couchait beaucoup plus tard, soit vers
23 heures ou 23 h 30. J'ai entendu dire par la suite que vers
minuit environ, il avait été remarqué que toutes les pièces
du château étaient illuminées. Ce fait aurait été constaté
par Jean, lequel fréquente Mlle Édith Prince, qui à cette
heure, venant de chez cette dernière, regagnait son domicile, et aussi par un réfugié alsacien qui habite la maison
d'école.»
    Pour les enquêteurs, c'est de l'or. Tout y est : l'heure
précise de fin du repas (Louise fait la vaisselle à 20 heures),

l'heure à laquelle le château était éteint (très exactement
une heure et demie plus tard, ce qui confirme à la minute
près les premières conclusions du légiste) – le seul fait que
le château ait été éteint est déjà une révélation fracas-
sante – et l'heure à laquelle «toutes les pièces du château
étaient illuminées», quand l'assassin, qui prétendait dormir,
peaufinait en pleine lumière sa macabre mise en scène. (Fernand se trompe sur ce point, il n'était pas du tout minuit et
seules deux fenêtres étaient illuminées, mais ce n'est qu'un
homme, un jeune homme, et c'est seulement ce qu'il a
«entendu dire», les deux témoins en question corrigeront
d'eux-mêmes.) C'est tellement de l'or qu'on a du mal à
comprendre qu'il ait attendu si longtemps avant de faire
retentir ce coup de tonnerre et de théâtre. Tout le village ne
parle que de ça depuis samedi, des gendarmes et des policiers défilent dans le coin du matin au soir, tous les jours,
il est en possession d'une information qui va tout faire basculer, qui l'a «frappé», et il ne dit rien? Il est peut-être un
peu réservé, introverti, mais là c'est gravement patholo-
gique. Il doit discuter de ça depuis trois déjeuners et deux
dîners avec ses parents, c'est évident, mais il attend qu'on
vienne perquisitionner chez eux, le lundi en fin d'après-
midi, pour lancer son pavé dans la mare? Ce qui est certain,
c'est que ce n'est pas sa mère, manifestement la chef de la
famille (le pauvre Saturnin, malade, souffrant depuis des
mois d'un ulcère, chétif (sa fiche d'affectation à l'armée, le
10 avril 1915, que l'inestimable Sylvie a retrouvée et m'a
apportée, indique qu'il mesurait un mètre cinquante-quatre
et qu'il avait le «menton fuyant»), humble et effacé, ne
semble être que l'ombre grise de sa femme), ce n'est pas
Yvonne qui a dissuadé son fils de témoigner contre le fils
Girard – en lui expliquant que c'était une accusation grave,
que cela désignait Monsieur Henri comme coupable, qu'il
fallait bien réfléchir avant d'avancer des choses pareilles,
et tout le prudent toutim. Car dès le premier jour, c'est elle

– autant que le fait qu'il soit le seul survivant de la tuerie –
qui a orienté les soupçons des enquêteurs vers Henri.

Le 25 octobre, à 14 h 10, interrogée par les gendarmes
après son mari et la vieille Châtaignier (qui a trouvé le foulard et le porte-monnaie), elle est la toute première à
montrer Henri du doigt : «M. Girard Henri ne paraissait
pas très ennuyé lorsqu'il m'a fait voir les cadavres.» Elle
ne répond pas à une question, elle le déclare spontanément.
Elle est au service, depuis plus de quinze ans, d'une famille
dont deux membres viennent d'être ignoblement assassinés,
et c'est l'une des premières choses qu'elle décide d'apprendre aux enquêteurs? Elle n'en reste pas là : «J'ignorais
ce qui se passait entre les membres de cette famille, néan-
moins au cours de l'année dernière, au mois de septembre,
il y a eu une petite divergence entre Henri Girard et sa
tante. Au cours de cette discussion, il aurait commis des
dégâts dans le château, à divers tableaux et meubles. Il
n'exerçait aucune profession et vivait aux crochets de sa
tante.» Même si l'on considère qu'Yvonne n'aimait pas
beaucoup Henri, elle l'a vu grandir, le connaît depuis ses
huit ans, il a perdu quelques heures plus tôt les deux seuls
membres de sa famille directe dans des circonstances abo-
minables, personne ne l'accuse encore, et elle commence
par souligner qu'il se disputait avec sa tante et lui pompait
de l'argent? N'importe qui, arrivant sur les lieux, regardant autour de lui ou d'elle, penserait, au moins a priori,
les premières heures, à un cambriolage qui a mal tourné
– n'importe qui sauf Yvonne Doulet. Elle est entendue de
nouveau à 21 heures, cette fois pour parler de la serpe. Elle
précise bien qu'il l'a empruntée pour un faux motif (ce
n'est pas faute de lui avoir répété que ça ne servirait à
rien pour ouvrir une porte, insiste-t-elle) et elle ajoute :
«Je remarque que cet outil a été affûté récemment, car
il y a plus d'un an que nous ne nous en étions pas servi.»
(Les Doulet ne s'en sont jamais servi, en réalité.) Le

27 octobre, interrogée par Jean Biaux (une heure avant que son fils ne donne un tournant définitif à l'enquête – Henri sera incarcéré le lendemain), elle monte d'un cran : «Les rapports entre M. Henri et ses parents étaient assez tendus. C'est ainsi que l'année dernière, Mlle Girard s'est disputée fortement avec son neveu.» (Elle était là ?) Et encore : «Monsieur Girard Henri devait être d'un tempérament assez violent.» (Deux jours plus tard, face au commissaire Tailleur, elle sentira qu'elle peut laisser de côté quelques précautions : «M. Henri Girard avait un caractère très violent.» Pour ce qui est de sa dispute avec Amélie, elle améliorera également un peu, ce 29 octobre : «Il se disputait fréquemment avec sa tante.») «L'an dernier, après le départ de Mlle Girard, étant resté seul avec sa femme au château, il a eu une grosse dispute avec elle pendant la nuit. Il s'est emporté jusqu'à briser de la vaisselle, plusieurs plats, des tasses et autres objets. Il s'agissait, paraît-il, de vaisselle donnée à Mme Girard mère en cadeau de noces. Mme Desfarges, la cuisinière, me l'a montrée brisée sur le parquet.» (C'est d'une importance très relative, mais j'ai tout de même cherché le témoignage de Germaine Desfarges, la jeune femme qui a remplacé Louise quand celle-ci a refusé de cuisiner pour Annie et Henri après le départ de sa Lili. Elle dit qu'elle ne dormait pas au château, et qu'un matin, en arrivant, elle a trouvé de la vaisselle cassée par terre. Elle n'a pas posé de questions. Elle l'a mise dans un seau, qu'elle a laissé sur le chemin, devant la maison des Doulet. C'est tout. Personne ne sait s'il s'agissait de vaisselle offerte à Mme Girard mère pour son mariage, personne ne sait si c'est Henri ou Annie qui l'a cassée.) Plus rien ne retient Yvonne, elle avance d'elle-même, elle affine : «Pendant les vacances, M. Henri aimait affûter des couteaux et des poignards, et autres occupations manuelles. Il se servait de limes, il se servait également de notre meule.» Dans sa première déposition, Yvonne avait

dit qu'aussitôt après avoir découvert les corps de ses patrons,
elle était ressortie du château avec Henri et était rentrée chez
elle, où il l'avait rejointe une demi-heure plus tard pour
prendre son petit déjeuner. (Sans être exagérément suspi-
cieux, ce n'est pas une conduite un peu surprenante ? Elle
vient de prendre connaissance d'un massacre, son mari est
parti en catastrophe chercher le médecin, personne n'est
encore arrivé, elle retourne chez elle en laissant Henri seul
sur le perron ? J'ai mon ménage ?) Le 27 octobre, elle n'est
plus du tout retournée chez elle après être sortie du château
avec Henri. Elle tient à raconter à Jean Biaux qu'elle a
« vu » Girard Henri offrir des cigarettes à tout le monde,
qu'il « n'avait pas l'air affecté par le malheur qui le frappait », qu'elle a « entendu » Girard Henri dire qu'il ne voulait
pas pénétrer à l'intérieur parce qu'il en avait « assez vu ».
Tous les témoignages des autres, Palem, Maud, Valade,
concordent : elle n'était pas là. Par contre, c'est sûr, elle
était la première avec Girard Henri face aux corps. Elle se
souvient qu'en entrant dans la chambre de Georges, il s'est
écrié d'un air théâtral : « Oh, mon pauvre père, lui qui était
si bon pour moi ! » (Je ne pense pas qu'elle aille souvent
au cinéma, mais dans le genre mélodrame, c'est parfait.
Henri, face au cadavre de son père, gémirait quelque chose
d'aussi ridicule ?) Son mari, Saturnin, était juste derrière
eux. Interrogé parallèlement, il dit qu'Henri s'est demandé
s'ils étaient morts, s'est approché de quelques pas : « Oui, ils
sont bien morts. » Rien de plus. Ensuite, Yvonne prétend
qu'Henri a traversé tout le petit salon, jusqu'à la fenêtre,
s'est retourné vers elle en écartant les bras pour désigner
l'ensemble de la pièce et s'est exclamé : « Regardez, on voit
bien que ça a été cambriolé ! » Henri, qui affirme être resté
près de la porte (il aurait fallu qu'il enjambe le corps de sa
tante ou, à cause du lit, qu'il slalome entre les meubles)
se rappelle seulement avoir dit : « Quel bordel... » Saturnin,
qui était resté dans la cuisine (il en avait, lui, assez vu), n'a

entendu le jeune homme prononcer que trois mots : « Oh, c'est pareil ! » Enfin, ce 27 octobre à 17 heures, pour conclure sa déposition devant Jean Biaux, Yvonne décolle véritablement : « Si on en croit la rumeur publique, les soupçons paraissent devoir se porter sur M. Girard Henri, qui est considéré par certains comme capable d'avoir commis cet acte. » Elle fait carrément le travail des policiers à leur place, ou d'une journaliste expérimentée, mieux informée qu'eux – « les soupçons paraissent devoir se porter », on a assez perdu de temps ? Henri est « considéré par certains » ? « la rumeur publique » ? qui, à part elle ?

À partir de ce jour-là, le commissaire Biaux, que la lourde insistance d'Yvonne et le réveil tardif de son fils ont dû troubler, et qui est peut-être plus honnête ou plus lucide que les autres, va se concentrer sur cette (petite) partie de l'enquête : c'est principalement lui qui interrogera les époux Doulet, les gens du village chez qui Fernand dit être allé le vendredi soir et leurs voisins, c'est aussi lui qui cherchera qui a vu de la lumière au château le soir et à quelle heure.

Il posera toujours des questions intelligentes et pertinentes, ce qui sera bénéfique à l'équilibre de l'humanité. Mais on ne lui facilitera pas le travail. La première fois qu'il fait part de ses interrogations au maire d'Escoire, il est sèchement rembarré : le notable outré lui conseille fermement de ne pas perdre de temps avec ces bêtises et de se consacrer plutôt à la recherche de la vérité. Il le confirmera lui-même sans gêne ni honte lors du procès. Quand Maurice Garçon lui demande ce qu'il pense de la famille Doulet, Alphonse Palem répond que ce sont des gens « pauvres mais honnêtes » (deux preuves : Saturnin n'a que deux passions, « le tabac et la chasse », et Fernand « revient des Chantiers de jeunesse »), et conclura : « Lorsqu'un policier a voulu mettre en cause le fils devant moi, je lui ai fait énergiquement retirer ses paroles ! » Ça c'est un maire !

Les efforts de Jean Biaux n'ont pas intéressé grand
monde, il semble même qu'il n'ait pas eu les moyens de
les poursuivre comme il aurait voulu. On ne l'y a pas
encouragé, du moins, et on a oublié de le convoquer au
procès. Le 25 juillet 1943, un mois et demi après l'acquittement, maître Lacombe, qui poursuit ses recherches à
vélo, écrit une courte lettre à Maurice Garçon. Dans l'entourage parisien de la famille Girard, tout le monde croit à
l'innocence d'Henri, mais à Escoire et dans sa région, c'est
l'inverse : les gendarmes et les policiers bien sûr, le juge
d'instruction, les proches de Louise Soudeix, le maire et à
peu près tous les habitants du bourg sont convaincus que
l'arrogant Parisien est coupable. Sauf deux, qui pensent
que le tribunal a rendu une bonne décision. Abel Lacombe
a discuté avec eux, et donne leurs noms à son confrère :
René Biraben, le régisseur, et le commissaire Biaux.

Quand ce dernier se rend chez Charles Fadeuilhe, le lendemain de la révélation de Fernand Doulet, le gendarme en
retraite lui raconte la soirée : le fils des gardiens est arrivé
chez lui « vers 20 heures » pour récupérer son permis de
chasse, ils ont bu un coup, mangé des châtaignes, et discuté jusqu'à ce qu'arrive son beau-frère, Louis Châtaignier
(Fadeuilhe a épousé sa sœur, Hélène Châtaignier, dont la
mère est la paysanne qui a trouvé le foulard), avec sa fille
de deux ans et ses deux chiens, vers 20 h 45. Environ un
quart d'heure plus tard, ils sont descendus tous les trois en
direction de la maison du métayer Mompion, chez qui
Fadeuilhe et Châtaignier avaient promis de venir finir la
soirée. En passant devant le portail de la cour du métayer
Kervasse, Charles Fadeuilhe s'est étonné que Fernand ne
prenne pas le raccourci pour monter vers le château. Le
jeune homme lui a répondu qu'il faisait trop noir et qu'il
avait peur des chiens des métayers, qui ne le reconnaîtraient
peut-être pas après huit mois de chantier de jeunesse. Arrivés devant chez Mompion, ils se serrent la main et Fernand

«continue de descendre sur la route normale pour regagner son domicile» – une quinzaine de pas, selon lui, ensuite il ne sait pas. Jean Biaux est étonné : le fils Doulet a bien précisé qu'il était passé «au pied du perron» du château, «par conséquent très près de la maison» – c'est-à-dire qu'il avait pris le raccourci. Le commissaire interroge donc Louis Châtaignier, le beau-frère. Celui-ci déclare qu'il est arrivé «vers 20 h 45» chez Fadeuilhe, qu'ils ont bu un coup, mangé des châtaignes (Fernand boit des coups et mange des châtaignes (ça donne soif) depuis trois quarts d'heure), et «environ un quart d'heure après», ils sont partis vers chez Mompion. Il marchait devant, sa petite fille sur les épaules, il n'a donc pas entendu la question de Fadeuilhe à propos du raccourci, mais pour la suite, il confirme : ils se sont serré la main devant chez Mompion et Fernand a poursuivi son chemin dans la descente, vers le carrefour et la route de Petit-Rognac.

À 21 heures et trois poussières, Fernand s'éloignait vers le portail du château ; il dit avoir emprunté le raccourci à 21 h 30. Jean Biaux prévient son collègue Tailleur qu'il va avoir quelques nouvelles questions à poser au petit Doulet. Tailleur préfère s'en charger lui-même.

Devant lui, Fernand confirme qu'il a bien pris le raccourci par la cour Kervasse, puis la cour Mompion, et le petit portillon toujours ouvert qui donne accès au parc du château. Il est donc passé juste sous le perron, il a constaté que toutes les lumières étaient éteintes, ce qui l'a étonné car Mlle Girard ne se couchait jamais avant 23 heur... Quelle heure était-il ? Il dit qu'ils ont quitté la maison de Fadeuilhe vers 21 h 15, et qu'il était chez lui à 21 h 30, ça il en est sûr (il essaie d'étirer au maximum, mais même s'il est parti de chez Fadeuilhe à 21 h 15, ça fait tout de même les trois cents mètres en un quart d'heure, il marche comme une taupe arthritique). Michel Tailleur lui apprend alors que ses compagnons du soir l'ont vu descendre le chemin le long de la maison Palem. Ah mais oui, mais c'est parce qu'il a changé d'avis. Après les avoir quittés, il a fait demi-tour. C'est vrai, il avait dit à Fadeuilhe qu'il faisait trop noir, mais : «Après qu'ils sont entrés chez Mompion, j'ai réfléchi : les chiens ne me mangeraient pas.» (Quand il se creuse la tête, ça donne.) Mais pourquoi ne pas avoir tout simplement continué vers le carrefour et le portail du château? Ce n'était plus très loin. Pourquoi? «Je suis revenu en arrière parce que j'ai pensé que la grille du château serait fermée et qu'il faudrait que j'aille jusqu'au portail de chez moi.» Tailleur est satisfait.

Pas Biaux. Comment a-t-il pu penser que la grille du château était fermée alors qu'il était passé par là une heure plus tôt – qu'il faisait déjà nuit, qu'on avait fini de manger au château, qu'il était peu probable que quelqu'un redescende pour fermer. De toute façon, c'est Yvonne Doulet elle-même qui le lui explique sans savoir pourquoi il lui pose la question : on a perdu la clé du grand portail depuis des années, il est toujours ouvert, sauf dans les mois où il n'y a personne au château : on le ferme alors avec une chaîne et un cadenas.

L'autre chose qui tarabuste Jean Biaux, c'est l'heure. Trente minutes d'écart entre les déclarations de Fadeuilhe et Châtaignier et celle de Fernand, ce n'est pas rien. Il retourne donc voir Saturnin et Yvonne Doulet. Les deux époux disent la même chose. Après avoir mangé, ils se sont couchés tous les deux vers 20 heures, au moment où leur fils est sorti. Il est revenu à 21 h 30. Saturnin en est certain, car Fernand dort dans la même chambre qu'eux (c'est une maison très modeste, elle paraît assez vaste de l'extérieur, mais la majeure partie est occupée par la remise à outils et le hangar), et lorsqu'il est rentré, le père a allumé la lampe Pigeon (à pétrole) qui se trouve près de son lit pour qu'il puisse se déshabiller et a vu l'heure à son réveil. Biaux lui demande s'il lui a dit quelque chose de particulier.

«Il m'a parlé mais je ne sais plus ce qu'il m'a dit.» Et la suite de la nuit ? Saturnin s'est réveillé vers minuit, «ayant envie d'aller aux cabinets», il est sorti de la maison «pour déféquer sur le chemin qui mène au fumier», il est retourné se coucher mais n'a pas réussi à se rendormir, à cause des maux d'estomac dont il souffre, il a vomi par la fenêtre à 2 heures et a enfin trouvé le sommeil. Il s'est levé à 6 h 20.

On se couche tôt, chez les Doulet. On est à la campagne, d'accord, mais on se couche quand même plus tôt chez les Doulet que chez les autres : dans les différentes dépositions des villageois, qu'ils aient vingt, quarante ou soixante ans, ils veillent, ils préparent les légumes pour le lendemain, ils boivent des coups, personne ne se met au lit avant 22 h 30 ou 23 heures. Les Doulet, à 20 heures, pouf. Quand on sait qu'on va se lever vers 6 h 30 (avant, ça ne sert à rien, il ne fait jour qu'à 7 h 30 en octobre) et qu'on ne sait pas, en revanche, qu'on ne va pas réussir à s'endormir avant le milieu de la nuit, ça laisse quand même plus de dix bonnes heures de sommeil devant soi, c'est confortable. Et le fils, ce garçon plein de vie, plein de sève, qui revient des Chantiers de jeunesse, et dont la mère dira au procès qu'il ne se lève jamais avant le jour, à 21 h 30, dodo ? (Lui qui est au courant, par ailleurs, qu'Amélie ne se couche pas avant 23 heures ou 23 h 30.) Dix heures à roupiller, lui aussi ?

Ce qui doit grincer dans l'esprit de Jean Biaux, c'est aussi qu'on ne comprend pas bien pourquoi Fernand aurait pris le raccourci au retour, et pas à l'aller. De sa maison au portail de la cour Kervasse, qui se trouve non loin de chez Fadeuilhe, il est évident que le trajet est plus court que par le chemin normal – et que c'est d'abord en descente, puis plat (alors qu'en passant par le grand portail, il faut descendre, puis remonter). Car ce qu'on ne voit pas sur le plan, c'est que le bas du bourg, au niveau de la maison Palem, est nettement en contrebas par rapport au château, et qu'ensuite,

le long des maisons Mompion, Kervasse et jusqu'à chez
Fadeuilhe, ça monte bien. Il n'aime pas trop ce raccourci ?
Il dit pourtant l'avoir pris, et dans des circonstances peu
propices. Jean Biaux a dû faire comme moi, ce matin avant
de me rendre aux Archives : suivre le chemin que dit avoir
parcouru Fernand Doulet.

Je suis devant la maison où vivait Charles Fadeuilhe. Je
descends vers chez Kervasse. La métairie et la cour ne sont
plus là, le portail en fer grillagé, si. D'ici, je peux me dire
que ça vaut le coup de prendre le raccourci. Même si je
vois que ça monte pas mal pour aller vers le château, que
l'escalier de pierre qui permet d'accéder au parc grimpe
dans les bois, que ce n'est pas très engageant la nuit. Mais
non, je continue à descendre avec mes amis Fadeuilhe et
Châtaignier. Nous dépassons la maison Kervasse, je les
quitte devant la maison Mompion, je continue à descendre
un peu, quelques pas au moins (dix ou quinze mètres, a
convenu Fernand au procès), le temps qu'ils soient entrés.
Je m'arrête. Disons que je suis au début de la propriété de
Palem, au niveau de ses étables. Le carrefour avec la route
de Petit-Rognac est tout proche, à moins de quarante
mètres, c'est en descente, il me faut quinze secondes pour
l'atteindre, c'est comme si j'y étais. Ensuite, je sais que le
grand portail est à trente ou quarante mètres à gauche, c'est
plat, et même si je suis assez distrait pour avoir oublié
qu'on ne le ferme plus depuis des années, même si je crois
que je vais devoir longer le mur d'enceinte jusqu'à l'entrée
carrossable et revenir en arrière sur vingt ou trente mètres
jusqu'à chez moi (en m'épargnant d'ailleurs ainsi de monter le chemin pentu du jardin du château), c'est vraiment
du gâteau pour rentrer. Maintenant, toujours devant les
étables de Palem, je regarde derrière moi. Ça monte. Pour
aller jusqu'au portail de Kervasse, je dois parcourir le
double de la distance qui me sépare de la route de Petit-
Rognac, puis traverser deux grandes cours, avec des

chiens, prendre l'escalier du portillon, monter dans les bois (dans la boue : il a beaucoup plu en fin d'après-midi), longer le château. Si je choisis cette option, si je fais demi-tour, je suis con comme un manche. (Je me suis amusé ensuite à vérifier, sur l'ordinateur des Archives, avec l'outil de mesure des distances sur Google Maps. De l'endroit où il dit avoir fait demi-tour, il y a 225 mètres jusqu'à sa maison s'il passe par le grand portail ; 296 mètres s'il passe par l'entrée carrossable – mais en évitant la pente du jardin ; 352 mètres s'il fait demi-tour, soit 127 mètres de plus que le chemin le plus évident, et avec pas mal de côte en bonus.) Ce matin, devant la maison Palem, je comprends que Fernand n'a pas pu décider de faire demi-tour ici.

C'est ce qu'a dû se dire Jean Biaux au même endroit que moi. Il est aussitôt allé interroger Mompion et Kervasse. Ce sont les chiens qui l'intéressent. La veille, Louis Châtaignier lui a dit qu'en arrivant chez Mompion, il avait laissé ses deux chiens dans la petite cour qui se trouve devant sa maison (je ne sais pas s'il les attache, mais Fernand n'est toujours pas revenu sur ses pas) : « Mes chiens aboient facilement. Il est à peu près certain que si quelqu'un était passé sur le chemin, je les aurais entendus. À mon avis, donc, il n'est passé personne à partir du moment où nous sommes entrés chez Mompion. » Charles Fadeuilhe, lui, s'était souvenu que la chienne de Mompion avait aboyé au moment où ils s'étaient arrêtés devant la porte de son maître, comme toujours.

Louis Mompion dit à Jean Biaux : « Ma chienne, assez méchante, a sa niche sur le terre-plein derrière la maison. » (La deuxième cour par laquelle Fernand aurait rejoint le portillon.) « Elle n'a plus aboyé après l'arrivée de Fadeuilhe et Châtaignier, or elle l'aurait fait si quelqu'un était passé à cet endroit. Je suis donc à peu près certain que personne n'a traversé le terre-plein dans la soirée. Nous nous sommes couchés vers 23 h 30. » Pencraty Kervasse, de nationalité russe, métayer à Escoire depuis six ans, conforte Jean Biaux dans ses doutes : «Nous avons dîné vers 19 h 30. Nos enfants sont allés se coucher à 22 heures, ma femme et moi vers 23 heures. Il est plus que probable que personne n'est passé par notre cour, comme cela arrive parfois. Mon chien, comme c'est son habitude lorsqu'il entend du monde, aurait aboyé.» Quatre chiens nerveux ou misanthropes (ou stupidement cerbères) ont laissé passer Fernand sous leur truffe, la nuit, sans moufter. Il tentera d'expliquer : «C'est normal, ces chiens me connaissent.» Ils ne l'ont pas vu depuis huit mois. Et même en supposant qu'il ne soit pas parti aux Chantiers de jeunesse, ils le connaissent, bon, comme un voisin, mais ces chiens aboient quand quelqu'un passe, ou quand ils entendent du monde. Quel monde, à part les voisins? Quand qui passe aboient-ils? Le pape Pie XII, Jesse Owens?

Aujourd'hui, le principe de précaution est roi (et ce n'est pas demain qu'on va lui couper la tête), mais sauf son respect, on peut dire sans s'avancer inconsidérément, sans trop craindre de se tromper, que Fernand Doulet a menti : il n'est pas passé sous le perron du château. Il a menti, puis il a consolidé son mensonge – et s'est enfoncé – en inventant un demi-tour qu'il n'a pas fait, quand il a appris qu'on l'avait vu descendre. Mais pourquoi? Du grand portail, en montant le sentier du jardin, on voit les volets du château, on sait s'il y a ou non de la lumière derrière, qu'avait-il besoin de tricher sur son trajet? Il n'en avait pas besoin, mais à mon avis, il a simplement pensé qu'on le croirait davantage (il ne peut pas se tromper : il était à quelques mètres!) et surtout que ça ne coûtait pas plus cher, il n'a pas imaginé que quelqu'un irait questionner Fadeuilhe, Châtaignier, Kervasse et Mompion – et si Jean Biaux n'avait pas été là, il aurait eu raison. Ensuite, il était coincé : il l'avait dit, il l'avait dit; dans son esprit, il ne pouvait pas revenir sur sa déposition, il fallait qu'il l'étaie et la défende.

Il s'est produit la même chose avec l'heure. Au départ, il a dit 21 h 30. Ensuite, Jean Biaux lui a posé la question plusieurs fois, il a toujours dit 21 h 30 – et ses parents l'ont confirmé : 21 h 30, réveil en main. Fernand ne savait pas que Fadeuilhe et Châtaignier allaient le démentir, il ne l'a appris que plus tard. Le problème de la plupart des êtres humains, c'est qu'il est impossible de faire demi-tour dans le temps comme sur un chemin. Fernand tentera le coup malgré tout.

Lors du procès, à la surprise générale, même à celle de l'avocat et du procureur qui le soutiennent, il déclare avec toute l'assurance possible : «Je suis rentré chez moi à 21 heures.» Tout le monde lui rappelle, y compris maître Bardon-Damarzid, qu'il n'a jamais dit autre chose que 21 h 30 jusqu'alors (j'ai vérifié dans tous les procès-verbaux qui le concernent, que ce soit face à Biaux, Tailleur ou Marigny), il s'entête, il a toujours dit 21 heures, il ne peut pas se tromper, il a regardé son réveil en se couchant, c'est à 21 heures qu'il a vu le château éteint – mais en modifiant et décalant tout, en tenant à tout prix à ce qu'on le croie, il s'emmêle de nouveau pour se laisser une marge de sécurité, il est maintenant parti de chez Fadeuilhe à 20 h 30 (soit un quart d'heure avant que Châtaignier n'arrive?) : une demi-heure pour rentrer chez lui? Et ses parents, qu'est-ce qu'ils en pensent? Saturnin : «Mon fils est revenu à 21 heures.» Yvonne : «Mon fils s'est couché à 21 heures.» (Quand Maurice Garçon pousse – avec plaisir – Fernand dans ses retranchements, quand son célèbre regard intraitable et condescendant se braque sur lui et qu'il lui demande, avec une manifestement fausse curiosité candide, pourquoi il n'a pas dit qu'il était rentré à 21 heures dès son premier interrogatoire, pourquoi il n'a pas parlé du demi-tour qu'il avait fait pour prendre le raccourci, c'est tout juste si Fernand n'émet pas le chuintement d'un ballon qui se dégonfle : «Je ne vois pas ce qu'il faut que je

réponde.» Le président Hurlaux lui suggère sévèrement :
«La vérité.» Acculé, le garçon lâche alors naïvement cette
explication : «Je ne savais pas si Fadeuilhe en avait déjà
parlé lorsqu'on m'a interrogé.»)

Quand on relit sa première déclaration, on a le sentiment
qu'il prend les enquêteurs, Jean Biaux en l'occurrence,
pour des lourdauds qui vont tout gober – ou bien c'est lui
qui se pense plus finaud qu'il ne l'est. Tout est trop gros. Il
précise, sans qu'on sache pourquoi, qu'il a vu Louise faire
la vaisselle. Henri indiquera à Joseph Marigny (qui s'en
cognera avec sa majesté habituelle) que selon lui, lorsqu'on
descend le chemin qui mène au grand portail, on ne peut
pas voir ce que fait quelqu'un dans la cuisine du château :
on est loin, de profil, des arbres bouchent la vue et, du fait
du terrain en pente, la fenêtre se situe à plusieurs mètres de
hauteur par rapport au sentier. Il convient qu'on peut apercevoir une personne derrière les carreaux, mais seulement
si on s'arrête au bon endroit et qu'on regarde attentivement
– quant à savoir ce qu'elle fait avec ses mains, il ne faut pas
rêver. Contredit une nouvelle fois, Fernand finira par tempé-
rer : «J'ai vu Louise Soudeix s'agiter devant l'évier.» Plus
tôt, son père avait essayé de le soutenir en ne lésinant pas
sur le réalisme : «En partant de chez nous, mon fils a vu la
bonne laver des assiettes.» D'en bas, sur le côté, à vingt
mètres, à travers des feuilles et en marchant. Plutôt des
fleurs ou des scènes de chasse, sur les assiettes ?

«La salle à manger et le petit salon étaient éclairés.» Là
aussi, c'est précis, il a vraiment bien étudié le bâtiment en
descendant vers le portail. Et il sait très exactement où se
trouve chaque pièce. Il n'a pourtant rien à faire à l'intérieur
du château, en temps normal; il est juste le fils des gardiens. (Lors de son deuxième interrogatoire, par Michel
Tailleur, il ajoutera que lorsqu'il est revenu, passant donc
tout près des fenêtres, il a remarqué que «la cuisine et
la chambre de la bonne étaient également éteintes». Là

encore, il connaît l'endroit où dort Louise. Et cette fois, c'est sûr, puisqu'il marchait vers chez lui, il a fallu qu'il se retourne.)

Il a quitté en réalité ses amis à 21 heures, il sait qu'il est donc rentré se coucher peu après 21 heures (s'il est rentré se coucher), qu'est-ce qui lui passe par la tête pour qu'il décale à 21 h 30 ? Ce n'est pas logique, ça ne sert à rien. Si, et c'est encore l'incorruptible Jeannot Biaux qui va le découvrir, le 29 octobre. Il devine que Fernand ment, il a une intuition, il va voir son père. Il lui fait répéter ses premières déclarations, pour la forme, lui demande s'il connaît le chemin qu'a suivi son fils le vendredi soir (Saturnin répète précisément ce qu'a dit Fernand, comme si celui-ci lui détaillait ses trajets chaque fois qu'il revient à la maison, au virage près) : à l'aller il a emprunté le sentier qui mène au grand portail, voyant au passage « la bonne laver des assiettes », au retour il a d'abord pensé rentrer normalement puis s'est ravisé « au portail de chez Mompion » et a pris le raccourci (« mais je ne me souviens pas qu'il m'ait parlé du manque de lumière au château à son retour, soit vers 21 h 30 »), puis, l'air de rien, comme anecdotiquement, Biaux demande à Saturnin s'il était au courant des résultats de l'autopsie. « Oui. Le samedi soir, des gendarmes sont venus à la maison et ont parlé entre eux, en buvant un verre que je leur avais offert, de cette autopsie. » Fernand était là ? Bien sûr, ils étaient tous les trois, comme chaque soir. Une toute petite dernière question et Biaux se sauve (je le vois presque se justifier à la Columbo : si le civet est froid quand il arrive à la maison, sa femme va lui passer un de ces savons...) : ils ont dit quelque chose à propos de l'heure de la mort ? « Oui, c'est ainsi que j'ai appris les conclusions du médecin légiste qui situait la mort une heure et demie à deux heures après le repas. » Eh bien m'sieur Doulet, je ne vais pas vous ennuyer plus longtemps. « Lecture faite, persiste et signe. Doulet. »

À partir du samedi soir, Fernand (si – et seulement si – il n'est pas étranger aux crimes, car nous entrons dans l'univers immatériel et ouaté des hypothèses) sait que ce charlatan de docteur Perruchot s'est fourré le doigt dans l'œil et a claironné aux gendarmes que le crime avait eu lieu entre 21 h 30 et 22 heures. Il faut que le château soit éteint à 21 h 30. (En 1943, au moment du procès, ce ne sera plus nécessaire : après le brusque changement d'heures de Perruchot, ce chieur pointilleux, et l'intervention salutaire du professeur Morel, qui fixe la limite inférieure de la fourchette à une heure après le repas, 21 heures, ça ira parfaitement – et en plus, ça colle avec Fadeuilhe et Châtaignier.)

En écrivant : «Il faut que le château soit éteint à 21 h 30», je me dis que si je ne veux pas être de mauvaise foi, comme Marigny et les siens, je dois reconnaître que c'est une drôle de phrase, dans la tête de Fernand. Sans préjugé ni mépris de principe, le jeune homme ne paraît pas d'une vivacité d'esprit hors du commun. Quel soudain trait de génie pourrait lui faire inventer – et non pas seulement confirmer – une coupure de courant qui n'a encore été mentionnée par personne ? Pour essayer de le comprendre, il faut, comme pour Henri, que je suppose qu'il est coupable. Simple expérimentation.

Il a tué Georges, Amélie et Louise après 23 heures, peut-être vers minuit, peu importe. Admettons. Il craint, comme tout criminel, que les soupçons se tournent vers lui. Il se fait discret. (Plus que discret : le samedi et le dimanche, tous les témoins potentiels, les métayers, les voisins, tous les gens du village qui peuvent avoir quelque chose à dire, ont été interrogés par les gendarmes, les policiers ou le juge. Parmi les proches du château (très proche, en ce qui le concerne), seul Fernand semble avoir été oublié. Fernand a disparu. Fernand n'existe pas. On peut regarder la photo à la loupe, Fernand n'est pas dessus.) Coup de

529

chance, le médecin se trompe, on apprend que la mort a eu lieu vers 21 h 30. Il est passé devant le château à cette heure-là ou presque, il pourrait se contenter de dire qu'il a entendu des bruits ou des cris, c'est moins compromettant qu'une absence d'électricité, qui pourrait être contredite. Mais il est bien placé pour savoir que les victimes ont été tuées dans leur lit, pendant leur sommeil, dans l'obscurité en tout cas. On va se dire qu'ils ne pouvaient pas être endormis à cette heure-là, supposer une erreur du légiste, envisager la possibilité d'un crime plus tard : tout est si bien parti, ce serait vraiment dommage. C'est tout simple, il n'a qu'à dire que c'était éteint. Donc, voilà, c'est possible, ils dormaient déjà. Car lui ne parle pas de coupure de courant, ce sera une trouvaille des astucieux découvreurs de disjoncteur, à qui on ne la fait pas. Il dit seulement : « C'était éteint. » Peut-être qu'ils étaient fatigués, ou on ne sait pas. On va le croire sur parole, et l'affaire est dans le sac, adieu Henri Girard. Mais il faut avouer qu'il prend un gros risque, qu'il en ait conscience ou pas. Il se met lui-même en position d'être considéré comme un menteur. La police ne s'intéresse qu'au fils du château, qui est bien mal barré, pourquoi ne pas laisser couler, fermer sa bouche, les regarder se tromper sans rien dire ? C'est justement ce que fait Fernand. Le samedi, le dimanche, le lundi, il ne bouge pas. Il suppose que les flics pensent tenir le coupable, mais il n'en est pas certain, il espère, il ne sait rien de ce qui se passe au commissariat ou dans le cabinet du juge d'instruction. Il ne sort la carte « Château éteint » de sa manche que lorsqu'on commence à perquisitionner chez ses parents.

Une deuxième perquisition aura lieu chez les Doulet, le mercredi 29 octobre à 15 heures, plus sérieuse et approfondie que la première – « une perquisition minutieuse et exacte », souligne le commissaire Tailleur, qui officie avec son collègue Biaux. Il n'y a que deux pièces d'habitation : une cuisine au rez-de-chaussée, qui sert aussi de salle à

manger, une chambre à coucher au premier ; un grenier au-
dessus ; une cave en dessous ; à côté : une remise, un
hangar, une étable. Dans la cuisine, on trouve un torchon
taché de sang, avec ce qui semble être une empreinte de
main. Yvonne explique qu'elle y a enveloppé un lièvre. En
boule au pied de l'escalier, un pantalon de toile bleue présente également plusieurs taches qui paraissent être du
sang. Saturnin dit qu'il s'est sali en dépeçant le lièvre en
question, la veille, mardi 28. Dans le hangar, un pantalon
kaki, très sale, trempe dans une lessiveuse. Saturnin a tué
un lapin le 23 octobre, et l'a dépecé le 25 (c'est le samedi,
le jour où on a découvert la boucherie au château, on
s'agite autour de lui, l'effroi et le dégoût sont partout, il
dépèce un lapin – il faut bien manger, on n'est pas cho-
chottes, les gens de la terre). Ce pantalon devait être déjà là
l'avant-veille, pendant la première perquisition, mais quel
intérêt, un vieux truc sanglant dans une bassine ? Lorsque
Saturnin apprend que les deux pantalons et le torchon vont
être saisis par les policiers pour analyse, il se rappelle un
truc, que Tailleur note en fin de procès-verbal : « Contrairement à ce qu'il a dit précédemment, M. Doulet fait savoir
que le sang qui tache le pantalon kaki provient d'une blessure qu'il s'est faite lui-même, il y a une dizaine de jours, en
faisant un chargement dans un tombereau. » Sur le torchon
et les deux pantalons, le docteur Béroud, du laboratoire de
police technique de Marseille, ne trouvera aucune trace de
sang humain.

Après cette deuxième perquisition, les époux Doulet sont
à nouveau interrogés. Biaux s'occupe de Saturnin (et lui fait
reconnaître que la famille, après l'apéro avec les gendarmes,
était au courant de l'heure supposée de la mort), Tailleur
d'Yvonne. Comme à son habitude, il ne la bouscule pas
beaucoup, il ne fait que son devoir, il lui demande si Henri
recevait de l'argent de sa tante (c'est au cours de cette déposition qu'elle se lâche et jette toutes ses forces dans la

bataille pour noircir son jeune maître), et lui pose d'autres questions aussi dérangeantes et décisives : Henri Girard s'était plaint, en 1940, du manque de nourriture au château, était-ce fondé ? («Il est absolument inexact que la nourriture était insuffisante ! Il y avait toujours de la viande, soit du poulet, du bifteck, des légumes, du fromage, en quantité largement suffisante !») Pourtant, à la fin de leur entretien, qui s'est si bien déroulé, alors que les policiers ont emballé pantalons et torchon, il se passe quelque chose d'aussi brutal qu'incompréhensible. Yvonne s'effondre en larmes devant le commissaire. Ça va, madame ? «Si une rumeur désigne mon mari comme criminel, il s'agit d'une rumeur sans le moindre fondement, je proteste violemment contre une telle accusation !» On peut concevoir la stupeur de Tailleur : quelle rumeur ? Personne n'a jamais sous-entendu ni certainement pensé que Saturnin Doulet pouvait être l'auteur des meurtres, ni les policiers, ni ceux qui le connaissent, et le décrivent tous comme un être faible de caractère et de constitution, soumis et se contentant de son sort, ni Henri Girard. Fernand, on ne dit pas, ça s'étudie, mais son père ? Pourtant, Yvonne ne s'arrête plus : «Mon mari est absolument incapable de commettre le crime qui vous intéresse, il n'a jamais exercé la moindre violence sur ma personne, il est très doux, même lorsqu'il a des crises de paludisme.» (Personne n'a dit le contraire, m'dame Doulet. Il a des crises de paludisme ?) «Il ne m'a pas quittée pendant toute la nuit, mais il a dû se lever pour vomir à la fenêtre, car il souffre d'une maladie d'estomac, et une autre fois, sans que je puisse préciser l'heure, pour satisfaire ses besoins, mais il ne s'est pas habillé pour sortir, prenant seulement son pantalon et un veston. Il était en chaussons.» (Elle l'a bien regardé, en pleine nuit.) «Je mets au défi quiconque de démontrer que mon mari m'a quittée durant la nuit du 24 au 25 octobre !» (Ça suffit, Mme Doulet, maintenant, personne n'a l'intention de vous défier, nous savons tous que votre mari ne vous a pas quittée cette nuit-là et qu'il est susceptible d'avoir fendu le crâne de trois personnes, dont un grognard explosif, comme de battre le record du monde de lancer de tronc d'arbre.) «Mon mari s'entendait très bien avec Mlle Girard.» (Pourquoi parle-t-elle précisément d'Amélie, et pas de Georges, voire de Louise?) «Je répète qu'il n'est pas capable de faire un crime, il n'a pas pu se servir de la serpe.» (On va y aller, nous, Yvonne.) «Le fils Girard a pu venir l'affûter chez nous dans la journée du 24 octobre, durant notre absence aux champs.»

Une petite pause, ça ne fera de mal à personne – elle est soûlante, Yvonne. On ne s'est pas beaucoup penché sur ce qu'avaient fait les Doulet le vendredi 24, mais au détour d'un procès-verbal, on a appris que, selon Yvonne, toute la famille était partie aux champs, récolter des betteraves; et au détour d'un autre, que Fernand, c'est lui qui le dit, était aux champs ce jour-là, le samedi, pour aider ses parents à arracher les betteraves. (Offrons-nous un vrai luxe, une pause dans la pause : lors d'un autre interrogatoire, Fernand dit que non, le vendredi, il était à Périgueux, chez le percepteur, pour toucher sa prime de démobilisation des Chantiers de jeunesse : 750 francs. Mais on ne peut pas affirmer qu'il n'était pas en réalité en train d'arracher des betteraves, car au procès, il dit que c'est le samedi qu'il est allé à Périgueux pour toucher sa prime de démobilisation des Chantiers de jeunesse : 750 francs. C'est pour ça qu'on ne l'a pas vu ce jour-là, eh oui. Donc peut-être que le vendredi, il arrachait des betteraves.) Ne partons pas dans tous les sens, revenons à la première pause : selon Yvonne et Fernand, le 24 octobre, toute la famille arrachait des betteraves, le fils, la mère et le père. Sauf le père. Ou pas. Pour être honnête, ça dépend. (Pardon mais je fais ce que je peux, j'essaie de suivre.) Le 31 mai 1943, au palais de justice, face au président Hurlaux et aux jurés, Saturnin dit : «J'ai arraché des betteraves la veille du crime.» (Une phrase remarquable, sortie de son contexte – qui ferait peut-être un bon incipit.) Le 25 octobre 1941, à midi (il est la première personne entendue par les gendarmes, Chantalat, Lajoie ou Sentredille), soit, pour schématiser, le lendemain même de la veille du crime, ses souvenirs sont plus frais : « Hier, je suis resté chez moi toute la journée. » Il a des douleurs terribles à l'estomac, il n'a presque pas dormi, on ne peut pas lui en vouloir de rechigner à arracher des betteraves. Mais ces Doulet sont quand même affreusement versatiles. Sur les heures de retour de leur fils, sur les betteraves, sur tout – on ne sait plus à quoi s'en tenir. (Michel Tailleur, lui, sait : « Le jour précédant le crime, la maison est restée seule en dehors des heures de repas, toute la famille étant occupée dans les champs aux récoltes. ») Ce qui serait pratique et bienvenu, l'idéal, ce serait un témoignage extérieur, quelqu'un qui ne fait pas partie de cette famille de girouettes. Essayons Louis Bordas, plombier – et zingueur –, employé d'Antoine Vittel, qui a travaillé au château entre 14 h 30 et 18 heures, le 24 octobre. Lorsque Michel Tailleur, pour s'assurer que personne d'autre qu'Henri n'a pu commettre les crimes, lui demande s'il a vu rôder quelqu'un de louche dans les parages ce jour-là, il répond : « Je n'ai vu personne d'étranger, à part les gardiens, qui se tenaient près de la porte de leur maison. »

Michel Tailleur ne sait plus comment se dépêtrer de cette femme en pleurs qui lui répète pour la sixième fois que son mari n'a tué personne. Avant de persister et de signer, lecture faite, elle tient encore à ajouter que « cette accusation » (fantôme) « est de nature à avoir une influence désastreuse sur sa santé », et le commissaire peut enfin rejoindre son collègue qui l'attend près de la porte. C'est pas demain qu'on le reprendra à venir poser des questions aux Doulet, Michel. (Deux jours plus tard, il vérifiera qu'il n'est pas fou, auprès du maire d'Escoire, âme du bourg.

«Il n'existe absolument aucune rumeur d'accusation contre la famille Doulet», dit Palem. «Personne ne pense que le père a pu commettre le crime, ni le fils.»)

Au début, face au témoignage incongru de Fernand, Henri se montre prudent, et indulgent : lorsqu'on lui pose des questions sur cette interruption de courant, ou lorsqu'il écrit à Marigny pour demander à se faire entendre, il se contente de supposer que le fils Doulet se trompe, qu'il n'a pas dû bien regarder, ou qu'il est passé devant le château plus tard. Mais comme Fernand maintient fermement ses déclarations, il devient moins conciliant. Quand Joseph Marigny aborde le sujet, lors du long interrogatoire qu'il a daigné lui faire subir les 15 et 16 mai 1942, Henri évolue : «Je persiste à penser que Fernand Doulet se trompe, ou ment.» Le juge lui apprend que lorsqu'il a entendu le fils des gardiens pour la dernière fois, il lui a bien fait comprendre que c'était une affirmation de la plus haute importance, qu'il fallait qu'il réfléchisse sérieusement avant de la confirmer, mais Fernand était resté formel. Henri n'hésite plus : «Dans ces conditions, il n'y a pas de doute que c'est un mensonge.» Marigny n'a plus d'autre possibilité que d'organiser une confrontation entre les deux jeunes gens. Il la fixe au 29 mai.

Le 26 mai, on apporte une convocation à Fernand Doulet, chez lui. Il la signe, elle est dans le dossier. Le 29, Henri est conduit au palais de justice, dans le cabinet du juge, mais constate avec celui-ci que son interlocuteur prévu n'est pas là. Sans aucun motif particulier : Fernand n'est pas venu, c'est tout. C'est sa maman qui le remplace. C'est pareil, non? Marigny ne semble pas y voir d'inconvénient, mais Henri, un peu quand même. Il trouve une parade : son avocat local, Gaston Charlet, est absent (il est dans un camp en Allemagne). Son client a déjà comparu, et comparaîtra encore, sans lui, mais cette fois, il refuse d'être interrogé, comme il en a le droit. Ainsi, la confrontation n'est pas dénaturée et expédiée, mais repoussée. Bien repoussée : le si consciencieux Marigny ne se donnera même pas la peine de l'organiser (on a essayé une fois, qu'on ne vienne pas nous dire qu'on ne fait pas notre travail), c'est son remplaçant temporaire qui s'en chargera en prenant connaissance du dossier, sept mois plus tard, le 9 janvier 1943.

Henri se présente à nouveau sans avocat devant le juge Guy Maigne, mais ça ne lui pose plus de problème, car Fernand est là, il ne peut pas se défiler éternellement. (Yvonne est venue avec lui, elle passera devant Maigne aussitôt après son fils.) C'est la première fois qu'Henri le revoit depuis plus d'un an, depuis la veille ou l'avant-veille des crimes. Il l'écoute réitérer fidèlement ses déclarations précédentes, avec une assurance redoublée – et je présume qu'il l'observe attentivement. Lorsque c'est à son tour de parler, il n'a plus de doute : «Je n'hésite pas à dire qu'il ment. Car je ne conçois pas la possibilité d'une erreur.» Il répète qu'à 21 h 30 il était en train de discuter dans le petit salon avec son père et sa tante, et termine en disant clairement : «J'ajoute que l'hypothèse du mensonge coïncide parfaitement avec l'opinion que j'ai de sa valeur morale. Cette opinion, ma tante la partageait. Je considère Fernand Doulet et sa famille comme capables d'avoir participé à ce crime.»

Ce ne sont pas des propos insignifiants, c'est du lourd, il le met directement en cause, il prétend au passage qu'Amélie avait des choses à lui reprocher (ce qu'on ne savait pas, si ?) et pourtant, incroyablement, personne n'en tiendra aucun compte : durant les cinq mois qui séparent cette confrontation du procès, on ne convoquera plus les Doulet, on ne leur demandera plus rien, on ne se renseignera même pas sur le différend qui pouvait exister entre Amélie et Fernand. Du vent. Henri aurait pu faire part de ses soupçons à un réverbère.

C'est cette inertie inconcevable qui motivera la plainte contre X déposée par Henri et ses avocats le jour de l'acquittement. Le juge Marigny les reçoit, il n'est pas de très bonne humeur. Selon Maurice Garçon, qui n'est pas un plaisantin, ses premiers mots sont : « Ça va vous coûter cher... » Et pour bien commencer, si Henri tient à se constituer partie civile (on a tué son père et sa tante, il a un peu le droit), il lui réclame d'entrée une caution de 10 000 francs. Garçon proteste : il ne s'agit pas d'une affaire entre parties, et son client ne sollicite pas une faveur, l'affaire concerne l'ordre public, l'institution se doit de rechercher le coupable. Mais pour Joseph Marigny, qui se venge comme il peut, la justice a fait correctement son travail (dans *Je suis un dévoyé*, Henri dira qu'il ne peut pas « décrire cette entrevue avec le juge sans commettre le délit d'outrage à magistrat »), l'action publique est donc éteinte. Si M. Girard veut faire encore travailler le parquet (pour rien), qu'il paie. Dont acte.

Peu de temps après, Joseph Marigny fera savoir qu'il refuse de mener la nouvelle instruction. Il risquerait de se déjuger publiquement. Il sera remplacé par le juge débutant dont j'ai déjà parlé, Jean Testut, vingt-neuf ans. Henri ira le voir plusieurs fois à Périgueux. Il rapportera à Maurice Garçon que Marigny garde la main sur l'affaire, que le dossier se trouve dans son bureau et non dans celui du jeune juge, et que ce dernier passe son temps à dire que l'instruction a été parfaitement menée et qu'il n'y a pas à y redire. Garçon écrit à Abel Lacombe : « J'ai véritablement l'impression que la magistrature se moque de nous. »

Henri et ses avocats ne demandent pas la lune, ni même un astéroïde, mais trois choses très simples, qui peuvent être réglées en quelques jours : une nouvelle analyse des deux pantalons saisis chez les Doulet, à l'identité judiciaire de Paris ; une nouvelle audition de Fernand pour connaître son emploi du temps du lendemain des meurtres, le samedi 25 octobre ; une recherche auprès des proches d'Amélie

Girard à Périgueux, pour essayer de savoir ce qu'elle a exactement retiré de son coffre à la Banque de France le 22 octobre. Quatre mois après le dépôt de plainte, pas un petit doigt n'a été levé.

La contre-expertise sur les pantalons, qui ont pourtant été conservés, n'aura jamais lieu. Garçon aura du mal à y croire, mais malgré ses sollicitations répétées, nombreuses, le juge Testut (c'est-à-dire le juge Marigny) refusera tout bonnement de délivrer une commission rogatoire pour qu'elle soit effectuée. On peut se demander à quoi servent les 10 000 francs versés par Henri. Mais le juge, les juges, expliquent rationnellement le rejet de la demande. Pour qu'une analyse soit utile, il faut d'abord qu'on soit sûr qu'il est possible de différencier le sang humain du sang animal. (Mais quoi, on n'est pas sûr ?) Il convient donc que maître Garçon fasse d'abord réaliser une étude – «officieuse», écrit-il – à ses frais, par un expert de son choix, et ensuite, on verra. Scandalisé par cette exigence, ce procédé qu'il juge contraire à toute règle judiciaire, Garçon leur fait savoir, en termes choisis, qu'ils peuvent toujours courir. (Personnellement, je ne crois pas que le fils Doulet, ou ses parents, auraient été assez stupides pour laisser tremper dans le hangar un pantalon imprégné du sang des victimes – même si on ne peut jamais savoir. Pas une goutte de sang humain n'a été détectée sur l'un ou l'autre des pantalons. Mais une seule expertise n'est jamais suffisante – et celle-ci a été effectuée par le docteur Béroud, qui ne trouvera pas d'arsenic dans le cimetière où seront enterrés les Besnard. Il n'a pas détecté une goutte de sang humain sur le pantalon kaki... alors que Saturnin Doulet dit s'être blessé en chargeant un tombereau. Mais qui sait ? C'est peut-être Saturnin qui, comment dire, se trompe.)

Pour ce qui est de Fernand, Jean Testut, s'affranchissant courageusement de l'emprise de Marigny, fera tout de même un geste. Il n'ira pas jusqu'à le convoquer, il n'est pas téméraire, mais il écrira un petit courrier. Le 20 octobre 1943 (il faut le temps de se concentrer et de bien tourner ses phrases). Il ne l'adressera pas à n'importe qui mais à un fonctionnaire fiable, objectif, intègre, qui connaît parfaitement l'affaire : le commissaire Michel Tailleur. Sans prendre de gants, et sans craindre de donner un bon coup de pied dans les convenances, il lui posera deux questions coups de poing, d'homme à homme :

« 1. La famille Doulet a-t-elle été interrogée suffisamment longuement ?

2. Ces interrogatoires ont-ils été menés suffisamment à charge ? »

Le ciel a dû tomber sur la tête du pauvre Tailleur. Mais le devoir avant tout, il faut faire face, quoi qu'il en coûte. Il n'a pas failli. Huit jours plus tard, il répond :

« 1. En raison de l'éloignement du temps, on ne peut pas indiquer la durée des interrogatoires.

2. Ils ont été menés à charge, dirigés dans le sens d'une éventuelle culpabilité. »

Le juge Testut n'a plus rien à se reprocher, il vient de prouver avec brio qu'aucune faille n'existait du côté des Doulet, son aîné Marigny avait parfaitement exécuté sa mission. (Si ces interrogatoires ont été menés à charge, on aimerait assister au tête-à-tête du commissaire Tailleur avec un témoin qu'il ne soupçonne pas, voir comment il lui passe longuement, tendrement, une brosse douce dans les cheveux, comment il lui enduit les pieds de miel des Vosges.) Qui peut se soucier de ce qu'a fait Fernand le samedi matin ? Personne ne l'a vu, et alors ? Un peu de solitude, d'intimité, c'est interdit ? Et pourquoi aurait-on perdu du temps, dans une enquête de cette gravité, à se renseigner (en demandant par exemple à quelqu'un) sur les vêtements qu'il portait le vendredi, est-ce qu'il avait les mêmes le lendemain, sinon peut-il nous les montrer, et toutes ces histoires de chiffons ? Bientôt, on va nous reprocher d'avoir oublié de regarder s'il avait de petits hématomes sur la paume de sa main droite ? (Le 26 juin 1942, l'inspecteur Dominique Le Brun, de Paris, a fait le voyage pour aider ses collègues du Périgord. Dans un premier temps, il est là pour interroger la personne qui, la première, a informé Marigny que la rançon de 100 000 francs était une escroquerie, et qui restera anonyme – Madeleine Soudeix ? Henriette Blancherie ? Yvonne Doulet ? Puis il revient, avec Yvonne, sur le prêt de la serpe, et interroge quasiment tous les voisins du château : « Saviez-vous qu'Henri Girard avait emprunté une serpe ? L'avez-vous vu s'en servir pour couper du bois ? » Il demande au maire Palem, à Maud, à Valade, à Mompion, à Kervasse, à tout le monde sauf à une personne : Fernand Doulet.)

Quand quelque chose est bien fait, il faut savoir l'admettre : au sujet du coffre de la tante, le juge est d'accord pour qu'on aille interroger Mme Murat, l'amie chez qui Amélie est venue déjeuner le mercredi 22. Elle a déjà révélé tout ce qu'elle savait – Mlle Girard leur a dit, à son mari et à elle, qu'en sortant de chez eux elle se rendrait à la Banque de France pour récupérer « une barrette » – mais on sait combien les gens peuvent être fourbes : Jean Testut se propose, et au diable la colère de son supérieur, de creuser un peu de ce côté-là. Bien sûr, il faut engager certains frais, le trajet à vélo jusque chez le témoin, le casse-croûte de l'enquêteur, mais le juge est persuadé qu'Henri comprendra : il lui réclame 10 000 francs de plus. Ce rapace de Maurice Garçon ayant déconseillé à son client de céder à cette tentative de racket, on n'ira pas voir Mme Murat.

Enfin, il se passe quelque chose de nouveau dans cette nouvelle instruction, ça bouge : le 12 octobre 1943, à Paris, maître Barillot, le notaire de la famille Girard, reçoit la visite d'un expert-comptable, M. Fournier, de Limoges, mandaté par Jean Testut. Quand il lui en demande la raison, l'intitulé de la commission rogatoire le désarçonne :

«Rechercher quelle était la consistance de la fortune mobilière et immobilière de Georges et Amélie Girard; où étaient déposés les titres et valeurs; si, dans la période qui a précédé leur mort, M. et Mlle Girard n'ont pas effectué des négociations de valeurs, retraits, transferts, etc.; quel est le montant des sommes touchées jusqu'à maintenant par Henri Girard; et lui demander de fournir toute justification à l'emploi de ces sommes.» Voilà où conduit la plainte contre X qu'a déposée Henri, voilà à quoi sont utilisés les 10 000 francs qu'il a versés à Joseph Marigny. (J'ai passé ma vie, jusqu'à maintenant, cinquante-deux printemps et cinquante-deux automnes, à essayer de me trouver dans la société une position détachée, aussi sereine que possible, à ne pas me laisser déstabiliser par les cons et les salauds, à suivre les préceptes de mon maître, Jacques le Fataliste, mais sincèrement, on n'a pas envie, là, qu'apparaisse une grosse masse médiévale, avec des pointes, pour l'abattre sur quelques têtes? Une, au moins, celle de Marigny, non?) Henri et Maurice Garçon ont deux réactions différentes : le premier n'en peut plus, ne croit plus en rien et baisse les bras; le second, qui n'a pourtant pas des nerfs de ruolz, se met en colère. Le 25 octobre 1943, deux ans jour pour jour après le drame, il écrit une longue lettre au ministre de la Justice et garde des Sceaux, Maurice Gabolde, pour s'indigner du comportement inexcusable du parquet de Périgueux, lui rappeler qu'une affaire terminée par un acquittement «laisse au ministère public le droit et le devoir de rechercher le ou les coupables», et lui apprendre que son client « a été appelé à verser 20 000 francs, non pour connaître l'assassin de son père et de sa tante, mais pour qu'on lui révèle l'état de sa fortune et l'usage qu'il en fait». Il ne reçoit pas de réponse, mais Testut et Marigny en entendent certainement parler, car deux semaines plus tard, le 6 novembre, le premier fait savoir à Henri Girard qu'il est tout disposé à instruire... à une petite condition. Que le plaignant «verse une consignation supplémentaire, dont j'ai fixé le montant, eu égard à l'importance de l'affaire, à 40 000 francs. Si cette consignation n'est pas réglée dans les quinze jours, j'envisagerai de clore l'information par un non-lieu». Garçon est fou de rage. Il envoie quatre pages au procureur général de Limoges pour qu'il fasse cesser cette mascarade et remonte les bretelles de ses troupes, attirant son attention «sur les conditions surprenantes dans lesquelles M. Henri Girard se voit opposer d'invraisemblables obstacles dans la poursuite d'une plainte qu'il a déposée», désigne nommément les juges Marigny et Testut comme responsables, et évoque les 40 000 francs qui viennent d'être réclamés à son client : «Une pareille demande est évidemment faite pour décourager la partie civile de continuer ses poursuites.» Pas de réponse. Il ne s'arrête pas là – alors qu'il a certainement bien d'autres choses à faire, et que son client a été acquitté – et fait parvenir un nouveau courrier au garde des Sceaux, dans lequel il revient sur «la situation extraordinaire faite à Henri Girard par le juge d'instruction, qui refuse obstinément de procéder aux mesures d'instruction qui lui sont demandées», et termine ainsi : «Avant de conseiller à mon client d'introduire une procédure de suspicion légitime contre le tribunal de Périgueux, pour que l'affaire soit instruite dans une autre ville, j'ai voulu vous adresser ce dernier appel.» Ça n'ira pas plus loin. Henri abandonne. On ne sait pas ce qu'on ferait dans ce cas-là, mais je le comprends.

Le 15 février, il écrit au juge Testut pour retirer sa plainte. Deux grandes pages d'une écriture serrée. «J'ai épuisé en prison, puis comme partie civile scandaleusement bafouée, toute ma patience. Les épreuves que j'ai subies, tant du fait de la mort de mon père que de l'erreur épouvantable dont j'ai été victime et de ses conséquences, ne me permettent pas, eu égard à la cadence de vos découvertes, d'espérer atteindre un âge assez avancé pour voir aboutir l'information que vous dirigez.»

Maurice Garçon, à qui Henri a communiqué le brouillon griffonné de cette «lettre extraordinaire», écrit-il le 17 février à Abel Lacombe, est à la fois dépité, compréhensif et excité : «Les termes en sont si vifs par certains côtés que je me demande si le juge ne va pas en profiter pour le poursuivre pour outrage à la magistrature. Ce qui, je ne vous le cache pas, me plairait beaucoup : nous aurions là un procès tout à fait curieux à plaider, au cours duquel nous pourrions dire bien des choses. Je crois malheureusement que le juge sera assez malin pour éviter cette erreur, et qu'il sera trop content de clôturer ainsi un dossier qu'il ne voulait pas instruire.» Il a raison.

Cette deuxième instruction qu'on ne peut même pas qualifier de calamiteuse, puisqu'elle n'a pas eu lieu, a cependant permis de mettre au jour ce qui est sans doute, en plus de deux ans, le fait le plus important découvert durant toute l'enquête – et ni Marigny ni Testut n'y sont pour rien, puisqu'ils n'ont pas fait exprès (le principe de la litote a dû être inventé pour cette phrase). Leur seule décision a été de commettre un expert-comptable de Limoges pour évaluer la fortune d'Henri, M. Fournier – je n'ai pas son prénom, ça m'ennuie. Mais il leur a, involontairement, échappé. Henri lui ayant refusé l'accès à son compte en banque, il n'a pu contrôler que ceux d'Amélie et Georges. Dans une note complémentaire à son rapport, il informe le juge Testut que le mercredi 22 octobre 1941, à la Société générale de Périgueux, Mlle Girard a retiré 6 000 francs de son compte, sur un total de 16 000 environ. Il s'agit très certainement de l'argent qu'elle avait décidé d'offrir à Louise avant de rentrer à Paris, dont elle a parlé à plusieurs de ses proches.

En dix-neuf mois d'enquête scrupuleuse et approfondie, qui leur a permis de connaître le prix d'un whisky au

Ramuntcho ou la marque du piano de la grand-mère d'Henri, Marigny et ses amis n'ont pas été capables de découvrir que l'une des victimes avait retiré 6 000 francs à sa banque l'avant-veille de sa mort, 6 000 francs qu'elle n'a pas pu dépenser, puisqu'elle n'a plus quitté Escoire (Louise non plus), 6 000 francs qui ne se trouvaient plus dans le château le samedi matin, qui ont été volés.

16.

Lorsque je passe devant Pauline à la réception, elle me donne un nouveau paquet d'Anne-Catherine. Ce sont deux bulletins trimestriels des Amis du pays civraisien, datés de juin et septembre 1996. Je lui téléphone en arrivant dans la chambre. À la suite de l'appel de Mlle Rougier, la présidente de cette «Association de recherches historiques et archéologiques de la région de Civray», elle lui a envoyé les 14 euros correspondant aux deux numéros et les a reçus le temps que la Poste fasse le trajet. Anne-Catherine suit en ce moment des cours quotidiens pour adultes afin d'apprendre à confectionner des chapeaux et devenir peut-être, un jour, elle l'espère, chapelière-modiste («Ma femme est chapelière», je le dirai sept fois par semaine). Elle me passe Ernest. Il s'est mis au piano. Une envie brusque après en avoir touché un pour la première fois deux mois plus tôt, un ancien, beau, celui de sa grand-tante Simone, quatre heures sans s'arrêter : Anne-Catherine l'a emmené hier acheter un Yamaha numérique. Il me fait écouter. Je ressens la même fierté que Georges.

Je suis loin d'eux, isolé, c'est agréable de les avoir eus au téléphone.

Après la fille d'Abel Lacombe, j'ai devant moi, sur le lit, les mots du fils de Joseph Marigny, Jacques. Sur deux numéros consécutifs du bulletin, en dix-huit grandes pages, il raconte «Le crime du château d'Escoire en Périgord». Il s'est servi des archives de son père, manifestement complètes et précises : il donne de très nombreux détails qu'il n'a pu trouver dans rien de ce qui avait été publié à l'époque, ni jusqu'en 1996. En introduction, il «jure de dire toute la vérité», «sans rien occulter», en évitant «toute déviation du récit vers le roman», et de «parler sans haine envers l'accusé». Paix à son âme, mais ce n'est pas bien de jurer à tort et à travers, surtout quand on est fils de magistrat – quoique... Toute la charpente, la structure de l'histoire est exacte, étayée de faits authentiques et agrémentée d'éléments avérés, indiscutables, c'est un résumé qui semble présenter toutes les garanties de vérité objective, mais dans le tableau, dans l'image qu'il montre, rassurante (on comprend tout, enfin), réaliste et fidèle en apparence, on pourrait jouer au jeu des sept erreurs, on en trouverait vingt et une. Je ne vais pas les énumérer toutes, je dois rendre mon manuscrit dans quinze jours.

À partir de juillet 1941, «les rapports entre la tante et le neveu sont de moins en moins tendres, ils arrivent à se haïr» (30 septembre 1941 : «Je t'embrasse, mon vieux chéri, comme je t'aime, et tu sais combien. Ta vieille Lili»). Henri s'opposait fermement aux projets de mariage de son père avec Madeleine Flipo et «entrait dans des colères terribles à ce sujet». «Marie Augustine Trinquier, Lily pour les intimes», la fille du Grand Cinq, ne peut fournir aucun renseignement sur les vêtements de son client, elle ne sait même pas «s'il possédait un pyjama» (à rayures, qu'il a mis pour dormir); c'est normal : «Le costume de travail de Lily et celui de son client ressemblent davantage à celui de nos ancêtres dans le Paradis terrestre qu'à une tenue de soirée de gala à l'Opéra.» Le samedi matin, devant les gendarmes et le magistrat, «face aux corps ensanglantés de son père, de sa tante et de Louise, Henri Girard dit et répète : "Quel bordel !"» Une seule et même personne, une certaine «Mme Faure» (Faure est le nom d'épouse de Germaine Desfarges, la jeune cuisinière qui remplaçait parfois Louise), a trouvé les porte-monnaie, le portefeuille et le foulard : elle les a ramassés dans le fossé au pied du mur d'enceinte. Fernand Doulet s'aperçoit que le château est éteint à 21 h 15 (une petite moyenne, c'est pas mal, ça évite les pinailleries). Sous la chaise où se trouvait l'imperméable, «il n'y a aucune trace de sang» (ce qui est sans doute vrai, bien corrigé, Jacques, mais prouve qu'on peut aboutir à la même conclusion en faisant, de père en fils, deux constats opposés : si, selon lui, l'absence de trace de sang prouve qu'Henri Girard est l'assassin, c'est que l'imperméable immaculé a été placé ici «pour remplacer un autre vêtement trop compromettant», qui s'y trouvait au moment des meurtres). «On pourrait s'introduire dans le château par le WC désaffecté», mais évidemment, «plusieurs couches de toiles d'araignée obstruent le passage». Quand on s'aperçoit qu'il n'y a pas de poussière sur le disjoncteur, Henri bredouille des paroles confuses, «il nie avoir manipulé cette manette». «La serpe était rouillée, ébréchée, quasi inutilisable (confirmation par les couvreurs)» (qui ne l'ont jamais vue); un expert a conclu à «un affûtage récent de la lame avec une lime et non, comme c'est l'usage, avec une meule à aiguiser». «Le juge demande qu'on examine les mains des personnes qui évoluaient autour du château la veille du crime et qu'on cherche sous leurs ongles des traces de limaille de fer» (on n'a examiné que deux mains, celles d'Henri). Dans la dernière ligne droite avant le procès, se sentant démasqué, «Henri Girard accuse, mais sans les nommer, Saturnin et Fernand Doulet, en s'appuyant sur des arguments qu'il sait erronés». Mais l'instruction a été remarquablement menée :

«Aucun point ne restera dans l'ombre, toutes les expertises, analyses et enquêtes souhaitées par Henri Girard
seront diligentées par le magistrat instructeur et discutées
avec lui et ses avocats. Tout sera entrepris pour que la
lumière soit faite. Mais toujours, on en revient à la culpabilité d'Henri Girard.»

Je n'arrive pas à en vouloir à Jacques Marigny. Il défend
son père, son honneur, sa mémoire. (Et son texte permet au
moins de savoir ce que Joseph Marigny est devenu. J'ai
écrit qu'il avait demandé à être relevé de ses fonctions,
mais ce n'est pas certain, son fils est plus vague : «Il restera à son poste à Périgueux jusqu'au début de 1944. Il sera
nommé juge des enfants à Limoges puis à Poitiers en juin
1944, où il créera ce poste qu'il occupera jusqu'à la fin de
sa carrière, carrière commencée à Poitiers en 1922 comme
chef de cabinet du préfet.») Les parents, les enfants...

Je sais peu de choses de Fernand Doulet. Sylvie et Françoise, aux Archives, ont réussi à trouver quelques vieux
papiers pendant que j'étais dans le dossier. Il est né le
1ᵉʳ septembre 1920 à Antonne-et-Trigonant, il est mort
soixante et un ans plus tard à Périgueux. Il a certainement
quitté l'école très tôt, en fin de primaire, pour travailler avec
ses parents. La première fois qu'il s'est séparé d'eux, il avait
vingt ans. Il aurait dû alors effectuer son service militaire,
mais depuis le 30 juillet 1940, il avait été supprimé et remplacé par les Chantiers de jeunesse – un mélange entre le
scoutisme et l'armée, les jeunes effectuaient des travaux
d'intérêt général, notamment forestiers, dans une atmosphère militaire, encadrés par des officiers.

La date de son retour à Escoire varie selon ses déclarations. C'est parfois le mercredi 22 octobre, parfois le
vendredi 24 ; devant Joseph Marigny, il dit qu'il est rentré
le lundi 20 ; lors du procès, il répond d'abord à Maurice Garçon qu'il ne sait pas («Je n'ai même plus le souvenir de la
date du crime» – il a une mémoire étonnante, extrêmement

performante sur les heures (trois minutes plus tôt, il a
assuré qu'il était arrivé chez Fadeuilhe à 20 h 10 et en était
reparti à 20 h 50), sur d'autres choses comme le nombre
exact de fenêtres allumées à 20 heures, mais sur les jours,
il est nul), puis se souvient soudain : c'était le jeudi 23 !
Garçon lui demande s'il a vu Amélie à son arrivée : «Je ne
sais pas.» Sa mère, elle, est certaine de la date du retour de
son fiston : le mercredi 22. Et elle a raison. L'une de mes
deux anges gardiennes, Sylvie, m'apporte un gros registre
administratif dans lequel elle a retrouvé sa fiche militaire,
qui indique qu'il est «considéré comme ayant satisfait à
ses obligations légales». Il a été affecté au Chantier de jeunesse n° 29, le camp Bugeaud, basé à Formiguères, dans
les Pyrénées-Orientales. Il y est entré le 22 mars 1941, et
en est ressorti le 22 octobre suivant. (J'ai souvent lu qu'il
y avait passé huit mois, en réalité c'est donc sept.) On y
apprend aussi qu'il mesure un mètre soixante-sept (ce n'est
pas très grand, mais tout de même treize centimètres de
plus que papa), et qu'il avait les cheveux châtains. Degré
d'instruction : 2. (Je passe sur Internet pour chercher à
quoi correspondaient ces degrés dans le cadre militaire de
l'époque. 0 : ne sait ni lire ni écrire, 1 : sait lire, 2 : sait lire
et écrire, 3 : sait lire, écrire et compter, ou possède une instruction primaire plus développée, 4 : brevet d'enseignement
primaire, 5 : baccalauréat. C'est pour cela que je suppose
qu'il a quitté l'école en primaire.) Le jour de son incorpora-
tion, il est répertorié comme «cultivateur».

Au moment, du procès, il n'a plus le même métier. Sur
la longue liste des témoins appelés à comparaître, on le dit
«menuisier». Ce n'est pas tout ce qui a changé dans sa vie
en dix-neuf mois, il est devenu un homme, il s'est marié.
Le 21 mars 1942, cinq mois après les crimes, à Sainte-
Eulalie-d'Ans, il a épousé Alice Mouchot, une jeune
femme de vingt et un ans, comme lui, fille de cultivateurs,
comme lui, du bourg de Nailhac. Il devait la connaître

avant de partir au chantier de jeunesse, ou bien c'est un rapide : cinq mois pour rencontrer une fille qui vit à trente-cinq kilomètres d'Escoire (je ne suis pas sûr que les jeunes cultivateurs avaient beaucoup de temps libre pour parcourir la campagne à vélo à la recherche de l'âme sœur) et l'épouser, ce serait presque bâclé. Je ne sais pas (et je ne saurai jamais, j'enrage), on ne lambinait peut-être pas beaucoup, en ce temps-là dans les campagnes. Pour le bébé, pas de doute, ils n'ont pas traîné. Car quand il témoigne à la barre devant la cour et les jurés, le jeune Fernand est déjà père de famille. Son fils est né le 1er janvier 1943, il a donc été conçu environ dix jours après le mariage.

Ce petit garçon a pu avoir une vie paisible, normale au moins, on ne peut que s'en réjouir, pour lui et pour tout le monde, contre l'injustice. Une vie calme et discrète – il est resté cultivateur, il est décédé à quelques pas de l'endroit où il est né. (C'est pour cette raison que j'ai changé des noms, celui des Doulet entre autres. Qui que ce soit, aujourd'hui, le coupable est mort. Il ne sera jamais condamné, et lui seul méritait d'être condamné. Peu importe ce que je pense, ce que je crois, les meurtres de Georges, d'Amélie et de Louise resteront impunis. C'était un autre temps, une autre génération, un autre monde, c'est fini. Quoi qu'aient fait ou n'aient pas fait mon grand-père ou le père de mon facteur, nous n'y sommes pour rien, ce n'est pas notre histoire.) Le petit garçon n'est apparu qu'une fois dans un journal, juste quelques mots, le 16 juin 1943.

Une dizaine de jours après le verdict, plusieurs quotidiens parisiens ont dépêché des envoyés spéciaux à Escoire, pour profiter encore un peu de l'affaire qui a fait la une, respirer l'air ambiant, sonder l'opinion publique, les gens du bourg : ils en pensent quoi, de tout ça ? On cherche surtout à approcher les Doulet, que Maurice Garçon a montrés du doigt à la fin de sa plaidoirie. Le 12 juin, Marcel Montarron, pour *Le Petit Parisien*, réussit à les voir. Il les trouve dans un champ, à couper du foin : «Ils ont paru, dans leur cadre, s'exprimer avec une parfaite franchise.» Yvonne s'indigne des soupçons : «On veut nous faire des misères.» Elle répète qu'ils se sont couchés à 20 heures. La veille, dans la nuit du jeudi au vendredi, leur chien (je ne savais pas qu'ils avaient un chien) a aboyé toute la nuit, elle a pensé que c'était un renard qui rôdait. Mais la nuit du crime, rien, on ne l'a pas entendu. C'est la preuve qu'un étranger n'est pas passé par là. Fernand, lui, maintient «ce qu'il a toujours affirmé» : c'est vers 21 heures, en passant devant le château, qu'il a vu que tout était éteint. Saturnin pose une question : «Quel intérêt aurions-nous eu à commettre un tel crime?» Pour *Aujourd'hui*, c'est Richard Borel qui enquête. (Je n'ai pas réussi à trouver les archives de ce journal, mais Maurice Garçon a découpé la page et l'a conservée dans son dossier Girard.) «Ma première surprise est de constater avec quelle facilité les langues se délient.» Au village, l'opinion est unanime : les Doulet sont innocents : «De si braves gens, depuis toujours dans la région, sur lesquels on n'a que de bons renseignements.» Mlle Palem, la fille du maire, est furieuse qu'on puisse les soupçonner. Le gendarme en retraite Fadeuilhe : «C'est une honte de s'attaquer à ces gens-là parce qu'ils sont pauvres et sans défense.» Borel commente : «Pour mieux les innocenter, on fait valoir, comme un titre de gloire, la simplicité d'esprit des Doulet. Et l'affaire, déjà pleine de dessous psychologiques, se gonfle de sourds ressentiments campagnards contre le château.» (Ça se confirme.) Lui aussi rencontre les gardiens : «Tableau de famille : la mère et le fils soignent les maïs ; la jeune femme berce son bébé sous un noyer.» (Il est là, le petit qui aura heureusement une vie normale.) Fernand, jeune papa, dit encore à Richard Borel que c'est à 21 heures qu'il est passé sous les fenêtres du château. Le journaliste lui demande ce qu'il a fait le lendemain matin : il est parti à Périgueux sur son vélo, pour toucher sa prime de démobilisation chez le percepteur. À quelle heure ? « Je ne me rappelle plus bien. » Il n'est rentré que dans l'après-midi « mais, en dehors de sa visite au percepteur, il ne se souvient plus de son emploi du temps à Périgueux ». Saturnin, lui, « répète sa déposition comme une leçon » – il dit encore que le pantalon kaki était taché de son sang, une coupure qu'il s'est faite à la main. « Ce métayer n'a rien du paysan madré. Petit, maigriot, il ouvre des yeux ronds et convient qu'il n'est pas intelligent. Le fils, plus grand mais aussi maigre, ne montre pas un esprit beaucoup plus ouvert. À peine une lueur un peu plus sournoise dans les yeux bleus ombragés de gros sourcils... »

Tout le monde se retrouve sur un point : le coupable n'est pas loin. Même ceux qui sont persuadés qu'il s'agit d'Henri Girard ouvrent une porte (du château) sans même s'en apercevoir – à cause des œillères. Dans l'acte d'accusation, on lit : « Seul un familier de la maison pouvait connaître l'existence de la serpe. » Je suis bien d'accord. (Et j'ajouterais (mais pas eux) : seul un familier extérieur à la maison était obligé de s'en munir – peut-être seulement « au cas où » –, à défaut de pouvoir entrer avec le hachoir de boucher ou n'importe quel couteau de cuisine, qui se trouvaient à l'intérieur ; ou avec un outil ou une arme pris chez lui, trop incriminants.) Mais l'existence ne suffit pas, celle d'une serpe pas plus qu'une autre. Pour l'utiliser, il fallait savoir où elle se trouvait. Henri, après l'avoir récupérée dans le but de l'apporter à son père pour le lierre, dit l'avoir laissée quelque part près de la porte de la cuisine – par terre ou sur le muret, il ne sait plus. L'une des photos prises le 26 octobre, lors de l'arrivée de Tailleur, montre l'entrée de la cuisine. Le muret, plutôt une sorte de petite corniche à un mètre du sol, paraît trop étroit pour que l'idée d'y poser une serpe vienne naturellement. Par terre, à côté des cinq marches qui montent à la porte, on voit quelques petites branches coupées, trop fines pour être utilisées pour le feu, qui semblent être les restes du travail d'Henri avec les sapins. Quand on vient du mur des WC désaffectés où se trouvaient les deux petits troncs sur lesquels il avait planté la serpe, à dix mètres de là, et qu'on s'apprête à contourner le château, c'est l'endroit parfait où la laisser tomber quand on s'est rendu compte qu'elle ne pourrait pas servir à couper du lierre (d'autant qu'Henri dit être entré dans la cuisine à ce moment-là, pour prendre une hache dans le coffre à bois).

Qui est passé par là dans l'après-midi ? René Biraben, Antoine Vittel et ses deux ouvriers, Henriette Blancherie, Hélène Grandjean et ses deux filles – aucun n'a une tête de Bruce. Mais forcément quelqu'un d'autre aussi. Je me souviens m'être demandé d'où venait l'eau qu'utilisaient les Girard pour la cuisine, la vaisselle ou leur toilette. Dans sa plaidoirie, Garçon disait qu'il n'y avait pas de fontaine, de source ni de pompe à proximité du château. Je suis à peu près certain d'avoir lu quelque chose d'autre dans ses notes ou ses brouillons à ce sujet – dont il ne s'est pas servi au procès, car ça ne prouve rien. Je chercherai le soir dans le MacBook, je mettrai près d'une heure à trouver, à déchiffrer toutes ces pages difficilement lisibles (à plusieurs endroits, peut-être lorsqu'il réfléchit, il dessine une petite serpe). Il a écrit au crayon à papier, sur une feuille déchirée d'un cahier : «Les Doulet étaient chargés d'apporter de l'eau tous les jours. Quand a-t-on apporté de l'eau pour la dernière fois ? Qui a fait le portage ?» On n'apporte pas l'eau le matin avant 9 h 30, c'est sûr : l'un des Doulet serait venu le samedi avant la découverte des corps ; et Henri se lave dès qu'il sort du lit, dans la cuvette de la veille. Avant le déjeuner, peut-être – mais ce ne sera utile à ce moment-là que pour le préparer (s'il faut de l'eau). À partir de la tombée de la nuit, c'est peu probable – je ne sais toujours pas où est le puits mais pas tout près, et il fait noir partout. L'après-midi ? Pour le thé, la soupe, la toilette du soir et du lendemain matin ? On aurait pu demander... On a peu d'indices sur l'utilisation de l'eau au château ce vendredi-là. On sait que Louise s'en est servie pour préparer le thé à 16 h 30, la soupe de haricots vers 19 heures, et qu'Amélie a fait sa toilette avant de se coucher. On sait que la famille a terminé de déjeuner vers 13 h 15, quand le régisseur est arrivé. Mais Louise n'a fait la vaisselle qu'une heure et demie après la fin du repas, voire plus. Antoine Vittel s'est présenté avec ses ouvriers à 14 h 30, il a discuté brièvement avec Louise, puis s'est mis à préparer les fers, eux les échelles et tout le bazar. Le plombier-zingueur Louis Bordas (celui qui dit n'avoir vu personne d'étranger à part les gardiens qui se tenaient près de la porte de leur maison), déclare à Michel Tailleur : « J'ai effectué des réparations sur la partie arrière du château. Étant sur mon chantier, j'ai vu une vieille femme qui lavait un plat dans une bassine près de l'entrée de la cuisine, sur l'escalier » (la bassine où a été retrouvée la veste en laine noire avec une broche). L'eau venait peut-être d'arriver. De l'autre côté du château, Georges et Henri coupent et arrachent le lierre depuis une heure, avec la hache.

On ne saura pas quand a été apportée l'eau, mais pour la vaisselle, la cuisine et la toilette de quatre personnes, ce devait être lourd. (À tel point que les Girard ne le font pas eux-mêmes. Cela dit, on n'a pas du personnel pour rien. Ils sont métayers et gardiens, mais rien n'empêche de leur demander deux ou trois choses en plus.) Celui des Doulet qui a fait le porteur est entré par la porte de la cuisine, et a presque obligatoirement vu la serpe par terre, au bas de l'escalier, celle de sa famille, la sienne.

Il fallait savoir où se trouvait la serpe, il fallait aussi savoir comment pénétrer dans le château, savoir que la pierre est abîmée sous les volets des WC, que le crochet est facilement accessible et que la fenêtre ne ferme pas. Et là, à part Henri... Sûrement quelques jeunes du bourg, bien sûr. Qui a passé son enfance à côté d'une maison abandonnée (avec des fantômes, ou un squelette de sorcière à l'intérieur) sait qu'il est presque impossible de résister à l'envie terrifiante de s'y introduire avec ses potes, au frisson du risque et de l'interdit. Le château d'Escoire domine tout le village, on ne voit que lui, il est impressionnant, écrasant : il défie le village. Il reste vide pendant des mois et des mois. Les jeunes s'ennuient, le soir. Pas un ne serait venu tourner autour ? Au moins deux, ceux qui ont tabassé Henri une nuit de l'été 1937, lorsqu'il était justement sorti par cette fenêtre. Comment croire que Fernand, qui vit tout près depuis l'âge de cinq ans, qui est fils unique, qui n'est jamais parti en vacances, qui vit dans des conditions misérables, ne s'est pas une fois glissé dans le château en l'absence des « maîtres » ? Lui qui sait si bien où se trouve chaque pièce. Lui qui s'ennuie tellement, le soir, que lorsqu'ils sont là, il passe le temps en regardant les fenêtres allumées, celles d'Amélie au moins, jusqu'à « 23 heures ou 23 h 30 » – alors qu'on ne les voit pas de chez lui.

On a aperçu de la lumière à l'intérieur du château plusieurs mois après la pose des scellés – et Maurice Garçon a fait observer le 27 mai 1943 que celui de la fenêtre des WC était cassé. André Lauseille, un maréchal-ferrant, indiquera avoir remarqué des fenêtres éclairées au cours du mois de février 1942. Il pensait que c'était la police, il n'a pas jugé utile d'en parler – on lui apprendra que personne, ni du côté de la police ni côté du parquet, ne s'est rendu sur les lieux depuis le mois de novembre précédent (curieusement, lors du procès, il modifiera sa déclaration : ce ne sera plus en février 1942, qu'il aura vu de la lumière, mais « environ un mois après le crime », et le château sera « entièrement illuminé »). Au bas de l'une des feuilles de brouillon sur lesquelles Maurice Garçon résume sa première déposition, l'avocat écrit, d'une belle plume : « Et qui donc

se promène dans ce château? Qu'y cherche-t-on? Qui est
assez hardi?»

Le 14 juin 1942, à 22 heures, tout le premier étage du
château est éclairé. Le maire part à Antonne téléphoner
aux gendarmes de Savignac-les-Église (à cette heure, le
facteur Landry a dû râler un peu) : à leur arrivée, ils s'as-
surent que tout est fermé, que les scellés des portes sont
intacts, puis montent la garde toute la nuit en attendant la
venue, le matin à 9 heures, de M. Saury, suppléant du juge
de paix de Savignac, seul habilité à ouvrir, de M. Bouriez,
substitut du procureur, du commissaire Ruffel, d'Henri
Girard, extrait de Belleyme, et de l'électricien André
Delguel. Ils pénètrent à l'intérieur et ne remarquent rien
d'anormal. Après quelques recherches, en examinant le
poteau électrique qui se trouve devant le château, Delguel
s'aperçoit que la phase défectueuse, qui fournit l'électricité du premier étage, a été réparée : elle est à présent
sous tension. Deux gendarmes (dont l'assidu Chantalat)
interrogeront les électriciens de la région et découvriront
qu'un certain Paulin Lafarge est venu effectuer des bran-
chements en vue de l'installation d'un moteur chez
M. Châtaignier, et d'un autre chez M. Gervaise – un seul
transformateur, sur le poteau, alimente tout le village.
Mais c'était le 4 juin, dix jours plus tôt. André Delguel
conclura que le courant a dû se rétablir tout seul, «par
trépidation», ou bien qu'il est «possible que la pluie et le
vent aient remis le fusible en mode opérationnel». Encore
un mystère, mais un petit, sans réel intérêt. On peut éventuellement retenir deux courts passages du compte-rendu
des gendarmes.

Le premier : selon Alphonse Palem, ce sont deux enfants
d'une dizaine d'années, la fille Mompion et le fils Kervasse,
qui sont venus l'avertir à 22 heures que le château était
éclairé ; selon Saturnin Doulet (qui est toujours gardien de la
propriété, et même des scellés depuis huit mois – il ne sera

viré par Henri, avec femme et enfant, qu'après le verdict),
c'est plutôt lui qui s'est rendu chez le maire pour le prévenir ; Hélène Fadeuilhe, la femme de Charles, le gendarme
en retraite, première à avoir vu les lumières, a envoyé sa
fille demander à Saturnin s'il y avait quelqu'un dans le
château, à 21 h 45, « il a répondu par la négative ».

Le deuxième, plus intéressant, est une précision de
l'électricien Delguel, qui n'éveillera pas plus d'intérêt
qu'une pâquerette dans un champ de coquelicots.

Tout est rose à Escoire, les habitants sont ravis d'avoir
des châtelains si simples et ouverts, les Doulet n'ont rien à
reprocher à leurs patrons, c'est l'harmonie parfaite entre
les classes sociales. L'image qu'on en donne à partir du
25 octobre 1941 doit faire rêver ou fulminer de jalousie
tous les villageois de France qui vivent près d'un château,
quand ils lisent les journaux. Il y a tout de même de petites
tensions. Au moins une.

En 1939, tout le bourg est alimenté en électricité. Le
château, légèrement à l'écart, en a bénéficié avec un peu
de retard. Mais pas les Doulet, qui ne vivent pourtant
qu'à quelques dizaines de mètres. Hormis les fermes iso-
lées, ils sont les seuls à devoir encore s'éclairer à la
bougie ou à la lampe Pigeon. Les laissés-pour-compte,
les gueux. Ils font plusieurs demandes aux Girard, qui
leur répondent chaque fois que ça ne va pas tarder, bientôt, pas tout de suite, et finalement, en janvier 1941,
Amélie cède et s'engage à faire réaliser le branchement
de leur maison. René Biraben l'explique à Marigny :
« Mlle Girard avait promis aux métayers Doulet de leur
faire installer l'électricité, et m'avait chargé de m'en
occuper. Je m'étais mis en rapport avec différents entre-
preneurs, mais cela ne put se faire en raison de la pénurie
de matières premières. »

Vers le milieu du mois de mars, Georges Girard vient
passer deux jours à Périgueux. Il ne dort pas au château,

qu'il n'aime pas, mais il s'y rend un après-midi avec Louise, juste une heure, pour s'assurer que tout va bien. Ils ont la surprise de découvrir un long câble électrique qui relie la cuisine et la maison Doulet, soutenu par des perches. (Il doit exister une petite ouverture dans le mur ou la fenêtre de la cuisine, une grille ou un volet d'aération, ou quelque chose de semblable, car il est peu probable qu'on laisse, pour y faire passer le fil, la porte ou la fenêtre entrouverte en permanence.) Ils descendent voir les gardiens et Georges leur fait part de son désaccord : ce n'est pas une installation réglementaire et, à son avis, elle est dangereuse. À Périgueux, il passe voir René Biraben et lui demande de veiller à ce que les Doulet la débranchent. De retour à Vichy, après avoir pleinement réalisé ce que peut provoquer un fil électrique de fortune au milieu des arbres, en particulier à une saison où les pluies sont fréquentes, il écrit à Saturnin pour exiger clairement qu'il retire son câble.

Le gardien lui répond le 31 mars 1941, une courte lettre, d'une écriture maladroite et pleine de fautes d'orthographe (fautes que je ne reproduis pas, il n'y a pas de honte à ne pas être allé à l'école quand on travaille aux champs depuis qu'on sait lire (la concierge de la rue Chomel, c'est différent, elle est parisienne, elle n'a jamais arraché une betterave), Saturnin fait les efforts qu'il peut (si on me demandait de tondre un mouton ou de dépouiller un lapin, je trouverais bien balourds les spectateurs qui se rouleraient de rire par terre) et, contrairement aux miens si je bataillais contre un mouton, ils ne manquent parfois pas d'élégance – il écrit qu'il a reçu la lettre de Georges «sai jourçi») : «En réponse à votre lettre que j'ai reçue ces jours-ci, où j'ai vu que vous n'étiez pas content que j'aie pris le courant chez vous, je n'avais pas cru mal faire car comme on ne trouve plus de pétrole ni rien, j'avais la dispense pour avoir une lampe, mais enfin aussitôt que j'ai eu votre lettre, j'ai coupé le courant car je ne voudrais pas vous faire avoir d'inconvénients. Mademoiselle m'avait promis de me le faire mettre, mais je n'ai toujours rien. Enfin j'espère que ça viendra un jour. Croyez-moi j'ai coupé de suite et ça ne risque de rien. Plus rien à vous dire. Veuillez agréer mes sincères salutations et poignée de main cordiale. Doulet.»

Mais le 9 avril, le fil est toujours en place. Louise envoie un courrier alarmé à Georges : «J'ai vu M. Ferrand, architecte. Je lui ai parlé sérieusement du fil électrique, il m'a dit qu'il ne voulait pas faire la loi entre toi et ton métayer, mais que certainement ce n'était pas logique, et qu'il fallait le faire vérifier par un agent de l'électricité. Si tu n'as pas écrit à M. Biraben, fais-le tout de suite, ne le néglige pas, car avec la saison qui vient, les orages, ça pourrait occasionner des choses graves. Les Doulet seraient ennuyés, mais vous autres auriez les deux, les ennuis et la perte. Je t'assure que j'en ai beaucoup de souci.»

Dix jours plus tard, l'installation est enfin démontée. Le 20 avril, Louise écrit à Amélie : «Ouf, je respire, sachant à présent que le nécessaire a été fait pour Escoire», et le surlendemain, à Henri, pour lui résumer l'histoire : «Figurez-vous que les Doulet avaient placé un fil électrique clandestin qu'ils avaient branché à la lampe de la cuisine. M. Biraben le savait mais il n'avait rien dit. Il passe sur tout à condition de ne pas être embêté. Maintenant, le fil est enlevé, je respire.»

La version de Saturnin Doulet n'est pas tout à fait la même que celle qu'ont décrite René Biraben dans ses dépositions et Louise dans ses lettres – dont il ne sait sans doute pas qu'elles ont été saisies. Interrogé le 25 février 1942 par le juge Marigny, qui a entendu parler de cette petite affaire et lui demande si elle a occasionné des tensions avec Georges Girard, il répond : «Un jour, profitant du passage de M. Girard, je lui ai dit que j'avais branché une ligne sur la lampe de la cuisine du château, au moyen d'une installation de fortune. Il ne m'avait pas répondu. Quelque temps après, il m'a écrit, me faisant remarquer que l'installation que j'avais faite n'était pas réglementaire, et de couper le courant. Je l'avais fait immédiatement et je lui avais écrit pour lui en tenir compte. À son voyage suivant, il ne m'avait tenu aucune rancune à ce sujet, et il m'avait même dit qu'il allait tâcher de faire procéder à l'installation promise.»

Tout au long de l'instruction, Saturnin est revenu régulièrement sur cette promesse qui n'a pas été honorée, et sur les difficultés de la vie sans lumière – alors que d'autres ont même des lignes spéciales pour leurs moteurs... « On m'avait promis l'installation électrique dans le logement que j'occupe, mais rien n'avait été fait.» Jusque lors du procès : lorsque Maurice Garçon lui demande s'il y avait de la lumière dans la chambre quand son fils est rentré le vendredi soir, il commence par rappeler : « Chez nous, il n'y a pas d'électricité.» (Il dit ensuite qu'il ne se souvient plus (maintenant) s'il a ou non allumé la lampe Pigeon.)

Saturnin est âgé, relativement, soumis, docile, habitué à la servitude, il a fini, avec un peu de retard, par se plier à la volonté de son maître et, s'il en a souffert, s'il a dû continuer à vivre dans la misère et l'inconfort et en a certainement éprouvé un sentiment d'injustice, il n'en a pas moins accepté son sort. Mais son fils? Qui est jeune, sans doute plus révolté, moins fataliste, au minimum, qui commence sa vie d'homme, qui revient de sept mois quasi-militaires où il a pour la première fois côtoyé de nombreux garçons de conditions très différentes de la sienne? Fernand a quitté Escoire pour les Pyrénées-Orientales le 22 mars, juste après l'installation clandestine de l'électricité chez lui – il est plus que possible qu'il ait aidé son père à tendre le câble de quatre-vingts mètres en hauteur entre les deux bâtiments, avant de partir pour de longs mois. Quand il revient, le 22 octobre, non seulement le dispositif a été démonté, mais la promesse des Girard n'a toujours pas été tenue, ses parents, et lui, continuent à vivre à la bougie. Et la nuit tombe à 17 h 30. (Je ne veux pas avoir l'air de vouloir tout emboîter à tout prix, ce ne doit être qu'une coïncidence, mais il est troublant, ou simplement amusant, sinistrement amusant, de remarquer que le témoignage de Fernand qui accuse définitivement Henri s'appuie sur une absence d'électricité.)

Le 15 juin 1942, lorsque l'électricien Delguel rédige un court rapport sur son intervention au château dont le premier étage s'est mystérieusement illuminé la veille, il note entre deux constatations plus importantes, pâquerette dans le champ de coquelicot : « Avant de quitter les lieux, j'ai débranché un fil souple reliant la lampe de la cuisine avec un bâtiment extérieur. » Les Doulet n'auront pas perdu de temps après la disparition des châtelains pour réparer le tort qui leur a été fait, rebrancher leur fil, et vivre enfin comme les autres. (Dans un article d'*Aujourd'hui*, le journaliste René Miquel, qui les a lui aussi interviewés après le procès, écrit : « Ils n'ont pas des visages cruels, ces terriens, mais butés. ») Qu'ils y soient pour quelque chose ou pas, désormais, ni Georges ni Louise ne sont plus là pour les ennuyer avec leurs craintes ridicules d'incendie, bien parisiennes, et Henri est hors d'état de faire chier le monde.

Interrogé à ce sujet ce jour-là, en juin 1942, par les gendarmes, Saturnin explique qu'il se sert effectivement de l'électricité du château, mais « après entente avec M. le juge de paix du canton de Savignac-les-Églises, avant que les scellés ne soient apposés ». (Cette dernière précision peut paraître un peu gonflée, on vérifierait facilement que c'est un mensonge, puisque les scellés ont été apposés le 28 octobre de l'année précédente (et s'il a réellement demandé à ce moment-là, ce serait la première chose à laquelle il aurait pensé après la mort de ses patrons), mais on comprend qu'il prenne le risque. En arrivant, les gendarmes ont fait le tour du bâtiment sans trouver un signe d'effraction : les scellés des portes étaient intacts. Si les Doulet n'avaient pas branché leur câble électrique avant la pose desdits scellés, comment auraient-ils pu pénétrer à l'intérieur de la cuisine ?) On ne sait pas ce qu'en dit le juge de paix, ou plutôt son suppléant Saury, mais Bouriez, lui, le substitut du procureur, n'est pas d'accord du tout. Dans son compte-rendu, André Delguel précise que c'est « à la demande de M. le substitut du procureur » qu'il a retiré le fil pirate, et même que celui-ci lui a ordonné de couper l'alimentation électrique générale pour que ça ne se reproduise plus.

(Le château sera visité une dernière fois, plus d'un an après le procès, le 13 juin 1944. Les Doulet, là c'est sûr, n'y sont pour rien – chassés par Henri, ils ont quitté leur petite maison et se sont installés dans une ferme proche d'Antonne. Les gardiens des scellés sont à présent Jean Valade et sa femme, Andréa, les parents de la petite Jeannette. Un matin, ils se sont aperçus que le portail de l'entrée carrossable était grand ouvert, et ont remarqué des traces de roues de voiture sur le chemin. En haut, la porte de la cuisine avait été enfoncée. À l'intérieur, ils ont constaté que la plupart des pièces du château avaient été visitées, et les meubles fouillés, les tiroirs ouverts, certains posés par terre. Les « malfaiteurs », comme les désigne l'inspecteur qui adresse son rapport au commissaire Tailleur, ont dérobé une grande quantité de linge, notamment les draps du seul lit qui en était encore équipé, celui où a dormi Henri la dernière nuit qu'il a passée ici. De nombreux objets semblent avoir été également volés, mais l'inspecteur ne peut en connaître la liste exacte. La voiture qui se trouvait dans le garage de l'ancienne maison des gardiens, une traction avant Citroën, a disparu. (C'était la voiture d'Amélie. Dans une carte que lui a écrite une jeune fille en sanatorium, Arlette, pour la remercier de lui avoir rendu visite, j'ai lu qu'elle l'appelait Zoé et ne pouvait plus s'en servir à cause de la pénurie d'essence.) Une feuille de papier dactylographiée est fixée sur la porte de communication entre la cuisine et la salle à manger, par un couteau planté : « FFI-FTPF. Nous, Francs-tireurs partisans, entrons au château d'Escoire pour réquisitionner tout ce que nous trouverons utile au besoin de l'Armée de libération nationale contre les boches. Signé : L'Invincible. Fait le 13-6-1944. » Dans ce rapport de l'inspecteur principal de police de sûreté (Henriot Émile), deux phrases m'ont fait sourire. La première : « Une lampe à pétrole, habituellement placée dans la cuisine, se trouvait abandonnée sur la deuxième marche de l'escalier en pierre longeant le côté Est du château. » Il y avait donc habituellement une lampe à pétrole dans la cuisine. Tous les enquêteurs se sont bien gardés de le rapporter. Sinon, même en supposant que les Girard aient oublié de se réapprovisionner en bougies, comment penser, puisqu'il y avait une lampe dans la cuisine, qu'ils ont pu être surpris par une brusque panne de courant et se coucher aussitôt, sans même pouvoir enfiler leurs tenues de nuit ? La seconde : « Un imperméable qui se trouvait placé sur une chaise de la salle à manger a également été emporté. » Ce n'est pas celui d'Henri, puisqu'on l'avait déjà remplacé avant la visite de la cour au château : c'est celui de son père que « L'invincible » a pris. À partir de l'été 1944, il est donc dans le maquis, sur le dos d'un résistant. Le vieux Georges, qui pestait dans son journal contre les Allemands et ces crapules de collabos, qui rêvait tant du jour où viendrait la libération de la France, ne l'aura pas vue mais y aura participé un peu, sans l'avoir su.)

L'existence et l'emplacement de la serpe, le moyen d'entrer dans le château, un ressentiment possible à l'encontre

de la famille Girard : «Le seul qui remplit toutes ces conditions, écrit Maurice Garçon sur l'une de ses feuilles de
notes, est le seul dont le témoignage soit en contradiction
avec celui d'Henri Girard.» Et question ressentiment, ce
n'est pas tout.

17.

Vendredi matin, je suis à Périgueux depuis six jours. En mangeant mes œufs brouillés, trop cuits aujourd'hui (c'est souvent le problème), dans un coin de la salle du petit déjeuner où personne n'a vu quiconque en string, je pense à Gérard de Villiers. Je les imagine tous les deux, « sur les hauteurs d'Alger, face à la mer », presque main dans la main. Henri Girard, Georges Arnaud, qui évite soigneusement de parler de l'affaire depuis plus de trente ans, qui a définitivement posé un drap noir dessus, ne s'est confié ni à ses plus proches amis ni à ses enfants (ni à ses femmes : Roger Martin en a rencontré trois sur quatre, et affirme que « pas une n'a jamais cru une seconde qu'il avait pu commettre ces crimes »), décide soudain de libérer sa conscience, comme on dit dans la police, face à un type qu'il connaît à peine (de Villiers reconnaît lui-même qu'ils avaient simplement « sympathisé » à Paris, fréquentant tous les deux Marcel Jullian), un type dont il sait que le passe-temps favori est de jouer à l'espion, de fouiner pour déterrer des secrets plus ou moins croustillants et s'en servir ensuite. Un type qui lui ressemble comme le vinaigre à l'huile, qui a participé à la guerre d'Algérie en tant qu'officier, qui déclarait : « Politiquement, je suis résolument à

droite, libéral, anti-communiste, anti-islamiste, anti-com-
munautariste, anti-socialiste et c'est à peu près tout», et
qui regrettait : «On aurait pu gagner la guerre d'Algérie,
mais le problème, c'est que les pieds-noirs étaient devenus
indolents, car ils s'étaient arabisés.» Un type qui n'est pas
seulement son opposé en politique, mais aussi, plus profondément, dans son approche de la vie, des hommes, et
surtout des femmes – qui ont guidé l'existence d'Henri.
(Dans son autobiographie, de Villiers consacre un chapitre
à prouver que les accusations de machisme dont on lui
rebat les oreilles depuis des années n'ont pas lieu d'être :
«On me reproche parfois de ne décrire dans mes livres
que des "femmes-objets", créées pour le seul plaisir de
l'homme. Encore une ineptie.» Paragraphe suivant : «J'ai
toujours aimé les femmes sexy, qui font bander. C'est la
première qualité chez une femme.») À ce type, Henri
ouvre son cœur, il dit tout.

Il lui dit quoi, au fait? Les versions (celles de Gérard de
Villiers) diffèrent. Dans *Sabre au clair et pied au plancher*, il écrit que Georges Arnaud lui a avoué qu'il avait
tué tous les occupants du château parce qu'il s'était disputé
avec son père. Mais la bonne? Impossible de faire autrement, il ne pouvait pas laisser de témoin. Dans «Le Vif du
sujet», ce n'est plus pareil, Georges Arnaud dit à son
confident qu'il a éliminé Louise aussi parce qu'il était très
énervé, il n'était plus lui-même. «Moi, ajoute de Villiers
sur France Culture, je pense que tout simplement, il ne
pouvait pas laisser de témoin» – quant à la raison de son
pétage de plombs : «Il ne m'a pas donné ses motivations.»
Mais sur RTL, dans *L'Heure du crime* de Jacques Pradel,
si : une violente dispute a éclaté parce que son père en
avait «ras le bol et ne voulait plus lui donner d'argent» –
Henri «vivait surtout à Paris et ne revenait régulièrement
au château familial que pour se refinancer». (Comme
Georges Bratschi dans *N'avouez jamais*, de Villiers assure

que Georges voulait couper les vivres à son incapable de fils, dont les dépenses l'exaspéraient...) Je n'ai pu trouver nulle part la vidéo de l'émission «La route», où il en a parlé pour la première fois, mais Laurent Chalumeau, après des heures – que le ciel lui rendra (ou moi, sinon) – à fouiller chez lui, l'a exhumée de ses placards et m'a envoyé l'extrait sonore. De Villiers lui raconte ce jour-là qu'Arnaud (avec qui il était «très pote») a «démarré dans la vie en tuant son père, sa mère et la bonne à la hache», et, deuxième scoop, qu'il lui a donné l'explication de son acquittement inespéré. Il était donc en cellule avec un chef de la Résistance locale dont l'avocat a proposé un marché au sien (c'est ce qui a fait rire Monique Lacombe) : s'il faisait semblant de dormir pendant qu'il s'évadait, il pouvait être assuré qu'il ne serait pas condamné. Le parti communiste a fait pression sur les jurés, ou les a soudoyés, Henri reconnaît qu'il n'en sait rien, mais résultat des courses : il s'en sort. Dans ses Mémoires, de Villiers affine. Georges Arnaud lui dit : «De toute façon, il y avait quatre-vingt-dix-neuf chances sur cent que je sois condamné à mort.» Il aurait pu s'échapper avec le chef FTP mais : «Pour aller où ? Lui, il a un réseau, pas moi.» Ensuite, il «attend le procès en tremblant», et hop, il est acquitté : «C'est un pur miracle» (lâche-t-il avec émotion au papa de SAS, en résistant de justesse à l'envie, je pense (mais peut-être pas), de tomber en pleurs dans les bras virils de son confesseur, ses sanglots heureusement couverts par le murmure éternel de la Grande bleue, qui connaît tous les secrets des hommes et les conserve en ses abîmes.)

Qu'Henri ait raconté tout cela, ou à peu près, à Gérard de Villiers, ça ne fait pas de doute ; qu'il se soit joyeusement foutu de lui non plus. (Dans une autre «Heure du crime», diffusée sur RTL trois ans après la première, Roger Martin assure que ces «révélations» ont bien fait rire la famille et les amis encore vivants d'Henri. Pour lui,

le grand espion amateur était « une proie exceptionnelle »
pour Arnaud le mystificateur, qui a dû beaucoup s'amuser.)

Tous ses courriers écrits en prison l'attestent, Henri était
au plus mal, dévasté, mais combatif : il n'a jamais pensé,
en tremblant, qu'il allait être guillotiné à coup sûr. Il était
au contraire persuadé que dès qu'on étudierait sérieusement le dossier, dès qu'on lui donnerait l'occasion de
s'expliquer, de raconter, ou que Maurice Garçon pourrait
le faire à sa place, l'absurdité de l'accusation apparaîtrait
clairement. Et quel avocat croirait qu'il est nécessaire de
corrompre des jurés (gros boulot, quand même) pour qu'il
accepte de fermer les yeux et ne dénonce pas le chef FTP ?
(« M'sieur ! M'sieur ! Y a un résistant qui veut s'échapper ! ») Parmi les vingt-six jurés sélectionnés six semaines
avant le procès, la plupart sont des notables (quatre maires,
trois industriels, quatre propriétaires, trois négociants, un
architecte, un colonel en retraite...), et il aurait fallu les
menacer ou les acheter tous, car six ont été tirés au sort au
début des audiences (un maire, un propriétaire d'immeubles, un propriétaire terrien, un industriel, un négociant
et un retraité – le deuxième, Faget, se prénomme Jean-
Chéri, ça se fait trop rare aujourd'hui), et ni Lacombe ni
Garçon n'en ont récusé un seul. Enfin, et surtout, l'avocat
du résistant aurait dû faire des promesses à tous les détenus
de Belleyme : quand Henri fait croire à de Villiers qu'il
était « en cellule » avec un FTP, il n'a évidemment pas
oublié qu'il n'y en avait pas, de cellules, qu'ils étaient
répartis en deux grands dortoirs de trente prisonniers. On
voit bien l'avocat prêt à mener une opération d'intimida-
tion ou de corruption de grande envergure dans l'espoir
qu'un seul d'entre eux, le moins susceptible de balancer,
fasse semblant de dormir.

Cette dernière provocation (dernière, c'est ce qu'il peut
croire : il a appris moins d'un an plus tôt qu'il était atteint
par la tuberculose qui a tué sa mère – il a dû en parler à de

Villiers, qui écrit que «des années plus tard, il est, hélas, mort de tuberculose», alors qu'elle était guérie depuis longtemps), cette blague lugubre qui le fait s'accuser lui-même de l'assassinat de son père, dans le seul but d'emmerder le monde, témoigne, pour moi, de l'état de cynisme, d'amertume ou de colère, de je-m'en-foutisme personnel dans lequel il se trouvait encore trente ans après les faits. (Aujourd'hui, sur certains sites, on ajoute une quatrième victime : le chat de la famille – le chien, sur d'autres. Je ne sais pas si cela vient de Gérard de Villiers ou de quelqu'un d'autre, si c'est ou non un clin d'œil sombre et moqueur de plus, un autre indice laissé par Henri au cours de sa vie, mais les Girard n'avaient pas d'animal de compagnie.)

Lorsque j'arrive aux Archives, en début d'après-midi (après avoir passé la matinée à rouler de cimetière en cimetière, ceux de Nailhac, de Sainte-Eulalie-d'Ans et d'Antonne encore, en espérant y trouver la sépulture de la femme de Fernand Doulet, Alice Mouchot (ce n'est pas un patronyme courant), et en me donnant des baffes dans la voiture après chaque désillusion – je perds du temps pour rien, qu'est-ce que ça pourrait m'apprendre ?), Françoise m'accueille avec le sourire. Un beau sourire, un grand sourire amical et triomphal : elle a réussi à trouver ce qu'étaient devenus les corps de Georges et Amélie Girard.

Depuis trois jours, sans m'avoir rien dit (et sans que je lui aie rien demandé), elle enquête. Elle y a consacré tout son temps libre. Elle a écrit, téléphoné, elle s'est déplacée partout. Elle a appelé le gardien du cimetière Saint-Georges, est allée y consulter les registres, elle a contacté le service funéraire de la préfecture, la mairie de Périgueux, l'état civil, elle s'est rendue deux fois aux Archives municipales – un document la conduisait à un autre, c'était complexe et fastidieux, mais elle a trouvé, tout. L'autorisation d'inhumer, le placement au dépositoire, l'achat de la concession, les dates, l'emplacement indiqué sur le registre du cimetière. Sylvie, elle, m'apporte la déclaration de décès et l'autorisation de transport des corps. Je donne un coup de genou discret à ma timidité, et je les embrasse. Dans la salle de lecture, quelques retraités nous regardent intrigués.

Le 24 avril 1899, Charles Girard, le grand-père d'Henri, a acheté une concession perpétuelle au cimetière Saint-Georges, pour 300 francs (c'est pas cher). Il y a réinhumé ses parents, Antoine Girard, ancien maire d'Escoire, et Jeanne-Amélie Fourgeaud (décédés en 1893 et 1896, ils étaient jusqu'alors dans deux tombes séparées). Le 28 octobre 1941, après la petite cérémonie à la chapelle d'Escoire, les cercueils d'Amélie Girard et de Georges Girard ont été placés au dépositoire du cimetière. C'est tout ce que je savais jusqu'à maintenant. Sur un bulletin d'inhumation qu'a retrouvé la très épatante Françoise, j'apprends que ce jour-là, à 11 h 30, en l'absence de leur fils et neveu, qu'on incarcérait en même temps et qui ne pouvait s'occuper de rien, mais à la demande d'un notaire ami de la famille, maître Chouzenoux, agissant par procuration (bien que la signature d'Henri ne figure pas sur le document), ils ont été inhumés dans le caveau acheté par Charles Girard. Cette concession, quoique perpétuelle, a été reprise et revendue par la mairie le 26 juillet 1991 : elle était à l'abandon depuis plus de quarante ans. Mais les dépouilles d'Amélie et Georges ne s'y trouvaient plus.

Le 21 janvier 1947, leurs cercueils en avaient été extraits et placés de nouveau au dépositoire. Ce jour-là, un « expert en immeubles » de Périgueux, Léon Valégeas, avait acheté pour 2 000 francs, obligatoirement sur ordre d'Henri, leur seul ayant-droit, une concession trentenaire située dans la 53e et dernière division du cimetière, à l'emplacement n° 114. Amélie et Georges y ont été réinhumés, seuls, le 23 janvier à 9 heures du matin.

Le début de l'année 1947, c'est le moment où Henri, en dégringolade, a dû commencer à penser à l'Amérique du Sud – il a embarqué sur le Colombie le 2 mai. Il ne savait pas ce qui l'attendait là-bas, ce qu'il deviendrait dans les mois et les années à venir, ni même s'il reviendrait un jour. Avant de partir, il n'a pas voulu laisser son père et sa tante dans le caveau acheté par Charles Girard, qu'il devait haïr, avec des arrière-grands-parents qu'il n'a pas connus.

La nouvelle concession, accordée pour trente ans, aurait dû prendre fin en janvier 1977. Je ne sais pas si c'est à la suite d'une demande d'Henri, sexagénaire cette année-là, d'une sorte de paresse administrative ou de l'absence de nécessité de «roulement», mais la mairie de Périgueux a accordé à Georges et à Amélie un bonus de dix-sept ans. Ce n'est que le 27 juillet 1994, cinquante-trois ans après leur mort et sept ans après celle d'Henri, que leur caveau a été remplacé par un autre, et leurs restes transférés en ossuaire. Ils sont aussi bien là qu'ailleurs – et ils n'y sont pas demeurés longtemps : le règlement du cimetière, que j'ai consulté sur Internet, informe que l'ossuaire sera «vidé régulièrement» et les restes des défunts incinérés. Il me semble que Georges, du moins, s'en serait bien foutu. Salut, vieux Georges.

Dans son portefeuille, que Saturnin Doulet a trouvé sur la route, il y avait entre autres une photo de Valentine, sa femme, son grand amour. Ce n'est précisé nulle part, mais il ne faut pas être Sherlock Holmes pour le deviner : le gardien a dit qu'il avait vu la photo d'une femme qu'il ne connaissait pas ; Georges ne pouvait garder sur lui qu'une photo de Valentine ou de Madeleine Flipo ; Madeleine, c'est le maire Palem qui le dit dans l'une de ses dépositions, est venue plusieurs fois passer quelques jours au château, il l'a vue marcher dans le parc avec Georges.

À propos de ce portefeuille et des trois autres objets récupérés à l'extérieur du château (les seuls), je me pose six ou sept questions. Plusieurs fois, en lisant les pièces du dossier, j'ai eu le sentiment, net ou confus, que des choses n'allaient pas, qu'un détail ou un autre coinçait. La première, tout au début, en lisant le tout premier rapport, celui des gendarmes, et la toute première déposition qu'ils ont enregistrée, celle de Saturnin, le 25 octobre à midi. Ils lui demandent de raconter sa matinée. Dans son récit, il dit qu'il a découvert un portefeuille noir sur la route, « à onze mètres du coin du mur d'enceinte ». Onze mètres ? Quel témoin serait précis à ce point, ne dirait pas « une dizaine de mètres », ou même « dix mètres », voire « un peu plus de dix mètres » s'il est géomètre ? « Onze mètres », c'est inexplicable. Et le pire, c'est que le 1er décembre 1941, à 9 heures, le maréchal des logis chef Marcel Montagnac et le gendarme Jean Chantalat (quel bosseur) se rendent à Escoire pour demander à Marguerite Châtaignier et à Saturnin Doulet de leur montrer sur place les endroits où ils ont ramassé les objets, un peu plus d'un mois plus tôt. Ensuite, ils mesurent. Mme Châtaignier a trouvé le porte-monnaie dans l'herbe du fossé qui se trouve au pied du mur d'enceinte, à trois mètres du coin, et le foulard, « deux ou trois pas plus loin ». M. Doulet a trouvé le portefeuille à un mètre du bas-côté droit de la route (en allant vers Petit-Rognac) et le porte-monnaie trois mètres plus loin. En ce qui concerne la distance entre le portefeuille et l'angle du mur, les gendarmes ont compté « onze mètres ». Cette exactitude diabolique ne dit rien de l'honnêteté ou de la duplicité du gardien, mais c'est la première fois que j'ai murmuré en plissant les yeux, à la manière des forts : « Étrange... »

La deuxième fois que j'ai murmuré « Étrange... », je n'ai pas dû être le seul : pourquoi un cambrioleur ou un meurtrier emporterait un foulard pour s'en débarrasser aussitôt la porte franchie ?

La troisième, c'est presque aussi évident : pourquoi un meurtrier ou un cambrioleur séparerait ainsi les affaires de deux personnes qu'il vient de tuer, celles de la femme dans le fossé à sa gauche, celles de l'homme huit mètres plus loin sur la route, côté droit ? Et si, comme c'est plus que probable, le meurtrier les a jetées depuis l'autre côté du mur, la même question se pose. Que le foulard, l'intrus, soit retombé en feuille morte, bon. Mais le porte-monnaie d'Amélie ? Il l'a lancé en cloche ? Il a grimpé sur le mur et l'a juste laissé tomber, avant d'envoyer à onze mètres celui de Georges, et à huit mètres son porte-feuille ? L'explication qui me paraît la plus plausible, pour l'instant, c'est que les affaires d'Amélie et les affaires de Georges ne sont pas arrivées là au même moment, dans les mêmes conditions.

Le quatrième « Étrange... » que j'ai murmuré en plissant les yeux (je commence vraiment à avoir l'air d'un tocard, mais cette fois, attention, le détective à l'esprit acéré entre réellement en action), c'est lorsque j'ai regroupé tout ce qui concernait cette partie de l'enquête, et relu. Le porte-monnaie de Georges était vide et ouvert, c'est normal. Le porte-monnaie d'Amélie était vide et fermé. Même tombé des mains de l'élégant et pointilleux Arsène Lupin, ce n'est pas crédible. Il sort d'un château dont il vient de tuer trois occupants (c'est réglé tout de suite : Arsène Lupin n'a jamais tué personne), il ouvre le porte-monnaie de la femme, le vide de ses piécettes, et prend la peine de le refermer avant de le déposer dans le fossé, ou de le lancer depuis l'autre côté du mur ? Non. Que le petit porte-monnaie d'Amélie ne soit pas ouvert, ce n'est pas normal.

Après ça, j'ai arrêté de dire « Étrange... » car je ne le pense plus, tout paraît plutôt logique. Saturnin Doulet sort de chez lui à 7 h 30 pour aller chercher des noix (il a été malade une bonne partie de la nuit, il n'a dormi que quatre heures (sur plus de dix couché), mais dès le lever du jour, il sort faire un tour, une petite demi-heure, pour ramasser quelques noix dans son champ – «il n'y en avait pas beaucoup», dira-t-il à Maurice Garçon au procès). À l'aller, il passe par le grand portail du château, pas au retour (c'est un genre de rite ancestral chez les Doulet, on ne prend jamais le même chemin dans un sens et dans l'autre, ça permet de briser la routine). Revenant de son champ, lorsqu'il débouche de l'allée qui mène à la rivière et prend à droite pour longer le mur d'enceinte jusqu'à l'entrée carrossable, il a – j'ai vérifié, marché au même endroit – la tête très exactement tournée vers l'endroit du fossé où se trouve le foulard. Pas vers l'endroit «du fossé», en fait, car à cet endroit, ce n'est pas encore un fossé, ça se creuse une dizaine de mètres plus loin : un foulard de soie grise est posé sur un accotement d'herbe à trois mètres en face de lui, il ne le voit pas. Mais il marchait peut-être en regardant ses chaussures, c'est possible, ce ne serait pas surprenant.

Il ramasse le portefeuille et le porte-monnaie de Georges. Il regarde dans le porte-monnaie, il est vide, il ouvre le portefeuille, il contient 600 francs, quelques photos dont il n'examine que celle d'une jeune femme qu'il ne connaît pas. Il rentre chez lui et, avant de remonter se coucher (juste comme ça, sans dormir, une petite relaxation d'une heure et demie, lui qui fonce chercher cinq noix à peine debout), donne le portefeuille à sa femme pour qu'elle le pose sur le buffet, en lui disant qu'il faudra «l'apporter au maire dans la journée». Il vient de trouver tout près de chez lui, juste devant le château dont il est le gardien, un portefeuille qui contient 600 francs (soit l'équivalent de près de deux cents kilos de pain cette année-là, de quarante kilos de faux savon, de cent heures de travail d'un manœuvre) et ne se demande pas à qui il appartient ? Au procès, Maurice Garçon explique qu'il suffit d'en ouvrir les deux volets pour avoir la carte d'identité de Georges

Girard sous les yeux. Saturnin a vu les billets, et leur valeur, «plusieurs photos dont je n'ai examiné que celle d'une jeune femme que je ne connaissais pas» (pile celle-là, mince), et s'arrête là? Bah, on en trouve tous les jours, des morlingues bourrés d'oseille, sur la route de Petit-Rognac. Et Yvonne ne pose aucune question? La chef de famille? Elle le met sur le buffet, avec ses gros billets, et ne regarde pas non plus à l'intérieur? On peut retourner ça dans tous les sens, faire tenir le rôle du couple Doulet par deux enfants de douze ans, deux bouchers en retraite ou deux bonnes sœurs : il ne paraît pas possible qu'ils n'aient pas pris trois secondes, un geste, pour savoir à qui ce portefeuille appartenait. Pas possible. Ils ne peuvent que savoir qu'il appartient à Georges Girard, donc le porte-monnaie ouvert aussi, et ils ne font rien, aucun des deux ne marche quatre-vingts mètres jusqu'au château pour les lui rendre.

Une heure et demie plus tard, quand ils suivent Henri à l'intérieur et découvrent les corps, ils ont, tous les deux, une réaction très violente. C'est naturel, bien sûr, mais ils paraissent bien plus épouvantés que tous ceux qui les suivront. Henri se souviendra qu'Yvonne a eu «un très fort mouvement d'horreur et de recul» en apercevant le corps de Louise. Les instants qui suivent et même qui précèdent cette vision sont restés flous pour elle. Quand elle arrive en courant après l'appel d'Henri, elle dit et répète qu'il ne lui a pas expliqué ce qui se passait (c'est pourquoi elle a été si horrifiée ensuite), juste : «Venez, venez!», plusieurs fois. Lui, sans intérêt particulier à cela, affirme lui avoir annoncé : «Ils sont tous tués!» C'est même la seule chose qu'il se rappelle lui avoir dite. Elle déclare aussi qu'à ce moment-là, quand elle se précipite vers Henri, Alphonse Palem et Pierre Maud montent en même temps qu'elle – mais son mari ne partira les prévenir qu'après la découverte des cadavres (dans ses notes, Maurice Garçon écrit :

«Mensonge.»). Ensuite, elle dit être rentrée chez elle dès sa sortie du château, mais aussi avoir vu Henri offrir des cigarettes. Soit elle affabule volontairement (mais pourquoi dire qu'elle est repartie tout de suite chez elle? pourquoi faire croire que Palem et Maud sont arrivés en même temps qu'elle? pour qu'on ne s'imagine pas qu'elle est restée quelques minutes toute seule dans le château?), soit elle est plus que bouleversée – mais pourquoi pas? Quant à Saturnin, il est mal en point et, prétend-il, couché au premier étage, mais il court juste derrière sa femme dès qu'il entend l'appel d'Henri – ils entrent ensemble. Ensuite, après la chambre de Georges, il reste dans la cuisine, sans aller voir Amélie dans le petit salon. Quand le commissaire Biaux s'en étonne, à juste titre, il explique : «J'étais tellement ému que je n'osais pas aller plus avant.» Il est le plus émotif du village, mais pourquoi pas? (Ce n'est jamais agréable, facile et gai, d'arriver sur une scène de meurtres, mais les Doulet, qui ne sont pourtant pas très intimes avec les Girard, sont de loin les plus secoués du village.) Enfin, quand le maire Palem le voit courir vers chez lui, Saturnin Doulet «descend du château à toutes jambes, se mettant les deux mains dans les cheveux». C'est du plus grand mélo, mais pourquoi pas?

Si Yvonne et Saturnin connaissaient l'identité du propriétaire du portefeuille (je m'assouplis le cerveau comme une pâte qu'on malaxe mais rien n'y fait : je ne réussis pas à penser que non) et ne sont pas allés le rapporter au château, c'est qu'ils savaient, d'une façon ou d'une autre, que leur fils avait quelque chose à voir là-dedans; ils attendaient la suite, pas tranquilles. Mais s'ils l'ont conservé, s'ils ne s'en sont pas débarrassés au plus vite, n'importe où, c'est qu'ils ne savaient pas que trois personnes étaient mortes.

Je ne crois pas que Saturnin ait menti en disant qu'il l'avait trouvé sur la route. Pourquoi Fernand aurait-il rapporté un portefeuille et un porte-monnaie vide à la maison?

(Si, bien entendu, Fernand a quelque chose à voir là-dedans.)

À propos, où il est, Fernand? Son père est sérieusement malade mais c'est lui qui court chez le médecin, qu'est-ce que c'est que ce fils? Ses parents ne font pas une seule fois mention de lui dans leurs dépositions des deux premiers jours, comme s'il n'existait pas. L'explication est simple : le matin du 25 octobre, il n'est pas là. Il dira qu'il est allé à Périgueux, à vélo, chez le percepteur. Mais quand est-il parti à vélo chez le percepteur, à quelle heure? Personne n'a pensé à lui à poser la question, ni à ses parents – pas même, malheureusement, le bon Biaux, Jean le sagace. C'est Maurice Garçon qui s'y collera quand les Doulet seront à la barre.

Fernand est le premier à passer. Il répond d'abord : « Je suis parti de chez nous de très bonne heure, sans savoir que le crime était arrivé. » Avant 9 h 30, donc. Garçon lui parle ensuite de choses et d'autres (il lui demande par exemple s'il se rappelle que son père est allé à la chasse et a pris un lièvre le jeudi 23 : oui, il s'en souvient – un an et demi après, pour quelqu'un qui n'a pas la mémoire des jours, c'est remarquable), le questionne sur le raccourci et les chiens qui n'ont pas aboyé, le château éteint, son retour chez lui le soir, puis revient sur le lendemain. Habilement, il lui demande d'abord à quelle heure il est rentré de Périgueux, sur son vélo. Dans l'après-midi, peut-être vers 14 heures. (C'est le moment où arrivent aussi Marigny et le commissaire Ruffel. Fernand n'apparaît nulle part dans les rapports et procès-verbaux, il doit être chez lui.) Qu'est-ce qu'il y a fait, à Périgueux? Chercher sa solde des Chantiers de jeunesse chez le percepteur. Et après? Fernand ne se rappelle plus. Il est resté longtemps, pourtant... À quelle heure a-t-il dit qu'il était parti le matin, au fait? Oh, Fernand ne sait plus trop, peut-être « à 9 h 30 ou 10 heures ». Il doit se tromper un peu, tout le bourg était au château à ce moment-là, mais grosso modo, pas de très bonne heure, donc? «Non, pas de très bonne heure.» Il a pris la soupe avec ses parents? (La soupe, c'est le petit déjeuner.) Il ne sait plus, non, il ne croit pas. (Il prend la soupe du matin avec ses parents tous les jours de sa vie, mais là il ne sait plus, il ne croit pas?) Lorsqu'il est descendu, son père était déjà debout? Il ne sait plus, mais sûrement, car il se levait toujours avant lui. Le feu était allumé? Il ne sait plus. Malgré tout, il sait forcément que son père a rapporté quelque chose quand il est revenu du champ de noix, à 8 heures? Non, il ne sait pas, il ne se rappelle rien de ce genre. Ah. Sinon, le soir, il se souvient que les gendarmes sont venus prendre l'apéro et parler du drame? Non, il ne sait plus. Et plus tard, il était à la veillée funèbre? Oui. Ah. Il y avait qui? Kervasse, Valade, Mompion, le maire, leurs femmes... Et lui, donc, dans le château pour la première fois.

Le président Hurlaux s'apprête à suspendre l'audience pour que tout le monde aille déjeuner, mais Garçon intervient : «Je suis tout à fait désolé, mais cela me paraît impossible. Il faut que le père et la mère de Fernand Doulet soient entendus tout de suite.» Respect, Maestro.

C'est donc au tour de Saturnin Doulet, sans qu'il ait entendu ce qu'a déclaré son fils, puisqu'il était dans la salle où attendent les autres témoins à venir, ni n'ait eu la possibilité de parler avec lui. On commence par la veille au soir, le président lui demande à quelle heure il s'est couché, ce qu'il a fait la nuit, patati patata, puis on arrive au matin et Garçon s'approche. Saturnin dit s'être levé à 6 h 30, son fils était encore couché. Il a fait le feu. Fernand, comme tous les jours, s'est levé au moment de la soupe : «Il a déjeuné et il est parti pour Périgueux.» «De bonne heure?» demande gentiment Garçon. «Quand je partais pour ramasser des noix, ou en même temps.» Garçon opine sans doute de la tête : «Il est parti de bonne heure...»

puis change de sujet. On sait donc pourquoi Fernand ne se souvient plus du portefeuille que son père a apporté : il pédalait déjà. Il avait très envie de sa solde... Il est 7 h 30, le jour vient de se lever, il fonce à Périgueux la chercher.

Yvonne, elle, pas la peine de s'éterniser : elle ne se rappelle pas. Elle sait juste que son rejeton ne se lève jamais avant le jour. Après, est-ce qu'il était là ou non quand le fils Girard a appelé au secours...

Ce jour-là, au palais de justice, les souvenirs de la matinée, chez les Doulet, sont d'une qualité très nettement inférieure à ceux de la veille. Car pour ce qui est de la veille, tous les trois sont parfaitement clairs et synchrones : Fernand est rentré à 21 heures (pas du tout à 21 h 30), pile, c'est sûr, juré. La nuit, Saturnin est allé «aux cabinets» à minuit, a vomi à 2 heures. Mais le matin, ils ne devaient pas s'attendre à ce qu'on s'y intéresse à ce point. La soirée, oui, ils en ont parlé avant. Et pas tout seuls : le gendarme en retraite Fadeuilhe a sensiblement modifié ses premières déclarations («sensiblement» signifiant ici : au burin, à la Rodin). Fernand n'est plus resté que «dix minutes ou un quart d'heure» chez lui. C'est étonnant : trois jours après le crime, il disait trois quarts d'heure. On comprend dans sa phrase suivante : «Arrivés devant chez Mompion, nous avons eu besoin d'uriner. Mon beau-frère est rentré chez Mompion immédiatement. Nous avons causé peut-être encore dix minutes ou cinq minutes, Fernand Doulet et moi. Et ma foi, pour ne pas faire attendre Mompion, j'ai dit : "Au revoir Doulet."» Ce n'est pas ce qu'il disait trois jours après les faits : «Il nous accompagna jusqu'au portillon du jardin Mompion, où nous nous séparâmes de lui après s'être donné une poignée de main. Je rentrai avec mon beau-frère chez Mompion, Doulet continuant à descendre.» Le raccourcissement du temps passé chez lui permet d'ajouter cette petite conversation au grand air nocturne (et de conclure malgré tout, avec une précision à la fois irréaliste dix-huit mois plus tard et grotesque : «Lorsque je l'ai quitté, il était environ peut-être neuf heures moins dix»). Que vient faire cette petite conversation au grand air nocturne, soudain? Un quart d'heure plus tôt, elle a d'ailleurs surgi aussi dans la bouche de Fernand, qui n'en avait jamais parlé jusqu'alors : «Je suis resté quelques minutes avec Fadeuilhe pour uriner, ensuite il m'a serré la main.» (Sans vouloir jouer les marquises : beurk.) L'avantage, c'est que, ce 31 mai 1943, Louis Châtaignier, le beau-frère, n'a pas été cité par l'accusation. Lui qui avait dit : «Doulet nous quitta devant chez Mompion après nous avoir serré la main, et continua à descendre le chemin pour rejoindre la route.» Heureusement pour lui qu'il n'est pas là : il était entré chez Mompion depuis «dix minutes ou cinq minutes», selon Fadeuilhe, et il voit Fernand descendre le chemin pour rejoindre la route? À travers les murs? Quelques siècles plus tôt, c'était le bûcher pour sorcellerie. Mais aujourd'hui, il est épargné, car Fernand et Charles Fadeuilhe sont les seuls à pouvoir donner leur version. Ce qui permet au gendarme en retraite de déclarer sous serment, en toute sérénité (lui qui avait estimé, devant le commissaire Biaux, que Fernand était descendu d'une quinzaine de pas avant qu'il n'entre chez Mompion) : «Il m'a fait l'impression d'avancer un pas ou deux, mais je ne sais pas s'il a fait demi-tour. Pour entrer chez Mompion, j'ai tourné le dos à la route, et étant dur d'oreille, je n'ai pas fait attention. J'ai cru qu'il descendait, mais je ne sais pas ce qui m'a donné cette impression.» Bien sûr, Fernand a fait demi-tour instantanément, mais comme Charles est sourd comme un pot, il ne l'a pas entendu marcher derrière lui. Puisque personne n'est là pour le contredire, il enchaîne : non, quand ils sont arrivés tous les trois devant chez Mompion, la chienne de ce dernier n'a pas aboyé, non. (Elle n'est pas du genre à aboyer, cette chienne.) Il oublie un peu vite Maurice Garçon, dans le genre contradicteur, qui lui rappelle que c'est lui qui a fourni ce détail («La chienne de Mompion a aboyé à notre arrivée») lors de sa première audition. «Non, maître, ce n'est pas moi.» Eh si.

Certains, quoique loyaux dans la mesure du possible, sont plus honnêtes que lui. Louis Mompion, lorsque l'avocat général, Bernard Salingardes, lui demande en toute confiance, sûr de la solidarité entre paysans du coin contre l'insupportable petit bourgeois parisien : «Est-ce que les Doulet sont de braves gens, ou des gens dont il faut se méfier?», interroge certainement sa conscience quelques instants et répond : «Je les ai toujours pris pour de braves gens, mais...» Maurice Garçon se lève : mais quoi? pourquoi mais? L'avocat de la partie civile, Marc Bardon-Damarzid, bondit sur le témoin : «Vous aviez un chien, n'est-ce pas?» Une chienne attachée à la niche, oui. Le problème, pour Bardon-Damarzid, c'est qu'après, il faut assumer sa diversion, et ne pas se plaindre que l'adversaire aille dans ce sens-là. Si quelqu'un était passé dans sa cour, demande Garçon à Mompion, elle aurait aboyé? «Oh oui!»

La technique adoptée par Yvonne Doulet à la barre, qui a consisté à ne rien se rappeler ou à opposer, aveuglément, une mauvaise foi en béton à tout ce qui risquait de la mettre en danger, a donné lieu à une scène comique (ça détend toujours, même au milieu d'un procès d'une gravité écrasante). Maurice Garçon lui demande pourquoi elle a tenu tout de suite à indiquer aux gendarmes qu'Henri se disputait avec sa tante. «Je n'ai pas dit ça.» Si, la reprend Garçon, elle l'a dit. «Non.» Et qu'il vivait aux crochets de sa tante? «Non, je ne l'ai pas dit.» Elle n'a pas immédiatement signalé aux gendarmes tout ce qu'elle savait de défavorable sur lui? «Non, j'ai dit que je n'avais rien vu et rien entendu, que je ne pouvais pas dire que c'était lui.» Garçon lui lit des extraits de procès-verbaux, en particulier :

«Si on en croit la rumeur publique, les soupçons paraissent devoir se porter sur M. Girard Henri, qui est considéré par certains comme capable d'avoir commis cet acte», mais : «Je n'ai pas dit cela.» Maître Bardon-Damarzid, obligé d'admettre, en lisant la copie présentée par son confrère, que, oui, elle l'a dit, sent qu'il est temps de sauver son témoin : «Elle a surtout déclaré qu'elle ignorait qui avait pu commettre le crime. Est-ce exact? Avez-vous déclaré cela? Que vous ignoriez qui avait pu commettre le crime?» La réponse d'Yvonne, qui s'est préparée à tout nier en bloc, décontenance la salle : «Non monsieur.» Bardon-Damarzid déglutit (si, je le vois) et ça devient drôle : «Vous l'avez dit!» Yvonne ne lâche rien : «Non.» Le pauvre avocat de la partie civile s'arrache les cheveux par poignées puis respire par le nez : «N'avez-vous pas dit, madame, que vous ignoriez qui avait pu commettre le crime?» Maurice Garçon, qui doit se tordre de rire à l'intérieur, ne résiste pas : «Puisqu'elle vous dit qu'elle ne l'a pas dit...»

Mais revenons à nos moutons (et bientôt à nos brebis) du matin. Des trois Doulet, le seul témoignage précis et fiable semble être celui du père, puisque la mère ne sait plus et que le fils se tâte et tangue entre «de très bonne heure» et «pas de très bonne heure». Il serait donc parti à peu près en même temps que son père aux noix. Outre le fait que le pyjama du percepteur devait être encore chaud, il suffit de visualiser la scène pour s'arrêter après dix coups de pédale : le jour vient de se lever, il est à vélo, il ne passe donc pas par le grand portail mais par l'entrée carrossable, il roule quasiment sur le porte-monnaie puis le portefeuille qui sont au milieu de la route. (Ce matin, j'ai demandé à être réveillé de bonne heure, au Mercure. Je voulais faire un test de luminosité – je crois que je n'ai pas vu l'aube depuis vingt ans, depuis la dernière fois que je suis rentré très tard : je ne sais plus comment le jour se lève. Nous sommes le 21 octobre, pas le 25, mais c'est une question de quelques minutes – six, sur le calendrier solaire. En 1941, ils étaient déjà passés à l'heure d'hiver, pas encore aujourd'hui. J'ai donc compté une heure de plus. Le lever du soleil est prévu à 8 h 21. En me couchant, j'ai composé 0730 sur le téléphone, pour être assuré de ne rien rater. Quand je sors du lit, il fait nuit, je me sens héros du quotidien, guerrier, ça fait plaisir. Je me prépare un Nescafé avec la bouilloire, j'ouvre la fenêtre, j'approche la seule chaise de la chambre, j'allume la télé et une clope, je m'assieds. Je suis prêt à assister au spectacle envoûtant de la renaissance du jour. La place Francheville dort dans le noir – non, les réverbères jaunes et orangés sont allumés. Je surveille l'heure sur BFM, en haut à gauche. À ma grande surprise, à 8 h 09 – je vais passer à l'heure d'hiver, ce sera plus simple (et ça m'arrange, j'ai l'impression de me lever encore plus tôt) : à 7 h 09, soit 7 h 15 le jour où Saturnin est parti chercher ses trois noix et Fernand sa solde encore imprégnée de rosée, le ciel s'éclaircit, rosit. Je pensais, en véritable buse patachonne, qu'il allait faire nuit à 7 h 20 et que, tout à coup, le soleil allait apparaître à l'horizon et que la journée commencerait à 7 h 21. (J'avais oublié que si on allume la lumière du palier, ça éclaire un peu la chambre.) À 7 h 17, je pense qu'on peut dire qu'il fait jour, qu'il fait gris (dès le départ, chaque matin, qu'il fasse beau ou non, le rose se change en gris, et on voudrait qu'on se lance dans la journée le cœur léger). À 7 h 22, l'éclairage public, sur la place et dans les rues, s'éteint automatiquement. (Le ton monte entre François Hollande et Manuel Valls, un futur centre pour migrants est incendié dans le Morbihan, et un prêtre est arrêté en Sicile pour abus sexuels pendant des exorcismes.) À 7 h 30, s'il était 10 heures, ce serait pas loin d'être la même chose. Un portefeuille et un porte-monnaie sur la route, c'est comme une boîte de Coca sur la lune.) Maurice Garçon ne pouvait pas laisser passer ça : «Vous n'avez pas vu, à droite ou à gauche, quelque chose sur le bord de la route ? » (Il est gentil, il dit «sur le bord», alors que les accessoires de Georges étaient à un mètre du bord.) La réponse de Fernand est d'une inconsistance brumeuse, et poétique, rare : «Je ne m'en souviens plus bien.» (Hier, je suis allé au zoo, mais vous dire si un tigre échappé s'est jeté sur moi, honnêtement, je ne sais plus bien.) Au niveau du portefeuille, il a pu éternuer, bon. Huit mètres plus loin, du côté de la route où il est censé rouler, il passe à un mètre d'un foulard gris, en soie, pas le genre vieux torchon, posé sur l'herbe, qu'on peut difficilement imaginer en petite boule, il ne le voit pas non plus – je suis injuste : il ne sait pas s'il le voit.

Fernand Doulet a vu le portefeuille de Georges Girard et ne s'est pas arrêté pour le ramasser.

Pour moi, sur son vélo, franchissant le petit portail de l'entrée carrossable dans la grisaille de l'aube, dès que la lumière est apparue, il emporte de vieux vêtements, et une paire de chaussures. Il ne reviendra que sept heures plus tard. (Mais je dis bien : pour moi. Je ne veux pas, ce serait malvenu, faire comme Marigny ou Tailleur, cuirassés dans leurs certitudes, et assener, péremptoire, une vérité – surtout si ce n'en est pas une. Ce n'est rien d'autre que ce que je pense.) De vieux vêtements, une paire de chaussures, et pas que.

Ce que j'aime bien, ce sont les petites choses, le rien du tout, les gestes anodins, les décalages infimes, les miettes, les piécettes, les gouttelettes – j'aime surtout ces petites choses parce qu'on a pris l'habitude, naturelle, de ne pas y prêter attention ; alors que les décalages infimes et les gouttelettes sont évidemment aussi importants que le reste. C'est comme si on disait : les montagnes, les voitures, Saturne, les casquettes de base-ball, d'accord, mais les atomes, les électrons, les molécules et toutes ces conneries, franchement, ça sert à quoi, quel intérêt ?

Parmi les dizaines de milliers de phrases contenues dans le dossier, certaines, beaucoup, ont été négligées, oubliées, d'autres volontairement dissimulées, mais il y en a une qui est passée absolument inaperçue, que personne, dans un camp ou dans l'autre, n'a relevée. Une phrase qui pourrait être un battement de cils, ce serait pareil. Elle a été prononcée par Marguerite Châtaignier, soixante-dix ans. Une seule fois, le 30 octobre 1941, devant le commissaire Jean Biaux. (Après tout, il l'a peut-être relevée, on ne lui a pas vraiment donné l'occasion de faire part de ses idées.) En racontant pour la deuxième fois dans quelles circonstances elle a trouvé le foulard et le porte-monnaie, elle dit dans le fil de son récit : « Ces deux objets étaient secs, ne portant pas de traces de rosée. » Pour qu'elle le précise, sans sollicitation du commissaire, c'est qu'elle en a été surprise, et donc qu'elle en est sûre. (De retour à Paris, quelques jours plus tard, j'en parle, au comptoir du Bistrot Lafayette, à un client avec qui je m'entends très bien, il s'appelle Malik, il ne vient que le vendredi en fin d'après-midi, il est professeur d'histoire à Aubervilliers, spécialisé en histoire vétérinaire. Il est en train (depuis des siècles, il me semble) d'écrire une thèse, *L'École vétérinaire d'Alfort, de l'Ancien Régime à l'Empire* – à côté de laquelle mes romans font figure de dépliants touristiques. Nous discutons souvent de notre travail, de nos avancées et obstacles respectifs, je lui fais donc part de cette petite trouvaille aux Archives de la Dordogne, la semaine précédente. Il m'explique qu'il est tout à fait normal que la vieille femme ait remarqué ce détail. La rosée est, ou était, importante aux yeux des paysans, notamment de ceux qui élèvent des bêtes : le matin, il ne faut pas qu'elles en absorbent trop en broutant, car elle nuit à leur digestion et peut provoquer des maladies. Je lui fais toute confiance, bien sûr, mais le soir, je vérifie quand même : « L'herbe humectée par la rosée est beaucoup plus insalubre, surtout pour le mouton, que si elle était mouillée par la pluie ou

aspergée d'eau par la main de l'homme», lit-on dans le
Cours complet d'agriculture ou Nouveau dictionnaire
d'agriculture théorique et pratique, d'économie rurale et
de médecine vétérinaire, rédigé en 1837 par d'éminents
savants. Bien vu Malik.) Si Marguerite a été surprise, c'est
qu'il aurait dû y en avoir, de la rosée, sur le porte-monnaie
fermé et le foulard. Ils n'ont pas passé la nuit dehors? J'ai
dit que je n'avais pas vu l'aube depuis vingt ans : la rosée,
n'en parlons pas. Je ne sais même pas si j'en ai touché un
jour. Ça tient jusqu'à quelle heure? Ça mouille beaucoup?

   Au comptoir du Garden Ice (ils n'ont plus de Oban, j'ai
fini la bouteille, je me suis rabattu sur le Talisker), j'ai une
idée toute simple en terminant le premier verre. La rosée,
je vais essayer. J'avais emporté un porte-monnaie et un
foulard d'Anne-Catherine dans l'espoir, déçu (comme souvent), de pouvoir les jeter par-dessus le mur et voir où ils
atterrissent. (Peu importe que je passe pour un benêt
mièvre, que mon image de colosse patibulaire, indéniable,
de séducteur glacial ou d'écrivain désinvolte et affranchi,
pourfendeur de clichés (on ne me présente plus), en prenne
un coup fatal : la nuit, dans mon lit du Mercure, je dors
avec le foulard de ma femme et son odeur.) Demain soir,
vers 23 heures ou minuit, j'irai les déposer dans l'herbe au
pied du mur d'enceinte, et je les récupérerai dimanche à
9 h 15, c'est-à-dire 10 h 15 pour moi. On verra ce que ça
donne, la rosée.

   Depuis une demi-heure, dans mon dos, au Garden Ice,
passent des femmes. Que des femmes, seules ou par groupes
de trois ou quatre, qui montent au premier étage de la
brasserie. À l'activité derrière le comptoir (amuse-bouches,
cocktails tous identiques, orange et rouge, avec petits para-
sols), je comprends que la salle a été réservée pour un
anniversaire (unisexe), une réunion d'anciennes copines de
classe ou du Club des apicultrices de Dordogne. Une brune
et une blonde arrivent encore, s'approchent du comptoir,

à côté de moi, et demandent à la barmaid : «La soirée de Mme Mouchot, c'est en haut?» Je l'ai cherchée toute la matinée, Mouchot, la femme à Doulet, et la voilà qui apparaît au-dessus de ma tête. Je le prends comme un bon signe, ça ne mange pas de pain. (Depuis que j'ai avoué que je dormais avec le foulard de ma femme, je pourfends moins les clichés.)

18.

Les Archives sont fermées jusqu'à lundi. Françoise et Sylvie se reposent quelque part dans la ville, ou ses environs, dans leurs familles, que je ne connais pas. Je pourrais retourner vers la mienne, rentrer à Paris, il me semble avoir tout lu, et relu. Quelques petites choses encore, peut-être. J'ai deux jours pour réfléchir, j'ai pris pas mal de notes et de photos hier après-midi, en prévision du week-end oisif. Et ce soir, il faut que je rampe dans l'ombre jusqu'aux abords du château et que je tente mon expérience de rosée, de foulard en milieu naturel.

Le matin (il fait beau, le temps a changé depuis hier), je marche dans les rues de Périgueux, boulevard de Vésone, cours Michel-Montaigne, place du Président-Roosevelt, rue du Président-Wilson. J'aimerais savoir ce qu'a fait Amélie Girard le mercredi 22 octobre, sa dernière journée ailleurs qu'à Escoire, j'essaie de reconstituer son chemin.

Les deux jours précédents, elle était chez Marie Grandjean et ses filles, à Coulounieix – le premier soir avec Henri, qui est parti le mardi, le deuxième seule. Elle quitte son amie le mercredi matin, prend le Tacot jusqu'à Périgueux. Elle passe d'abord chez Germaine Fricaux, boulevard Albert-Claveille – c'est ce jour-là qu'elle lui fait «un véritable éloge de son neveu», ne se plaint pas de ses dépenses, ne dit pas avoir été contrariée par son arrivée, et au contraire, insiste «sur la douceur et l'affection qu'il manifestait à son égard». Ensuite, elle se rend chez les époux Murat, Marguerite et André, qui habitent boulevard de Vésone, près de la place Francheville, et l'ont invitée à déjeuner. Elle leur dit qu'elle doit parler à son frère Georges des 6 000 francs qu'elle veut offrir à Louise et, lorsqu'elle part, «vers 16 heures», qu'elle va passer à la Banque de France retirer «une barrette» de son coffre.

Je pars, moi aussi, du boulevard de Vésone et marche en direction de la Banque de France. Je ne sais pas si c'est à ce moment-là qu'Amélie passe à la Société générale prendre les 6 000 francs qui ont été retirés de son compte le 22 octobre, ou si elle l'a fait avant le déjeuner chez les Murat, mais pour la Banque de France, c'est la même direction : il n'y a pas d'autre chemin que celui qui traverse la place Francheville, d'où part la micheline pour Antonne.

Je vais jusqu'à la Société générale, qui est toujours là, un grand bâtiment d'angle, sobre mais élégant, au coin du cours Michel Montaigne et de la rue Eiguillerie. Dans le dos d'Amélie, à cent mètres, se dresse le palais de justice, où on parlera beaucoup d'elle. Je continue jusqu'à la Banque de France, place Franklin-Roosevelt. C'est aussi un bel immeuble, derrière un haut portail en fer forgé. Sur la petite montre que m'a offerte Ernest pour la fête des Pères, je constate que j'ai mis une dizaine de minutes à venir à pied jusqu'ici, du boulevard de Vésone.

Le Tacot, ce n'est pas le métro : dans la journée, les départs en direction d'Escoire sont rares. Sur une carte postale que Marie Grandjean a envoyée à Amélie peu de temps avant sa venue dans la région cet automne-là, elle lui indique les horaires, afin qu'elle puisse s'organiser quand elle voudra venir la voir puis retourner au château. La seule micheline après celle d'avant le déjeuner, et avant celle d'après le dîner, qui permet d'arriver à Antonne avant la tombée de la nuit, part à 16 h 50. Si Amélie quitte les Murat à 16 heures et doit être place Francheville à 16 h 49, avec les vingt minutes de trajet à pied jusqu'à la Banque de France et retour, en s'arrêtant peut-être à la Société générale, il ne faut pas qu'elle traîne.

La phrase battements de cils de Marguerite Châtaignier peut sécher ses larmes (si l'on admet que les mots pleurent), elle n'est pas seule. Elle a une copine, une voisine, une cousine. C'est Antoine Vittel, entrepreneur en plomberie, zinguerie, couverture, qui en est le père. On ne pouvait pas lui prédire un destin aussi funeste, car elle est constituée des toutes premières paroles de sa déposition devant le commissaire Tailleur, le 5 novembre 1941 (elle avait bien débuté sa vie de phrase, devant toutes les autres, et plouf) : «Le mercredi 22 octobre, un jeune homme que je n'ai pas vu est venu à la maison demander qu'il soit procédé à des réparations de couverture, et de zinguerie surtout, au château d'Escoire.» (Le lendemain, ou peut-être le soir même, il ne se rappelle pas, Mlle Girard lui a téléphoné pour s'assurer que la commission avait bien été faite, et demander que le travail soit effectué rapidement car elle devait repartir à Paris au début de la semaine suivante.) D'où sort ce jeune homme ? Amélie est seule à Périgueux, et un jeune homme passe de sa part chez le couvreur ? Ça ne peut pas être Henri, il est dans la cour du château, il coupe et débite de petits sapins. Et si c'était lui, elle n'aurait pas besoin d'appeler pour vérifier qu'il a correctement transmis le message.

Antoine Vittel habite au 42 rue du Président-Wilson. Je compte le temps de parcours nécessaire entre sa boutique (ou son domicile, je ne sais pas) et les différents endroits où a dû se rendre Amélie (je n'ai pas de mérite, même si j'ai l'impression de marcher plus aujourd'hui qu'en deux semaines à Paris (de chez moi au Bistrot Lafayette : une minute trente) : je n'ai rien d'autre à faire, je ne peux pas passer la journée dans les bars, car ce n'est pas mon genre) : boulevard de Vésone, neuf minutes ; place Francheville, six minutes ; Banque de France, quatre minutes ; Société générale, neuf minutes − lorsqu'on se trouve place Francheville, si l'on est au centre d'une montre, Vittel se trouve à moins dix, la Banque de France à moins cinq, et la Société générale à cinq. (Je vais revenir dans une forme...)

Amélie a papoté trop longtemps avec Mme Murat, elle sort de chez elle à 16 heures, il lui reste cinquante minutes avant le départ de la micheline, dont vingt-trois de marche si elle a le sens du trajet optimisé, soit vingt-sept pour retirer de l'argent à la Société générale (peut-être), faire ouvrir son coffre à la Banque de France, et convenir d'un rendez-vous avec Antoine Vittel, sa femme ou sa secrétaire. Elle sait que ça va être juste. Elle avise un jeune promeneur désœuvré : « Mon brave, voulez-vous bien vous rendre à cette adresse et demander à mon zingueur de venir effectuer au plus vite quelques réparations indispensables en mon château d'Escoire ? » ? Non, c'est obligatoirement quelqu'un qu'elle connaît. Si elle n'y est pas allée elle-même, c'est qu'elle était pressée, ça ne peut donc être qu'après avoir quitté les Murat. Or après avoir quitté les Murat, elle a obligatoirement traversé la place Francheville. Fernand Doulet s'est obligatoirement trouvé place Francheville, près de l'arrêt de la micheline, à un moment de la journée du 22 octobre (il a quitté les Pyrénées-Orientales le 22 octobre, il est arrivé chez ses parents le 22 octobre). Ce n'est pas obligatoirement lui qu'elle a croisé désœuvré et envoyé chez Vittel, je ne me cuirasse pas dans mes certitudes, mais elle a croisé un jeune homme qu'elle connaissait, et je ne suis pas sûr qu'elle en connaissait tout un régiment. « Ah, tu tombes bien ! Tu peux me rendre un service pendant que je vais à la Banque de France et à la Société générale ? » (Ou : « Ah, tu tombes bien ! Tu peux me rendre un service pendant que je vais à la Banque de France ? ») Si – prudence – ce jeune homme était Fernand, ils ont pris ensuite le Tacot ensemble jusqu'à Antonne, ils ont discuté. (Quand Maurice Garçon demande à Fernand Doulet s'il a vu Mlle Girard « presque tout de suite » en arrivant, il répond : « Je ne sais pas. »)

Parfois, un éclaircissement, un petit rayon de lumière, vient d'où on ne s'y attendait pas. À Paris, sur commission rogatoire de Joseph Marigny, l'inspecteur René Chevalier, dont ce sera la seule contribution à l'enquête, interroge le beau-père d'Henri Girard : il s'agit de savoir comment s'est comporté l'inculpé avec sa fille, mais aussi avec sa propre famille, entre 1938 et 1941, n'avait-il pas un caractère et un comportement douteux, ou inquiétants ? Cinq pages. Après avoir relu, persisté et signé, Julot-les-Bacchantes, Jules Chaveneau, demande l'autorisation d'ajouter quelques mots : « J'ai entendu dire que la famille Girard n'était pas aimée à Escoire, et surtout Mlle Amélie Girard. Elle était l'objet de méchancetés, on lui crevait les pneus de sa voiture devant le château. »

À Périgueux aussi, Marigny en entend parler. C'est Marie Grandjean qui vient le voir dans son cabinet, le 4 novembre 1941 à 17 h 30. Elle a quelque chose à lui dire, dont elle s'est souvenue : « Mlle Girard m'a raconté il y a environ deux ans que le fils Doulet lui avait crevé les pneus de sa voiture et fait pas mal de petites bêtises dénotant un caractère plutôt méchant. Elle m'avait déclaré qu'il lui était pénible de se sentir détestée par ce garçon. » (Je suis juge d'instruction, je tressaille, il me semble. « Détestée » ? Mais si Marigny tressaille, c'est tout en profondeur. Car entendant cela, il enchaîne (c'est la question suivante) avec un sens de l'à-propos très personnel : « Mlle Girard ne vous a-t-elle pas dit qu'elle avait été amenée à avancer une certaine somme d'argent à Henri Girard pour le compte de son père ?»)

La voiture dont on a crevé les pneus, c'est Zoé, qu'Amélie laissait dans le garage des Doulet. Lors de son audition au procès, Marie Grandjean précisera que l'incident s'est produit «pendant la guerre», donc possiblement en 1939, lorsque Fernand avait dix-huit ou dix-neuf ans. Joseph Marigny, même s'il intériorise beaucoup, a tout de même dû lui poser la question, à Fernand – le 29 décembre, près de deux mois après avoir pris connaissance de cette histoire de pneus, de méchanceté, de détestation. «Il y a plusieurs années, j'avais été accusé par Mlle Girard de lui avoir crevé les pneus de sa voiture, et d'avoir laissé les phares allumés, ce qui avait déchargé les accus.» (Le juge a bien fait de l'interroger, on ne savait pas.) «Ce n'était pas moi, mais on m'avait attribué cette bêtise parce que la voiture était dans le garage à côté de l'habitation de mes parents. En tout cas, Mlle Girard ne m'en avait pas voulu.» (Il faudrait faire un court recueil des phrases de Fernand, à la grâce bancale inégalable. Ce n'est pas lui et en plus elle ne lui en veut pas.) «Elle m'avait même promis de me faire entrer au garage Citroën. Si elle ne l'a pas fait, c'est parce qu'à ce moment-là, elle était revenue à Paris.» (Eh oui, forcément, Amélie aurait bien aimé, mais le coup de main est beaucoup moins facile à donner, si elle est partie.)

Lorsque Richard Borel, le journaliste d'*Aujourd'hui*, rend visite aux Escoirais après le verdict et rencontre la fille du maire Palem, institutrice, elle «répond avec véhémence» quand il évoque cet épisode : «Ce n'est pas vrai ! Les gendarmes avaient fait une enquête, on n'a jamais eu le résultat et Mlle Girard a abandonné sa plainte.» On n'a jamais eu le résultat, donc ce n'est pas vrai. À la barre du tribunal, Marie Grandjean donne la fin de l'histoire :

« Elle avait su, par la suite, que c'était Fernand Doulet qui lui avait crevé ses pneus. Elle m'avait dit que cela lui avait été pénible, n'ayant jamais fait que du bien, de trouver contre elle un sentiment de méchanceté. Elle avait été peinée sur le moment, mais elle n'y a pas donné suite. » (Elle a abandonné sa plainte, donc.) « Elle n'y avait pas attaché une très grande importance, mais c'est une chose qui avait été faite dans le désir de lui faire de la peine. »

Les pneus crevés, je n'aurais pas aimé non plus. (Même un seul, par exemple l'avant gauche.) C'est un acte symbolique fort, humiliant par transfert. Je suis certain d'avoir entendu parler, dans une émission genre « Faites entrer l'accusé » ou « Chroniques criminelles », d'un type qui avait tué son ex-maîtresse, ou une femme qui lui résistait ou le faisait secrètement fantasmer, je ne sais plus : on avait compris, après le meurtre, que c'était lui qui avait crevé les pneus de sa voiture devant chez elle – une crise de virilité décalée, pitoyable, des coups de bite rageurs, seul dans son coin. (Je passe une heure à la terrasse chauffée d'un café, devant deux bières, la tête dans les mains, à essayer de me souvenir de cette affaire, pour pouvoir chercher lundi sur Internet : pas un nom, une ville, un détail vraiment significatif, ne me revient. Je tomberai dessus par hasard, très heureux hasard (mais c'est vrai – si j'avais trouvé tout seul, je le dirais, ma pauvre mémoire a bien besoin qu'on la flatte), seulement six jours plus tard à Paris, dans « Enquêtes criminelles » sur W9, lors de la rediffusion de l'« affaire Michèle Even ». Le 9 mars 1991, cette jeune femme de vingt-cinq ans est retrouvée morte dans sa cuisine, à Bénestroff, en Moselle, poignardée cinquante et une fois, égorgée, la tête fracassée à coups de bûche. Elle a un couteau de cuisine planté dans le dos. Quelques jours plus tôt, pour la deuxième fois en trois mois, sa voiture a été vandalisée devant chez elle : pneus crevés, radiateur percé. Mais à l'époque du meurtre, les enquêteurs n'y prêtent pas grande attention. Son mari, Hervé, est suspecté rapidement, sans un seul élément à charge, et incarcéré. (Je lis dans *Le Parisien* : «D'emblée, l'enquête s'engage mal : la scène de crime est piétinée, le juge d'instruction omet d'appeler un médecin légiste, et le généraliste dépêché sur place se contente de constater la mort, qu'il situe dans un créneau horaire tellement large qu'il légitime toutes les hypothèses.») Il ne sera acquitté que cinq ans plus tard, en mars 1996, grâce au témoignage d'une vieille voisine qui a été réveillée par un hurlement à 6 h 05 du matin, heure à laquelle il était déjà parti au travail, où il avait pointé à 5 h 53 – il était menuisier et fabriquait des cercueils. En 2014, un retraité de la région a été arrêté pour avoir crevé les pneus d'une femme qu'il essayait de séduire, en vain. On s'est aperçu que c'était un proche de Michèle Even, et qu'il avait même été interrogé sommairement vingt-quatre ans plus tôt, dans le cadre de l'enquête. Hervé Even a porté plainte contre X. Deux mois après cette rediffusion sur W9, le 16 décembre, j'apprendrai sur le site du *Républicain lorrain* que le procureur a classé cette vieille affaire, après l'audition des témoins de l'époque qu'on a pu retrouver, et celle du nouveau suspect, «aucun élément à charge n'ayant pu être caractérisé».) Sans faire de psychologie de comptoir, de terrasse en l'occurrence, la batterie qu'on décharge, ou le radiateur percé, ça peut s'associer aux pneus, dans le symbole : je te crève et je te vide, je te mets à plat.

Jeanne Valade, plus encore en 2004 qu'en 1941, est convaincue qu'Henri Girard est l'assassin. Elle le dit sans ambiguïté dans «Le Vif du sujet», elle ne peut pas admettre qu'on l'ait acquitté. Vive, tenace et impétueuse malgré ses quatre-vingts ans, elle s'emporte : «Je ne comprends pas qu'on n'ait pas compris que ça ne pouvait pas être quelqu'un d'étranger qui est venu faire ça! Mlle Girard, pourquoi se serait-on acharné à lui donner tous ces coups de serpe dans le dos ?! »

Le 22 octobre, Fernand Doulet revient des Chantiers de jeunesse. Il a changé, ce n'est plus un petit garçon. Pendant sept mois, il a vécu dans un cadre militaire strict et dur, au milieu des hommes, des vrais, pas comme son père, il en a vu des riches et des pauvres, des forts et des faibles, des queutards et des lopettes, certains à qui tout réussit, d'autres que la vie écrase. Lui, maintenant, ne va plus se laisser marcher sur les pieds. La première personne qu'il voit, de retour sur ses terres, même pas encore chez lui, est Amélie Girard. (Est-ce qu'il la détestait seulement ?) La première chose qu'elle lui demande est d'aller faire une commission au couvreur pendant qu'elle passe à la banque, tu seras gentil.

Si Fernand n'était pas le jeune homme qui s'est rendu chez Antoine Vittel, il voit tout de même Amélie le lendemain. Lorsque Marigny le convoque pour aborder le sujet des pneus crevés, il veut savoir s'ils s'entendaient bien depuis, s'ils se sont parlé entre son retour et le drame. Oui, bien sûr – « et elle a été avec moi comme d'habitude » : le jeudi 23, elle descend chez les Doulet et le charge d'aller le lendemain à la mairie de Saint-Pierre-de-Chignac, « lui chercher des feuilles pour qu'elle puisse se faire expédier des pommes de terre à Paris ». Amélie n'était sans doute ni hautaine ni méprisante, mais elle est la châtelaine, et quand on sait de quelle manière elle s'adresse à Henriette Blancherie, qui est plus âgée qu'elle et qu'elle connaît depuis toute petite (« Tu viendras me chercher au Tacot de midi à Antonne, pour me conduire jusqu'au château »), on imagine qu'elle n'a pas abusé de courbettes d'ambassade pour demander à Fernand, s'il n'a rien d'autre de prévu, s'il n'est pas trop fatigué par ses chantiers, d'avoir l'amabilité de l'aider. Non : « Demain, tu iras me prendre des feuilles pour les pommes de terre à la mairie de Saint-Pierre. » Il a

décidé de ne plus se laisser marcher sur les pieds, et la première fois qu'il la revoit (s'il ne l'a pas croisée la veille à
Périgueux, sinon ça fait deux), celle qui n'a pas jugé utile
d'alimenter la maison de ses parents quand le château a eu
l'électricité (en 1939, l'année des pneus), celle qui a fait
enlever, elle ou son frère, c'est pareil, l'installation de
fortune qu'il avait été obligé de bricoler avec son père
avant de partir, elle l'envoie comme un chien chercher des
feuilles à quinze bornes, pour que Mademoiselle puisse
bien se gaver de patates à la capitale. Il refuse. Plus exactement, il dit qu'il ne peut pas, il s'excuse peut-être : le
lendemain, il doit se rendre à Périgueux pour aller chercher
sa solde de sept mois chez le percepteur : 750 francs. C'est
faux. En tout cas, il n'a pas bougé d'Escoire le vendredi, et
a affirmé qu'il était passé chez le percepteur le samedi
matin. (Personne, comme de juste, n'a songé à demander
au percepteur s'il l'avait vu, et à quelle heure.)

  La deuxième ou troisième fois qu'il se retrouve face
à Amélie, c'est le lendemain, vendredi 24 octobre, vers
16 heures : elle est avec le régisseur, elle vient prendre de
l'argent à ses parents, qui n'ont déjà presque rien, puis elle
remonte vers son château avec un bon paquet de billets en
poche.

  Je ne dois pas trop me projeter, interpréter, présumer,
prêter à Fernand des sentiments et des pensées qu'il n'a
pas. Mais il me semble que je reste prudent, que je ne
deviens pas Marigny, si j'envisage que, dans le train entre
les Pyrénées et la Dordogne, il se dit, lui qui «déteste»
Amélie, au point d'avoir fait preuve par le passé (récent)
de méchanceté à son égard, lui qui a crevé, de rage, les
pneus de sa voiture : «Je ne veux plus vivre dans la misère
et la soumission.» Or quand il en descend, du train, rien
n'a changé. Si : sa famille n'a même plus l'électricité, et
son père est très malade – on lui prédit un avenir souffrant

et de courte durée. La Sécurité sociale, à l'époque, ça piétinait, surtout chez les paysans.

Quelques mois plus tard, au printemps, les Doulet ont pu rebrancher le courant sur le château, Fernand s'est marié, sa femme est enceinte, il va devenir menuisier, le coupable a été arrêté, incarcéré, et personne ne doute que ce soit le bon. Un mois presque jour pour jour après la mort d'Amélie Girard, de Georges Girard et de Louise Soudeix, Alphonse Palem écrit au juge Marigny : «Saturnin Doulet a subi une très grave opération la semaine dernière.» Une opération de l'estomac, aux alentours du 20 novembre, donc, pour soigner un ulcère très avancé, ce qui lui a permis de vivre, même péniblement, même tristement, vingt-cinq ans de plus. Peut-être grâce à la Sécurité sociale, je n'en sais rien.

Ce qui s'est passé entre-temps, dans la nuit du 24 au 25 octobre, je n'en sais rien non plus, on n'en sait rien. Marigny, Tailleur, Bardon-Damarzid et bien d'autres, journalistes ou historiens, ont donné leur version, on peut en essayer une autre, avec un gros tampon «HYPOTHÈSE» dessus, une vaporisation de points d'interrogation, et un avertissement au lecteur : «Ce qui suit n'est pas réel. J'invente.»

Après le départ d'Amélie et de Biraben, le vendredi 24, Fernand reste chez lui, ou pas loin, les couvreurs le voient avec ses parents. Est-ce qu'il a remarqué la serpe en portant de l'eau, un peu avant ou un peu après 16 heures ? Est-ce qu'il l'a prise, reprise ? Vers 17 h 30, un cultivateur, Pierre Penaud, qui revient des champs et longe les bois avec sa femme, entend deux personnes parler, à un endroit normalement interdit aux personnes étrangères au domaine. Fernand avec un pote ? Rien à voir ? À mon avis, rien à voir (ce pouvaient être des chasseurs – même si la chasse, en 1941, n'est autorisée que trois jours par semaine : dimanche, lundi et jeudi), mais on ne sait pas. Ensuite, Fernand mange

avec ses parents, qui vont se coucher. Lui se rend chez
son ami, et aîné, Charles Fadeuilhe, le gendarme déjà en
retraite à quarante et un ans. Il y reste trois quarts d'heure.
Ils boivent du vin, deux ou sept verres. (Isabelle, une amie
qui était à Essaouira quand j'écrivais l'histoire de Pauline
Dubuisson, et m'a bien aidé depuis là-bas, m'envoie un
mail quelques jours après mon retour à Paris. Elle a passé
toutes ses vacances d'enfance chez ses grands-parents à
Creully, un village du Calvados où s'élève un château
entouré d'un grand parc. « De quoi ont-ils parlé, ce soir-là,
chez le gendarme ? Pour ce que j'en sais, les activités et les
allées et venues des châtelains étaient un excellent sujet de
conversation pour les habitants d'un village privé de toute
distraction. ») Il accompagne ses amis jusque devant chez
Mompion, puis continue sa route vers le château et sa maison, en passant par le grand portail. Là, deux possibilités.
Soit il rentre chez lui tout de suite, soit il traîne dehors.
Généralement, c'est lui qui le dit, il reste éveillé jusqu'à
23 h 30 – et manifestement pas chez lui, puisque de sa
fenêtre, on ne voit pas celles du château, on ne sait pas
si elles sont éclairées ou non. Il serait étonnant qu'il se
couche ce soir-là à 21 h 30, et dorme jusqu'au lendemain
matin à 7 heures, à poings fermés (au procès, lorsque Maurice Garçon lui demande s'il n'a pas entendu, contrairement
à sa mère, son père sortir de la chambre à minuit et ouvrir
la fenêtre à deux heures pour vomir, il répond : « Non,
quand je suis au lit, je dors ») À propos du moment où leur
fils s'est couché, Yvonne dit au procès ne pas se souvenir
de l'heure mais : « Je sais qu'il ne s'est pas amusé, il est
allé chez les voisins et il est revenu de suite. » Saturnin,
lui, est sûr qu'il était 21 heures (ou 21 h 30...) puisqu'il a
allumé la lampe Pigeon pour qu'il puisse se déshabiller.
C'est une sorte de handicap régional : les gens, à Escoire,
même ceux qui n'y sont que de passage, comme Amélie et
Georges, ne peuvent pas se déshabiller dans l'obscurité,

ils ne parviennent pas à enlever leur chemise ou leur pantalon. Saturnin Doulet est un père exemplaire : quand son fils rentre à 23 h 30, pareil, il se réveille et allume la lampe ? Selon le degré de sincérité, ou de complicité, ou d'amour, de ses parents, soit Fernand s'est effectivement couché à 21 h 30 et s'est relevé ensuite, soit il n'est rentré que bien plus tard.

À 23 heures, il voit les deux fenêtres du petit salon s'éteindre. Impossible de savoir si, d'en bas, on aperçoit la lumière du palier du premier étage qui filtre à travers les persiennes de la chambre d'Henri. Fernand attend. Est-ce qu'il s'approche, guette, espionne ? Le lendemain matin, un volet de la façade était entrouvert. Selon les gendarmes et Saturnin Doulet, il s'agissait d'un volet de la rotonde, donc du grand salon ; selon Jeannette Valade, catégorique dans un premier temps, c'était un volet du petit salon, celui de la porte-fenêtre qui se trouve à droite (quand on est en face) de la rotonde, et qui pourrait permettre de mater dans la chambre d'Amélie – bizarrement, maître Bardon-Damarzid, dans sa plaidoirie, dit la même chose : «Comme les enquêteurs l'ont souligné, un volet du petit salon était entrouvert.» Qu'il ait lorgné d'abord ou non, à 23 h 30 ou minuit, Fernand-Bruce est de l'autre côté, dans la cour, devant la porte de la cuisine.

Il sait que quatre personnes se trouvent à l'intérieur. S'il en veut à Amélie, pourquoi décide-t-il d'agir cette nuit-là, alors que Georges et Henri sont présents ? Parce qu'il en veut aussi à son argent. Il sait peut-être qu'elle s'est rendue à la banque mercredi, il sait peut-être même qu'elle s'est rendue à la banque mercredi parce qu'elle voulait faire cadeau de 6 000 francs à Louise, il sait assurément qu'elle a rapporté plus de 8 000 francs au château dans l'après-midi. Il sait peut-être qu'elle doit se rendre le lendemain matin à Périgueux, pour toucher le produit de la récolte de tabac, comme l'en a informée René Biraben, le mettre à la

banque, et payer ses impôts de l'année. Les 8 000 francs ne
seront plus là demain.

Est-ce qu'il a l'intention de tuer tout le monde ? Seulement Amélie ? De ne tuer personne, seulement de voler
l'argent ? Il prend la serpe, pour s'en servir si besoin est ou
quoi qu'il arrive. Fernand-Bruce pénètre dans le château
par la fenêtre des WC désaffectés, ce n'est pas la première
fois, c'est enfantin. Dans le couloir, il ferme les deux targettes de la porte qui communique avec l'autre aile. C'est
la preuve qu'il sait qu'Henri dort au premier étage, mais
aussi qu'il n'a pas l'intention de le tuer. Pourquoi ? Soit
parce qu'il n'a l'intention de tuer personne, soit parce qu'il
veut l'épargner. Si c'est le cas, ce n'est pas dans le but de
faire porter les soupçons sur lui (je ne pense pas qu'il soit
idiot, mais pas assez subtil non plus pour croire, en jetant
plus tard le portefeuille de Georges sur la route, qu'on va
croire qu'Henri a voulu faire croire à un cambriolage).
Parce que le fils Girard, en révolte contre sa famille (à ce
qu'en sait Fernand), n'a aucun contact avec les métayers,
ne leur ordonne ni ne leur impose rien, fait sa vie de son
côté ? Parce qu'il est jeune, nerveux, trop fort pour lui ?
Parce qu'ils jouaient ensemble quand ils étaient plus petits ?
(Le 27 octobre, quand Yvonne tente d'enfoncer Henri en
disant qu'il venait dans leur remise à outils pour aiguiser
des poignards et des couteaux, elle dit : « Il utilisait divers
outils en compagnie de mon fils, tenailles, marteaux,
ciseaux à bois, burins, etc. »)

Ensuite, il pénètre d'emblée dans le petit salon. Parce
qu'il sait qu'Amélie dort là, que ses affaires sont là, que
son bureau est là. Je me suis dit qu'il avait pu passer
d'abord par la cuisine, pour se donner du courage : lors de
l'un de ses nombreux interrogatoires (le premier face à
Michel Tailleur, le 26 octobre), Henri précise, à propos de la
bouteille en grès d'eau-de-vie de prune, quelque chose que
le commissaire ne relève pas, et que lui-même ne répétera

pas : «Cette bouteille que ma tante avait trouvée la veille ne devait pas être pleine, car le matin, j'ai constaté qu'il en manquait beaucoup.» Mais la cuisine est voisine de la chambre de Louise, la porte peut-être pas fermée ; et s'il était venu là en premier lieu, et avait ouvert les tiroirs à ce moment-là, il aurait certainement préféré le hachoir de boucher à la vieille serpe. La bouteille était déjà presque vide quand Amélie l'a découverte ; ou Fernand-Bruce s'est envoyé quelques rasades après le massacre, pour ne pas revenir trop vite à la raison.

En y réfléchissant, je crois qu'il n'avait pas l'intention de s'en prendre à Georges et Louise. Comme je le pensais pour Henri, s'il avait voulu éliminer tout le monde, il n'aurait pas commencé par la vieille fille inoffensive. Et après l'avoir tuée, il n'aurait pas reposé la serpe ensanglantée sur le drap, ni commencé à la tirer hors du lit.

Trop confiant, encouragé par le vin bu chez Fadeuilhe, et peut-être ensuite chez lui depuis 21 h 30, il a pensé qu'il pourrait fouiller sa chambre sans la réveiller ? Il me paraît plus probable qu'il l'ait frappée dans son sommeil, vite et fort, dès les premières secondes. Des coups de serpe enragés contre la misère et la soumission.

Après avoir tué aussi Georges et Louise, titubant, Fernand-Bruce va s'asseoir sur le lit de la bonne. Y pose la serpe. Dans la cuisine, boit de la prune, commence à fouiller, inspecte tous les tiroirs, le buffet. Pas d'argent. Dans la chambre de Louise, il ouvre les portes du placard qui est derrière son lit et sert de débarras. Il poursuit ses recherches dans la salle à manger, puis s'attaque au petit salon, qu'il met à sac. Il ne trouve pas l'enveloppe contenant l'argent récupéré dans l'après-midi chez les métayers. Mais les 6 000 francs destinés à Louise, oui, c'est sûr, il les trouve et les prend.

Toute cette partie du rez-de-chaussée a été grossièrement inspectée par Fernand-Bruce, sauf la chambre de Georges.

Il n'a manifestement pas fouillé sa valise. Il n'a même pas
ouvert les portes du grand buffet au pied duquel Louise est
morte. Rien ne l'intéressait là. Il n'a pas touché non plus
aux bijoux qui étaient en évidence sur la cheminée du petit
salon et sur les doigts d'Amélie. Qu'est-ce qu'il en aurait
fait, Fernand, de cette broche de grande valeur, de ces
bagues? Il aurait essayé de les revendre à un bijoutier de
Périgueux? À un receleur de la pègre? En attendant, il les
aurait gardées chez lui? Dans la terre, au fond d'un trou? Il
voulait de l'argent, qui n'a pas d'odeur, qui peut appartenir à
tout le monde : les 6 000 francs de Louise, ou les 8 000 francs
des métairies – c'est quatre mois de rente paternelle pour
Henri, c'est à mi-chemin entre le prix d'un piano et d'une
bague de fiançailles, c'est une année entière due par quatre
métayers, une somme considérable pour Fernand, un mariage,
une opération pour son père. Finie la misère.

Avant ou après avoir découvert l'argent, il positionne
Amélie sur le ventre et la déshabille. Finie la soumission.
On n'aurait peut-être rien trouvé, mais comment est-il
possible que le docteur Perruchot, devant un corps aussi
manifestement «préparé» dans une intention sexuelle, n'ait
pas effectué le moindre prélèvement dans ce sens? On ne
sait même pas si Amélie était toujours vierge.

Avant de ressortir du château, ivre ou éreinté, vengé de
la misère et de la soumission, de la frustration, ou dégoûté,
les 6 000 francs en poche, il récupère plusieurs objets, certains pour préparer une fausse piste, d'autres en trophées.
Après avoir laissé tomber, volontairement ou non, la
culotte d'Amélie dans la cuisine, il prend deux torchons
dans un tiroir, sort la bassine et le broc d'eau sur l'escalier
et se lave les mains et le visage à l'eau. La veste en laine
tombe dans la bassine, ou il l'y jette, l'y laisse et s'éloigne,
avec un portefeuille, deux porte-monnaie et un foulard. Il
descend jusqu'au mur d'enceinte, il lance au hasard, assez
fort, les deux objets qui ne lui importent pas, ceux de

Georges. Il a vidé le porte-monnaie, empoché la ferraille, mais n'a pas pensé à regarder s'il y avait des billets dans le portefeuille. Il y a peut-être vu des photos, des papiers, mais ce n'est pas là-dedans qu'on met l'argent, à la campagne – pourquoi se balader avec des gros billets sur soi ?

Il conserve deux souvenirs peu encombrants, le petit porte-monnaie de cuir d'Amélie, élégant, féminin, et son foulard de soie. C'est fétichiste, en noir ou en rose, selon qu'il la détestait ou pas tant que ça. Dans sa première déposition, Marguerite Châtaignier explique qu'elle n'a pas vraiment fait le lien à l'instant où elle l'a aperçu dans le fossé, mais qu'à la réflexion elle se rappelle avoir souvent vu Mlle Girard avec ce foulard gris autour du cou. Il la représente, il garde son parfum, son odeur. Et je sais à quel point ça peut émouvoir, l'odeur d'un foulard de soie.

Que l'assassin soit Fernand Doulet, Henri Girard, Joseph Goebbels ou le percepteur, on peut avancer sans se tromper qu'il est sorti couvert de sang. Donc d'une part, il a fallu qu'il jette ses vêtements, le soir ou le lendemain (pour rappel, on ne sait pas comment Fernand était habillé le vendredi – Henri, si : il portait les mêmes vêtements que le samedi). D'autre part, il a d'abord dû se laver plus soigneusement qu'avec un broc et deux torchons, les cheveux, le cou, les bras. Où était l'eau, à Escoire ? Personne n'en parle. Comment Fernand rentre-t-il chez lui ? Il se déshabille en bas, dans la petite salle à manger ou la remise à outil, le garage ? Il se change, ou monte se coucher nu ? Il est surpris par son père, qui est dehors vers minuit ? C'est lui qui le réveille en entrant dans la chambre ? Que voient Saturnin et Yvonne Doulet ?

Ce qui est certain, c'est qu'ils sont éveillés entre minuit et deux heures, voire plus tard, tous les deux. Saturnin a vomi par la fenêtre. Que leur dit Fernand ? Qu'est-ce qu'ils devinent, qu'est-ce qu'ils savent ? Les réponses flottent loin dans le passé, perdues.

Fernand est parti le lendemain matin à Périgueux, peut-être avant que son père ne revienne avec le portefeuille, comme l'a dit celui-ci, peut-être après (si Saturnin n'a rien remarqué sur l'herbe au pied du mur en revenant des noix (mais il est possible qu'il ne soit pas réellement allé ramasser des noix), c'est qu'il regardait ses chaussures en marchant, ou que le foulard et le porte-monnaie ne s'y trouvaient pas encore). Après – dans le monde parallèle irréel et ouaté – une discussion véhémente avec ses parents, une engueulade ou un conseil de famille jusqu'à l'aube (si Fernand ne se souvient curieusement pas avoir mangé la soupe, comme chaque matin pourtant, c'est peut-être qu'ils n'ont pas mangé la soupe), ou simplement dessaoulé, calmé, vidé, Fernand comprend qu'il ne pourra pas garder ses deux souvenirs morbides. En partant à vélo, il les dépose sur le bord de la route, à quelques mètres du grand portail, sur le chemin du voleur fantôme qu'il a commencé à tracer la nuit. Puis il va jeter ses vêtements de la veille, à dix kilomètres dans l'Isle ou ailleurs, ou les brûle.

Ensuite, les parents attendent. À 9 h 30, ce qu'ils craignaient se produit : Henri appelle au secours. Ils se précipitent ensemble et sont face à l'horreur. Yvonne manque de tomber à la renverse, Saturnin descend prévenir en courant, les deux mains sur la tête. Leur fils ne revient que dans l'après-midi et ne bouge plus de chez eux jusqu'au soir, où il retourne au château, participer à la veillée.

Suppositions, suppositions, ouate, ouate.

Dans son numéro du 19 juin 1943, *Aujourd'hui* espère un rebondissement dans l'enquête : « Il existe un témoin qui pourrait faire d'intéressantes déclarations sur certains événements ayant suivi le crime de quelques jours. » Le journaliste n'en dit pas plus, et le quotidien n'en reparlera plus. Une partie de l'explication, vraisemblablement, se trouve dans un courrier qu'Abel Lacombe a adressé à Maurice Garçon le 10 juin. Il a appris qu'un habitant d'Antonne avait trouvé Fernand Doulet «évanoui» au beau milieu d'un champ, ivre mort. Il était dans un tel état qu'il l'a chargé dans sa voiture et l'a ramené chez lui. Lacombe termine ainsi sa courte lettre : «Tout cela mérite d'être éclairci. Il ne faut pas le lâcher.» Garçon, professionnel avant tout, lâchera définitivement en février de l'année suivante, quand son client retirera sa plainte contre X. Abel Lacombe, lui, continuera à chercher longtemps après, sur son vélo, sa fille derrière lui, dans un rayon de plus en plus élargi autour d'Escoire, mais ne trouvera jamais rien.

Après un dîner tardif dans un petit restaurant du vieux Périgueux, non loin de l'ancien Grand Cinq, où j'ai trouvé des haricots blancs pour accompagner le gigot d'agneau, je prends la Meriva et me dirige vers Escoire dans la nuit, le foulard et le porte-monnaie sur le siège passager. Je n'étais pas à l'aise hors de la grande ville en pleine journée, j'ai la nuit l'impression, paralysante, de partir commettre un crime. À Antonne, quand je tourne à droite dans l'allée des Platanes, sombre et déserte, je m'entends respirer. Je suis ridicule. (Mais enfin tout de même, si j'arrête la voiture devant le château, que j'en sors, et qu'un passant nocturne (tout est possible) ou un habitant de la maison basse qui se trouve aujourd'hui quarante mètres en face, ouvrant la fenêtre, me demande ce que je suis en train de faire, qu'est-ce que je réponds ? «Non, non, c'est rien, ne vous inquiétez pas, je dépose juste un foulard dans le fossé» ?)

Je franchis le petit pont de l'Isle et reçois un coup de poing en pleine tête. Je continue à rouler seulement sur ma lancée car je n'ai plus de pied pour accélérer, plus de mains pour tenir le volant, je rêve. Ce n'est pas une biche lumineuse, géante, radioactive, c'est pire. À cent mètres du château, je suis obligé de refaire surface : de la lumière filtre à travers les persiennes, plusieurs pièces du rez-de-chaussée, dont le petit salon, sont éclairées.

Je suis tellement surpris (et apeuré – ça ne se commande pas) que je n'ose pas m'arrêter, je tourne directement à droite sur la route de Petit-Rognac et ne parviens à faire demi-tour, en me traitant de plusieurs noms qui me passent par la tête, que cinq cents mètres plus loin – grâce à un petit chemin qui s'enfonce dans les bois : ce doit être l'endroit où le cultivateur Penaud et sa femme ont entendu des voix le vendredi après-midi.

J'arrête la voiture juste devant le grand portail. Je me sens bien comme si j'approchais de la cage entrouverte d'un tigre, mais après tout, si la ou les personnes qui sont à l'intérieur entendent le moteur, ils vont ouvrir les volets, c'est ce qu'il peut m'arriver de mieux. Cinq minutes plus tard, malgré un claquement de portière, ça ne m'est toujours pas arrivé. Je ne peux quand même pas klaxonner, il est près de minuit. («Hey! Salut! On peut entrer?») Debout à côté de la voiture, face au portail, les yeux levés vers le château, je tente le plus pathétique «S'il vous plaît?» de l'histoire des cris étouffés dans la nuit.

Je repasserai demain matin, on appelle mieux dans la journée. De toute façon, il faut que je vienne récupérer le foulard et le porte-monnaie. Il faut, à propos, d'abord, que je les dépose. Je m'aperçois que je ne peux pas les laisser dans l'herbe à l'endroit où Marguerite Châtaignier a ramassé ceux d'Amélie, c'est plat et très en vue, n'importe qui passant par là repérerait tout de suite le foulard – c'est peut-être pour cela, justement, que Fernand-Bruce l'a posé là. Je m'éloigne d'une cinquantaine de mètres, le fossé est un peu plus profond, j'y lâche mes précieux accessoires de test et retourne vers la voiture comme aux vingt kilomètres marche des Jeux olympiques.

En repartant vers Antonne, je laisse derrière moi le château d'Escoire habité. (Et je pense : la lumière derrière les persiennes, on la voit à cent mètres, et plus, elle saute aux yeux dans l'obscurité, il est parfaitement impossible que Fernand ne se soit que trompé en disant que tout était éteint.) Je laisse aussi derrière moi, avec un serrement de cœur un peu bêta, le foulard en soie d'Anne-Catherine (s'il est encore là demain matin, j'ai de la chance), non seulement dans la nature, dans un fossé, mais aussi dans la nuit, et près d'un lieu de mort.

19.

Dimanche matin, à 10 h 15 (l'heure d'hiver, c'est samedi prochain), je gare la Meriva devant le grand portail. Il est fermé avec une chaîne et un cadenas (j'ai oublié de regarder hier soir, tarte), comme lorsque les Girard n'étaient pas là. Tous les volets sont fermés, le château ressemble en tout point à celui que j'ai vu les jours précédents.

Je marche jusqu'à l'endroit où j'ai laissé mijoter le foulard et le porte-monnaie. Ils sont toujours là, j'ai de la chance. Je m'accroupis, furtif, pour les ramasser. Ils sont trempés, gorgés de rosée. Il n'a pas plu, le ciel est presque bleu depuis deux jours. Il me semble qu'il fait une température ordinaire pour une fin de mois d'octobre (je ne me doutais pas que je serais un jour si satisfait d'entamer une journée dans les célèbres normales saisonnières). Le porte-monnaie, qui était brun plutôt clair, est presque noir, lourd, et porte des traces blanches, comme de la bave d'escargot, on dirait qu'il a séjourné un mois par terre au fond d'un bois. Le foulard de soie d'Anne-Catherine est bon à essorer. Il n'y a pas une probabilité sur des millions pour que la vieille Châtaignier, trouvant ceux d'Amélie dans cet état, ait pu dire qu'ils étaient « secs, ne portant pas de traces de rosée». Ils ont été abandonnés là le matin, peu de temps avant le passage de la paysanne et de ses brebis.

Je continue à pied, le long du mur, jusqu'à l'entrée carrossable, l'accès motorisé pour les propriétaires et, il y a quelques mois encore, pour les clients des chambres d'hôtes. (J'ai laissé la Meriva devant le château : ce que j'aimerais bien, maintenant, j'en suis le premier surpris, c'est qu'on me remarque.) Le petit portail est lui aussi fermé à l'aide d'une chaîne et d'un cadenas.

De retour près de la voiture, j'appelle, fort : «S'il vous plaît?! Y a quelqu'un?! Eh oh!» Je crie face à un gros bloc de pierre. Je ne vais pas escalader le portail et ses barreaux à pointes, non. «S'IL VOUS PLAÎT?!» Je décolle de plusieurs centimètres du sol (et j'enchaîne avec un saut périlleux arrière, me semble-t-il) quand une voix dans mon dos me demande si je cherche quelque chose. C'est un homme d'une quarantaine d'années, costaud, massif, peut-être le voisin. Je lui explique que oui, pardon, j'aimerais parler à quelqu'un du château, je crois que les propriétaires étaient là hier soir. Il n'en sait rien mais il ne les voit plus beaucoup ces temps-ci, ils viennent très rarement depuis qu'ils ne font plus chambres d'hôtes. Il n'aurait pas leur numéro de portable? Non, il est désolé, mais je peux appeler le fixe du château, ça se trouve facilement sur Internet. «La ligne est coupée», je dis.

Je reviens trois fois dans la journée, à midi et demi, vers 16 heures et après la tombée de la nuit, en début de soirée : rien ne vit à l'intérieur, il n'y a plus de lumière. Je deviens fou, non?

À plat ventre sur mon lit du Mercure, encore sonné, mais non sans espoir, il en reste toujours, je lis sur le Mac-Book une lettre que Bernard Dupuis a écrite à Maurice Garçon juste après l'acquittement d'Henri, et une autre, de Garçon à Abel Lacombe, qui lui raconte un entretien téléphonique qu'ils ont eu ensuite. Bernard Dupuis, c'est l'architecte qui a repris l'appartement du 2 rue Chomel, à l'été 1941, quand Henri a emménagé rue Notre-Dame-des-Champs. Il avait trouvé le jeune homme sympathique, quoique tordu. (Dans sa seule déposition, devant l'inspecteur parisien Dominique Le Brun, il disait de lui : « Il portait une fleur de lys à la boutonnière et m'a paru très attaché à la politique du Maréchal. » Henri aimait bien rigoler – plus, alors, que provoquer. En s'installant dans le deux-pièces où avait vécu le couple, l'architecte a trouvé des sortes de petites affichettes qu'Henri et Annie avaient fixées aux murs, après leur mariage : « Le ton ironique sera formellement banni de toute discussion entre le mari et la femme. » « Toute discussion d'argent sera tranchée par les parents. » « Chaque conjoint gardera sa liberté absolue. »)

Ce qu'il tient à raconter à Maurice Garçon, pensant que cela peut éventuellement l'intéresser, c'est une visite qu'il a faite à Escoire le dimanche 30 mai 1943. Il a témoigné le samedi après-midi au tribunal, brièvement, simplement pour faire part de ce qu'il avait pensé de l'accusé lors de la reprise de l'appartement, trois mois avant les crimes. Le lendemain, il se rend à vélo au château, par curiosité, pour voir les lieux du drame. Il croise Yvonne Doulet. Il est surpris de la voir se diriger vers lui et se mettre à lui parler comme s'ils se connaissaient. Selon lui, elle l'a reconnu : ils étaient enfermés ensemble la veille, avec pas mal d'autres, dans la salle des témoins. L'audience ayant été plus longue que prévu, Yvonne n'avait pas été appelée, tout comme Marie Grandjean, le facteur Landry, Antoine Vittel, René Biraben... Elle semble penser que Bernard Dupuis n'est pas encore passé non plus, qu'il témoignera le lundi matin, comme elle. Elle lui parle de l'affaire. Henri Girard est le coupable, il n'est pas question d'en douter. Elle a des preuves.

Elle était présente quand il a débarqué au château à l'improviste, le 16 octobre. Dès qu'elle l'a vu franchir le portail, Mlle Girard a pâli et s'est mise aussitôt à pleurer. «Comme si elle avait eu le pressentiment du malheur qui allait arriver...» dit la mère de Fernand. Elle insiste longuement sur la méchanceté, la cruauté du fils Girard à l'égard de sa tante. Et ce n'est pas tout, Monsieur, holà non... Tenez-vous bien : le vendredi 24 octobre, quelques heures avant de commettre son acte odieux, Henri Girard est venu «au moins deux ou trois fois» chez eux, dans l'après-midi, pour aiguiser la serpe à la meule qui se trouve dans leur remise.

L'architecte n'en revient pas. Il était convaincu que le garçon qu'il a vu à Paris ne pouvait pas avoir tué trois personnes de manière aussi barbare, il ne sait plus quoi penser. Il sera plus ahuri encore le lendemain, au palais de justice, quand il assistera à l'audience, ayant déjà témoigné, et constatera que Mme Doulet ne répète pas un mot de ce qu'elle lui a «révélé» vingt-quatre heures plus tôt. À la fin de sa lettre à Maurice Garçon, Bernard Dupuis écrit, assez justement : «Je trouve étrange qu'elle soit plus accusatrice devant un étranger que devant la cour !»

Les Doulet ont menti, foin de la ouate. Et pas qu'une fois. Était-ce seulement pour se venger du fils du château, qu'ils n'aimaient pas, ou pour sauver le véritable coupable, je ne le sais pas.

20.

Lundi matin, à 9 heures, j'entre aux Archives. Je place tout mon espoir, maigre (mais il en reste encore et toujours), en Sylvie et Françoise, qui me paraissent être les seules à pouvoir m'aider – je ne vais pas aller ululer toutes les heures au pied du château. Je leur raconte : il y a quelqu'un, c'est sûr, j'ai vu de la lumière samedi soir, et ce ne sont pas des lampes qu'on aurait oubliées (ou un plomb qui se serait remis en place sur le poteau électrique), c'était de nouveau éteint hier à 20 heures. Elles me promettent de faire tout ce qu'elles peuvent pour dénicher l'un des numéros de téléphone du couple Kordalov, Sylvie et Tasc. Françoise s'occupe d'appeler la mairie d'Escoire (j'aurais pu y penser plus tôt), Sylvie celle de Périgueux, où elle a une amie. Elles me proposent de repasser dans l'après-midi. J'hésite à rester sur place en attendant, mais ça ne sert à rien : je suis là depuis plus d'une semaine, je pourrais réciter la moitié des mille pages du dossier par cœur.

À 15 h 30, quand je reviens et pénètre en salle de lecture, c'est Françoise qui la préside encore. Son sourire, encore, lorsqu'elle me voit, me fait l'effet d'une injection de miel chaud : elles ont trouvé. Elle a téléphoné à la mairie d'Escoire, qui n'a pas pu ou pas voulu lui donner le renseignement ; en revanche, Sylvie, grâce à son amie, et à une amie de son amie, qui avait peut-être une copine, a finit par obtenir, en trois heures, celui de Mme Kordalov. Elle l'a appelée – deux Sylvie se parlent. Elle n'est pas dans la région en ce moment, son mari et elle sont en instance de divorce. Mais elle pense que lui n'est pas loin, à Escoire ou à Périgueux. Elle a donné son numéro de portable à Sylvie.

Je monte dans son bureau pour la remercier (je les prendrais bien dans mes bras, toutes les deux – je le fais ici, sur le papier, je suis plus à l'aise tout seul). Elle me tend son téléphone et me propose d'appeler tout de suite Tase Kordalov.

Une voix chaleureuse, bourrue, me répond, avec un fort accent serbe, yougoslave, dans ce coin-là. Il rit quand je lui demande, prudemment, s'il m'autoriserait à visiter son château. Il ne me connaît pas, il trouve bien bizarre d'écrire un livre sur un truc si vieux, mais pas de problème, je n'ai qu'à passer demain, en fin de matinée, il y sera, il laissera le petit portail ouvert, je n'aurai qu'à monter, en voiture, suivre le chemin et me garer dans la cour, derrière. (J'ai l'impression qu'il me parle d'une maison que je connais parfaitement, où j'aurais passé mon enfance.) Il m'offrira un café – ou un whisky, si je préfère.

Le soir, je me couche nerveux, content, impatient, anormalement angoissé.

Mardi matin, à 11 h 30, j'avance en Meriva face au château, je prends à droite la route de Petit-Rognac (que plus personne ne doit nommer comme ça aujourd'hui, Petit-Rognac n'est qu'un petit regroupement de quelques maisons au bord de la départementale), je tourne à gauche en épingle à cheveux, franchis enfin, triomphal, le portail de l'entrée carrossable et monte sur le chemin de terre et d'herbe, qui n'a pas dû changer depuis le temps où Amélie s'y engageait avec sa Zoé. Je longe, sur ma droite, la maison des Doulet, qui paraît bien délabrée. Je tremble ; peut-être pas extérieurement, mais je tremble.

Je passe devant le château, tout près, le contourne par le côté nord, m'engage dans un petit bois, vire encore à droite et arrête la Meriva dans la cour où Henri débitait les petits sapins, à côté d'une sublime Jaguar bleu ciel. Devant l'entrée principale de la façade arrière, celle par laquelle il a été obligé de sortir le matin, à cause de la porte fermée à deux targettes, se tient un homme d'une soixantaine d'années, peut-être plus (il a ce physique de ceux dont on devine, je ne sais comment, qu'ils sont plus âgés qu'ils n'en ont l'air, ou plutôt qui ont l'air particulièrement jeunes parce qu'ils le sont moins qu'on ne le pense), vêtu si simplement que je crois d'abord que c'est le jardinier. Non, il marche vers moi, il me serre la main, c'est Tase Kordalov, le châtelain. Il est sympathique, ça m'arrange. Et j'aime bien son accent, qui me rassure, me rappelle les Yougos du Saxo Bar de ma jeunesse, et les amis serbes de Bruno Sulak.

Quand je franchis la porte d'entrée, j'ai le cœur qui me frappe fort la cage thoracique – tout cela est un peu nouille à écrire, mais pas à ressentir. Et je ne peux pas l'exprimer autrement : je palpite des pieds à la tête, j'ai le sentiment de pénétrer dans un lieu interdit, inaccessible, impossible, de traverser un écran vers le passé.

À ma gauche, tout a changé : les cloisons ont été abattues, la porte aux targettes et les WC ont disparu, le bureau de la réception est juste devant la fenêtre par laquelle s'est introduit l'homme à la serpe. M. Kordalov me dit qu'il ne l'a pas remplacée (il est propriétaire depuis une dizaine ou une quinzaine d'années – je ne m'en souviendrai pas), et qu'il est certain, à 99 %, que c'est la même qu'en octobre 1941. Il a raison, je reconnais la crémone dessinée par Michel Tailleur. La fenêtre a été réparée ou les battants poncés depuis : elle ferme correctement. Dans le couloir qui mène à la salle à manger, à droite de la réception, j'aperçois la porte du petit salon où dormait Amélie, entrouverte. Mais Tase m'entraîne vers l'autre aile, où il habite quand il vient ici, car celle de droite et le premier étage sont réservés aux chambres d'hôtes – étaient réservés. Il a mis le château en vente chez un agent immobilier spécialisé dans les demeures luxueuses, mais il n'est pas encore tout à fait décidé, pas sûr de ne pas vouloir le garder. Il a le temps, ça ne se vend pas comme un trois-pièces.

Nous sommes assis dans la salle à manger de l'aile gauche, devant deux tasses de café et des gâteaux secs. (J'aurais personnellement opté pour un demi-litre de whisky, mais je n'ai pas osé réclamer.) La télé est allumée, sur la une, *Nos chers voisins*. Il m'explique qu'il s'appelle en réalité Anastasios Kordalis, il est d'origine macédonienne. Quand le pays de son grand-père s'est fait tirailler de tous les côtés, lors de la Première Guerre mondiale, celui-ci a émigré aux États-Unis avec son frère (j'espère que je ne me trompe pas – pardon, Tase, Anastasios, j'étais dans un état de fébrilité indescriptible, mais invisible, car je suis le Marlon Brando du quotidien). Après des années à travailler comme des bêtes, ils ont acheté un hôtel en plein Manhattan, et ont fait fortune. Lui, aujourd'hui, est peintre.

Les villageois, avec qui il s'entend plutôt bien (« Parce que je suis normal, je fais pas le châtelain »), parlent encore de temps en temps, les vieux surtout, du triple crime et des Girard. Tase a d'ailleurs connu Jeanne Valade, Jeannette, qui est même venue au château un jour, à l'occasion d'une réception pour je ne sais plus quoi. Une brave femme, il l'aimait bien. Mais d'après lui, ça ne fait pas un pli, Henri n'était pas le coupable. Il croit plutôt que ce sont les services secrets de Pétain qui ont assassiné Georges, et les deux femmes avec, à cause de ses convictions anti-collaborationnistes – il suppose même qu'il pouvait fournir aux Alliés des renseignements collectés à Vichy, en particulier lorsqu'il se rendait en Normandie (près de Madeleine Flipo). Je n'essaie pas de le contredire, chacun pense ce qu'il veut.

Son café était bon, j'ai mangé deux gâteaux secs (le deuxième pour montrer que j'avais aimé le premier – en réalité, je ne pensais pas pouvoir avaler une demi-pistache), mais je voudrais voir le reste du château. Je me lève, je regarde par la fenêtre. Je m'y attendais, mais je suis stupéfait par l'impression de hauteur – même d'ici, de ce qui est considéré comme le rez-de-chaussée. On se sent au sommet d'un monument, tout paraît petit en dessous, loin, on domine tout, je suis le roi. Je peux ouvrir? Évidemment, pas de problème, je fais comme chez moi. On ne voit pas la maison Doulet. Je baisse les yeux vers l'endroit ou Fernand dit être passé en revenant de chez Fadeuilhe, devant le perron de la rotonde. Tase me détrompe : si le fils des gardiens a pris le raccourci qui vient du bourg, c'est un peu plus bas, sur le sentier par lequel je suis monté en voiture. En dehors des propriétaires et de leur bonne, personne n'avait le droit de marcher si près du château, d'emprunter le petit chemin qui le longe juste au pied des escaliers. Les Girard l'interdisaient, depuis leur arrivée à la fin du XIXe siècle. Les derniers étaient peut-être de bonne composition, pas fiers, mais ils étaient châtelains et descendants de châtelains. D'après ce qu'il a entendu dire, ils n'étaient pas si aimés que ça dans le coin.

À la télé, Jean-Luc Reichmann a pris le relais, nous sortons de la salle à manger de Tase (je n'arrête pas de me répéter : «Je suis dans le château»). Ce qui me frappe, c'est l'épaisseur des murs, leurs pierres massives, énormes. Même à trois pièces d'écart, je me demande si on entendrait quelqu'un crier – de l'autre côté du grand salon, le tueur devait se sentir à l'abri. Nous montons d'abord au premier étage, par un vieil escalier, étroit, en colimaçon, aux marches de pierre qui font penser à celles d'un château fort. En arrivant en haut, Tase m'annonce que « la chambre où dormait le fils Girard » est restée telle quelle, les mêmes murs, le même parquet, on n'a rien touché – seulement le cabinet de toilette, qui a été agrandi pour créer une salle de bains plus que convenable, chic. C'est une belle pièce d'angle, avec deux fenêtres qui offrent une vue magnifique, sur la vallée d'un côté, sur le bourg de l'autre – il ne s'emmerdait pas, le vrai boche de chanoine. Au sol, je crois repérer l'endroit où ont été découpées les deux lames de parquet sur lesquelles Tailleur et Ruffel espéraient révéler des traces de sang, mais je n'en suis pas sûr, trois quarts de siècle ont passé, ça patine. Je m'avance au milieu de la pièce, Tase Kordalov est derrière moi. C'est le dernier endroit où Henri a dormi sereinement, avant que sa vie n'explose, où il s'est réveillé en chantant, à vingt-quatre ans. Je n'ai pas peur du malsain, du noir, de la mort (celle des autres – ceux que je ne connais pas), j'aime les faits divers, les crimes, les tueurs et les victimes m'intéressent, mais ici, ce n'est pas macabre, c'est simplement triste. Je vois le corps endormi du jeune Girard, le « foldingue », je ressors vite.

Tase me fait ensuite visiter tout le premier étage, avec une certaine fierté me semble-t-il, les chambres sont très spacieuses et claires, décorées sobrement, lumineuses. On voit que personne n'y a couché depuis un moment, que le mariage des Kordalov a vécu : dans plusieurs pièces, au sol, gisent noires des mouches mortes.

Nous redescendons et passons dans l'aile droite, après la réception, je le suis d'abord dans le couloir, devant la porte entrouverte du petit salon, puis nous traversons la salle à manger, qui en est toujours une. La grande table a été remplacée par dix plus petites, nappées, au centre desquelles sont posés bougeoirs ou chandeliers, chacune entourée de quatre chaises à coussin et dossier bleu. Le parquet a été conservé et rénové, verni, il rutile, mais les murs ont été refaits (deux ont été repeints après que la tapisserie a été enlevée, les deux autres dénudés pour qu'apparaissent les vieilles pierres), et la cheminée est devenue une alcôve.

Nous continuons et entrons dans ce qui était la cuisine, où la vieille Louise préparait la soupe de haricots et faisait la vaisselle, dans le coin à gauche de la fenêtre. La porte qui donnait sur le petit escalier et la cour a été remplacée par une grande baie vitrée. Là aussi, les murs ont été décapés, on voit les pierres, et les poutres au plafond. La cuisine n'existe plus, ni les deux autres pièces en enfilade, la chambre de la bonne et celle de Georges : les cloisons ont été enlevées, c'est une deuxième salle à manger, un peu plus étroite mais semblable à la précédente, si ce n'est qu'ici le sol a été entièrement dallé. Les mares de sang, dans la chambre du fond, qui n'ont pas été nettoyées pendant des années (les larges traces sombres étaient encore bien visibles en 1947, quand le château a été racheté par l'entrepreneur Peyramaure), ont peut-être résisté à tous les traitements. Ou simplement, et moins dramatiquement, il fallait unifier le sol des trois pièces. Une table ronde a été placée où Louise est tombée. Une autre, carrée, pour quatre, où se trouvait le lit de Georges, où il était couché quand la serpe s'est abattue plusieurs fois sur lui. Je m'approche mais je ne me sens pas bien, je me tiens debout à l'endroit où il était recroquevillé par terre, en sang. Le vieux Georges. («Mange, mon petit, dors, et ne pense à rien qu'à la vie qui commence pour toi et qui est toute devant toi. Je t'aime, je t'embrasse encore et encore.») Voilà, j'aime bien les faits divers, le sordide ne me dérange pas a priori, mais en réalité, honnêtement, ça dépend : quand on a le sentiment de connaître quelqu'un, même si ce n'est pas vrai, quand on s'est attaché d'une façon ou d'une autre, ce n'est plus la même histoire. Ça désole, ça blesse, le sordide dégoûte.

Nous repassons dans la salle à manger, puis dans le couloir de nouveau, et arrivons devant la porte du petit salon. De part et d'autre, deux placards : dans celui de gauche, on a trouvé les affaires qu'Henri portait lorsqu'il a échappé aux Allemands, celui de droite était le cabinet de toilette d'Amélie. Tase l'ouvre et m'explique que ce ne sont pas des placards mais des portes de service, des sas pour les domestiques, qui pouvaient y poser provisoirement les plats ou les vins venant de la cuisine : en face, une autre porte donne dans la pièce. Je souris en pensant qu'on a prétendu qu'Amélie n'avait pas pu trouver sa chemise de nuit dans l'obscurité. Quand on ouvre de l'intérieur du petit salon, il est évident que la lueur d'un feu doit suffire à y voir assez clair.

J'entre. Je suis en octobre 1941. Rien ici n'a changé. Plus de table au centre, plus de commode à gauche, plus de secrétaire au fond, entre les deux fenêtres, mais hormis les meubles, tout est absolument identique aux photos qui ont été prises le matin du samedi 25, avec le corps d'Amélie à plat ventre au sol, devant moi. Le parquet, ancien, peu traité, est visiblement celui de 1941, on a seulement lavé les taches et ciré ; la cheminée est la même, je l'ai assez vue sur les photos, celle sur laquelle des gouttes de sang ont giclé. À la place exacte du lit pliant et roulant se trouve à présent un genre de récamier. Je suis étonné par la taille de la pièce, plus modeste que je n'imaginais (le petit salon porte bien son nom), surtout si l'on ajoute mentalement la table et le reste. Il n'est pas pensable que quelqu'un s'y soit introduit, de nuit, en espérant pouvoir fouiller un secrétaire ou une commode sans réveiller la personne qui y dormait. Il fallait tuer tout de suite.

M. le divisionnaire Pupuce m'a expliqué que lorsqu'il arrivait sur une scène de crime, il demandait qu'on le laisse seul quelques minutes, dans le décor, avec le cadavre, pour lui «parler», se concentrer, ressentir ce qui avait pu se passer.

(Il n'est pas mystique, peu versé dans la communication avec l'au-delà, mais il dit que ça aide et je le crois.) J'aimerais pouvoir le faire – sans le cadavre. Mais je ne peux pas demander à Tase de sortir. Il ne sait pas qui je suis, il est bien gentil d'accepter que je me promène chez lui sans raison utile, je n'ai aucune intention d'acheter, je prétends vouloir écrire un livre, je ne me vois pas lui suggérer de me laisser tranquille deux minutes, ouste. (Si ça se trouve, je repère les lieux, les objets de valeur, pour revenir cambrioler son château plus tard avec mon équipe.) C'est dommage, je devrais être plus audacieux. Pour qu'il ne me parle pas, je fais semblant de réfléchir (l'auteur, l'artiste) et je réussis tout de même, deux secondes, à voir l'homme qui lève et abaisse la serpe – c'est Fernand, mais seulement dans ma tête (et je ne connais pas son visage, je sais juste qu'il a des yeux bleus sournois et de gros sourcils) – et à ressentir de la peine, de la douleur, pour celle qu'il a ensuite jetée par terre et déshabillée, morte pour rien, rien d'autre que de la frustration et 6 000 francs. Quart de tonne, Lili.

Le grand salon doit ressembler beaucoup à ce qu'il était (mais je ne l'ai jamais vu, il n'a pas été photographié). Devant la porte à double battant qui permet d'accéder à l'aile gauche, probablement au même endroit que du temps des Girard, se trouve un beau piano ancien. Je pense à Ernest, à Henri. Tase m'informe que ce n'est pas celui sur lequel le fils a joué quelques notes de *Tristesse* de Chopin : il l'a rapporté de la propriété normande qu'il a vendue pour acheter celle-ci – « le château de la Dame aux camélias », à Gacé. Il ouvre une porte-fenêtre, nous sortons sur le perron, en châtelains. J'ai envie d'essayer de chanter à tue-tête, comme Henri, je ne le fais pas.

Je demande à Tase si ça ne l'ennuie pas que je me promène un peu tout seul dans le parc (je progresse, modestement), j'ai deux ou trois choses à vérifier pour mon livre. Pas de problème. Je retourne d'abord dans la cour, devant ce qui

était la porte de la cuisine. Les cinq marches d'escalier ont
été supprimées pour construire la baie vitrée, mais je vois
le broc, les deux torchons ensanglantés, la bassine où trem-
pait la veste en laine noire avec la broche, la serpe à
l'endroit où Henri l'a laissée tomber l'après-midi. Je fais
quelques pas jusqu'aux volets des anciens WC désaffectés.
Je les reconnais tout de suite, ce sont les mêmes, j'ai
zoomé dessus vingt fois pour observer l'anfractuosité dans
la pierre. Elle a été comblée, avec un genre de ciment, mais
on en distingue parfaitement la trace, la forme, un triangle
allongé, de bonne taille, le sommet vers le bas. Un bâton,
facile. Il reste un espace, je glisse deux doigts sous les vieux
volets abîmés, repeints en gris clair, usés par le temps et la
pluie, le crochet n'est plus là. Cette fois, je vois ma main qui
tremble un peu, extérieurement.

Je descends dans le jardin, pas jusqu'au portail : à
gauche vers le mur d'enceinte. Je n'y avais pas pensé, ça
ne se devine pas depuis l'autre côté, d'en bas, mais à cause
de la déclivité, je me retrouve debout au-dessus de la route,
à la droite d'un gros arbre : le haut du mur, qui ne sépare
pas deux terrains au même niveau mais tranche le coteau,
m'arrive aux chevilles. Je suis juste à la verticale de l'herbe
où le foulard et le porte-monnaie fermé ont été déposés le
samedi matin. D'ici, si je les tenais, il suffirait que j'ouvre
la main. J'ai dû me frayer un chemin dans les buissons,
mais maintenant, je suis à découvert : de la route ou de la
vallée, n'importe qui peut me voir des pieds à la tête. Personne n'aurait pu s'aventurer à cet endroit, après le lever
du jour, sans courir le risque, disproportionné, d'être vu.

Je contourne le gros et vieil arbre qui a poussé depuis
des siècles à ma gauche, en bataillant contre le vert touffu
comme un explorateur dans la jungle, et me retrouve, au-
delà, pile en face de l'endroit de la route où Saturnin Doulet
a trouvé le portefeuille et le porte-monnaie de Georges.
Je suis toujours debout sur le mur, mais la végétation est

beaucoup plus serrée ici. J'ai suffisamment de place pour bouger le bras et lancer quelque chose, mais je suis relativement bien caché par les feuillages. Dans la nuit, même si quelqu'un veillait dans une maison, je ne craindrais rien.

Je remonte le sentier du jardin, oblique à ma droite et marche jusqu'à la maison des Doulet (on ne voit pas le château d'ici, à cause des arbres), abandonnée, puis je fais demi-tour et suis le trajet de Fernand le vendredi à 20 heures. Je me dirige d'abord vers le château, puis bifurque à gauche, par où je suis venu. Sur le plan, on a l'impression que l'embranchement qui permet de descendre vers le portail est tout proche du jardin, et donc de la façade à droite, mais ce n'est pas le cas, le dessinateur s'est trompé. Le chemin se prend plus tôt, et passe à travers le bosquet (on en devine la fin, en pointillés, sur le plan). Au moment où il se sépare du sentier principal, on n'a qu'une seconde, si on ne marche pas trop vite (j'essaie deux fois), pour apercevoir, de biais, la fenêtre de la cuisine – avant et après, elle est dissimulée par les arbres. Pour éventuellement distinguer une personne derrière les carreaux, et surtout savoir ce qu'elle fait, il faut le vouloir, il faut s'arrêter à la fourche et scruter. Et encore. Pour savoir quelles fenêtres de la façade sont éclairées (petit salon, salle à manger...), c'est la même chose : si on ne fait que passer dans cette courte zone de vision dégagée, on doit tourner la tête et avoir des yeux numériques, qui prennent une photo qu'on regardera plus tard, en zoomant.

Au pied du perron, Tase Kordalov m'attend. Derrière lui, une grande porte ouvre sur les caves, qui ont été aménagées (une partie servait de cuisine au temps des colonies de vacances). Il n'y a plus de lierre sur les murs qui bordent les deux escaliers montant de part et d'autre de la rotonde, je lui dis que l'un au moins, autrefois, celui de gauche, en était couvert. Je fais le malin mais il me recadre : « Ah non, ce n'était pas du lierre, regarde, il en reste un peu, c'est de la vigne vierge. » (Ces Macédoniens, toujours à chipoter.) Je ne veux pas le déranger plus longtemps, je m'apprête à partir, mais je pense à lui poser une dernière question (je m'en serais voulu – et au diable, quand on a confondu du lierre et de la vigne vierge, on n'est plus à ça près) : est-ce qu'il existe un puits ou une source quelque part ? Bien sûr ! Il me guide vers le nord-est, du côté du bourg, nous entrons dans le bois, passons le portillon qui n'est plus là, celui du raccourci, descendons la quinzaine de marches qui menaient à la cour Mompion (un pré, aujourd'hui) et prenons, à gauche, un chemin qui appartient encore au château et descend entre le parc et la façade arrière de la maison Palem. Au bout, un petit portail qui donne sur le carrefour de la route de Petit-Rognac – il n'existait pas, c'est M. Kordalov qui l'a fait installer. Quelques mètres avant, sur la gauche, un genre de petite grotte creusée dans le côté nord du mur d'enceinte. Elle est fermée par deux portes métalliques, que Tase a aussi fait poser. Il les ouvre. Au sol, un trou rond, d'un peu plus d'un mètre de diamètre : c'est le puits, la source souterraine. Tase y a plongé une pompe, reliée à une canalisation qui monte vers le château : il s'en sert pour arroser, ou remplir la piscine qui se trouve de l'autre côté, au-delà de la cour. Autrefois, on y puisait l'eau avec un seau. Sans le petit portail ni les portes métalliques, tout le monde venait se servir là, les métayers, les villageois. En pleine nuit, à l'abri dans la cavité du mur, n'importe qui a pu se laver longuement, sans risquer d'être surpris, et même se déshabiller. Durant les dix-neuf mois d'instruction, ce puits n'a pas été mentionné une fois.

Tandis que nous remontons vers le château, j'ai un dernier service, promis, à demander à Tase : il a la clé de l'ancienne maison des gardiens ? Évidemment qu'il l'a, c'est à lui.

Nous y allons, il m'ouvre la porte (difficilement, avec une grosse clé de fer, je redoute dix secondes que la serrure soit rouillée ou bloquée) et me laisse visiter seul – car par télépathie, je ne recule devant rien. Ce n'est pas une scène de crime, personne n'est mort ici, jamais un cadavre n'a mariné dans son sang sous mes pas, mais dès l'entrée, je me sens oppressé. Le fait que le lieu n'ait pas été habité depuis longtemps n'y est pas pour rien, ce sont des pièces fantômes, plusieurs vitres sont cassées, divers débris et vieux objets jonchent le sol. Je me rends compte que le hangar, ou le garage, et la remise occupent les deux tiers du bâtiment, il ne reste pas beaucoup de place pour vivre. Je suis dans la «salle à manger» qui faisait aussi office de cuisine, minuscule, irrespirable, avec une cheminée miniature, un évier de maison de poupée. Je vois les trois Doulet manger la soupe à la bougie, dans la pénombre du matin ou du soir, les uns sur les autres, sans possibilité de fuite. Je n'aurais pas aimé grandir là.

Un escalier de bois très raide monte au premier étage. Il est occupé par deux petites pièces de la taille de celle d'en dessous, mais la cloison ne paraît pas d'époque, la chambre de la famille a été divisée – si elle était plus vaste que la cuisine-salle à manger, c'est qu'une moitié se trouvait au-dessus de la remise. Le plancher est si fin qu'il bouge quand je marche, j'ai peur de passer au travers. Yvonne, Saturnin et Fernand dormaient là, dans le froid, deux ou trois mètres devaient séparer leurs deux lits. Comme dans les chambres inhabitées du château, il y a des mouches mortes par terre, un peu plus que là-bas, une trentaine. Je m'approche de la fenêtre par laquelle Saturnin a vomi à 2 heures du matin, je ne réussis pas à l'ouvrir, elle est coincée, mais je sais qu'elle est juste au-dessus de la porte d'entrée qui donne dans la cuisine. Il ne me viendrait pas à l'idée de vomir par là.

Je redescends, j'ai du mal à respirer. La misère, la détresse qui se dégagent de ces lieux exigus, sinistres, malsains, compresse les poumons, écœure. Je suis si tendu que c'est seulement au moment où j'allais ressortir que je remarque deux gros tas noirs dans la pièce du bas, que j'ai dû prendre, sans y prêter attention, pour de la suie, des cendres, des débris ou raclures quelconques, regroupés en deux endroits : dans la cheminée, et sous la fenêtre aux carreaux cassés. Deux dômes anthracite. Je m'approche, ce sont des milliers d'abeilles mortes entassées – je n'exagère pas, des milliers. Un nombre incalculable de petits corps desséchés, rabougris, dont on ferait de la poussière en en pressant une poignée dans la main. Des milliers d'abeilles sont venues mourir là, dans la salle à manger lugubre des Doulet. Je sors et respire.

Je serre la main de Tase, je le remercie et c'est sincère : sans lui, je n'aurais pas pu franchir les murs du château. Je me suis maintenant approché autant que je pouvais du mois d'octobre 1941. Il me reconduit jusqu'à la cour, derrière, je tourne la tête vers les ouvriers d'Antoine Vittel qui travaillent sur les gouttières, vers Louise qui lave son plat dans la bassine sur le petit escalier, et je monte dans ma voiture (je me sens un peu faible, à côté de la sienne). Je lui fais un geste d'adieu de la main, effectue lentement ma manœuvre de demi-tour, en essayant de ne pas percuter ni rayer la Jaguar bleu ciel avec la Meriva, encore un signe par la vitre ouverte et je reprends l'allée carrossable dans l'autre sens. En repassant devant la maison des Doulet, je les sens à l'intérieur.

Je vais aller chercher ma petite valise rouge à roulettes au Mercure (c'était celle d'Ernest pour son séjour d'intégration en sixième, il a écrit son nom sur l'étiquette), régler dix nuits, saluer Pauline, que je ne reverrai jamais, et surtout passer dix minutes aux Archives pour embrasser encore Sylvie et Françoise, mes alliées.

En m'engageant sur la route qui mène à Antonne, vers les platanes, j'essaie de regarder une dernière fois, dans le rétroviseur, le château d'Escoire, mais il est trop en hauteur, ou la lunette arrière de la Meriva est trop basse, je ne vois plus que le grand portail.

21.

En route vers Paris, sur quatre pneus parfaitement gonflés et équilibrés, confort optimal, sécurité maximale, je
m'arrête dans une station-service peu après Châteauroux,
j'y achète exactement les mêmes produits qu'à l'aller, un
Pulco citron, un sandwich au jambon cru et au brie et un
BiFi Roll (une sorte de brioche longue, sèche et dure, qui
cache une saucisse), je mange aussi en roulant, tout est
pareil que dans l'autre sens, mais il me semble être parti
depuis des années. J'ai envie de retrouver Anne-Catherine
et Ernest, je ne suis pas le même sans eux – je l'ai pourtant
été pendant trente-quatre ans, sans eux. (Quand j'ai rencontré Anne-Catherine et compris, presque aussitôt, que
je passerai le reste de ma vie avec elle, malgré les problèmes considérables qui s'annonçaient car elle était
complètement dingue, j'ai eu peur (mais je suis courageux) de renoncer à mon indépendance merveilleuse, aux
filles la nuit, à mon admirable autonomie – qui ne sont
plus que des souvenirs aujourd'hui, et dont je me fous
comme de mes jolies dents de lait.) Depuis la naissance
d'Ernest, il m'est arrivé deux ou trois fois de passer dix
jours loin d'eux, mais ils étaient alors en Alsace, à Wim-
menau, dans la famille d'Anne-Catherine, et moi dans le

bain ordinaire et familier de notre appartement, de notre quartier, pas à Périgueux en 1941.

Troisième étage gauche, j'ouvre la porte, j'embrasse Anne-Catherine comme aux premiers jours (c'est beau, c'est jeune), je suis ému de la revoir, d'être près d'elle. Je lui rends son foulard à pois, qui a passé une nuit dans l'herbe humide au pied d'un château mystérieux, et perdu son odeur. Ernest sort de sa chambre, c'est un homme, il vient dans mes bras. Je le serre longuement, fort, mon petit. Il est gentil, à seize ans, il nous dit encore qu'il nous aime, même s'il a sans doute plein de remous sombres dans la tête et dans le corps, il nous embrasse le matin, le soir, mais là, je pousse un peu, il doit se demander ce qui m'arrive. « Ça va, papa ? » (Une fin d'après-midi de juillet, en Italie, à Peschici, il devait avoir sept ou huit ans, on buvait un verre au Pegaso, le bar de la plage San Nicola, il était parti faire pipi. Deux minutes plus tard, il revenait l'air contrarié. Sur le trajet depuis les toilettes extérieures, derrière l'établissement, tout le monde le regardait bizarrement, des filles rigolaient, on se moquait de lui, il ne comprenait pas, il était vexé. Il avait son slip sur la tête. Il s'était rendu compte qu'il était mouillé, car il l'avait enfilé sur la plage sans se sécher après avoir enlevé son maillot, ça le gênait, il avait donc décidé de l'enlever. Les toilettes (celles du camping voisin, en fait) étaient sales, il avait pris son short entre ses dents puis, avant de le remettre, ne sachant pas où poser son slip, il se l'était mis sur la tête en attendant, le temps de pisser. Quinze secondes plus tard, il l'avait oublié. En le voyant revenir vers nous et s'asseoir à notre table le regard sombre, son slip sur la tête, je m'étais dit : c'est mon fils !)

Le lendemain, ou le surlendemain peut-être, je fume une cigarette avec une bière à la terrasse du Bistrot Lafayette, je vois passer Simon Girard, qui revient du lycée avec son sac à dos. C'est le fils de Manu, je ne l'ai pas vu depuis plus d'un an, il a beaucoup grandi. J'ai du mal à retenir un mouvement de surprise, un sursaut comme au réveil : c'est Henri, presque, renvoyé ici. Il n'a pas les oreilles de son arrière-grand-père, heureusement, il a les traits plus fins et réguliers, le temps et les unions ont fait du bon travail, mais il lui ressemble étonnamment. Dans le principe, dans les gènes, le sang. En passant devant moi, il me serre la main en souriant − je serre la main d'Henri Girard, d'un souvenir de lui − et il continue son chemin, vers chez lui, vers son père.

Simon aura, j'espère, je suis sûr, une vie plus heureuse, calme et harmonieuse, plus homogène que celle d'Henri, qui a été tranchée au milieu de sa vingt-quatrième année − d'un coup de serpe. La mort de Georges, les soupçons, l'injustice, la bêtise, l'enfermement, la solitude, l'ont trans-formé pour toujours. « Le souvenir qui m'en reste est celui d'un long tunnel aux murs glacés et sombres », écrit-il dans *Prisons 53*. Une seule conséquence utile : c'est dans l'en-fermement et la solitude qu'il a commencé à écrire, à y penser. Le 7 avril 1942, dans une lettre à son ami Paul Neufeld, il remarque : « Pour la première fois de ma vie, sans doute, je considère comme un travail manuel le fait d'écrire. Pour la première fois du moins, j'en apprécie l'aspect pénible. » Et dans une carte postale adressée à Marie-Louise, celle sur laquelle il a condensé plusieurs pages, d'une écriture de fourmi : « J'ai toujours peur d'avoir l'air de me prendre au sérieux mais, écrire, aucun autre métier ne m'est plus permis. »

Parallèlement, côté noir, dans la pénombre humide de Belleyme, il réalise ce qui est en train de lui arriver, sa métamorphose. Près de son dortoir, un seul prisonnier est incarcéré à l'écart : il est condamné à mort. Il n'a le droit de voir personne, ni de sortir dans la cour, et porte en per-manence des chaînes aux mains et aux pieds. Henri et ses codétenus entendent le cliquetis du fer, de l'autre côté du

mur, quand il tourne en rond. Ce qu'il ressent lui fait comprendre ce qu'il devient. Toujours dans *Prisons 53*, il
écrit : «La prison n'avait pas sur nous une influence très
moralisatrice : nous avions hâte qu'il fût guillotiné, car ce
froissement de métal léger nous mettait les nerfs à
l'épreuve.» À Bernard Lemoine, en mars 1942 : «Je me
sens chaque soir plus vieux, plus usé, plus aigri.» Enfin, à
son ennemi le plus buté, Joseph Marigny : «Je fais bonne
figure mais je sens chaque jour se perdre ma confiance
dans la vie, toute ma jeunesse d'âme.»

Ce n'est pas rien, la jeunesse d'âme. La gaieté, l'énergie, l'insouciance et la facilité, le bon temps de l'aventure,
des sandwiches et des cartes Michelin. Quand j'ai terminé
la lecture du *Club des Cinq en roulotte*, j'ai avalé ma salive
de travers et failli m'étrangler dans mon lit. Les quatre
enfants ont eu de gros soucis avec des sales types qui
avaient enfermé un savant dans la tour d'un vieux château
en ruine. Le père de Claude est venu leur porter secours et
libérer le savant, aidé par des saltimbanques stationnés
dans le coin. À la fin, il doit retourner à Paris, eux restent
encore un peu, il monte dans l'autocar, qui démarre. Les
enfants sont sur le bord de la route (moi aussi). Annie,
Mick et François crient – c'est la dernière phrase du livre :
«Au revoir, oncle Henri, au revoir!»

Sources et bibliographie

Le Salaire de la peur, Georges Arnaud, Julliard, 1950.

Le Voyage du mauvais larron, Georges Arnaud, Julliard, 1951.

La Plus Grande Pente, Georges Arnaud, Julliard, 1961.

Prisons 53, Georges Arnaud, Julliard, 1953

Schtilibem 41, Georges Arnaud, Julliard, 1953 ; Finitude, 2008.

Mon procès, Georges Arnaud, Éditions de Minuit 1961.

Les Oreilles sur le dos, Georges Arnaud, Éditions du Scorpion, 1953 ; Julliard, 1974 (édition revue et corrigée) ; Phébus 1997.

Lumière de soufre, Georges Arnaud, Julliard, 1952.

Les Aveux les plus doux, Georges Arnaud, Julliard, 1954.

Maréchal P..., Georges Arnaud, Éditeurs Français Réunis, 1958.

Indiens pas morts, Georges Arnaud, Delpire Éditeur, 1956.

Chroniques du crime et de l'innocence, Georges Arnaud, Jean-Claude Lattès, 1982.

Pour Djamila Bouhired, Georges Arnaud et Jacques Vergès, Éditions de Minuit, 1957.

L'Affaire Peiper : plus qu'un fait divers, Georges Arnaud et Roger Kahane, Atelier Marcel Jullian, 1978.

Juste avant l'aube, Georges Arnaud et Jean Anglade, Presses de la Cité, 1990.

Georges Arnaud – Vie d'un rebelle, Roger Martin, Calmann-Lévy 1993 ; À plus d'un titre, 2009.

Le Triple Crime du château d'Escoire, Guy Penaud, Éditions de La Lauze, 2002.

Du crime d'Escoire au Salaire de la peur, Jacques Lagrange, Pilote 24, 1987.

L'Affaire Girard, compte rendu sténographique, Albin Michel, 1945.

Le Meurtre de Roger Ackroyd, Agatha Christie, préface de Georges Arnaud, Le Livre de Poche, 1961.

Boîte de singe, Georges Girard, NRF Gallimard, 1927.

Les Vainqueurs, Georges Girard, NRF Gallimard, 1926.

Le Fruit de vos entrailles, Rolande Girard, Suger, 1985.

Le Voleur de hasards, Jacques Lanzmann, Jean-Claude Lattès, 1992.

Sabre au clair et pied au plancher, Gérard de Villiers, Fayard, 2005.

Retour vers David Goodis, Philippe Garnier, La Table Ronde, 2016.

Dans la tourmente, Georges Bonnet, Fayard, 1971.

Georges Bonnet Les combats d'un pacifiste, Jacques Puyaubert, Presses Universitaires de Rennes, 2007.

Robes noires, années sombres, Liora Israël, Fayard, 2005.

Tokyo-Montana Express, Richard Brautigan, Christian Bourgois, 1981.

Le Club des Cinq en roulotte, Enid Blyton, Hachette, Bibliothèque Rose Hachette, 1988.

Bulletin trimestriel des Amis du pays civraisien, n° 105 et 106.

Bibliothèque de l'École des Chartes, année 1943, n° 104, Librairie Droz.

Le Salaire de la peur, Henri-Georges Clouzot, DVD René Château Vidéo.

Sorcerer, William Friedkin, DVD La Rabbia / Wild Side.

Le Vif du sujet, Alexandre Héraud et Yvon Croizier, France Culture, 20 janvier, 2004.

L'Heure du crime, Jacques Pradel, RTL, 11 juin 2012 et 25 mars 2015.

cqfd.chez-alice.fr/georgesarnaud (site insolite, farfelu et très complet sur Henri Girard / Georges Arnaud).

gallica.bnf.fr (mine d'or pour la presse d'occupation).

Archives départementales de la Dordogne, affaire Henri Girard : dossiers 1207 W 49, 1207 W 50, et 1421 W 24 (n° 4259) ; rapports du préfet : dossier 1 W 1814.

Archives nationales, site de Pierrefitte-sur-Seine, affaire Henri Girard : cote 20030306/1, dossier n° 380210 ; fonds Maurice Garçon : cote 19860089/524 dossier n° 11764 (Pauline Dubuisson), cote 19860089/516 dossier n° 11682 (Henri Girard).

Remerciements

Les remerciements, oui, je sais, c'est toujours un peu gonflant – surtout quand on n'est pas dedans, c'est-à-dire presque toujours. Il va remercier sa mère, son barman, le neveu de son éditeur, le facteur et feu son grand-oncle. L'avantage dans un livre, contrairement aux César ou aux Molières par exemple (il faudra que je pense à demander à un spécialiste pourquoi César ne supporte pas le pluriel et Molière l'encaisse en haussant les épaules), c'est qu'on peut les passer d'un coup de doigt, fluf, ça n'existe plus. En même temps, ce ne sont que quelques lignes et il n'y a plus rien après, il faudrait vraiment avoir autre chose à faire. Mais ça arrive souvent, qu'on ait autre chose à faire, c'est le principe de la vie. Donc, à ceux qui referment *La Serpe* ici : merci d'avoir lu jusqu'à la fin. (Maintenant vous êtes dedans, du coup il serait un peu déplacé, malotru de votre part, de zapper les autres.)

Merci à Emmanuel Girard, le petit-fils d'Henri, sans qui ce livre n'existerait pas. (Et pas seulement pour m'avoir parlé de son grand-père (saoulé des années avec son grand-père) et plus récemment de l'affaire du château d'Escoire. J'avais commencé à me renseigner sur le sujet depuis deux ou trois semaines quand nous nous sommes croisés à la terrasse d'un café du quartier. Je lui ai dit : « Écoute, Manu, je suis désolé mais je ne vais pas pouvoir raconter cette histoire. De toute évidence, c'est lui l'assassin : je ne vais pas écrire que ton grand-père, le père de ton père, a massacré trois personnes... » Il m'a répondu que lui était certain que non, savait qu'Henri était innocent, mais que si je pensais le contraire, pas de problème : « C'est ton livre, tu écris ce que tu veux. » C'est sport.) Merci à Henri Girard (fils), pour sa confiance ; à Sylvie Vidal et Françoise Puiutta, Poirote et Columbette, mes deux inestimables alliées des Archives départementales de la Dordogne ; à Roger Martin, pour m'avoir autorisé à utiliser les précieuses informations qu'il a si patiemment et minutieusement récoltées ; à Tase Kordalov, qui m'a permis de passer de l'autre côté du mur ; à Monique Lacombe, la petite fille sur le porte-bagages, et Michel Labroue, le jeune avocat intimidé ; à Anne Leblay-Kinoshita et Vanessa Aspart, des Archives nationales à Pierrefitte-sur-Seine ; à Christine Bernard, de France Culture ; à Muriel Manauté, de la mairie de Périgueux ; à Sigolène Vinson ; à Loulou Robert ; à Bertrand Guillot ; à Antoine Audouard ; à Laurent Chalumeau ; à Malik Mellah ; à Monsieur le divisionnaire Pupuce ; à Christine et Gilles Texier, Jean-Paul Gueutier, Greg Bourgeaux et François de Tienda, pour les retours vers Pauline Dubuisson ; à Monsieur Messaoud ; à Jean Biaux, RIP ; à Isabelle Lemars, psychologue ; à Valérie Robe ; à David Desvérité, l'homme du site ; à Hans Reychman, pour la couverture et les plans d'époque si ingénieusement et discrètement retravaillés ; à Brice Coladon, l'œil de Cesson-Sévigné, meilleur lecteur-préparateur-correcteur de l'Ouest et de ses alentours ; à Vanessa Springora, qui jamais ne laisse rien passer ; à Betty Mialet et Bernard Barrault évidemment (je me rends compte que je n'avais encore jamais remercié mes éditeurs, pourtant le miel de mes tartines, les frites de ma bavette) ; et aux si pimpants élèves de la 1ʳᵉ L

(2016/2017) du lycée Étienne Bezout à Nemours, qui m'ont redonné de la fraîcheur et de l'enthousiasme quand je pataugeais comme un vieux flapi dans la déconfiture et le découragement.

La photocomposition de cet ouvrage
a été réalisée par
Graphic Hainaut
30, rue Pierre Mathieu
59410 Anzin

Imprimé en France par CPI
en décembre 2017

Dépôt légal : juillet 2017
N° d'édition : 56798/07 – N° d'impression : 3026015